Die Anwendung der Umsatzsteuerorganschaft im nationalen Recht

Eike-Johannes Hoff

Die Anwendung der Umsatzsteuerorganschaft im nationalen Recht

Entwicklung, Voraussetzungen, Wirkungen und Bedeutung

PL ACADEMIC RESEARCH

Bibliografische Information der Deutschen Nationalbibliothek
Die Deutsche Nationalbibliothek verzeichnet diese Publikation in der Deutschen Nationalbibliografie; detaillierte bibliografische Daten sind im Internet über http://dnb.d-nb.de abrufbar.

Zugl.: Potsdam, Univ., Diss., 2015

517
ISBN 978-3-631-67001-9 (Print)
E-ISBN 978-3-653-06151-2 (E-Book)
DOI 10.3726/ 978-3-653-06151-2

PL Academic Research ist ein Imprint der Peter Lang GmbH.

Peter Lang – Frankfurt am Main · Bern · Bruxelles · New York · Oxford · Warszawa · Wien

Diese Publikation wurde begutachtet.

www.peterlang.com

Für Ivonne

Vorwort

Die vorliegende Arbeit wurde im Sommersemester 2014 von der Juristischen Fakultät der Universität Potsdam als Dissertation angenommen. Das Manuskript der Arbeit wurde im Juli 2014 fertiggestellt. Später veröffentlichte Rechtsprechung konnte bis August 2015 berücksichtigt werden, und so fand insbesondere noch die Entscheidung des EuGH in den verbundenen Rechtssachen C-108/14 und C-109/14 vom 16. Juli 2015 Eingang in diese Arbeit. Literatur konnte punktuell ebenfalls bis August 2015 nachgetragen werden.

Großer Dank gilt zunächst meinem Doktorvater Herrn Prof. Dr. Andreas Musil für die Unterstützung und die gleichsam gewährten Freiräume bei der Anfertigung dieser Arbeit sowie den Zuspruch während meiner Promotionszeit. Herrn Prof. Dr. Thomas Stapperfend danke ich für die zügige Anfertigung des Zweitgutachtens zu meiner Arbeit.

Weiterhin danke ich herzlich meiner Familie, insbesondere meinen Eltern, Werner und Annette Hoff, die mich während meiner gesamten juristischen Ausbildung und meiner Promotionszeit stets unterstützt und gefördert haben. Ebenso danke ich meiner Schwester Julia Hoff, insbesondere für die Unterstützung während meines Referendariats, sowie meiner Schwester Isa Catharina Hoff, für die Durchsicht und Korrektur des umfangreichen Manuskriptes. Herzlicher Dank gilt ferner meiner Oma Inge Janning sowie Heinz Ostwald für ihren steten Zuspruch und ihre Förderung.

Vor allem aber gilt besonderer Dank meiner Frau Ivonne. Ihr unerschütterlicher Glaube an das Gelingen meiner Vorhaben, ihre Geduld, ihre Nachsicht und Unterstützung in all den vergangenen Jahren bilden die Grundlage meines Erfolgs und des Erfolgs dieser Arbeit. Ohne sie und ihren Rückhalt wäre dieses Projekt nicht möglich gewesen. Darum ist das vorliegende Werk alleine ihr gewidmet.

Berlin, im September 2015

Eike-Johannes Hoff

Inhaltsverzeichnis

Literaturverzeichnis

Alsleben, Brigitte [Red.]: Duden, Das Herkunftswörterbuch: Etymologie der deutschen Sprache, Band 7, 4. Auflage, Dudenverlag, Mannheim; Leipzig; Wien; Zürich 2007 (zit. Duden: Etymologie).

Aschenbeck, Tanja: Personenidentität bei Vorständen in Konzerngesellschaften (Doppelmandat im Vorstand), NZG 2000, S. 1015–1024.

Bayer, Walter/Habersack, Mathias: Aktienrecht im Wandel, Grundsatzfragen des Aktienrechts, Band 1, 1. Auflage, Mohr Siebeck, Tübingen 2007 (zit. *Bearbeiter* in: Aktienrecht im Wandel).

Birkenfeld, Wolfram: Umsatzsteuerrechtliche Organschaft und Gemeinschaftsrecht, GmbH & Co. KG als Organträger und als Organgesellschaft, UR 2008, S. 2–9.

–: Umsatzsteuer in der Zeit, UR 1993, S. 321–329.

–/Wäger, Christoph: Das große Umsatzsteuer-Handbuch – Grundwerk, 3 Bände, 68. EL, Otto Schmidt, Köln 1998–2015 (zit. *Bearbeiter* in: Birkenfeld/Wäger USt-Hdb).

Birkholz, H.: Ist der Unternehmerbegriff des alten Umsatzsteuerrechts für das Mehrwertsteuerrecht unverändert geblieben?, UR 1986, S. 25–28.

Blankenheim, Marcus: Steuerpflichtiger und Unternehmerbegriff im Umsatzsteuerrecht – Die Vorgaben der 6. EG-Richtlinie und das deutsche Recht (Diss.), Otto Schmidt, Köln 2005 (zit. Unternehmerbegriff im Umsatzsteuerrecht).

Boor, Julian Raphael: Mittelbare finanzielle Eingliederung bei der umsatzsteuerlichen Organschaft, UR 2010, S. 757–763.

Boruttau, Ernst Paul: Grunderwerbsteuergesetz Kommentar, Beck'sche Steuerkommentare, 17. Auflage, C.H. Beck, München 2011 (zit. *Bearbeiter* in: Boruttau GrEStG).

Braun, Eberhard: Insolvenzordnung (InsO) – Kommentar, 6. Auflage, C. H. Beck, München 2014 (zit. *Bearbeiter* in: Braun InsO).

Brechmann, Winfried: Die richtlinienkonforme Auslegung – zugleich ein Beitrag zur Dogmatik der EG-Richtlinie (Diss.), Bd. 99, C.H. Beck, München 1999 (zit. Richtlinienkonforme Auslegung).

Breuninger, Gottfried/Prinz, Ulrich: Organschaft bei fehlendem Beherrschungsvertrag und mittelbarer Beteiligung, DB 1995, S. 2085–2090.

Brezing, Klaus: Verrechnungsentgelte und Umlagen zwischen Kapitalgesellschaftern und ihren Gesellschaftern im Steuerrecht (Diss.), Otto Schmidt, Köln 1975 (zit. Verrechnungsentgelte und Umlagen).

Bröder, Andreas: Die Haftung im Organkreis nach § 73 AO, SteuerStud 2008, S. 164–174.

Bundessteuerberaterkammer: Stellungnahme zu den Änderungsvorschlägen der Abgabenordnung im Entwurf des Steuerbereinigungsgesetzes 1985 sowie der Stellungnahme des Bundesrates, DStR 1985, S. 287–290.

Bunjes, Johann: Umsatzsteuergesetz, 14. Auflage, C.H. Beck, München 2015 (zit. *Bearbeiter* in: Bunjes UStG).

–: Zum subjektiven Element des Unternehmerbegriffs, UR 1988, S. 307–308.

Calliess, Christian/Ruffert, Matthias: EUV/AEUV, Das Verfassungsrecht der Europäischen Union mit Europäischer Grundrechtecharta, 4. Auflage, C. H. Beck, München 2011 (zit. *Bearbeiter* in: Callies/Ruffert EUV/AEUV).

Christoph Klose: Der Begriff des Unternehmers und des Steuerpflichtigen im deutschen und europäischen Umsatzsteuerrecht (Diss.), Europäischer Verlag der Wissenschaften, Frankfurt am Main 2000 (zit. Begriff des Unternehmers).

Costede, Jürgen: Umsatzsteuerkongress – Bericht 1985 – Referate und Diskussionsprotokolle der Göttinger Hochschultage für das Umsatzsteuerrecht in der Praxis vom 10./11.6.1985, Schriften zum Umsatzsteuerrecht, Otto Schmidt, Köln 1985 (zit. *Bearbeiter* in: USt-Kongress 1985).

Dahl, Michael/Jauch, Hans-Gerd/Wolf, Christian: Sanierung und Insolvenz: Festschrift für Klaus Hubert Görg zum 70. Geburtstag, C.H. Beck, München 2010 (zit. *Bearbeiter* in: FS Görg 2010).

Dehmer, Hans Holger: BFH zur umsatzsteuerlichen Organschaft – Der Tod der Betriebsaufspaltung?, DStR 2010, S. 1701–1706.

Dornfeld, Ernst Robert/Telkamp, Heinz-Jürgen: Konzernunternehmung und Organschaftsvoraussetzungen – Zur wirtschaftlichen Eingliederung und zu den Anforderungen an den Organträger bei Holdinggesellschaften und Betriebsaufspaltung, StuW 1971, S. 67–82.

Dziadkowski, Dieter: Keine Kompetenzerweiterung des Mehrwertsteuerausschusses bei der EG-Kommission, BB 1998, S. 1664–1666.

Eberhard, Martin/Mai, Jan Markus: Änderung der Rechtsprechung zur finanziellen Eingliederung bei der umsatzsteuerlichen Organschaft, UR 2010, S. 881–893.

Englisch, Joachim/Nieskens, Hans: Umsatzsteuerkongressbericht 2010 – Neutralitätsprinzip, Zuordnung von Vorleistungen, Grenzüberschreitender Handel, Organschaft, Otto Schmidt, Köln 2011 (zit. *Bearbeiter* in: USt-Kongress 2010).

Erdbrügger, Andreas: Deutsche Regelung über die Umsatzsteuer-Organschaft aufgrund neuer EuGH-Rechtsprechung unerwartet auf dem Prüfstand, DStR 2013, S. 1573–1579.

Feldgen, René: Die umsatzsteuerliche Organschaft im Konzern, BB 2010, S. 285–290.

Fischer, Clemens: Die Rechtfertigung einer Umsatzbesteuerung und ihre Vereinbarkeit mit den Grundrechten (Diss.), Peter Lang GmbH, Frankfurt am Main 2007 (zit. Umsatzsteuer und Grundrechte).

Fleischer, Holger/Goette, Wulf: Münchener Kommentar zum Gesetz betreffend die Gesellschaften mit beschränkter Haftung (GmbHG), Band 2, 1. Auflage, C.H. Beck, München 2012 (zit. *Bearbeiter* in: MüKo GmbHG).

Flume, Werner: Die Organschaft im Gewerbesteuerrecht, DB 1955, S. 485–495.

Forster, Karl-Heinz: Festschrift für Bruno Kropff, IDW Verlag, Düsseldorf 1997 (zit. *Bearbeiter* in: FS Kropff 1997).

Friauf, Karl Heinricht: Steuerrecht und Verfassungsrecht, Otto Schmidt, Köln 1989 (zit. *Bearbeiter* in: DStJG 12 (1989)).

Fricke, Eberhard: Zur organisatorischen Eingliederung bei der Organschaft im Umsatzsteuerrecht, StBp 1963, S. 41–48.

Fröschl, Jürgen: Umsatzsteuerliche Organschaft bei einer übertragenden Sanierung – Anm. zu BFH-Urteil vom 17.1.2002 – V R 37/00, UVR 2002, S. 257–259.

Ganter, Gerhard/Brünink, Jan-Hendrik: Insolvenz und Umsatzsteuer aus zivilrichterlicher Sicht, NZI 2006, S. 257–266.

Geißler, Oliver: Der Unternehmer im Dienste des Steuerstaats (Diss.), Richard Boorberg Verlag, Stuttgart 2001 (zit. Unternehmer und Steuerstaat).

Giesberts, Franz: Zur Qualifizierung des Unternehmerbegriffs i.S.d. § 2 UStG als Typusbegriff, UR 1993, S. 279–284.

–: Der Unternehmer: Ein „Händler am Markt“?, UR 1989, S. 257–262.

Goette, Wulf/Habersack, Mathias: Münchener Kommentar zum Aktiengesetz – Bände I, II und V, 3./4. Auflage, C.H. Beck, München 2008–2014 (zit. *Bearbeiter* in: MüKo AktG).

Gosch, Dietmar/Bauschatz, Peter: Körperschaftsteuergesetz, 2. Auflage, C.H. Beck, München 2009 (zit. *Bearbeiter* in: Gosch KStG).

Gotthardt, Jens Eric/Boor, Julian Raphael: Umsatzsteuerliche Organschaft – Keine finanzielle Eingliederung durch Anteilszurechnung oder Beherrschungsvertrag, DStR 2011, S. 1118–1121.

Grabower, Rolf/Herting, Detlef/Schwarz, Gottfried: Die Umsatzsteuer – Ihre Geschichte und gegenwärtige Gestaltung in In- und Ausland, 2. Auflage, Carl Heymanns Verlag KG, Köln; Berlin; Bonn; München 1962 (zit. Geschichte der Umsatzsteuer).

Grube, Friederike: Unternehmereigenschaft einer Person des öffentlichen Rechts – Anm. zu BFH 5. Senat, Urteil vom 20.8.2009 – V R 30/06, jurisPR-SteuerR 5/2010, Anm. 6.

Grunsky, Wolfgang/Lieb, Manfred/Medicus, Dieter: Archiv für die civilistische Praxis, J.C.B. Mohr (Paul Siebeck), Tübingen 1999 (zit. *Bearbeiter* in: AcP 1999).

Haarmeyer, Hans: Steuerumlagen im faktischen Konzern – konzernrechtlich betrachtet, BB 2007, S. 1397–1403.

Hahne, Klaus D.: Umsatzsteuerliche Organschaft mit Personengesellschaften europarechtlich geboten?, Analyse der EuGH-Rechtsprechung zur wettbewerbsneutralen Umsetzung von Mitgliedsstaatenwahlrechten, DStR 2008, S. 910–914.

Halaczinsky, Raymond: Die Haftung im Steuerrecht, 3. Auflage, nwb Neue Wirtschafts-Briefe, Herne; Berlin 2004 (zit. Haftung im Steuerrecht 2004).

Hartman, Timo: Die Vereinbarkeit der umsatzsteuerlichen Organschaft mit dem Europäischen Unionsrecht (Diss.), Steuerwissenschaftliche Schriften Band 42, Nomos, Berlin 2013 (zit. Umsatzsteuerorganschaft).

Hartmann, Alfred/Birkenfeld, Wolfram: Umsatzsteuergesetz mit Umsatzsteuer-Durchführungsverordnung, 5 Bände (EL Juni 2013), Schmidt, Berlin 1957/2013 (zit. *Bearbeiter* in: Hartmann/Metzenmacher UStG).

Hasslinger, Stephanie: Wettbewerbswidriger Missbrauch steuerlicher Gestaltungsmittel zur Umgehung chancengerechter Ausschreibungsverfahren, WRP 2007, S. 1412–1417.

Heintzen, Markus: Die umsatzsteuerrechtliche Organschaft bei Organisationsprivatisierung in der öffentlichen Verwaltung, DStR 1999, S. 1799–1803.

Heinze, Harald: Umsatzsteuern aus dem Forderungseinzug des Insolvenzverwalters, DZWIR 2011, S. 276–279.

–: Umsatzsteuern aus schwacher vorläufiger Verwaltung als Masseverbindlichkeit nach § 55 Abs. 4 InsO, ZInsO 2011, S. 603–609.

Henssler, Martin/Strohn, Lutz/Arnold, Arnd: Gesellschaftsrecht, BGB, HGB, PartGG, GmbHG, AktG, UmwG, GenG, IntGesR, Beck'sche Kurz-Kommentare, C.H. Beck, München 2011 (zit. *Bearbeiter* in: Henssler/Strohn GesR).

Herlinghaus, Andreas: Verdeckte Gewinnausschüttungen von Organschaftskonzernen, insbesondere bei der Verrechnung von Steuerumlagen, GmbHR 2002, S. 989–995.

Heuermann, Bernd/Brandis, Peter/Walter, Bode: Blümich Einkommensteuergesetz, Körperschaftsteuergesetz, Gewerbesteuergesetz, 5 Bände (128. EL), Franz Vahlen, München 2015 (zit. *Bearbeiter* in: Blümich EStG).

Hollatz, A.: Wirtschaftliche Eingliederung bei der Organschaft, DB 1994, S. 855–856.

Hölzle, Gerrit: Umsatzsteuerliche Organschaft und Insolvenz der Organgesellschaft, DStR 2006, S. 1210–1216.

Hübschmann, Walter/Hepp, Ernst/Spitaler, Armin: Abgabenordnung / Finanzgerichtsordnung – Kommentar, 15 Bände, Otto Schmidt, Köln 1951/2011 (zit. *Bearbeiter* in: H/H/Sp AO).

Hummel, David: Begriff der Juristischen Person im Rahmen der umsatzsteuerlichen Organschaftsregelungen, UR 2010, S. 207–214.

–: Verstoß gegen den Neutralitätsgrundsatz durch rechtsformabhängige Subventionen im Anwendungsbereich von EG-Richtlinien? – zum Gleichbehandlungsgebot, Rechtfertigungen und dem Umgang mit rechtsformabhängigen Subventionen –, EuR 2010, S. 309–321.

Huschens, Ferdinand: Institut der Organschaft – Auswirkungen des EuGH-Urteils vom 22.5.2008, C-162/07 (Ampliscientifica und Amplifin), UVR 2008, S. 340–343.

Ipsen, Hans-Peter: Öffentliches Wirtschaftsrecht, (Entwicklungsbeiträge unter dem Grundgesetz), Mohr, Tübingen 1985 (zit. Wirtschaftsrecht).

Jaeger, Ernst: Insolvenzordnung – Großkommentar, 6 Bände, 1. Auflage, De Gruyter Recht, Berlin 2004/2007 (zit. *Bearbeiter* in: Jaeger InsO).

Jakob, Wolfgang: Umsatzsteuer (Studium und Praxis), 4. Auflage, C. H. Beck, München 2009 (zit. Umsatzsteuer 2009).

Kaufmann, Michael/Schmitz-Herrscheidt, Fabian: Voraussetzungen einer umsatzsteuerlichen Organschaft, Anmerkung zum BFH Urteil vom 3.4.2008 – V R 76/05, BB 2008, S. 2111–2112.

Kirchhof, Hans Peter/Lwowski, Hans-Jürgen/Stürner, Rolf: Münchener Kommentar zur Insolvenzordnung – 3 Bände, 3. Auflage, C. H. Beck, München 2013/2014 (zit. *Bearbeiter* in: MüKo InsO).

Kirchhof, Paul: Einkommensteuergesetz Kommentar, 14. Auflage, C.F. Müller, Heidelberg 2015 (zit. Kirchhof EStG).

–: Entwicklungsmöglichkeiten der Umsatzsteuer im Rahmen von Verfassungs- und Europarecht, UR 2002, S. 541–548.

Klein, Franz: Abgabenordnung – einschließlich Steuerstrafrecht, 12. Auflage, Beck, München 2014 (zit. *Bearbeiter* in: Klein AO).

Kleindiek, Detlef: Steuerumlagen im gewerbesteuerlichen Organkreis – Anmerkungen aus aktienrechtlicher Perspektive, DStR 2000, S. 559–564.

Knauff, Matthias/Schwensfeier, Roland: Kein Rechtsschutz gegen Steuerung mittels „amtlicher Erläuterung"? – Anmerkungen zum Urteil des EuG vom 20.5.2010 (T-258/06) zur Auslegungsmitteilung der Kommission über die öffentliche Auftragsvergabe außerhalb des EU-Vergaberechts, EuZW 2010, S. 611–614.

Korf, Ralph: Prokura und Eingliederung, UR 2011, S. 55–56.

–: Anmerkung zu BFH V R 9/09, UR 2010, S. 583–584.

–: Organschaft – Quo Vadis?, UVR 2008, S. 172–180.

Kranzusch, Peter: Die Quoten der Insolvenzgläubiger in Regel- und Insolvenzplanverfahren – Ergebnisse von Insolvenzverfahren nach der Insolvenzrechtsreform, Institut für Mittelstandsforschung (Hrsg.), IfM-Materialien, Bonn 2009.

Küffner, Thomas/Zugmaier, Oliver: Gesellschaften und Gesellschafter im Umsatzsteuerrecht, Erste Anmerkung zu den BMF-Schreiben vom 4.10.2006, 30.11.2006 sowie vom 26.1.2007, DStR 2007, S. 472–476.

Kühn, Rolf: Abgabenordnung und Finanzgerichtordnung – Kommentar, 20. Auflage, Schäffer-Poeschel, Stuttgart 2011 (zit. *Bearbeiter* in: Kühn AO/FGO).

Klezath, Peter: Umsatzsteuerliche Neuregelungen im Steuerbereinigungsgesetz 1986, DStZ 1986, S. 112–115.

Lang, Joachim: Besteuerung von Einkommen – Aufgabe, Wirkungen und europäische Herausforderungen, NJW 2006, S. 2209–2213.

Langer, Ronny: Mitgliedstaaten können Nichtsteuerpflichtige als Mitglieder einer Mehrwertsteuergruppe (Organschaft) zulassen – Anmerkung zu EuGH, Urteil vom 9.4.2013 – C-85/11 Kommission/Irland, DStR 2013, S. 806–808.

Larenz, Karl: Methodenlehre der Rechtswissenschaft, 6. Auflage, Springer, Berlin; Heidelberg u.a. 1991 (zit. Methodenlehre).

Laubert, Thomas: Die Umsatzsteuer im grenzüberschreitenden Versandhandel (Diss.), Logos, Berlin 2008 (zit. Umsatzsteuer im Versandhandel).

Leonard, Axel: Taugt die Organschaft noch als Gestaltungsinstrument bei steuerfreien Umsätzen?, DStR 2010, S. 721–725.

Lohse, Christian: Umsatzsteuer-Unwort: Unternehmen – Zugleich Besprechung des EuGH-Urteils VNLTO, IStR 2009, S. 486–489.

Martin, Suse: Aktienrechtliche Vermutungen für umsatzsteuerrechtliche Organschaft ohne Bedeutung / Anforderungen für organisatorische Eingliederung, BFH-PR 2008, S. 394–395.

Matheja, Kurt W.: Ausfuhrumsätze an die eigene Tochtergesellschaft, UR 1981, S. 191–192.

Maunz, Theodor/Dürig, Günter/Herzog, Roman/Scholz, Rupert/ et. al: Grundgesetz – Kommentar, 7 Bände, 73. EL, C.H. Beck, München 2014 (zit. *Bearbeiter* in: Maunz/Dürig GG).

Maus, Karl-Heinz: Die umsatzsteuerliche Organschaft in Liquidation und Insolvenz, GmbHR 2005, S. 859–865.

Mestmäcker, Ernst-Joachim: Verwaltung, Konzerngewalt und Rechte der Aktionäre – Eine rechtsvergleichende Untersuchung nach dt. Aktienrecht und dem Recht der Corporations in den Vereinigten Staaten (Diss.), Müller, Karlsruhe 1958 (zit. Verwaltung und Konzerngewalt).

Michalski, Lutz: Kommentar zum Gesetz betreffend die Gesellschaften mit beschränkter Haftung (GmbH-Gesetz), 2 Bände, 2. Auflage, C.H. Beck, München 2010 (zit. *Bearbeiter* in: Michalski GmbHG).

Monfort, Bertrand: JStG 2009: Der neue Ort der sonstigen Leistung ab 2010, DStR 2009, S. 297–304.

Mösbauer, Heinz: Haftung bei umsatzsteuerlicher Organschaft, UR 1995, S. 321–325.

Mösslang, Gerhard: Der Unternehmerbegriff des deutschen Umsatzsteuergesetzes und die Harmonisierung des Umsatzsteuerrechts, UR 1994, S. 10–16.

Müller, Thomas/Stöcker, Ernst E.: Die Organschaft, Körperschaftsteuerrecht, Gewerbesteuerrecht, Umsatzsteuerrecht, 7. Auflage, nwb Neue Wirtschafts-Briefe, Herne 2008 (zit. *Bearbeiter* in: Müller/Stöcker Organschaft).

Nickert, Anne-Gret/Nickert, Cornelius: Die unberücksichtigte USt-Organschaft in der Insolvenz der Organgesellschaft (Teil II), ZInsO 2004, S. 596–601.

Nieskens, Hans: Rechtsfolgen einer Umsetzung der Regelung über die Behandlung einer Organschaft, Anmerkung zu EuGH, Urteil vom 22.5.2008 – Rs. C-162/07 – Ampliscientifica Srl und Amplifin SpA, UR 2008, S. 538–540.

Offerhaus, Klaus: Umsatzsteuergesetz 1918 und Errichtung des Reichsfinanzhofs, UR 1993, S. 319–321.

–: Der Unternehmer im Umsatzsteuerrecht, UR 1991, S. 279–281.

Onusseit, Dietmar: Das Urteil des BFH vom 9.12.2010 – V R 22/10, Kritik und Folgen, DZWIR 2011, S. 353–358.

–: Zur Neuregelung des § 55 Abs. 4 InsO, ZInsO 2011, S. 641–650.

–: Was lange währt... wird nur manchmal gut – Überlegungen zu zwei neueren Entwicklungen im Umsatzsteuerrecht bei Insolvenz, ZInsO 2009, S. 1740–1743.

–: Die umsatzsteuerliche Organschaft in der Insolvenz, oder: Der flexible Insolvenzverwalter, ZIP 2003, S. 743–754.

–: Umsatzsteuer im Konkurs (Diss.), Carl Heymanns Verlag KG, Köln; Berlin; Bonn; München 1988 (zit. Umsatzsteuer im Konkurs).

Oppenländer, Frank/Trölitzsch, Thomas: Praxishandbuch der GmbH-Geschäftsführung, 2. Auflage, C.H. Beck, München 2011 (zit. *Bearbeiter* in: GmbH-Geschäftsführung).

Oskierski, Wolfgang: Organschaftstheorie und Unternehmensbesteuerung (Diss.), Schriftenreihe des Instituts für Steuerrecht der Universität zu Köln (Band 55), Verlagsbuchhandlung des Instituts der Wirtschaftsprüfer GmbH, Düsseldorf 1965 (zit. Organschaftstheorie).

Koenig, Ulrich: Abgabenordnung, 3. Auflage, C.H. Beck, München 2014 (zit. *Bearbeiter* in: Koenig AO).

Plückebaum, Konrad/Malitzky, Heinz/Wachweger, Dieter/ et. al: Kommentar zum Umsatzsteuergesetz, 189. EL, Carl Heymanns Verlag KG, Köln 2013 (zit. *Bearbeiter* in: Plückebaum/Malitzky UStG).

Popitz, Johannes: Kommentar zum Umsatzsteuergesetz in der Fassung vom 8.5.1926, Nachtrag 1: Ergänzungsband nebst Erläuterung der Novelle vom 15.4.1930 (erhöhte Umsatzsteuer), 3. Auflage, O. Liebmann, Berlin 1928/1930 (zit. Umsatzsteuer 1928).

Prätzler, Robert: Umsatzsteuerrechtliche Organschaft: Anforderungen an organisatorische Eingliederung – Anm. zu BFH 5. Senat, Urteil vom 7.7.2011 – V R 53/10, jurisPR-SteuerR 46/2011, Anm. 11.

–: Keine Mehrmütterorganschaft im Umsatzsteuerrecht – Anm. zu BFH 5. Senat, Urteil vom 30.4.2009 – V R 3/08, jurisPR-SteuerR 43/2009, Anm. 7.

Probst, Ulrich: Die Organgesellschaft im Umsatzsteuerrecht – eine Gesellschaft mit unbeschränkter Haftung?, Umfang und Grenzen der Haftung nach § 73 AO, BB 1987, S. 1992–1996.

Rau, Günter/Reiß, Wolfram/Stadie, Holger/ et.al: Kommentar zum Umsatzsteuergesetz, 8 Bände, 8. Auflage, 162. EL, Otto Schmidt, Köln 2015 (zit. *Bearbeiter* in: Rau/Dürrwächter UStG).

Raupach, Arndt: Werte und Wertermittlung im Steuerrecht, Steuerbilanz, Einheitsbewertung, Einzelsteuern und Unternehmensbewertung, Otto Schmidt, Köln 1984 (zit. *Bearbeiter* in: DStJG 7 (1984)).

Rehbinder, Eckhard: Konzernaußenrecht und allgemeines Privatrecht, Eine rechtsvergleichende Untersuchung nach deutschem und amerikanischem Recht (Habil.), Verlag Gehlen, Berlin 1969 (zit. Konzernaußenrecht und allgemeines Privatrecht).

Reiß, Wolfram: Die umsatzsteuerliche Organschaft – eine überholte Rechtsfigur, StuW 1979, S. 343–346.

–/Kraeusel, Jörg/Langer, Michael: Umsatzsteuergesetz mit Nebenbestimmungen, Gemeinschaftsrecht, 4 Bände, 1. Auflage, 106. EL, Stollfuß, Bonn 1995/2013 (zit. *Bearbeiter* in: Reiß/Kraeusel/Langer UStG).

Reul, Adolf: Grundrechte und Vertragsfreiheit im Gesellschaftsrecht, DNotZ 2007, S. 184–210.

Röhl, Christian/Röhl, Klaus: Allgemeine Rechtslehre, 3. Auflage, Carl Heymanns Verlag KG, Köln; München u. a. 2008 (zit. Allgemeine Rechtslehre).

Rosendorff, Richard, Die rechtliche Organisation der Konzerne (Erweiterter Abdruck eines in dem Zürcherischen Juristenverein zu Zürich und in der Juristischen Gesellschaft gehaltenen Vortrages; nebst einem Anhange enthaltend Aktenstücke aus der Konzernpraxis sowie eine Tabelle über die im Jahre 1926 vorgenommenen Zusammenschlüsse), Spaeth-Linde, Berlin 1927 (zit. Organisation der Konzerne).

Roth, Jan: Umsatzsteuerliche Organschaft im vorläufigen Insolvenzverfahren unter besonderer Berücksichtigung des Aspekts der Einheitlichkeit der Rechtsordnung, DZWIR 2009, S. 274–279.

Ruppe, Hans Georg: Umsatzsteuergesetz (Kommentar Österreich), 3. Auflage, WUV, Wien 2005 (zit. öUStG 2005).

Säcker, Franz J./Rixecker, Roland (Hrsg.): Münchener Kommentar zum Bürgerlichen Gesetzbuch – Bände I, II, III, V, 6. Auflage, C.H. Beck, München 2012/2013 (zit. *Bearbeiter* in: MüKo BGB).

Schaub, Thomas: Der umsatzsteuerrechtliche Unternehmerbegriff (Diss.), VVF, München 1988 (zit. Unternehmerbegriff).

Schiffer, Oliver: Beendigung der umsatzsteuerlichen Organschaft – Abgrenzungsfragen bei ihrer Beendigung durch Eröffnung des Konkursverfahrens, Anordnung der Sequestration und Bestellung eines vorläufigen Vergleichsverwalters, DStR 1998, S. 1989–1995.

Schmidt, Andrea: Organschaft ohne Beherrschungsvertrag und Personalunion, GmbHR 1996, S. 175–180.

Schmidt, Karsten: Gesellschaftsrecht, 4. Auflage, Carl Heymanns Verlag KG, Köln 2002 (zit. Gesellschaftsrecht 2002).

–: Handelsrecht, 5. Auflage, Carl Heymanns Verlag KG, Köln; Berlin; Bonn; München 1999 (zit. Handelsrecht 1999).

Schoch, Friedrich: Individualrechtsschutz im deutschen Umweltrecht unter dem Einfluß des Gemeinschaftsrechts, NVwZ 1999, S. 457–467.

Scholz, Jürgen/Nattkämper, Stefanie: Organisatorische Eingliederung im Rahmen der umsatzsteuerlichen Organschaft – Zugleich Anmerkung zu den BFH-Urteilen vom 5.12.2007 und 3.4.2008 -, UR 2008, S. 716–724.

Schwarze, Jürgen: Soft Law im Recht der Europäischen Union, EuR 2011, S. 3–19.

Seer, Roman: Umsatzsteuer im Europäischen Binnenmarkt, Otto Schmidt, Köln 2009 (zit. *Bearbeiter* in: DStJG 32 (2009)).

Siemens, Carl Friedrich von: Veredelte Umsatzsteuer, 2. Auflage, Siemensstadt 1921 (zit. Veredelte Umsatzsteuer).

Simon, Stefan: Steuerumlagen im Konzern, ZGR 2007, S. 71–108.

Slapio, Ursula: Gestaltungsmöglichkeiten bei umsatzsteuerlicher Organschaft, DStR 2000, S. 999–1001.

Söhn, Hartmut: Die Umsatzsteuer als Verkehrsteuer und/oder Verbrauchsteuer, StuW 1975, S. 1–18.

Sölch, Otto/Ringleb, Karl/Jatzke, Harald/Wagner, Wilfried/ et. al: Umsatzsteuergesetz – Kommentar, 74. EL, C.H. Beck, München 2015 (zit. *Bearbeiter* in: Sölch/Ringleb UStG).

Sonnenschein, Jürgen: Organschaft und Konzerngesellschaftsrecht – unter Berücksichtigung des Wettbewerbs und Mitbestimmungsrechts (Habil.), Nomos Verlagsgesellschaft, Baden-Baden 1976 (zit. Organschaft und Konzerngesellschaftsrecht).

Spiegel, Harald/Heidler, Kristin: Umsatzsteuerliche Organschaft bei juristischen Personen des öffentlichen Rechts, Zugleich Besprechung der Urteile des BFH vom 18.6.2009 (Tierpark) und vom 20.8.2009 (FlussG), DStR 2010, S. 1062–1067.

Spilker, Bettina: Umsatzsteuerliche Behandlung von Beratungsleistungen an eine ausländische Holding, IStR 2009, S. 573–578.

Spindler, Gerald/Stilz, Eberhard: Kommentar zum Aktiengesetz, 2 Bände, 2. Auflage, C.H. Beck, München 2010 (zit. *Bearbeiter* in: Spindler/Stilz AktG).

Spindler, Wolfgang/Tipke, Klaus/Rödder, Thomas: Steuerzentrierte Rechtsberatung – Festschrift für Harald Schaumburg, Otto Schmidt, Köln 2009 (zit. *Bearbeiter* in: FS Schaumburg 2009).

Stadie, Holger: Umsatzsteuergesetz (Kommentar), 2. Auflage, Otto Schmidt, Köln 2012 (zit. UStG).

–: Rechtsfolgen einer Umsetzung der Regelungen über die Behandlung einer Organschaft, Anmerkung zu EuGH, Urteil vom 22.5.2008 – Rs. C-162/07 – Ampliscientifica Srl und Amplifin SpA, UR 2008, S. 540–542.

–: Das Recht des Vorsteuerabzugs (Diss.), Otto Schmidt, Köln 1989 (zit. Recht des Vorsteuerabzugs).

Staudinger, Julius von/Habermann, Norbert/Weick, Günther: Kommentar zum Bürgerlichen Gesetzbuch mit Einführungsgesetzen und Nebengesetzen, Buch 1 – Allgemeiner Teil (§§ 21–79 (Allgemeiner Teil 2)) – Red. Herbert Roth, Sellier de Gruyter, Berlin 2005 (zit. *Bearbeiter* in: Staudinger BGB 2005).

Steppert, Helmut: Die umsatzsteuerliche Organschaft – ein nicht mehr zeitgemäßes Relikt, UR 1994, S. 343–346.

Streck, Michael/Binnewies, Burkhard: Der faktische Konzern als hinreichende Voraussetzung für eine organisatorische Eingliederung im Rahmen einer umsatzsteuerlichen Organschaft, DB 2001, S. 1578–1583.

Swatek, Dieter: Unternehmenskonzentration als Ergebnis und Mittel nationalsozialistischer Wirtschaftspolitik (Diss.), Duncker und Humblot, Berlin 1972 (zit. Unternehmenskonzentrationen).

Tehler, Hermann-Josef: Durschnittsatzbesteuerung auch für land- und forstwirtschaftliche Betriebe bei einem Gewerbebetrieb kraft Rechtsform, UR 2005, S. 367–369.

Thietz-Bartram, Jochim: Die umsatzsteuerliche Organschaft auf europarechtlichem Prüfstand, DB 2009, S. 1784–1788.

Tipke, Klaus: Die Steuerrechtsordnung II – Steuerrechtfertigungstheorie, Anwendung auf alle Steuerarten, sachgerechtes Steuersystem, Band 2, 2. Auflage, Otto Schmidt, Köln 2003 (zit. StRO II).

–/Lang, Joachim: Steuerrecht, 18. Auflage, Otto Schmidt, Köln 2005 (zit. *Bearbeiter* in: Tipke/Lang StR 2005).

–/Lang, Joachim/Seer, Roman/Hey, Johanna: Steuerrecht, 21. Auflage, Otto Schmidt, Köln 2013 (zit. *Bearbeiter* in: Tipke/Lang StR 2013).

–/Seer, Roman/Hey, Johanna/Englisch, Joachim: Gestaltung der Steuerrechtsordnung – Festschrift für Joachim Lang, Otto Schmidt, Köln 2010 (zit. *Bearbeiter* in: FS Lang 2010).

Tischler, Frank: Zur umsatzsteuerlichen Organschaft bei Gesellschafteridentität, UR 1985, S. 77–79.

Trinks, Matthias: BFH: Anforderungen an organisatorische Eingliederung bei umsatzsteuerlicher Organschaft – Anmerkung zu BFH, Urteil vom 7.7.2011 – V R 53/10, SteuK 2011, S. 531.

Uhlenbruck, Wilhelm/Hirte, Heribert/Vallender, Heinz: Insolvenzordnung, 14. Auflage, Franz Vahlen, München 2015 (zit. *Bearbeiter* in: Uhlenbruck InsO).

Viegener, Johannes: Die französische Mehrwertsteuer und ihre Tendenzen im Hinblick auf die Harmonisierung der Umsatzsteuern in den EG-Mitgliedstaaten, UR 1990, S. 329–340.

Vogel, Klaus: Die Rechtswirkungen der Unternehmereinheit, Zur Haftung der Gliedgesellschaften für Steuerschulden „der Unternehmereinheit", C.H. Beck, München; Berlin 1966 (zit. Rechtswirkungen der Unternehmereinheit).

Völkel, Dieter/Karg, Helmut: Umsatzsteuer, Finanzen und Steuern Band 2, 14. Auflage, Schäffer-Poeschel, Stuttgart 2007 (zit. Umsatzsteuer 2007).

Völlmeke, Monika: Das Entschließungsermessen beim Haftungsbescheid, DStR 1991, S. 1001–1005.

Wachweger, Dieter: Neuregelung des Umsatzsteuerrechts: Das neue Umsatzsteuergesetz 1980, (Gesetzestext mit Erläuterungen für die Praxis und mit den wichtigsten Vorschriften der neuen Umsatzsteuer-Durchführungsverordnung 1980), Weka, Kissing 1980 (zit. Neuregelung des Umsatzsteuerrechts).

Wagner, Johann/Köhler, Stefan: BFH: Masseverbindlichkeit bei Entgeltvereinnahmung durch Insolvenzverwalter auch bei Sollbesteuerung – Urteilsbesprechung, BB 2011, S. 1507–1511.

Waza, Thomas/Uhländer, Christoph/Schmittmann, Jens M.: Insolvenzen und Steuern, 7. Auflage, Neue Wirtschafts-Briefe, Herne; Berlin 2007 (zit. *Bearbeiter* in: W/U/S Insolvenzen und Steuern).

Weerth, Jan de: Aktuelle insolvenzrechtlich bedingte Problembereiche der Umsatzsteuer, ZInsO 2008, S. 1252–1258.

Weiland, Stefan: Wi(e)der die Privilegierung der öffentlich-rechtlichen Gläubiger, DZWIR 2011, S. 224–233.

Weiß, Eberhard: Anmerkung zum BFH-Urteil vom 14.12.1978 – V R 86/74, UR 1979, S. 81–83.

Westermann, Harm Peter/Grunewald, Barbara/Maier-Reimer, Georg: Erman – Bürgerliches Gesetzbuch, 13. Auflage, Otto Schmidt, Köln 2014 (zit. *Bearbeiter* in: Erman BGB).

Widmann, Werner: Unternehmereigenschaft des „Freizeit"-Unternehmers Besteuerungsgrundlage des Eigenverwendungsverbrauchs im Zeitraum konkreter Nichtnutzung für unternehmerische Zwecke – EuGH Rs. C-230/94 (Anm.), UR 1996, S. 418–422.

Woerner, Lothar: Umsatzsteuer in nationaler und europäischer Sicht, Otto Schmidt, Köln 1990 (zit. *Bearbeiter* in: DStJG 13 (1990)).

Zeidler, Finn: Ausgewählte Probleme des GmbH-Vertragskonzernrechts, NZG 1999, S. 692–698.

Abkürzungsverzeichnis

aA	andere Ansicht(en)
aaO	am angeführten/ angegebenen Ort
ABl	Amtsblatt
Abs	Absatz
Abschn	Abschnitt
abw	abweichend
AcP	Archiv für civilistische Praxis
aE	am Ende
AEUV	Vertrag über die Arbeitsweise der Europäischen Union
AktG	Aktiengesetz
Alt	Alternative(n)
ÄndG	Änderungsgesetz
AO	Abgabenordnung
Art	Artikel
aufg	aufgehoben
Aufl	Auflage
ausf	ausführlich
BayOblG	Bayerisches Oberstes Landesgericht
BayObLGZ	Entscheidungen des BayObLG in Zivilsachen
BB	Betriebs-Berater
Bd	Band
BeckRS	Beck-Rechtsprechung
Begr	Begründung
BFH	Bundesfinanzhof
BFH-PR	Entscheidungen des BFH für die Praxis der Steuerberatung
BFH/NV	Sammlung nicht veröffentlichter Entscheidungen des BFH
BFHE	Entscheidungen des Bundesfinanzhofs
BGB	Bürgerliches Gesetzbuch
BGBl	Bundesgesetzblatt
BGH	Bundesgerichtshof
BGHZ	Entscheidungen des Bundesgerichtshofs in Zivilsachen
BMF	Bundesministerium der Finanzen
bspw	beispielsweise
BStBl	Bundessteuerblatt
BT-Drucks	Bundestagsdrucksache
BVerfG	Bundesverfassungsgericht
BVerfGE	Entscheidungssammlung des Bundesverfassungsgerichts

bzgl	bezüglich
DB	Der Betrieb
diff	differenzieren; differenziert
Diss.	Dissertation
DNotZ	Deutsche Notar-Zeitschrift
DStJG	Deutsche Steuerjuristische Gesellschaft
DStR	Deutsches Steuerrecht
DStZ	Deutsche Steuerzeitung
DZWIR	Deutsche Zeitschrift für Wirtschafts- und Insolvenzrecht
EFG	Entscheidungen der Finanzgerichte
EG	Europäische Gemeinschaft(en)
Einf	Einführung
Einl	Einleitung
EL	Ergänzungslieferung
EStG	Einkommensteuergesetz
EuGH	Europäischer Gerichtshof
EuGHE	Entscheidungssammlung des EuGH
EuR	Europarecht
EuZW	Europäische Zeitschriftschrift für Wirtschaftsrecht
EWG	Europäische Wirtschaftsgemeinschaft
f, ff	folgende, fortfolgende
FG	Finanzgericht
FS	Festschrift
GewStG	Gewerbesteuergesetz
ggf	gegebenenfalls
GmbHG	Gesetz betreffend die Gesellschaften mit beschränkter Haftung
GmbHR	GmbH-Rundschau
GrEStG	Grunderwerbsteuergesetz
HFR	Höchstrichterliche Finanzrechtsprechung
HGB	Handelsgesetzbuch
Hrsg	Herausgabe
idF	in der Fassung
i.V.m	in Verbindung mit
InsO	Insolvenzordnung
IStR	Internationales Steuerrecht
jurisPR-SteuerR	juris Praxis Report-Steuerrecht
Kap	Kapitel
KO	Konkursordnung
krit	kritisch
lit	littera
LStDV	Lohnsteuer-Durchführungsverordnung
m.E.	meines Erachtens/meinem Erachten

mwN	mit weiteren Nachweisen
MwStSystRL	Mehrwertsteuersystem Richtlinie
NJW	Neue Juristische Wochenschrift
Nr	Nummer
nv	nicht veröffentlicht
NVwZ	Neue Zeitschrift für Verwaltungsrecht
NZG	Neue Zeitschrift für Gesellschaftsrecht
NZI	Neue Zeitschrift für das Recht der Insolvenz und Sanierung
OFD	Oberfinanzdirektion
OLG	Oberlandesgericht
ÖStZB	Beilage zur Österreichischen Steuer-Zeitung
öVwGH	Österreichischer Verwaltungsgerichtshof
PrOVG	Preußische Oberverwaltungsgericht
PrOVGE	Entscheidungen des Preußischen Oberverwaltungsgerichts
Red	Redaktion
RegE	Regierungsentwurf
resp	respektive
Rev	Revision
RFH	Reichsfinanzhof
RFHE	Entscheidungssammlung des Reichsfinanzhofs
RGBl	Reichsgesetzblatt
rkr	rechtskräftig
RL	Richtlinie
Rn	Randnummer
Rs	Rechtssache
Rz	Randziffer
Rspr	Rechtsprechung
RStBl	Reichssteuerblatt
Rz	Randziffer
Slg	Sammlung
StBp	Die Steuerliche Betriebsprüfung
SteuerStud	Steuer und Studium
SteuK	Steuerrecht Kurzgefasst
StuW	Steuer und Wirtschaft
teilw	teilweise
u.a	unter anderem
u.U	unter Umständen
UR	Umsatzsteuer-Rundschau
UStAE	Umsatzsteuer-Anwendungserlass
UntStFG	Unternehmenssteuerfortentwicklungsgesetz
UStDB	Umsatzsteuer-Durchführungsbestimmungen
UStG	Umsatzsteuergesetz

UVR	Umsatzsteuer- und Verkehrsteuerrecht
v	vom/von
vgl	vergleiche
Vor	Vorbemerkungen
WRP	Wettbewerb in Recht und Praxis
zust	zustimmend
ZGR	Zeitschrift für Unternehmens- und Gesellschaftsrecht
ZInsO	Zeitschrift für das gesamte Insolvenzrecht
ZIP	Zeitschrift für Wirtschaftsrecht

Kapitel 1: Einführung

A. Einleitung

„Die Bedeutung der sog. Organschaft lag im alten Umsatzsteuersystem ohne Vorsteuerabzug. Mit der Einführung des Vorsteuerabzuges (1968) verlor die Regelung ihre wirtschaftspolitische Rechtfertigung und wurde überflüssig“[1].

Diese klare Aussage *Holger Stadies* über die Organschaft im Umsatzsteuerrecht mag verwundern am Anfang einer Arbeit, die sich zum Ziel genommen hat, die Anwendung der umsatzsteuerlichen Organschaft im nationalen Recht hinsichtlich ihrer Voraussetzungen, Wirkungen und Bedeutung näher zu analysieren.

Das Zitat erfüllt gleichwohl seinen Zweck: Denn tatsächlich ist die Organschaft, die bereits zu Beginn des vorherigen Jahrhunderts ihren Anfang nahm, in unserem heutigen Mehrwertsteuersystem mit Vorsteuerabzugsrecht auf den ersten Blick ein Fremdkörper. Eine Zurechnungs- und Steuerbefreiungsvorschrift für Unternehmer, die das zugrunde liegende Steuersystem grundsätzlich nicht belasten will, sondern nur den endverbrauchenden Konsumenten, scheint wenig Sinn zu machen und insoweit obsolet oder jedenfalls redundant im Mehrwertsteuersystem zu sein. Dementsprechend ist *Stadie* auch nicht der einzige namhafte Kommentator in der einschlägigen Fachliteratur, der die Organschaft dem Verdikt der Bedeutungslosigkeit unterwirft. Auch andere Kommentatoren messen ihr heute *„keine große wirtschaftliche Bedeutung“*[2] *mehr bei oder sprechen ihr in einem „idealen Mehrwertsteuersystem“*[3] die nötige Berechtigung ab.

Trotz dieser seit langem bestehenden Einschätzungen ist die Organschaft im nationalen Recht aber nach wie vor in § 2 Abs. 2 Nr. 2 UStG kodifiziert, und ihre fortwährende Anwendbarkeit wird auch von keinem ihrer Kritiker *de lege lata* in Abrede gestellt. Ihr Nutzen wird – mangels ihrer rechtlichen wie wirtschaftlichen Bedeutung – unter Bezugnahme auf verschiedene legislative Begründungen daher nur noch in einer technischen *Verwaltungsvereinfachung* sowie einer damit einhergehenden Vermeidung unnötiger Verwaltungsarbeit gesehen[4].

Angesichts dieser Auffassungen und ihrer scheinbaren Systemredundanz könnte man zu dem Schluss gelangen, dass die Organschaft auch praktisch kaum noch eine

---

1 *Stadie,* UStG, § 2 Rn. 191.

2 *Korn* in: Bunjes UStG, § 2 Rn. 111; Weiß UR 1980, 51; FG Rheinland-Pfalz v. 12.3.1987 – 3 K 246/86, UR 1988, 196.

3 *Reiß* in: Tipke/Lang StR 2005, § 14 Rn. 133; vgl. ferner *Jakob,* Umsatzsteuer 2009, § 4 Rn. 144; *Scharpenberg* in: Hartmann/Metzenmacher UStG, § 2 Rn. 309 mwN.

4 *Stadie* in: Rau/Dürrwächter UStG, § 2 Rn. 783f; so auch schon *Söhn,* StuW 1975, 1 (5); *Reiß,* StuW 1979, 343 unter Hinweis auf Bericht Finanzausschusses, BT-Drucks. 5/1581, zu § 2 UStG abgedruckt in Plückebaum/Malitzky Band I Teil D 20.

Bedeutung haben kann, sie quasi als vergessenes Relikt eines alten Umsatzsteuersystems von der insoweit überfälligen gesetzgeberischen Bereinigung bislang eher zufällig verschont wurde. Bei einem Blick auf die Anzahl an höchstrichterlichen Entscheidungen in den vergangenen zwei Dekaden und in die Kommentierungen zu § 2 Abs. 2 Nr. 2 UStG in den einschlägigen Fachwerken stellt sich diese Vermutung jedoch schnell als Trugschluss dar: Gerade in den letzten Jahren ist die Anzahl an Entscheidungen zur Umsatzsteuerorganschaft ebenso signifikant gestiegen wie der Umfang ihrer dogmatischen Aufarbeitung in der Jurisprudenz. Dieser Anstieg an juristisch substantiierten Gerichtsentscheidungen fand wiederum ein entsprechendes Echo in den einschlägigen Fachkommentaren und -aufsätzen, so dass (aus heutiger Perspektive) die mitunter wesentlichste dogmatische Durchdringung dieses Instituts in einer Zeit begann, in der die Umsatzsteuerorganschaft systemisch eigentlich ihre Berechtigung bereits verloren haben müsste.

Anders als die Wissenschaft haben die mit der Umsatzbesteuerung und dem entsprechenden Besteuerungsverfahren konfrontierten Unternehmen, aber auch die Finanzverwaltung insoweit also einen Nutzen in der Organschaft ausmachen können, der selbst im heutigen Vorsteuerabzugssystem noch so gewichtig ist, dass für ihn immer öfter der Gang zu den Finanzgerichten und zum Bundesfinanzhof angetreten wird.

Der Nutzen, den Berater und Gestalter steuerlicher Verhältnisse ebenso wie die Finanzverwaltung in der Organschaft ausgemacht haben, mutet jedoch eher skurril und fragwürdig an: Die Berater und Gestalter sehen in der Organschaft insoweit ein Mittel, um die umsatzsteuerlichen Belastungen ihrer Klienten zu verringern[5], was nicht nur vor dem Hintergrund, dass die Umsatzsteuer Unternehmen grundsätzlich nicht belasten will, sonderbar scheint, sondern auch mit der vorgenannten legislativen Zwecksetzung nicht viel gemein hat. Nicht anders verhält es sich mit der entsprechenden Erkenntnis der Finanzverwaltung: Sie nimmt den Eintritt der Insolvenz einer Kapitalgesellschaft zum Anlass, das Vorliegen einer Umsatzsteuerorganschaft zu prüfen, mit der Erwartungshaltung, etwaige Umsatzsteuerausfälle hierrüber zu vermeiden[6].

Dass hinter der Organschaft auch heute noch mehr als nur eine simple Vorschrift zur Verwaltungsvereinfachung stecken muss, zeigt schließlich ihre Etablierung im Unionsrecht nach der Angleichung der europäischen Mehrwertsteuersysteme. Obgleich die Möglichkeit der optionalen Einführung der sog. Mehrwertsteuergruppe ins nationale Recht in den einschlägigen Mehrwertsteuerrichtlinien (wohl) nur auf Betreiben von Deutschland und den Niederlanden berücksichtigt wurde[7], hatten 2009 bereits 14 weitere Länder diese Option im jeweiligen nationalen Recht

5 Vgl. hierzu *Slapio*, DStR 2000, 999.
6 Vgl. OFD Koblenz v. 15.6.2000 – S 0550 A – St 52 3, StEK AO 1977 § 251 Nr. 13.
7 *Stadie* in: Rau/Dürrwächter UStG, § 2 Rn. 788.

genutzt[8]. Rechtspolitisch betrachtet, scheint also eine Nachfrage für dieses Institut zu bestehen, die wohl über eine reine Verwaltungsvereinfachung hinausgehen wird.

Die auf den ersten Blick freilich nachvollziehbare Einschätzung bezüglich des Nutzens der Organschaft in unserem heutigen Mehrwertsteuersystem und seine tatsächliche praktische Entwicklung stehen also in einem Widerspruch zueinander, der sich vordergründig nicht auflösen lässt.

Es ist jedoch nicht allein dieser Widerspruch, der die Organschaft als Objekt für eine wissenschaftliche Aufarbeitung reizvoll erscheinen ließ; hinzu kam vielmehr, dass die dogmatische Durchdringung, die gewiss in den letzten Jahren eine beachtliche Entwicklung nahm, in Teilen immer noch unbefriedigend ist, und das für ein in der praktischen Anwendung so wichtiges Institut in der nicht minder gewichtigen nationalen Umsatzbesteuerung.

Die nachfolgende Untersuchung will daher nicht allein bestimmte Einzelaspekte der Organschaft wie die Vor- und Nachteile für Unternehmen oder die Finanzverwaltung betrachten. Ziel soll stattdessen sein, die Organschaft in ihrem Gesamtkontext des nationalen Rechts zu erfassen und dabei insbesondere auch ihre Wechselwirkungen mit anderen Rechtsgebieten zu analysieren. Die Untersuchung nimmt sich dabei explizit nicht zum Ziel, die in jüngster Zeit mit verstärkter Verve geführte Diskussion um die Unionskonformität der nationalen Organschaft detailliert aufzugreifen. Obgleich dem Autor diesbezüglich bewusst ist, dass die Organschaft nicht ohne ihren unionsrechtlichen Hintergrund analysiert werden kann und darf, sollen die unionsrechtlichen Implikationen auf das notwendige Mindestmaß reduziert werden. Statt sich dieser – mangels umfassender und dogmatisch belastbarer Jurisprudenz – mitunter schwierigen Diskussion zu widmen, soll die Umsatzsteuerorganschaft in ihrer Entwicklung, ihren Einzelvoraussetzungen und ihren Wirkungen auf nationaler Ebene analysiert werden[9].

Dieser Untersuchungsansatz will dabei gewiss nicht die Auseinandersetzung mit dem Unionsrecht vermeiden, sondern den vom Umfang her ohnehin beachtlichen Fokus auf die inner- und außersystemische Komplexität der Organschaft mit anderen konkurrierenden nationalen Kodifikationen lenken. Obgleich die gesetzliche Grundlage der Organschaft in § 2 Abs. 2 Nr. 2 UStG insoweit überschaubar wirkt, sind die tatsächlichen Wechselwirkungen, die die Organschaft innerhalb des nationalen Rechts hervorruft, beachtlich und erfordern eine entsprechende Aufarbeitung und Untersuchung.

Hierzu sind einerseits die systemischen Implikationen und die Entwicklung der Organschaft zu begutachten, um ein Verständnis für ihre Grundidee und den

---

8 Österreich, Belgien, Tschechische Republik, Zypern, Dänemark, Estland, Finnland, Ungarn, Irland, Rumänien, Spanien, Schweden, Slowakei und das Vereinigte Königreich, hierzu Mitteilung der Kommission vom 2.7.2009 KOM (2009) 325, UR 2009, 632.

9 Zu den unionsrechtlichen Implikationen der Umsatzsteuerorganschaft sei auf das Werk von *Hartmann*, Umsatzsteuerorganschaft (2013) verwiesen.

dahinterstehenden Ansatz zu schaffen. Denn erst hiermit werden sich schließlich ihre Voraussetzungen und Wirkungen und ihre Anwendung in Wissenschaft und Praxis analysieren lassen. Hinzu kommen aber anderseits noch ihre passiven wie aktiven Einwirkungen auf außersteuerliche Kodifikationen, die im Rahmen der vorliegenden Untersuchung ebenfalls mit aufgriffen werden sollen. Ihre Beziehungen zum Zivilrecht, die auch in der Jurisprudenz[10] immer wieder zum Thema wurden, werden dabei ebenfalls von besonderer Bedeutung sein.

Im Rahmen dieses zuvorderst nationalen Untersuchungsspektrums sollen aber natürlich auch die unionsrechtlichen Implikationen einfließen, um dem Postulat der Unionsrechtskonformität einen angemessenen Stellenwert in dieser Untersuchung einzuräumen. Diesbezüglich wird sich insbesondere mit der Frage zu beschäftigen sein, inwieweit das Unionsrecht den Rahmen für die nationale Umsetzung vorgibt.

Ziel dieser Untersuchung soll neben der Erarbeitung eines grundlegenden Verständnisses für die Organschaft dabei letztlich auch die Beantwortung der zu Beginn dieses Prologs aufgeworfenen Frage sein. Durch die Auseinandersetzung mit der historischen Entwicklung der Organschaft und ihrer Fortgeltung im veränderten Mehrwertsteuersystem sollen insoweit nicht nur die Grundlagen ihrer Anwendung analysiert werden, sondern auch der Frage nach der Notwendigkeit der Organschaft nachgegangen werden. Insoweit werden ggf. auch die Ergebnisse ihrer dogmatischen Aufarbeitung und ihrer Konsequenzen im nationalen Recht zeigen, ob die Organschaft tatsächlich ihre wirtschaftspolitische Rechtfertigung verloren hat und damit heute überflüssig ist.

B. Darstellung der Untersuchung

Für eine systematische und umfassende Analyse der Organschaft sollen im ersten Kapitel zunächst die formellen wie materiellen Grundlagen der aktuellen Umsatzbesteuerung in gebotenem Maße untersucht werden. Die analytische Darstellung der wesentlichen Aspekte des nationalen Umsatzsteuersystems wie auch seiner unionsrechtlichen Einflüsse bilden insoweit den Rahmen für die Entwicklung eines Grundverständnisses der Besteuerung, vor dessen Hintergrund die Organschaft zu erklären ist. Aus diesem Grundverständnis sollen sich ferner Indikatoren für einen innersystemischen wie auch unionsrechtlichen Prüfungsmaßstab ableiten lassen, an Hand derer die Organschaft gemessen und hinterfragt werden soll. Die Organschaft soll diesbezüglich also nicht isoliert, sondern im Gesamtkontext der Umsatzbesteuerung untersucht werden, die als Grundlage insoweit voranzustellen ist.

Im Anschluss an diese Untersuchung soll im Kapitel 3 sodann die eigentliche Auseinandersetzung mit der Organschaft beginnen. Ihr nahezu fast hundertjähriges Bestehen und die in diesem Zusammenhang aufgeworfene Frage nach ihrer Systemredundanz lenken dabei fast zwangsläufig den Blick auf die geschichtliche

10 Vgl. BFH v. 29.1.2009 – V R 67/07, BStBl II 2009, 1029; *Reiß* in: Reiß/Kraeusel/Langer UStG, § 2 Rn. 112f.

Entwicklung der Organschaft. Auch hierbei soll neben der Entwicklung eines entsprechenden Grundverständnisses ein weiterer Maßstab für die Analyse der einzelnen Voraussetzungen herausgearbeitet werden. Im Nachgang zu diesem historischen Ansatz bietet es sich darüber hinaus an, die unionsrechtlichen Vorgaben näher zu beleuchten und ihre Grundzüge festzuhalten.

Sodann sind die kodifizierten Voraussetzungen der Organschaft zu analysieren. Die Analyse soll sich dabei zunächst den beteiligten Personen der Organschaft widmen und hierbei insbesondere kritisch hinterfragen, warum Organgesellschaften *expressis verbis* auf juristische Personen beschränkt werden; die Belastbarkeit dieser Beschränkung scheint dabei vor dem unionsrechtlichen Hintergrund besonders fraglich zu sein. Im Anschluss sind die Kernelemente der Organschaft zu begutachten, also die finanzielle, wirtschaftliche und organisatorische Eingliederung. Deren Analyse, die insoweit auch das Kernelement dieser Untersuchung darstellen soll, hat sich dabei neben der innersystemischen Dogmatik vor allem auch mit den Wechseleinflüssen aus anderen, zuvorderst zivilistischen Kodifikationen zu beschäftigen und diese zu untersuchen. Hierbei sind solche Beziehungen zu untersuchen, die in der Jurisprudenz zwar angedeutet wurden, bislang aber nicht abschließend geklärt scheinen wie bspw. die Einflussnahme zivilistischer Wertungen auf das Vorliegen der Eingliederungsmerkmale. Aber auch eine etwaige Konnexität der Merkmale untereinander oder deren nur indirekte mittelbare Verwirklichung sollen in diesem Zusammenhang betrachtet werden.

Das anschließende Kapitel soll sich den Wirkungen der Organschaft widmen. Die sich *ipso iure* ergebene Nichtsteuerbarkeit der im Organkreis ausgetauschten Innenleistungen wirft vielerlei Fragen im Zusammenhang mit der Zurechnung von Leistungsbeziehungen, der formalen Position des Steuersubjekts sowie der etwaigen Anrechnung von Zahlungen sowie dessen innerorganschaftlichem Ausgleich auf. Die sich hierbei ergebenden Auswirkungen der Steuerfreiheit auf den Wettbewerb, die insoweit auch bereits Gegenstand von entsprechenden Untersuchungen[11] waren, sollen in dieser Arbeit, um einen angemessenen Umfang zu wahren, jedoch außen vor bleiben und allenfalls am Rande besprochen werden.

Stattdessen werden die Auswirkungen der Umsatzsteuerorganschaft am Beispiel von Insolvenzen und den diesbezüglich mit einhergehenden Haftungsanordnungen untersucht. Hierbei soll zunächst der Blick auf die Haftungsanordnung der Abgabenordnung gelegt werden, die für Organschaften insoweit einen Sonderhaftungstatbestand kennt, der insbesondere bei einer Insolvenz eine signifikante Rolle spielen kann. Vor der eigentlichen Analyse der Auswirkungen des Insolvenzrechts auf den Organkreis wird die Auseinandersetzung mit der allgemeinen Behandlung von Umsatzsteuern in der Insolvenz stehen. Dieses mitunter sehr komplexe Thema ist zur Vorbereitung eines entsprechenden Verständnisses unerlässlich, um im Anschluss die verschiedenen Variationsmöglichkeiten einer Insolvenz im Organkreis zu begutachten.

11 vgl. *Heintzen,* DStR 1999, 1799.

Vor der abschließenden Darstellung der gefundenen Ergebnisse in Thesen soll der Frage nachgegangen werden, wie etwaige Friktionen zwischen der Umsatzsteuerorganschaft und dem Insolvenzrecht gelöst werden könnten. Hierbei wird insbesondere als Mittel ein ggf. anzuerkennendes Optionsrecht bei Eintritt der Organschaft näher zu beleuchten sein.

Kapitel 2: Grundlagen und Systematik im UStG – Organschaft und Unternehmer

A. Einführung

Die Organschaft im Umsatzsteuerrecht[12] wird durch § 2 Abs. 2 Nr. 2 UStG als die nach dem Gesamtbild der tatsächlichen Verhältnisse gegebene finanzielle, wirtschaftliche und organisatorische Eingliederung einer juristischen Person in ein anderes Unternehmen definiert.

Die Regelung zur Organschaft steht dabei in dem für die Umsatzbesteuerung wichtigen[13] § 2 UStG, der entsprechend seiner Überschrift im System der Umsatzbesteuerung die Rolle des Unternehmers regelt. Dass diese Verortung nicht zufällig gewählt ist, Organschaft und Unternehmerbegriff also nicht isoliert voneinander stehen, zeigt die am Beginn des Abs. 1 Nr. 1 angeordnete Rechtsfolge der Organschaft, nach der *„die gewerbliche oder berufliche Tätigkeit [..] nicht selbstständig ausgeübt"* wird, wenn die beschriebenen Eingliederungsmerkmale vorliegen.

Diese ausdrückliche und iterative Verwendung der vorherigen Unternehmerdefinition zeigt: Organschaft bedeutet Nicht–Unternehmerschaft und bildet damit einen geregelten Ausnahmefall zu dem per definitionem weiten Unternehmerbegriff des § 2 UStG.

Als Folge dieser in § 2 UStG erfolgten Verklammerung von umsatzsteuerlicher Organschaft und Unternehmerbegriff soll vor der Analyse der Organschaft zunächst der Status des Unternehmers in der Umsatzsteuer untersucht werden. Denn die vom Gesetz vorgenommene Verbindung beider Institute zeigt, dass Organschaft und Unternehmerschaft im Zusammenhang stehen. Eine ohne Beachtung der wesentlichen dogmatischen Kennzeichen des Unternehmerbegriffs vorgenommene Analyse ließe diese vom Gesetz eindeutig ausgesprochene Verbindung außer Acht und liefe Gefahr, Wertungswidersprüche zu erzeugen oder Lösungen zu entwickeln, die sich mit der Bedeutung des Unternehmers im UStG nicht vertrügen.

Des Weiteren kann die Korrelation zwischen selbstständigem Unternehmer und unselbstständiger Organschaft dazu führen, dass die – doch erheblich umfangreicheren – Erkenntnisse aus der wissenschaftlichen Aufarbeitung und Analyse des Unternehmerbegriffs für die Organschaft genutzt werden können oder sogar genutzt werden müssen, mit Blick auf die vorgenannten Verbindungen beider Institute.

---

12 Soweit nicht anders angegeben, meint „Organschaft" im Nachfolgenden stets die Organschaft im Umsatzsteuerrecht.

13 *Scharpenberg* in: Hartmann/Metzenmacher UStG, § 2 Rn. 1 („Zentralvorschrift des UStG").

Vor der Analyse des § 2 Abs. 2 Nr. 2 UStG und seinen Merkmalen eines unselbstständigen Unternehmers (Organschaft) ist daher zunächst der Unternehmerbegriff und seine Implementierung im UStG zu untersuchen. Hierbei muss freilich die MwStSystRL mit in den Fokus genommen werden, die die Umsatzbesteuerung und ihre Begrifflichkeiten entscheidend prägt.

B. Der Unternehmer des UStG

Die Umsatzsteuer will dem Postulat des § 1 UStG entsprechend alle Lieferungen und sonstigen Leistungen, die ein Unternehmer gegen Entgelt im Rahmen seines Unternehmens ausführt, der Besteuerung unterwerfen.

Die als Oberbegriff[14] anzusehende Leistung muss also von einem Leistenden an einen Leistungsempfänger ausgeführt werden, wobei die jeweilige Rollenverteilung (regelmäßig) durch die dem Austausch zugrunde liegende schuldrechtliche Beziehung determiniert wird[15]. Die formale Wesentlichkeit der Unternehmereigenschaft für die Umsatzbesteuerung wird hier gleich zu Beginn deutlich, denn nur wenn der Leistende diese Eigenschaft in seiner Person aufweist[16], handelt es sich um eine umsatzsteuerbare Leistung. Der Leistungsempfänger braucht diese Eigenschaft nicht aufzuweisen[17], sondern muss vom Leistenden nur personenverschieden sein, da denklogisch niemand an sich selbst leisten kann[18].

Diese den Leistungsbegriff subjektiv ergänzende Funktion[19] des Unternehmers galt innerhalb der Rechtsprechung des BFH lange Zeit als eine sich wechselseitig bedingende Beziehung. Die Leistung musste nicht nur von einem Unternehmer ausgeführt worden sein, um als steuerbare Leistung zu gelten, sondern der Unternehmer musste auch Leistungen gegen Entgelt erbringen, also den Steuertatbestand des § 1 Abs. 1 Nr. 1 UStG verwirklichen, um überhaupt Unternehmer sein zu

---

14 *Probst* in: Hartmann/Metzenmacher UStG, § 1 Rn. 31, soweit nachfolgend nur von „Leistung“ gesprochen wird, sind damit – soweit nicht anders angegeben – grundsätzlich auch Lieferungen gemeint.

15 BFH v. 30.3.2006 – V R 9/03, BStBl II 06, 933 (934); v. 16.3.2000 – V R 44/99, BStBl II 2000, 361; *Oelmaier* in: Sölch/Ringleb UStG, § 1 Rn. 2a.

16 § 2a UStG stellt eine Rechtsfolgenverweisung im Wege einer Fiktion dar, vgl. dazu *Arzberger* in: Hartmann/Metzenmacher UStG, § 2a Rn. 1ff.

17 *Oelmaier* in: Sölch/Ringleb UStG, § 1 Rn. 3f. Vgl. zu den hier nicht weiter interessierenden Tatbestände des UStG, die darüber hinaus die Unternehmereigenschaft des Vertragspartners verlangen, sowie zur Besteuerung von Nichtunternehmern *Blankenheim,* Unternehmerbegriff im Umsatzsteuerrecht, S. 24.

18 EuGH v. 23.3.2006 – Rs. C-210/04 (FCE), UR 2006, 331; BFH v. 11.3.1965 – V 37/62 S, BStBl III 1965, 303f; *Probst* in: Hartmann/Metzenmacher UStG, § 1 Rn. 77.

19 *Scharpenberg* in: Hartmann/Metzenmacher UStG, § 2 Rn. 2.

können[20]. Dieser Wechselbeziehung hat der EuGH[21] mittlerweile eine Absage erteilt und entschieden, dass nicht erst das erstmalige Ausführen von Leistungen den Betroffenen zum Unternehmer macht, sondern allein die objektivierte Absicht, im Rahmen einer wirtschaftlichen Tätigkeit solche Leistungen zu erbringen, ausreicht.

Dennoch gilt auch nach diesem Paradigmenwechsel, dass sich der gesamte Steuertatbestand des § 1 UStG erst durch das Zusammenspiel mit § 2 UStG ergibt und beide Normen nur kumulativ verständlich sind[22].

Als Folge dieser engen Beziehung zwischen Unternehmer und Leistung soll vor der weiteren Auseinandersetzung mit dem Unternehmerbegriff zunächst ein kurzer Rekurs über die Entwicklung der Umsatzsteuer, ihrer Kernprinzipien und des daraus resultierenden Wesens und Systems der Steuer erfolgen. Denn nur wenn diese Prinzipien festgestellt sind, kann eine Auslegung sowohl für den Unternehmerbegriff wie auch für die Organschaft unter Berücksichtigung von Sinn und Zweck des gesamten Regelwerks erfolgen[23].

I. Entwicklung und Wesen der Umsatzsteuer

1. Geschichtliche Entwicklung

Die Umsatzsteuer in Deutschland ist wie in vielen Ländern[24] erstmalig zur Finanzierung von Kriegslasten durch das Reichsstempelgesetz im Wege sog. Warenumsatzstempel eingeführt worden[25]. Das erste Umsatzsteuergesetz folgte am 26. Juli 1918 und sah eine Besteuerung des Umsatzes im heutigen Sinne ab dem 1. August 1918 vor[26].

Zunächst als sog. Bruttoallphasenumsatzsteuer eingeführt, die jeden Umsatz auf jeder Stufe (Allphasen) endgültig belastete, erfuhr die Steuer im Jahr 1967 basierend auf der vom EWG-Vertrag vom 25. März 1953 vorgesehenen Harmonisierung der indirekten Steuern in den Mitgliedsstaaten und der Umsetzung der dazu erlassenen Richtlinien[27] ihre bislang wesentlichste und bis heute gültige Reformation: die Einführung der sog. Allphasennettoumsatzsteuer mit Vorsteuerabzugsrecht[28].

---

20 So explizit BFH v. 6.5.1993 – V R 45/88, BStBl II 1993, 564 (565).

21 EuGH v. 29.2.1996 – Rs. C-110/94 (INZO), EuGHE 1996, I-857 (877), dieser Auffassung folgt der BFH nach Vorlage an den EuGH (Rs. C-396/98) seit dem Urteil vom 22.2.2001 – V R 77/96, BStBl II 2003, 426 (428f.).

22 hierzu BFH v. 9.9.1993 – V R 63/89, BFH/NV 1994, 589; v. 6.5.1993 – V R 45/88, BStBl II 1989, 122 (124); *Scharpenberg* in: Hartmann/Metzenmacher UStG, § 2 Rn. 2 mwN und Rn. 15 (vgl. hier auch die geschichtliche Entwicklung der Norm).

23 vgl. *Söhn*, StuW 1975, 1 (2).

24 Neben Deutschland führten auch Frankreich, Belgien und Italien die Umsatzsteuer zur Kriegsfinanzierung ein, vgl. mwN. *Fischer*, Umsatzsteuer und Grundrechte, S. 42.

25 Gesetz v. 26.6.1916, RGBl 16, 639.

26 RGBl 1918, 775.

27 RL 67/227/EWG, ABl 67, 1301; RL 67/228/EWG, ABl 67, 1303 zur Harmonisierung der Rechtsvorschriften der Mitgliedstaaten über die Umsatzsteuer.

28 BGBl I 1967, 545.

Die Reformierung der nationalen Umsatzsteuer war durch die Vermeidung wettbewerbsverzerrender Steuerkaskaden und der Verbesserung des zwischenstaatlichen Wirtschaftsverkehrs motiviert[29] und sollte der Verwirklichung des gemeinsamen Binnenmarktes Vorschub leisten.

Nach Einführung dieses *„gemeinsamen Mehrwertsteuersystems“* entstand die Steuer zwar immer noch auf jedem Umsatz in Höhe des vereinbarten (Netto-) Entgeltes. Allerdings konnte ein Unternehmer – ähnlich der zuvor schon in Frankreich praktizierten Umsatzsteuererhebung[30] – die von ihm bezahlte Umsatzsteuer für Eingangsleistungen als Vorsteuer in Abzug bringen. Eine Zahlschuld trat daher nur insoweit ein, wie die vereinnahmte Ausgangsumsatzsteuer die vom Unternehmer bezahlten, aber abziehbaren Eingangsumsatzsteuern überstiegen. Die den Unternehmer treffende Steuerlast entstand mit Blick auf sein Entgelt folglich nur in Höhe des auf jeder Stufe erzielten Mehrwertes und wurde damit fraktioniert durch eine ständige, interunternehmerische Überwälzung der Lasten an den Staat abgeführt.

Am Ende dieser Kette von mehrwertschaffenden Vorgängen stand dann der Verbraucher oder Leistungskonsument, der mangels Unternehmereigenschaft und Vorsteuerabzugsrecht mit der Umsatzsteuer endgültig belastet wurde. Mit Erreichung dieser letzten Leistungsstufe kam es daher auch erst zu einer endgültigen Steuereinnahme für den Fiskus.

2. Charakteristika der Umsatzsteuer

Der BFH konstatierte 1973 im Zusammenhang mit der Umsatzsteuer, *dass „die meisten Verkehrssteuern einschließlich der Umsatzsteuer [..] keinen tieferen Sinn [haben] als den, dem Staat Geld zu bringen“*[31].

Unabhängig davon, dass (wohl) die meisten Steuergesetze als sog. Fiskalzwecknormen[32] zur Deckung des Finanzbedarfes des Staates zu klassifizieren sind, hilft diese ansonsten überraschend klare Feststellung zunächst wenig, wenn es um die Anwendung und Auslegung der Normen des Umsatzsteuergesetzes geht.

Die funktionale Ausgestaltung des heutigen UStG 2005 folgt noch immer dem System der Überwälzung der Steuerlasten zwischen den Unternehmern und der endgültigen Steuertragung durch den die Leistung konsumierenden, regelmäßig als Verbraucher auftretenden Endabnehmer. Von ihrem materiellen Gehalt her betrachtet, ist die Umsatzsteuer daher einer Einzelhandelssteuer ähnlich[33], die jedoch aus Praktikabilitätsgründen und zur Minimierung von Steuerausfällen nicht

29 BT-Drucks. 4/1590, 25; Bericht zu BT-Drucks. 5/1581.
30 Dazu *Klenk* in: Sölch/Ringleb UStG, Einf. Rn. 2.
31 BFH v. 8.11.1972 – II B 24/72, BStBl II 1973, 94 (96).
32 *Lang* in: Tipke/Lang StR 2005, § 4 Rn. 19.
33 *Blankenheim,* Unternehmerbegriff im Umsatzsteuerrecht, S. 7.

beim steuerbelasteten Konsumenten, sondern beim steuerpflichtigen Unternehmer erhoben wird und damit indirekt wirkt[34].

Die Umsatzsteuer erfasst die Kaufkraft des Konsumenten am Markt[35]. Die Höhe des eingesetzten Einkommens am Markt wird dabei als Indikator für die nach dem Grundsatz der Steuergerechtigkeit erforderliche Besteuerung nach der Leistungsfähigkeit des Einzelnen gesehen[36].

Zwangsläufig unberücksichtigt bleibt dabei gleichwohl – ohne dies näher thematisieren zu wollen –, dass durch diese rein objektive Steuer subjektive Gegebenheiten des einzelnen Konsumenten außen vor bleiben und bspw. ein niedriges, vollständig zur Deckung des notwendigen Bedarfs verwendetes Vermögen, relativ gesehen stärker mit Umsatzsteuer belastet wird als ein hohes Vermögen, aus dem zinstragende Spareinlagen gebildet werden können[37].

Die Umsatzsteuer erscheint folglich als eine Objektsteuer, die an den Umsatz als Besteuerungsobjekt, ohne Berücksichtigung der persönlichen Verhältnisse der Steuertragenden geknüpft ist[38].

a) Steuerart

In Folge der Anknüpfung an den Umsatzvorgang kam bereits früh nach ihrer Einführung durch das UStG 1918 die Frage auf, ob es sich bei der Umsatzsteuer um eine auch den nicht konsumtiven Leistungsaustausch belastende Verkehrsteuer oder eine allgemeine Verbrauchsteuer handelt[39].

Obgleich der praktische Wert dieser sehr intensiv geführten Diskussion nicht ganz zu Unrecht in Zweifel gezogen worden ist[40], ist doch die Einordnung für die materiell richtige (nicht nur wissenschaftliche) Anwendung der Umsatzbesteuerung nicht zu unterschätzen[41].

Bei näherer Betrachtung des der Umsatzbesteuerung unterworfenen Vorgangs verleitet die rein technische Beziehung des Leistungsaustausches[42] zwar ebenso zur Annahme einer Verkehrsteuer wie die fehlende Zugehörigkeit zu den Verbrauchsteuern im Sinne der AO. Dies allein führt jedoch allenfalls zu der Annahme einer

---

34 *Birkenfeld* in: Hartmann/Metzenmacher UStG, S.7; *Englisch* in: Tipke/Lang StR 2013, § 17 Rn. 11f.

35 BVerfG v.10.11.1999 – 2 BvR 2861/93, BStBl II 2000, 160 (161).

36 *Ruppe*, öUStG 2005, Einf. Rn. 38; *Tipke*, StRO II, S. 967 (981); diff. *Kirchhof*, UR 2002, 543f.

37 *Tipke*, StRO II, S. 967 (968), *Jakob*, Umsatzsteuer 2009, § 1 Rn. 9; *Blankenheim*, Unternehmerbegriff im Umsatzsteuerrecht, S. 9.

38 BFH, v. 28.9.1993 – V B 90/93, BFH/NV 1994, 206; *Völkel/Karg*, Umsatzsteuer 2007, S. 5.

39 dazu *Lang* in: Tipke/Lang StR 2005, § 2 Rn. 29.

40 *Klenk* in: Sölch/Ringleb UStG, Einf. Rn. 11.

41 vgl. EuGH v. 29.2.1996 – Rs. C-215/94; EuZW 1996, 239; BVerfG v. 10.11.1999 – 2 BvR 2861/93, BStBl II 2000, 160 (161f.).

42 vgl. dazu *Weiß* in: DStJG 7 (1984), S. 351 (355, 358) unter Verweis auf BFH v. 7.5.1981 – V R 47/76, BStBl II 1981, 495.

Verkehrsteuer im gesetzestechnischen Sinne[43] und vernachlässigt insoweit die Unterscheidung zwischen technischem Steuerobjekt und dem Steuergut. Die Steuertypologie, der Steuerartenvergleich und die Gesetzesauslegung richten sich jedoch nach dem Steuergut[44]. Bei der Umsatzsteuer leitet sich dieses aus der Kaufkraft des Konsumenten am Markt und dem dort eingesetzten Einkommen, sprich dem Verbrauch ab.

Dementsprechend gehen die überwiegende Literatur und die Rechtsprechung davon aus, dass die Umsatzsteuer als Verbrauchsteuer aufzufassen ist[45].

Art. 1 Abs. 2 der MwStSystRL spricht schließlich explizit von der Mehrwertsteuer als Verbrauchsteuer, und auch der EuGH geht in ständiger Rechtsprechung – allerdings im Zusammenhang mit der Neutralität der Umsatzsteuer – davon aus, dass es sich um eine Verbrauchsteuer handelt, was er insbesondere durch den dem Unternehmer gewährten Vorsteuerabzug verwirklicht sieht[46].

Der demnach anzunehmende Verbrauchsteuercharakter der Umsatzsteuer betrifft dabei nicht nur die begriffliche Zuordnung, sondern die Auslegung des Gesetzes insgesamt. Während Verkehrssteuern zivilrechtsorientiert interpretiert werden[47], muss die Umsatzsteuer verbrauchsteuerorientiert ausgelegt werden. Der Zweck der Besteuerung, die Belastung des Endverbrauchs, ist bei einer Gesetzesauslegung daher stets angemessen zu berücksichtigen[48].

b) Wettbewerbsneutralität der Umsatzsteuer

Trotz des Verbrauchsteuercharakters, dem Postulat der Endverbrauchbelastung und der Möglichkeit des Vorsteuerabzugs ist die Umsatzsteuer für den Unternehmer nicht zwangsläufig neutral.

Unabhängig davon, dass es zu Reflexwirkungen auf den Absatz eines Unternehmens bei Steueranpassungen und einer damit einhergehenden Kaufkraftveränderung seiner Abnehmer kommen kann[49], beeinflusst die Umsatzsteuer jedenfalls dann den unternehmerischen Wettbewerb, wenn sie nicht neutral ausgestaltet ist. So lag der grundlegenden Systemumstellung auf das Allphasennettosystem durch das

---

43 *Robisch* in: Bunjes UStG, Einf. Rn. 25, *Ruppe,* öUStG 2005, Einf. Rn. 37.

44 *Reiß* in: Tipke/Lang StR 2005, § 14 Rn. 8.

45 Vgl. BFH v. 23.11.2000 – V R 49/00, BStBl II 2001, 266 (267); detailliert *Schaub,* Unternehmerbegriff, S. 125, ferner mwN *Englisch* in: Tipke/Lang StR 2013, § 17 Rn. 10.

46 vgl. EuGH v. 18.12.1997 – Rs. C-384/95 (Landboden Agrardienste) EuGHE 1997, I-7387 (7404); v. 4.10.1995 – Rs. C-291/92 (Armbrecht), IStR 1995, 534.

47 *Jakob,* Umsatzsteuer 2009, S. 3f; vgl. ferner zum GrEStG *Fischer* in: Boruttau GrEStG, Vor. § 1 Rn. 227.

48 vgl. BVerfG v. 29.10.1999 – 2 BvR 1264/90, BStBl II 2000, 155 (157), BVerfG v. 10.11.1999 – 2 BvR 2861/93, BStBl II 2000, 160 (161f.).

49 Dabei handelt es sich jedoch um keine echte steuerliche Unternehmensbelastung, da auch bspw. Veränderungen der Einkommensteuer Auswirkung auf den Konsum haben können, vgl. *Tipke,* StRO II, S. 1007 sowie *Reiß* in: Tipke/Lang StR 2005, § 14 Rn. 3, der von einer „Banalität“ spricht.

UStG 1967 neben der europäischen Harmonisierung der Umsatzsteuer insbesondere die Beseitigung der erwähnten Steuerkaskaden zu Grunde, die auch das BVerfG als wettbewerbsverzerrend rügte[50].

Die vor der Einführung herrschende Allphasenbruttosteuer führte dazu, dass ein Mehr an Handelsstufen eine entsprechende Vielzahl von steuerpflichtigen Zwischenumsätzen nach sich zog und den vom Abnehmer zu leistenden Endpreis somit erhöhte. Konzerne und andere zu Gesellschaftskonzentrationen fähige Unternehmer konnten diesen Umstand im Wettbewerb für sich nutzbar machen, indem sie mittels vertikalen Unternehmenszusammenschlüssen und Organschaften Handelsstufen ausschalteten, damit eine Minderung der Umsatzsteuerlast erreichten und so Wettbewerbsvorteile gegenüber ihren unverbundenen Konkurrenten erzielten.

Mit der Systemumstellung und der Einführung des Vorsteuerabzugs versuchte der Gesetzgeber diesen systemischen Fehler durch die Abschaffung des unternehmerischen Kostenfaktors „*Umsatzsteuer*" zu beseitigen[51].

Diese Kostenneutralität und damit die letztliche Tragung der Steuer durch den Verbraucher liegt als grundlegendes Prinzip nach der Rechtsprechung des EuGH[52] auch der MwStSystRL und den ihr vorhergehenden Richtlinien zugrunde, die insoweit explizit die Vermeidung der Verfälschungen von Wettbewerbsbedingungen in ihren Präambeln aufführen. Die Neutralität der vereinheitlichten Mehrwertsteuer ist jedoch bei genauer Betrachtung nur der Oberbegriff[53] oder die Folge konkreter Merkmale, durch die der EuGH die Mehrwertsteuer gekennzeichnet sieht. So gelten, neben der Tragung der Steuer durch den Verbraucher und der Ermöglichung des Vorsteuerabzugs zur Entlastung des Unternehmers, die Erhebung der Mehrwertsteuer auf jeder Erzeuger- oder Vertriebsstufe, die Proportionalität zur Leistung und die Allgemeinheit ihres Anfalls zu den grundlegenden Merkmalen der harmonisierten Mehrwertsteuer[54].

Die (Wettbewerbs-)Neutralität lässt sich ferner an den Bestimmungen zum Außenhandel erkennen. Durch die Etablierung der Allphasennettoumsatzsteuer mit Vorsteuerabzug wurde erstmals die Voraussetzung geschaffen, einen *exakten Grenzausgleich* beim Export zu ermöglichen, bei dem der Exportumsatz steuerfrei bleibt (§ 4 Nr. 1 UStG) und der Vorsteuerabzug gleichwohl gegeben ist (§ 15 Abs. 3 UStG)[55]. Durch die nationale steuerliche Entlastung der Exportwaren bei gleichzeitiger Belastung mit der im Bestimmungsland üblichen Umsatzsteuer

---

50 BVerfG v. 20.12.1996 – 1 BvR 320/57, 1 BvR 70/63, BVerfGE 21, 12f.

51 BT-Drucks. 4/1590, 16f; ferner BT-Drucks. 5/1581, 2.

52 EuGH v. 14.2.1985 – Rs. 268/83 (Rompelmann), EuGHE I-1985, 655 (664), v. 29.2.1996 – Rs. C-110/94 (INZO), EuGHE 1996, I-857 (877).

53 *Klenk* in: Sölch/Ringleb UStG, Einf. Rn. 9f.

54 vgl. EuGH v. 26.6.1997 – Rs. C-370/95 (Careda SA) EuGHE 1997, I-3721; v. 3.10.2006, Rs. – C-475/03 (Bancapopolare di Cremona), EuGHE 2006, I-9373.

55 *Englisch* in: Tipke/Lang StR 2013, § 17 Rn. 18.

(*„Bestimmungslandprinzip“*) wird die Exportwirtschaft von steuerlichen Vorbelastungen freigestellt und damit eine steuerliche Wettbewerbsverzerrung vermieden[56].

Die Neutralität der Umsatzbesteuerung, ob nun in der Form eines Wettbewerbsgebots, als Privileg der Unternehmerentlastung oder in anderer Gestalt ist für die weitere Begutachtung des Unternehmers ebenfalls zu berücksichtigen.

3. Verhältnis zum Unionsrecht

Das seit 1967 anzuwendende Umsatzsteuerrecht basiert auf dem (nunmehr) in Art. 113 AEUV niedergelegten Harmonisierungsauftrag der Rechtsvorschriften über die Umsatzsteuern, den Verbrauchsabgaben und anderen indirekt wirkenden Steuern. Der Binnenmarkt, dessen Verständnis insoweit für die Auslegung wesentlich ist, umfasst nach Art. 26 AEUV einen Raum ohne Binnengrenzen, in dem der freie Verkehr von Waren, Personen, Dienstleistungen und Kapital gemäß den Bestimmungen der Verträge gewährleistet ist.

Obgleich die Rechtsgrundlagen für die Erhebung der nationalen Umsatzsteuer natürlich immer noch das UStG und die aufgrund gesetzlicher Ermächtigung nach § 26 Abs. 6 UStG erlassene UStDV sind, hat das Unionsrecht über die MwStSystRL – als jüngste nach Art. 288 Abs. 3 AEUV erlassene Harmonisierungsrichtlinie für das gemeinsame Mehrwertsteuersystem[57] – maßgeblichen Einfluss auf die Anwendung der umsatzsteuerlichen Vorschriften.

So ist nach der Rechtsprechung des EuGH[58] und der (ganz) herrschenden Meinung[59] im Schrifttum Art. 288 Abs. 3 AEUV derart zu interpretieren, dass hieraus nicht nur die formale Grundlage für den Erlass von Richtlinien der zuständigen Organe folgt, sondern auch, dass diese Vorschrift – angereichert um den Aspekt der Unionstreue – die nationalen Gerichte der Mitgliedstaaten verpflichtet, nationales Recht richtlinienkonform auszulegen. Nach der Rechtsprechung des EuGH sind die Gerichte gehalten, stets *„[...] im Lichte des Wortlautes und des Zwecks der [jeweiligen] Richtlinie [..]“*[60] und unter *„voller Ausschöpfung des Beurteilungsspielraums den [..] das nationale Recht einräumt, in Übereinstimmung mit den Anforderungen des Gemeinschaftsrechts“*[61], das eigene mitgliedsstaatliche Recht auszulegen.

Diese Auslegung des Rechts stellt eine besondere Kategorie der Gesetzesinterpretation dar, die sich (wohl) am ehesten noch mit der verfassungskonformen Interpretation vergleichen lässt, obgleich sie nicht dem Normerhalt dient, sondern den

---

56 *Heidner* in: Bunjes UStG, § 4 Nr. 1 Rn. 1.

57 ABl EG Nr. L 347/1.

58 EuGH v. 10.4.1984 – Rs. 14/83 (von Colson und Kamann), EuGHE 1984, I-1891; v. 10.4.1984 – Rs. 79/83 (Harz), EuGHE 1984, I-1921; v. 15.5.1986– Rs. 222/84 (Johnston), EuGHE 1986, I-1651; mwN *Ruffert* in: Callies/Ruffert AEUV, Art. 288 Rn. 7.

59 vgl. *Brechmann*, Richtlinienkonforme Auslegung, S. 247ff.

60 EuGH v. 10.4.1984 – Rs. 14/83 (von Colson und Kamann) EuGHE 1984, I-1891.

61 EuGH v. 10.4.1984 – Rs. 79/83 (Harz), EuGHE 1984, I-1921.

Rechtsanwender verpflichtet, sich an vorrangigem Recht und an der Vermeidung innerstaatlicher Konflikte zu orientieren[62].

Die richtlinienkonforme Auslegung umsatzsteuerlicher Normen verlangt nicht nur eine Orientierung an Einzelbestimmungen der MwStSystRL, sondern nimmt vor allem ihren Sinn und Zweck und ihre grundsätzliche Systematik in Bezug[63].

Dieser auch vom EuGH[64] verfolgte systematisch-teleologische Ansatz erklärt sich – zumindest für den Bereich der Richtlinieninterpretation – u.a. daraus, dass Art. 288 Abs. 3 AEUV gerade nur das Ziel, aber nicht das dahin führende Mittel vorgibt. Dies führt dazu, dass das vom jeweiligen Mitgliedstaat gewählte Mittel nur an dem übergeordneten Ziel gemessen werden kann. Allerdings ist in diesem Zusammenhang einschränkend zuzugestehen, dass die Zielvorgaben der MwStSystRL über die bloße Funktion einer Grundsatzgesetzgebung hinausgehen und das Mittel *„Umsetzungsspielraum"* insoweit nur noch sehr eingeschränkt vorhanden ist[65].

Ferner erklärt sich der Ansatz aus den nur schwerlich gangbaren grammatischen wie historischen Auslegungen als mögliche Alternativen. Die grammatische Auslegung zieht sich in Folge der Mehrsprachigkeit auf einen systematisch-teleologischen Ansatz zurück[66], und der historischen Betrachtung ist angesichts des den Entstehungsgeschichten der Richtlinien zugrundeliegenden Kompromisscharakters und des unterschiedlichen Vorverständnisses ebenfalls nur wenig Verbindlichkeit beizumessen[67].

Es zeigt sich somit, dass bei der weiteren Begutachtung nicht nur die vom Unionsrecht getragenen Grundprinzipien des Verbrauchsteuergedankens und der Neutralität der Umsatzsteuer über die richtlinienkonforme Auslegung in die Analyse einzubeziehen sind. Vielmehr sind auch die weiteren Ziele der MwStSystRL, die sich in Folge der Detailliertheit ihrer konkreten Vorgaben in den materiellen Inhalten wiederfinden, zu berücksichtigen.

4. Zwischenergebnis

Bei der Umsatzsteuer handelt es sich um eine Verbrauchsteuer, die an das Objekt des Umsatzes gebunden ist. Ihre Prägung führt zu einer verbrauchssteuerlichen Auslegung, bei der die Vorgaben des Unionsrechts, insbesondere in Form der MwStSystRL zu berücksichtigen sind. Das Gebot der Neutralität der Besteuerung für den Unternehmer ist dabei besonders zu beachten.

---

62 *Probst* in: DStJG 13 (1990), S. 137 (139); *Ruffert* in: Callies/Ruffert AEUV, Art. 288 Rn. 77.

63 *Probst* in: DStJG 13 (1990), S. 137 (142); *Blankenheim,* Unternehmerbegriff im Umsatzsteuerrecht, S. 36.

64 EuGH v. 17.11.1983 – Rs. 292/82 (Merck), EuGHE I-3781 (3792).

65 *Ruppe,* öUStG 2005, Einf. Rn. 21.

66 *Cremer* in: Callies/Ruffert EUV, Art. 55 Rn. 4.

67 *Blankenheim,* Unternehmerbegriff im Umsatzsteuerrecht, S. 37.

II. Der Unternehmer in der Umsatzsteuer

Nach § 2 Abs. 1 Satz 1 UStG ist Unternehmer, wer eine gewerbliche oder berufliche Tätigkeit selbstständig ausübt. Gewerblich oder beruflich ist dabei jede nachhaltige Tätigkeit zur Erzielung von Einnahmen, auch wenn die Absicht Gewinn zu erzielen fehlt oder eine Personenvereinigung nur gegenüber ihren Mitgliedern tätig wird (§ 2 Abs. 1 Satz 3 UStG).

Anders als andere Steuergesetze zeigt die Definition des § 2 Abs. 1 Satz 1 UStG zunächst auffällig, dass es für die Steuerunterwerfung nicht auf das Vorliegen einer bestimmten Unternehmens- oder Rechtsform ankommt, sondern auf die Entfaltung der insoweit näher definierten unternehmerischen Tätigkeit. Es spielt keine Rolle, ob der Tätige als natürliche Person, Personenvereinigung oder juristische Person am Rechtsverkehr teilnimmt, solange seine Tätigkeit nur die in § 2 Abs. 1 UStG definierten Merkmale erfüllt[68].

Es hängt somit allein von dem Vorliegen der in § 2 Abs. 1 UStG aufgezählten Tatbestandsmerkmale der gewerblichen oder beruflichen Tätigkeit, der Nachhaltigkeit, der Einnahmeerzielungsabsicht sowie der Selbstständigkeit ab, ob eine Person oder ein Gebilde Unternehmer ist oder nicht.

1. Bedeutung der gewerblichen oder beruflichen Tätigkeit

Dabei stellt sich gleich zu Beginn der Auseinandersetzung mit den einzelnen Tatbestandsmerkmalen die Frage nach der in den Sätzen 1 und 3 des § 2 Abs. 1 UStG gewählten eigenwilligen Gesetzestechnik und der Konstruktion der dort verwendeten Definitionen.

Die in Satz 1 erfolgte Unternehmerdefinition einer *„gewerblichen oder beruflichen"* Tätigkeit wird bei reiner Wortlautbetrachtung durch Satz 3 nämlich direkt zur Makulatur, wenn hier nun die gewerbliche oder berufliche Tätigkeit erneut definiert wird als jede *„nachhaltige Tätigkeit zur Erzielung von Gewinnen"*.

Es scheint daher, als könne die Definition in den Sätzen 1 und 3 verkürzt darauf lauten, dass *„Unternehmer ist, wer eine nachhaltige Tätigkeit zur Erzielung von Einnahmen selbstständig ausübt"*, und die Tatbestandsmerkmale *„gewerblich und beruflich"* redundant sind und gestrichen werden könnten[69].

Dies würde nahelegen, dass es für die Unternehmereigenschaft alleine darauf ankäme, dass die zugrunde liegende Tätigkeit die Merkmale *„Einnahmeerzielung"* und *„Nachhaltigkeit"* aufweist, die dann gleichzeitig eine gewerbliche oder berufliche Tätigkeit bedeuteten. Daher sollen zunächst diese Merkmale untersucht werden, bevor der Frage nach der Redundanz der anderen Merkmale nachgegangen wird.

---

68 *Stadie* in: Rau/Dürrwächter UStG, § 2 Rn. 82; *Englisch* in: Tipke/Lang StR 2013, § 17 Rn. 35.

69 So BFH v. 30.10.1962 – V 90/60, HFR 1963, 188; v. 12.4.1962 – V 21/60 U, BStBl. III 1962, 262 (263); v. 13.4.1961 – V 94/54, HFR 1961, 262 (263); vgl. ferner *Lechner* in: DStJG 13 (1990), S. 39 (41): Tatbestandsmerkmale „überflüssig" und „irreführend".

a) *Merkmal der Einnahmeerzielung*

Die vom UStG verlangte Einnahmeerzielungsabsicht wirkt auf den ersten Blick jedoch ebenfalls widersprüchlich, wenn direkt im Anschluss an den Satz 3 die Gewinnerzielungsabsicht für nicht relevant erklärt wird. Diese anscheinende Widersprüchlichkeit basiert jedoch auf einer umgangssprachlichen Nivellierung der Begrifflichkeiten „*Einnahme*" und „*Gewinn*". Einnahmen sind lediglich Vermögensmehrungen durch den Zugang von Geld oder geldwerten Sachgütern[70], ohne dass dabei ein Gewinn, also ein Überschuss von Einnahmen vor Ausgaben entstehen muss.

Die verlangte Tätigkeit zur Erzielung von Einnahmen bedeutet daher zunächst nichts anderes, als dass Umsätze gegen Entgelt ausgeführt werden (§ 1 Abs. 1 Nr. 1 Satz 1 UStG)[71].

Das ausschließliche Abstellen auf die Ausführung von Umsätzen ohne Beachtung etwaiger Gewinnintentionen ist dabei nicht nur eine Konsequenz der dem Umsatzsteuerrecht zugrunde liegenden Verbrauchsteueridee[72], sondern soll gleichzeitig die Abgrenzung und Unabhängigkeit der Umsatzsteuer von den Wertungen anderer (steuerlicher) Gesetze zeigen.

So muss das Ausführen von Umsätzen auch dann positiv festgestellt werden, wenn es sich bei dem Tätigen um eine Kapitalgesellschaft handelt, die ertragsteuerlich stets als Gewerbebetrieb (§ 8 Abs. 2 KStG) und handelsrechtlich als Kaufmann (§ 6 HGB) gilt. Das Umsatzsteuergesetz kennt in diesem Zusammenhang, ebenso wie die MwStSystRL, nicht die Qualifikation zum Unternehmer kraft Rechtsform, sondern verlangt auch von Kapitalgesellschaften, dass sie Umsätze im Sinne des UStG ausführen[73].

Das Ausführen von Umsätzen bedeutet für den Unternehmer, dass er eine Tätigkeit ausüben muss, deren Zweck sich auf den Erhalt einer gewollten, erwarteten oder zu erwartenden Gegenleistung richtet[74]; er muss also letztlich eine Leistung gegen Entgelt im Sinne des § 1 Abs. 1 Nr. 1 Satz 1 UStG erbringen wollen[75].

aa) Notwendigkeit subjektiver Elemente

Die Leistung gegen Entgelt (nach § 1 Abs. 1 Nr. 1 Satz 1 UStG) und die Tätigkeit zur Erzielung von Einnahmen (nach § 2 Abs. 1 Satz 3 UStG) scheinen sich folglich nur insoweit zu unterscheiden, als dass der ersten Alternative ein objektivierter

---

70 vgl. dazu *Ruppe*, öUStG 2005, § 2 Rn. 56.

71 BFH v. 6.5.1993 – V R 45/88, BStBl II 1993, 564 (565); v. 19.5.1988 – V R 115/83, BStBl II 1988, 916 (918f.); v. 20.1.1988 – X R 48/81, BStBl II 1988, 557 (558); vgl. ferner mwN *Stadie* in: Rau/Dürrwächter UStG, § 2 Rn. 194.

72 *Englisch* in: Tipke/Lang StR 2013, § 17 Rn. 44f; *Lechner* in: DStJG 13 (1990), S. 39 (43).

73 *Stadie* in: Rau/Dürrwächter UStG § 2 Rn. 195; *Scharpenberg* in: Hartmann/Metzenmacher UStG, § 2 Rn. 106.

74 BFH v. 7.5.1981 – V R 47/76, BStBl II 1981, 495 (496).

75 vgl. dazu *Christoph Klose*, Begriff des Unternehmers, S. 46.

und der zweiten ein subjektivierter Leistungsaustausch zugrunde liegt, der durch die Formulierung *„zur Erzielung“* auf die Absichten des Unternehmers abstellt. Die Notwendigkeit eines solchen Motivs beim Unternehmer scheint sich dadurch zu verstärken, dass nach einer Entscheidung des BFH[76] die reine Kausalität zwischen Leistung und Entgelt auch bei § 1 UStG nicht ausreichend sein soll, sondern noch eine besondere (subjektive) Zweckbeziehung im Sinne einer *„inneren Verknüpfung“* kumulativ vorliegen müsse. Auch die Rechtsprechung des EuGH[77] könnte hierfür streiten, ließ dieser doch die angemeldete und objektivierte Absicht der Einnahme- oder Leistungserzielung ausreichen, um eine unternehmerische Tätigkeit anzunehmen.

bb) Kausale Leistungsverknüpfung

Eine solche konstituierende Annahme eines speziellen Motivs für den Leistungsaustausch widerspricht jedoch dem Verbrauchsteuergedanken des Umsatzsteuerrechts. Das Gesetzesziel einer umfassenden Besteuerung des konsumtiven Verbrauchs kann nur dann erreicht werden, wenn unabhängig von den primären Motivationen des Tätigen der Vorgang von kausaler Leistung und Gegenleistung besteuert wird[78]. Zwar wird ein solcher Vorgang gleichzeitig ein Indiz für eine entsprechende Absicht darstellen[79], doch kann umgekehrt allein die Absicht der Einnahmeerzielung, die objektiv aussichtlos ist, nicht ausreichend sein, um eine Besteuerung auszulösen[80].

Auch die oben genannte Rechtsprechung des EuGH kommt bei genauerer Betrachtung zu diesem Schluss. Allerdings verlagert der EuGH die den Unternehmerstatus begründende Tätigkeit vor und lässt eine nur entsprechend nachweisbare Absicht ausreichen, um die Vorsteuerneutralität als übergeordnetes Ziel der MwStSystRL zu gewährleisten. Die Absicht erhob er dabei jedoch nicht zu einem konstituierenden Merkmal der unternehmerischen Tätigkeit, sondern sah in den ersten vorsteuerbelasteten Umsätzen bereits die noch auszuführende kausale Verknüpfung von Leistung und Gegenleistung verwirklicht.

Auch der BFH hat eine Abkehr von etwaigen Motivationen des potenziellen Unternehmers eingeleitet und weist nunmehr klarstellend darauf hin, dass keine *„Finalität“* des (Leistungs-) Handelns in dem Sinne erforderlich ist, dass der Leistende leistet, um (subjektiv) eine Gegenleistung zu erhalten[81]. Die oben genannte Auffassung im Urteil vom 7. Mai 1981[82] solle nur den Regelfall eines

76 BFH v. 7.5.1981 – V R 47/76, BStBl II 1981, 495 (496f.).

77 EuGH v. 29.2.1996 – Rs. C-110/94 (INZO), EuGHE 1996, I-857; v. 8.6.2000 – Rs. C-400/98 (Breitsohl), EuGHE 2000, I-4321.

78 *Tipke*, StRO II, § 16 S. 991f; *Stadie* in: Rau/Dürrwächter UStG, § 2 Rn. 455.

79 *Birkenfeld* in: Birkenfeld/Wäger USt-Hdb, § 40 Rn. 291; *Ruppe*, öUStG 2005, § 2 Rn. 57 mit Verweis auf öVwGH v. 17.12.1975 – 2161/74, ÖStZB 1976, 82.

80 So *Ruppe*, öUStG 2005, § 2 Rn. 57.

81 BFH v. 31.7.2008 – V R 74/05, BFH/NV 2009, 226 (227).

82 BFH v. 7.5.1981 – V R 47/76, BStBl II 1981, 495 (496).

Leistungsaustausches abbilden. Dass eine Leistung gegen Entgelt nur dann vorliege, wenn der leistende Unternehmer um der Gegenleistung willen leistet, folge seiner Ansicht nach daraus jedoch nicht.

cc) Zwischenergebnis

Somit bleibt festzuhalten, dass die Tätigkeit zur Erzielung von Einnahmen weder eine Gewinnerzielungsabsicht meint, noch von der primären Absicht getragen sein muss, Einnahmen zu erwirtschaften. Für die Annahme des Merkmals kommt es stattdessen zuvorderst auf das Feststehen einer Tätigkeit an, die auf einen Leistungsaustausch und damit auf eine wirtschaftliche Tätigkeit ausgerichtet ist[83]. Denn nur im Wege einer solchen, vom Leistungsaustausch motivierten wirtschaftlichen Tätigkeit kann der Unternehmer die Umsatzsteuer über den Preis an den nachfolgenden Konsumenten abwälzen und damit der Zielsetzung der Umsatzsteuer entsprechen.

b) Merkmal der Nachhaltigkeit

Als weitere Voraussetzung der Unternehmereigenschaft nennt das Gesetz die Nachhaltigkeit der Tätigkeit. Dieses Kriterium ist inhaltlich und auch von der Anwendung her äußerst umstritten, da an ihm die Abgrenzung zur bloß gelegentlichen, nicht unternehmerischen Tätigkeit festgemacht wird[84].

Der Begriff der Nachhaltigkeit ist erst durch UStG 1934 eingeführt worden und diente laut Gesetzesbegründung[85], wie der gesamte Satz 3 des § 2 Abs. 1 UStG, dazu, jede Art von Tätigkeit als Unternehmertätigkeit erfassen zu können. Da es weder damals noch heute eine gesetzliche Definition oder Maßstäbe gab, anhand derer der Begriff hätte konkretisiert werden können, nahm die Rechtsprechung eine systemorientierte Auslegung vor.

aa) Geschichtlicher Hintergrund

Vor der Umstellung auf das Allphasennettosystem legte die Rechtsprechung den Begriff weit aus und nahm ihn schon bei wenig ausgeprägter wirtschaftlicher Betätigung an. So genügte es, wenn mehrere Handlungen unter Ausnutzung derselben Gelegenheit oder desselben dauernden Verhältnisses vorgenommen wurden, bspw. bei mehreren gleichartigen und aufeinanderfolgenden Verkäufen[86], der Ausführung

---

83 *Christoph Klose,* Begriff des Unternehmers, S. 61.

84 *Lechner* in: DStJG 13 (1990), S. 39 (42); ferner *Probst* in: DStJG 13 (1990), S. 137 (146ff.); *Scharpenberg* in: Hartmann/Metzenmacher UStG, § 2 Rn. 120.

85 RStBl 1934, 1549 – zu § 2 UStG.

86 RFH v. 22.1.1943 – V 23/42, RStBl 1953, 221; v. 17.10.1941 – V 121/41, RStBl 1942, 13; BFH v. 30.10.1962 – V 90/60, HFR 1962, 188; v. 3.6.1954 – V 262/53 U, BStBl III 1954, 238.

einer einmaligen Leistung in Wiederholungsabsicht[87] oder der Herstellung eines auf Einnahmeerzielung gerichteten Dauerzustandes[88].

Nach der Umstellung der Umsatzsteuer auf das Allphasennettosystem mit Vorsteuerabzug änderte sich diese Tendenz einer weiten Auslegung, wohl mit Blick auf die nunmehr positiven Aspekte der Anerkennung als Unternehmer und des damit einhergehenden Vorsteuerabzugsrechts[89].

bb) Sog. „Händler"-Rechtsprechung des BFH

Dabei verzichtete der BFH bei der Abgrenzung von privater zu unternehmerischer Sphäre zunächst auf das Merkmal der Nachhaltigkeit und begann unter Anwendung eines typologischen Verständnisses eine vergleichende Betrachtung von bestimmten Tätigkeiten vorzunehmen. Diese sog. „*Händler*"-Rechtsprechung verlangte u. a., dass der Handelnde sich „*regelmäßig und planmäßig [...] im Sinne eines auf Dauer angelegten Geschäftsbetriebs [...] wie ein Händler*"[90] am Markt beteilige, oder dass ein „*auf Marktbeteiligung ausgerichteter, auf gewisse Dauer angelegter Geschäftsbetrieb*"[91] vorhanden war, der eine geschäftsmäßige Tätigkeit wie ein Händler gewährleisten konnte[92].

In einer Entscheidung vom 18. Juli 1991 führte der BFH den Begriff der Nachhaltigkeit zur einschränkenden Abgrenzung der unternehmerischen Sphäre wieder ein[93].

Danach war unter Zugrundelegung eines „*Gesamtbildes der Verhältnisse*" eine Tätigkeit dann nachhaltig, wenn sie auf Dauer angelegt und im weiteren Sinne einer gewerblichen oder beruflichen Tätigkeit entsprach. Die zuvor entwickelten Kriterien der Nachhaltigkeit, wie eine mehrjährige Tätigkeit, ein planmäßiges Handeln und eine auf Wiederholung angelegte Tätigkeit, mussten dabei nicht stets positiv feststehen, sondern gegeneinander abgewogen werden[94].

---

87 RFH v. 28.9.1928 – V A 617/28, RFHE 24; 114; v. 17.10.1941 – V 121/41, RStBl 1942, 13; BFH v. 30.10.1962 – V 90/60, HFR 1962, 188; v. 19.12.1968 – V S 15/68, BStBl II 1969, 282 (283).

88 RFH v. 18.1.1929 – V A 784/28, RFHE 24, 339; v. 10.3.1933 – V A 490/32, RStBl 1943, 1343; v. 27.2.1934 – V A 90/34, RStBl 1934, 796; BFH v. 13.4.1961 – V 94/59, HFR 1961, 262 (263); v. 19.12.1971 – V R 41/68, BStBl II 1972, 238f.

89 *Blankenheim,* Unternehmerbegriff im Umsatzsteuerrecht, S. 164.

90 BFH v. 13.12.1984 – V R 32/74, BStBl II 1985, 173 (176).

91 BFH v. 30.7.1986 – V R 3/77, BStBl II 1986, 874 (876).

92 BFH v. 4.6.1987 – V R 9/79, BStBl II 1987, 653 (654); v. 29.6.1987 – X R 23/82, BStBl II 744 (745).

93 BFH v. 18.7.1991 – V R 86/87, BStBl II 1991, 776f.

94 vgl. dazu u. a. BFH v. 13.2.1992 – V R 112/87, BFH/NV 1993, 59; v. 24.11.1992 – V R 8/89, BStBl II 1993, 379 (380); v. 15.7.1993 – V R 61/89, BStBl II 1993, 810 (811); v. 26.8.1993 – V R 20/91, BStBl II 1993, 55f; v. 9.9.1993 – V R 24/89, BStBl II 1994, 57 (58); v. 12.12.1996 – V R 23/93, BStBl II 1997, 368 (370), v. 15.3.2002 – V B 137/01, BFH/NV 2002, 1503.

cc) Typologie des Unternehmers

Die *„Händler"*-Rechtsprechung ist von weiten Teilen der Literatur abgelehnt worden. Teils unter Verweis auf eine fehlende Verankerung im Gesetz, teils mit dem Hinweis auf die entgegenstehende Entstehungsgeschichte der Definitionen des § 2 Abs. 1 UStG sah die Literatur die Auflistung der verschiedenen von der Rechtsprechung bemühten Merkmale als zusammenhangslos und damit rechtssicherheitsgefährdend an[95].

Allerdings differierten die Lösungsansätze innerhalb der Literatur stark und bewegen sich nicht auf einer einheitlichen Linie.

Während einige versuchten, die Abgrenzung mittels eines subjektiven Momentes zu lösen, und danach fragten, ob die Tätigkeit von der Absicht der Einnahmeerzielung getragen sei[96], hielten andere eine Lösung *de lege lata* von vornherein für ausgeschlossen und forderten ein Tätigwerden des Gesetzgebers[97].

Die mittlerweile (wohl) herrschende Literatur knüpft an den schon von der Rechtsprechung beschrittenen Weg einer typologischen Bestimmung des Unternehmerbegriffs an[98]. Danach seien auch private Tätigkeiten zu einer nachhaltigen Ausübung fähig, könnten allein deshalb aber nicht systemfremd einer Umsatzbesteuerung unterworfen werden. Nicht die Nachhaltigkeit sei das wegweisende Merkmal zur Bestimmung der Unternehmereigenschaft, sondern das Begriffspaar der *„gewerblichen oder beruflichen Tätigkeit"* des Satz 1 des § 2 Abs. 1 UStG. Die Tätigkeit, die auf ihre Fähigkeit zur Unternehmereigenschaft geprüft werde, müsse nicht logisch-abstrahiert unter die Begriffe der gewerblichen oder beruflichen Tätigkeit subsummiert werden, sondern nur in einem gewissen Grad konkrete oder abstrakte Ähnlichkeiten aufweisen[99]. Insoweit seien *„gewerblich"* und *„beruflich"* keine abstrakten oder unbestimmten Rechtsbegriffe, sondern Typusbegriffe, die für eine wertende und vergleichende Feststellung unternehmerischer Tätigkeit sprechen.

Methodisch folge daraus, dass für die notwendige Feststellung einer unternehmerischen Tätigkeit zunächst die charakteristischen (typischen) Merkmale einer gewerblichen oder beruflichen Tätigkeit, wie geschäftliche Tätigkeit oder Geeignetheit zur Überschusserzielung, herausgearbeitet werden müssen, die dann den Maßstab für einen Ähnlichkeitsvergleich liefern sollen[100].

---

95 vgl. *Mösslang,* UR 1994, 10 (13); *Giesberts,* UR 1993, 179 (282), *Stadie* in: Rau/Dürrwächter UStG, § 2 Rn. 315; mwN *Blankenheim,* Unternehmerbegriff im Umsatzsteuerrecht, S. 166.

96 vgl. *Bunjes,* UR 1988, 307f; *Birkholz,* UR 1986, 25 (27).

97 vgl. *Giesberts,* UR 1989, 257 (262).

98 *Stadie* in: Rau/Dürrwächter UStG, § 2 Rn. 330; *Korn* in: Bunjes UStG, § 2 Rn. 5; *Offerhaus,* UR 1991, 279f.

99 *Stadie* in: Rau/Dürrwächter UStG. § 2 Rn. 335.

100 *Stadie* in: Rau/Dürrwächter UStG, § 2 Rn. 339ff.

dd) Entwicklungsfähigkeit der typologischen Bestimmung

Der Typusbegriff zeichnet sich dadurch aus, dass er anders als ein abstrakter Begriff nicht im strengen Sinne abschließend definiert ist, sondern nur eine konkret-normative Entscheidung des Gesetzgebers vermittelt[101]. Für die Annahme der Zugehörigkeit zum tatbestandlichen Typus reichen nur einzelne Merkmale der normativen Wertentscheidung aus, wenn sie den Typus in Anbetracht der fehlenden Merkmale immer noch ausreichend charakterisieren.

Der Vorteil dieses Begriffs, gerade für das Steuerrecht, liegt in seiner Dynamik und Offenheit gegenüber sich verändernden gesellschaftlichen Sachverhalten, auf die er flexibel reagieren kann. Gleichzeitig liegt hierin allerdings auch sein Manko einer ausufernden Abgrenzungskasuistik und der Verschwendung *„intellektueller Ressourcen“*[102], um eine widerspruchsfreie Einarbeitung immer neuer Merkmale in ein immer diffiziler werdendes System zu gewährleisten.

Obgleich nicht wenig für eine Lösung *de lege ferenda* zur Bestimmung des Begriff des Unternehmers spricht, hülfe eine solche Lösung nicht nur nicht weiter, um ein weitreichendes Verständnis für die umsatzsteuerliche Organschaft aufzubauen; vielmehr könnte auch ein abstrakter, vom Gesetzgeber geschaffener Begriff, insbesondere im Massengeschäft der Umsatzsteuer, erhebliche negative Konsequenzen nach sich ziehen, wenn er unter einer schwerfälligen Legislative die sich wandelnden gesellschaftlichen Gegebenheiten nicht mehr ausreichend erfassen würde[103].

Eine typologische Sichtweise bietet jedoch nicht nur unter diesem Gesichtspunkt den besseren Lösungsansatz; wesentlicher noch sind die Folgen, die aus seiner Dynamik und Offenheit herrühren. Ein abstrahiert zu bestimmender Unternehmer liefe Gefahr, das Verbrauchsteuerprinzip nicht mehr vollständig erfüllen zu können, in dessen Folge wiederum ein Mangel an Neutralität mit entsprechenden Wettbewerbsnachteilen entstehen könnte.

Daher ist der Literatur zu folgen und die Tätigkeit des Unternehmers anhand einer typologischen Betrachtungsweise unter Berücksichtigung der Merkmale der gewerblichen oder beruflichen Tätigkeit zu bestimmen.

Praktisch wird diese Auslegung nicht selten dem Ergebnis entsprechen, das bei der Subsumtion einer Tätigkeit unter dem Begriff der Nachhaltigkeit im Sinne der Rechtsprechung erreicht wird.

So stellen Rechtsprechung wie Vertreter des typologischen Ansatzes auf ein kongruentes Gesamtbild von Kriterien ab, wie das der Planmäßigkeit, der Dauer der Marktbeteiligung und des Geschäftsbetriebes, um den Unternehmer zu bestimmen. Nicht ohne Genugtuung weisen einzelne Vertreter des typologischen Ansatzes deshalb daraufhin, dass die Rechtsprechung unbewusst ebenso eine

101 *Birkenfeld* in: Birkenfeld/Wäger USt-Hdb, § 40 Rn. 32; *Englisch* in: Tipke/Lang StR 2013, § 5 Rn. 53; *Larenz,* Methodenlehre, S. 216 (220f.).

102 dazu *Englisch* in: Tipke/Lang StR 2013, § 5 Rn. 54.

103 vgl. *Stadie* in: Rau/Dürrwächter UStG, § 2 Rn. 333; *Blankenheim,* Unternehmerbegriff im Umsatzsteuerrecht, S. 171.

typologische Betrachtungsweise verwendet. Diese werde nur nicht am Begriffspaar der *„gewerblichen oder beruflichen"* Tätigkeit, sondern am Begriff der Nachhaltigkeit festgemacht[104].

ee) Zwischenergebnis

Nach hiesiger Auffassung ist der Begriff des Unternehmers in der Umsatzsteuer daher typologisch, im wertenden Vergleich mit einer typischen gewerblichen oder beruflichen Tätigkeit zu bestimmen. Nur dieses Begriffsverständnis erlaubt eine dem Verbrauchsteuergedanken gerecht werdende Dynamik, die ohne Aktivität des Gesetzgebers auch die zukünftigen Tätigkeiten von Unternehmern erschöpfend erfassen kann.

Ein alleiniges Abstellen auf die Absicht zur Einnahmeerzielung, die als Abgrenzungskriterium ebenfalls bemüht wird[105], widerspricht dem grundlegenden Prinzip der Verbrauchsbesteuerung und kann allenfalls eine Indiz- oder eine typologische Ähnlichkeitswirkung für die Bestimmung des Unternehmers entfalten.

c) Merkmal der „gewerblichen oder beruflichen" Tätigkeit

Obschon somit geklärt ist, dass es sich bei dem Unternehmerbegriff um einen Typusbegriff handelt, der nicht schematisch-abstrahiert, sondern wertend und vergleichend zu bestimmen ist, bleibt die Frage, an welchem tatbestandlichen Merkmal diese Wertung vorzunehmen ist. Insoweit kann vertreten werden, dass auch der Begriff der *„Nachhaltigkeit"* eine typologische Auslegung intendiert. Dabei ist gleichzeitig die zu Beginn aufgeworfene Frage zu entscheiden, ob das Begriffspaar der *„gewerblichen oder beruflichen"* Tätigkeit durch die Definition des Satz 3 des § 2 Abs. 1 UStG vereinnahmt wird und überflüssig ist.

In der Rechtsprechung des BFH gab es wie gesehen mehrere Wechsel in den dogmatischen Grundlagen zur Bestimmung der Unternehmereigenschaft. Das Merkmal der Nachhaltigkeit stellte er dabei mit guter Begründung in die Nähe der Quantität der Tätigkeit und machte hieran u. a. fest, warum die Anzahl der Umsatzgeschäfte allein nicht ausreichte für eine Unternehmereigenschaft[106]. Unter Rekurs auf die gemeinsprachliche Definition des Wortes *„nachhaltig"* (sich auf längere Zeit stark auswirken[107]) benannte der BFH sodann eine Vielzahl verschiedenster Kriterien, die er für das Vorliegen einer Nachhaltigkeit ansah, ohne allerdings deutlich werden

---

104 *Offerhaus,* UR 1991, 279; *Stadie* in: Rau/Dürrwächter UStG, § 2 Rn. 334; *Blankenheim,* Unternehmerbegriff im Umsatzsteuerrecht, S. 172; ferner *Englisch* in: Tipke/Lang StR 2013, § 5 Rn. 43, der von einer wertenden Anwendung des Merkmals der Nachhaltigkeit spricht.

105 vgl. unter Kapitel 2 B. II. 1. a).

106 BFH v. 18.7.1991 – V R 86/87, BStBl II 1991, 776f.

107 vgl. BFH v. 30.7.1986 – V R 54/76, BStBl II 1986, 874 (876); *Birkenfeld* in: Birkenfeld/Wäger USt-Hdb, § 40 Rn. 151.

zu lassen, wie sich diese Merkmale aus dem Wort *„nachhaltig“* ableiten sollen, und warum das Begriffspaar *„gewerblich und beruflich“* insoweit obsolet ist.

Wohl unter dem allgegenwärtigen, formal logischen Wortlautverdikt, dass Satz 3 eine konkretisierende Definition des Satz 1 des § 2 Abs. 1 UStG sein muss[108], werden bei dieser Interpretation nämlich neben der Genese des § 2 Abs. 1 UStG auch die Maßgaben der MwStSystRL außer Acht gelassen.

Bei Einführung des § 2 UStG 1934 und der Trennung von Steuerobjekt und Steuersubjekt hieß es in der Gesetzesbegründung, dass die *„besondere Erwähnung der beruflichen Tätigkeit“* darauf hinweise, dass *„die in Betracht kommende Tätigkeit weiter reicht als die gewerbliche Tätigkeit im Sinne des allgemeinen Sprachgebrauchs“*, und dass *„im Übrigen [..] Satz 3 keinen Zweifel [lässt], dass jede Art von Tätigkeit Unternehmertätigkeit sein kann“*[109].

Der historische Gesetzgeber war also von der Intention geleitet, jede Tätigkeit mit seiner Definition zu erfassen, wenn sie denn eine bestimmte Schwelle der Ausführung überschritt. Die erwähnte berufliche Tätigkeit ist dabei als hierarchisch höchste Stufe anzusehen, da sie die gewerbliche wie nichtgewerbliche Tätigkeit im Sinne des allgemeinen Sprachgebrauchs mit umfasst[110]. Satz 3 stellt nun – entgegen der gewählten Gesetzestechnik – keine Definition des Begriffspaars *„gewerblich oder beruflich“* dar, was insoweit auch inkonsequent gegenüber der gewählten Begriffshierarchie wäre, sondern ergänzt klarstellend (*„im Übrigen“*) die unternehmerische Betätigung[111]. Das Begriffspaar des Satzes 1 wird von Satz 3 des § 2 Abs. 1 UStG also nicht konsumiert, sondern beide Sätze müssen vielmehr nebeneinander stehen, um die unternehmerische Tätigkeit richtig erfassen zu können.

Unter Berücksichtigung der in Art. 9 Abs. 1 UA 2 MwStSystRL genannten Aufzählung verschiedenster Tätigkeiten und der Prämisse des Unternehmers als Typusbegriff lässt sich der Ausdruck der „Nachhaltigkeit“ des Satz 3 des § 2 Abs. 1 UStG jedoch noch weiter charakterisieren als eine reine Ergänzung des Satz 1.

Legt man die vorgenannten Aspekte bei der Bewertung des Satz 3 zugrunde, ist ferner anzunehmen, dass der Begriff der *„Nachhaltigkeit“* ein erstes charakteristisches Merkmal der Typusbegriffe *„gewerblich oder beruflich“* ist. Der Begriff der Nachhaltigkeit ist folglich die Initiierung der typologischen Auslegung der Typusbegriffe des Satz 1, indem es mittels eines ergänzenden Hinweises einen ersten charakteristischen Vergleich zum Begriffspaar schafft. Dass die Nachhaltigkeit einer beruflichen Tätigkeit immanent ist, zeigt schon der Umkehrschluss aus Art. 9 Abs. 2

---

108 vgl. BFH v. 13.4.1961 – V 94/54, HFR 1961, 262 (263); v. 12.4.1962 – V 21/60 U, BStBl III 1962, 262 (263), v. 30.10.1962 – V 90/60, HFR 1963, 188.

109 Begr. UStG, RStBl 1934, 1549 (1550); vgl. ferner *Scharpenberg* in: Hartmann/Metzenmacher UStG, § 2 Rn. 16.

110 *Blankenheim,* Unternehmerbegriff im Umsatzsteuerrecht, S. 160f.

111 vgl. *Stadie* in: Rau/Dürrwächter UStG, § 2 Rn. 327; *Korn* in: Bunjes UStG, § 2 Rn. 50.

und Art. 12 Abs. 1 MwStSystRL nach deren Verständnis eine nur gelegentliche Tätigkeit jedenfalls nicht ausreicht[112].

Einer typologisierenden Betrachtung allein an Hand des Begriffes der Nachhaltigkeit zur Bestimmung des Unternehmers steht nicht nur entgegen, dass es sich hierbei um eben nur ein charakteristisches Merkmal einer gewerblichen oder beruflichen Tätigkeit handelt. Vielmehr noch ist der Begriff der Nachhaltigkeit in seinem möglichen rechtlichen Wertungssinn zu eingeschränkt, um Grenzfälle unternehmerischer Tätigkeit im Wege einer Annäherung oder einer Gesamtbetrachtung befriedigend lösen zu können[113].

Folglich ist eine typologische Auslegung an dem Begriffspaar der *„gewerblichen oder beruflichen"* Tätigkeit im Sinne des § 2 Abs. 1 Satz 1 UStG vorzunehmen. Der in Satz 3 verwendete Begriff der Nachhaltigkeit stellt dabei ein erstes typisches Merkmal dieser Tätigkeiten dar.

d) Zwischenergebnis

Die Eigenschaft als Unternehmer ist anhand der feststehenden oder beabsichtigten Tätigkeit des Subjekts zu bestimmen. Die vom Verbrauchsteuergedanken, der Neutralität unternehmerischen Handelns und den Vorgaben der MwStSystRL getragene Auslegung des § 2 UStG verlangt dabei eine Tätigkeit, die auf den Austausch von Leistungen und damit auf eine wirtschaftliche Ausübung ausgerichtet ist; die Absicht der Erzielung von Einnahmen kann allenfalls Indiz hierfür sein.

Ob eine Tätigkeit solche Ziele verfolgt, ist nach einer typischen gewerblichen oder beruflichen Tätigkeit im Sinn des § 2 UStG zu bestimmen. Der Unternehmerbegriff stellt folglich einen Typusbegriff dar. Denn nur so ist eine größtmögliche Erfassung aller wirtschaftlichen Tätigkeiten gewährleistet. Die Nachhaltigkeit im Sinne des Satz 3 des § 2 UStG ist dabei ein typisches Merkmal gewerblicher oder beruflicher Tätigkeit. Für das dogmatische Verständnis des § 2 UStG ist festzuhalten, dass Satz 3 neben der Definition des Satz 1 steht und beide kumulativ die Tätigkeit des Unternehmers bestimmen. Die Begriffe *„gewerblich"* und *„beruflich"* werden dabei nicht durch den Satz 3 konsumiert.

2. Die Selbstständigkeit im Umsatzsteuerrecht

Ein weiteres, insbesondere für die vorliegende Untersuchung wesentliches Tatbestandsmerkmal des Unternehmerbegriffs ist das der Selbstständigkeit.

Die nach § 2 Abs. 1 Satz 1 UStG selbstständig auszuführende Tätigkeit wird nicht positiv bestimmt, sondern durch den § 2 Abs. 2 UStG negativ abgegrenzt, und zwar sowohl für natürliche Personen (Nr. 1) wie auch für juristische Personen (Nr. 2). Da die Abgrenzung für die juristischen Personen dogmatisch die

112 *Probst* in: DStJG 13 (1990), S. 137 (147f.); *Viegener,* UR 1990, 329 (330); *Stadie* in: Rau/Dürrwächter UStG, § 2 Rn. 57.

113 *Stadie* in: Rau/Dürrwächter UStG, § 2 Rn. 324.

Umsatzsteuerorganschaft einleitet, soll diese Analyse hinten angestellt und der Fokus zunächst auf die Bestimmung der Selbstständigkeit der natürlichen Personen gelegt werden.

Die Analyse, auch des § 2 Abs. 2 Nr. 1 UStG, kann für die Untersuchung der Organschaft deshalb bedeutsam werden, weil das Umsatzsteuerrecht bei der Besteuerung keine besondere Rechtsform vor Augen hat[114], sondern schlicht an den Vorgang der Lieferung oder der sonstigen Leistung anknüpft.

Insofern ist fraglich, warum bei der Bestimmung des Unternehmers innerhalb der Umsatzsteuer der Begriff der Selbstständigkeit eingefügt wurde, und warum dieses Merkmal zwischen natürlichen und juristischen Personen eine dogmatische Trennung vollzieht. Es gilt daher zu untersuchen, ob diese Differenzierung konsistent ist, und ob die gewonnenen Erkenntnisse Rückschlüsse auf die Selbstständigkeit juristischer Personen erlauben.

a) Grundlagen des § 2 Abs. 2 Nr. 1 UStG

Die Bedeutung des Tatbestandsmerkmals der Selbstständigkeit liegt zunächst in seiner Einschränkung des Anwendungsbereiches des Unternehmerbegriffs und seiner beachtlichen Reduzierung von potentiell steuerpflichtigen Rechtssubjekten, die ihre Leistungen andernfalls zu versteuern hätten[115].

Es ist nämlich zu bedenken, dass die sachveredelnde Leistung eines unselbstständigen Arbeitnehmers grundsätzlich auch als unternehmerische Tätigkeit angesehen werden kann. Denn diese setzt sich regelmäßig in den umsatzsteuerbaren Ausgangsleistungen des Arbeitgebers anteilig fort und mündet ebenso in einem Letztverbrauch wie eine bspw. damit einhergehende reine Sachleistung[116].

Durch das Erfordernis der Selbstständigkeit werden diese Arbeitnehmerleistungen aus dem tatbestandlichen Anwendungsbereich des UStG ausgenommen und erreichen den (arbeitgebenden) Unternehmer folglich unversteuert.

Die hierdurch aufgetane, doch erhebliche Besteuerungslücke wird in den meisten Sachverhalten dadurch kompensiert, dass die veredelnden Arbeitnehmerleistungen, oder anders deren Löhne, sich monetär in dem Endpreis der Ausgangsleistung des Unternehmers wiederfinden und so der Umsatzbesteuerung doch noch unterworfen werden[117]. Eine dogmatische Rechtfertigung dieses Ausschlusses der Arbeitnehmer aus dem Unternehmerbereich wird mangels eines größeren Besteuerungsausfalls daher zumeist als obsolet erachtet[118]. Diese am reinen Fiskalzweck der Steuer orientierte Begründung versagt gleichwohl dort, wo es zu einem unversteuerten Letztverbrauch bspw. durch die Beschäftigung von unselbstständigem Personal durch Privatpersonen kommt. Solche Sachverhalte, bei denen zu Recht ein Widerspruch

---

114 vgl. Kapitel 2 B. II.

115 *Tipke,* StRO II, § 16 S. 995.

116 *Reiß* in: Tipke/Lang StR 2005, § 14 Rn. 130; *Ruppe,* öUStG 2005, § 2 Rn. 67.

117 Giesberts, UR 1988, 322; *Stadie* in: Rau/Dürrwächter UStG, § 2 Rn. 131.

118 *Ruppe,* öUStG 2005, § 2 Rn. 67.

zum Prinzip der Verbrauchsbesteuerung konstatiert wird[119], werden allerdings gemeinhin, zumeist unter Rekurs auf praktische Schwierigkeiten bei der Steuererhebung akzeptiert[120].

Bereits der historische Gesetzgeber ging insoweit davon aus, dass die Überwälzung der Steuer bei Unselbstständigen auf den Arbeitgeber nur schwer zu realisieren sei und in der Konsequenz auf eine zusätzliche Lohn- und Besoldungssteuer hinausliefe[121].

Freilich bestünde auch heute die Gefahr, dass die steuerliche Erfassung von Arbeitnehmerumsätzen nicht nur mit einem ungewissen Verwaltungsaufwand verbunden wäre, sondern dass sie ein erhebliches strukturelles Vollzugsdefizit mit sich brächte. So stünde heute neben dem Problem der tatsächlichen Überwälzung der Steuer die Frage nach dem Kontrollaufwand des mit der Besteuerung einhergehenden Rechts auf Vorsteuerabzug bei Arbeitnehmern.

Die Masse der dann umsatzsteuerpflichtigen Arbeitnehmer[122] und die enge Verwobenheit ihrer unternehmerischen mit ihrer privaten Sphäre schüfe ein latentes Missbrauchspotential, dessen konsequente Vermeidung (wohl) an dem schieren Umfang von Steuersubjekten scheitern müsste. Insoweit sähe sich das Umsatzsteuerverfahren bei einem dauerhaften Auseinanderfallen von Norm und Vollzugsrealität[123] wohl hinsichtlich der Überwälzbarkeit, der Gleichmäßigkeit der Besteuerung und der Überprüfung von Vorsteueranmeldungen dem Verdikt der Verfassungswidrigkeit ausgesetzt, was in der Folgebetrachtung den hierin bestehenden Widerspruch zum Prinzip der Verbrauchsbesteuerung zu rechtfertigen vermag.

Das Merkmal der Selbstständigkeit dient somit also zuvorderst dem Bedürfnis des Ausschlusses von Arbeitnehmern aus der Umsatzbesteuerung; die mit ihrer Erfassung einhergehenden Probleme sind ausreichend, um diese Durchbrechung der Verbrauchssteuererfassung zu rechtfertigen.

Dieser nachvollziehbare Ausschluss von Arbeitnehmern aus der Umsatzbesteuerung erklärt allerdings nicht, warum dieses Merkmal bei juristischen Personen ebenfalls anzuwenden ist. Denn bei diesen, als eine der rechtlichen Hauptformen unternehmerischer Betätigung, wird es gewiss nicht um die Vermeidung von Vollzugsdefiziten bei der Besteuerung gehen.

Obgleich somit zu konstatieren ist, dass die hinter dem Merkmal der Selbstständigkeit stehende Rechtfertigung nicht bei juristischen Personen angewandt

---

119 *Tipke*, StRO II, § 16 S. 995; *Reiß* in: Tipke/Lang StR 2005, § 14 Rn. 133, der von einer „Prinzipienlücke“ spricht.

120 *Stadie* in: Rau/Dürrwächter UStG, § 2 Rn. 131 mwN; *Ruppe* öUStG 2005, § 2 Rn. 67.

121 vgl. Begr. UStG 1918, RT-Drucks. 1914/1918, Nr. 1461, 25f; *Stadie* in: Rau/Dürrwächter UStG, § 2 Rn. 131.

122 Nach dem Mikrozensus 2012, Fachserie 1, Reihe 4.1.1 S. 40 des Statistischen Bundesamts Deutschland, waren im Jahr 2012 ca. 33,4 Mio. Menschen in Deutschland als Arbeiter, Angestellte oder Auszubildende unselbstständig tätig (abgerufen unter www.destatis.de).

123 vgl. dazu BVerfG v. 9.3.2004 – 2 BvL 17/02, BStBl II 2005, 56 (62f.).

werden kann, soll weiter analysiert werden, welche konkreten Anforderungen die Unselbstständigkeit bei natürlichen Personen verlangt, um diese Erkenntnis ggf. für die Untersuchung der Organschaft nutzbar zu machen.

b) Unselbstständigkeit natürlicher Personen

Nach der negativ formulierten Abgrenzung des § 2 Abs. 2 Nr. 1 UStG sind natürliche Personen dann nicht selbstständig, wenn sie in einem Unternehmen so eingegliedert sind, dass sie den Weisungen des Unternehmers zu folgen verpflichtet sind. Diese negative Umschreibung der Unselbstständigkeit ist – entsprechend den Feststellungen zum Unternehmer – nicht abstrahiert anzuwenden, sondern mittels eines wertenden Vergleichs typologisch festzustellen[124].

aa) Begriffskongruenz im Ertragsteuerrecht

Eine Besonderheit dieser typologischen Bestimmung der Selbstständigkeit natürlicher Personen liegt darin, dass hier nach ganz herrschender Auffassung die umsatzsteuerliche Bestimmung mit der des Einkommen- und Gewerbesteuerrechts kongruent ist und jene Auslegung entsprechend herangezogen werden kann[125]. Das soll jedenfalls solange gelten, wie es sich nicht um eine besondere, fiskalisch motivierte ertragsteuerliche Umqualifizierung der Selbstständigkeit handelt, wie sie bspw. durch § 15 Abs. 1 Satz 1 Nr. 2 EStG geschieht[126].

Diese angenommene Kongruenz der Begrifflichkeiten hilft zunächst aber nicht weiter, da weder das EStG noch das GewStG eigenständige Begriffsbestimmungen oder Definitionen der (Un-)Selbstständigkeit kennen, die für die Umsatzsteuer genutzt werden könnten.

Allerdings weist § 1 LStDV eine ausführliche Arbeitnehmerdefinition auf, die für das Umsatzsteuerrecht herangezogen werden kann. Dogmatisch lässt sich diese Verklammerung dadurch erklären, dass in dessen Absatz 3 grammatisch die umsatzsteuerliche Unternehmerdefinition („*[...] wer Lieferung und sonstige Leistungen [...] gegen Entgelt ausführt [...]*") aufgegriffen und als negative Abgrenzung zum Arbeitnehmer verstanden wird[127]. Abgesehen von diesem Wortlautargument ist die Berücksichtigung der Wertung des § 1 LStDV ferner dadurch begründet, dass die dort genannten Merkmale typologische Erscheinungsformen der Unselbstständigkeit sein können, so dass sich die zuvor dargestellten Bedingungen der Feststellung der Unternehmereigenschaft konsequent beim Merkmal der Selbstständigkeit

---

124 vgl. *Englisch* in: Tipke/Lang StR 2013, § 17 Rn. 37; *Stadie* in: Rau/Dürrwächter UStG, § 2 Rn. 138f.

125 BFH v. 2.12.1998 – X R 83/96, BStBl II 1999, 534 (536); v. 20.4.1988 – X R 40/81, BStBl II 1988, 804; v. 30.7.1986 – V R 41/76, BStBl II 1986, 874 (876); mwN *Birkenfeld* in: Birkenfeld/Wäger USt-Hdb, § 40a Rn. 2; *Blankenheim*, Unternehmerbegriff im Umsatzsteuerrecht, S. 242f.

126 Abschn 2 Ziff. 2.2 Abs. 2 Satz 2 UStAE.

127 BFH v. 27.7.1972 – V R 136/71, BStBl II 1972, 810 (811f.).

fortsetzen. So lässt sich im Übrigen auch vertreten, dass § 1 LStDV nur eine Hilfestellung für die Bestimmung der umsatzsteuerlichen Selbstständigkeit liefert und keine abschließende Bindungswirkung entfaltet[128].

bb) Unterordnung und Weisungsgebundenheit

Bei den aus § 1 Abs. 1 und 2 LStDV zu entnehmenden Merkmalen einer unselbstständigen Beschäftigung treten insbesondere die Aspekte der Unterordnung des geschäftlichen Willens und der Weisungsgebundenheit der natürlichen Personen in den Vordergrund. Diese Merkmale beschreiben negativ die für das Umsatzsteuerrecht so wesentliche persönliche Selbstständigkeit des Unternehmers[129], die sich positiv u. a. im Unternehmerrisiko, der Gewinnbeteiligung und der Unternehmerinitiative widerspiegelt[130].

Die Unterordnung des (geschäftlichen) Willens führt in der Konsequenz zu einer Eingliederung in eine betriebliche Organisation. Wer an feste Arbeitszeiten gebunden ist, die Ausübung einer Tätigkeit an einem bestimmten Ort, zu einer bestimmten Zeit und für einen bestimmten Auftraggeber erbringen muss, der ist regelmäßig von jeglicher Initiative hinsichtlich dieser Modalitäten befreit und nicht selbstständig tätig[131].

Die Unterordnung des geschäftlichen Willens und die darauf basierende Eingliederung in eine betriebliche Organisation stehen weiter in direkter Verbindung zur Weisungsgebundenheit. Wer schon die Modalitäten seiner Tätigkeiten nicht bestimmen kann, der ist grundsätzlich unselbstständig tätig. Gleichwohl bedeutet dies im Umkehrschluss nicht, dass ein Ermessen bei der Ausgestaltung der Tätigkeit stets zur Selbstständigkeit führen muss. Hier kann das Weisungsrecht des Arbeitgebers zum Tragen kommen, das auch dann zur Unselbstständigkeit der handelnden Person führt, wenn nur eine inhaltliche Weisungsgebundenheit vorliegt[132].

Inhaltliche Weisungsgebundenheit kann m. E. nach dabei nur meinen, dass der Arbeitgeber maßgeblichen Einfluss auf das „*Ob*" der Ausführung der Tätigkeit hat, mit der der Arbeitnehmer Lieferungen oder sonstige Leistungen erbringt. Denn wenn der Arbeitgeber schon nicht die Modalitäten der Leistung bestimmt, dann zumindest, dass in seinem Namen überhaupt eine wirtschaftliche Tätigkeit am Markt erbracht wird.

Die Weisungsgebundenheit und die Eingliederung ergänzen sich bei der Feststellung der Unselbstständigkeit, so dass trotz Weisungsfreiheit bei der

---

128 BFH v. 10.3.2005 – V R 29/05, BStBl II 2005, 730 (731).

129 *Scharpenberg* in: Hartmann/Metzenmacher UStG, § 2 Rn. 164.

130 vgl. BFH 2.12.1998 – X R 83/96, BStBl II 1999, 534 (536f.); FG Köln v. 19.9.2006 – 6 K 2049/05, INF 2007, 53.

131 vgl. BFH v. 14.10.1976 – V R 137/73, BStBl II 1977, 50 (51); *Birkenfeld* in: Birkenfeld/Wäger USt-Hdb, § 40a Rn. 61.

132 vgl. BFH v. 14.5.2008 – XI R 70/07, BStBl II 2005, 730 (731f.); *Birkenfeld* in: Birkenfeld/Wäger USt-Hdb, § 40a Rn. 71.

Tätigkeitsausübung eine Eingliederung in eine betrieblichen Organisation vorliegen kann und umgekehrt[133].

cc) Tatsachenfeststellung im Innenverhältnis

Obgleich die Merkmale des § 1 LStDV bei der Abgrenzung zu berücksichtigen sind, darf ihre Feststellung nicht schematisch, sondern nur unter Heranziehung des Gesamtbildes der tatsächlichen Verhältnisse erfolgen. Dies ist für juristische Personen in § 2 Abs. 2 Nr. 2 UStG ausdrücklich bestimmt und im Übrigen Folge einer konsequent typologischen Rechtsanwendung[134].

Die Bestimmung dieses Gesamtbildes setzt regelmäßig die Würdigung mehrerer Umstände voraus, die, wenn sie sowohl für als auch gegen eine Selbstständigkeit sprechen, einer Gesamtabwägung unterzogen werden müssen. Die einzelnen Merkmale sind dabei in die Abwägung einzustellen und müssen ihrem Gewicht entsprechend bewertet werden[135].

Die Merkmale dieses Gesamtbildes müssen grundsätzlich aus den Tatsachen des Innenverhältnisses, also jenes zwischen Auftraggeber und Auftragnehmer entnommen werden, während das Außenverhältnis allenfalls hilfsweise beim Fehlen wesentlicher Innentatsachen als Beweiszeichen bemüht werden kann[136].

Die insoweit gegenteilige Ansicht im Schrifttum[137], die unter Verweis auf die Rechtssicherheit und Rechtsklarheit im Zusammenhang mit der Regelung in § 14 UStG das Außenverhältnis für maßgeblich hält, lässt sich nur schwerlich mit dem Wortlaut vereinbaren und vermengt letztlich die Unternehmereigenschaft mit Problemen, die aus der Rechnungsstellung folgen.

Durch Formulierungen wie das der *„Eingliederung"* und der *„Weisungsunterworfenheit"* in § 2 Abs. 2 Nr. 1 UStG und das Abstellen von Art. 10 MwStSystRL auf *„Arbeitsverträge"* oder *„sonstige Rechtsverhältnisse"* geben sowohl der Wortlaut des Gesetzes als auch die Richtlinie zu erkennen, dass die aus dem Innenverhältnis stammenden Tatsachen für die Feststellung der Selbstständigkeit entscheidungserheblich sind. Die sich im Außenverhältnis ergebenden Probleme mit vermeintlich

133 vgl. *Birkenfeld* in: Birkenfeld/Wäger USt-Hdb, § 40a Rn. 121; *Korn* in: Bunjes UStG, § 2 Rn. 95.

134 *Stadie* in: Rau/Dürrwächter UStG, § 2 Rn. 139f; *Birkenfeld* in: Birkenfeld/Wäger USt-Hdb § 40a Rn. 61ff, 121f.

135 BFH v. 15.7.1987 – X R 19/80, BStBl II 1987, 746 (748f.); v. 19.2.2008 – XI B 205/07, BFH/NV 2008, 1210 (1211).

136 vgl. BFH v. 15.7.1987 – X R 19/80, BStBl II 1987, 746 (749); v. 6.12.1956 –V 137/55 U, BStBl III 1957, 42; ferner *Scharpenberg* in: Hartmann/Metzenmacher UStG, § 2 Rn. 196; *Birkenfeld* in: Birkenfeld/Wäger USt-Hdb, § 40a Rn. 141; *Stadie* in: Rau/Dürrwächter UStG, § 2 Rn. 142.

137 *Korn* in: Bunjes UStG, § 2 Rn. 8f; *Klenk* in: Sölch/Ringleb UStG, § 2 Rn. 75.

Unselbstständigen[138] haben m. E. nach keinen Einfluss darauf, wer als Unternehmer die Umsatzsteuer gegenüber dem Staat schuldet und insoweit Verpflichteter ist[139].

c) Zwischenergebnis

Das Merkmal der Selbstständigkeit im UStG dient hinsichtlich der natürlichen Personen primär dem fiskalischen Ziel, Arbeitnehmerleistungen aus der Umsatzbesteuerung auszunehmen. Für juristische Personen, bei denen etwaige Vollzugsdefizite der Besteuerung keine Rolle spielen, ist dieses Ziel irrelevant und daher nicht weiter zu berücksichtigen.

Dennoch kann für die Organschaft im Zusammenhang mit der Selbstständigkeit natürlicher Personen festgehalten werden, dass die Merkmale der Unselbstständigkeit, wie schon der Unternehmerbegriff an sich, typologisch zu bestimmen sind. Die Typologie kann sich dabei aufgrund einer grammatischen Verklammerung an die Definition des § 1 LStDV anlehnen, dessen wesentliche Charakteristika insoweit jedoch nicht abschließend sein müssen.

Die Merkmale der Unterordnung und der Weisungsgebundenheit haben gleichwohl besonderes Gewicht bei der Bestimmung. Durch sie wird der Wille des Tätigen hinsichtlich der Ausführung der Leistung und der zugrundeliegenden Modalitäten klassifiziert, die mit Blick auf den Verbrauchsteuergedanken des UStG zu den wesentlichsten Merkmalen des Unternehmers zählen. Hieran zeigt sich gleichzeitig aber auch, dass der Wille, als subjektives Element, trotz der objektiv kausalen Bestimmung des Unternehmers im Rahmen der Selbstständigkeit relevant wird.

Die konkrete Merkmalsbestimmung muss anhand der Tatsachen des Innenverhältnisses vorgenommen werden. Die dabei zu berücksichtigenden Tatsachen[140] sind aus dem Gesamtbild der Verhältnisse zu entnehmen, bei dem die für und wider eine Selbstständigkeit sprechenden Tatsachen nach ihrer Bedeutung gewichtet und gegeneinander abzuwägen sind.

III. Der Unternehmer als formales Steuersubjekt

Nachdem skizziert wurde, wann eine Tätigkeit zu einer unternehmerischen Leistung im Sinne des UStG führt, stellt sich nunmehr die Frage, warum der Unternehmer grundsätzlich[141] als das exklusive Steuersubjekt der Umsatzsteuer behandelt wird.

---

138 dazu *Klenk* in: Sölch/Ringleb UStG, § 2 Rn. 75.

139 *Stadie* in: Rau/Dürrwächter UStG, § 2 Rn. 143; *Blankenheim,* Unternehmerbegriff im Umsatzsteuerrecht, S. 241.

140 vgl. dazu den Katalog bei *Birkenfeld* in: Birkenfeld/Wäger USt-Hdb, § 40a Rn. 125ff.

141 Die Erfassung von Nichtunternehmen im Zusammenhang mit u. a. innergemeinschaftlichem Erwerb oder falschem Rechnungsausweis sind Konsequenzen einer stringenten Verbrauchsbesteuerung (vgl. *Englisch* in: Tipke/Lang StR 2013, § 5 Rn. 70), auf die als Ausnahmeerscheinung im Rahmen dieser Untersuchung aber nicht weiter eingegangen werden soll.

Vor dem Hintergrund der wiederholten Feststellung des Verbrauchsteuergedankens des UStG verwundert es insoweit, dass ein Rechtssubjekt zum Steuersubjekt erklärt wird, das durch die eigentliche Steuerschuld, die es begleicht, materiell gar nicht belastet werden soll. Obschon eine solche „Rekrutierung" Dritter zur Steuererhebung freilich nicht einzigartig ist[142], ist das Auseinanderfallen von formalem Steuersubjekt und materiell Steuerbelastetem bei der Analyse der Organschaft zu berücksichtigen. Allein schon die Auferlegung der Eigenschaft als Steuersubjekt kann nämlich erhebliche Konsequenzen nach sich ziehen, die auch für die Organschaft wesentlich werden können.

1. Steuerverhältnis im Sinne der Abgabenordnung (AO)

§ 13 UStG regelt in Umsetzung der Art. 62ff. MwStSystRL das Entstehen der Umsatzsteuerschuld und legt fest, wann das konkrete Steuerschuldverhältnis mit den entsprechenden Ansprüchen im Sinne des § 38 AO zwischen Steuergläubiger und Steuerschuldner entsteht[143]. Die personale Steuerschuldnerschaft im Sinne des § 43 AO wird durch § 13a UStG als Einzelgesetz festgelegt.

Regelmäßig[144] wird diese Rolle dabei dem Unternehmer zuteil, der nach § 13a Abs. 1 Nr. 1 UStG bei allen Lieferungen und Leistungen zum Schuldner der Steuer erklärt wird.

a) Steuerpflichtigkeit im Sinne des § 33 AO

Obwohl das so begründete Steuerschuldverhältnis als vermögensbezogenes Steuerrechtsverhältnis nicht gleichsam identisch mit dem (allgemeinen) Steuerrechtsverhältnis ist[145], ist der Steuerschuldner des UStG auch der Steuerpflichtige im Sinne des § 33 AO[146]. Bedeutsam ist diese Erweiterung für den Unternehmer deshalb, weil die Klassifikation als Steuerpflichtiger, wie § 33 AO zeigt, weitaus mehr beinhaltet als die reine Abführungsschuld, die durch § 13a UStG postuliert wird.

Der Steuerpflichtige im Sinne des § 33 AO schuldet die Steuer insoweit nicht nur, sondern haftet auch für diese (§§ 69ff. AO); er ist verpflichtet, für sie Sicherheiten zu leisten (§§ 241ff. AO), Erklärungen abzugeben, Bücher und Aufzeichnungen zu führen (§§ 140ff. AO), sowie sonstige Verpflichtungen zu erfüllen, die ihm durch das Steuergesetz aufgegeben werden. Zu den wesentlichen Pflichten, die durch das UStG als Einzelsteuergesetz aufgegeben oder konkretisiert werden, gehören u. a. noch die Anmeldung der Umsatzsteuer (§ 18 Abs. 1 UStG) sowie die Aufzeichnung der zur Steuerfeststellung erforderlichen Unterlagen (§ 22 Abs. 1 UStG).

---

142 vgl. bspw. §§ 38 Abs. 3 Satz 1, 41a Abs. 1 EStG.

143 *Rothenberger* in: Hartmann/Metzenmacher UStG, § 13 Rn. 1f.

144 *Stadie* in: Rau/Dürrwächter UStG, § 2 Rn. 20; *Probst* in: Hartmann/Metzenmacher UStG, § 1 Abs. 1 Rn. 7.

145 *Koenig* in: Koenig AO, Vor. §§ 33–37 Rn. 6.

146 *Leipold* in: Sölch/Ringleb UStG, § 13a Rn. 11.

Der Steuerpflichtige hat zusammengefasst also alle ihm durch das Einzelsteuergesetz auferlegten Pflichten und nicht nur die Abführungsschuld zu erfüllen, kann aber im Gegenzug auch entsprechende Rechte aus dem Steuerverhältnis geltend machen[147], insbesondere die Einhaltung der für das jeweilige Verhältnis maßgeblichen Rechtsnormen durch die Finanzverwaltung[148].

b) Einheitlichkeit der Auslegung und der Tätigkeit des Unternehmers

Die verschiedenen Verpflichtungen des Unternehmers, die stets im Zusammenhang mit dem einen Steuerrechtsverhältnis stehen, zeigen in der weiteren Konsequenz, dass die Definition des Unternehmers in § 2 UStG und die damit verbundenen Feststellungen für die gesamte Kodifikation gelten und der Unternehmer bspw. des § 18 UStG insoweit kein anderer Unternehmer ist als der des § 2 UStG.

Um diese systematische Kohärenz zu erreichen, muss § 2 UStG daher folgerichtig als eigenständige Definitionsnorm[149] verstanden werden, deren vorangestellte Separation im Gesetz nicht zufällig gewählt, sondern Folge des zusammenhängenden Unternehmerbegriffs des UStG ist.

aa) Unternehmer der Eingangsseite

Die gegenteilige Auffassung, die jedenfalls im Bereich des Vorsteuerabzugsrechts (§ 15 Abs. 1 UStG) einen eigenständigen, vom Unternehmer des § 2 UStG abzugrenzenden *„Unternehmer der Eingangsseite"* ausmachen will und diese Meinung u. a. durch die Systematik der sechsten EG-Richtlinie bestätigt sieht[150], hat sich m. E. nach zu Recht nicht durchsetzen können. Bereits der in den verschiedenen Tatbeständen des UStG verwandte Wortlaut des Begriffs *„Unternehmer"* lässt nicht erkennen, dass das Gesetz oder der Gesetzgeber diesen Begriff in verschiedener Weise jeweils nach der tatbestandlichen Pflicht oder dem Recht verstanden wissen wollte[151].

Argumentativ schwerer wiegt die Konsequenz, dass eine uneinheitliche Auslegung des Begriffs einen Eingriff in das System des die Wettbewerbsneutralität herstellenden Vorsteuerabzugsrechts bedeutete.

Die Gegenansicht verweist zwar nicht ganz zu unrecht auf die Janusköpfigkeit des Umsatzsteuersystems bzgl. der Leistungsseite und der Leistungsempfängerseite und ihrer entsprechenden Anerkennung hin; diese Differenzierung hat durch das erste *„Jahreswagenurteil"*[152] freilich auch Einzug in die Rechtsprechung des BFH genommen. Hieraus einen zweiten Unternehmerbegriff ableiten zu wollen, überspannt jedoch die damalige, doch stark einzelfallorientierte Rechtsanwendung

---

147 *Koenig* in: Koenig AO, § 33 Rn. 25.

148 *Koenig* in: Koenig AO, Vor. § 33–37 Rn. 7.

149 vgl. BFH v. 19.5.1988 – V R 115/83, BStBl II 1988, 916 (918); *Scharpenberg* in: Hartmann/Metzenmacher UStG, § 2 Rn. 4.

150 *Geist* in: USt-Kongress 1985, S. 75 (80ff.) mwN.

151 *Blankenheim,* Unternehmerbegriff im Umsatzsteuerrecht, S. 32.

152 BFH v. 26.4.1979 – V R 46/72, BStBl II 1979, 530.

des BFH[153]. Unabhängig davon, dass der BFH die damals geäußerte Ansicht später weitestgehend selbst wieder revidierte[154], lässt sich bereits den Argumenten der Gegenansicht entnehmen, dass es hier weniger um die Etablierung eines zweiten Unternehmerbegriffs als um die flexiblere Zuordnung von Vorsteuerbeträgen zur Unternehmertätigkeit und einer stärkeren Ausweitung des Vorsteuerabzugsrechts geht. Ob damit schlussendlich ein Vorsteuerabzugsrecht außerhalb der Erzielung von Umsatztätigkeiten und damit eine die Wettbewerbsneutralität negierende Subventionierung etabliert werden sollte[155], kann für die vorliegende Untersuchung dahingestellt bleiben. Ein zweiter Unternehmerbegriff folgt aus diesem Streitstand nach hiesiger Ansicht jedenfalls nicht.

Ebenso verhält es sich hinsichtlich der Rechtsprechung des EuGH zum Vorsteuerabzugsrecht eines erfolglosen Unternehmers[156]. Auch hierdurch wurde m. E. nach kein neuer Unternehmerbegriff für den Bereich der Vorsteuerbelastung geschaffen, sondern der Zusammenhang zwischen Umsatztätigkeit und Vorsteuer hat lediglich eine neue, subjektiv geprägte Auslegung erfahren.

Der Unternehmer ist daher für das gesamte UStG anhand der gleichen Maßstäbe zu bestimmen.

bb) Unternehmereinheit

Im Zusammenhang mit der Identität des Unternehmers steht auch die Behandlung sämtlicher seiner Tätigkeiten als ein Unternehmen. Diese durch § 2 Abs. 1 Satz 2 UStG bestimmte und unter dem Begriff „*Unternehmereinheit*" beschriebene Rechtsfolge sagt aus, dass das Unternehmen sämtliche unternehmerischen Betätigungen gegenüber Dritten erfasst und es sich insoweit nur um eine gewerbliche oder berufliche Tätigkeit handelt[157]. Aus dieser Einheitlichkeit folgt, dass es bspw. keine Rolle spielt, ob der Unternehmer mit seinen verschiedenen Tätigkeiten unterschiedliche ertragsteuerliche Einkunftsarten verwirklicht oder ob sie einer unterschiedlichen Umsatzbesteuerung unterliegen[158].

Aus dieser Einheit folgt weiter, dass der Austausch oder die Überführung von Leistungen zwischen den verschiedenen Unternehmensteilen, in denen die Aktivitäten verwirklicht werden, zu keiner Leistungs- oder Entnahmebesteuerung führt,

153 vgl. dazu auch *Schaub,* Unternehmerbegriff, S. 184ff.

154 BFH v. 18.7.1991 – V R 86/87, BStBl II 1991, 776 (777); vgl. ferner dazu BMF v. 11.4.1980 – IV A 2 – S7104–11/80, BStBl I 1980, 223 (Nichtanwendungserlass zum ersten Jahreswagenurteil).

155 so *Stadie,* Recht des Vorsteuerabzugs, S. 29; ebenso *Blankenheim* Unternehmerbegriff im Umsatzsteuerrecht, S. 32f.

156 EuGH v. 29.2.1996 – Rs. C-110/94 (INZO), EuGHE 1996, I-857 (877).

157 vgl. *Birkenfeld* in: Birkenfeld/Wäger USt-Hdb, § 40 Rn. 271; *Korn* in: Bunjes UStG, § 2 Rn. 150.

158 *Birkenfeld* in: Birkenfeld/Wäger USt-Hdb, § 40 Rn. 272; *Korn* in: Bunjes UStG, § 2 Rn. 151.

gleichzeitig damit aber auch Umsatzgrenzen wie für die Ist-Besteuerung oder die Anwendung der Kleinunternehmerregelung aus dem gesamtbetrachteten Unternehmen errechnet werden müssen[159].

2. *Der Unternehmer als Verwaltungshelfer*

Betrachtet man die vorgenannten Verpflichtungen des Steuerpflichtigen und führt sich gleichzeitig die grundlegenden Charakteristika der Umsatzsteuer vor Augen, dann kommt man in der Gesamtschau zu einem dogmatisch befremdlichen Ergebnis: Der Unternehmer, der mittels Abwälzung und Vorsteuerabzugsrecht nicht mit Umsatzsteuer belastetet werden soll, wird umfassend für die steuerlichen Pflichten des steuerlich belasteten Endverbrauchers[160] herangezogen und übernimmt damit die mitunter wesentlichste Verfahrensposition innerhalb des UStG.

a) Die Trennung von Steuerschuld und -trägerschaft

Das Auseinanderfallen von Steuerschuldner- und Trägerschaft, wie es eben § 13a Abs. 1 Nr. 1 UStG anordnet, ist dabei nicht zufällige Folge der Tatsache, dass es sich bei § 1 Abs. 1 Nr. 1 UStG um den faktischen Hauptsteuertatbestand[161] des UStG handelt. Die Vereinnahmung der Steuer mit Hilfe des Unternehmers ist vielmehr vom Gesetzgeber bewusst gewählt worden, da sie beim Verbraucher praktisch kaum durchführbar wäre[162]. Der Unternehmer ist in diesem Vergleich, aufgrund seiner höheren Kontinuität und der ohnehin stärkeren Einbettung in steuerliche Pflichten, ein besseres und vor allem effizienter zu kontrollierendes Steuersubjekt[163], um die nachhaltige Steuererhebung zu sichern.

Die Zielgerichtetheit dieser Abwälzung der – untechnisch gesprochen – Steuerabführungsschuld auf den Unternehmer zeigt sich dabei reflexhaft an dem neugefassten § 13b Abs. 2 UStG. In den Fällen des § 13b Abs. 2 UStG wird die Steuerschuld zwar vom leistenden Unternehmer ausgelöst; sie muss dann aber als eigene Verbindlichkeit vom Leistungsempfänger gegenüber dem Steuergläubiger erfüllt werden im sog. Reverse-Charge-Verfahren[164]. Soweit der Leistungsempfänger in diesen Fällen endverbraucht, ihm also kein Vorsteuerabzugsrecht zukommt, wird er dadurch nicht nur zum materiellen Träger, sondern auch zum formellen Schuldner der Umsatzsteuer, und es kommt insoweit zu einer direkten Besteuerung bei ihm.

---

159 *Korn* in: Bunjes UStG, § 2 Rn. 151; *Stadie* in: Rau/Dürrwächter UStG, § 2 Rn. 609.

160 *Stadie* in: Rau/Dürrwächter UStG, Einf. Rn. 197; *Leipold* in: Sölch/Ringleb UStG, § 13a Rn. 12.

161 *Probst* in: Hartmann/Metzenmacher UStG, § 1 Abs. 1 Rn. 22.

162 *Widmann* in: DStJG 32 (2009), S. 108; *Stadie* in: Rau/Dürrwächter UStG, § 2 Rn. 21.

163 *Probst* in: DStJG 13 (1990), S. 137 (144).

164 *Henseler* in: Hartmann/Metzenmacher UStG, § 13b Rn. 3ff; *Leonard* in: Bunjes UStG, § 13b Rn. 1.

Der Grund für diese Vereinigung von Steuerschuldnerschaft und -trägerschaft liegt in diesen Fällen aber keineswegs in dem Ziel, das Erhebungsverfahren dem Verbrauchsteuergedanken anzupassen, sondern in der Vermeidung von Steuerausfällen[165]. § 13b Abs. 2 und 5 UStG erfassen insoweit die Fälle, in denen die dort näher bezeichneten Leistungen von Unternehmen im allgemeinen Besteuerungsverfahren durch die Behörden nicht ausreichend erfasst werden oder im Nachhinein vom Fiskus nicht mehr vollständig realisiert werden können[166]. Zugleich bedeutet dies, dass – wie es auch Art. 193 MwStSystRL vorsieht – im Regelfall der Steuerzugriff beim Unternehmer erfolgen soll, bei dem die Steuer insoweit verfügbarer erscheint als beim einzelnen Verbraucher. Beabsichtigt ist folglich, ebenso wie bei § 13b Abs. 2 und 5 UStG, die bestmögliche Realisierung des Steueraufkommens.

Entsprechend geht auch der EuGH davon aus, dass der Unternehmer als *„Steuereinnehmer für Rechnung des Staates tätig [wird]*"[167] und dieser folglich nur durch die formale Anordnung des § 13a Abs. 1 Nr. 1 UStG zum Schuldner der Umsatzsteuer wird.

b) Wahrnehmung fremder Pflichten

Lässt man die Behandlung des Unternehmers als Steuerschuldner im Sinne der Abgabenordnung außen vor und reduziert die Betrachtung auf die materiellen Komponenten, hat der Unternehmer folglich die Funktion eines *„zwangsverpflichtete[n] Gehilfen des Staates (Verwaltungshelfer)*"[168], in dessen Auftrag er eine Art von *„private[r] Finanzbehörde*" simuliert[169].

Obwohl diese Art der Steuervereinnahmung mit Blick auf Art. 108 Abs. 1 und 2 GG zunächst zweifelhaft scheint[170], ist diese treuhänderische Vereinnahmung fremder Steuern mit entsprechender Abführungsschuld des Verpflichteten im nationalen Steuerrecht nicht exklusiv. Im für das Steueraufkommen wichtigen Bereich des Lohnsteuerabzugsverfahrens wird ebenso der Arbeitgeber zur Vereinnahmung und Abführung der vom Arbeitnehmer geschuldeten Einkommensteuer herangezogen (§ 38 EStG) und dabei ebenso erheblichen Verpflichtungen unterworfen.

Diese Heranziehung privater Dritter wurde vom Bundesverfassungsgericht bereits früh – nicht nur für den Bereich des Lohnsteuerabzugsverfahrens – als

---

165 BT-Drucks. 14/6877, 34f; BT-Drucks. 15/1502, 31.

166 *Henseler* in: Hartmann/Metzenmacher UStG, § 13b Rn. 1.

167 EuGH v. 21.2.2008 – Rs. C-271/06 (Netto Supermarkt), EuGHE 2008, I-771; v. 20.10.1993 – Rs. C-10/92 (Balocchi), EuGHE 1993, I-5105; v. 6.10.2005 – Rs. C-291/03, EuGHE 2005, I-8477.

168 *Stadie* in: Rau/Dürrwächter UStG, Einf. Rn. 197, ebd. § 2 Rn. 24; vgl. ferner *Ipsen*, Wirtschaftsrecht, S. 232 (236), der von „Hilfsorgan[en] der Steuerverwaltung" spricht.

169 *Fischer*, Umsatzsteuer und Grundrechte, S. 161.

170 vgl. *Fischer*, Umsatzsteuer und Grundrechte, S. 161 unter Verweis auf *Maunz* in: Maunz/Dürig GG, Art. 108 Rn. 13f.

verfassungsgemäß angesehen[171]. Insoweit maß es dem Interesse des Fiskus an einem rationalisierenden Massenverfahren (Bündelungseffekt), aber auch den Interessen der Arbeitnehmer an der Vermeidung von Betreibungsverfahren ein ausreichendes Gewicht zu, um die dem Arbeitgeber mit der Steuerentrichtungspflicht entschädigungslos auferlegte Kostenlast, Leistungsgefahr sowie regelmäßig zusätzlich begründete Haftung zu rechtfertigen. Obgleich diese Argumentation im Bereich der Lohnsteuer nicht gänzlich unbestritten ist, wird sie für den Bereich der Verbrauchssteuern doch weitestgehend anerkannt[172].

aa) Steuerschuldner und Steuerentrichtungspflichtiger

Dennoch bleibt fraglich, ob die Rechtsprechung des BVerfG ohne weiteres auf den Unternehmer des UStG übertragen werden kann. Denn der Arbeitgeber als Abführungsschuldner wird nicht zum Steuerschuldner im Sinne der AO wie der Unternehmer bei der Umsatzsteuerschuld.

Dieser Status verbleibt grundsätzlich[173] bei den Arbeitnehmern[174] und wird auch durch das besondere Steuerabzugsverfahren nicht verändert. Zwar ist der Arbeitgeber als Steuerentrichtungspflichtiger kraft Gesetzes (§ 38 Abs. 3 EStG) verpflichtet, die Steuer für Rechnung des steuerschuldenden Arbeitnehmers zu begleichen[175]. Als Entrichtungspflichtiger ist er allerdings nicht Steuerschuldner im Sinne der AO[176], zumal, wie die Haftungsanordnung des § 42d Abs. 3 EStG zeigt, die Haftung des Arbeitgebers als Entrichtungsschuldner nur gesamtschuldnerisch neben der des Arbeitnehmers erfolgt und beide insoweit nicht übereinstimmen müssen[177].

Bei genauem Hinsehen sind diese Unterschiede jedoch eher das Ergebnis einer formalisierten Betrachtung als echte inhaltliche Gegensätze. Insoweit blieben die Änderungen des Umsatzsteuerrechts wohl überschaubar, wenn der Unternehmer vom Steuerschuldner zum Steuerentrichtungspflichtigen umqualifiziert[178] und damit der Rolle des Arbeitgebers formal angeglichen werden würde. Allein der formale abgabenrechtliche Unterschied zwischen Arbeitnehmer und Unternehmer bei der Vereinnahmung von Steuern kann daher eine mit Blick auf die Argumentation des BVerfG mögliche Sonderbehandlung des Unternehmers der Umsatzsteuer m. E. nach nicht rechtfertigen.

---

171 BVerfG v. 17.2.1977 – 1 BvR 33/76, BVerfGE 44, 103 (für die Kirchenlohnsteuer); v. 26.1.1977 – 1 BvL 7/76, BStBl II 1977, 297 (für die Lohnsteuer); v. 29.11.1967 – 1 BvR 175/66, BVerfGE 22, 380 (für die Kapitalertragsteuer).

172 vgl. *Widmann* in: DStJG 32 (2009), S. 103 (108).

173 Anders ist dies bei den nach den §§ 40–40b EStG pauschaliert besteuerten Arbeitslöhnen, bei denen der Arbeitgeber Steuerschuldner ist.

174 *Thürmer* in: Blümich EStG, § 38 Rn. 100.

175 *Koenig* in: Koenig AO, § 43 Rn. 6.

176 BFH v. 24.3.1998 – I R 120/97, BStBl II 1999, 3f.

177 *Wagner* in: Blümich EStG, § 42d Rn. 79.

178 *Trzaskalik* in: DStJG 12 (1989), S. 157 (159).

Soweit also die formellen Unterschiede in der Behandlung von Unternehmer und Arbeitgeber nicht ausreichen, ist fraglich, ob es belastbare materielle Gegensätze gibt, die gegen eine Anwendung der verfassungsgerichtlichen Rechtsprechung zu den Quellsteuerverfahren auf den Unternehmer in der Umsatzsteuer sprechen.

bb) Risiko der Abwälzbarkeit

Dem fiskalischen Wunsch nach Bündelung und Effektivierung des Steuerverfahrens könnte materiell das den Unternehmer belastende Risiko der tatsächlichen Abwälzbarkeit der Steuer gegenüberstehen.

Im verfassungsrechtlichen Kontext eingebettet, müsste die Frage insoweit lauten, ob nicht der Gesetzgeber von Verfassung wegen gehalten ist, den verbrauchenden Steuerträger auch zum Steuerschuldner im Sinne des Gesetzes zu erklären, insbesondere dann, wenn sich die Belastung des Steuerpflichtigen nicht nur in der reinen Entrichtung der Steuer an der Quelle erschöpft[179]?

Beim verpflichteten Unternehmer muss insoweit berücksichtigt werden, dass sich die Umsatzsteuer nach den ausverhandelten Bruttopreisen bemisst (§ 16 Abs. 1 UStG). Dies führt nicht nur dazu, dass hierdurch das sog. Soll-Prinzip etabliert wird, welches im Übrigen schon zu Vorfinanzierungsnachteilen des Unternehmers führen kann[180]. Vielmehr folgt aus dieser Regelung der Nachteil, dass der Unternehmer im Rahmen des Preisfindungsprozesses mitunter ein Entgelt vereinbart, das eine ökonomische Abwälzung der Steuer auf den Endverbraucher faktisch gar nicht erlaubt[181]. Diese fehlende Überwälzbarkeit, die durch das Gesetz auch nicht anderweitig abgefangen wird, bedarf m. E. nach einer Rechtfertigung, die nicht allein in verwaltungstechnischer Effizienz liegen kann.

Belastbarer als Rechtfertigung könnte hierfür sein, dass der Unternehmer die Preisbildung, die die Grundlage der Umsatzbesteuerung ist, unmittelbar gestalten kann. Hierdurch nämlich schafft sich der Unternehmer eine exponierte Position zum Besteuerungsgegenstand, auf den er (bedingt) Einfluss nehmen kann, und die über die Position der Quellensteuerpflichtigen hinausgeht. Diese Verbindung mit der Steuerquelle und der wesentlichen Beteiligung an dessen Preisfindung sowie die nicht zu bestreitende Effektivierung des indirekten Besteuerungsverfahrens, sind daher geeignet, die Heranziehung des Unternehmers als Steuerschuldner zu rechtfertigen[182].

---

179 vgl. *Trzaskalik* in: DStJG 12 (1989), S. 157 (169).

180 Dazu krit. *Stadie* in: Rau/Dürrwächter UStG, Einf. Rn. 201f.

181 vgl. *Trzaskalik* in: DStJG 12 (1989), S. 157 (169).

182 *Trzaskalik* in: DStJG 12 (1989), S. 157 (170f.); *Fischer,* Umsatzsteuer und Grundrechte, S. 166; *Widmann* in: DStJG 32 (2009), S. 103 (108) mwN. Die konkrete verfassungsrechtliche Auseinandersetzung der Heranziehung des Unternehmers als Steuerschuldner ist nicht Teil dieser Analyse. Insoweit sei auf die Arbeiten von *Fischer,* Umsatzsteuer und Grundrechte, und *Geißler,* Unternehmer und Steuerstaat, verwiesen.

cc) Risikoverteilung

Trotz dieser Rechtfertigung bleibt festzuhalten, dass die Umsatzsteuer nur die Belastung des Endverbrauchers und nicht des steuervereinnahmenden Unternehmers im Auge hat, und zwar auch mit Blick auf die entgegenstehende ökonomische Faktenlage.

Dass der Unternehmer nur Fremdgelder treuhänderisch für Rechnung des Staates vereinnahmt und durch selbst zu zahlende Umsatzsteuer grundsätzlich nicht belastet werden soll, darf also nicht unberücksichtigt bleiben.

Aus seiner Funktion als Zwangsverpflichteter des Staates muss vielmehr ein gesteigerter Vertrauensschutz resultieren, nach dem keine Risiken dem Unternehmer qua Gesetz überbürdet werden, die im Verhältnis zu seiner Verfahrensposition unverhältnismäßig erscheinen. Diesbezüglich gilt es zu vermeiden, dass der Unternehmer jedes Risiko einer Fehleinschätzung bei der Würdigung umsatzsteuerrechtlicher Geschäftsvorfälle automatisch trägt und damit latent Gefahr läuft, selbst zum Steuerträger zu werden[183]. Soweit aus einer Fehleinschätzung des Unternehmers vermögensbelastende Folgen resultieren, muss also stets dessen Funktion berücksichtigt werden, mit der sich anschließenden Frage, ob das realisierte Risiko tatsächlich seinem Verantwortungsbereich entstammt, und inwieweit es ihm möglich war, dieses sachgerecht zu beherrschen.

Diese Einschränkung hat insbesondere dort zu gelten, wo es um die ordnungsgemäße Erfüllung von Deklarationspflichten und den Vorsteuerabzug geht[184] sowie um die Frage der Unternehmereigenschaft überhaupt[185]. Die richtige Behandlung innergemeinschaftlicher Umsätze stellt für den einzelnen Unternehmer schließlich eine weitere anspruchsvolle Herausforderung dar[186], und Fehler, die in diesem Kontext geschehen, können ebenfalls nicht ohne Berücksichtigung seiner Funktion als Steuereinsammler bewertet werden.

3. Zwischenergebnis

Der Unternehmer ist, obwohl er steuerlich nicht belastet werden soll, Steuerpflichtiger im Sinne des § 33 AO mit den entsprechenden Verpflichtungen aus der AO und dem UStG. Die Verpflichtungen treffen ihn dabei in jeglicher Leistungsbeziehung und bei jeder Tätigkeit, die er innerhalb seines einheitlich zu betrachtenden Unternehmens ausführt. Insoweit ist auch nicht zwischen verschiedenen Unternehmertypen innerhalb des UStG oder verschiedenen Tätigkeiten innerhalb seines Unternehmens zu differenzieren.

Dass der Unternehmer für diese Tätigkeit herangezogen wird, ist zwar verfassungsrechtlich nicht unbedenklich, nach den Maßgaben des Bundesverfassungsgerichts

---

183 *Stadie* in: Rau/Dürrwächter UStG, § 2 Rn. 28f.

184 *Geißler,* Unternehmer und Steuerstaat, S. 68.

185 *Stadie* in: Rau/Dürrwächter UStG, § 2 Rn. 30.

186 *Tumpel* in: DStJG 32 (2009), S. 53 (78).

aber noch zu akzeptieren. Dass der Unternehmer dabei mitunter das Risiko der wirtschaftlichen Abwälzbarkeit trägt, kann durch seine Nähe zur Steuerquelle und seinen Einfluss auf die Preisabsprache als gerechtfertigt angesehen werden.

Dennoch ist zu berücksichtigen, dass der Unternehmer die Steuer quasi treuhänderisch für Rechnung des Staates einnimmt und Mängel im Besteuerungsverfahren nicht stets zu seinen Lasten gehen können. Soweit der Unternehmer droht durch die Umsatzsteuer vermögensmäßig belastet zu werden, ist daher zu hinterfragen, ob Risiken tatsächlich seinem Verantwortungsbereich entstammen und es ihm möglich war, diese angemessen und sachgerecht zu vermeiden.

C. Der Unternehmer der MwStSystRL

Anders als die nationale Regelung kennt die MwStSystRL nicht den Unternehmer, sondern stellt auf den Steuerpflichtigen („*taxable person*", „*assujetti*") ab. Art. 2 Abs. 1 MwStSystRL bestimmt dazu, dass die Lieferung und der innergemeinschaftliche Erwerb von Gegenständen sowie Dienstleistungen dann der Mehrwertsteuer unterliegen, wenn sie von einem Steuerpflichtigen erbracht werden.

Als Steuerpflichtiger gilt nach Art. 9 MwStSystRL grundsätzlich[187], wer eine wirtschaftliche Tätigkeit unabhängig von ihrem Ort, Zweck und Ergebnis selbstständig ausübt. Wirtschaftliche Tätigkeiten werden in Unterabsatz 2 des Art. 9 Abs. 1 MwStSystRL anhand verschiedener – unternehmenstypischer – Berufsgruppen, wie der eines Erzeugers, Händlers oder Dienstleistenden beschrieben, sowie anhand bestimmter Tätigkeiten, wie der von Urproduzenten, Landwirten, den Tätigkeiten der freien Berufe und der diesen gleichgestellten Berufe.

Nach Art. 9 Abs. 1 Unterabs. 2 S. 2 gilt ferner die Nutzung von körperlichen oder nicht körperlichen Gegenständen zur nachhaltigen Erzielung von Einnahmen „*insbesondere*" als wirtschaftliche Tätigkeit.

Art. 10 MwStSystRL ergänzt Art. 9 und bestimmt, dass Personen, die durch Arbeitsvertrag oder sonstige Rechtsverhältnisse hinsichtlich ihrer Arbeitsbedingungen und -entgelte gebunden sind und in einem Verhältnis der Unterordnung stehen, keine selbstständige wirtschaftliche Tätigkeit ausüben und damit nicht Steuerpflichtige im Sinne der MwStSystRL sein können. Ähnlich wie § 2 Abs. 2 Nr. 1 UStG nimmt Art. 10 MwStSystRL also den weisungsabhängigen Arbeitnehmer ausdrücklich aus der selbstständigen wirtschaftlichen Tätigkeit aus[188], obwohl diese Ausnahme bereits im Umkehrschluss aus Art. 9 MwStSystRL gefolgert werden kann. Würde man den Ausschluss nämlich allein auf den in Art. 10 MwStSystRL benannten Personenkreis begrenzen, müssten Beamte, Angestellte des öffentlichen Dienstes und Hausangestellte – allesamt in keinem Unternehmen

187 Die besondere Unternehmerstellung bei Inlandslieferung von Neufahrzeugen zur Verbringung ins übrige Unionsgebiet (Art. 9 Abs. 2 MwStSystRL) bleibt bei dieser Betrachtung außen vor.

188 vgl. *Reiß* in: Reiß/Kraeusel/Langer UStG, § 2 Rn. 33.

eingegliedert – ebenfalls als Steuerpflichtige gelten. Dass auch diese Gruppen keine Tätigkeit im Sinne der MwStSystRL ausüben, ist evident, folgt dogmatisch aber eben nicht aus Art. 10 MwStSystRL, sondern aus Art. 9 der Richtlinie[189].

I. Tatbestandsmerkmale des Art. 9 MwStSystRL

Die MwStSystRL stellt bei der Bestimmung des Steuerpflichtigen nicht abstrakt auf dessen Gewerbe oder Beruf ab, sondern allgemeiner auf seine *„wirtschaftliche Tätigkeit"* und ihrer Beschreibung anhand von bestimmten (Ur-)Berufsbildern.

Dass sich der EuGH vermehrt mit der Auslegung dieses Merkmals beschäftigen musste, obwohl dessen Definition konkreter als im nationalen Recht gefasst ist, verwundert gleichwohl nicht: Auch im Unionsrecht stellt die Anerkennung als Steuerpflichtiger die Grundprämisse für die Verwirklichung von Umsätzen i.S.d. Richtlinie und die Geltendmachung des Vorsteuerabzugsrechts dar und ist daher nicht weniger streitanfällig[190]. Wirklich eindeutig und abschließend konnte der EuGH den Inhalt der wirtschaftlichen Tätigkeit bislang nicht bestimmen[191]. Trotz der insoweit bestehenden offenen Auslegungsfragen, die mitunter auch dem eingeschränkten Prüfungsumfang von Vorabentscheidungsverfahren[192] geschuldet sein dürften, lassen sich aus den vorhandenen Entscheidungen des EuGH dennoch Grundsätze entnehmen, anhand derer man den Steuerpflichtigen der MwStSystRL beschreiben kann.

1. Wirtschaftliche Tätigkeit

Die Definition des Steuerpflichtigen in Art. 9 MwStSystRL mit den dort genannten einzelnen Tätigkeiten von u. a. Erzeugern, Händlern und Dienstleistenden soll nach Auffassung des EuGH zeigen, dass der Begriff der wirtschaftlichen Tätigkeit einen grundsätzlich weiten Bereich meint, da er nach seinem Wortlaut alle (Dienst-) Leistungen einer bestimmten Berufsgruppe, die auch aus mehreren aufeinanderfolgenden Handlungen bestehen können, umfasst[193]. Für die mehrwertsteuerliche Anerkennung sei es daher irrelevant, ob eine Tätigkeit im Mitgliedstaat bspw. einer besonderen Regelung über die Gewerbegenehmigung unterliegt und diese bei der Ausübung vorliegt. Solange die angebotenen Leistungen nicht wegen *„ihres Wesens oder ihrer besonderen Merkmale verboten"* seien und die Tätigkeit in Wettbewerb zu legalen wirtschaftlichen Tätigkeiten treten können, werden auch solche Tätigkeiten vom EuGH mehrwertsteuerlich anerkannt[194].

---

189 *Scharpenberg* in: Hartmann/Metzenmacher UStG, § 2 Rn. 156.
190 *Stadie* in: Rau/Dürrwächter UStG, § 2 Rn. 51.
191 *Blankenheim,* Unternehmerbegriff im Umsatzsteuerrecht, S. 104.
192 vgl. dazu *Wegener* in: Callies/Ruffert AEUV, Art. 267 Rn. 3ff.
193 EuGH v. 26.3.1987 – Rs. 235/85, (Kommission/Niederlande), EuGHE 1987, I-1471; v. 14.2.1985 – Rs. 268/83 (Rompelman) EuGHE 1985, I-655.
194 EuGH v. 27.11.2003 – Rs. C-497/01 (Zita Modes), EuGHE 2003, I-14393.

Teile der Literatur[195] sehen diese weite Auslegung durch den Zusatz *„und der diesen gleichgestellten Berufe"* in Art. 9 Abs. 1 Unterabs. 2 MwStSystRL bestätigt. Hierdurch sollen nicht nur sämtliche Stadien der Erzeugung, des Handels und der Erbringung von Dienstleistungen vom Begriff mit umfasst werden, sondern auch alle Tätigkeiten, die den genannten typischen Erscheinungsformen wirtschaftlich vergleichbar sind. Der Verweis auf die Urbilder und die Fiktion ihrer Geltung soll zeigen, dass die Richtlinie ebenso eine typologische Beschreibung vornimmt, die nur im Wege eines Ähnlichkeitsvergleichs die zu bewertenden Tätigkeiten den genannten Berufen zuordnet.

Der EuGH sieht den Begriff der wirtschaftlichen Tätigkeit daneben rein objektiv bestimmt, da in der Richtlinie *„die Tätigkeit an sich, unabhängig von ihrem Zweck und ihrem Ereignis[...]"*[196] beschrieben wird. Die Motive des Steuerpflichtigen, die er mit der Tätigkeit verbindet, bleiben daher außen vor und können auch nur in der Erlangung von Steuervorteilen liegen[197].

Obwohl die Tätigkeit somit grundsätzlich nur durch ein wiederholtes oder besonders intensives Tätigwerden objektiv erfassbar sein muss[198], bedarf es daneben dennoch der Absicht zur Erzielung von Einnahmen. Diese subjektive Voraussetzung soll aus Art. 9 Abs. 1 Unterabs. 1 i.V.m. Unterabs. 2 MwStSystRL folgen, der vom Wortlaut her zwar nur für die Nutzungsüberlassung eine nachhaltige Einnahmeerzielung vorsieht, jedoch nach Auffassung des EuGH auch für alle sonstigen in Art. 9 MwStSystRL genannten Tätigkeiten gelten soll[199]. Den Tätigkeiten des Unterabsatzes 2 sei es insoweit immanent, dass sie zur Erzielung von Einnahmen bzw. exakter für *„Leistungen gegen Entgelt"* ausgeübt werden[200].

Bei der Nutzung von körperlichen oder nicht körperlichen Gegenständen nimmt der EuGH eine wirtschaftliche Tätigkeit dann an, wenn sie nach den Gegebenheiten des Einzelfalls zur nachhaltigen Erzielung von Einnahmen ausgeführt wird und das Entgelt hierfür die Gegenleistung darstellt[201]. Zuvorderst Dauerschuldverhältnisse sollen hierunter fallen, bei denen nicht allein aus dem Dulden der Nutzung des überlassenen Gegenstandes die berufsmäßige Leistung folgt, sondern die wirtschaftliche Tätigkeit vielmehr aus dem Moment seiner nicht nur kurzfristigen Überlassung entsteht[202].

---

195 *Stadie* in: Rau/Dürrwächter UStG, § 2 Rn. 55.

196 EuGH v. 26.3.1987 – Rs. 235/85, (Kommission/Niederlande), EuGHE 1987, I-1471.

197 EuGH v. 21.2.2006 – Rs. C-223/03 (University of Huddersfield), EuGHE 2006, I-1751; v. 4.12.1990 – Rs. C-188/89 (van Tiem), EuGHE 1990, I-4363.

198 EuGH v. 27.1.2001 – Rs. C-23/98 (Heerma), EuGHE 2000, I-449; v. 26.9.1996 – Rs. C-230/94 (Enkler), EuGHE 1996, I-4517.

199 EuGH v. 29.10.2009 – Rs. C-246/08, EuGHE 2009, I-10605; v. 13.12.2007 – Rs. C-408/06 (Götz), EuGHE 2007, I-11295; v. 26.3.1987 – Rs. 235/85, EuGHE 1987, 1471.

200 *Reiß* in: Reiß/Kraeusel/Langer UStG, § 2 Rn. 30.

201 EuGH v. 13.12.2007 – Rs. C-408/06 (Götz), EuGHE 2007, I-11295; v. 26.9.1996 – Rs. C-230/94 (Enkler), EuGHE 1996, I-4517; v. 4.12.1990 – Rs. C-188/89 (van Tiem), EuGHE 1990, I-4363.

202 *Stadie* in: Rau/Dürrwächter UStG, § 2 Rn. 67f.

Trotz der grundsätzlich weiten Definition der wirtschaftlichen Tätigkeit stellen das bloße Halten und auch der Verkauf von Beteiligung an anderen Unternehmen nach Auffassung des EuGH jedoch keine wirtschaftlichen Tätigkeiten dar[203]. Diese wohl wichtigste Ausnahme aus dem Begriffsbild des Steuerpflichtigen, nämlich der Ausschluss von Holdinggesellschaften, wird mit der Eigenart dieser Geschäftstätigkeit begründet. Allein die anfallenden Dividenden aus den Beteiligungen sollen als Leistungsbeziehung ungeeignet sein, da sie nur auf dem Eigentum an den Anteilen beruhen und insoweit keine Gegenleistung für eine Tätigkeit im Sinne der Richtlinie darstellen. Diese reine Vermögensverwaltung ähnle insoweit zu sehr der Tätigkeit eines Privatanlegers und zwar auch dann, wenn sie in größerem Umfang stattfinde[204].

2. Nachhaltigkeit der Tätigkeit

Der im nationalen Recht anzutreffende Begriff der „*Nachhaltigkeit*“ wird auch in Art. 9 Abs. 1 Unterabs. 2 S. 2 der MwStSystRL verwendet, dort allerdings im Zusammenhang mit der Erzielung von Einnahmen bei der Nutzung von körperlichen oder nicht körperlichen Gegenständen.

Trotz der grammatischen Beschränkung des Begriffs auf den Unterabsatz 2 Satz 2 wird von Teilen der Literatur[205] angenommen, dass die Nachhaltigkeit bei sämtlichen Tätigkeiten festgestellt werden muss. Mit den genannten Berufsbildern in Unterabsatz 1 soll die nachhaltige Ausübung der jeweiligen Tätigkeit ohnehin von vornherein gedanklich verbunden sein, so dass die Aufnahme des Wortes redundant gewesen wäre. Auch die Regelung in Art. 12 Abs. 1 MwStSystRL spreche dafür, da hier den Mitgliedstaaten die Möglichkeit eingeräumt wird, „*Personen als Steuerpflichtige zu betrachten, die gelegentlich eine der in Art. 9 Abs. 1 UA 2 genannten Tätigkeiten ausüben*“. Die hierbei erfolgte Verweisung auf den gesamten Unterabsatz 2 soll insoweit zeigen, dass die in Satz 1 dieses Unterabsatzes genannten Berufsbilder eben grundsätzlich nicht nur gelegentlich, sondern stets nachhaltig ausgeübt werden und die Richtlinie dies, ohne es gesondert zu erwähnen, gedanklich voraussetzt[206].

Wie mit dem unionsrechtlichen Begriff der Nachhaltigkeit im Rahmen der Feststellung der wirtschaftlichen Tätigkeit letztlich umzugehen ist, daran scheiden sich jedoch abermals die Meinungen. Während einige mit dem Begriff die jeweilige

---

203 EuGH v. 29.10.2009 – Rs. C-29/08 (SKF), EuGHE 2009, I-10413; v. 26.5.2005 – Rs. C-465/03 (Kretztechnik), EuGHE 2005, I-4357; v. 29.4.2004 – Rs. C-77/01 (EDM) EuGHE 2004, I-4295; v. 8.2.2007 – Rs. C-435/05 (Investrand), EuGHE 2007, I-1315.

204 EuGH v. 20.6.1996 – Rs. C-155/94 (Wellcome Trust), EuGHE 1996, I-3013.

205 *Reiß* in: Reiß/Kraeusel/Langer UStG, § 2 Rn. 27; *Scharpenberg* in: Hartmann/Metzenmacher UStG, § 2 Rn. 137; ferner *Probst* in: DStJG 13 (1990), S. 137 (147); *Viegener*, UR 1990, 329 (330).

206 vgl. *Scharpenberg* in: Hartmann/Metzenmacher UStG, § 2 Rn. 137; *Reiß* in: Reiß/Kraeusel/Langer UStG, § 2 Rn. 27.

Tätigkeit kennzeichnen wollen und es insoweit als konstituierendes Merkmal ansehen[207], meinen andere, dass es der jeweiligen beruflichen Tätigkeit ohnehin immanent und isoliert betrachtet untauglich sei, um eine wirtschaftliche Tätigkeit zu bestimmen[208]. Nach letztgenannter Meinung soll auch auf unionsrechtlicher Ebene vielmehr entscheidend sein, dass die zu bestimmende Tätigkeit den genannten Berufsbildern vergleichbar ist und Leistungen gegen Entgelte festgestellt werden können.

Für den EuGH selbst wurde der Begriff der Nachhaltigkeit zumeist dann bedeutsam, wenn die Überlassung eines Gegenstandes an Dritte gegen Entgelt zu bewerten war und die Frage virulent wurde, wann die Erzielung von diesbezüglichen Einnahmen eine wirtschaftliche Tätigkeit darstellt[209]. Bei auch im privaten Umfang möglichen Überlassungen von Gegenständen gegen Entgelt bildete die Einschränkung der Nachhaltigkeit für ihn insoweit eine Art Korrektiv zur Abgrenzung der Steuerpflichtigkeit.

Entscheidend hierfür ist nach Ansicht des EuGH, ob die Tatsachen der faktischen Nutzung des Gegenstandes ausreichen, um eine Nachhaltigkeit festzustellen. Methodisch sollte die Feststellung dabei mittels eines Art Soll- und Ist-Vergleichs stattfinden[210], nach der die im Einzelfall erfolgte Nutzung mit der typischen oder gewöhnlichen Nutzung eines solchen Gegenstandes im Rahmen einer wirtschaftlichen Tätigkeit zu vergleichen waren. Nur wenn die Nutzung diesem gewöhnlichen Bild entsprach, sollte aus der Tätigkeit die nachhaltige Erzielung von Einnahmen folgen.

II. Richtlinienumsetzung

Die Auslegung des Steuerpflichtigen im Sinne der MwStSystRL durch den EuGH brachte – mit Ausnahme der Frage nach dem Beginn des Vorsteuerabzugsrechts[211] – keine wesentlichen systemtragenden Veränderungen des nationalen Umsatzsteuerrechts und seiner Auslegung mit sich.

Nicht wenige der Entscheidungen des EuGH zu Fragen der wirtschaftlichen Tätigkeit des Steuerpflichtigen wurden dementsprechend als Übereinstimmung mit der bisherigen Auslegungstendenz in der nationalen Rechtsprechung klassifiziert[212] und als Bestärkung der eigenen Annahme gesehen, dass § 2 UStG (1980/1991/1993/1999/2005) eine zutreffende Umsetzung des (heutigen) Art. 9 MwStSystRL darstellt. Trotz der insoweit grammatisch unterschiedlichen Beschreibung des Steuerpflichtigen sollen die Vorgaben der Richtlinie durch eine entsprechend

---

207 *Reiß* in: Reiß/Kraeusel/Langer UStG, § 2 Rn. 27ff.

208 Stadie in: Rau/Dürrwächter UStG, § 2 Rn. 57ff.

209 EuGH v. 26.9.1996 – Rs. C-230/94 (Enkler), EuGHE 1996, I-4517.

210 EuGH v. 26.9.1996 – Rs. C-230/94 (Enkler), EuGHE 1996, I-4517.

211 vgl. EuGH v. 29.2.1996 – Rs. C-110/94 (INZO), EuGHE 1996, 857; ferner *Scharpenberg* in: Hartmann/Metzenmacher UStG, § 2 Rn. 213ff.

212 vgl. *Widmann,* UR 1996, 421f; *Stadie* in: Rau/Dürrwächter UStG, § 2 Rn. 602; ferner *Blankenheim,* Unternehmerbegriff im Umsatzsteuerrecht, S. 62, 132 jeweils mwN.

konforme Auslegung des § 2 UStG erreicht werden, weshalb beide Normen voll kompatibel zueinander sein sollen[213].

III. Vergleichbarkeit und Inkonsistenzen

Der (wohl) herrschenden Meinung und Rechtsprechung ist zuzustimmen, dass trotz der Abweichungen zwischen den Tatbestandsmerkmalen der Richtlinie und denen der nationalen Regelung des § 2 UStG beide Normen weitestgehend inhaltsgleich sind, resp. sich eine Inhaltsgleichheit durch eine entsprechende Auslegung herstellen lässt[214].

Obschon die Urteilsbegründungen des EuGH nicht immer Anhaltspunkte für die hinter der Norm liegende Dogmatik geben, lassen sich aus den Entscheidungen dennoch Grundzüge für die Bestimmung des Steuerpflichtigen der MwStSystRL ableiten, die denen des (nationalen) Unternehmers überwiegend ähneln. Ebenso wie § 2 UStG versucht die MwStSystRL mit dem Begriff des Steuerpflichtigen und der von ihm verlangten wirtschaftlichen Tätigkeit sämtliche gewerblichen und beruflichen Aktivitäten zu erfassen, um so eine umfassende und vor allem weitreichende Besteuerung des Wettbewerbs sicherzustellen. Die freilich bestehende Begriffsinkongruenz zum nationalen Recht lässt sich methodisch durch eine richtlinienkonforme Auslegung und den insoweit vergleichbaren Telos beider Normen überwinden. Ein mit Blick auf Art. 9 MwStSystRL bestehendes Umsetzungsdefizit des nationalen Rechts ist mit der herrschenden Meinung daher nicht zu konstatieren.

Auch der Disput über das Verständnis und die Bedeutung des Begriffs „*nachhaltig*“ vermag m. E. nach hieran nichts zu ändern, zumal die Auswirkungen dieses Streits marginal sein dürften. Entscheidend ist gewiss, dass die handelnde Person grundsätzlich wiederholt und in bestimmtem Maße intensiv tätig wird, um als Steuerpflichtiger zu gelten. Denn gerade diese Attribute sprechen neben dem Angebot von Leistungen für eine Marktteilnahme und gegen die Belastung der Person mit Vorsteuern. Ob diese Voraussetzungen dabei aber aus der Typologie der in der Richtlinie aufgezählten Berufe folgen oder aus dem analog anzuwendenden Begriff der Nachhaltigkeit, kann letztlich dahingestellt bleiben.

Wesentlicher ist in diesem Kontext m. E. nach dagegen schon, dass die vom EuGH anerkannte Methode eines Soll- und Ist-Vergleichs dem vom BFH herangezogenen *Gesamtbild der Verhältnisse* als Prüfungsmaßstab entsprechen dürfte und sich hieran zeigt, dass auch diese Abgrenzung des Steuerpflichtigen auf nationaler und unionsrechtlicher Ebene deckungsgleich verläuft. Auch der BFH sieht durch

---

213 vgl. BT-Drucks. 8/1779, 29; BFH v. 29.6.1987 – X R 23/82, BStBl II 1987, 744 (746); v. 28.9.1988 – X R 6/82, BStBl II 1989, 122 (124); v. 20.1.1988 – X R 48/81, BStBl II 1988, 557; *Scharpenberg* in: Hartmann/Metzenmacher UStG, § 2 Rn. 24; *Reiß* in: Reiß/Kraeusel/Langer UStG, § 2 Rn. 26.

214 *Stadie* in: Rau/Dürrwächter UStG, § 2 Rn. 51; *Probst* in: DStJG 13 (1990), S. 137 (145).

die Ansicht des EuGH die eigene methodische Herangehensweise zur Feststellung des Unternehmers unionsrechtlich bestätigt[215].

Gleichwohl verläuft auch die Interpretationslinie des EuGH nicht frei von Inkonsistenzen und lässt den Rechtsanwender mitunter im Unklaren darüber, wo die Grenzen der wirtschaftlichen Tätigkeit konkret enden. Beispielhaft zeigt sich dies im Zusammenhang mit der Nutzung von Geld als unkörperlichem Gegenstand im Sinne des Art. 9 Abs. 1 Unterabs. 2 S. 2 MwStSystRL.

Obwohl seit der Entscheidung „*Polysar*"[216] im Grundsatz gilt, dass das reine Erwerben, Halten und Veräußern von Geschäftsanteilen eines anderen Unternehmens und dem damit verbundenen Zufluss von Dividenden keine wirtschaftliche Tätigkeit darstellt, gibt es Rückausnahmen von dieser Regel, die den Umgang mit ihr erschweren. Nimmt der Gesellschafter nämlich Einfluss auf die Verwaltung dieser Gesellschaft in Form von Tätigkeiten, die wie bspw. die Buchhaltung oder der IT-Dienst selbst der Mehrwertsteuer unterliegen können, dann kann er durch diese Dienstleistungen doch zum Steuerpflichtigen werden[217]. Dass diese Tätigkeiten oftmals im Bezug zu seiner Stellung als Gesellschafter und dessen Rechten stehen, führt dazu, dass sich die Steuerpflichtigkeit solch tätiger Gesellschafter nicht trennscharf ermitteln lässt und damit zu Fehlbehandlungen führen kann.

Nicht weniger problematisch ist die Annahme einer Ausstrahlungswirkung der wirtschaftlichen Tätigkeit auf andere Tätigkeiten des Steuerpflichtigen. So wurde bei einem Immobilienverwalter, der durch kurzfristig bei ihm geparktes Fremdgeld seiner Kunden Zinsen erzielte, die Eigenschaft als Steuerpflichtiger bejaht, obgleich die Leistungen (Zinsen) auch hier nur aus dem bloßen Eigentum an einem Wirtschaftsgut resultierten[218]. Anders als bei einem Geschäftsanteil nahm der EuGH an, dass die Zahlungen hier nicht auf dem bloßen Eigentum an dem Wirtschaftsgut basierten, sondern aus dem Zusammenhang des verzinsten Kapitals zu der originären Tätigkeit der Immobilienverwaltung. Diese wirtschaftliche Tätigkeit werde „*unmittelbar, dauerhaft und notwendig*" erweitert[219] und soll daher – trotz ihrer Vergleichbarkeit mit den in der *Polysar*-Rechtsprechung aufgestellten Grundsätzen – zur Annahme der Eigenschaft als Steuerpflichtiger führen.

Das allein der Erwerb, das Halten und Veräußern von Beteiligungen an anderen Gesellschaften keine wirtschaftliche Tätigkeit im Sinne der Richtlinie darstellen kann, ist m. E. nach richtig[220]. Ob der hiermit beschriebene Ansatz des Ausschlusses

215 BFH v. 12.12.1996 – V R 23/93, BStBl II 1997, 368 (370); vgl. *Scharpenberg* in: Hartmann/Metzenmacher UStG, § 2 Rn. 139.

216 EuGH v. 20.6.1991 – Rs. C-60/90, EuGHE 1991, I-3111.

217 EuGH v. 14.11.2000 – Rs. C-142/99 (Floridienne&Berginvest), EuGHE 2000, I-9567; ferner EuGH v. 12.7.2000 – Rs. C-102/00 (Wealthgrove), EuGHE 2001, I-5679; v. 13.3.2008 – Rs. C-437/06, EuGHE 2008, I-1597.

218 EuGH v. 11.7.1996 – Rs. C-306/94 (Régie dauphinoise), EuGHE 1996, I-3695.

219 EuGH v. 11.7.1996 – Rs. C-306/94 (Régie dauphinoise), EuGHE 1996, I-3695.

220 Vgl. BFH v. 20.10.2008 – XI R 74/07, BStBl II 2009, 256 (259); *Reiß* in: Reiß/Kraeusel/Langer UStG, § 2 Rn. 105.3; *Birkenfeld* in: Birkenfeld/Wäger USt-Hdb, § 44 Rn. 131;

bestimmter Tätigkeiten aber dadurch unterlaufen werden kann, dass solche Tätigkeiten im Zusammenhang mit anderen anerkannten wirtschaftlichen Tätigkeiten ausgeführt werden, ist m. E. nach aber eher fraglich.

Auch nach der Richtlinie muss nämlich die jeweilige Tätigkeit einzeln und nicht im Kontext einer ggf. parallel ausgeführten Tätigkeit beurteilt werden, da nur so Abgrenzungsprobleme vermieden werden können. Durch die Notwendigkeit der Bewertung paralleler Tätigkeiten zueinander bedarf es zwangsläufig auch einer entsprechenden Gewichtung beider und der Beschreibung eines Zusammenhangs zwischen ihnen. Die sich hierdurch ergebenden Folgefragen und Anwendungsprobleme lassen sich aber nur vermeiden, indem man von vornherein auf eine Ausstrahlungswirkung der wirtschaftlichen Tätigkeit verzichtet und ihre Bewertung einzeln vornimmt.

Die Rechtsprechung des EuGH zum Steuerpflichtigen der MwStSystRL und der so wesentlichen wirtschaftlichen Tätigkeit ist also nicht stets umfassend und eindeutig, sondern schafft mitunter auch *„Spielraum für Spekulationen“*[221], die einer rechtssicheren und vorhersehbaren Anwendung des Unionsrechts entgegenstehen können.

IV. Zwischenergebnis

Die Bestimmung des Steuerpflichtigen in der MwStSystRL erfolgt nach Maßgabe des Art. 9 MwStSystRL und dem Tatbestandsmerkmal der wirtschaftlichen Tätigkeit. Aus der Aufzählung verschiedenster Produktionsstufen folgt ein weiter Anwendungsbereich, der etwaige Motive des Steuerpflichtigen unberücksichtigt lässt.

Der Begriff der Nachhaltigkeit gilt trotz seiner Verortung in Art. 9 Abs. 1 Unterabs. 2 S. 2 der MwStSystRL für sämtliche wirtschaftliche Tätigkeiten. Für die Feststellung der Nachhaltigkeit kann ein Vergleich mit einer anderen wirtschaftlichen Tätigkeit bemüht werden, bei dem geprüft werden muss, ob die Tätigkeit dem gewöhnlichen Bild der vergleichenden wirtschaftlichen Tätigkeit entspricht.

Trotz der unterschiedlichen Begriffsverwendung ist mit der h. M. anzunehmen, dass § 2 UStG eine richtlinienkonforme Umsetzung des Art. 9 MwStSystRL darstellt; die sprachliche Inkompatibilität lässt sich durch eine richtlinienkonforme Auslegung überwinden. Die Begriffsverwendung und die Art der Bestimmung der wirtschaftlichen Tätigkeit durch den EuGH zeigen insoweit, dass dessen Methodik weitestgehend mit der nationalen Auslegung und Bestimmung des Unternehmers vergleichbar ist.

Allerdings führt die Rechtsprechung des EuGH nicht immer zu stringenten und widerspruchsfreien Ergebnissen, wie die Beispiele im Zusammenhang mit der Nutzung von Geld als unkörperlichem Gegenstand gezeigt haben. Die Rechtsprechung

---

Scharpenberg in: Hartmann/Metzenmacher UStG, § 2 Rn. 115; *Blankenheim,* Unternehmerbegriff im Umsatzsteuerrecht, S. 139.

221 vgl. dazu in ähnlichem Kontext *Reiß* in: Reiß/Kraeusel/Langer UStG, § 2 Rn. 51.2.

des EuGH ist insoweit auch nicht frei von Inkonsistenzen und Abgrenzungsschwierigkeiten bei der Interpretation der Richtlinie, so dass im Verlauf der Untersuchung stets zu überprüfen ist, ob sich dessen Ansichten zur Umsatzsteuerorganschaft tatsächlich widerspruchsfrei in die Gesamtsystematik einfügen lassen.

D. Der Unternehmer außerhalb des Umsatzsteuerrechts

Nach der Darstellung des maßgeblichen Inhalts des umsatzsteuerlichen Unternehmers und seiner Eigenschaften stellt sich abschließend die Frage, ob der Begriff nicht nur im Umsatzsteuerrecht als eigenständige Definitionsnorm[222] einen grundlegenden Charakter besitzt, sondern auch darüber hinaus von Bedeutung ist.

Soweit der Begriff des Unternehmers in anderen Kodifikationen Verwendung findet, ist zu analysieren, inwieweit seine dortige wissenschaftliche Durchdringung für die Analyse des Unternehmers der Umsatzsteuer und damit ggf. auch der Organschaft nutzbar gemacht werden kann und hierdurch ein zusätzlicher Wissenstransfer möglich ist.

I. Der Unternehmer im (weiteren) Steuerrecht

1. Ertragsteuerrecht

Für das Ertragsteuerrecht findet sich der Begriff des Unternehmers u. a. in den §§ 2 Abs. 5, 5 GewStG und dem § 15 Abs. 1 Nr. 1 EStG.

Eine echte Legaldefinition des Unternehmerbegriffs weist allerdings nur § 5 Abs. 1 Satz 2 GewStG aus, wonach derjenige als Unternehmer gilt, für dessen Rechnung das Gewerbe betrieben wird. § 15 Abs. 1 Nr. 1 EStG spricht demgegenüber nur von *„Einkünften aus gewerblichen Unternehmen“* und verwendet folglich weder einen personalen Unternehmerbegriff, noch beinhaltet er hierzu oder zum Begriff des Unternehmens eine Definition.

Ähnlich dem Umsatzsteuerrecht[223] orientieren sich allerdings auch die Unternehmens- oder Unternehmerbegriffe des Ertragsteuerrechts am Innenverhältnis des Gewerbebetriebs[224] und danach, wer das Risiko des unternehmerischen Engagements und der unternehmerischen Initiative trägt.

Mit Blick auf die zuletzt genannten Voraussetzungen zeigt sich jedoch die starke wirtschaftliche Prägung des ertragsteuerlichen Unternehmerbegriffs. Entscheidend für dessen Feststellung ist deshalb nicht, ob jemand eine bestimmte Leistung in einer typischen beruflichen oder gewerblichen Ausübung erbringt, sondern ob sich der Erfolg oder Misserfolg der gewerblichen Betätigung in dem Vermögen derjenigen

---

222 BFH v. 19.5.1988 – V R 115/83, BStBl II 1988, 916 (918); *Scharpenberg* in: Hartmann/Metzenmacher UStG, § 2 Rn. 4.

223 Kapitel 2 B. II. 2. b) cc).

224 *Gosch* in: Blümich GewStG, § 5 Rn. 21ff; *Bode* in: Blümich EStG, § 15 Rn. 202.

Person unmittelbar niederschlägt, nach deren Willen und auf deren Rechnung das Unternehmen geführt wird[225].

Insoweit ist zu berücksichtigen, dass die Ertragsteuern an die Einkünfte des Steuerpflichtigen anknüpfen und der Begriff *„Ertragsteuer“* auf den historischen Begriff des Reinertrags, also den Gewinn rekurriert[226]. Der Begriff des Gewinns oder Reinertrags ist, wie § 2 Abs. 1 Satz 3 UStG expressis verbis und auch die vorstehende Analyse gezeigt haben[227], für das Umsatzsteuerrecht jedoch gerade nicht entscheidend. Zwar ist die Gewinnerzielungsabsicht dem Typus einer gewerblichen oder beruflichen Tätigkeit in gewisser Weise immanent[228] und ein starkes Indiz für die Annahme einer umsatzsteuerlichen Tätigkeit. Gleichwohl ist das Steuergut der Umsatzsteuer der Aufwand oder die Einkommensverwendung der Verbraucher und damit sachgedanklich der Einkommensbesteuerung nachgelagert[229].

Folglich basieren der Unternehmerbegriff des Ertragsteuerrechts und des Umsatzsteuerrechts auf verschiedenen dogmatischen Ansätzen[230], und die wissenschaftlichen Analysen des ertragsteuerlichen Unternehmers können für die vorliegende Untersuchung nicht nutzbar gemacht werden.

2. *Abgabenordnung*

Des Weiteren findet sich in den §§ 74, 75 AO der Begriff des Unternehmers im Zusammenhang mit der Haftung für unternehmensfremde Gegenstände (§ 74 AO) und der Haftung des Betriebsübernehmers (§ 75 AO).

Bemerkenswerterweise hat der BFH zu dem Unternehmerbegriff des § 75 AO festgestellt, dass dieser dem des UStG ähnlich sei, da beide die *„[...] besonderen Einrichtungen, die eine betriebliche Organisation im Sinne der Verkehrsauffassung kennzeichnen [..], nicht zwingend [voraussetzen] [..]“*[231].

Bei genauer Betrachtung konstatierte der BGH in dieser Entscheidung die Ähnlichkeit der Begrifflichkeit jedoch nur sehr eingeschränkt und unter Hinweis auf abweichende Meinungen in der Literatur. Bis auf den zitierten Vergleich zwischen beiden Begriffen sah er insoweit eine darüber hinausgehende, umfassende und abschließende Klärung dieser Frage letztlich als nicht entscheidungserheblich an, so

---

225 BFH v. 24.9.1991 – VIII R 349/83, BStBl II 1992, 330 (333); v. 27.9.1988 – VIII R 193/83, BStBl II 1989, 414 (415); v. 2.9.1985 – IV B 51/85, BStBl II 1986, 10 (11).

226 *Lang* in: Tipke/Lang StR 2005, § 8 Rn. 22.

227 Kapitel 2 B. II. 1. a) cc).

228 *Stadie* in: Rau/Dürrwächter UStG, § 2 Rn. 454.

229 *Englisch* in: Tipke/Lang StR 2013, § 17 Rn. 11 mwN.

230 vgl. dazu *Stadie* in: Rau/Dürrwächter UStG, § 2 Rn. 42; *Scharpenberg* in: Hartmann/Metzenmacher UStG, § 2 Rn. 62; *Christoph Klose*, Begriff des Unternehmers, S. 22.

231 BFH v. 11.5.1993 – VII R 86/92, BStBl II 1993, 700 (702) mit Verweis u. a. auf BFH v. 14.5.1970 – V R 117/66, BStBl II 1970, 676.

dass die Schlussfolgerung, der BFH hätte die Identität der Begriffe in UStG und AO bestätigt, den insoweit deutlichen Vorbehalt des Urteils unterschlägt[232].

Selbst bei einer umfassend bestätigten Identität der Unternehmerbegriffe in AO und UStG wäre der Mehrwert einer solchen Feststellung für die vorliegende Untersuchung allerdings begrenzt. So ist zu bedenken, dass auch der Telos der Haftungsvorschriften der AO außerhalb der Zwecke der Umsatzbesteuerung liegt. §§ 74, 75 AO dienen schließlich allein der Sicherung des Anspruches des Steuergläubigers durch die einem Unternehmen überlassenen Gegenstände[233], resp. verhindern sie, dass die Liquidation dieser Ansprüche durch Unternehmensübertragungen gefährdet werden[234].

Ferner orientiert sich der Unternehmerbegriff der AO in der wissenschaftlichen Analyse – auch in den zitierten BFH-Entscheidungen – am Unternehmerbegriff des UStG[235] und nicht umgekehrt. Die Übernahme der umsatzsteuerlichen Definition für die Haftungsvorschriften der AO war dabei von dem Motiv geleitet, den Kreis potentieller Unternehmer im Sinne der Haftungsvorschriften zu erweitern, nicht aber den Inhalt des Steuersubjekts des UStG verändern zu wollen. Die wissenschaftlichen Auseinandersetzungen mit dem Unternehmerbegriff der AO können für die Analyse des Unternehmers in der Umsatzsteuer daher ebenfalls keinen erkennbaren Mehrwert leisten.

Selbst wenn also eine gewisse Identität zwischen dem Unternehmerbegriff des UStG und der AO bestehen sollte, ist diese Identität, mangels logischer Anwendbarkeit einer etwaigen Schlussfolgerung aus dem Unternehmerbegriff der AO auf den des UStG, nicht weiter zu berücksichtigen.

II. Der Unternehmer außerhalb des Steuerrechts

Der Begriff des Unternehmers findet sich darüber hinaus auch in anderen (zivilistischen) Gesetzen wieder.

So beschreibt der ebenfalls europarechtlich geprägte Begriff des Unternehmers in § 14 BGB diesen als jemanden, der *„[...]in Ausübung [seiner] gewerblichen oder selbstständigen beruflichen Tätigkeit handelt“*[236].

Bei näherer Betrachtung dieser Definition scheint zunächst eine gewisse Ähnlichkeit zur Typentechnik des UStG resp. der MwStSystRL vorzuliegen, da auch hier nicht auf eine bestimmte Gesellschaftsform, sondern auf eine spezifische Tätigkeit abgestellt wird[237].

---

232 vgl. BFH v. 11.5.1993 – VII R 86/92, BStBl II 1993, 700 (702).

233 BFH v. 30.5.2006 – VII B 345/05, BFH/NV 2006, 1615; v. 10.11.1983 – V R 18/79, BStBl II 1984, 127 (128); *Intemann* in: Koenig AO, § 74 Rn. 1.

234 BFH v. 27.5.1986 – VII R 183/83, BStBl II 1986, 654 (655); *Intemann* in: Koenig AO, § 75 Rn. 1.

235 vgl. *Intemann* in: Koenig AO, § 74 Rn. 9.

236 vgl. auch Art. 1 Abs. 2 lit. c RL 87/102/EWG und Art. 2 lit. c RL 93/13/EWG.

237 *Micklitz* in: MüKo BGB, § 14 Rn. 16.

Allerdings muss die Feststellung gleicher Regelungstechnik nicht auch eine Gleichheit der dahinter stehenden Gesetzesfunktionalität bedeuten. So orientiert sich der Unternehmerbegriff des § 14 BGB primär an dem Zweck der Verwirklichung des europäischen Binnenmarktes und der – im mittelbaren Kontext – Gewährleistung eines insoweit gewollten optimalen Verbraucherschutzes[238]. Zwar beabsichtigte der Gesetzgeber mit der Einfügung des „*Verbrauchers*" und „*Unternehmers*" in §§ 13, 14 BGB eine Vereinheitlichung der Begrifflichkeiten[239]. Diese bezog sich jedoch nur auf die bis dato verschiedenen Beschreibungen eines Gewerbetreibenden in den auf europarechtlichen Vorgaben basierenden Sondergesetzen und sollte keine Legaldefinition für das gesamte Privatrecht[240] oder gar darüber hinaus etablieren.

Die Definition des § 14 BGB dient insoweit der Beschreibung eines einheitlichen Leitbildes unternehmerischer Tätigkeit – unabhängig von ihrer Organisation – zur Ermöglichung eines weitreichenden und einheitlichen Verbraucherschutzes im europäischen Binnenmarkt, ohne dass fiskalische Zwecke dabei eine Rolle spielen.

Nämliches gilt für die im HGB oder im AktG verwendeten Begriffe des Unternehmers oder des Unternehmens. Auch diese sind aus der ihnen jeweils eigenen Teleologie ihrer Kodifikationen heraus zu interpretieren und können daher allenfalls im Kern eine gewisse Deckungsgleichheit besitzen[241].

Einen erkennbaren Mehrwert für die Auseinandersetzung mit dem Unternehmerbegriff des UStG oder der MwStSystRL können jedoch auch sie nicht leisten, da sich bei sämtlichen Begriffen die mit ihnen verfolgten Zwecke außerhalb des Telos befinden, der dem Umsatzsteuerrecht und damit dem dortigen Unternehmerbegriff zugrundeliegt.

III. Zwischenergebnis

Der Begriff des Unternehmers findet sich außerhalb des UStG in verschiedensten steuerlichen wie nicht steuerlichen Kodifikationen wieder, ohne dabei einer einheitlichen Definition zu unterstehen. Obgleich die für die verschiedenen Rechtsordnungen entwickelten Begriffserklärungen identische Ansätze, wie den Gewerbebetrieb, die Selbstständigkeit und teils die Absicht des Profits aufweisen, kann diese nur rudimentäre Identität keine Hilfestellung für den Begriff des umsatzsteuerlichen Unternehmers oder der Organschaft leisten.

---

238 *Micklitz* in: MüKo BGB, § 14 Rn. 2.

239 BT-Drucks. 14/2658, 47.

240 vgl. *Micklitz* in: MüKo BGB, Vor. §§ 13, 14, Rn. 106 (unter Verweis auf EuGH v. 20.9.1988 – Rs. 31/87 (Beentjes), EuGHE 1988, I-4635) sowie unter § 14 Rn. 1.

241 *Stadie* in: Rau/Dürrwächter UStG, § 2 Rn. 43.

Der Unternehmerbegriff des UStG wie auch der anderen Gesetze ist durch den eigenen Gesetzeszweck teleologisch determiniert und kann nur unter Berücksichtigung eben dieses Zweckes ausgelegt und interpretiert werden[242].

Insoweit bleibt festzuhalten, dass sich der Unternehmerbegriff wie auch der Begriff des Steuerpflichtigen im Sinne der MwStSystRL nur aus dem Kontext des jeweils eigenen Gesetzes resp. der Richtlinie und den mit ihnen verfolgten Zwecken erschließen lässt.

E. Gesamtfazit

Aus der vorstehenden Darstellung und Analyse der Umsatzbesteuerung und des Unternehmers konnten Grundsätze abgeleitet werden, die in der nachfolgenden Untersuchung der Organschaft zu berücksichtigen sein werden. Denn wenn der Verbrauchsteuerzweck und die daraus folgende Wettbewerbsneutralität die Auslegung des Begriffs des Unternehmers beeinflussen, dann muss dies auch Einfluss auf die Organschaft als gesetzlich erklärte Nichtselbstständigkeit des Unternehmers haben. Aus dieser Verbindung zwischen Organschaft und Unternehmer folgt weiterhin, dass der Auslegungsansatz und das Verständnis vom Unternehmer innerhalb der Untersuchung der Organschaft ebenfalls zu beachten sind.

Für die Umsatzbesteuerung lässt sich feststellen, dass es sich bei ihr um eine indirekt wirkende Verbrauchsteuer handelt, die an das Objekt des Umsatzes geknüpft ist. Aus der verbrauchsteuergeprägten Auslegung folgt dabei, dass sie den Unternehmer, der nicht endverbraucht, nicht belasten will und ihm hierfür das die Belastung neutralisierende Vorsteuerabzugsrecht gewährt. Die Auslegung des Gesetzes steht ferner stets unter dem Vorbehalt der MwStSystRL, mit der die Vorgaben des Unionsrechts zur Harmonisierung der indirekten Steuern konkretisiert werden.

Der Unternehmer selbst stellt, obgleich er grundsätzlich nicht mit der Steuer belastet werden soll, das Hauptsubjekt der Umsatzsteuer dar, da aus seiner Tätigkeit erst die Umsatzsteuerbarkeit von Lieferungen und Leistungen folgen. Für die Annahme einer Unternehmereigenschaft kommt es dabei grundsätzlich nicht auf etwaige subjektive Elemente bei der Leistungserbringung an, sondern darauf, dass es überhaupt zu einem Leistungsaustausch und einer wirtschaftlichen Tätigkeit kommt. Die nationale Bestimmung der Unternehmereigenschaft nach § 2 Abs. 1 UStG muss sich als sog. Typusbegriff an den typischen Eigenschaften einer gewerblichen oder beruflichen Tätigkeit orientieren. Die Nachhaltigkeit im Sinne des § 2 Abs. 1 Satz 3 UStG, die ein gewisses Dauerelement der Tätigkeit beschreibt, ist m. E. nach dabei eine erste typische Erscheinungsform dieser gewerblichen oder beruflichen Tätigkeit.

---

242 *Schmidt,* Handelsrecht 1999, § 4 Abs. 1 (S. 64); *Stadie* in: Rau/Dürrwächter UStG, § 2 Rn. 43; *Scharpenberg* in: Hartmann/Metzenmacher UStG, § 2 Rn. 34; *Bode* in: Blümich EStG, § 15 Rn. 201f; *Christoph Klose,* Begriff des Unternehmers, S. 22.

Das Merkmal der Selbstständigkeit des Unternehmers ist für die vorliegende Untersuchung von besonderer Bedeutung, da die Unselbstständigkeit juristischer Personen die Organschaft im Gesetzessinne darstellt. Die Auslegung des Begriffs bei natürlichen Personen kann aufgrund des damit verfolgten fiskalischen Zwecks jedoch nur bedingt weiter berücksichtigt werden. Wesentlich ist insoweit, dass sich die Bestimmung der Selbstständigkeit an den Merkmalen der Unterordnung und der Weisungsgebundenheit ausrichtet und beide Begriffe, trotz der objektiven Bestimmung des Unternehmerbegriffs, auf ein subjektives Element hindeuten.

Der Unternehmer und seine Tätigkeit bedingen nicht nur die Umsatzsteuerbarkeit der Leistung, sondern er stellt ferner das Steuersubjekt im Sinne der AO dar. Insoweit muss er die Steuer nicht nur abführen und Aufzeichnungen über die Steuervorgänge anfertigen, sondern er haftet auch für die Steuerrealisierung. Die Pflichten der AO gelten dabei für den Unternehmer universell und umfassend; das UStG unterscheidet nicht zwischen einem Unternehmer der Eingangs- und einem der Ausgangsseite und differenziert ebenfalls nicht hinsichtlich der einzelnen, im Unternehmen vorgenommenen Tätigkeiten. Sämtliche Tätigkeiten, seien sie noch so verschieden, sind insoweit also dem einheitlichen Unternehmer zuzurechnen.

Dass der Unternehmer, der eigentlich durch die Umsatzsteuer im Rahmen seiner Tätigkeit nicht belastet werden soll, mit der Vereinnahmungs- und Abführungspflicht zum Verwaltungshelfer des Staates erklärt wird, folgt aus den Besonderheiten des Steuererhebungsverfahrens. Das Bundesverfassungsgericht hat die Verfassungsmäßigkeit dieser Heranziehung Dritter grundsätzlich bestätigt, und es konnten keine Gründe gefunden werden, die einer Anwendung dieser Rechtsprechung auf die Umsatzbesteuerung grundsätzlich entgegenstehen. Gleichwohl muss bei der weiteren Analyse diese Helferposition stets bedacht werden: Der Unternehmer darf nicht mit unverhältnismäßigen, nicht seinem Verantwortungsbereich zuzurechnenden Risiken belastet werden.

Der Unternehmer der MwStSystRL und seine Auslegung durch den EuGH entsprechen weitestgehend der Bestimmung des nationalen Unternehmers. § 2 Abs. 1 UStG wird insoweit als richtlinienkonforme Umsetzung des Art. 9 MwStSystRL verstanden, dessen Konformität sich zumindest durch eine entsprechende Auslegung auch nach hiesiger Auffassung erreichen lässt. Die Auslegung der nach der Richtlinie maßgeblichen wirtschaftlichen Tätigkeit und der Nachhaltigkeit weisen einen hohen Übereinstimmungsgrad mit der typologischen Bestimmung des nationalen Rechts und dem anzuwendenden Gesamtbild der tatsächlichen Verhältnisse auf.

Obgleich sich außerhalb des Umsatzsteuerrechts der Begriff des Unternehmers vermehrt finden lässt, können diese Begriffe keinen Einfluss auf die Auslegung des Unternehmers innerhalb der Umsatzsteuer nehmen. Sie sind ihrem eigenen Gesetzeszweck entsprechend auszulegen und für die Analyse des hier untersuchten Unternehmers nicht weiter von Bedeutung.

Kapitel 3: Entwicklung der Organschaft im Umsatzsteuerrecht

A. Entwicklung der Umsatzsteuerorganschaft

Die nationale Umsatzbesteuerung ist heute entscheidend durch den Harmonisierungsauftrag des Art. 113 AEUV geprägt, wonach durch die Vereinheitlichung der indirekten Steuern die Ziele der steuerlichen Wettbewerbsgleichheit und die Stärkung wirtschaftlicher Grundfreiheiten erreicht werden sollen[243].

Dogmatischer Ausgangspunkt der Organschaft ist dabei (aktuell) Art. 11 Abs. 1 MwStSystRL, nach dem es jedem Mitgliedstaat nach Konsultation des Mehrwertsteuerausschusses erlaubt ist, „*in seinem Gebiet ansässige Personen, die zwar rechtlich unabhängig, aber durch gegenseitige finanzielle, wirtschaftliche und organisatorische Beziehungen eng miteinander verbunden sind, zusammen als einen Steuerpflichtigen [zu] behandeln*".

Anders als im Unionsrecht trat die Rechtsfigur der Organschaft im nationalen Recht allerdings schon kurz nach Einführung der Umsatzbesteuerung im Jahr 1918 in Erscheinung. Dementsprechend gibt es auch eine umfangreiche wissenschaftliche Auseinandersetzung mit der Organschaft aus dieser Zeit, deren Berücksichtigung ob des Fehlens ihres unionsrechtlichen Zusammenhangs jedoch zunächst fraglich ist. Da die tatbestandlichen Anforderungen der Organschaft nach ihrer unionsrechtlichen Anerkennung im Konsultationsverfahren weitestgehend gleich blieben, bestehen insoweit aber keine grundsätzlichen Differenzen zwischen der damaligen und der heutigen Rechtslage, die einer analytischen Berücksichtigung ihrer geschichtlichen Entwicklung von vornherein entgegenstünden. Auch die Rechtsprechung[244] bezog sich nach der unionsrechtlichen Anerkennung auf Urteile, die vor dieser Zeit lagen, und stellte insoweit klar, dass auch diese Urteile vorbehaltlich eines abweichenden Unionsrechts noch herangezogen werden können.

Trotz der veränderten Ausgangssituation der heutigen Organschaft soll das Augenmerk daher zunächst auf ihre geschichtliche Entwicklung gelegt werden. Deren Aufarbeitung ist für die Analyse schließlich auch deshalb von Bedeutung, da die systematischen Zusammenhänge zwischen der Organschaft und dem Unternehmer hierdurch nachvollziehbarer werden und die Grundlage für ein Verständnis des Gesamtkontexts ermöglicht.

---

243 vgl. Präambel der RL 77/388/EWG, ABl 1977, Nr. L 145/1; *Waldhoff/Kahl* in: Callies/Ruffert AEUV, Art. 113 Rn. 1f.

244 vgl. BFH v. 29.4.1987 – X R 20/81, BFH/NV 1987, 742; v. 20.12.1973 – V R 87/70, BFHE 111, 441.

I. Kumulations- und Konzentrationswirkungen durch Allphasen-Brutto-Umsatzsteuer

Als Ausgangspunkt der Entwicklung der Organschaft muss (wohl) das oben bereits beschriebene[245] System der Brutto-Allphasen-Umsatzsteuer im ersten UStG[246] angesehen werden. Insoweit ist zwar zuzugeben, dass der Begriff der steuerlichen Organschaft erstmals in einer Entscheidung des Preußischen Oberverwaltungsgerichtes im Zusammenhang mit der Gewerbebesteuerung auftauchte[247]. In diesem Verfahren ging es jedoch im Wesentlichen um die Abgrenzung der Steuerhoheiten zwischen den Ländern des Deutschen Reiches[248] und weniger um die Frage nach der steuerlichen Anerkennung des Zusammenschlusses selbstständiger Rechtssubjekte.

Bei der Schaffung des ersten UStG muss man sich zunächst vergegenwärtigen, dass dieses als ein Gesetz *„aus wilder Wurzel"*[249] entstand, bei dessen Erlass sich der Gesetzgeber nicht an Beispielen anderer Länder orientierte. Insoweit war diese Besteuerungsform zwar nicht neu, aber zum Zeitpunkt ihrer Einführung in den meisten Ländern wieder aufgehoben und in der Finanzwissenschaft weitestgehend vergessen worden[250].

Für die Schaffung des Kumulationseffektes, bei dem die Steuer auf jeden einzelnen (Brutto-)Umsatz aufgeschlagen wurde und sich so die Belastung von Umsatz zu Umsatz erhöhte[251], wird jedoch nicht nur eine fehlende Erfahrung ursächlich gewesen sein, sondern auch der Umstand, dass bei dieser Besteuerungstechnik die nominell sichtbare Höhe der Steuer relativ gering gehalten werden konnte[252] Die tatsächlichen Steuereinnahmen für den Staat wurden nämlich erst am Ende des Produktionsprozesses und der Feilbietung am Markt erreicht und lagen je nach Produktionsstufen um ein Vielfaches über dem nominellen Steuersatz.

Diese gesamtwirtschaftlich zweifelhaften Wirkungen der Steuer gerieten wohl auch deshalb erst in den öffentlichen Fokus, als mit dem UStG 1919 eine Anhebung

245 Kapitel 2 B. I.

246 RGBl 1918, 779.

247 vgl. PrOVG v. 18.6.1896 – V 3/96, PrOVGE 5, 163; danach sollten außerpreußische Unternehmen der preußischen Besteuerung unterworfen werden, wenn sie durch von ihnen abhängige Organe in Preußen gewerblich tätig waren, mwN. *Mestmäcker,* Verwaltung und Konzerngewalt, S. 289f.

248 vgl. *Neumann* in: Gosch KStG, § 14 Rn. 10; *Grabower/Herting/Schwarz,* Geschichte der Umsatzsteuer, S. 199.

249 *Popitz,* Umsatzsteuer 1928, S. 115 (119).

250 dazu *Offerhaus,* UR 1993, 319 (320).

251 vgl. mwN *Birkenfeld* in: Hartmann/Metzenmacher UStG, D 105 S. 2ff; *ders.,* UR 1993, 321 (322).

252 vgl. dazu *Fischer,* Umsatzsteuer und Grundrechte, S. 43; der Steuersatz lag 1918 bei 0,5%. Infolge der Umstellung der Umsatzsteuer auf das Mehrwertsteuersystem mit Vorsteuerabzug wurde die Umsatzsteuer 1968 von 4% auf 10% angehoben (vgl. BGBl I 1967, 545), da dies in etwa der Endbelastung beim Verbraucher im Bruttoallphasensystem entsprach, vgl. *Stadie,* UStG 2012, Vor. Rn. 5.

des Steuersatzes auf 1,5 Prozent in Kraft trat. Diese Anhebung, die eine Verdreifachung des bisherigen Steuersatzes darstellte, veranlasste insoweit Wilhelm von Siemens als einen der Ersten dazu, öffentlich auf die wirtschaftsmanipulative Kumulationswirkung der bestehenden Allphasen-Brutto-Steuer aufmerksam zu machen[253]. Durch die Besteuerung jeder Wirtschaftsstufe im Produktionsprozess ergaben sich nämlich zwangsläufig Steuervorteile für jene Unternehmen, die das Produkt vom Rohstoff bis zum Endprodukt veredelten und somit einen Preis am Markt anbieten konnten, der mit entsprechend weniger Steuern (vor-)belastet war.

Mit dem Erkennen dieses Vorteils entstanden innerhalb der Wirtschaft Bestrebungen, Produktions- und Absatzstufen nach Möglichkeit zusammenzufassen, um so ebenfalls die Steuerbelastung des Veredelungsprozesses zu minimieren[254]. Folge dieser durch den Kumulationseffekt ausgelösten Entwicklung war aber nicht nur eine Zunahme an Konzentrationen in der Wirtschaft[255], sondern auch eine aufkommende Diskussion um die Frage nach den Grenzen der Selbstständigkeit eines Unternehmers.

II. Entwicklung der Unselbstständigkeit

Der Reichsfinanzhof begann um 1920 mit der Entwicklung einer sog. Organschaftstheorie, die er als *„steuerrechtliche Lehre von der wirtschaftlichen Einheit rechtlich selbständiger Wirtschaftsobjekte“*[256] beschrieb. Diese Theorie, die im Grundsatz die wirtschaftliche Einheit über die rechtliche Selbstständigkeit von Rechtssubjekten bei der steuerlichen Betrachtung stellte, vermochte allerdings auch nicht die Unselbstständigkeit einer juristischen Person zu erklären. Deren Selbstständigkeit, die in der zivilistischen Literatur ohnehin als unumstößlich galt, nahm der RFH daher zunächst auch dann weiterhin an, wenn die juristische Person sich gegenüber einem anderen Unternehmen in einer abhängigen oder beherrschten Position befand[257]. Allein eine zivilrechtliche Abhängigkeit einer juristischen Person gegenüber einem anderen Unternehmen sollte danach nicht ausreichen, um die umsatzsteuerrechtliche Selbstständigkeit zu beeinflussen.

1. Entwicklung der Organschaft durch den RFH

Mit Urteil vom 27. Januar 1923 stellte der Reichsfinanzhof dann erstmalig fest, dass juristische Personen zwar grundsätzlich selbstständige Unternehmer im Sinne des UStG seien, sie diese Selbstständigkeit aber unter bestimmten Voraussetzungen auch wieder verlieren können, um dann als abhängige unselbstständige

253 vgl. dessen Reformvorschlag aufgeführt in *Siemens*, Veredelte Umsatzsteuer, S. 3ff.
254 vgl. *Swatek*, Unternehmenskonzentrationen, S. 73 mwN.
255 *Stadie*, UStG 2012, Vor. Rn. 3.
256 vgl. dazu RFH v. 30.1.1930 – I A 226/29, RStBl 1930, 148 (151), sog. „Shell-Urteil“ mwN.
257 RFH v. 10.11.1921 – V A 12/21, RFHE 7, 207.

Nichtunternehmer behandelt zu werden[258]. Aus den Formulierungen des Gesetzes und dem systematischen Zusammenhang mit den Besteuerungstatbeständen entwickelte der RFH dabei eine neue *Organlehre*, anhand derer er die Selbstständigkeit eines Gewerbetreibenden und damit dessen Steuerpflichtigkeit beurteilt wissen wollte[259].

Die bürgerlich-rechtliche Selbstständigkeit mit ihren entsprechenden Kriterien hielt er dabei unter Berücksichtigung der Sonderstellung des Steuerrechts und der damit einhergehenden Trennung vom Zivilrecht für nicht maßgeblich. Entscheidend für die Feststellung der Selbstständigkeit war seiner Ansicht nach, dass der Unternehmer entsprechend dem der Umsatzbesteuerung zugrundeliegenden Zweck – der Besteuerung wirtschaftlicher Vorgänge – eigene wirtschaftliche Ziele verfolge und nicht nur die eines Dritten[260].

Diese Fähigkeit sah der RFH als verloren an, wenn eine Gesellschaft dergestalt in seinen nach Anteilsbesitz beherrschenden Gesellschafter integriert und von ihm abhängig war, dass ihr lediglich die Rolle eines reinen Organs des Hauptgesellschafters zu Teil wurde; in dieser Situation verfolge die (gewerblich tätige) Person, trotz gegebener bürgerlich-rechtlicher Selbstständigkeit und dem Auftritt unter einer eigenen Firma, nicht mehr ihre eigenen wirtschaftlichen Ziele, sondern nur noch die des beherrschenden Gesellschafters. Durch den Wegfall der eigenen wirtschaftlichen Zielverfolgung war die juristische Person folglich, vergleichbar mit einer natürlichen Person als Arbeiter oder Angestellter, nicht mehr selbstständig tätig und damit auch nicht mehr Unternehmer im Sinne der Umsatzbesteuerung.

2. *Anpassung des UStG 1934*

Nachdem sich der RFH mit seiner eigenen Auffassung im Urteil vom 23. Februar 1934[261] nochmals intensiv auseinandersetzte, seine Kernthesen für die Umsatzbesteuerung aber erneut bestätigte, schloss sich der Gesetzgeber der Auffassung des Reichsfinanzhofes an und kodifizierte die Unselbstständigkeit der juristischen Person in dem novellierten Umsatzsteuergesetz vom 16. Oktober 1934[262].

In Übernahme der vom Reichsfinanzhof [263] verwandten Merkmale formulierte der Gesetzgeber in § 2 Abs. 2 Nr. 2 UStG (1934), dass

258 RFH-Urteil V A 11/23, RFHE 11, 265; ferner Urteil v. 26.9.1927 – VA 417/27, RFHE 22, 69.

259 vgl. dazu RFH v. 17.10.1930 – V A 95/30, RFHE 27, 22; v. 13.10.1933 – V A 835/32, RFHE 34, 176; v. 3.11.1933 – V A 867/32, RFHE 34, 320; *Scharpenberg* in: Hartmann/Metzenmacher UStG, § 2 Rn. 293 mwN.

260 vgl. *Müller* in: Müller/Stöcker Organschaft, S. 264.

261 RFH – V A 480/33, RStBl 1934, 623; RFHE 36, 39.

262 RStBl 1934, 1166.

263 vgl. die Gesetzesbegründung in RStBl 1934, 1550; *Müller* in: Müller/Stöcker Organschaft, S. 264.

„die gewerbliche oder berufliche Tätigkeit [..] nicht selbständig ausgeübt [wird], wenn eine juristische Person dem Willen eines Unternehmers derart untergeordnet ist, dass sie keinen eigenen Willen hat“.

Die eigentliche Voraussetzungstrias der Organschaft, wie sie noch heute in § 2 Abs. 2 Nr. 2 UStG enthalten ist, entwickelte sich – soweit nachvollziehbar – jedoch außerhalb der Umsatzsteuer. Neben der Anerkennung der Organschaft im Umsatzsteuerrecht wurde deren Entwicklung nämlich auch für die Ertragsteuersenate des RFH interessant, und so begannen auch diese, sich mit der Anerkennung dieser Rechtsfigur verstärkt auseinanderzusetzen[264]. Wohl in Anlehnung an eine Forderung *Rosendorffs*, der eine Willensunterordnung nicht alleine aus dem Anteilsbesitz abgeleitet wissen wollte, sondern auch wirtschaftliche und organisatorische Merkmale für eine Abhängigkeit verlangte[265], nahm auch der I. Senat des RFH an, dass für die Organschaft mehr als der reine Anteilsbesitz des herrschenden Gesellschafters zu fordern sei. Soweit überliefert, forderte der I. Senat als erster, dass für die Organschaft neben einer finanziellen Eingliederung, auch eine organisatorische und wirtschaftliche Eingliederung in das beherrschende Unternehmen festgestellt werden müsse, um beide Gesellschaften als einen Steuerpflichtigen im Sinne des jeweiligen Steuergesetzes zu behandeln[266].

Im Rahmen seiner delegierenden Rechtsetzungsgewalt übernahm der damalige Gesetzgeber diese Voraussetzungstrias und konkretisierte die vom V. RFH Senat geforderte *„Unterordnung des Willens“* in § 17 der UStDB 1938.

So war nach § 17 UStDB der Wille einer juristischen Person dem Willen eines Gesellschafters dann untergeordnet, wenn sie nach dem Gesamtbild der tatsächlichen Verhältnisse finanziell, wirtschaftlich und organisatorisch in sein Unternehmen eingegliedert war. § 17 UStDB bestimmte insoweit die Voraussetzungen, wie sie später § 2 Abs. 2 Nr. 2 UStG 1951, § 17 Abs. 2 UStDB 1951 und § 2 Abs. 2 Nr. 2 UStG 1967 wiedergaben.

3. Organschaft zwischen 1945 und 1958

Mit Art. II des Kontrollratsgesetzes (KRG) Nr. 15 vom 12. Februar 1946[267] setzten die Alliierten nach dem Krieg in der Zeit vom 1. Januar 1946 bis zum 31. März 1958 die Organschaftsbestimmungen (teilweise) außer Kraft, um unter dem Eindruck der Kriegserfahrungen weitere Betriebskonzentrationen zu vermeiden[268].

Art. II Nr. 1 KRG Nr. 15 unterstellte danach die

---

264 vgl. zur geschichtlichen Entwicklung auch *Neumann* in: Gosch KStG, § 14 Rn. 10.

265 vgl. *Rosendorff*, Organisation der Konzerne, S. 109; der die Trias allerdings schon vorher in einem Vortrag gefordert haben soll, vgl. Dornfeld/Telkamp, StuW 1971, 67 (70f.).

266 RFH v. 23.11.1926 – I B 101/26, RFHE 20, 46 (49).

267 ABl des Kontrollrates in Deutschland 1946, 75; Steuer- und Zollblatt 1946, 21.

268 vgl. dazu BFH v. 17.7.1952 – V 17/52 S, BStBl III 1952, 234 (235).

„zwischen einer Mutter- und ihren Tochtergesellschaften oder zwischen mehreren Tochtergesellschaften derselben Muttergesellschaft getätigten Transaktionen in allen Fällen der Umsatzsteuerpflicht [..], in denen sie umsatzsteuerpflichtig wären, wenn es sich um unabhängige Unternehmen gehandelt hätte".

Nr. 2 des Art. II KRG Nr. 15 wies nochmals explizit darauf hin, dass die Regelung des § 2 Abs. 2 UStG 1934 und des § 17 UStDB 1938 sowie alle anderen diesbezüglich einschlägigen Bestimmungen des Umsatzsteuergesetzes außer Kraft traten.

Nach Ansicht der Literatur und der damaligen Rechtsprechung[269] setzten diese Regelungen die Organschaft jedoch nur insoweit außer Kraft, wie sie sich auf die umsatzsteuerlichen Verhältnisse zwischen zwei Gesellschaften bezogen. Unter Rekurs auf den Wortlaut des Art. II KRG Nr. 15 wurde eine Organschaft mit einer Nichtgesellschaft als Organträger, wie bspw. einer natürlichen Person, weiterhin als zulässig angesehen, da – auch mit Blick auf den von den Alliierten verfolgten Zweck des Gesetzes – der Wortlaut der Norm eindeutig auf Gesellschaften im technischen Sinne abstellte.

Die Auffassung der Verwaltung und des Bundesfinanzministers[270] ging sogar noch weiter, und so sahen diese in Art. II KRG Nr. 15 lediglich ein Verbot der Nichtbesteuerung von Innenleistungen („Transaktionen") im Organkreis. Die Vorschrift war ihrer Ansicht nach als eine Art Zusatzsteuer zu verstehen, die die Innenleistungen zu steuerbaren Umsätzen fingierte, ohne dabei die generelle Möglichkeit einer Eingliederung im Organkreis zu untersagen.

Der BFH widersprach jedoch diesen Auffassungen[271] und wies u. a. darauf hin, dass die Steuerfreistellung der Innenumsätze das *wirtschaftspolitische Kernstück* der Organschaft darstellte. Die Außenwirkung der Organschaft trete dabei in den Hintergrund, zumal eine Aufspaltung einer juristischen Person in einen unselbstständigen Außenbereich und einen selbstständigen Innenbereich nicht möglich sei[272].

Die hieraus folgende Absage an die Fortgeltung der Organschaft unter Art. II KRG Nr. 15 versuchte man in der Folgezeit mit anderen Rechtsfiguren wie der der Unternehmereinheit zu kompensieren[273].

4. *Wiedereinführung der Organschaft 1958*

Als der Gesetzgeber die Organschaft zum 1. April 1958 durch Art. 2 Neuntes UStÄndG vom 18. Oktober 1957[274] wieder ins UStG einführte, wurde die Diskussion

269 BFH v. 26.5.1955 – V 104/54, BStBl III 1955, 234; ferner *Flückiger* in: Plückebaum/Malitzky UStG, § 2 Rn. 254; *Müller* in: Müller/Stöcker Organschaft, S. 265.

270 vgl. BMF-Erlass v. 1.8.1951 – S 4015, BStBl I 1951, 429; BFH v. 17.7.1952 – V 17/52 S, BStBl III 1952, 234 (235).

271 BFH v. 17.7.1952 – V 17/52 S, BStBl III 1952, 234 (235ff.).

272 mit Verweis auf RFH v. 23.2.1934 – V A 480/33, RFHE 36, 39f; v. 28.8.1938 – V 386/37, RStBl 1938, 286.

273 vgl. *Stadie* in: Rau/Dürrwächter UStG, § 2 Rn. 7.

274 BGBl I 1957, 1743.

virulent, ob nicht die Organschaft in einem kumulativ besteuernden Allphasenbruttosystem zu Wettbewerbsverzerrung führe.

Als Folge steigender Umsatzsteuersätze von zunächst 3 Prozent (1946) auf dann 4 Prozent (1951) [275] hatten viele Unternehmen zum Zwecke der Steuereinsparung begonnen, selbstständige Wirtschaftsstufen auszuschalten oder innerhalb eines Unternehmens zusammen zu führen[276]. Unternehmenskonzentrationen mittels des Einsatzes von Rechtsfiguren wie der der Organschaft, der sog. organschaftsähnlichen Verhältnisse oder der Unternehmereinheit wurden durch das Allphasenbruttosystem begünstigt und führten in der Konsequenz zu einer Behinderung des damaligen Produktivitätsfortschritts. Volkswirtschaftlich wünschenswerte zwischenbetriebliche Arbeitsteilungen wurden insoweit von diesen Rechtsfiguren behindert und stattdessen unwirtschaftliche Fusionsbestrebungen gefördert[277].

Insoweit wies auch das Bundesministerium der Finanzen in einer Denkschrift vom 20. Dezember 1958 darauf hin, dass die Organschaft als Mittel benutzt werden könne,

> *„die umsatzsteuerlichen Einsparmöglichkeiten bei der Allphasen-Bruttoumsatzsteuer auszuschöpfen, ohne die damit verbundenen betriebswirtschaftlichen Risiken voll zu übernehmen und ohne eigentumsrechtlich die Konsequenzen aus der faktisch vollzogenen Betriebskonzentration zu ziehen*[278].

Unter dem Eindruck dieser Kritik und den abermals fortschreitenden Konzentrationsbestrebungen in der Wirtschaft sah sich der Gesetzgeber veranlasst, mit dem 22. UStG-ÄndG[279] vom 16. August 1961 die Voraussetzungen der Organschaft zu verschärfen. Zur Erreichung einer finanziellen Eingliederung in den Organträger war es fortan notwendig, einen Anteilsbesitz oder eine Stimmrechtsbeteiligung des herrschenden Unternehmers von mehr als 75 Prozent an dem beherrschten Unternehmen zu erreichen[280].

Allerdings nahm der Vorwurf der Wettbewerbsbeeinträchtigung trotz dieser Verschärfung der Voraussetzungen für die Anerkennung der Eingliederung nicht ab, so dass sich am 20. Dezember 1966 erstmals das Bundesverfassungsgericht mit der Frage befassen musste, ob die Regelungen zur Organschaft überhaupt mit den Grundrechten zu vereinbaren sind.

In einem Zwischenurteil über die Zulässigkeit diesbezüglicher Verfassungsbeschwerden führte das BVerfG dabei zunächst aus, dass die Organschaft

---

275 § 7 UStG 1951 vom 1.9.1951, BGBl I 1951, 791.

276 *Laubert,* Umsatzsteuer im Versandhandel, S. 25.

277 zum Ganzen *Laubert,* Umsatzsteuer im Versandhandel, S. 26f.

278 Bundesminister der Finanzen v. 20.12.1958, BT-Drucks. 3/730; *Müller* in: Müller/Stöcker Organschaft, S. 266.

279 BGBl I 1961, 1330; BStBl I 1961 I, 605.

280 BT-Drucks. 3/730; *Scharpenberg* in: Hartmann/Metzenmacher UStG, § 2 Rn. 300; *Radeisen* in: Plückebaum/Malitzky UStG, § 2 Rn. 176; *Müller* in: Müller/Stöcker Organschaft, S. 266.

„[...] rechtliche Vorteile [bringe], die die Wettbewerbsfähigkeit der Beschwerdeführer mindere [..] [281]". Gleichwohl konnte sich das Gericht im Endurteil nicht dazu bewegen, einen durch die Organschaft begründeten Verfassungsverstoß anzunehmen[282], obwohl es feststellen musste, dass die Organschaft *„die Wettbewerbsfähigkeit [einstufiger Unternehmen] auf lange Sicht entscheidend beeinträchtigt"*. Das BVerfG war trotz dieser Konstatierung zu der Überzeugung gelangt, dass diese Beeinträchtigung als systemimmanent unter Berücksichtigung der gesetzgeberischen Prärogative für einen Übergangszeitraum hinzunehmen sei, jedenfalls aber bis zum Abschluss der damals bereits eingeleiteten Umsatzsteuerreform.

5. *Die Einführung des Allphasen-Nettosystems*

Diese Umsatzsteuerreform begann mit den Vereinbarungen des EWG-Vertrages vom 25. März 1957[283], auf deren Grundlage der Rat auf Vorschlag der Kommission und nach Anhörung des Europäischen Parlaments im April 1968 die erste und zweite USt-Richtlinie zur Harmonisierung der Rechtsvorschriften der Mitgliedstaaten über die Umsatzsteuer erließ[284].

Danach waren die Mitgliedstaaten verpflichtet, spätestens bis zum 1. Januar 1972 (Art. 1 Abs. 1 67/227/EWG) ihr Umsatzsteuersystem durch ein gemeinsames Mehrwertsteuersystem zu ersetzen, um so der Wettbewerbsgleichheit auf dem Binnenmarkt Vorschub zu leisten[285]. Ziel des zu etablierenden Mehrwertsteuersystems war es, ein Verbrauchssteuersystem größerer Einfachheit und Neutralität[286] zu schaffen, in dem Gegenstände und Dienstleistungen allgemein proportional besteuert werden sollten, ohne das es von Belang war, wie viele Produktions- und Vertriebsstufen das Produkt durchlaufen hatte[287].

Mit Gesetz vom 29. Mai 1967[288] führte der Gesetzgeber das System der Nettoumsatzsteuer mit Vorsteuerabzug ein und erfüllte damit nicht nur die Vorgaben der ersten Umsatzsteuer-Richtlinien, sondern konnte letztlich auch die vom Bundesverfassungsgericht erhobenen Bedenken hinsichtlich der Organschaft ausräumen – und das trotz der Tatsache, dass er parallel zur Einführung die Grenze der finanziellen Eingliederung von 75 Prozent wieder absenkte[289].

---

281 BVerfG v. 6.5.1964 – BvR 320/57, BVerfGE 18, 1 (12).
282 BVerfG v. 20.12.1966 – 1 BvR 320/53, BVerfGE 21, 12 (42).
283 BGBl II 1957, 766.
284 67/227/EWG, ABl 1967, Nr. L 71 v. 14.4.1967, S. 1301 und 67/228/EWG, ABl 1967, Nr. L 71 v. 14.4.1967, S. 1303.
285 vgl. Begründungserwägungen der RL 67/227/EWG; *Birkenfeld* in: Hartmann/Metzenmacher UStG, D 110 S. 6.
286 vgl. EuGH v. 12.6.1979 – Rs. 126/78 (Nederlandse Spoorwegen), EuGHE 1979, 2041.
287 *Birkenfeld* in: Hartmann/Metzenmacher UStG, D 110 S. 6.
288 BStBl I 1967, 224.
289 BdF-Erlass v. 14.2.1968 – S 7015, BStBl I 1968, 401; *Müller* in: Müller/Stöcker Organschaft, S. 266.

Denn obwohl mit der Umstellung des Besteuerungssystems keine weiteren Veränderungen bei der Umsatzsteuerorganschaft einhergingen, entfielen nach ganz herrschender Ansicht mit dem Vorsteuerabzugsrecht dessen wettbewerbsverzerrenden Wirkungen[290]. Da der Unternehmer die von ihm für Eingangsumsätze zu entrichtende Umsatzsteuer mit seiner eigenen, aus den Ausgangsumsätzen resultierenden Zahlschuld gegenüber dem Fiskus saldieren konnte, war es insoweit irrelevant geworden, wie viele Produktions- und Vertriebsstufen das Produkt durchlief, und ob am Anfang oder am Ende des Produktionsprozesses eine wesentliche Wertsteigerung stattfand[291]. Mangels Kumulationseffektes wurde auch bei der Schaffung einer Organschaft, in der zunächst keine Steuern anfielen, die Besteuerung nunmehr spätestens bei Verlassen der Leistung aus dem Organkreis nachgeholt, und es sollten grundsätzlich keine Vorteile mehr gegenüber nicht organschaftlich verbundenen Unternehmen eintreten[292].

6. Die Begrenzung der Organschaft auf das Inland

Eine letzte wesentliche Änderung erfuhr die Organschaft durch Art. 4 Abs. 4 Satz 2 der 6. EG-Richtlinie vom 17. Mai 1977[293]. Danach stand es den Mitgliedstaaten zwar immer noch frei, mehrere eng miteinander verbundene Personen als einen Steuerpflichtigen zu behandeln. Allerdings mussten diese Personen im Inland ansässig sein.

Nach damals herrschender Auffassung war die bis dato angewandte Organschaft jedoch nicht auf inländische Unternehmen begrenzt, sondern konnte als abstraktes Rechtsgebilde auch über die Staatsgrenzen hinaus angenommen werden[294]. Nach Ansicht der Rechtsprechung[295] ergab sich insoweit weder aus dem Wortlaut der Norm noch aus dem Sinn und Zweck der Umsatzbesteuerung die Notwendigkeit einer nationalen Begrenzung ihrer Wirkung.

Auch nach Erlass der 6. EG-Richtlinie und ihres klaren Wortlautes hielt sich diese Ansicht zunächst innerhalb der Rechtsprechung[296], der Finanzverwaltung[297]

---

290 *Flückiger* in: Plückebaum/Malitzky UStG, § 2 Rn. 257; *Stadie* in: Rau/Dürrwächter UStG, § 2 Rn. 783 mwN.

291 Plückebaum/Malitzky UStG, Einl. D Rn. 3f.

292 *Flückiger* in: Plückebaum/Malitzky UStG, § 2 Rn. 257; *Müller* in: Müller/Stöcker Organschaft, S. 266.

293 ABl 1977, Nr. L 145 v. 13.6.1977, 1.

294 Vgl. *Flückiger* in: Plückebaum/Malitzky UStG, § 2 Rn. 324; *Müller* in: Müller/Stöcker Organschaft, S. 267 mwN.

295 vgl. RFH v. 22.12.1933 – V A 16/33, StW 33, 338 sowie BFH v. 24.2.1966 – V 115/63, BStBl III 1966, 261 (262).

296 BFH v. 17.9.1981 – V R 6/76, BStBl II 1982, 47 (48); v. 20.4.1987 – X R 20/81, BFH/NV 1987, 742.

297 BMF-Schreiben v. 10.7.1980 – S 7104, BStBl I 1980, 421.

und teilweise auch der Literatur[298]beharrlich. Diese Ansicht konnte sich schließlich auch auf eine Stellungnahme des Gesetzgebers berufen, in der dieser die grenzüberschreitende Organschaft ausdrücklich anerkannte und bestätigte[299].

Im Rahmen des zur Anerkennung der Organschaft notwendigen Konsultationsverfahrens hatten einige Mitgliedstaaten und auch die Europäische Kommission angesichts des Wortlautes der 6. EG-Richtlinie bereits erste Bedenken gegen die Beibehaltung der deutschen Auslegungspraxis angemeldet, die 1984 schließlich in einer Klage der Kommission beim Europäischen Gerichtshof mündete. In Folge der Ungewissheit hinsichtlich des Verfahrensausganges entschloss sich die Bundesregierung zu einer Änderung des § 2 Abs. 2 UStG durch das Steuerbereinigungsgesetz 1986 und begrenzte die Organschaft fortan auf im Inland ansässige Unternehmer[300].

III. Analyse und Fazit zur historischen Entwicklung

Bei Betrachtung der geschichtlichen Entwicklung von Umsatzsteuer und Organschaft tritt ein Aspekt besonders hervor: Die Organschaft im Umsatzsteuerrecht war nicht das originäre Produkt legislativer Tätigkeit oder Gestaltung, sondern ein Eingriff der Judikative, womöglich zur Vermeidung einer steuerlichen Verzerrung des Wettbewerbs und negativer marktwirtschaftlicher Folgen.

Die Entwicklung der Umsatzsteuer zeigt insoweit, dass die „*wilde Wurzel*“[301] der Umsatzbesteuerung den Steuerunterworfenen einmal mehr herausgefordert hatte[302], Wege zu suchen, um die neue Steuerbelastung zu verringern. Dies zuvorderst wohl auch deshalb, weil sich die Belastungen des Systems unmittelbar ökonomisch manifestierten und vertikale Unternehmenskonzentrationen einen echten Wettbewerbsvorteil brachten. Dass die weniger privilegierten Unternehmer, denen Fusionen mit anderen Unternehmen verwehrt blieben, in Anbetracht dieser Veränderungen die Frage nach der Qualität umsatzsteuerlicher Selbstständigkeit aufwarfen, verwundert insoweit also nicht.

Diese „*Wucht [..] wirtschaftliche[r] Tatsachen*“[303], mit denen sich die Rechtsprechung bei der Beantwortung der Frage nach der Selbstständigkeit konfrontiert sah, zeigt schließlich der bemerkenswerte Wandel vom eher apodiktischen Selbstständigkeitsdogma juristischer Personen hin zu einer sehr eigenen Betrachtung in jener Zeit. Noch zwei Jahre vor der Entscheidung galt die Beurteilung einer juristischen Person als unselbstständig nämlich als Widerspruch zu ihrer anerkannten

298 *Flückiger* in: Plückebaum/Malitzky UStG, § 2 Rn. 326; *Matheja,* UR 1981, 191 (192).

299 vgl. 16. ÄndG zum UStG 1951, BGBl I S. 156, sowie den Wortlaut des § 6 Abs. 1 Nr. 1 b) und c) UStG 1967/73 und des § 6 Abs. 2 Nr. 2 UStG 1980.

300 zum Ganzen: Klezath, DStZ 1986, 112ff; Müller in: Müller/Stöcker Organschaft, S. 267 mwN.

301 vgl. Popitz, Umsatzsteuer 1928, S. 115, 119.

302 dazu im Allgemeinen *Lang,* NJW 2006, 2210.

303 *Grabower/Herting/Schwarz,* Geschichte der Umsatzsteuer, S. 199.

Rechtspersönlichkeit[304]. Die Annahme des RFH, dass durch die rechtliche Abhängigkeit unter Verfolgung der gleichen wirtschaftlichen Ziele des herrschenden Gesellschafters diese Rechtspersönlichkeit wieder aufgehoben werden konnte, ist in ihrer damaligen Wertigkeit daher nicht zu unterschätzen.

Gleichzeitig erklärt diese Entwicklung, warum einige namhafte Autoren[305] die Organschaft als redundant in unserem heutigen Mehrwertsteuersystem erachten. Insoweit ist es tatsächlich fraglich, worin die politische, aber auch fiskalische Rechtfertigung einer umsatzsteuerrechtlichen Konzernierungsvorschrift liegt, deren Entwicklung doch maßgeblich im Zusammenhang mit der Vermeidung von heute nicht mehr eintretenden Kumulationseffekten steht.

Anderseits besteht zwar gewiss ein erkennbarer Zusammenhang der Entwicklung der Organschaft mit den Kumulationseffekten der Allphasenbruttosteuer. Der RFH selbst hat aber in seinen Urteilen diesen Zusammenhang nie erwähnt, sondern seine, wenn auch knappen Begründungen zogen stets die Besonderheiten der Umsatzbesteuerung und ihre Wirkungen zur Rechtfertigung einer Anerkennung heran. Insoweit muss schließlich auch bedacht werden, dass mit der Anerkennung der Organschaft der Wegfall von Steuereinnahmen verbunden war, so dass rein fiskalisch betrachtet jedenfalls der damalige Gesetzgeber kein überbordendes Interesse an ihr gehabt haben dürfte.

Dass der Gesetzgeber die Organschaft später dennoch kodifizierte und insoweit die Annahme des RFH, dass die Organschaft grundsätzlich bereits *de lege lata* anzuerkennen sei, akzeptierte, wird von Teilen der Literatur[306] daher als Bestätigung gewertet, dass die Organschaft – auch heute – in unserem Umsatzsteuersystem nicht zur Disposition eines Gesetzgebers stehen kann. Nach dieser Ansicht geben die Regelungen in § 2 Abs. 2 Nr. 2 UStG nur einen Auslegungsmaßstab für die Selbstständigkeit juristischer Personen in der Umsatzbesteuerung wieder, ohne selbst konstitutiv für die Anerkennung ihrer Unselbstständigkeit zu sein[307].

Dass der Gesetzgeber bei Einführung des Mehrwertsteuersystems ähnlicher Auffassung war, lässt dessen Begründung zur damaligen Beibehaltung der Organschaft vermuten. Danach beruhe die Vorschrift auf dem umsatzsteuerrechtlichen Grundsatz, *„dass Unternehmer nur sein kann, wer selbständig ist“*[308], und folglich nicht darauf, Kumulationseffekte bei der Besteuerung zu vermeiden. Auch das Bundesverfassungsgericht ließ im Rahmen einer verfassungsrechtlichen Prüfung der Organschaft verlauten, dass durch ihre zeitweilige Aussetzung seitens des Kontrollrats die *„ursprüngliche Systematik des Umsatzsteuergesetzes [...] gestört war [..]“*[309].

304 vgl. *Grabower/Herting/Schwarz* Geschichte der Umsatzsteuer, S. 199.

305 *Stadie* in: Rau/Dürrwächter UStG, § 2 Rn. 783; *Reiß* in: Reiß/Kraeusel/Langer UStG, § 2 Rn. 98f; *Weiss,* UR 1979, 82; *Steppert,* UR 1994, 343 (345).

306 *Müller* in: Müller/Stöcker Organschaft, S. 262.

307 *Müller* in: Müller/Stöcker Organschaft, S. 262.

308 Begr. Reg-Entwurf, BT-Drucks. 4/1590, S. 36f.

309 BVerfG v. 20.12.1966 – 1 BvR 320/57, 70/63, BStBl III 1967, 7 (15).

Unabhängig davon, ob nicht bereits Art. 11 MwStSystRL und die dortige rein fakultative Anerkennung gegen diese Ansicht spricht, sind vor diesem Hintergrund die Voraussetzungen und Wirkungen der Organschaft besonders zu betrachten. Denn wenn sich, wie *Rosendorff* einst postulierte[310], die Abhängigkeit und Willensunterordnung des Organs in den Voraussetzungen der Organschaft widerspiegeln muss, dann kann deren Analyse möglicherweise auch Aufschluss über die generelle Anerkennung einer Unselbstständigkeit innerhalb der Umsatzbesteuerung geben. Insoweit dient die Untersuchung der Voraussetzungen der Organschaft nicht nur dem Herausarbeiten ihres inhaltlichen Kerns. Aus ihr kann womöglich ebenfalls die Frage beantwortet werden, ob die Umsatzbesteuerung in ihrer nationalen Gestaltung tatsächlich ein immanentes Recht auf die Anerkennung der Unselbstständigkeit juristischer Person gewährt. Sollte dies der Fall sein, wird weiter zu analysieren sein, welcher Ausgestaltungsspielraum dem Gesetzgeber, auch unter Beachtung unionsrechtlicher Aspekte, dabei noch zusteht.

B. Einfluss der MwStSystRL auf die nationale Organschaft

Vor der Analyse der einzelnen Voraussetzungen ist jedoch der Einfluss der MwStSystRL auf die Organschaft zu betrachten. Denn wie bereits festgestellt wurde, muss sich die Umsatzbesteuerung an den Inhalten des Unionsrechts orientieren, um den durch Art. 113 AEUV bestimmten und durch die MwStSystRL konkretisierten Harmonisierungsauftrag national zu erfüllen. Die Auslegung und Analyse des § 2 UStG muss daher richtlinienkonform erfolgen und darf neben den Einzelbestimmungen der MwStSystRL auch deren übergeordnete Ziele und Grundsätze nicht unberücksichtigt lassen[311].

Für die Umsatzsteuerorganschaft ist die Beachtung der einschlägigen Einzelbestimmungen der Richtlinie dabei nicht unproblematisch. Art. 11 MwStSystRL ermöglicht den Mitgliedstaaten zwar,

> *„in [ihrem] Gebiet ansässige Personen, die zwar rechtlich unabhängig, aber durch gegenseitige finanzielle, wirtschaftliche und organisatorische Beziehungen eng miteinander verbunden sind, zusammen als einen Steuerpflichtigen“*,

als sog. Mehrwertsteuergruppe zu behandeln. Diese Möglichkeit der Behandlung rechtlich selbstständiger Unternehmen ist jedoch nicht nur in seinen Voraussetzungen weiter als das nationale Recht formuliert. Vom Wortlaut her handelt es sich auch nur um ein Optionsrecht und bleibt damit insgesamt der autonomen Entscheidung des einzelnen Mitgliedstaats vorbehalten. In der Konsequenz ist dadurch

310 *Rosendorff*, Organisation der Konzerne, S. 109.

311 vgl. dazu Kapitel 2 B.I. 3. Wie eingangs erwähnt, ist die konkrete Auseinandersetzung der nationalen Organschaft mit dem Unionsrechts, insbesondere dem Primärrecht, nicht Ziel dieser Arbeit. Für eine diesbezüglich vertiefte Analyse sei auf das ausführliche Werk von *Hartman*, Umsatzsteuerorganschaft, verwiesen.

einerseits fraglich, wie die inhaltliche Umsetzung ins nationale Recht überhaupt vollzogen werden muss, anderseits, welcher Gestaltungsspielraum dem nationalen Gesetzgeber dabei zusteht, und welche unionsrechtlichen Vorgaben zwingend zu beachten sind.

Schließlich ist offen, welchen Platz das in Art. 11 MwStSystRL vorgesehene Konsultationsverfahren einnimmt, und welche Konsequenz dieses Verfahren ggf. für die nationale Organschaft haben kann.

I. Gestaltungsspielraum bei der Umsetzung

Die Rechtsprechung des EuGH zur Mehrwertsteuergruppe der MwStSystRL reduzierte sich in der letzten Dekade zunächst auf nur eine Entscheidung[312], die bei der Beantwortung der vorstehenden Fragen nur eingeschränkt und allenfalls mit Aussagen *zwischen den Zeilen* weiterhelfen kann.

In der Entscheidung *Ampliscientifica* ging es um die unionsrechtliche Vereinbarkeit der italienischen Regelung zur Mehrwertsteuergruppe. Diese Regelung verlangte für eine nationale Anerkennung neben den in der MwStSystRL genannten Voraussetzungen einen zusätzlichen Mindestzeitraum der Verbindung zwischen Organträger und -gesellschaft, den das vorlegende Gericht als unionsrechtswidrig ansah. Der EuGH zweifelte jedoch bereits an, ob die italienische Regelung überhaupt eine Umsetzung von Art. 11 Abs. 1 MwStSystRL darstellte, da in diesem Falle ein Verstoß gegen die – von der italienischen Regierung unterlassene – Konsultationspflicht und damit gegen das vorgesehene Verfahren für die unionsrechtliche Anerkennung vorgelegen hätte. Es verwies die Sache an das vorlegende Gericht zur ergänzenden Tatsachenfeststellung zurück, ohne sich inhaltlich mit der Gruppenbesteuerung weiter zu beschäftigen; selbst die Frage nach der Rechtsfolge des Art. 11 MwStSystRL bei einer fehlenden Konsultation blieb insoweit unbeantwortet.

Immerhin ging der EuGH *obiter dicta* auf die eigentliche Vorlagefrage ein und stellte dazu fest, dass das zusätzliche Verlangen eines Mindestzeitraums für das Bestehen einer Mehrwertsteuergruppe unter Beachtung des Art. 11 Abs. 2 MwStSystRL unionskonform sei. Aus einer solchen Voraussetzung resultiere weder ein Verstoß gegen den Grundsatz der Steuerneutralität, noch sei das Verlangen rechtsmissbräuchlich, da das Erfordernis der Kontinuität ein verhältnismäßiger Eingriff zur Bekämpfung von Steuerhinterziehung und -umgehung sei, den letztlich Art. 11 Abs. 2 MwStSystRL gestatte[313].

Obgleich das Urteil nicht immer konsequent in seinen Formulierungen ist und etwas diffus mal von einem „*System von vereinfachter Mehrwertsteuererklärung*" und mal von der Gruppenbesteuerung spricht[314], kann ihm insoweit entnommen werden, dass nach damaliger Ansicht des EuGH zur Vermeidung von Missbräuchen sogar

312 EuGH v. 22.5.2008 – Rs. C-162/07 (Ampliscientifica), EuGHE 2008, I-4019.
313 EuGH v. 22.5.2008 – Rs. C-162/07 (Ampliscientifica), EuGHE 2008, I-4019.
314 dazu *Huschens,* UVR 2008, 340 (342).

ein Mehr an materiellen Voraussetzungen bei der nationalen Ausgestaltung der Organschaft verlangt werden kann. Wenn es unter diesem Vorbehalt aber möglich ist, zusätzliche, nicht benannte materielle Voraussetzungen für ihre Anerkennung zu verlangen, dann liegt der Schluss nahe, dass auch restriktivere Voraussetzungen für eine Anerkennung aufgestellt werden können und der insoweit weite Spielraum des Art. 11 MwStSystRL nur teilweise ausgenutzt wird[315], zumindest wenn es der vom nationalen Gesetzgeber prognostizierten Vermeidung von Missbräuchen dient. Dafür spricht letztlich auch die autonome Entscheidungsbefugnis der Mitgliedstaaten, Mehrwertsteuergruppen überhaupt national anzuerkennen.

Wohl als Folge der stetig wachsenden Bedeutung der Organschaft auch in den anderen Ländern der Union musste der EuGH allein in der ersten Jahreshälfte 2013 in sieben Verfahren[316] erneut über die Auslegung des Art. 11 MwStSystRL entscheiden. Sämtliche Verfahren waren dabei von der Europäischen Kommission als Vertragsverletzungsverfahren angestrengt worden, da nach Ansicht der Kommission die Vorgaben des Art. 11 MwStSystRL nicht entsprechend in den nationalen Kodifikationen umgesetzt worden waren.

Im insoweit hervorzuhebenden Verfahren gegen das Königreich Schweden[317] ging es um eine Beschränkung der Organschaft auf Unternehmer des Finanzsektors, die einer besonderen Aufsicht unterlagen, und des damit einhergehenden Ausschlusses von Unternehmen aus anderen Wirtschaftszweigen. Die Klage der Kommission, die in dieser Differenzierung einen Verstoß gegen den Gleichbehandlungsgrundsatz sah, scheiterte letztlich, da der EuGH auch diese Begrenzung der Organschaft – der Behauptung Schwedens folgend – zur Vermeidung von Steuermissbräuchen nach Art. 11 Abs. 2 MwStSystRL als gerechtfertigt ansah. Obgleich die Ausführungen des EuGH zu Art. 11 MwStSystRL auch in diesem Urteil rudimentär blieben und er sich mit dem Argument der Missbrauchsvermeidung recht kurz gefasst zufrieden gab, bezog er zumindest im Vorfeld zu einzelnen von den Verfahrensbeteiligten vorgebrachten Argumenten eine erwähnenswerte Position, die der Interpretation des Urteils *Ampliscientifica* allerdings entgegenstehen könnte.

Hier ließ der EuGH nämlich verlauten, dass es sich bei Art. 11 MwStSystRL nicht um eine Ausnahmevorschrift handle, die restriktiv auszulegen sei, sondern sie den Mitgliedstaaten die Einführung einer Gruppenbesteuerung nur unter den dort genannten Bedingungen und Voraussetzungen erlaube. Weitere Bedingungen für die Bildung einer Mehrwertsteuergruppe seien in Art. 11 MwStSystRL nicht vorgesehen,

---

315 vgl. BFH v. 14.2.2008 – V R 12, 13/06, BFH/NV 2008, 1365 (1366); aA wohl *Birkenfeld-Rabel* in: USt-Kongress 2010, S. 160; *Huschens,* UVR 2008, 340 (343); *Korf,* UVR 2008, 172 (178f.); *Stadie* in: Rau/Dürrwächter UStG, § 2 Rn. 809ff.

316 EuGH v. 9.4.2013 – Rs. C-85/11, DStR 2013, 806; v. 25.4.2013 – Rs. C-86/11, BeckRS 2013, 80880; v. 25.4.2013 – Rs. C-480/10, UR 2013, 423; v. 25.4.2013 – Rs. C-65/11, BeckRS 2013, 80878; v. 25.4.2013 – Rs. C-109/11, BeckRS 2013, 80874; v. 25.4.2013 – Rs. C-95/11, BeckRS 2013, 80882; v. 25.4.2013 – Rs. C-74/11, BeckRS 2013, 80879.

317 EuGH v. 25.4.2013 – Rs. C-480/10, UR 2013, 423.

so dass Beschränkungen nur nach Abs. 2 zur Vermeidung von Missbräuchen und bei gleichzeitiger Beachtung des (übrigen) Unionsrechts getroffen werden können[318].

Obwohl diese Feststellung die Möglichkeit von doch signifikanten Restriktionen durch Art. 11 Abs. 2 MwStSystRL im nationalen Recht bestätigte, ist fraglich, ob die nationalen Voraussetzungen einer Organschaft – auch ohne Missbrauchsvermeidungsabsicht – tatsächlich hinter den Vorgaben der MwStSystRL zurückbleiben dürfen und strengere Vorgaben für ihre Anerkennung verlangen können. Die Annahme eines diesbezüglichen nationalen Gestaltungsspielraums bei der Umsetzung, auf die das Urteil keine klare Antwort gibt, ist insofern zweifelhaft geworden.

1. Umsetzungsermessen in der MwStSystRL

Für die Einräumung eines nationalen Ausgestaltungsspielraums könnte der Vergleich mit anderen Regelungen der MwStSystRL sprechen, deren Umsetzung ebenfalls in das Ermessen der Mitgliedstaaten gestellt ist[319].

Art. 137 MwStSystRL gestattet den Mitgliedstaaten bei bestimmten, in der Regelung benannten Umsätzen ein Optionsrecht einzuführen, wonach der Steuerpflichtige sich für oder gegen eine Besteuerung entsprechender Umsätze entscheiden kann[320]. In den hierzu ergangenen Entscheidungen des EuGH stellte dieser u.a. heraus, dass es nicht nur Sache der einzelnen Mitgliedstaaten ist, den Steuerpflichtigen ein entsprechendes Optionsrecht einzuräumen oder nicht, sondern dass er es vom Umfang her auch beschränken kann, wenn es aufgrund der bestehenden (nationalen) Verhältnisse zweckmäßig erscheint[321]. Bei der konkreten Ausgestaltung der Option gesteht der EuGH dem Mitgliedstaat dabei ein

> „*weites Ermessen*" zu, welches er nur durch „*die Ziele und die allgemeinen Rechtsgrundsätze der Richtlinie, insbesondere den Grundsatz der steuerlichen Neutralität und das Erfordernis einer korrekten, einfachen und einheitlichen Anwendung*"[322]

begrenzt sieht.

a) Einheitlichkeit der Mehrwertsteuergruppe

Die Übertragung dieses Gedankens auf die Umsetzung einer Mehrwertsteuergruppe wird von Teilen der Literatur jedoch unter Verweis auf die autonome und

318 EuGH v. 25.4.2013 – Rs. C-480/10, UR 2013, 423 (424f.).

319 vgl. auch *Wäger* in: FS Schaumburg 2009, S. 1189 (1195).

320 vgl. § 9 UStG.

321 EuGH v. 22.1.2006 – Rs. C-246/04 (Turn- und Sportunion Waldburg), EuGHE 2006, I-589; v. 29.4.2004 – Rs. C-487/01; und C-7/02 (Gemeente Leusden und HolinGroep), EuGHE 2004, I-5337.

322 EuGH v. 22.1.2006 – Rs. C-246/04 (Turn- und Sportunion Waldburg), EuGHE 2006, I-589; v. 4.10.2001 – Rs. C-326/99 (GoedWoenen), EuGHE 2001, I-6831; v. 11.6.1998 – Rs. C-283/95 (Fischer), EuGHE 1998, I-3369.

einheitliche Auslegung der Begriffe und Vorschriften des Unionsrechts und damit der MwStSystRL in Abrede gestellt[323].

Ihre Gestaltung und die Auslegung ihrer Voraussetzungen sollen danach unionsweit einheitlich erfolgen, und es dürften keine Voraussetzungen verlangt werden, die die Anerkennung gegenüber den Vorgaben der Richtlinie erschwert oder von zusätzlichen Erfordernissen abhängig macht[324]. Sofern man nämlich eine nationale Richtlinienkonformität gewährleisten wolle, könne sich ein vermeintlicher Gestaltungsspielraum allenfalls auf die grundsätzliche Frage verengen, ob die Mehrwertsteuergruppe anerkannt werden soll oder nicht[325]. Nach Ansicht einzelner Vertreter dieser Auffassung steht die nationale Organschaft daher auch nahezu umfassend im Widerspruch zu Art. 11 MwStSystRL, da bereits sprachlich ihre Voraussetzungen sehr viel einengender sind als die der MwStSystRL.

Nicht unproblematisch ist bei dieser Ansicht allerdings, dass deren Vertreter zwar die Merkmale der nationalen Organschaft oder deren Auslegung angreifen, jedoch keine Antwort auf die Frage geben, wie eine homogene unionsrechtliche Mehrwertsteuergruppe inhaltlich konkret ausgestaltet sein müsste. Allein das Bemühen allgemeiner Rechtsgrundsätze hilft hierbei nicht weiter, zumal es auch nicht primär darum geht, ob bspw. aus Art. 11 MwStSystRL eine Optierbarkeit der Organschaft folgen muss[326], sondern wie eine *enge gegenseitige Verbundenheit* im Sinne der Richtlinie letztlich aussieht. Dass eine solche „*Verbundenheit*“ sprachlich weniger verlangt als eine „*Eingliederung*“ im nationalen Kontext, mag zutreffend sein[327]. Doch auch diese Feststellung hilft nicht bei der Entscheidung, ob für eine organisatorische Verbundenheit im Sinne der Richtlinie bereits das Teilen von Büroeinrichtung ausreichend ist. Die insoweit nötige Auslegung der unionsrechtlichen Voraussetzungen ist hier bislang zu rudimentär geblieben, so dass trotz einer freilich starken dogmatischen Argumentation, bislang keine inhaltliche Alternative zur bestehenden Auslegung der nationalen Organschaft aufgezeigt werden konnte[328].

---

323 *Hartman*, Umsatzsteuerorganschaft, S. 91ff; *Erdbrügger*, DStR 2013, 1573 (1575f.); *Ehrke-Rabel* in: USt-Kongress 2010, S. 160 (162); *Huschens*, UVR 2008, 340 (343); *Korf*, UVR 2008, 172 (179).

324 *Huschens*, UVR 2008, 340 (343).

325 *Ehrke-Rabel* in: USt-Kongress 2010, S. 160 (161); ferner *Hartman* Umsatzsteuerorganschaft, S. 92, der einen Umsetzungsspielraum ebenfalls verneint, aber die Voraussetzungen des Art. 11 MwStSystRL für auslegungsbedürftig hält.

326 so *Stadie* in: Rau/Dürrwächter UStG, § 2 Rn. 796ff. mit Verweis auf EuGH v. 22.5.2008 – Rs. C-162/07, EuGHE 2008, I-4019.

327 vgl. *Korf*, UVR 2008, 172 (179).

328 Soweit ersichtlich hat nur *Hartman*, Umsatzsteuerorganschaft, versucht, zu einzelnen Merkmalen und Voraussetzungen der nationalen Organschaft eine fundierte Auslegung im Kontext der MwStSystRL zu geben.

b) Auslegungsmaßstab der MwStSystRL

Selbst wenn man mit der vorgenannten Literatur annimmt, dass die nationale Regelung zur Organschaft gegen die Vorgaben der MwStSystRL verstößt und damit einer richtlinienkonformen Auslegung zu weichen hat, müsste Art. 11 zunächst also mit Inhalt gefüllt werden, um eine rechtssichere Anwendung zu gewährleisten.

Da es hierzu an einschlägiger Rechtsprechung fehlt, wird zur Konkretisierung der Begrifflichkeiten ein Rückgriff auf eine Mitteilung der Europäischen Kommission vom Juli 2009[329] empfohlen, in der diese sich mit den Bestimmungen des Art. 11 MwStSystRL auseinandergesetzt hat[330]. Abgesehen davon, dass die Mitteilung der Kommission m. E. nach inhaltlich noch weit von einem belastbaren Auslegungsstandard für die Mehrwertsteuergruppe der MwStSystRL entfernt ist und dabei – entgegen der jüngsten EuGH-Rechtsprechung[331] – die Gruppenbesteuerungsregelungen auch noch als Ausnahmevorschrift begreift, führen jedenfalls die dort bislang gegebenen Definitionen zu den Eingliederungsmerkmalen eher zu einer weitgehenden Kongruenz mit denen in § 2 Abs. 2 Nr. 2 UStG als zu signifikanten Unterschieden. Ob die Mitteilung der Kommission als Auslegungsmaßstab daher tatsächlich zu einer Änderung des Umgangs mit der nationalen Organschaft führen würde, scheint insofern bereits zweifelhaft.

Fraglich bleibt darüber hinaus, ob solche Mitteilungen der Kommission Einfluss auf die Auslegung des Art. 11 MwStSystRL nehmen können oder dürfen.

So gehören Mitteilungen, Empfehlungen oder Leitlinien der Kommission zwar zu deren Standardrepertoire und entfalten eine beachtliche faktische Wirkung[332], die auch die europäische Rechtsprechung anerkennt[333]. Dennoch können diese zulässigen Handlungsformen der Kommission aufgrund der eindeutigen Begrenzung des Art. 288 AEUV keine formal rechtliche Verbindlichkeit entfalten und keine Quasi-Rechtsetzung betreiben[334]. Diesem sog. *Softlaw* der Kommission kommt also weder ersetzende noch vertretende Rechtskraft neben den Akten nach Art. 288 AEUV zu, sondern allenfalls können sie eine sich im möglichen Wortsinn bewegende erläuternde Funktion entfalten[335], die jedoch nicht zwingend zu beachten ist[336].

Insoweit ist die Mitteilung also bereits formal-rechtlich nicht geeignet, eine rechtssichere Grundlage für die Auslegung der nationalen Organschaft zu schaffen.

---

329 Mitteilung Europäische Kommission v. 2.7.2009, KOM 2009, 325; UR 2009, 632.

330 *Ehrke-Rabel* in: USt-Kongress 2010, S. 160.

331 EuGH v. 25.4.2013 – Rs. C-480/10, UR 2013, 423.

332 *Knauff/Schwensfeier,* EuZW 2010, 611 (612).

333 vgl. EuG v. 8.10.2008 – Rs. T-73/04 (Carbone-Lorraine/Kommission), EuGHE 2008, I-2661; ebenso EuGH v. 28.6.2005 – Rs. C-189/02 P, C-202/02 P, C-205/02 P bis C-208/02 P und C-213/02 P (Dansk Rørindustri u. a./Kommission), EuGHE 2005, I-5425.

334 *Knauff/Schwensfeier,* EuZW 2010, 611; *Schwarze,* EuR 2011, 3 (17).

335 *Schwarze,* EuR 2011, 3 (17).

336 vgl. EuG v. 8.10.2008 – Rs. T-73/04 (Carbone-Lorraine/Kommission), EuGHE 2008, I-2661.

Ferner darf nicht unberücksichtigt bleiben, dass für den Bereich der Mehrwertsteuer ein beratender Mehrwertsteuerausschuss nach Art. 398 MwStSystRL besteht, der nach Art. 398 Abs. 4 MwStSystRL speziell für die Auslegung der Richtlinie zuständig ist. Obwohl auch dessen Stellungnahmen keine Rechtsverbindlichkeit zukommt[337], würde man mit der Anerkennung einer faktischen Verbindlichkeit der Mitteilung der Kommission für die Mehrwertsteuergruppe die Funktion dieses speziellen Mehrwertsteuerausschusses entwerten und damit letztlich selbst die MwStSystRL verletzen.

Insoweit bleibt festzuhalten, dass das Manko der fehlenden inhaltlichen Bestimmung der Voraussetzungen der Mehrwertsteuergruppe nicht durch die hierzu ergangene Mitteilung der Europäischen Kommission überwunden werden kann. Diese ist bereits formal-rechtlich nicht geeignet, eine diesbezügliche rechtsverbindliche Grundlage zu schaffen. Des Weiteren sind bei einer entsprechenden (hypothetischen) Berücksichtigung keine wesentlichen inhaltlichen Abweichungen zur nationalen Regelung erkennbar. Insoweit besteht das Problem der dargestellten Meinung, die ein Ermessen bei Ausgestaltung der Organschaft ablehnt, bzgl. der mangelnden inhaltlichen Konkretisierung der Mehrwertsteuergruppe fort.

2. *Stellungnahme*

Die Literatur verweist bzgl. der mangelnden Richtlinienkonformität des § 2 Abs. 2 Nr. 2 UStG regelmäßig auf den Wortlaut des Art. 11 MwStSystRL und der dort nur geforderten *„engen Verbindung"* zwischen Organträger und -gesellschaft und das insoweit unterschiedliche Sprachgefühl bei den verschiedenen Begrifflichkeiten. Dass die Anerkennung der Organschaft aber eben nur eine Option für die Mitgliedstaaten darstellt, wird dabei weitestgehend außer Acht gelassen.

Aus eben dieser Optierbarkeit folgt m.E. aber die Besonderheit, dass die in der MwStSystRL genannten Voraussetzungen nur Mindestgrenzen für die Anerkennung einer Steuergruppe sind. Die *„enge Verbindung"* zwischen Organträger und -gesellschaft stellt insoweit keine statische Voraussetzung dar, sondern gibt den Mitgliedstaaten nur vor, dass unterhalb der genannten Konnexität der Unternehmen eine Behandlung als ein Steuerpflichtiger unionsrechtlich nicht erfolgen darf. Denn wenn es den Mitgliedstaaten auch bei Vorliegen von engen finanziellen, wirtschaftlichen und organisatorischen Beziehungen freisteht, überhaupt eine Gruppenbesteuerung anzunehmen, dann muss es ihnen auch freistehen, mehr als nur solche Verbindungen für die Anerkennung zu verlangen[338].

In diesem Sinne liest sich entgegen vereinzelter Stimmen in der Literatur auch das erste Urteil des EuGH[339] zur Gruppenbesteuerung. Wenn dort eine zeitliche Komponente für die Anerkennung einer nationalen Gruppenbesteuerung zur Erreichung

337 vgl. *Dziadkowski,* BB 1998, 1664 (1665).
338 *Reiß* in: USt-Kongress 2010, S. 195 (199).
339 EuGH v. 22.5.2008 – C-162/07 (Ampliscientifica), EuGHE 2008, 4019.

einer gewissen Kontinuität akzeptiert wird, dann lässt sich nur schwerlich vertreten, dass die Voraussetzungen der Gruppenbesteuerung nach Maßgabe der MwStSystRL keinen (doch restriktiven) Gestaltungsspielraum erlauben[340], wenngleich auch unter den Einschränkungen des Unterabsatzes 2 der MwStSystRL. Dies bedeutet nicht gleichsam, dass die Vorgaben in Art. 11 MwStSystRL insgesamt restriktiv auszulegen wären, was der EuGH in einem seiner letzten Urteile schließlich expressiv verbis verneinte[341]. M. E. nach bleibt stattdessen maßgeblich, dass sich die nationale Regelung in den grammatischen Gestaltungsmöglichkeiten der Richtlinie bewegt und – im Rahmen der Umsetzung und Auslegung – grundsätzlich keine zusätzlichen Erfordernisse postuliert.

Der EuGH hat auch zuletzt in einem Vorabentscheidungsverfahren zur deutschen Organschaft mitgeteilt, dass die Mitgliedstaaten einen Spielraum bei der Umsetzung der Vorgaben des Art. 11 MwStSystRL hätten, und dass dessen Inhalte insoweit einer Konkretisierung und Präzisierung bedürfen[342].

Dieser somit grundsätzlich zu gewährende Gestaltungsspielraum ist dabei nicht auf die Schaffung rein förmlicher Verpflichtungen beschränkt, sondern erlaubt mitunter eine weitergehende, materiell-rechtliche Ausgestaltung der Organschaft. Anderslautende Stimmen[343], die diesbezüglich eine Parallele zur EuGH-Rechtsprechung[344] zur beschränkten Erweiterungsfähigkeit von Haftungsanordnungen durch Art. 273 Abs. 1 MwStSystRL ziehen wollen, setzen die Wirkungen der Gruppenbesteuerung mit der Heranziehung eines außenstehenden Dritten für die Steuerhaftung gleich, ohne zu belegen, worin diese Vergleichbarkeit letztlich bestehen soll.

Denn selbst wenn man die Wirkung der Gruppenbesteuerung aufgrund der Zuweisung einer einheitlichen USt-Identitätsnummer als Neuschaffung eines Steuerpflichtigen ansieht, besteht doch ein wesentlicher Unterschied zwischen dieser, aus der Verbindung der Unternehmen resultierenden Wirkung und der Heranziehung Dritter zur Steuerhaftung. Gewiss ist es richtig, dass sich über Art. 273 Abs. 1 MwStSystRL keine materielle Steuerhaftung begründen lässt. Bei der Gruppenbesteuerung, wenn sie sich überhaupt mit einer Haftungsanordnung vergleichen lässt, besteht jedoch zwischen den beteiligten Unternehmen ein erkennbarer Zusammenhang, der sie nicht als unbeteiligte, außenstehende Dritte im Sinne der vorgenannten Rechtsprechung erscheinen lässt. Diese Rechtsprechung des EuGH kann daher weder als Nachweis für eine fehlerhafte Umsetzung der nationalen Organschaft herangezogen werden, noch beweist sie, dass der Gestaltungsspielraum bei der Gruppenbesteuerung materiell einer Beschränkung unterliegt.

---

340 vgl. auch *Nieskens,* UR 2008, 538 (539).

341 EuGH v. 25.4.2013 – Rs. C-480/10, UR 2013, 423f.

342 EuGH v. 16.7.2015 – C-108/14 u. C-109/14 (Larentia+Minerva u. Marenave), DStR 2015, 1673 (1677f.).

343 vgl. *Huschens,* UVR 2008, 340 (343).

344 EuGH v. 11.5.2006 – C-384/04 (Federation of Technological Industries), EuGHE I-2006, 4191.

Schließlich ist zu bedenken, dass die nationale Organschaft in § 2 Abs. 2 Nr. 2 UStG das nach Art. 11 MwStSystRL vorgeschriebene Konsultationsverfahren unbeanstandet durchlaufen hat und vom Mehrwertsteuerausschuss in dessen 3. Sitzung am 28. Juni 1978 akzeptiert wurde[345]. Auch wenn dessen Beschlüsse keine Rechtsverbindlichkeit entfalten[346], indiziert seine Entscheidung doch zumindest eine Übereinstimmung des national ausgenutzten Gestaltungsspielraums mit den Vorgaben der Richtlinie und damit auch das Bestehen materieller Gestaltungsmöglichkeiten insgesamt.

Dass der EuGH in einem seiner letzten Urteile[347] dieses Institut, das eigentlich als eine Art Vorkontrolle für die Verhinderung von zu stark voneinander abweichenden Gruppenbesteuerungssystemen fungieren soll[348], überhaupt nicht mehr erwähnt, steht seiner Bedeutung nicht entgegen. Schließlich nahm der EuGH die Rechtfertigung für die Gestaltung der Schwedischen Gruppenbesteuerung aus Art. 11 Abs. 2 MwStSystRL, so dass er sich mit dem Konsultationsverfahren folglich nicht mehr auseinanderzusetzen brauchte – auch wenn die Argumentationskonsistenz[349] der Entscheidung hierunter insgesamt leidet.

II. Fazit

Für die weitere Analyse der umsatzsteuerlichen Organschaft bleibt damit aus unionsrechtlicher Sicht festzuhalten, dass die Vorgaben der MwStSystRL nach hiesiger Auffassung nur ein Mindestmaß an Verbundenheit zwischen den beteiligten Unternehmen definieren und im Übrigen den Mitgliedstaaten im Rahmen des Wortlauts des Art. 11 MwStSystRL einen Gestaltungsspielraum bei der Umsetzung der Gruppenbesteuerung einräumen.

Solange die Voraussetzungen des nationalen Rechts dieses Mindestmaß erfüllen und zu keinen systematischen oder teleologischen Friktionen führen, stehen sie mit den Vorgaben der Richtlinie in Einklang, auch wenn sie die eingeräumte Ermächtigung nur teilweise ausnutzen[350]. Die allgemeinen Rechtsgrundsätze der MwStSystRL[351] sind aber natürlich weiterhin bei der Untersuchung zu beachten, um die diesbezügliche Konformität des nationalen Rechts sicherzustellen.

345 *Huschens,* UVR 2008, 340 (342); vgl. auch *Wachweger,* Neuregelung des Umsatzsteuerrechts, S. 25; BFH v. 19.10.1995 – V R 71/93, BFH/NV 1996, 273 (275).
346 *Dziadkowski,* BB 1998, 1664 (1665).
347 EuGH v. 25.4.2013 – Rs. C-480/10, UR 2013, 423f.
348 *Erdbrügger,* DStR 2013, 1573 (1575).
349 *Erdbrügger,* DStR 2013, 1573 (1575).
350 Ebenso BFH v. 3.4.2008 – V R 76/05, BStBl II 2008, 905 (907); *Wäger* in: FS Schaumburg 2009, S. 1189 (1195); *Reiß* in: Reiß/Kraeusel/Langer UStG, § 2 Rn. 98.12; *Thietz-Bartram,* DB 2009, 1784 (1786).
351 vgl. Kapitel 2 B. I. 2.

Kapitel 4: Merkmale der Umsatzsteuerorganschaft

A. Einführung

§ 2 Abs. 2 Nr. 2 UStG verlangt für die Organschaft, dass eine

> *„juristische Person (Organgesellschaft) nach dem Gesamtbild der tatsächlichen Verhältnisse finanziell, wirtschaftlich und organisatorisch in das Unternehmen des Organträgers eingegliedert ist (Organschaft)".*

Entsprechend dem einleitenden Satz des § 2 Abs. 1 UStG wird durch die Annahme der Organschaft die grundsätzlich gegebene Selbstständigkeit[352] der juristischen Personen wieder aufgehoben, so dass die Voraussetzungen der Organschaft gleichzeitig die Negativdefinition der Selbstständigkeit juristischer Personen darstellt[353].

Bedenkt man, dass das Umsatzsteuergesetz als Steuerpflichtigen grundsätzlich den Typus unternehmerischer oder wirtschaftlicher Betätigung vor Augen hat, dann mag es zunächst verwundern, dass eine juristische Person, die eben diese Tätigkeit nach Außen vollzieht, als Folge bestimmter gesetzlicher Merkmale, die (nur) das Innenverhältnis zweier Unternehmen betreffen und deren Vorliegen von außen nur schwerlich wahrnehmbar ist, diesen Status wieder verlieren soll.

Doch ebenso, wie es bei der Abgrenzung des unternehmerischen Status von Auftraggeber und Auftragnehmer nicht auf das Auftreten im Außenverhältnis ankommt[354], scheint auch bei der Organschaft nicht entscheidend zu sein, wie die juristische Person von Dritten wahrgenommen wird, sondern nur welche Beziehungen sie zum Organträger unterhält; daher wirkt die Organschaft folgerichtig nur im Innenverhältnis der Beteiligten des Organkreises[355].

In dieser Beziehung liegt ferner der Grund für die Aberkennung der Selbstständigkeit der nach außen unternehmerisch auftretenden und zivilrechtlich selbstständigen (Organ-)Gesellschaft. Bei dem Vorliegen der Merkmale des § 2 Abs. 2 Nr. 2 UStG wird jene als Unternehmensteil des Organträgers angesehen, die in der Folge der Eingliederung in einem Verhältnis der Über- und Unterordnung ohne freien Willen steht[356]. Kurz gefasst: *„Der Organträger befiehlt, die Organgesellschaft*

---

352 *Scharpenberg* in: Hartmann/Metzenmacher UStG, § 2 Rn. 278.
353 vgl. dazu oben unter Kapitel 2 B. II. 2.
354 vgl. oben unter Kapitel 2 B. II. 2. b) bb).
355 *Stadie* in: Rau/Dürrwächter UStG, § 2 Rn. 941.
356 vgl. BFH v. 14.2.2008 – V R 12, 13/06, BFH/NV 2008, 1365 (1366); v. 19.5.2005 – V R 31/03, BStBl II 2005, 671 (673f.); v. 18.12.1996 – XI R 25/94, BStBl II 1997, 441 (442); *Stadie* in: Rau/Dürrwächter UStG, § 2 Rn. 936.

gehorcht"[357], und die Verflechtung des Organkreises rechtfertigt seine umsatzsteuerliche Behandlung als ein Unternehmen.

Im Nachfolgenden ist zu untersuchen, wie sich diese umsatzsteuerrechtliche Verflechtung konkret vollzieht, was die Voraussetzungen dieser Einheitsbetrachtung sind, und welchen Inhalt diese aufweisen. Durch die Aufarbeitung der insoweit einschlägigen Rechtsprechung und Literatur und der Analyse von Problemfeldern soll versucht werden, dem jeweiligen Merkmal einen belastbaren und stringenten Inhalt zu geben, um so eine rechtssichere Anwendung der Organschaft aufzuzeigen. Diese Analyse ist auch deshalb wichtig, um im Anschluss die Wirkungen der Organschaft zu untersuchen und herauszufinden, ob die inhaltliche Verbindung zwischen den Unternehmen eine solche Wirkung rechtfertigen und die (nationale) Organschaft daher tatsächlich nicht zur Disposition des Gesetzgebers stehen kann.

Vor der Analyse der primär interessierenden Merkmale der finanziellen, wirtschaftlichen und organisatorischen Eingliederung sowie deren Wirkung und Beziehung zur Tätigkeit der Organkreisbeteiligten sind aber zunächst die beteiligten Unternehmen und die insoweit einschlägigen Begrifflichkeiten zu untersuchen

B. Die Personen der Umsatzsteuerorganschaft

In personaler Hinsicht verlangt § 2 Abs. 2 Nr. 2 UStG die Eingliederung einer juristischen Person in das Unternehmen des Organträgers. Die eingegliederte Organgesellschaft wird dabei *expressis verbis* als juristische Person bezeichnet, wohingegen der herrschende Organträger nur als nicht nach der Rechtsform bestimmtes Unternehmen im Gesetzestext auftaucht.

Hieraus lässt sich bereits die maßgebliche Differenzierung zwischen den beteiligten Unternehmen des Organkreises erkennen, wonach als Organträger jedes Unternehmen in Betracht kommt, als Organgesellschaft jedoch nur eine juristische Person.

I. Organträger

Die Bestimmung des herrschenden Organträgers erfolgt also unabhängig von seiner Rechtsform resp. seiner zivilistischen Einordnung, so dass letztlich jede natürliche Person und jedes unternehmerfähige Rechtsgebilde, ob nach in- oder ausländischem Recht gegründet, Organträger sein kann[358].

Juristische Personen des öffentlichen Rechts kommen jedenfalls dann als Organträger in Betracht, wenn sie sich unternehmerisch (wirtschaftlich) betätigen und unter den gleichen Bedingungen handeln wie ein privater Wirtschaftsteilnehmer[359].

357 *Birkenfeld* in: Birkenfeld/Wäger USt-Hdb, § 44 Rn. 281.

358 *Reiß* in: Reiß/Kraeusel/Langer UStG, § 2 Rn. 105; *Stadie* in: Rau/Dürrwächter UStG, § 2 Rn. 830.

359 BFH v. 20.8.2009 – V R 30/06, BStBl II 2010, 863 (866f.).

Die Rechtsprechung hält diesbezüglich mit Blick auf den Wortlaut des § 2 Abs. 3 Satz 1 UStG eine richtlinienkonforme Auslegung (Art. 13 Abs. 2 MwStSystRL) für geboten und betrachtet die unterschiedliche Einordnung der Tätigkeiten einer juristischen Person des öffentlichen Rechts als durch die Erbringung entgeltlicher Leistungen auf privatrechtlicher Grundlage oder durch die Ausübung öffentlicher Gewalt geprägt[360]. Die Einordnung ist dabei nicht nur für die Frage nach der Unternehmereigenschaft wesentlich, sondern kann – wie noch zu zeigen sein wird – für die wirtschaftliche Eingliederung relevant werden, wenn eine prägende Leistungsbeziehung zur Organgesellschaft besteht.

1. *Unternehmereigenschaft des Organträgers*

Die Beziehung zwischen Organträger und -gesellschaft spielt auch außerhalb des reinen Leistungsaustausches eine gewichtige Rolle, wenn es um die Frage nach der Anerkennung der Unternehmereigenschaft beim Organträger geht.

Nach der früher herrschenden Rechtsprechung[361] war es nicht erforderlich, dass der Organträger innerhalb der Organschaft eine eigene unternehmerische (wirtschaftliche) Tätigkeit entfaltet oder aufrechterhält, solange nur die Organgesellschaft entsprechend tätig ist. Durch die weitreichenden Bindungen der Organgesellschaft an die Vorgaben des Organträgers und dessen Eingriffsbefugnisse im Rahmen der Organschaft wurde die unternehmerische Tätigkeit der Organgesellschaft dem Organträger gewissermaßen als eigene unternehmerische Tätigkeit zugerechnet[362], und dieser musste selbst keine eigenen Außenumsätze erzielen, um Unternehmer zu sein.

Trotz einer von Beginn an beachtlichen Kritik an dieser Zurechnung seitens der Literatur[363] nahm der BFH erst in Folge der sog. *Polysar*-Entscheidung des EuGH[364] Abstand von ihr und entschied zunächst für juristische Personen des öffentlichen Rechts, dass diese für die Annahme ihrer Unternehmereigenschaft unabhängig von der Tätigkeit der Organgesellschaft eigene entgeltliche Umsätze erbringen müssten[365]. Obwohl der BFH die Übertragung dieser Erkenntnis auf privatrechtliche Personen und Gesellschaften bislang offen gelassen hat, sind aus anderen Urteilen[366] doch deutliche Hinweise entnehmbar, dass für jene nichts anderes gelten kann.

---

360 BFH v. 20.8.2009 – V R 30/06, BStBl II 2010, 863 (867); v. 5.2.2004 – V R 90/01, BStBl II 2004, 795 (797); vgl. auch *Grube*, jurisPR-SteuerR 5/2010, Anm. 6.

361 BFH v. 19.10.1995 – V R 71/93, BFH/NV 1996, 273 (274); v. 9.9.1993 – V R 124/89, BStBl II 1994, 129 (130f.) mwN.

362 *Müller* in: Müller/Stöcker Organschaft, S. 296.

363 *Reiß* in: Reiß/Kraeusel/Langer UStG, § 2 Rn. 105.4; *Klenk* in: Sölch/Ringleb UStG, § 2 Rn. 97; *Birkenfeld* in: Birkenfeld/Wäger USt-Hdb, § 44 Rn. 232; vgl. auch FG Rheinland-Pfalz v. 12.3.1987 – 3 K 246/86, EFG 1987, 430.

364 EuGH v. 20.6.1991 – Rs. C-60/90, EuGHE 1991, I-3111.

365 BFH v. 9.10.2002 – V R 64/99, BStBl II 2003, 375 (377).

366 BFH v. 22.5.2003 – V R 94/01, BStBl II 2003, 954 (956).

Insoweit ist auch nicht erkennbar, warum hinsichtlich der Unternehmereigenschaft innerhalb der Organschaft Unterschiede bei öffentlichen und privaten Personen zu machen wären.

Dagegen meinen Teile der Literatur[367], dass – unter Hinweis auf den Typusbegriff des Unternehmers – auch nur mittelbare unternehmerische Betätigungen umfasst werden, die bei der Organschaft durch die untergeordnet tätigen Gesellschaften realisiert werden können. Demnach bedürfe es trotz der vorgenannten EuGH-Rechtsprechung gerade keiner Bewirkung eigener Umsätze, um die Unternehmereigenschaft des Organträgers zu begründen, zumal die von der Organschaft bezweckte Verwaltungsvereinfachung bei reinen Beteiligungsgesellschaften ebenso umzusetzen sei.

Dem wird entgegen gehalten, dass das Merkmal „*Unternehmen*“ im § 2 Abs. 2 Nr. 2 UStG Tatbestandsvoraussetzung und nicht Rechtsfolge der Organschaft sei und der Organträger daher nicht Kraft der Vorschrift zum Unternehmer werden könne[368]. Die typisierte Betrachtung des Unternehmers soll insoweit also keine Veränderung in der Abfolge des Gesetzes hinsichtlich der Voraussetzungen und des Eintritts der Wirkung der Organschaft zur Folge haben, da anderenfalls die benannten Voraussetzungen zu einem Zeitpunkt eingreifen müssten, in dem die Organschaft noch gar nicht besteht und ihre gesetzliche Wirkung damit tatbestandlich antizipierend wirken würde. Der Organträger muss danach also bereits als Unternehmen in den Organkreis eintreten.

Mit Blick auf die *Polysar*-Entscheidung scheint diese Auffassung dabei auch mit dem Unionsrecht zu korrespondieren, insbesondere mit der bereits oben[369] dargestellten EuGH-Rechtsprechung zur wirtschaftlichen Betätigung von reinen Finanzholdings. Insoweit könnte man also meinen, dass für Holdinggesellschaften innerhalb der Organschaft nichts anderes gelten kann als bei anderen Beteiligungen an Tochtergesellschaften.

Tatsächlich aber hat der EuGH im Rahmen eines Vertragsverletzungsverfahrens gegen Irland entschieden[370], dass eine Mehrwertsteuergruppe – so wie es das irische Recht vorsah – aus mehreren Personen bestehen könne, von denen nur einer ein Steuerpflichtiger im Sinne der MwStSystRL sein muss. Nach Ansicht des EuGH spreche sowohl der Wortlaut als auch die Entstehungsgeschichte aus der Vorgängerrichtlinie dafür, dass auch andere, nichtsteuerpflichtige Personen in eine Mehrwertsteuergruppe einbezogen werden können. Der Zweck der Regelung stehe dem nicht entgegen, sondern vielmehr könne die Einbeziehung solcher Personen gerade der Verwaltungsvereinfachung und Vermeidung von Missbräuchen dienlich sein. Auch aus der *Polysar*-Entscheidung folgt nach Ansicht des EuGH nichts anderes,

---

367 *Stadie* in: Rau/Dürrwächter UStG, § 2 Rn. 831f; *Müller* in: Müller/Stöcker Organschaft, S. 296f.

368 so *Klenk* in: Sölch/Ringleb UStG, § 2 Rn. 97.

369 vgl. Kapitel 2 C. III.

370 EuGH v. 9.4.2013 – Rs. C-85/11, DStR 2013, 806 (807f.).

da sie zu einer anderen Frage ergangen sei, die nicht Gegenstand des Vertragsverletzungsverfahrens gegen Irland war.

Im nationalen Kontext des § 2 Abs. 2 Nr. 2 UStG wird man dieses Ergebnis allerdings nur mittels einer richtlinienkonformen Auslegung erreichen können, da der Wortlaut hier eindeutig vom „*Unternehmen des Organträgers*" spricht und die Unternehmereigenschaft der Organgesellschaft denklogisch vorausgesetzt wird. Fraglich ist, ob eine solche Auslegung geboten ist, weil aus den Feststellungen des EuGH gleichsam zu folgern ist, dass eine nationale Regelung, die nichtunternehmerische Personen aus dem Anwendungsbereich einer Organschaft ausschließt, gegen das Unionsrecht verstößt[371].

M. E. nach gilt hier abermals der schon dargestellte Grundgedanke[372], dass Art. 11 MwStSystRL nur Mindestvorgaben für eine Anerkennung vorschreibt, diese Vorgaben aber national auch nur reduziert umgesetzt werden können, solange hierdurch nicht Grundgedanken des Steuersystems tangiert werden. Bei dem Ausschluss von nichtsteuerpflichtigen Unternehmen aus einer Mehrwertsteuergruppe könnte insofern zwar problematisch sein, dass diese durch den Ausschluss definitiv mit Mehrwertsteuer belastet werden und damit anders gestellt werden als innerhalb einer Mehrwertsteuergruppe. Allerdings liegt die Intention der Richtlinie gerade darin, nichtsteuerpflichtige Personen mit Mehrwertsteuer zu belasten, so dass diese Argumentation das Gesamtsystem der Mehrwertbesteuerung ad absurdum führte. Die Nichtbelastung mit Mehrwertsteuer kann als Argument daher nicht für die Unionrechtswidrigkeit des Ausschlusses von Nichtsteuerpflichtigen aus einer Mehrwertsteuergruppe streiten, zumal die Nichtbesteuerung über die umsatzsteuerlichen Entnahmeregelungen ohnehin nachgeholt werden dürfte. Der Ausschluss solcher Personen aus einer Organschaft muss m. E. nach daher national möglich bleiben.

Der herrschende Unternehmer im nationalen Umsatzsteuerrecht bedarf daher weiterhin einer eigenen unmittelbaren unternehmerischen Betätigung, um als Organträger des Organkreises in Betracht zu kommen. Eine erweiternde richtlinienkonforme Auslegung des § 2 Abs. 2 Nr. 2 UStG ist nach der hier vertretenen Auffassung nicht geboten.

2. Mehrmütterorganschaft

Bereits aus dem Wortlaut des § 2 Abs. 2 Nr. 2 UStG wird deutlich, dass die Organgesellschaft nur in einen Organträger („*das Unternehmen*") eingegliedert sein kann. Dementsprechend vertreten die Rechtsprechung[373]ebenso wie die herrschende Literatur die Meinung[374], dass das von der Rechtsprechung für die

371 so wohl *Erdbrügger*, DStR 2013, 1573 (1578f); *Langer*, DStR 2013, 808.

372 vgl. Kapitel 3 B. I. 2.

373 BFH v. 30.4.2009 – V R 3/08, BFHE 226, 144; v. 2.8.1979 – V R 111/77, BStBl II 1980, 20f.

374 *Reiß* in: Reiß/Kraeusel/Langer UStG, § 2 Rn. 105.6; *Stadie* in: Rau/Dürrwächter UStG, § 2 Rn. 835; *Scharpenberg* in: Hartmann/Metzenmacher UStG, § 2 Rn. 348.

Ertragsteuerorganschaft entwickelte Modell der sog. Mehrmütterorganschaft bei der umsatzsteuerlichen Organschaft keine Anwendung finden kann.

Das – vom Gesetzgeber im Übrigen mittlerweile abgeschaffte[375] – Modell der Mehrmütterorganschaft ermöglichte bei verschiedenen, zur gemeinsamen Willensbildung in einer GbR zusammengefassten Muttergesellschaften eine direkte Zurechnung der Tochterbeteiligung und der damit verbundenen Erträge an die Muttergesellschaften (sog. Lehre von der mehrfachen Abhängigkeit), so dass die Organschaft zu den einzelnen Müttern und nicht zu der durch diese gebildeten GbR bestand[376].

Gegen die Anerkennung dieser Rechtsfigur im Umsatzsteuerrecht sprechen dabei nicht nur der Wortlaut und die Rechtsfolge der Organschaft, wonach die *„im Inland gelegenen Unternehmensteile als ein Unternehmen zu behandeln sind"* (§ 2 Abs. 2 Nr. 2 Satz 3 UStG). Vielmehr käme es zu nicht unerheblichen Problemen bei der anteiligen Zuordnung von Vorsteuerbeträgen der Organgesellschaft und der Frage ihres Abzugs, wenn Leistungen anteilig als Innenleistung an verschiedene Organträger flössen[377]. Sollte sich dann noch ein Korrekturbedarf (§§ 15a, 17 UStG) bei zwischenzeitlicher Veränderung der Beteiligungsverhältnisse ergeben, käme es zu beachtlichen Abwicklungsschwierigkeiten, die dem Zweck der Verwaltungsvereinfachung gänzlich zuwider liefen[378].

Obgleich damit die Möglichkeit einer Beherrschung durch mehrere Organträger auszuschließen ist, bleibt fraglich, ob nicht der Zusammenschluss mehrerer Muttergesellschaften in einer GbR eine Art unechte Mehrmütterorganschaft ermöglicht. Soweit die GbR als einzelner Organträger auftritt und nach wohl herrschender Auffassung als Außengesellschaft[379] unternehmerisch tätig ist, dürften der Anerkennung als Organschaft jedenfalls die vorgenannten Gründe nicht entgegenstehen[380]. Vielmehr entstünde dann, obwohl natürlich nur die GbR als Organträger aufträte, in gewisser Weise eine unechte Mehrmütterorganschaft.

Es bleibt im Folgenden gleichwohl zu prüfen, ob sich eine solche Gestaltung mit den anderen Merkmalen der Organschaft verträgt und insoweit einer Anerkennung nicht auch andere Gründe entgegenstehen.

---

375 UntStFG vom 20.12.2001, BGBl I 2001, 3858.

376 vgl. BFH v. 9.6.1999 – I R 43/97, BStBl II 2000, 695 (697f.); BFH v. 14.4.1993 – I R 128/90, BStBl II 1994, 124 (125ff.); ferner *Prätzler*, jurisPR-SteuerR 43/2009, Anm. 7.

377 vgl. BFH v. 30.4.2009 – V R 3/08, BFHE 226, 144, wonach im Übrigen auch keine Anerkennungspflicht aus der MwStSystRL folge.

378 *Stadie* in: Rau/Dürrwächter UStG, § 2 Rn. 835.

379 Nach *Stadie* in: Rau/Dürrwächter UStG, § 2 Rn. 834, wäre wohl auch eine Innengesellschaft ausreichend.

380 so auch *Scharpenberg* in: Hartmann/Metzenmacher UStG, § 2 Rn. 348.

II. Organgesellschaft

Als Organgesellschaft kommen nach dem eindeutigen Wortlaut in § 2 UStG nur juristische Personen in Betracht, ohne dass klar wird, warum das Gesetz hier eine solche, nicht der grundsätzlichen Systematik[381] entsprechende Differenzierung vornimmt.

Um die Besonderheit dieses Erfordernisses zu verstehen, muss kurz den Eingliederungsmerkmalen der Organschaft vorgegriffen werden. Die Notwendigkeit einer juristischen Person als Organgesellschaft soll – jedenfalls historisch betrachtet – dem Merkmal der finanziellen Eingliederung sekundieren, wonach ein Unternehmer aufgrund seiner Kapitalbeteiligung und der damit verbundenen Stimmrechte ein abhängiges Unternehmen beherrschen muss. Die Beherrschungssituation ist also auf eine kapitalmäßige Beteiligung an einem technisch verselbstständigten Sondervermögen[382] zugeschnitten, dass es als solches, insbesondere aus historischer Sicht, nur bei einer juristischen Person gibt[383].

Die Folge dieser Sichtweise verengt die in Betracht kommenden Organgesellschaften jedoch nicht nur auf die insoweit kodifizierte juristische Person, sondern führt innerhalb dieser Gruppe zu weiteren Ausschlüssen. Danach kann auch eine juristische Person nur dann als Organgesellschaft in Betracht kommen, wenn es sachgedanklich möglich ist, mittels einer kapitalen Beteiligungsmehrheit an ihr eine Beherrschung zu erreichen. Dementsprechend wird Genossenschaften, eingetragenen Vereinen und Versicherungsvereinen auf Gegenseitigkeit, obgleich es sich bei ihnen um juristische Personen handelt, grundsätzlich die Organfähigkeit abgesprochen, da bei ihnen das Stimmrecht einen personen- und nicht kapitalorientierten Ansatz verfolgt und eine Beherrschung im vorgenannten Sinne generell nicht möglich ist [384].

Trotz des insoweit nachvollziehbaren Zusammenhangs zwischen der Beherrschung der Organgesellschaft und der finanziellen Eingliederung wird gerade in jüngerer Zeit, insbesondere unter Berücksichtigung der Anerkennung der (Teil-) Rechtsfähigkeit der GbR durch die Rechtsprechung[385] wieder diskutiert, ob eine Reduktion auf juristische Personen tatsächlich verfassungs- und unionsrechtlich gerechtfertigt werden kann.

---

381 vgl. Kapitel 2 B. II.

382 vgl. *Reuter* in: MüKo BGB, Vor. §§ 21ff. Rn. 2.

383 BFH v. 20.12.1973 – V R 87/70, BStBl II 1974, 311f; RFH v. 7.1.1944 V 37/43, RStBl 1944, 534.

384 vgl. *Stadie* in: Rau/Dürrwächter UStG, § 2 Rn. 848ff; *Reiß* in: Reiß/Kraeusel/Langer UStG, § 2 Rn. 106.1; teilw. abweichende Ansichten: *Müller* in: Müller/Stöcker Organschaft, S. 287; *Scharpenberg* in: Hartmann/Metzenmacher UStG, § 2 Rn. 355.

385 vgl. BGH v. 29.1.2001 – II ZR 331/00, ZIP 2001, 330.

1. Exkurs: Die Rechtsfigur der organschaftsähnlichen Verhältnisse

Die Diskussion um die Anerkennung von zusammengeschlossenen natürlichen Personen als Organgesellschaft ist dabei nicht neu. Bereits im Kontext des § 2 Abs. 2 Nr. 1 UStG wurde in der Vergangenheit diskutiert, ob nicht mehrere natürliche Personen unter einem gemeinsamen Zweck, sprich in einer GbR, ebenfalls eingegliedert und damit unselbstständig sein können und ein solcher Verbund daher ebenso wie eine juristische Person als Organschaft nach § 2 Abs. 2 Nr. 2 UStG anzuerkennen ist.

Der Vergleich mit einer juristischen Personen drängte sich deshalb auf, weil es sich bei dieser letztlich (auch nur) um die *„rechtliche Anerkennung der soziologischen Wirksamkeit menschlicher Verbände“* handelt, die durch eine überindividuelle Organisation mit eigenem Haftungsverband und verselbstständigter Handlungsorganisation am Rechtsleben teilnehmen darf[386].

a) Entwicklung der Rechtsfigur

Nach § 2 Abs. 2 Nr. 1 UStG wird die gewerbliche oder berufliche Tätigkeit dann nicht selbstständig ausgeübt, soweit *„zusammengeschlossene natürliche Personen“* in einem Unternehmen so eingegliedert sind, dass sie den Weisungen des Unternehmers zu folgen verpflichtet sind.

Diese Formulierung und die gemeinsame Entstehungsgeschichte der Nr. 1 und 2 des § 2 Abs. 2 UStG ließ den BFH in Fortführung der Rechtsprechung des RFH[387] bis 1978 die Auffassung vertreten, dass der Zusammenschluss von natürlichen Personen unter einem gemeinsamen Zweck in einem anderen Unternehmen eingegliedert und damit unselbstständig sein konnte[388]. Für diese sog. organschaftsähnlichen Verhältnisse wandte der BFH aufgrund des Fehlens eines eigenen Maßstabes und der Ähnlichkeit zu juristischen Personen die Merkmale der Organschaft entsprechend[389] an und verlangte das Vorliegen der in § 2 Abs. 2 Nr. 2 UStG genannten Eingliederungsmerkmale.

Diese Anwendung sah sich allerdings seit jeher mit dem dogmatischen Problem konfrontiert, dass Kapitalgesellschaften aufgrund ihres autonomen Haftungsverbandes und ihrer Handlungsorganisation ihre Willensfähigkeit in einem anderen Maße einem beherrschten Oberunternehmen unterordnen konnten als ein Zusammenschluss von natürlichen Personen, die einem Dritten die Willensgefolgschaft nur versicherten.

Diese freiwillige Willensgefolgschaft bedeutete nämlich in der Konsequenz, dass Personenzusammenschlüsse, anders als es für Kapitalgesellschaften möglich wäre,

---

386 Weick in: Staudinger BGB 2005, Einl. zu §§ 21ff, Rn. 4ff.

387 RFH v. 12.12.1924 – V A 79/24 und vom 3.4.1928 – V A 794/27, beide zitiert in: RFH v. 19.3.1937 – V A 15/37, RStBl 1937, 623.

388 BFH v. 19.11.1964 – V 245/61 S, BFHE 81, 506 (508ff.).

389 so BFH v. 19.11.1964 – V 245/61 S, BFHE 81, 506 (512); v. 16.12.1965 – V 82/60 S, BFHE 85, 250 (254).

theoretisch ihre Unselbstständigkeit einseitig aufkündigen oder gar teils selbstständig, teils unselbstständig hätten agieren können. Die Rechtsprechung rechtfertigte dies zunächst aus dem Unterschied der Wesen der personalistischen und kapitalistischen Gesellschaftsformen und begegnete ihr durch eine flexible Rechtsanwendung der organschaftlichen Eingliederungsvoraussetzungen[390]. Hierbei spielte insbesondere das sog. Gesamtbild der (tatsächlichen) Verhältnisse, wie es in § 2 Abs. 2 Nr. 2 UStG normiert ist, eine Rolle[391]. Die finanzielle Eingliederung konnte bspw. durch andere Eingliederungsmerkmale aufgewogen werden, so dass die Beherrschung einer Personengesellschaft auch ohne kapitalmäßigen Einfluss möglich war[392].

Mit der Entscheidung vom 7. Dezember 1978 gab der BFH die organschaftsähnlichen Verhältnisse wieder auf[393]. Die mangelnde Möglichkeit einer (echten) übergeordneten Willensbildung bei Personenvereinigungen und die einer Anerkennung widersprechende Genese des § 2 Abs. 1 Nr. 1 UStG sah er nunmehr als doch so gewichtig an, dass sie mit der Anerkennung der Unselbstständigkeit von Personenvereinigungen – entgegen dem Wortlaut – unvereinbar seien.

Hinsichtlich der geschichtlichen Entwicklung der Norm verwies der BFH auf die erste Gesetzesbegründung zu § 2 Abs. 2 Satz 1 des UStG 1934, wonach

> *„...der Begriff der Organschaft [..] nur noch bei juristischen Personen anwendbar [ist]. Diese sind entweder selbständig oder unselbständig. Eine teilweise Selbständigkeit gibt es für die juristischen Personen nicht. Anders ist es bei den natürlichen Personen und bei den nicht rechtsfähigen Personenvereinigungen. Diese können teils selbstständig, teils unselbstständig sein“*[394].

Aus dieser Begründung und der Rechtsprechung des RFH über Zusammenschlüsse von Arbeitnehmern[395] folgerte der BFH, dass die Aufnahme der Worte *„und zusammengeschlossen“* keine weitergehende Bedeutung habe als die, dass auch zusammengeschlossene Arbeitnehmer bei ihrer Leistungserbringung gegenüber ihrem Arbeitgeber unselbstständig bleiben. Insoweit bewertet der BFH die Regelung des § 2 Abs. 2 UStG als eine Art Schutzregelung zu Gunsten der Arbeitnehmer zur Bewahrung ihrer Unselbstständigkeit[396].

---

390 Oberster Finanzgerichtshof vom 23.5.1949 – II 20/48, Slg Bd 54, 330.

391 BFH v. 19.11.1964 – V 245/61 S, BFHE 81, 506 (508ff.).

392 RFH v. 6.6.1934 – V A 432/32, RStBl 1934, 1145; BFH v. 23.4.1964 – V 184/61, BFHE 79, 316; vgl. zur Rechtfertigung der damit einhergehenden Analogie BFH v. 19.11.1964 – V 245/61 S, BFHE 81, 506 (512).

393 BFH v. 7.12.1978 – V R 22/74, BStBl II 1979, 356ff.

394 RStBl 1934, 1549.

395 RFH v. 12.12.1924 – V A 79/24 und vom 3.4.1928 – V A 794/27; beide zitiert in: RFH v. 19.3.1937 – V A 15/37, RStBl 1937, 623.

396 BFH v. 7.12.1978 – V R 22/74, BStBl II 1979, 356ff.

b) Rückkehr der organschaftsähnlichen Verhältnisse?

Die Abkehr von der Rechtsfigur der organschaftsähnlichen Verhältnisse ist damals wie heute von der Literatur überwiegend begrüßt und als richtige Entwicklung mit der richtigen Begründung angesehen worden[397]. Dennoch gab es gerade in jüngerer Zeit wieder vermehrt Stimmen[398], die für eine Rückentwicklung dieser Rechtsprechung und für die Möglichkeit plädierten, dass auch Personenvereinigungen in ein anderes Unternehmen eingegliedert und damit unselbstständig sein können.

Die Entscheidung für oder gegen die Anerkennung organschaftsähnlicher Verhältnisse bei Personenvereinigungen hat deshalb besondere Relevanz, weil sie letztlich mit der Frage einhergeht, ob juristische Personen bei der Organschaft im UStG tatsächlich eine exklusive Sonderrolle einnehmen sollen.

Vor der Auseinandersetzung mit den einzelnen Argumenten bedarf es jedoch der dogmatisch richtigen Verortung dieser Frage. Denn obgleich die Diskussion allgemein unter dem Tenor der Anerkennung von Personenvereinigungen als beherrschbar im Sinne einer Organschaft geführt wird, ist zunächst fraglich, ob eine solche Anerkennung auf direkter Anwendung des § 2 Abs. 2 Nr. 1 UStG, ggf. unter ergänzender Auslegung von dessen Nr. 2, gestützt werden kann oder der geschriebene Tatbestand der Organschaft analog oder ggf. in richtlinienkonformer Auslegung heranzuziehen ist.

aa) Analyse der Rechtsprechung

Damit eine Personenvereinigung als eingegliedertes Unternehmen beherrscht werden kann, muss sie in der Lage sein, ihre Selbstständigkeit zu Gunsten des herrschenden Unternehmens aufzugeben. Wie gezeigt, wird die Selbstständigkeit von Unternehmen durch das UStG nur anhand von Negativkriterien bestimmt, die in Nr. 1 und Nr. 2 des § 2 Abs. 2 UStG nach verschiedenen Rechtssubjekten differenzieren[399].

Bei systematischer Betrachtung dieser Differenzierung ist zunächst kein Anhaltspunkt ersichtlich, warum – bei historischer Betrachtung und entgegen dem Wortlaut – nur hinsichtlich natürlicher und juristischer Personen Kriterien der Selbstständigkeit aufgestellt worden sein sollten, während eine Vereinigung natürlicher Personen vom Gesetz stillschweigend als generell selbstständig angesehen

---

397 vgl. *Scharpenberg* in: Hartmann/Metzenmacher UStG, § 2 Rn. 267; *Stadie* in: Rau/Dürrwächter UStG, § 2 Rn. 179; *Flückiger* in: Plückebaum/Malitzky UStG, § 2 Rn. 363; *Schön* in: DStJG 13 (1990), S. 81 (94); *Weiss,* UR 1979, 81; *Blankenheim,* Unternehmerbegriff im Umsatzsteuerrecht, S. 244.

398 *Müller* in: Müller/Stöcker Organschaft, S. 263, 288f; *Hahne,* DStR 2008, 910; *Wäger* in: FS Schaumburg 2009, S. 1189 (1194); *Ehrke-Rabel* in: USt-Kongress 2010, S. 160 (169); *Hummel,* UR 2010, 207ff. sowie *Hartman,* Umsatzsteuerorganschaft, S. 93ff, 139, dort auch zur näheren Analyse der Anerkennung nach Maßgabe des Unionsrechts.

399 *Scharpenberg* in: Hartmann/Metzenmacher UStG, § 2 Rn. 9; vgl. Kapitel 2 B.

wird. Dass Nr. 1 und Nr. 2 des § 2 Abs. 2 UStG insoweit ohne systematischen Zusammenhang auf empirischen Beobachtungen beruhen, ist nicht nachvollziehbar[400] und erklärt die geschichtliche Entwicklung der Norm letztlich zum unüberwindbaren Dogma.

Weder der Wortlaut noch die Systematik des § 2 Abs. 2 UStG sprechen daher gegen die Anerkennung der Unselbstständigkeit von Zusammenschlüssen natürlicher Personen[401].

Die von der Rechtsprechung herangezogene Begründung des damaligen Gesetzgebers[402] lässt zwar unzweideutig erkennen, dass der Begriff der Organschaft nur noch bei juristischen Personen angewendet werden sollte. Allenfalls im Sinne eines *argumentum e contrario* beinhaltet diese Begründung jedoch eine Aussage zur Selbstständigkeit von Personengesellschaften.

So kann die dort bestimmte Exklusivität der Organschaft für juristische Personen natürlich dergestalt interpretiert werden, dass diese Exklusivität eben nicht nur auf den Begriff, sondern auch auf die entsprechenden Wirkungen in der Umsatzbesteuerung Einfluss hat. Eine solche Auslegung der Begründung stieße jedoch nicht nur sprachlich an die Grenzen des Mitgeteilten.

Denn nach Ansicht des damaligen Gesetzgebers konnten Personenvereinigungen – anders als juristische Personen – *teilweise selbstständig und unselbstständig* sein, was eine mögliche Unselbstständigkeit nicht von vornherein ausschloss.

Auch wenn diesem Argument wiederum der Hinweis auf die Rechtsprechung des RFH[403] entgegen gehalten werden kann, nach dem die Unselbstständigkeit von Personenvereinigungen sich (möglicherweise) nur auf den Zusammenschluss von Arbeitnehmern beschränken sollte, muss doch insgesamt konstatiert werden, dass die Genese des § 2 Abs. 2 Nr. 1 UStG als Argument wenig belastbar scheint[404].

Das von der Rechtsprechung bemühte Folgeargument, nach dem die von Gesellschaftern einer Personengesellschaft getroffenen Willensentscheidungen nicht Ausdruck einer abhängigen Tätigkeit eines – eigentlich gemeinten – Arbeitnehmers sein können, basiert auf der Annahme, dass § 2 Abs. 1 Nr. 1 UStG nur Arbeitnehmerzusammenschlüsse erfasst, und ist daher ebenso wenig belastbar wie das Ausgangsargument. Wenn die Regelung in Nr. 1 überdies tatsächlich nur dem Interesse der Arbeitnehmer an der Beibehaltung ihrer Unselbstständigkeit diente, dann ist die so formulierte Reichweite dieses Schutzes im Übrigen zu kurz. Nach dem Argument des BFH endet dieser Schutz der Unselbstständigkeit nämlich bereits dann, wenn der Arbeitnehmerzusammenschluss – ob offen oder verdeckt, bleibt

400 *Weiss*, UR 1979, 81f.
401 *Hahne*, DStR 2008, 910 (913).
402 vgl. oben unter Kapitel 4 B. II. 1. a).
403 vgl. dazu RFH v. 19.3.1937 – V A 15/37, RStBl 1937, 623.
404 vgl. *Müller* in: Müller/Stöcker Organschaft, S. 289, sowie zur unionsrechtlichen Implikation dieses Arguments *Schön* in: DStJG 13 (1990), S. 81 (94).

ungewiss – gegenüber Dritten im Auftrag des Arbeitgebers selbstständig tätig wird, da dies bereits kein Ausdruck einer abhängigen Tätigkeit mehr sein könne.

bb) Unselbstständigkeit von Personenvereinigungen

Belastbar und zweifelsfrei wird man die Frage nach der Anerkennung der Unselbstständigkeit von Personenvereinigungen nicht durch die Genese des Gesetzes beantworten können, sondern allein objektiv unter Anwendung einer (verbrauchs-) teleologischen Betrachtung[405] und unter Beachtung der besonderen Begrifflichkeiten des UStG[406]. Die Möglichkeit einer Unselbstständigkeit von Personenvereinigungen ist danach anzunehmen, wenn die heutige Differenzierung gegen Grundprinzipien der Umsatzbesteuerung, insbesondere gegen die Vorgaben der MwStSystRL oder des nationalen Rechts verstößt.

Zuvorderst drängt sich dabei ein Verstoß gegen den schon dargestellten[407] Grundsatz der Neutralität der Mehrwertsteuer auf. Anders als das nationale Recht kennt die MwStSystRL in Art. 11 nämlich gerade keine Beschränkung der Mehrwertsteuergruppe auf eine bestimmte Rechtsform. Der XI. Senat des BFH kam daher auch zu dem Ergebnis, die in zwei Verfahren ihm vorliegende Frage nach der Anerkennung auch anderer Gesellschaftsformen als Organgesellschaft dem EuGH in einem Vorabentscheidungsverfahren vorzulegen[408]. Der EuGH[409] entschied hierzu sehr eindeutig, dass die Richtlinie sich im Zusammenhang mit der Regelung der Mehrwertsteuergruppe, und insoweit anders als in anderen Artikeln, ausdrücklich nicht auf juristischen Personen beziehe und somit *per se* auch keine Einheiten von der Anwendung ausschließe, die nicht juristische Personen sind. Die Richtlinie, so der EuGH weiter, sehe auch keine ausdrückliche Möglichkeit vor, weitere Bedingungen von den Wirtschaftsteilnehmern zu verlangen, um eine Mehrwertsteuergruppe zu bilden – insbesondere nicht, dass Mitgliedstaaten die Anwendung der Mehrwertsteuergruppen ausschließlich auf juristische Personen begrenzen können[410]. Offengelassen hat der EuGH, ob die Beschränkung auf juristische Personen nach Art. 11 Abs. 2 MwStSystRL gerechtfertigt werden kann zur Verhinderung missbräuchlicher Praktiken oder Verhaltensweisen und zur Vermeidung von Steuerhinterziehung und –umgehung. Diese Feststellung hat er insoweit dem vorlegenden BFH Senat übertragen.

---

405 vgl. *Larenz,* Methodenlehre, S. 343f; *Röhl/Röhl,* Allgemeine Rechtslehre, S. 631f.

406 *Hummel,* UR 2010, 207 (208).

407 vgl. unter Kapitel 2 B.I. 2. b).

408 BFH v. 11.12.2013 – XI R 17/11. DStRE 2012, 1149.

409 EuGH v. 16.7.2015 – C-108/14 u. C-109/14 (Larentia+Minerva u. Marenave), DStR 2015, 1673. Die Entscheidungen beziehen sich auf die Auslegung der (vergleichbaren) 6. RL.

410 EuGH v. 16.7.2015 – C-108/14 u. C-109/14 (Larentia+Minerva u. Marenave), DStR 2015, 1673 (1677).

Die Begrenzung der Organschaft auf juristische Personen als Organgesellschaft des UStG stellt gleichwohl grundsätzlich einen Verstoß gegen Art. 11 der MwStSyst-RL dar und führt somit auch zu einer mehrwertsteuerlichen Ungleichbehandlung gleicher Leistungen[411].

Insoweit ist allerdings nicht nur ein Verstoß gegen die wettbewerbsneutrale Durchführung der Mehrwertbesteuerung zu besorgen[412], sondern ebenso ein Verstoß gegen den verfassungsrechtlichen Gleichbehandlungsgrundsatz aus Art. 3 GG[413].

Ein Verstoß gegen den Gleichbehandlungsgrundsatz des Art. 3 GG ist dann anzunehmen, wenn gleiche Gruppen von Normadressaten anders behandelt werden, obwohl zwischen den Gruppen keine Unterschiede von solcher Art und solchem Gewicht bestehen, die eine ungleiche Behandlung rechtfertigen könnten[414]. Da der Gesetzgeber speziell im Bereich des Steuerrechts einen weitreichenden Gestaltungsspielraum hat, muss er eine einmal getroffene Be- wie Entlastung daher folgerichtig anwenden[415]. Die Einhaltung dieser Folgerichtigkeit obliegt dabei ebenso der Rechtsprechung, wenn sie für vergleichbare Sachverhalte offene steuerliche Tatbestandsmerkmale durch Auslegung zu konkretisieren hat[416].

Ohne den Ausführungen zu den Wirkungen der Organschaft im Einzelnen vorzugreifen, führt die unterschiedliche Behandlung von Personenvereinigungen zur Versagung bestimmter organschaftlicher Effekte, die sich insbesondere im Falle umsatzsteuerbefreiter Ausgangsleistungen und Vorsteuerabzugsverboten wettbewerbsverzerrend auswirken können. Konzerne, die in der Rechtsform von Personengesellschaften organisiert sind, können gegenüber Konzernen mit kapitalgesellschaftlicher Organisation Innenleistungen ihrer Tochterpersonengesellschaften nicht steuerfrei beziehen, was sich bei vorsteuerabzugsschädlichen Ausgangsumsätzen der Muttergesellschaft und entsprechender Leistungskongruenz zum kapitalgesellschaftlichen Konzern als echter Kosten- und damit auch Wettbewerbsnachteil erweist[417].

---

411 vgl. dazu ausf. *Hartman*, Umsatzsteuerorganschaft, S. 123ff, dort auch zur Frage der Vereinbarkeit mit dem Primärrecht; *Hahne*, DStR 2008, 910 (913).

412 EuGH v. 23.4.2009 – Rs. C-460/07 (Puffer), EuGHE 2009, I-3251; v. 10.4.2008 – Rs. C-309/06 (Marks & Spencer), EuGHE 2008, I-2283; v. 28.6.2007, C-363/05, (JP Morgan), EuGHE 2007, I-5517; v. 8.6.2006 – Rs. C-106/05 (L.u.P.), EuGHE 2006, I-5123.

413 vgl. hierzu BVerfG v. 10.11.1999 – 2 BvR 2861/93, BStBl II 2000, 160 (161); *Hummel*, UR 2010, 207 (211).

414 BVerfG v. 8.6.2004 – 2 BvL 5/00, BVerfGE 110, 412 (432); v. 14.3.2000 – 1 BvR 284/96, 1 BvR 1659/96, BVerfGE 102, 41 (54); v. 8.10.1996 – 1 BvL 15/91, BVerfGE 95, 39 (45).

415 BVerfG v. 30.9.1998 – 2 BvR 1818/91, BVerfGE 99, 88 (95); v. 22.6.1995 – 2 BvL 37/91, BVerfGE 93, 121 (136).

416 BVerfG v. 10.11.1999 – 2 BvR 2861/93, BStBl II 2000, 160 (161); *Dürig* in: Maunz/Dürig GG, Art. 3 Rn. 398ff.

417 So auch FG München v. 13.3.2013 – 3 K 235/10, DStR 2013, 1471 (1473) (Rev. eingelegt); vgl. dazu ferner *Hahne*, DStR 2008, 910 (914) mwN.

Dass der sich in solchen Konstellationen ergebende Wettbewerbsnachteil nicht Folge der Wirkung der Organschaft, sondern erst des Vorsteuerabzugsverbots des § 15 Abs. 2 UStG ist[418], steht der Annahme eines Verstoßes gegen das unionsrechtliche Neutralitätsgebot wie gegen den Gleichbehandlungsgrundsatz des Art. 3 GG nicht entgegen. Das Vorliegen der Unternehmereigenschaft mit der Folge eines umsatzsteuerbaren Vorgangs führt erst dann zu einer echten Verzerrung des Wettbewerbs, wenn bei unterschiedlichen Unternehmensstrukturen gleiche wirtschaftliche Leistungsvorgänge verschiedene Umsatzsteueranteile aufweisen. Dann nämlich erfahren einzelne Unternehmergruppen durch die Anwendung des UStG eine unmittelbare Begünstigung, an der der Verbraucher mittelbar über die dann verminderten Wettbewerbspreise partizipiert[419]. Dass dieser Wettbewerbseingriff wie bspw. auch bei der Besteuerung von Gehältern von Geschäftsführern[420] regelmäßig im Zusammenhang mit vorsteuerabzugsschädlichen Leistungen virulent wird, bedeutet m.E. nach nur, dass § 15 Abs. 2 UStG die unterschiedliche Behandlung gleichartiger wirtschaftlicher Vorgänge in eine echte Kostenbelastung überführt[421]. Ursache dieser Verzerrung bleibt aber die Behandlung eines Rechtssubjekts als selbstständig oder unselbstständig handelnder Unternehmer und nicht das Vorsteuerabzugsverbot.

Dieser Verstoß gegen den nationalen Gleichbehandlungsgrundsatz des Art. 3 GG wie gegen das unionsrechtliche Neutralitätsprinzip wäre allerdings dann nicht gegeben, wenn Gründe vorlägen, die die Differenzierung objektiv rechtfertigen könnten[422].

Der Unterschied zwischen personalistisch oder kapitalistisch geprägten Rechtsformen scheidet als rechtfertigender Grund im Umsatzsteuerrecht jedoch regelmäßig aus[423]. Die Umsatzsteuerbelastung folgt dem Postulat der Verbrauchsbesteuerung und will folgerichtig alle Personen, die gegen Entgelt Leistungen erbringen und dabei die Merkmale eines Unternehmers aufweisen, zur Steuervereinnahmung heranziehen. Wie schon oben gezeigt, ist nicht die gewählte Rechtsform zur Erfüllung eines unternehmerischen Tuns entscheidend, sondern die entfaltete Tätigkeit resp. die objektivierte und feststellbare Absicht, eine solche Tätigkeit zu entfalten[424]. Wenn die Feststellung der Erfüllung unternehmerischen Handelns sich unabhängig

418 *Stadie* in: Rau/Dürrwächter UStG, § 2 Rn. 181, 971.

419 vgl. BVerfG v. 10.11.1999 – 2 BvR 2861/93, BStBl II 2000, 160 (161).

420 so *Stadie* in: Rau/Dürrwächter UStG, § 2 Rn. 522, deren Besteuerung insoweit gegen den Neutralitätsgrundsatz verstoßen soll.

421 vgl. dazu auch *Hummel*, UR 2010, 207 (211).

422 BVerfG v. 29.10.1999 – 2 BvR 1264/90, BVerfGE 101, 132; v. 10.11.1999 – 2 BvR 2861/93, BStBl II 2000, 160; EuGH v. 13.7.2000 – Rs. C-36/99 (Ideal Tourisme), EuGHE 2000, I-6049; v. 25.11.1986 – Rs. 201/85 u. 202/85 (Klensch), EuGHE 1986, I-3477.

423 vgl. BVerfG v. 10.11.1999 – 2 BvR 2861/93, BStBl II 2000, 160 (162); die unionsrechtliche Sicht näher bei *Hartman*, Umsatzsteuerorganschaft, S. 125ff, dort auch zu den entsprechenden Rechtfertigungsmöglichkeiten.

424 vgl. Kapitel 2 B.

von der gewählten Rechtsform vollzieht, kann folgerichtig nichts anderes gelten, wenn es darum geht, die Unternehmereigenschaft abzusprechen, weil einzelne ihrer Merkmale fehlen. Die Ungleichbehandlung kann dabei auch nicht durch die in Art. 11 MwStSystRL angelegte Teilharmonisierung des Mehrwertsteuerrechts gerechtfertigt werden, da die Richtlinie auch m. E. nach an dieser Stelle aus systematischen Gründen keinen Umsetzungsspielraum gewährt[425].

Die Differenzierung könnte sich noch unter Verweis auf Art. 11 Abs. 2 MwStSystRL rechtfertigen lassen, zur Verhinderung von Steuerhinterziehung und -umgehungen[426]. Obschon nach einer der jüngsten EuGH-Entscheidungen[427] der Eindruck entstanden ist, dass diese Einschränkung in der MwStSystRL dem nationalen Gesetzgeber einen prognostischen Einschätzungsspielraum zugesteht, dessen Entkräftung argumentativ einen nicht unerheblichen Aufwand erfordert, lässt sich aus hiesiger Perspektive kein rechtlicher oder tatsächlicher Umstand ausmachen, der die Verwendung von Personengesellschaften im Organkreis missbrauchsanfällig(er) erscheinen lässt; auch unterliegen Kapitalgesellschaften – anders als beim Sachverhalt in der vorgenannten Entscheidung des EuGH[428] – keiner besonderen Aufsicht hierzulande. Allenfalls die handelsrechtlichen Publikationserfordernisse für die Jahresabschlüsse weisen mit § 264 HGB ein Mehr an Kontrollfunktion für Kapitalgesellschaften auf, die allerdings ebenso auf Personenhandelsgesellschaften ohne natürliche Person als Vollhafter nach § 264a HGB Anwendung finden. Jedenfalls bei kapitalistisch strukturierten Personengesellschaften ist m. E. nach daher kein Grund für ihren generellen Ausschluss aus der Anwendung der Organschaftsregelungen erkennbar[429].

c) Zwischenergebnis

Obgleich die Rechtsfigur der sog. organschaftsähnlichen Verhältnisse aufgegeben wurde, muss verbrauchsteleologisch nach den Prinzipien der Mehrwertbesteuerung sowie nach den Vorgaben des Art. 11 MwStSystRL auch bei unternehmerisch tätigen Personenvereinigungen die Möglichkeit der umsatzsteuerlichen Unselbstständigkeit anerkannt werden. Der Rechtsformenunterschied zwischen Kapitalgesellschaften und Personengesellschaften kann eine ungleiche Behandlung bei der Feststellung ihrer Selbstständigkeit jedenfalls bei kapitalistisch strukturierten Personengesellschaften objektiv – auch aus Gründen der Vermeidung

---

425 vgl. *Hartman*, Umsatzsteuerorganschaft, S. 137f. mwN zur Gegenansicht; offen gelassen von EuGH v. 16.7.2015 – Rs. C-108/14 u. C-109/14 (Larentia+Minerva u. Marenave), DStR 2015, 1673 (1677).

426 so auch EuGH v. 16.7.2015 – Rs. C-108/14 u. C-109/14 (Larentia+Minerva u. Marenave), DStR 2015, 1673 (1677).

427 EuGH v. 25.4.2013 – Rs. C-480/10, UR 2013, 423.

428 vgl. dazu unter Kapitel 3 B. I.

429 ebenso FG München v. 13.3.2013 – 3 K 235/10, DStR 2013, 1471 (1473); *Stadie* in: Rau/Dürrwächter UStG, § 2 Rn. 839.

missbräuchlicher Praktiken – nicht rechtfertigen. Sofern also eine Unselbstständigkeit von Kapitalgesellschaften anerkannt wird, muss dies aus verfassungs- wie unionsrechtlichen Gründen ebenfalls für (kapitalistisch strukturierte) Personengesellschaften gelten.

2. *Anerkennung der Personengesellschaft als Organ*

Auch wenn es keine historischen, systematischen oder teleologischen Gründe gibt, die gegen eine Anerkennung der Unselbstständigkeit von Personengesellschaften sprechen, bleibt die Frage bestehen, ob sich diese Auffassung *de lege lata* umsetzen lässt.

Dabei kann zunächst an eine Lösung über die Regelung in § 2 Abs. 2 Nr. 1 UStG nachgedacht werden, wonach auch der Zusammenschluss natürlicher Personen unselbstständig sein kann. Problematisch bei dieser Lösung ist jedoch zum einem, dass die dort nur verlangte Weisungsabhängigkeit hinter den Voraussetzungen des Art. 11 MwStSystRL deutlich zurückbleibt. Zum anderen, dass der dort bestimmte Zusammenschluss *„natürlicher Personen"* zwar eine Personengesellschaft bilden kann; an dieser jedoch vom Wortlaut her auch nur natürliche Personen beteiligt sein können. Damit wäre eine Beherrschung der unselbstständigen Personengesellschaft durch eine juristische Person folglich nicht möglich, wenn man nicht großzügig über den Wortlaut der Norm hinweggehen will.

Das gleiche Problem stellt sich allerdings auch bei einer Anerkennung über eine analoge Anwendung des § 2 Abs. 2 Nr. 2 UStG, wobei allerdings schon fraglich ist, ob überhaupt eine planwidrige Regelungslücke vorliegt[430]. Hier wäre zwar die Voraussetzungstrias des Art. 11 MwStSystRL erfüllt; jedoch stellt die grammatische Beschränkung auf juristische Personen als Organ eine nicht weniger hohe Hürde dar.

a) Autonome Auslegung der „juristischen Person"

Dem Wortlautargument wird seitens der Literatur entgegen gehalten, dass die Auslegung des Begriffs *„juristische Person"* nicht rein zivilistisch, sondern autonom im Sinne des Umsatzsteuerrechts erfolgen müsse. In der zivilrechtlichen Wissenschaft sei überdies umstritten, ob nach der Anerkennung der (Teil-)Rechtsfähigkeit einer GbR nicht auch Personengesellschaften unter den Begriff der juristischen Person zu subsumieren seien[431]. Da die Begriffe des UStG der MwStSystRL und ihren Grundsätzen entsprechen müssen, argumentieren einzelne Autoren daher, dass die juristische Person im UStG negativ zu bestimmen sei und alle Rechtsgebilde erfasse, die keine natürlichen Personen sind[432].

Weiter wird eine verfassungskonforme Auslegung des § 2 Abs. 2 Nr. 2 UStG vorgeschlagen, nach der der Begriff der juristischen Person losgelöst vom Zivilrecht,

---

430 vgl. *Hartman*, Umsatzsteuerorganschaft, S. 142 mwN.
431 *Hummel,* UR 2010, 207 (208).
432 *Spilker,* IStR 2009, 573 (577); *Monfort,* DStR 2009, 297 (300).

dafür aber in Anlehnung an die Interpretation des Art. 19 Abs. 3 GG seitens des BVerfG[433] verstanden werden muss. Auch dieser nehme schließlich nur natürliche Personen vom Schutzbereich aus, so dass Personengesellschaften ebenfalls mit erfasst werden können[434].

Zu einem entsprechenden Ergebnis kommen schließlich die Autoren, die in der Regelung des § 2 Abs. 2 Nr. 2 UStG einen Verstoß gegen die MwSt-SystRL und ihre Grundprinzipien ausgemacht haben. Während vereinzelt argumentiert wird, dass eine Beseitigung dieses Verstoßes nur durch den Gesetzgeber möglich sei[435], sehen andere eine Lösung in einer richtliniengemäßen Anwendung resp. Auslegung des § 2 UStG. Personengesellschaften sollen sich danach direkt auf Art. 11 MwStSystRL für ihre Anerkennung als Organgesellschaft berufen können, wobei die Anerkennung dogmatisch entweder durch eine unmittelbare Anwendung des Art. 11 MwStSystRL oder durch eine richtlinienkonforme Auslegung des § 2 Abs. 2 Nr. 2 UStG erreicht werden soll[436].

b) Stellungnahme

In Anlehnung an die vorgenannten Meinungen ist zunächst nochmals voranzustellen, dass auch nach der hier vertretenen Auffassung eine Beschränkung der Organschaft auf juristische Personen – eben wie der Ausschluss der Unselbstständigkeit von Personengesellschaften an sich – sowohl einen Verstoß gegen den verfassungsrechtlichen Gleichbehandlungsgrundsatz, als auch gegen die MwStSystRL und ihr Grundprinzip rechtsformneutraler Besteuerung darstellt.

Ob eine Anerkennung der Personengesellschaft als Organgesellschaft über eine umsatzsteuerlich autonome Auslegung des Begriffs der juristischen Person erreicht werden kann, scheint jedoch zweifelhaft.

Auch wenn der nationale Gesetzgeber bei der Umsetzung der Vorgaben der MwStSystRL mitunter unglücklich den Begriff der juristischen Person nutzte und so eine Einschränkung bestimmte, die die MwStSystRL nicht vorsieht[437], wird man dennoch auf das (noch herrschende[438]) allgemeine Begriffsverständnis abstellen müssen und nicht auf die Maßgaben in romanischen Rechtsordnungen[439]. Da dieses

433 vgl. BVerfG v. 2.9.2002 – 1 BvR 1103/02, NJW 2002, 3533; v. 19.7.2000 – 1 BvR 539/96, BVerfGE 102, 197 (212f.).

434 *Hummel*, UR 2010, 207 (211f.).

435 *Wäger* in: FS Schaumburg 2009, S. 1189 (1194).

436 *Hartman*, Umsatzsteuerorganschaft, S. 145; *Birkenfeld*, UR 2008, 2 (5, 9); *Hahne*, DStR 2008, 910 (914); ferner *Tehler*, UR 2005, 367 (369) zur vergleichbaren Einschränkung des § 24 Abs. 2 Satz 3 UStG, so wohl auch FG München v. 13.3.2013 – 3 K 235/10, DStR 2013, 1471 (1473f.).

437 vgl. *Monfort*, DStR 2009, 297 (300).

438 anders mit Blick auf die Empirie u. a. *Raiser* in: AcP 1999 (Juristische Person), S. 104 (136ff.).

439 *Reiß* in: Reiß/Kraeusel/Langer UStG, § 2 Rn. 106 (Fn. 5); ferner *Hartman*, Umsatzsteuerorganschaft, S. 142.

allgemeine Begriffsverständnis der juristischen Person jedoch immer noch von ihren (wohl) wesentlichsten Funktionen[440], des verselbstständigten Sondervermögens und der Haftungsabschirmung, geprägt ist, können die haftungsdurchlässigen Personengesellschaften (§ 128 HGB) m. E. nach hierunter nicht subsumiert werden.

Ebenso zweifelhaft scheint die Anerkennung der Personengesellschaft als Organ im Wege einer richtlinienkonformen Auslegung zu sein. Obgleich die von der MwStSystRL verwendeten Begriffe im Rahmen von Ermächtigungsnormen unionsrechtlich autonom auszulegen sind und das Ermessen der Mitgliedstaaten bei der Umsetzung einschränken[441], setzt eine unmittelbare Wirkung von Richtlinien ihre inhaltlich ausreichende Bestimmtheit voraus[442]. Soweit den Mitgliedstaaten jedoch Umsetzungsspielräume innerhalb einer Richtlinie zugestanden werden, fehlt es regelmäßig an diesem Kriterium für eine unmittelbare Anwendung[443].

Die MwStSystRL gestattet es den Mitgliedstaaten, rechtlich unabhängige, aber in bestimmtem Maße miteinander verbundene Personen als einen Steuerpflichtigen zu behandeln. Sie beinhaltet diesbezüglich aber keine bindende Regelung, auf die sich eine Personengesellschaft individuell berufen könnte und aus der ein Anspruch abzuleiten wäre. Mangels dieser hinreichenden Bestimmtheit der Richtlinie muss daher auch eine Nichtanwendung des § 2 Abs. 2 Nr. 2 UStG wegen des Verstoßes gegen die MwStSystRL ausscheiden[444]. Auch der EuGH hat jüngst bestätigt, dass Art. 11 MwStSystRL einer nationalen Präzisierung und Konkretisierung bedarf und damit nicht die Voraussetzungen erfüllt, um eine unmittelbare Wirkung zu entfalten[445]. Folglich kann auch über das Unionsrecht eine Anwendbarkeit des § 2 Abs. 2 Nr. 2 UStG auf Personengesellschaften nicht erreicht werden.

Letztlich bliebe noch die Möglichkeit einer verfassungskonformen Auslegung des § 2 UStG in Anlehnung an die Auslegung des Art. 19 Abs. 3 GG und dem dort weit verstandenen Begriff der juristischen Person. Die Verfassungswidrigkeit eines Gesetzes lässt sich unter dem Gesichtspunkt, dass der Gesetzgeber stets in Einklang mit der Verfassung handeln möchte, dann vermeiden, wenn unter Berücksichtigung von Wortlaut, Entstehungsgeschichte und Gesamtzusammenhang mehrere Deutungsmöglichkeiten bestehen, von denen zumindest eine zu einem verfassungsgemäßen

---

440 vgl. *Reuter* in: MüKo BGB, Vor. §§ 21ff. Rn. 2.

441 EuGH v. 28.6.2007 – Rs. C-363/05 (JP Morgan Fleming), EuGHE 2007, I-5517; v. 27.11.2003 – Rs. C-497/01 (Zita Modes), EuGHE 2003, I-14393.

442 vgl. mwN EuGH v. 8.6.2006 – Rs. C-430/04 (Feuerbestattungsverein Halle), EuGHE 2006, I-4999.

443 vgl. *Englisch* in: Tipke/Lang StR 2013, § 4 Rn. 33; *Hummel*, UR 2010, 207 (212f.).

444 vgl. *Hummel*, UR 2010, 207 (213), sowie EuGH v. 4.7.2006 – Rs. C-212/04 (Adeneler), EuGHE 2006, I-6057 mwN; ferner BAG v. 18.2.2003 – 1 ABR 2/02, BAGE 105, 32; *Schoch*, NVwZ 1999, 457 (462); aA *Hartman*, Umsatzsteuerorganschaft, S. 145.

445 EuGH v. 16.7.2015 – Rs. C-108/14 u. C-109/14 (Larentia+Minerva u. Marenave), DStR 2015, 1673 (1678).

Ergebnis führt[446]. Der Wortlaut als auch die oben behandelte Entstehungsgeschichte lassen vorliegend jedoch nicht den Schluss zu, dass der Gesetzgeber den Begriff der juristischen Person in § 2 UStG untechnisch oder außerhalb des üblichen juristischen Sprachgebrauchs verwandt hat; sein (Gesamt-)Zusammenhang mit der finanziellen Eingliederung deutet vielmehr auf eine rein technische Verwendung hin und lässt m. E. nach insoweit keine weiteren Deutungsmöglichkeiten erkennen.

Dass ein Gesamtzusammenhang zu Art. 19 Abs. 3 GG besteht und hierdurch eine erweiternde Auslegung möglich wird, scheint ebenso zweifelhaft zu sein. Die verfassungsrechtlich orientierte Auslegung des Art. 19 Abs. 3 GG will die grundrechtliche Freiheit natürlicher Personen schützen, die sie durch die Beteiligung an der Organisation *„juristische Person"* auslebt. Da dieser Schutz im verfassungsrechtlichen Range steht, kann die Auslegung der Frage, welche Organisation eine juristische Person im Sinne des Art. 19 Abs. 3 GG darstellt, nicht dem einfachen Gesetzgeber überlassen werden. Dieser könnte anderenfalls gleichsam das Verfassungsrecht ändern, weshalb die verfassungsrechtliche Auslegung diesen Begriff losgelöst von der einfachen Rechtsordnung bestimmen muss[447], wenn sie dem Postulat eines umfassenden Verfassungsrechtschutzes gerecht werden will. Dieses Autonomiebedürfnis bei der Auslegung besteht beim UStG jedoch gerade nicht, sondern hier muss vielmehr die Begriffsbestimmung – im Rahmen der MwStSystRL – beim einfachen Gesetzgeber verbleiben.

M. E. nach kann daher auch eine verfassungskonforme Auslegung nicht zu einer derartigen Erweiterung des Anwendungsbereichs des § 2 Abs. 2 Nr. 2 UStG führen, dass sich unter den Begriff der juristischen Person auch Personengesellschaften subsumieren lassen. Insoweit bedarf es daher auch keiner Entscheidung, ob diese Beschränkung der nationalen Organschaft aufgrund ihres Charakters als Umsetzung einer Richtlinie des Unionsrechts überhaupt an verfassungsrechtlichen Maßstäben überprüft werden darf[448].

3. *Zwischenergebnis*

Damit bleibt festzuhalten, dass obwohl die Beschränkung des § 2 Abs. 2 Nr. 2 UStG auf juristische Personen als Organgesellschaft gegen Unions- und Verfassungsrecht verstößt, de *lege lata* weder eine richtlinien- noch verfassungskonforme Auslegung der Norm Abhilfe schaffen kann. Die Lösung muss rechtspolitisch erreicht werden,

---

446 BVerfG v. 15.10.1996 – 1 BvL 44/92, 1 BvL 48/92, BVerfGE 95, 64 (93); *Herzog/Grzeszick* in: Maunz/Dürig GG, Art. 20 Rn. 53 mwN.

447 vgl. *Remmert* in: Maunz/Dürig GG, Art. 19 Rn. 37f. mwN.

448 verneinend BFH v. 10.3.2009 – XI B 66/08, BFH/NV 2009, 977 (978) unter Verweis auf BVerfG v. 31.5.2007 – 1 BvR 1316/04, BFH/NV 2007, Beilage 4, 449; dagegen *Hummel,* UR 2010, 207 (212).

was insoweit auch die Einfachheit und Rechtssicherheit bei der Anwendung der Norm am Besten gewährleisten kann[449].

III. Fazit

Der in der Organschaft gebildete Organkreis besteht aus einem herrschenden Organträger und einer untergeordneten Organgesellschaft. Als Organträger kommt dabei jedes Rechtsgebilde und jede natürliche Person in Betracht, solange sie durch eigene Außenumsätze vor Eintritt in den Organkreis bereits die Unternehmereigenschaft besitzt. Eine diesbezügliche Zurechnung der Unternehmereigenschaft der Organgesellschaft ist insoweit nicht möglich. Eine Einbeziehung von Nichtsteuerpflichtigen in den Organkreis ist insoweit auch unionsrechtlich nicht geboten. Denn auch wenn Art. 11 MwStSystRL einer Einbeziehung nicht entgegenstünde, folgt daraus nicht gleichsam eine Pflicht zur Einbeziehung.

Weiterhin kommt als Organträger nur ein einziger Unternehmer in Betracht; das aus den Ertragsteuerorganschaften bekannte Modell der Mehrmütterorganschaft findet insoweit keine Anwendung.

Nach § 2 Abs. 2 Nr. 2 UStG muss es sich bei der Organgesellschaft um eine juristische Person handeln, bei der durch eine Mehrheit am Kapital eine Beherrschung erreicht werden kann. Obwohl diese Beschränkung des Anwendungsbereichs m. E. nach sowohl gegen Verfassungsrecht wie gegen die Grundprinzipien der MwSt-SystRL verstößt, ist eine Erweiterung des Anwendungsbereichs nur *de lege ferenda* möglich und nicht durch eine entsprechende Auslegung der Norm.

C. Die finanzielle Eingliederung

Die finanzielle Eingliederung wird auch als das Hauptmerkmal der Umsatzsteuerorganschaft bezeichnet, welches durch die weiteren Merkmale der Organschaft nur flankiert werden soll[450].

Die in der Tat hervorzuhebende Stellung der finanziellen Eingliederung erklärt sich aus der Historie der Organschaft: Eine finanzielle Eingliederung meint, dass sich die Mehrheit der stimmberechtigten Anteile an der Organgesellschaft in der Hand des Organträgers vereinen, so dass dieser in den Entscheidungsgremien und bei der Führung der Organgesellschaft seinen Willen durchsetzen[451] und seine wirtschaftlichen Ziele[452] verfolgen kann. Sie stellt insoweit die Herrschaft eines fremden

449 ebenfalls zweifelnd in der Vorlagefrage BFH v. 11.12.2013 – XI R 17/11, DB 2014, 637; *Birkenfeld*, UR 2008, 2 (9).

450 *Scharpenberg* in: Hartmann/Metzenmacher UStG, § 2 Rn. 374; *Müller* in: Müller/Stöcker Organschaft, S. 307.

451 BFH v. 22.4.2010 – V R 9/09, BStBl II 2011, 597 (599); v. 19.5.2005 – V R 31/03, BStBl II 2005, 671 (674); v. 22.11.2001 – V R 50/00, BStBl II 2002, 167 (168).

452 vgl. Kapitel 3 A. II. 1.

Willens in der Organgesellschaft sicher[453] und setzt durch die nötige Anteilsmehrheit das Verhältnis einer Über- und Unterordnung im Organkreis um[454].

Obwohl dieses Merkmal für die Organschaft so wesentlich ist, wird es anders als etwa im Körperschaftsteuerrecht[455] vom Gesetzgeber nicht definiert. Gerade bei komplexeren gesellschaftlichen Strukturen hat dieses Fehlen mitunter zu unterschiedlichen Auffassungen über die Reichweite der Anerkennung einer finanziellen Eingliederung geführt und damit eine gewisse Rechtsunsicherheit bei ihrer Anwendung gefördert.

Die Rechtsprechung sah sich insoweit veranlasst, bspw. die Anerkennung von mittelbaren Beteiligungsstrukturen mehrfach zu revidieren, und hat damit bei der Bestimmung dieses Merkmals einer Komplexität Vorschub geleistet, die vorübergehend die Reichweite einer finanziellen Eingliederung von der im Umsatzsteuerrecht eigentlich irrelevanten[456] Rechtsform des Unternehmens abhängig machte.

I. Umfang und Bezug einer unmittelbaren finanziellen Eingliederung

Nach dem Wegfall der kodifizierten Dreiviertelmehrheit im Jahr 1968 richtete sich die zur Willensbeherrschung und damit zur finanziellen Eingliederung erforderliche Mehrheit wieder nach den vor 1961 entwickelten Grundsätzen[457]. Die erforderliche Mehrheit soll danach – mathematisch bestimmbar – grundsätzlich bei einer Beteiligung von über 50 Prozent an der Organgesellschaft liegen, sofern nicht die Satzung eine höhere qualifizierte Mehrheit für die allgemeine Beschlussfassung verlangt[458].

Anders als das UStG 1951[459] lässt sich dem Gesetz heute jedoch nicht mehr entnehmen, ob sich die nötige Beteiligungsmehrheit dabei auf den Anteil am Kapital oder auf die Stimmmehrheit in der Organgesellschaft beziehen muss, und in welchem Verhältnis diese beiden Alternativen zueinander stehen.

---

453 BFH v. 14.12.1978 – V R 85/74, BStBl II 1979, 288 (289); *Müller* in: Müller/Stöcker Organschaft, S. 307.

454 vgl. BFH v. 18.12.1996 – XI R 25/94, BStBl II 1997, 441 (442f.).

455 vgl. § 14 Abs. 1 Satz 1 Nr. 1 Satz 1 KStG.

456 vgl. Kapitel 2 B. II.

457 *Müller* in: Müller/Stöcker Organschaft, S. 308.

458 BFH v. 19.5.2005 – V R 31/03, BStBl II 2005, 671 (674); v. 17.1.2002 – V R 37/00, BStBl II 2002, 373 (374); v. 22.11.2001 – V R 50/00, BStBl II 2002, 167 (168); *Birkenfeld* in: Birkenfeld/Wäger USt-Hdb, § 44 Rn. 301f; *Radeisen* in: Plückebaum/Malitzky UStG, § 2 Rn. 217.

459 IdF des 11. UStÄndG vom 16.8.1961, BGBl I 1961, 1330.

1. Bezug zur Anteils- und Stimmrechtsmehrheit

a) Entwicklung in Rechtsprechung und Literatur

In den Anfangsjahren nach 1968 betonte der BFH noch stark die mehrheitliche Kapitalbeteiligung an der Organgesellschaft als Mittel der finanziellen Eingliederung, erwähnte allerdings schon, dass mit dieser Kapitalbeteiligung die *„Fremdbestimmung des Willens“* sichergestellt werden müsse[460]. Trotz des insoweit auszumachenden Hinweises auf die mögliche Relevanz von Stimmrechten neben der Kapitalbeteiligung sah sich der BFH jedoch zunächst nicht veranlasst, das Verhältnis von Kapital- und Stimmrechtsmehrheit näher zu begründen und zu bewerten.

Erst seit etwa zwei Dekaden rekurriert die Rechtsprechung mit Bezug zu dem Ziel der finanziellen Eingliederung auf die Mehrheit der Stimmrechte[461]. Dabei lässt sie zwar regelmäßig nicht unerwähnt, dass diese Mehrheit aus einem entsprechenden (Kapital-)Anteil an der Organgesellschaft herrühren muss. Die zunehmende Betonung des Merkmals der Stimmmehrheit zeigt jedoch die Tendenz, dass daneben jedenfalls eine Mehrheit der Anteile keine kumulativ vorliegende Voraussetzung mehr zu sein scheint. Dass der XI. Senat noch 1999[462] eine Mehrheit an den Anteilen *oder* [sic!] den Stimmrechten verlangte, ist spätestens durch eine Entscheidung des V. Senats aus dem Jahre 2005[463], der sich auch der XI. Senat anschloss[464], revidiert. In letztgenannter Entscheidung bezog sich der BFH insoweit erstmalig ausschließlich auf die Mehrheit der Stimmen in der Organgesellschaft.

Die überwiegende Literatur[465] sieht die finanzielle Eingliederung zuvorderst durch die entscheidende kapitalmäßige Beteiligung verwirklicht, lässt aber ebenfalls nicht unerwähnt, dass es inhaltlich auf die Möglichkeit einer Willensbeherrschung ankommen muss. Insoweit wird daher im gleichen Atemzug bei einer Abweichung von Anteils- und Stimmverhältnissen, die Stimmmehrheit als der entscheidende Faktor einer finanziellen Eingliederung angesehen. Vereinzelt wird auch von vornherein auf dieses Kriterium als entscheidendem Indikator einer finanziellen Eingliederung abgestellt[466].

Die Verwaltung formuliert das Verhältnis der beiden Merkmale ähnlich, wenn auch zurückhaltender als die Literatur und die Rechtsprechung. Zur finanziellen Eingliederung heißt es insoweit, dass der Organträger durch *„Mehrheitsbeschlüs-*

460 BFH v. 20.4.1988 – X R 3/82, BStBl II 1988, 792 (794); v. 14.12.1978 – V R 85/74, BStBl II 1979, 288 (289); v. 20.12.1973 – V R 87/70, BStBl II 1974, 311f.

461 BFH v. 22.4.2010 – V R 9/09, BStBl II 2011, 597 (599); v. 19.5.2005 – V R 31/03, BStBl II 2005, 671 (674); v. 22.11.2001 – V R 50/00, BStBl II 2002, 167 (168).

462 BFH v. 20.1.1999 – XI R 69/97, BFH/NV 1999, 1136 (1137).

463 BFH v. 19.5.2005 – V R 31/03, BStBl II 2005, 671.

464 BFH v. 1.12.2010 – XI R 43/08, BStBl II 2011, 600.

465 *Scharpenberg* in: Hartmann/Metzenmacher UStG, § 2 Rn. 375; *Stadie* in: Rau/Dürrwächter UStG, § 2 Rn. 863; *Radeisen* in: Plückebaum/Malitzky UStG, § 2 Rn. 217; *Wäger* in: FS Schaumburg 2009, S. 1189 (1197).

466 *Birkenfeld* in: Birkenfeld/Wäger USt-Hdb, § 44 Rn. 302.

se seinen Willen" durchzusetzen vermag und dass bei einem Übereinstimmen von Anteils- und Stimmrechten eine Beteiligung von mehr als 50 Prozent erforderlich sei, sofern keine qualifizierten Mehrheiten zur Beherrschung nötig sind[467]. Anders als bei der Literatur wird also nicht explizit ausgesprochen, was bei einem Auseinanderfallen von Beteiligungs- und Stimmrechten gilt, sondern nur durch den vorherigen Satz angedeutet.

Schließlich sieht die Europäische Kommission eine *„finanzielle Beziehung*" im Sinne des Art. 11 der MwStSystRL dann als verwirklicht an, wenn eine prozentuale Mehrheit am Kapital *oder* an den Stimmrechten erreicht wird oder ein Franchisevertrag besteht[468]. Der dogmatische Hintergrund dieser Einschätzung bleibt dabei allerdings ohne nähere Erläuterung, so dass unklar ist, welche Inhalte bspw. ein Franchisevertrag für eine Eingliederung aufweisen muss, und was bei einem Auseinanderfallen von Stimm- und Anteilsrechten gilt.

b) Stimmrechtsmehrheit und Unternehmertum

Die Auswertung der Rechtsprechung des RFH zur erstmaligen Begründung der Organschaft hat gezeigt, dass die Indikatoren für die Diskussion über die Unselbstständigkeit juristischer Personen die tatsächliche Willensbeherrschung und die darauf basierende Verfolgung eigener wirtschaftlicher Ziele waren[469]. Das Fehlen des selbstbestimmenden Willenselements in der Organgesellschaft war insoweit ursächlich für die Zweifel an ihrer Selbstständigkeit und bildete den Ausgangspunkt der Entwicklung der Organschaft. Folglich wird man historisch betrachtet die Stimmrechtsmehrheit als das primäre Kriterium für die Feststellung der finanziellen Eingliederung ansehen müssen.

Dass nach 1968 noch vermehrt auf die Kapitalbeteiligung als entscheidendem Element abgestellt wurde[470], erklärt sich wohl am ehesten aus der seiner Zeit doch eher rudimentären Entwicklung der Organschaft und den Erfahrungen im Zusammenhang mit dem UStG 1951 in der Fassung des 11. ÄndG[471]. Nach dem Wortlaut des § 2 Abs. 2 Nr. 2 UStG 1951 galten die Voraussetzungen der finanziellen Eingliederung nämlich dann als nicht erfüllt, wenn dem Unternehmer nicht mehr als 75 Prozent an den Anteilen *oder* den Stimmrechten der Organgesellschaften zustanden. Der BFH nahm aufgrund der Gesetzesgenese und der negativen Formulierung dieser Einschränkung jedoch an, dass das *„oder*" positiv gewendet als *„und*" zu lesen sei und beide Voraussetzungen folglich kumulativ vorliegen mussten, was zusammen mit

467 Abschn. 2.8 Abs. 5 UStAE.
468 Mitteilung Europäische Kommission v. 2.7.2009, KOM 2009, 325; UR 2009, 632 (636).
469 vgl. Kapitel 3 A. II. 2.
470 vgl. BFH v. 14.12.1978 – V R 85/74, BStBl II 1979, 288; v. 20.12.1973 – V R 87/70, BStBl II 1974, 311.
471 11. ÄndG des UStG, BGBl I 1961, 1330.

dem ohnehin oftmals anzutreffenden Gleichlauf von Anteils- und Stimmrechten[472] den Fokus verstärkt auf die Kapitalbeteiligung gelegt haben dürfte.

Die historische Entwicklung der Organschaft spricht gleichwohl für die Stimmrechtsmehrheit als Kriterium der finanziellen Eingliederung.

Die Analyse der Unternehmereigenschaft hat wiederum gezeigt, dass ihre Annahme eine Tätigkeit voraussetzt, die einem typischen Unternehmerbild entsprechen muss, klassifiziert anhand des Innenverhältnisses[473]. Die Ursache einer so repräsentierten Tätigkeit findet sich bei juristischen Personen nicht primär in ihren Kapitalstrukturen und -verhältnissen wieder, sondern basiert mittelbar auf dem Willen ihrer beteiligten Gesellschafter. Sowohl bei einer natürlichen wie juristischen Person liegt die Ursache der unternehmerischen Verfolgung eigener wirtschaftlicher Ziele in einer willentlichen Entscheidung, die in der juristischen Person durch die Stimmrechte umgesetzt wird[474]. Die Stimmrechte müssen daher auch im Zusammenhang mit der Systematik der Unternehmereigenschaft das Primat einer finanziellen Eingliederung darstellen und nicht die Kapitalanteile.

Dass außerhalb des Umsatzsteuergesetzes *expressis verbis* auch Anteilsmehrheiten als *beherrschende* Mehrheiten angesehen werden[475], steht dieser Einschätzung dabei nicht entgegen. Denn wenn die finanzielle Eingliederung der Negierung der unternehmerischen Selbstständigkeit dient, kann sich ihr Inhalt auch nur an den Maßgaben des Umsatzsteuerrechts bestimmen und eben nicht an Regelungen aus anderen Gesetzen.

Auch nach der hier vertretenen Auffassung bedarf es daher für eine finanzielle Eingliederung einer Mehrheit an den Stimmrechten in der Organgesellschaft.

2. *Umfang der Mehrheit und Einfluss von Satzung und Gesellschaftsrecht*

Bei der Entwicklung der finanziellen Eingliederung wurde nicht nur die Maßgeblichkeit der Stimmmehrheit mehr und mehr betont, sondern ihre nominelle Höhe wurde zunehmend unter den Vorbehalt keiner höheren qualifizierten Mehrheit für Beschlüsse in der Organgesellschaft gestellt[476].

Diese Einschränkung erschließt sich dabei aus den gleichen Gründen wie die Maßgeblichkeit der Stimmmehrheit. Denn die Beherrschung des Organs lässt sich nicht realisieren, wenn der Organträger zwar mehr als 50 Prozent der Stimmrechte besitzt, die Satzung für die Beschlussgegenstände in der Gesellschaft aber eine

472 vgl. § 12 Abs. 2 AktG, § 47 Abs. 2 GmbHG; *Scharpenberg* in: Hartmann/Metzenmacher UStG § 2 Rn. 376.

473 vgl. unter Kapitel 2 B. II. 2. c).

474 *Schmidt,* Gesellschaftsrecht 2002, § 15 I, S. 436.

475 vgl. §§ 16 Abs. 1, 17 Abs. 2 AktG.

476 BFH v. 22.4.2010 – V R 9/09, BStBl II 2011, 597 (598f.); v. 19.5.2005 – V R 31/03, BStBl II 2005, 671 (674); v. 22.11.2001 – V R 50/00, BStBl II 2002, 167 (168).

höhere Mehrheit verlangt[477] und der beherrschende Gesellschafter seinen Willen rechtlich nicht durchzusetzen vermag.

a) *Maßgeblichkeit der Satzung*

Bemerkenswert bei dieser Einschränkung ist zunächst die Brücke, die die finanzielle Eingliederung zu den Bedingungen der Satzung der Organgesellschaft und zu den Regeln des Gesellschaftsrechts schlägt.

Die Satzung oder das Binnenrecht einer juristischen Person unterliegt zu einem teils beträchtlichen Teil[478] der Gestaltungsfreiheit ihrer Gesellschafter, so dass diese folglich auch Einfluss auf den Eintritt der finanziellen Eingliederung nehmen können. Im Bereich der Mehrheitserfordernisse können Gesellschafter neben der Höhe des beschlussdurchsetzenden Quorums zusätzliche Erfordernisse wie Kopf- und Kapitalmehrheiten oder Zustimmungsvorbehalte vereinbaren[479], die, wenn man eine Willensdurchsetzung für die finanzielle Eingliederung verlangt, ebenfalls erfüllt werden müssen. Insoweit bedarf es daher nicht nur einer entscheidungserheblichen Stimmenmehrheit[480], sondern einer entscheidungserheblichen Stimmmehrheit nach Maßgabe der Satzung. Schließlich handelt es sich bei der finanziellen Eingliederung zutreffend um eine rechtliche Voraussetzung[481], die sich dann aber auch an den rechtlichen Vorgaben der insoweit dispositiven Satzung orientieren muss.

b) *Einfluss des Gesellschaftsrechts*

Nicht sämtliche Mehrheitserfordernisse stehen jedoch zur umfassenden Disposition der Gesellschafter. Bei bestimmten Beschlussgegenständen verlangt das Gesellschaftsrecht ausdrücklich eine qualifizierte Stimmmehrheit oder eine zusätzliche Kapitalmehrheit, die die Gesellschafter zumindest in der Höhe nicht herabsetzen können[482]. So unterliegen Beschlüsse über Satzungs- und Kapitalveränderungen ebenso einer qualifizierten Mehrheit wie bspw. Umwandlungen oder die Erteilung der Zustimmung zu bestimmten Maßnahmen der Geschäftsführung[483].

Berücksichtigte man auch diese Beschlussgegenstände bei der Beurteilung der finanziellen Eingliederung, hieße das, dass eine qualifizierte Mehrheit für die finanzielle Eingliederung grundsätzlich notwendig wäre. Die finanzielle Eingliederung hinge somit von den zwingenden Quoren des Gesellschaftsrechts ab, was nicht

---

477 *Müller* in: Müller/Stöcker Organschaft, S. 309; *Wäger* in: FS Schaumburg 2009, S. 1189 (1197); *Tischler*, UR 1985, 77.

478 *Fleischer* in: MüKo GmbHG, Einl. Rn. 21f.

479 vgl. *Drescher* in: MüKo GmbHG, § 47 Rn. 43; *Rieckers* in: Spindler/Stilz AktG, § 133 Rn. 46ff.

480 *Reiß* in: Reiß/Kraeusel/Langer UStG, § 2 Rn. 111.

481 BFH v. 22.4.2010 – V R 9/09, BStBl II 2011, 597.

482 vgl. *Drescher* in: MüKo GmbHG, § 47 Rn. 52; *Römermann* in: Michalski GmbHG, § 47 Rn. 577.

483 vgl. *Römermann* in: Michalski GmbHG, § 47 Rn. 559.

nur vor dem Hintergrund des eigenständigen Rechtscharakters[484] der Umsatzsteuer sonderbar anmutet, sondern insbesondere auch vor der zum 1. Januar 1968 abgeschafften Dreiviertelmehrheit der finanziellen Eingliederung. Vielleicht ist es die Offenkundigkeit der Lösung, die bislang keine belastbare Bewertung dieses Konfliktes zu Tage gefördert hat, jedenfalls finden sich weder in der Rechtsprechung noch in der Literatur nachhaltige Ansätze hierzu. Der BFH spricht insoweit nur von einer *„allgemeinen Beschlussfassung"*[485], auf die sich die erforderliche Mehrheit beziehen muss.

„Allgemein" aber, könnte argumentiert werden, ist eine Beschlussfassung nur dann gewährleistet, wenn sie auch die zwingenden Quoren des Gesellschaftsrechts erreicht. Die eingeschränkte Disposition dieser Quoren dient regelmäßig Schutzzwecken[486] und damit sehr wertigen rechtlichen Zielen, so dass diese möglicherweise erst recht von einem beherrschenden Gesellschafter erreicht werden müssen.

Unter dem Aspekt des Schutzzwecks zeigt sich jedoch, dass die zwingenden Quoren im Gesellschaftsrecht stets grundlegende Unternehmensentscheidungen betreffen, die in die Mitgliedschafts- und Vermögensrechte gerade von Minderheitsgesellschaftern eingreifen können[487]. Diese Entscheidungen berühren also existentielle Belange wie den Vermögensbestand des Unternehmens oder die Ausgestaltung der mitgliedschaftlichen Teilhabe insgesamt. Vor diesem Hintergrund erklärt sich der Sinn der Qualifizierung der Mehrheit solcher Entscheidungen also zuvorderst in dem Zweck, eine angemessene Berücksichtigung der Interessen von Minderheitsgesellschaftern zu erreichen[488].

Das operative Geschäft der Gesellschaft, sprich die Tätigkeit mit der sie zum Unternehmer im Sinne des UStG wird, wird von diesen gesetzlichen Quoren jedoch gerade nicht unmittelbar betroffen. Sie bilden, wenn überhaupt, nur die aktuelle Grundlage dieser Tätigkeit[489]. Stellt die finanzielle Eingliederung aber sicher, dass die Organgesellschaft qua Willensbeherrschung ihr unternehmerisches Engagement den Zielen des Organträgers unterwirft, dann braucht sich die die Beherrschung sichernde Stimmmehrheit auch nur auf diese Bereiche zu beziehen. Nicht das gesamte zurechenbare Verhalten einer juristischen Person bedingt insoweit ihre umsatzsteuerliche Unternehmereigenschaft, sondern es existieren Bereiche, die gewiss der Vorbereitung der unternehmerischen Tätigkeit dienen, für sich genommen aber keine typische gewerbliche oder berufliche Tätigkeit darstellen.

---

484 vgl. Kapitel 2 B. I. 2. a).

485 BFH v. 22.4.2010 – V R 9/09, BStBl II 2011, 597 (598); vgl. auch BFH v. 22.11.2001 – V R 50/00, BStBl II 2002, 167 (168).

486 *Drescher* in: MüKo GmbHG, § 47 Rn. 52.

487 *Servatius* in: Spindler/Stilz AktG, § 182 Rn. 12.

488 vgl. *Schmidt,* Gesellschaftsrecht 2002, S. 460; *Römermann* in: Michalski GmbHG, § 47 Rn. 576.

489 *Müller* in: Müller/Stöcker Organschaft, S. 309.

Dass Satzungsänderungen[490] und damit auch Änderungen des Unternehmensgegenstandes einer qualifizierten Mehrheit bedürfen, steht dieser Einschätzung nicht entgegen. Denn natürlich existiert zwischen dem geschriebenen Unternehmenszweck oder -gegenstand und der unternehmerischen Tätigkeit der Gesellschaft eine enge Verknüpfung. Die für die finanzielle Eingliederung notwendige Einflussnahme des herrschenden Gesellschafters kann aber denklogisch erst dann erfolgen, wenn sich alle Gesellschafter auf den Gegenstand oder das „*Geschäft*" des Unternehmens geeinigt haben[491]. Dass bei einer späteren Änderung des Gegenstandes nicht mehr alle Gesellschafter zustimmen müssen, hebt die zeitliche Reihenfolge vom zuvor konsentierten Unternehmensgegenstand und der darauf basierenden Tätigkeit nicht auf.

Die für die finanzielle Eingliederung notwendige entscheidungserhebliche Mehrheit muss folglich nicht die zwingenden qualifizierten Mehrheiten des Gesellschaftsrechts erreichen, um eine Organgesellschaft unternehmerisch zu beherrschen. Die gesetzlich zwingenden Mehrheiten betreffen insoweit nur die besonderen Beschlussgegenstände der Gesellschaft; die Mehrheiten einer finanziellen Eingliederung müssen sich dagegen nur auf die „*allgemeine Beschlussfassung*" in der Gesellschaft beziehen[492].

c) Differenzierung nach dem Beschlussgegenstand

Der soeben aufgezeigte Zusammenhang zwischen Mehrheit und unternehmerischer Tätigkeit wirft nun die weitere Frage auf, ob auch bei solch allgemeinen Beschlussfassungen eine weitere Differenzierung notwendig ist, oder ob allein ihre umfassende Disposition zu Gunsten der Gesellschafter sie allgemein notwendig werden lässt.

Die Unzulänglichkeit der Gesellschafterdisposition als Argument zeigt sich allerdings schon daran, dass ein solcher Bezug einerseits eine kritische Verflechtung mit dem Gesellschaftsrecht bedeuten würde und andererseits keinen erkennbaren Bezug zum Umsatzsteuerrecht hätte.

Anzuknüpfen ist vielmehr an die schon oben gegebene Begründung zu dem Ausschluss gesellschaftsrechtlich zwingender Mehrheiten aus der allgemeinen Beschlussfassung für eine finanzielle Eingliederung. Werden mit der Mehrheit die unternehmerischen Ziele der Organgesellschaft fremdbestimmt, dann braucht die Mehrheit auch nur solche Beschlussgegenstände zu umfassen, die einen direkten oder doch zumindest greifbaren Bezug zu ihrem unternehmerischen Handeln aufweisen. Es wäre inkonsistent bei den allgemeinen Beschlussgegenständen anzunehmen, dass allein ihr Unterstellen unter den Gesellschafterwillen sie zwingend erforderlich macht, um den unternehmerischen Willen einer Gesellschaft lenken zu können. Denn dadurch würden mitunter Inhalte zur Bedingung organschaftlicher Eingliederung erklärt, die keinen Bezug zum Umsatzsteuerrecht hätten, aber seine Wirkungen dennoch lenkten.

---

490 vgl. §§ 1, 52 Abs. 2 GmbHG; §§ 23 Abs. 3 Nr. 2, 179 Abs. 2 AktG.

491 tendenziell ähnlich BFH v. 20.1.1999 – XI R 69/97, BFH/NV 1999, 1136.

492 ähnlich *Müller* in: Müller/Stöcker Organschaft, S. 309; ferner BFH v. 22.4.2010 – V R 9/09, BStBl II 2011, 597 (599).

Dass die operative unternehmerische Tätigkeit der Organgesellschaft wesentlicher Bezugspunkt ihrer Eingliederung sein muss, ist auch der Rechtsprechung des BFH zu entnehmen. Der BFH ließ, allerdings im Zusammenhang mit der organisatorischen Eingliederung, die Annahme der Vorinstanz unbeanstandet, dass Zustimmungsvorbehalte zugunsten der Gesellschafterversammlung zur Annahme der organisatorischen Eingliederung dann nicht ausreichen, wenn sie nicht *„in den Kernbereich der laufenden Geschäftsführung eingreifen“*[493]. Eben dieser Kernbereich ist es nämlich, der die unternehmerische Tätigkeit bedingt und daher von einem Organträger beherrscht werden muss.

Konkret wird man daher annehmen können, dass der Organträger bei der Bestellung der geschäftsleitenden Organe[494] in der Anteilseignerversammlung seinen Willen für eine finanzielle Eingliederung ebenso durchsetzen muss wie bei der Verabschiedung von Wirtschafts- und Geschäftsplänen oder bestimmten zustimmungspflichtigen Rechtsgeschäften größeren Umfangs. Entscheidend muss m.E. nach insoweit sein, dass zwischen dem jeweils vom Organträger zu beherrschenden Beschlussgegenstand und der unternehmerischen Tätigkeit der Gesellschaft ein unmittelbarer Zusammenhang besteht.

3. *Zwischenergebnis*

Die finanzielle Eingliederung im Sinne der Umsatzsteuerorganschaft setzt grundsätzlich voraus, dass der Organträger die Mehrheit an den Stimmrechten in der Organgesellschaft hält; allein eine mehrheitliche Kapitalbeteiligung reicht nicht aus.

In Folge des engen Bezugs der finanziellen Eingliederung zu den Binnenregelungen der Organgesellschaft genügt die bloß mathematische Stimmmehrheit allerdings dann nicht, wenn die Satzung der Gesellschaft höhere Quoren oder weitere Voraussetzungen für die Beschlussfassung vorsieht. In solchen Fällen müssen auch diese Bedingungen vom Organträger erreicht werden.

Dieses Mehrheitserfordernis gilt dabei nur für die allgemeine Beschlussfassung in der Organgesellschaft. Besondere Beschlussgegenstände, die Mitgliedschafts- und Vermögensrechte betreffen und die gesellschaftsrechtlich qualifizierte Mehrheiten erfordern, bleiben aufgrund des Zwecks der finanziellen Eingliederung ausgenommen.

Daraus folgt weiter, dass andere dispositive Satzungsbestimmungen nur insoweit für die finanzielle Eingliederung von Relevanz sind, wie sie im Sinne des Umsatzsteuerrechts unternehmerische Bereiche der Organgesellschaft betreffen. Stellt die finanzielle Eingliederung ein Merkmal der Negation unternehmerischer Selbstständigkeit dar, kann es für ihre Feststellung folgerichtig auch nur auf *die* Tätigkeitsbereiche eines Unternehmens ankommen, die positiv das Unternehmertum der Gesellschaft ausmachen.

---

493 BFH v. 20.2.1992 – V R 80/85, BFH/NV 1993, 133.

494 *Scharpenberg* in: Hartmann/Metzenmacher UStG, § 2 Rn. 378.

II. Herstellung von Stimmmehrheiten

Der Wortlaut des § 2 Abs. 2 Nr. 2 UStG verlangt, dass die Eingliederung nach dem Gesamtbild der tatsächlichen Verhältnisse beurteilt wird. In der Vergangenheit verleitete diese Bedingung die Jurisprudenz zu der Annahme, dass auch bei einer rechnerisch nicht vorliegenden Mehrheit die finanzielle Eingliederung zu bejahen sei, wenn die Beherrschung denn auf andere Weise eindeutig und nicht nur *„nach den Erfahrungen des täglichen Lebens“* gesichert war[495]. Die Schwierigkeit der Justiziabilität dieser Formel und die Weitläufigkeit ihrer Interpretationsmöglichkeit ließ sie jedoch rasch in Vergessenheit geraten[496].

Die heute herrschende Ansicht betont, dass das Vorliegen der zur finanziellen Eingliederung nötigen Stimmmehrheit die einzig zwingende Voraussetzung im Rahmen der Organschaft sei, die nicht durch andere Eingliederungsmerkmale nach dem Gesamtbild der Verhältnisse ersetzt werden könne[497].

Gleichwohl bedeutet diese Einschränkung nicht, dass das Merkmal des Gesamtbildes der tatsächlichen Verhältnisse im Rahmen der finanziellen Eingliederung keinerlei Gewicht besäße. Das Gesamtbild kann sich nämlich m. E. nach nicht nur auf die Eingliederung der Organgesellschaft insgesamt beziehen, sondern auch auf das Vorliegen nur einzelner Eingliederungsmerkmale. Auch wenn die zur Willensbeherrschung erforderliche Stimmmehrheit in der Tat nicht durch andere Eingliederungsmerkmale ersetzt werden kann, kann eine faktisch beherrschende Stellung eine finanzielle Eingliederung durch das Gesamtbild begründen. In bestimmten Fällen kann insoweit eine finanzielle Eingliederung angenommen werden, obwohl der Organträger selbst keine entscheidungserhebliche Mehrheit nach Maßgabe der Satzung besitzt und damit streng genommen seinen Willen auch nicht unmittelbar durchsetzen kann.

Das Finanzgericht Münster[498] formulierte insoweit, dass eine finanzielle Eingliederung auch dann anzunehmen sei, wenn dem Organträger aufgrund von *„Besonderheiten des Einzelfalls, die rechtlich gesichert[e]“* Stimmmehrheit zusteht und er damit auf andere Weise seinen Willen in der Organgesellschaft durchzusetzen vermag.

1. Stimmmehrheiten bei eigenen Anteilen der Gesellschaft und Erwerbsoptionen

Hält die Organgesellschaft bspw. eigene Geschäftsanteile in ihrem Vermögen, dann ist es aus der Konsequenz des damit verbundenen Stimmrechtsausschlusses die-

---

495 RFH v. 3.11.1933 – V A 867/33, RFHE 34, 320; ebenso noch BFH v. 23.7.1964 – V 180/61, HFR 65/242.

496 vgl. *Scharpenberg* in: Hartmann/Metzenmacher UStG, § 2 Rn. 379.

497 BFH v. 14.2.2008 – V R 12/06, BFH/NV 2008, 1365 (1366); v. 18.12.1996 – XI R 25/94, BStBl II 1997, 441 (442); FG Baden-Württemberg v. 2.3.2006 – 14 K 157/04, EFG 2006, 1492; *Müller* in: Müller/Stöcker Organschaft, S. 307 mwN.

498 vgl. FG Münster v. 23.8.2007 – 5 K 5835/03 U, EFG 2008, 1828.

ser Anteile[499] nur folgerichtig, dass auch eine nominell unter 50 Prozent liegende Stimmmehrheit ausreichen kann, um eine finanzielle Eingliederung anzunehmen[500].

In solchen Fallgestaltungen macht es keinen Unterschied, ob die finanzielle Eingliederung nach Abzug der eigenen Anteile[501] mit einer insoweit verdeckten Stimmmehrheit begründet wird oder allein durch die Tatsache, dass die Beschlüsse im Sinne nur eines Gesellschafters getroffen werden können und dieser die Gesellschaft folglich faktisch beherrscht. Die Durchsetzung seines Willens ist in beiden Argumentationsalternativen beim Halten eigener Anteile der Gesellschaft gegeben.

Ob eine Beherrschung allerdings auch dann anzunehmen ist, wenn ein Mitgesellschafter aufgrund eines nur unwiderruflichen Angebots berechtigt ist, jederzeit den zur Beherrschung notwendigen Anteil eines Mitgesellschafters unentgeltlich zu erwerben[502], scheint jedenfalls aufgrund des damit noch verbundenen formalen Umsetzungsaktes fraglich.

Die Umsatzbesteuerung folgt dem Grundsatz der Abschnittsbesteuerung[503], weshalb die Voraussetzungen der Organschaft in jedem Besteuerungszeitraum vorliegen müssen und weder eine Rückwirkung noch eine Vorverlagerung ihrer Rechtsfolgen möglich ist[504]. Solange aber die Option zum Erwerb der Anteile nicht gezogen ist und die Stimmrechte mangels Eintragung in der Gesellschafterliste noch dem veräußerungswilligen Mitgesellschafter zustehen[505], kann der (optionale) Organträger zumindest für einen gewissen Zeitraum an der Durchsetzung seines Willens in der Organgesellschaft und damit an deren Beherrschung gehindert werden.

Dies soll allerdings nicht gleichsam bedeuten, dass durch schuldrechtliche Abreden kein Einfluss auf die finanzielle Eingliederung genommen werden könnte. Entscheidend ist insoweit stets die Einzelfallbetrachtung und die Feststellung, ob durch das vorhandene Vertragswerk eine *gesicherte Stimmmehrheit* im Rahmen der finanziellen Eingliederung erreicht werden kann.

2. *Rechtsgeschäftliche Stimmmehrheiten*

Die Notwendigkeit einer solchen Einzelfallbetrachtung zeigt sich u.a. daran, dass sich Gesellschafter durch den Abschluss schuldrechtlicher Verträge untereinander verpflichten können, ihr Stimmverhalten in einer bestimmten Weise auszuüben. Die vertraglich geregelte Ausübung der Stimmrechte ist im Gesellschaftsrecht

499 *Drescher* in: MüKo GmbHG, § 47 Rn. 79f.
500 *Klenk* in: Sölch/Ringleb UStG, § 2 Rn. 111; aA *Birkenfeld* in: Birkenfeld/Wäger USt-Hdb, § 44 Rn. 302.
501 vgl. § 16 Abs. 2 Satz 2 AktG.
502 so *Scharpenberg* in: Hartmann/Metzenmacher UStG, § 2 Rn. 382, unter Rekurs auf BFH v. 23.7.1964 – V 180/61, HFR 65/242.
503 vgl. BFH v. 22.6.1989 – V R 37/84, BStBl II 1989, 913 (916).
504 *Scharpenberg* in: Hartmann/Metzenmacher UStG, § 2 Rn. 473; *Nieskens,* UR 2008, 538f.
505 vgl. *Drescher* in: MüKo GmbHG, § 47 Rn. 69f.

grundsätzlich anerkannt und zulässig, solange sie nicht gesetzeswidrige Zwecke verfolgt[506].

Fraglich ist nunmehr, ob solche Vereinbarungen über die Stimmrechtsausübung auch bei der finanziellen Eingliederung Wirkung entfalten und die in ihnen vereinbarte einheitliche Abstimmung die notwendige Willensdurchsetzung garantieren kann, ohne dass formal eine Stimmmehrheit eines Gesellschafters gegeben ist.

a) Rechtliche Sicherheit bei Stimmrechtsbindungen?

Der BFH[507] teilte diesbezüglich mit, dass auch rechtsgeschäftliche Stimmrechtsbindungen für die Herstellung der finanziellen Eingliederung ausreichen können. Stimmrechte aus der Beteiligung eines Mitgesellschafters sollen danach einem anderen Gesellschafter zuzurechnen sein, wenn sich der Mitgesellschafter durch eine Stimmrechtsbindung zu einem gleichgerichteten Stimmverhalten gegenüber dem anderen Gesellschafter verpflichtet hat[508], so dass eine einheitliche Durchsetzung des Willens in der Organgesellschaft gesichert ist.

Trotz des zunächst eindeutig klingenden Votums des BFH, das auch ohne weitere Kritik die Zustimmung der Literatur[509] fand, ist die Antwort auf die Frage, ob rechtsgeschäftliche Stimmrechtsbindungen für die finanzielle Eingliederung grundsätzlich anzuerkennen sind, jedoch nicht gesichert.

In einer jüngeren Entscheidung ließ derselbe Senat des BFH[510] die Frage nach ihrer Anerkennung nämlich explizit offen, und der XI. Senat kam sogar zu dem Schluss, dass Beherrschungs- und Gewinnabführungsverträge allein nicht zu einer finanziellen Eingliederung führen können[511]. Gerade mit Blick auf die letztgenannte Entscheidung spekulierte die Literatur, ob damit nicht insgesamt eine Absage an rein tatsächliche oder vertragliche Einflussrechte auf Beteiligungen gemeint war, so dass Stimmrechtsbindungen, egal in welcher Form sie in Erscheinung treten, insgesamt nicht mehr anzuerkennen sind[512]. Es bleibt somit die Frage, ob schuldrechtliche Vereinbarungen über ein gleichgerichtetes Abstimmungsverhalten – mit den Worten des FG Münster formuliert – eine *„rechtlich gesicherte“* Stimmmehrheit und damit die finanzielle Eingliederung in der Organschaft gewährleisten können.

---

506 BGH v. 26.9.1986 – II ZR 272/85, NJW 1987, 890; v. 24.11.2008 – II ZR 116/08, NJW 2009, 669; *Drescher* in: MüKo GmbHG, § 47 Rn. 237ff; *Heider* in: MüKo AktG, § 12 Rn. 22.

507 BFH v. 22.11.2001 – V R 50/00, BStBl II 2002, 167.

508 vgl. BFH v. 22.11.2001 – V R 50/00, BStBl II 2002, 167 (169).

509 *Birkenfeld* in: Birkenfeld/Wäger USt-Hdb, § 2 Rn. 303; *Wäger* in: FS Schaumburg 2009, S. 1189 (1197); *Stadie* in: Rau/Dürrwächter UStG, § 2 Rn. 873; *Scharpenberg* in: Hartmann/ Metzenmacher UStG, § 2 Rn. 399.

510 BFH v. 22.4.2010 – V R 9/09, BStBl II 2011, 597 (599), in der besonderen Konstellation einer mittelbaren finanziellen Eingliederung.

511 BFH v. 1.12.2010 – XI R 43/08, BStBl II 2011, 600 (602f.).

512 *Gotthardt/Boor,* DStR 2011, 1118 (1120f.).

b) Dogmatik und Anwendung von Stimmbindungsverträgen

Ein Stimmrechtsbindungsvertrag stellt eine rechtsgeschäftliche Beschränkung künftigen Abstimmungsverhaltens dar, bei der sich der Schuldner gegenüber dem Berechtigten zur Ausübung seines Stimmrechts in bestimmter Weise verpflichtet[513]. Sofern es sich bei der Stimmrechtsbindung um eine vertragliche Hauptpflicht handelt, wird hinsichtlich des anzunehmenden Vertragstypus zwischen wechselseitigen und einseitigen Gesellschafterstimmbindungen unterschieden.

Bei einer wechselseitigen Bindung wird in Folge der koordinierten Stimmrechtsausübung ein gemeinsamer Zweck zwischen den Gesellschaftern vermutet, auf dessen Basis eine BGB-Innengesellschaft ohne Gesamthandsvermögen entstehen soll[514].

Bei einer einseitigen Stimmbindung eines Gesellschafters gegenüber einem Berechtigten wird hingegen von einem Auftragsverhältnis im Sinne der §§ 662ff. BGB resp. §§ 675ff. BGB ausgegangen[515], bei welchem der Beauftragte einzig nach Maßgabe des Auftraggebers zur Abstimmung verpflichtet ist.

In Anbetracht des Ziels der finanziellen Eingliederung wird sich die vertragliche Bindung eines anderen Mitgesellschafters regelmäßig als einseitig darstellen, wenn es inhaltlich ausschließlich die Etablierung der Organschaft bei dem anderen Gesellschafter betrifft. Gleichwohl ist es nicht undenkbar, dass der andere Gesellschafter als beabsichtigter Organträger sich gegenüber seinem Mitgesellschafter ebenfalls verpflichtet, seine neue Stimmmehrheit stets auf die Beibehaltung einer Organschaft auszurichten. Insoweit sind also sowohl ein Auftragsverhältnis als Regelfall als auch eine BGB-Innengesellschaft denkbar, um eine finanzielle Eingliederung schuldrechtlich sicherzustellen.

Der Anerkennung einer BGB-Innengesellschaft könnte allerdings von vornherein eine jüngere BFH-Rechtsprechung entgegenstehen. Danach sollen die von den Gesellschaftern einer BGB-Außengesellschaft im ertragsteuerlichen Sonderbetriebsvermögen gehaltenen Anteile an einer Organgesellschaft nicht der BGB-Gesellschaft zuzurechnen sein, so dass keine finanzielle Eingliederung zwischen BGB-Gesellschaft und Organgesellschaft eintreten kann[516]. Wenn also schon bei der Außengesellschaft keine Zurechnung in das Gesamthandsvermögen erfolgen darf, dann darf möglicherweise erst Recht keine Zurechnung bei einer Innengesellschaft ohne Vermögen erfolgen.

Eine solche Argumentation übersähe allerdings, dass die durch die wechselseitige Stimmrechtsbindung entstehende BGB-Innengesellschaft nicht Organträger

513 *Römermann* in: Michalski GmbHG, § 47 Rn. 475; *Drescher* in: MüKo GmbHG, § 47 Rn. 231; *Rieckers* in: Spindler/Stilz AktG, § 136 Rn. 45.

514 *Römermann* in: Michalski GmbHG, § 47 Rn. 479f; *Rieckers* in: Spindler/Stilz AktG, § 136 Rn. 46.

515 *Römermann* in: Michalski GmbHG, § 47 Rn. 482.

516 BFH v. 1.12.2010 – XI R 43/08, BStBl II 2011, 600 (603); BFH v. 22.4.2010 – V R 9/09, BStBl II 2011, 597 (600); vgl. ferner *Birkenfeld* in: Birkenfeld/Wäger USt-Hdb, § 44 Rn. 317.

werden soll und daher auch keine Zurechnung von Anteilen mit ihrer Entstehung beabsichtigt ist. Die Innengesellschaft ist nur die Folge der juristischen Einordnung der schuldrechtlichen Abrede, ohne Einfluss auf die Beteiligten des geplanten Organkreises zu nehmen, und stellt insoweit nur sicher, dass die beteiligten Mitgesellschafter in der Organgesellschaft so abstimmen, dass die finanzielle Eingliederung in das Unternehmen eines der Mitgesellschafter gelingt. Ihr Typus allein steht der Anerkennung einer durch schuldrechtliche Abreden hergestellten Mehrheit daher nicht von vornherein entgegen.

c) Willensdurchsetzung durch Stimmbindung

Damit ist allerdings noch nichts über die Eignung solcher schuldrechtlichen Vereinbarungen für die finanzielle Eingliederung gesagt. Geht man von dem Zweck des Merkmals aus, muss eine schuldrechtliche Vereinbarung gewährleisten können, dass die Durchsetzung des Willens des Organträgers in der Organgesellschaft sichergestellt ist. Sieht die schuldrechtliche Vereinbarung dementsprechende Regelungen zugunsten des Organträgers vor, also bspw. das der Mitgesellschafter sich bei Abstimmungen im Zusammenhang mit der Organschaft nach den Maßgaben des Organträgers richtet, dann müsste eigentlich auch ein Stimmrechtsbindungsvertrag die Willensdurchsetzung des Organträgers gewährleisten können[517].

Unberücksichtigt bleibt bei dieser Schlussfolgerung allerdings, dass eine schuldrechtliche Abrede die Willensdurchsetzung anders *„rechtlich sichert“* als ein eigenes aus Anteilsbesitz resultierendes Stimmrecht. Zwischen beiden Mitteln besteht insoweit nicht nur ein formaler, sondern ein ebenso beachtenswerter materieller Unterschied, der bei konsequenter Betrachtung die Willensdurchsetzung nicht allein zur Disposition des Organträgers stellt. Im Gegensatz zur Ausübung seiner eigenen Stimmrechte, auf die Mitgesellschafter ohne besondere gesellschaftsvertragliche Abreden keinerlei Einfluss nehmen können, hängt die Wirkung einer rechtsgeschäftlichen Stimmbindung immer auch von der Vertragstreue des Verpflichteten ab. Hält sich der Verpflichtete einer Stimmrechtsbindung nicht an die rechtsgeschäftliche Vereinbarung und stimmt abweichend ab, dann hat dieses Verhalten mangels organisationsrechtlichem Charakter der Abrede nach h. M. grundsätzlich keinen Einfluss auf die Wirksamkeit der Stimmabgabe, so dass das Abstimmungsergebnis gültig bleibt[518]. Der Wille des Organträgers wäre in einer solchen Situation dann nicht durchgesetzt.

Aus einem solchen Vertragsbruch resultieren freilich Sekundäransprüche, die den Organträger mitunter berechtigen können, von dem Verpflichteten die Wiederholung der Abstimmung mit rückwirkender Beschlussfassung zu verlangen[519]. Eine so auf Sekundäransprüche gestützte Willensdurchsetzung ist jedoch nicht nur

517 vgl. *Scharpenberg* in: Hartmann/Metzenmacher UStG, § 2 Rn. 399.
518 *Römermann* in: Michalski GmbHG, § 47 Rn. 532, unter Rekurs auf den Rechtsgedanken des § 137 Satz 1 BGB; *Drescher* in: MüKo GmbHG, § 47 Rn. 250.
519 *Römermann* in: Michalski GmbHG, § 47 Rn. 528.

langwierig in ihrer Durchsetzung, sondern ebenso volatil in ihren Erfolgsaussichten und unterscheidet eine rechtsgeschäftliche Stimmbindung jedenfalls hinsichtlich ihrer tatsächlichen Durchsetzbarkeit nicht unerheblich von einer auf Anteilsbesitz beruhenden Stimmmehrheit.

Ein weiterer signifikanter Unterschied zeigt sich in der Kontinuität der Beherrschung einer auf (nur) schuldrechtlicher Basis errichteten Stimmmehrheit. Während der Bestand bei einer auf eigenem Anteilsbesitz gegründeten Organschaft grundsätzlich nur von der Entscheidung des anteilshaltenden Gesellschafters abhängt, können rechtsgeschäftliche Stimmrechtsbindungen generell gekündigt werden, egal ob es sich um eine BGB-Gesellschaft (vgl. § 723 Abs. 1 BGB) oder um ein Auftragsverhältnis (vgl. § 671 Abs. 1 BGB) handelt. Insbesondere das Kündigungsrecht aus wichtigem Grund kann dabei nicht zur Disposition der Vertragsparteien gestellt werden[520].

Obgleich eine rechtsgeschäftlich hergestellte Stimmmehrheit damit nicht unwesentliche Unterschiede zu einer auf Anteilsinhaberschaft beruhenden Mehrheit aufweist, folgt jedoch auch hieraus nicht automatisch der Schluss, das erstere ungeeignet für eine finanzielle Eingliederung ist. Dass sich das Postulat der finanziellen Eingliederung am deutlichsten bei einer auf Stimm- und Anteilsmehrheit beruhenden Position realisieren lässt, sagt allein nichts darüber aus, ob eine Willensbeherrschung nicht auch mit Mitteln zu erreichen ist, die qualitativ hinter dieser Position zurückbleiben.

So muss bei einer auf eigenem Anteilsbesitz beruhenden Mehrheit zunächst bedacht werden, dass auch deren Kontinuität nicht ausschließlich vom Willen des Inhabers abhängt und damit nicht sakrosankt in ihrem Bestand ist; der unfreiwillige vollständige oder teilweise Ausschluss eines Gesellschafters einer Kapitalgesellschaft ist ebenso möglich[521]. Neben den gesetzlich geregelten Fällen[522] eines Gesellschafterausschlusses kann schließlich auch die Satzung einer Gesellschaft vorsehen, dass ein Gesellschafter bei Vorliegen bestimmter Indikatoren zwangsweise seine Anteile verliert[523].

Unbestritten sind die zu nehmenden Hürden einer Einziehung von Geschäftsanteilen wie nach § 34 GmbHG höher[524] als bei einer auch außerordentlichen Kündigung[525] eines Stimmrechtsbindungsvertrags. Dennoch zeigt sich an diesem Vergleich, dass nicht jedwede Möglichkeit der unwillkürlichen Beendigung der finanziellen Eingliederung für eine bestehende Beherrschung der Organgesellschaft schädlich sein kann. Insbesondere unter Berücksichtigung der Rechtsprechung zum Ausschluss und Austritt eines Gesellschafters aus wichtigem Grund – auch

---

520 vgl. *Gaier* in: MüKo BGB, § 314 Rn. 4 mwN.
521 vgl. *Michalski/Funke* in: Michalski GmbHG, Anhang zu § 34 Rn. 3ff; *Grunewald* in: MüKo AktG, Vor. § 327a Rn. 13.
522 §§ 21, 27 Abs. 1 Satz 2 GmbHG, §§ 64, 327a AktG.
523 vgl. § 34 GmbHG, § 237 AktG.
524 dazu *Sosnitza* in: Michalski GmbHG, § 34 Rn. 39ff.
525 dazu *Gaier* in: MüKo BGB, § 314 Rn. 10ff.

ohne gesellschaftsvertragliche Regelung[526] – wäre eine finanzielle Eingliederung anderenfalls sonst kaum noch vorstellbar.

d) Kontinuität und Durchsetzbarkeit als Voraussetzung?

Insoweit bleibt fraglich, inwieweit die Kontinuität der Stimmmehrheit und deren Durchsetzbarkeit für die Willensbeherrschung innerhalb einer finanziellen Eingliederung relevant sind.

Unter dem Aspekt der Durchsetzbarkeit und dem oben beschriebenen Fehlen einer gesellschaftsrechtlichen Wirkung einer Stimmrechtsbindung könnte diesbezüglich Anklang bei der Rechtsprechung des BGH genommen werden. Nach Ansicht des BGH[527] sollen sich Stimmrechtsbindungen nämlich dann auf die Wirksamkeit der Beschlussfassung auswirken, wenn in einer GmbH sämtliche Gesellschafter untereinander konkrete Stimmbindungen eingegangen sind. In solchen Fällen sei die (klageweise) Herbeiführung einer erneuten Abstimmung reine Förmelei, so dass aus prozessökonomischen Gründen nach abweichender Stimmabgabe eine Verpflichtung aller Gesellschafter bestehe, das vereinbarte Abstimmungsergebnis herbeizuführen. Entsprechendes soll auch bei der Aufnahme der Bindung als materieller Bestandteil in der Satzung gelten[528].

Dogmatisch wäre mit der Aufnahme einer solchen einschränkenden Voraussetzung innerhalb der finanziellen Eingliederung jedoch nicht viel gewonnen. Allein die Annäherung an die materiellen Wirkungen einer anteilsbasierten Stimmmehrheit enthält nämlich keine Aussage über den notwendigen Umfang von Kontinuität und Durchsetzbarkeit der Willensbeherrschung. Darüber hinaus begäbe sich das Umsatzsteuerrecht hiermit in einer Weise in die Abhängigkeit zum Gesellschaftsrecht, die mit seinem Verbrauchsteuercharakter und der damit verbundenen grundsätzlichen Freiheit zivilistischer Wertung[529] wohl nur bedingt vereinbar wäre.

Die dogmatisch *saubere* Lösung dieser Frage ist vielmehr im tatbestandlichen Spiegelbild der Organschaft zu suchen. Wie § 2 UStG verdeutlicht, ist die Organschaft ein gesetzlich geregelter Fall fehlender Unternehmereigenschaft. Die Eingliederungsmerkmale der Organschaft überlagern die an sich gegebene Unternehmerstellung der Organgesellschaft und müssen folglich eine Intensität aufweisen, die mit den Merkmalen der Unternehmerstellung vergleichbar sind.

Für die Möglichkeit einer finanziellen Eingliederung mit Hilfe einer rechtsgeschäftlichen Stimmrechtsvereinbarung bedeutet dies, dass deren Kontinuität und Durchsetzbarkeit ähnlich verfestigt sein muss wie die gewerbliche oder berufliche Tätigkeit des Unternehmers. Konkret gefasst, muss eine Stimmrechtsvereinbarung

---

526 vgl. BGH v. 23.2.1981 – II ZR 229/79, NJW 1981, 2302; *Michalski/Funke* in: Michalski GmbHG, Anhang zu § 34 Rn. 3ff.

527 BGH v. 27.10.1986 – II ZR 240/85, NJW 1987, 1890; v. 20.1.1983 – II ZR 243/81, NJW 1983, 1910.

528 *Drescher* in: MüKo GmbHG, § 47 Rn. 250.

529 vgl. Kapitel 2 B. I. 2. a).

gewährleisten, dass ihr Inhalt eine gewisse *„Dauer“* oder *„Nachhaltigkeit“*[530] der Willensbeherrschung ermöglicht, in dem bspw. ordentliche Kündigungsrechte nicht zu kurz befristet werden und ein Vertragsbruch des Verpflichteten in einem Maße sanktioniert wird, die eine Willkür objektiv unwahrscheinlich macht. Letztlich wird es auf die Gesamtschau der Vertragsmerkmale ankommen und auf die Feststellung, ob diese typischerweise geeignet sind, die Stimmmehrheit allgemein und nicht nur für den Einzelfall[531] rechtlich zu sichern[532].

Insoweit könnte auch an eine unwiderrufliche Stimmrechtsvollmacht[533] zur Sicherstellung gedacht werden, bei der die vertraglichen, nur im Innenverhältnis[534] der Parteien wirkenden Absprachen der Stimmvereinbarung auf das Außenverhältnis gewissermaßen durchschlagen.

Dagegen spricht gleichwohl, dass die Unwiderruflichkeit einer Stimmrechtsvollmacht einer Abspaltung des Anteils vom Stimmrecht gleichkäme und daher zutreffend als unzulässig bewertet wird[535]. Bleibt folglich nur die Möglichkeit einer widerruflichen Vollmacht, muss diese wie eine Stimmrechtsvereinbarung inhaltlich so gefasst sein, dass eine typisierte Willensbeherrschung angenommen werden kann.

Die eingangs erwähnte Rechtsprechung des XI. Senats[536] steht der grundsätzlichen Anerkennung von rechtsgeschäftlichen Stimmvereinbarungen dabei nicht entgegen. Die dort festgestellte Nichteignung von Gewinnabführungs- und Beherrschungsverträgen für die finanzielle Eingliederung bezog sich auf einen Sachverhalt, bei dem eine Beteiligung des Organträgers an der Organgesellschaft gänzlich fehlte. Insoweit spricht der Senat auch davon, dass ein solcher Gewinnabführungs- und Beherrschungsvertrag *„keine Beteiligung“* ersetzen könne[537]. Über diese noch zu diskutierenden Fälle einer mittelbaren Eingliederung und die sich insoweit stellende Frage nach der Notwendigkeit einer Beteiligung bei dem herrschenden Organträger sagt die grundsätzliche Anerkennung einer die Mehrheit eines Gesellschafters sekundierenden Stimmrechtsvereinbarung jedoch nichts aus.

3. Zwischenergebnis

Die für die finanzielle Eingliederung festzustellende Mehrheit ist nicht statisch zu bestimmen, sondern nach den Verhältnissen des Einzelfalls. Entscheidend für ihre

---

530 vgl. Kapitel 2 B. II. 1. b) dd).

531 vgl. BFH v. 22.11.2001 – V R 50/00, BStBl II 2002, 167 (168); ferner BFH v. 25.4.2002 – V B 128/01, BFH/NV 2002, 1058; v. 1.4.1998 – V B 108/97, BFH/NV 1998, 1272.

532 aA *Boor*, UR 2010, 757 (763).

533 *Scharpenberg* in: Hartmann/Metzenmacher UStG, § 2 Rn. 399.

534 *Römermann* in: Michalski GmbHG, § 2 Rn. 532.

535 KG v. 11.12.1998 – 14 U 4594/97, NZG 1999, 446; *Drescher* in: MüKo GmbHG, § 47 Rn. 93.

536 BFH v. 1.12.2010 – XI R 43/08, BStBl II 2011, 600.

537 BFH v. 1.12.2010 – XI R 43/08, BStBl II 2011, 600 (602).

Annahme ist, dass die notwendige Beherrschungsmehrheit *rechtlich gesichert* vom Organträger umgesetzt werden kann.

Liegt rechnerisch keine Mehrheit beim Organträger vor, hält aber die Organgesellschaft bspw. eigene Anteile, kann der Organträger u.U. dennoch seinen Willen in der Organgesellschaft sicherstellen. Allein ein Optionsrecht auf den Kauf weiterer, dann mehrheitsvermittelnder Anteile wird gleichwohl nicht ausreichen.

Anders sind allerdings Vereinbarungen zu beurteilen, die Stimmrechtsbindungen zu Gunsten des Organträgers entstehen lassen, die wiederum seine Willensdurchsetzung in der Organgesellschaft sicherstellen.

Auch schuldrechtliche Stimmrechtsbindungen können insoweit die finanzielle Eingliederung in das Unternehmen des Organträgers gewährleisten; allein ihr zivilistischer Typus und die nicht umfängliche Vergleichbarkeit mit gesellschaftsrechtlich vermittelnden Mehrheiten schließt ihre Anwendbarkeit bei der Umsatzbesteuerung nicht aus.

Die Anerkennung solcher Stimmrechtsvereinbarungen setzt gleichwohl voraus, dass sie ihrem Inhalt nach geeignet sind, die Stimmmehrheit typischerweise allgemein sicherzustellen und nicht nur für den Einzelfall.

III. Mittelbare finanzielle Eingliederung

Die Beherrschung der Organgesellschaft durch eine Stimmmehrheit ist grundsätzlich das entscheidende Kriterium für die Annahme einer finanziellen Eingliederung in den Organträger.

Da eine Beherrschung im Sinne der Durchsetzung des Willens in einer anderen Gesellschaft aber auch dann denkbar ist, wenn der herrschende Gesellschafter nicht direkt an der beherrschten Gesellschaft beteiligt ist, stellt sich die Frage, inwieweit nur mittelbare Beteiligungen für eine finanzielle Eingliederung ausreichen können.

Eine (echte) mittelbare Beteiligung meint dabei, dass dem Organträger als Obergesellschaft selbst keine Stimmrechte in der beherrschten Organgesellschaft zustehen, sondern er stattdessen die Mehrheit der Stimmrechte (als Gesellschafter) in einer zwischengeschalteten Beteiligungsgesellschaft hält, die wiederrum die Organgesellschaft beherrscht, oder einer der Gesellschafter des Organträgers an der Organgesellschaft mehrheitlich beteiligt ist. Die herrschende Position in der Organgesellschaft wird dabei also entweder von einer Beteiligungsgesellschaft oder einem Gesellschafter vermittelt, wodurch sich die beherrschende Stellung im Organträger fortsetzen soll[538].

Dass auch eine solche vermittelnde Art der Beteiligung für eine finanzielle Eingliederung ausreichen kann, ist in Rechtsprechung und Literatur grundsätzlich anerkannt[539]. Gleichwohl sind die verschiedenen Konstellationen, die unter

538 vgl. BFH v. 19.5.2005 – V R 31/03, BStBl II 2005, 671 (674); *Birkenfeld* in: Birkenfeld/Wäger USt-Hdb, § 44 Rn. 311ff. mit Beispielen.

539 BFH v. 19.5.2005 – V R 31/03, BStBl II 2005, 671 (674); RFH v. 12.7.1940 – V 426/38; RStBl 40/910; *Scharpenberg* in: Hartmann/Metzenmacher UStG, § 2 Rn. 385 mwN;

dem Begriff der mittelbaren Beteiligung verstanden werden, so vielfältig in ihren tatsächlichen Ausgestaltungen, dass nicht jegliche mittelbare Vermittlung einer beherrschenden Stellung letztlich für eine finanzielle Eingliederung geeignet ist. Nach vielfachen Änderungen in der hierzu ergangenen Rechtsprechung ist dabei mehr denn je entscheidend, ob die Vermittlung über eine Gesellschaft oder deren Gesellschafter erfolgt.

1. *Mittelbare Beteiligung über Zwischengesellschaften*

Bei der finanziellen Eingliederung einer Organgesellschaft über eine Beteiligung des Organträgers an einer oder mehrerer Zwischengesellschaften wird die Willensdurchsetzung über die Beherrschung der Zwischengesellschaften hergestellt.

Durch das Halten von mehrheitsvermittelnden Anteilen auf jeder Beteiligungsstufe von der ersten Zwischengesellschaft, über deren ggf. vorhandene Tochtergesellschaften bis hin zur beherrschten Organgesellschaft wird auf jeder Ebene dieser Beteiligungskette eine (mittelbare) Anteilsmehrheit des Organträgers sichergestellt und damit seine permanente Willensdurchsetzung erreicht. Diese Willensdurchsetzung bis in die Organgesellschaft hinein ersetzt insoweit die Notwendigkeit einer direkten mehrheitlichen Beteiligung an letzterer und berücksichtigt stattdessen das faktische Regime innerhalb des Konzernverbundes, das sich in den gehaltenen Beteiligungen fortsetzt[540].

Dieses Abstellen auf die faktische Herrschaft bedingt weiter, dass auch eine Zusammenrechnung von unmittelbaren, also vom Organträger gehaltenen, und mittelbaren Anteilen der von ihr beherrschten Zwischengesellschaft ausreichen kann, um eine Organgesellschaft finanziell einzugliedern[541]. Auch bei einer solchen Zusammenrechnung der verschiedenen Anteile liegt eine echte mittelbare Beteiligung des Organträgers an der Gesellschaft vor.

Anders als früher bei den ertragsteuerlichen Organschaften[542] existiert für die umsatzsteuerliche Organschaft kein Additionsverbot, welches einer Zusammenrechnung formal entgegenstehen könnte[543]. Allerdings gilt die Einschränkung des § 14 Abs. 1 Nr. 1 Satz 2 KStG bei mittelbaren Beteiligungen ebenso für die Umsatzsteuerorganschaft. Sobald der Organträger an einer die finanzielle Eingliederung vermittelnden Zwischengesellschaft nicht mehrheitlich beteiligt oder stimmberechtigt ist, können die von dieser Zwischengesellschaft gehaltenen Anteile an einer

Stadie in: Rau/Dürrwächter UStG, § 2 Rn. 867; aA wohl *Gotthardt/Boor,* DStR 2011, 1118, die pauschal von einer Aufgabe des Instituts der mittelbaren Eingliederung sprechen.

540 vgl. dazu *Müller* in: Müller/Stöcker Organschaft, S. 311.

541 *Müller* in: Müller/Stöcker Organschaft, S. 310f; *Birkenfeld* in: Birkenfeld/Wäger USt-Hdb, § 44 Rn. 311; *Stadie* in: Rau/Dürrwächter UStG, § 2 Rn. 868; *Korf,* JR 2010, 583.

542 vgl. dazu *Danelsing* in: Blümich KStG, § 14 Rn. 76.

543 *Birkenfeld* in: Birkenfeld/Wäger USt-Hdb, § 44 Rn. 353.

Organgesellschaft mangels kontrollierender Beherrschung nicht mehr berücksichtig werden[544], um zusammen mit eigenen Anteilen die finanzielle Beherrschung der Organgesellschaft herbeizuführen.

Aus dem Ziel der reinen Willenskontrolle folgt weiter die Konsequenz, dass die vermittelnde Zwischengesellschaft weder Bestandteil des Organkreises noch unternehmerisch tätig sein muss[545]. Es kommt insoweit nur auf die Bündelung der Kontrollmacht beim Organträger an, zumal die finanzielle Eingliederung auch vom Wortlaut der Norm her weder einen erkennbaren Bezug zu einem unternehmerischen Handeln noch zu anderen Eingliederungsmerkmalen fordert.

2. *Mittelbare Beteiligung über Gesellschafter*

Problematisch und umstritten ist hingegen die Beurteilung einer finanziellen Eingliederung durch die Vermittlung der nötigen Stimmmehrheit über den oder die Gesellschafter eines Organträgers.

Bei solchen Beteiligungsstrukturen steht nicht dem Organträger oder einer von ihm beherrschten Gesellschaft die Stimmmehrheit in der Organgesellschaft zu, sondern den Gesellschaftern des Organträgers als dessen Willensbildungsorgan. Bei diesen Strukturen geht es also anders als bei einer mittelbaren Beteiligung über Zwischengesellschaften nicht um eine Fortsetzung der Herrschaftsmacht auf verschiedenen untergeordneten Beteiligungsebenen, sondern um die Zurechnung fremder Herrschaftsmacht. Eine echte Beteiligung liegt in diesen Fällen im anzunehmenden Organkreis nicht vor.

Die Anerkennung einer solchen Zurechnung hat innerhalb der Rechtsprechung gerade in den letzten Jahren eine erhebliche Veränderung erfahren, weshalb es sich bei der Darstellung der verschiedenen Strukturen zunächst anbietet, diese Entwicklung nachzuzeichnen.

a) Entwicklung der Rechtsprechung

Der BFH[546] ging zunächst davon aus, dass die von nichtunternehmerisch tätigen Gesellschaftern des Organträgers gehaltenen Anteile an einer anderen Gesellschaft dem Organträger für Zwecke der finanziellen Eingliederung grundsätzlich zugerechnet werden dürfen. Diese Annahme erfolgte dabei ohne größere Differenzierungen und rekurrierte im Rahmen der überschaubaren Begründung auf die Gesellschafteridentität und die daraus in der Gesamtschau abgeleitete Einheitlichkeit

---

544 *Stadie* in: Rau/Dürrwächter UStG, § 2 Rn. 867 (Beispiel 3).

545 *Stadie* in: Rau/Dürrwächter UStG, § 2 Rn. 869; *Müller* in: Müller/Stöcker Organschaft, S. 311.

546 BFH v. 17.4.1969 – V R 123/68, BStBl II 1969, 505 (507); v. 7.8.1959 – V 10/57 U, BStBl III 1959, 395f.

der Willensausübung in den maßgeblichen Willensbildungsorganen bei Organgesellschaft und Organträger[547].

aa) Ausschluss von Kapitalgesellschaftern

In Abstimmung mit dem V. Senat entschied sodann zunächst der XI. Senat des BFH für juristische Personen als Organträger, dass die von ihren herrschenden Gesellschaftern gehaltenen Geschäftsanteile an einer anderen Gesellschaft nicht geeignet seien, um die andere Gesellschaft in das Unternehmen der juristischen Person einzugliedern[548].

In Anlehnung an die Grundsätze des RFH und dem insoweit erforderlichen Unterordnungsverhältnisses im Organkreis nahm der Senat an, dass in den Fällen, in denen eine natürliche Person die Mehrheitsbeteiligung an mehreren Kapitalgesellschaften hält, eine Organschaft schon deshalb nicht in Betracht kommen könne, weil es sich um gleichgeordnete Schwestergesellschaften handle, von denen keine eingegliedert oder untergeordnet sei. Damit die Organgesellschaft jedoch als Unternehmensteil des Organträgers erscheine, sei eine „*jedenfalls nicht unwesentliche Beteiligung*" an der Organgesellschaft erforderlich. Halte nur ein Gesellschafter jeweils mehrheitlich die Anteile an beiden Gesellschaften, könne auch kein „*Wille des herrschenden Unternehmers*" durchgesetzt werden, sondern es seien vielmehr wechselseitige und austauschbare Organschaftsverhältnisse denkbar[549].

In seiner Entscheidung berief sich der Senat dabei ausdrücklich auf die ähnliche Rechtsprechung zur Ertragsteuerorganschaft[550], die eine finanzielle Eingliederung bei Schwestergesellschaften ebenfalls abgelehnt hatte. Während der Senat in der Sache selbst die möglichen Auswirkungen dieser Rechtsprechungsänderung auf Personengesellschaften als Organträger offen lassen konnte, betonte er in dem Anfragebeschluss[551] an den V. Senat gleichwohl, dass die Möglichkeit einer Zurechnung von Gesellschafteranteilen zu einer Organträgerpersonengesellschaft – seiner Auffassung nach – durch die von ihm avisierte Rechtsprechungsänderung nicht berührt werde.

Diese zunächst nur *obiter dicta* erfolgte Festlegung bestätigt sich mit einer Entscheidung vom 20. Januar 1999[552], mit welcher der XI. Senat eine Personengesellschaft als Organträger anerkannte, obwohl nur dessen Gesellschafter die für eine finanzielle Eingliederung notwendigen Beteiligungen an der Organgesellschaft hielten. Inhaltlich blieb die Begründung zu der sich daraus ergebenden unterschiedlichen Behandlung von Personen- und Kapitalgesellschaften jedoch zurückhaltend.

---

547 vgl. *Flückiger* in: Plückebaum/Malitzky UStG, § 2 Rn. 281.

548 BFH v. 18.12.1996 – XI R 25/94, BStBl II 1997, 441, unter Rekurs auf FG München v. 17.9.1987 – III (XIV) 275/81 U, EFG 1988, 90.

549 vgl. zum Ganzen BFH v. 18.12.1996 – XI R 25/94, BStBl II 1997, 441 (442).

550 unter Verweis auf BFH v. 25.10.1960 – I 62/59 S, BStBl III 1961, 69.

551 BFH v. 28.2.1996 – XI R 25/94, GmbHR 1996, 950.

552 BFH v. 20.1.1999 – XI R 69/97, BFH/NV 1999, 1136.

Der XI. Senat stellte insoweit nur auf die gegebene Möglichkeit der Willensdurchsetzung innerhalb des Organkreises und die herrschende Meinung in der Literatur ab, ohne dabei den eigentlichen Kern des Problems, das ebenso gegebene Fehlen einer nicht nur zugerechneten Beteiligung des Organträgers an der Organgesellschaft, näher zu beleuchten.

In dem erwähnten Anfragebeschluss erklärte der Senat immerhin, dass beim Vorliegen (auch) der wirtschaftlichen Eingliederung die Beteiligungen der Gesellschafter als (ertragsteuerrechtlich) notwendiges Sonderbetriebsvermögen einzustufen seien[553]. Demnach sah der Senat das Fehlen einer eigenen Beteiligung des Organträgers (wohl) durch die ertragsteuerliche Behandlung der Beteiligung bei dessen Gesellschafter als Sondervermögen gerechtfertigt[554], ohne auch hierauf allerdings näher einzugehen.

Die sich an die Anerkennung einer solchen Zurechnung anschließende weitere Frage, ob das Halten einer beherrschenden Beteiligung durch *mehrere* Gesellschafter für eine finanzielle Eingliederung ausreichend sein kann, stellte sich dann auch dem BFH. Beschränkte er die Kumulation von Beteiligungen auf zunächst zwei Gesellschafter[555], hielt er es später im Rahmen der Gesamtschau für ausreichend, dass „*die Mehrheit der Stimmrechte an der Organgesellschaft von den Gesellschaftern der Organträgergesellschaft gehalten wird*"[556].

Eine Zurechnung der Organgesellschaftsanteile zum Organträger setze allerdings voraus, dass in beiden Gesellschaften dieselben Gesellschafter zusammen über die nötige Mehrheit verfügten[557]. Mit dieser Einschränkung verneinte der V. Senat eine finanzielle Eingliederung in einer Konstellation, in der die im eigenen Organträgervermögen gehaltene Beteiligung nur zusammen mit der Beteiligung eines (am Organträger beteiligten) Minderheitsgesellschafters eine beherrschende Mehrheit an der Organgesellschaft zu vermitteln vermochte[558]. Die Erreichung der Stimmmehrheit war nach Ansicht des Senats bei dieser Beteiligungsstruktur nicht *gesichert*, da nicht auszuschließen sei, dass der Minderheitsgesellschafter seine Stimme in der Organgesellschaft abweichend von der des Organträgers abgebe.

Anders als bei der mittelbaren finanziellen Eingliederung über Tochtergesellschaften war also eine Kumulation von unmittelbaren und mittelbaren Anteilen nicht zulässig, solange beide Anteile nicht einer identischen Kontrolle unterlagen.

---

553 vgl. BFH v. 28.2.1996 – XI R 25/94, GmbHR 1996, 950.

554 so auch *Wäger* in: FS Schaumburg 2009, S. 1189 (1198).

555 BFH v. 20.1.1999 – XI R 69/97, BFH/NV 1999, 1136; v. 16.8.2001 – V R 34/01, BFH/NV 2002, 223.

556 BFH v. 14.2.2008 – V R 12/06, V R 13/06, BFH/NV 2008, 1365 (1366); v. 22.11.2001 – V R 50/00, BStBl II 2002, 167 (168); vgl. auch *Wäger* in: FS Schaumburg 2009, S. 1189 (1198).

557 BFH v. 20.1.1999 – XI R 69/97, BFH/NV 1999, 1136 (1137).

558 BFH v. 19.5.2005 – V R 31/03, BStBl II 2005, 671 (674).

bb) Ausschluss von Personengesellschaftern

Die Folgeproblematik dieser Rechtsprechung wurde erstmals in einer Entscheidung des BFH aus dem Jahr 2005 im Zusammenhang mit einer GmbH & Co. KG virulent.

Der V. Senat musste entscheiden, ob eine mittelbare finanzielle Eingliederung auch dann vorliegt, wenn die einzugliedernde Komplementär-GmbH Mehrheitsgesellschafter der eigentlich organtragenden KG ist, die Minderheitsgesellschafter der KG aber gleichzeitig die GmbH mehrheitlich beherrschen[559]. Obgleich es bei dieser Konstellation offenkundig an der Mehrheitsgesellschafteridentität bei Komplementär-GmbH und KG fehlte, war auch von Seiten des BFH nicht zu leugnen, dass eine einheitliche Ausübung des Willens in beiden Gesellschaften durch die KG-Minderheitsgesellschafter, die gleichzeitig die Komplementär-GmbH als Mehrheitsgesellschafter beherrschten, faktisch natürlich gegeben war.

Dennoch verneinte der Senat eine finanzielle Eingliederung unter diesen Bedingungen, da anderenfalls die Beteiligungsverhältnisse zwischen KG und Komplementär-GmbH *„gleichsam auf den Kopf gestellt"* würden[560]. Es fehlte seinem Erachten nach an einer für die Eingliederung notwendigen *„Unterordnung"* der GmbH als Organgesellschaft.

Mit dem Argument fehlender Unterordnung und dem Hinweis auf eine diese erwähnende EuGH-Rechtsprechung[561] distanzierte sich der BFH jüngst dann insgesamt von der Möglichkeit einer durch die Gesellschafter vermittelten finanziellen Eingliederung bei einer Personengesellschaft als Organträger[562].

Eine Organträger-Personengesellschaft, deren Gesellschafter Mehrheitsgesellschafter einer Organgesellschaft sind, hätte keine eigene Durchsetzungsmöglichkeit gegenüber dieser Gesellschaft, wenn ihr nicht der fremde Beteiligungsbesitz ihrer Gesellschafter zugerechnet werde. Eine solche Zurechnung sei nach Auffassung des BFH jedoch im Rahmen der finanziellen Eingliederung nicht vorgesehen, und auch der Ausweis als Sonderbetriebsvermögen soll nicht (mehr) geeignet sein, das wirtschaftliche Eigentum an den Anteilen auf die Organträger-Personengesellschaft zu übertragen.

Daneben sah der BFH durch seine vorangegangene Rechtsprechung die bei der Auslegung zu beachtenden Rechtsprinzipien der Rechtssicherheit und der Rechtsformneutralität nach Maßgabe der MwStSystRL verletzt.

Der Rechtssicherheit stünde es demnach entgegen, dass bei der Beteiligung mehrerer Gesellschafter an zwei Schwestergesellschaften nicht hinreichend bestimmbar sei, wann eine finanzielle Eingliederung der einen in die andere Gesellschaft vorliege. Allein die gleichen Beteiligungsverhältnisse in den Gesellschaften sollten nicht

559 BFH v. 19.5.2005 – V R 31/03, BStBl II 2005, 671.

560 BFH v. 19.5.2005 – V R 31/03, BStBl II 2005, 671 (674).

561 EuGH v. 22.5.2008 – Rs. C-162/07 (Ampliscientifica), EuGHE 2008, I-04019.

562 BFH v. 1.12.2010 – XI R 43/08, BStBl II 2011, 600 (603); v. 22.4.2010 – V R 9/09, BStBl II 2011, 597 (599).

automatisch zu einer einheitlichen Stimmausübung führen, so dass der Wille der Gesellschafter der Organträgergesellschaft jeweils neu erforscht werden müsste[563].

Der XI. Senat ergänzte schließlich die Begründung des V. Senates um das Argument, dass nach dem Grundsatz der Neutralität der Rechtsform grundsätzlich keine besondere Bedeutung im Mehrwertsteuersystem zukomme und Kapital- und Personengesellschaften demnach gleich zu behandeln seien[564]. Dementsprechend lehnte der XI. Senat eine (mittelbare) finanzielle Eingliederung auch bei nur einem herrschenden Gesellschafter ab, obgleich eine einheitliche Willensbildung in Organträger und -gesellschaft unzweifelhaft möglich war.

b) *Anwendung in der Verwaltung und Widerhall der Literatur*

Die Verwaltung hat sich der Auffassung des BFH vollumfänglich angeschlossen und entsprechend den Umsatzsteueranwendungserlass angepasst[565].

Innerhalb der Literatur[566] waren zuvor schon erhebliche Bedenken gegen die vorangegangene Auslegungspraxis der Rechtsprechung bei Organträger-Personengesellschaften geäußert worden. Die insoweit geäußerten Kritikpunkte finden sich dabei nahezu vollständig in den vorgenannten Urteilen des V. und XI. Senats des BFH wieder, die dementsprechend eine weitestgehende Zustimmung in der Literatur erfahren haben[567].

3. *Folgefragen der Entwicklung*

Die Rechtsprechung zu einer mittelbaren finanziellen Eingliederung im umsatzsteuerlichen Organkreis lässt sich rückblickend nur schwerlich als Ruhmesblatt dogmatischer Stringenz bezeichnen.

Während die Annahme einer finanziellen Eingliederung bei einer mittelbaren Beteiligungskette zwischen Organträger und Organgesellschaft folgerichtig die Fortsetzung der Herrschaftsmacht innerhalb des Organkreises berücksichtigte, war die Möglichkeit einer mittelbaren Eingliederung über Gesellschafterbeteiligungen von Anfang an problembehaftet.

Diese Probleme sind im Laufe der Jahre, insbesondere durch die sukzessive Reduzierung der Zulässigkeit der mittelbaren Gesellschaftereingliederung, immer weiter

---

563 BFH v. 22.4.2010 – V R 9/09, BStBl II 2011, 597 (599f.).

564 BFH v. 1.12.2010 – XI R 43/08, BStBl II 2011, 600, unter Verweis auf BFH v. 6.9.2007 – V R 16/06, BFH/NV 2008, 1710.

565 BMF v. 5.7.2011 – IV D 2-S 7105/10/10001, BStBl I 2011, 703; Abschn. 2.8 Abs. 5 UStAE.

566 vgl. hierzu *Wäger* in: FS Schaumburg 2009, S. 1189 (1198f.); *Reiß* in: Reiß/Kraeusel/Langer UStG, § 2 Rn. 111.6; *Stadie* in: Rau/Dürrwächter UStG, § 2 Rn. 871; *Scharpenberg* in: Hartmann/Metzenmacher UStG, § 2 Rn. 389 (393); relativierend *Müller* in: Müller/Stöcker Organschaft, S. 314.

567 vgl. hierzu *Birkenfeld* in: Birkenfeld/Wäger USt-Hdb, § 44, Rn. 313ff; mit Einschränkungen *Gotthardt/Boor*, DStR 2011, 1118 (1120).

zu Tage getreten und fanden letztlich ihr Ende in der scheinbaren Aufgabe dieser Rechtsfigur[568].

Obschon die von der Rechtsprechung vorgebrachten Argumente – wie noch zu zeigen sein wird – weitestgehend zutreffen, hat weder der V. noch der XI. Senat die Gelegenheit genutzt, eine über den Einzelfall hinausgehende grundsätzliche Stellungnahme zum Thema der mittelbaren finanziellen Eingliederung abzugeben. Insoweit blieb u. a. offen, ob mit den vorgenannten Entscheidungen die Möglichkeit der Zurechnung von Stimmanteilen insgesamt, also auch bei vertraglichen Abreden aufgegeben wurde, so dass nur noch echte Beteiligungen des Organträgers an der Organgesellschaft für die Eingliederung in Betracht kommen dürfen.

Weiter ist in diesem Zusammenhang zu untersuchen, ob es insoweit zutrifft, dass zwischen Organträger und Organgesellschaft ein Verhältnis der Über- und Unterordnung bestehen muss. Schließlich fehlt es auch an einer klaren Positionierung zu der Möglichkeit der Übernahme von ertragsteuerlichen Wertungen in der Umsatzsteuerorganschaft.

a) Die Notwendigkeit eines Über- und Unterordnungsverhältnisses

Problematisch an dem gesamten Konstrukt der mittelbaren finanziellen Eingliederung über Gesellschafter war von Beginn an die Frage, welche Gesellschaft als Organ eingegliedert werden und welche als Organträger herrschen sollte.

Hinzu kommt, dass im Falle eines unternehmerisch tätigen Gesellschafters, der organisatorische und finanzielle Beziehungen zu beiden Gesellschaften unterhält, dieser auch durchaus Organträger beider Gesellschaften sein könnte. Freilich wurde vorgeschlagen, die Frage nach der Über- und Unterordnung mit einer Gesamtbildbetrachtung unter Bezug auf die wirtschaftliche und organisatorische Eingliederung vorzunehmen, oder es wurde ein Vorrang der unmittelbaren vor der mittelbaren Eingliederung behauptet[569]. Grundlage all dieser Versuche einer rechtlich gesicherten Bestimmung des Eingliederungsverhältnisses war jedoch die Prämisse, dass innerhalb des Organkreises die Fähigkeit bestand, einen einheitlichen Willen zu bilden. Die Unterordnung folgte damit gewissermaßen der Willensbeherrschung, ohne zu hinterfragen, ob nicht die manifestierte Unterordnung durch eine echte Beteiligung des Organträgers an der Organgesellschaft gleichrangige Voraussetzung einer finanziellen Eingliederung ist.

Dass alleine die Willensbeherrschung nicht zwingend die Annahme einer Organschaft bedeutet, kann dabei der geschichtlichen Entwicklung der Umsatzsteuer entnommen werden. Die Rechtsprechung zur sog. Unternehmereinheit zeigt insoweit die Notwendigkeit einer weiteren Differenzierung im Zusammenhang mit beherrschenden Gesellschafterstellungen.

---

568 *Gotthardt/Boor*, DStR 2011, 1118 (1120).

569 BFH v. 2.2.1967 – V 35/64, BStBl III 1967, 499 (501); *Stadie* in: Rau/Dürrwächter UStG, § 2 Rn. 876f.

aa) Exkurs: Unternehmereinheit

Die Rechtsfigur der Unternehmereinheit ging ebenso wie die der Organschaft auf die Rechtsprechung des Reichsfinanzhofes zurück[570], wurde anders als diese jedoch nie kodifiziert und blieb reines Richterrecht.

Unter Anwendung der im Umsatzsteuerrecht vorherrschenden wirtschaftlichen Betrachtungsweise fasste der RFH mit dieser Rechtsfigur zunächst zivilrechtlich selbstständige Personengesellschaften zu einem Gesamtunternehmen zusammen, wenn bei ihnen identische Beteiligungsverhältnisse auf Gesellschafterebene vorlagen. Diese Identität und die einheitliche Willensbildung innerhalb der verschiedenen Gesellschaften verleitete die Rechtsprechung zu der Annahme, dass umsatzsteuerlicher Unternehmer nicht die einzelnen Personengesellschaften, sondern die dahinter stehende anteilshaltende Gruppe von Gesellschaftern war[571].

Dogmatisch leitete die Rechtsprechung die Unternehmereinheit aus § 2 Abs. 1 Satz 2 UStG ab, wonach das Unternehmen die gesamte gewerbliche und berufliche Tätigkeit des Unternehmers umfasse[572]. Erklärtes Ziel war dabei die Gleichbehandlung von beteiligungsidentischen Personengesellschaften mit einem Einzelunternehmer, der mehrere Betriebe unterhält[573]. Die Annahme der Unternehmereinheit wurde dabei u. a. von den Bedingungen abhängig gemacht, dass die gleichen Gesellschafter mit gleicher Beteiligung an den Gesellschaften partizipierten und innerhalb der Gesellschaften eine einheitliche Willensbildung stattfinden konnte. Bei Vorliegen dieser Voraussetzungen war die gesamte Umsatzsteuerschuld der Unternehmereinheit, gleichgültig aus welchem Tätigkeitsbereich der Personenvereinigung sie herrührte, unmittelbare Schuld der dahinter stehenden Personenvereinigung. Die in dieser „*Einheit*“ erbrachten Umsätze wurden ferner als nicht steuerbare Innenumsätze behandelt[574], da es – systematisch folgerichtig – an einem Leistungsaustausch zwischen zwei Rechtssubjekten fehlte.

Im Angesicht der Restriktionen des KRG Nr. 15[575] erweiterte der V. Senat des BFH dann unter Rekurs auf die wirtschaftliche Betrachtungsweise und dem Postulat der Gleichbehandlung den Anwendungsbereich der Unternehmeridentität auch auf juristische Personen[576]. Da es infolge dieser Erweiterung zu Überschneidungen mit der kodifizierten Organschaft kommen konnte, versuchte man eine Differenzierung

---

570 RFH v. 19.12.1941 – V 68/41, RFHE 51, 170; v. 11.10.1940 – V 202/39, RFHE 49, 250; v. 8.6.1934 – V A 581/33, RFHE 36, 214; v. 26.9.1927 – V A 417/27, RFHE 22, 1934.

571 *Flückiger* in: Plückebaum/Malitzky UStG, § 2 Rn. 364; *Müller* in: Müller/Stöcker Organschaft, S. 305.

572 BFH v. 15.6.1951 – II 36/50 U, BStBl III 1951, 215; *Flückiger* in: Plückebaum/Malitzky UStG, § 2 Rn. 365.

573 BFH v. 26.4.1973 – V R 40/71, BStBl II 1973, 549f.

574 dazu mwN BFH v. 16.11.1978 – V R 22/73, BStBl II 1979, 347 (348f.).

575 vgl. Kapitel 3 A. II. 3.

576 BFH v. 15.6.1951 – II 36/50 U, BStBl III 1951, 215; v. 8.2.1955 – V 162/52 S, BStBl III 1955, 113.

anhand der Stellung der Gesellschaften zueinander vorzunehmen[577]. Die Extension des Anwendungsbereiches führte insoweit zu den Differenzierungsmerkmalen der Über- und Unterordnung und der Nebenordnung. Während die Nebenordnung die Vergleichbarkeit mit dem Einzelunternehmen herzustellen vermochte, repräsentierte die Unterordnung die Willensdurchsetzung innerhalb der Organschaft.

Nach mitunter gewichtiger Kritik[578] an der Unternehmereinheit und der praktischen Erkenntnis, dass die Gruppe der identischen Gesellschafter aus haftungs- und vollstreckungsrechtlichen Aspekten als Steuerschuldner ungeeignet war, gab die Rechtsprechung die Figur der Unternehmereinheit Ende der siebziger Jahre wieder auf[579].

bb) Ordnungsverhältnis als Beherrschungsmerkmal

Sowohl Unternehmereinheit als auch Organschaft waren von dem Grundsatz der Willensbeherrschung geprägt, weshalb die Rechtsprechung zur Abgrenzung beider Institute die Positionierung der jeweils beteiligten Unternehmen zueinander als Kriterium bemühte[580]. Dass eine Nebenordnung und die damit einhergehende Fiktion eines hinter den Gesellschaften stehenden Unternehmens gleichwohl nicht geeignet für die Annahme eines einheitlichen Unternehmens waren, hat die Rechtsprechung in ihrer Entscheidung zur Aufgabe dieser Rechtsfigur selbst ausführlich belegt[581].

Umso mehr erstaunt es, dass nach der Aufgabe dieser Rechtsfigur die Organschaft als eine Art Substitut genutzt wurde und wesentliche Wirkungen der Unternehmereinheit fortsetzte. Denn obgleich die Gesellschafter bei einer mittelbaren finanziellen Eingliederung gewiss nie als Teil des Organkreises angesehen wurden, waren die Wirkungen zwischen dem finanziell *nebengeordneten Organkreis* mit denen der Unternehmereinheit doch vergleichbar[582]. Die Frage nach einer Neben- oder einer Über- und Unterordnung geriet mit der Aufgabe der Unternehmereinheit in den Hintergrund, und die Organschaft wurde in diesen Fällen zu einer Ersatz-Unternehmereinheit.

Die Organschaft ist jedoch von dem Gedanken geprägt, dass ein rechtlich selbstständiges Unternehmen durch enge Verbindung zu einem anderen Unternehmen keine eigenen wirtschaftlichen Ziele mehr verfolgen kann[583]. Die Unselbstständigkeit bedingt dabei nicht die Unterordnung unter das andere Unternehmen, sondern

---

577 BFH v. 24.10.1963 – V 300/60, BStBl III 1964, 222 (223); v. 2.2.1967 – V 35/64, BStBl III 1967, 499; *Vogel,* Rechtswirkungen der Unternehmereinheit, S. 11.

578 *Vogel,* Rechtswirkungen der Unternehmereinheit, S. 22f. und 26f. mwN.

579 BFH v. 16.11.1978 – V R 22/73, BStBl II 1979, 347.

580 BFH v. 26.2.1959 – V 209/56 U, BStBl III 1959, 204 (206); *Vogel,* Rechtswirkungen der Unternehmereinheit, S. 13.

581 BFH v. 16.11.1978 – V R 22/73, BStBl II 1979, 347 (348f.).

582 vgl. insoweit auch BFH v. 24.10.1963 – V 300/60, BStBl III 1964, 222 (223); FG München v. 9.12.1987 – III 233/85 U, EFG 1989, 389.

583 vgl. Kapitel 3 A. II. 1.

ist deren Folge. Diese Unterordnung wird dabei neben der Willensbeherrschung durch die finanziellen Beziehungen zwischen den beteiligten Unternehmen realisiert, da nur hierdurch erkennbar wird, wer künftig Unternehmer des Organkreises sein soll. Ließe man für diese Beziehung die finanzielle Beteiligung eines Gesellschafters an beiden Gesellschaften ausreichen, wäre hinsichtlich dieses Merkmals nicht nur das Ordnungsverhältnis grundsätzlich unklar, sondern auch die Rolle des vermittelnden Gesellschafters.

Freilich ist dessen Position nicht vergleichbar mit der (fiktionalen) Personengruppe der Unternehmereinheit. Dennoch wäre zu überlegen, wie dieser Gesellschafter, angenommen er wäre selbst unternehmerisch tätig, festlegen könnte, in welches Unternehmen die beabsichtigte Organgesellschaft eingegliedert ist[584]. Die Organschaft kennt insoweit kein geschriebenes Optionsrecht[585], mit dem bestimmbar wäre, wie die Ordnungsstruktur im Organkreis konkret aussehen soll, und auch die gewiss gegebene Beherrschung aller Gesellschaften durch den einen Gesellschafter hilft nicht weiter, da es keine graduelle Willensbeherrschung gibt, die aus einer Neben- eine Unterordnung machen könnte[586]. Dass eine unmittelbare Eingliederung einer mittelbaren in diesen Fällen stets vorangehen muss[587], ist dem Gesetz nicht zu entnehmen und hilft im Übrigen nicht, um die Nebenordnung bei einer mittelbaren Eingliederung in eine Über- oder Unterordnung zu verändern.

Das Ordnungsverhältnis ließe sich somit nur anhand der anderen Merkmale der Organschaft feststellen[588], wobei schon fraglich ist, ob die (nur) flankierenden[589] Merkmale der organisatorischen oder wirtschaftlichen Eingliederung hierfür überhaupt geeignet sind. Dass eine Organgesellschaft (Unternehmens-)Teil des Organträgers ist, vollzieht sich nicht unmittelbar an ihren wirtschaftlichen oder organisatorischen Beziehungen, sondern in erster Linie an der formalen Rechtsposition einer Beteiligung. Erst hierdurch wird sie in die Lage versetzt, selbst auf die Organgesellschaft organisatorisch einzuwirken[590] und damit ein Verhältnis der Unterordnung zu realisieren. Weiter bewirkt die finanzielle Eingliederung, dass

---

584 vgl. *Stadie* in: Rau/Dürrwächter UStG, § 2 Rn. 689 (144. EL – 2010), der ein Ordnungsverhältnis nur bei der Betriebsaufspaltung aufgrund der wirtschaftlichen Eingliederung anerkennt; sowie ferner für die GmbH und Co. KG, *ders.* aaO. § 2 Rn. 904ff.

585 BFH v. 17.1.2002 – V R 37/00, BStBl II 2002, 373 (376); *Reiß* in: Reiß/Kraeusel/Langer UStG, § 2 Rn. 120.

586 aA *Boor,* UR 2010, 757 (762), der ein Ordnungsverhältnis auch aus der Entstehungsgeschichte der Gesellschaften ableiten will.

587 *Stadie* in: Rau/Dürrwächter UStG, § 2 Rn. 877.

588 vgl. BFH v. 2.2.1967 – V 35/64, BStBl III 1967, 499 (501); *Stadie* in: Rau/Dürrwächter UStG, § 2 Rn. 876.

589 *Scharpenberg* in: Hartmann/Metzenmacher UStG, § 2 Rn. 374; *Müller* in: Müller/Stöcker Organschaft, S. 307.

590 BFH v. 22.4.2010 – V R 9/09, BStBl II 2011, 597 (599); ferner *Tischler,* UR 1985, 77 (78f.).

die Organgesellschaft als Unternehmensteil des Organträgers erscheint; alleine die wirtschaftlichen und organisatorischen Beziehungen können dieses Verhältnis nicht herstellen[591].

Schließlich ist auch nicht erkennbar, wieso die Möglichkeit einer mittelbaren Eingliederung von der Rechtsform des Organträgers abhängen soll. Die Umsatzsteuer ist rechtsformneutral ausgestaltet und kennt daher grundsätzlich keine Differenzierung nach der gewählten rechtlichen Ausgestaltung des Unternehmens[592]. Dass bei Kapitalgesellschaften und ihren Gesellschaftern zwei verschiedene Willensbildungen stattfinden, während bei Personengesellschaften und ihren Gesellschaftern stets von einer einheitlichen Willensbildung auszugehen ist[593], vermag insoweit nicht zu überzeugen, wenn es – wie gezeigt – bei der finanziellen Eingliederung nicht nur um die Willensdurchsetzung, sondern auch um die Darstellung eines Ordnungsverhältnisses geht. Dass es sich bei der Organgesellschaftsbeteiligung eines Personengesellschafters mitunter um ertragsteuerliches Sonderbetriebsvermögen handelt, bedeutet weder einen umsatzsteuerrechtlichen Übergang dieser Beteiligung auf den Organträger[594] noch lässt sich daraus ein Über- und Unterordnungsverhältnis herleiten.

Damit eine Organgesellschaft finanziell in einem Verhältnis der Über- und Unterordnung eingegliedert ist, bedarf es daher einer eigenen Beteiligung des Organträgers an der Organgesellschaft. Durch die reine Zurechnung von Beteiligungen kann der Organträger insoweit keine eigene Unterordnung der Organgesellschaft herstellen.

Aufgrund dieser Feststellung lässt sich nun auch die weiter oben aufgeworfene Frage[595] beantworten, ob sich über den Zusammenschluss mehrerer Muttergesellschaften in einer GbR eine Organschaft als gewissermaßen unechte Mehrmütterorganschaft erreichen lässt. Solange die beteiligten Muttergesellschaften ihre Anteile an der Organgesellschaft nicht in das Gesellschaftsvermögen der GbR übertragen und erstere somit nur mittelbar beherrscht wird, muss eine solche Organschaft mangels Vorliegen der finanziellen Eingliederung folglich scheitern.

b) Umfang der Organträgerbeteiligung

Obgleich es somit auf den eigenen Anteilsbesitz des Organträgers an der Organgesellschaft für die Annahme einer finanziellen Eingliederung ankommt, bleibt offen, wie diese Beteiligung konkret aussieht, insbesondere welchen Umfang sie haben muss.

---

591 BFH v. 18.12.1996 – XI R 25/94, BStBl II 1997, 441 (442f.); ferner BFH v. 8.8.2013 – V R 18/13, DStR 2013, 1883 (1884).

592 vgl. ausf. *Reiß* in: Reiß/Kraeusel/Langer UStG, § 2 Rn. 69ff. mwN.

593 so *Tischler,* UR 1985, 77 (78f.).

594 BFH v. 1.12.2010 – XI R 43/08, BStBl II 2011, 600 (603f.); *Reiß* in: Reiß/Kraeusel/Langer UStG, § 2 Rn. 111.6; *Eberhard/Mai,* UR 2010, 881 (887).

595 Kapitel 4 B.I. 2 aE.

Der V. Senat betonte in seiner Entscheidung zur Aufgabe der finanziellen Eingliederung über eine Gesellschafterbeteiligung insoweit, dass es bei diesem Merkmal auf die *„rechtliche Durchsetzungsmöglichkeit“* gegenüber der Organgesellschaft ankomme, die dem *„Organträger selbst zustehen“* müsse und nicht zugerechnet werden könne[596]. Auch der XI. Senat des BFH führte in diesem Zusammenhang aus, dass eine eigene Beteiligung des Organträgers erforderlich sei, die nicht durch einen Gewinnabführungs- und Beherrschungsvertrag ersetzt werden könne[597].

Unter dem Eindruck dieser Ausführungen ist mitunter spekuliert[598] worden, dass nunmehr rein tatsächliche oder vertragliche Einflussrechte des Organträgers überhaupt nicht mehr ausreichen, um eine Eingliederung der Organgesellschaft anzunehmen.

In der Tat lassen zuvorderst die Ausführungen des V. Senats den Schluss zu, dass die gesamte rechtliche Durchsetzungsmacht dem Organträger zustehen muss, so dass vertragliche wie faktische Einflussrechte, auch wenn sie die Willensbeherrschung der Organgesellschaft sicherstellen, nicht mehr zu berücksichtigen sind.

Unabhängig davon, was der BFH mit diesen Formulierungen tatsächlich meinte, käme es jedoch zu einer Vermischung zweier Kriterien der finanziellen Eingliederung, wenn man aus der Notwendigkeit eines Über- und Unterordnungsverhältnisses gleichsam den Bedarf einer eigenen stimmmehrheitsvermittelnden Beteiligung des Organträgers ableitete. Mit der finanziellen Eingliederung als Merkmal der unternehmerischen Konsumption durch den Organträger wird neben der Willensbeherrschung das Merkmal der Über- und Unterordnung umgesetzt, so dass erst durch beide zusammen eine organschaftliche Eingliederung stattfinden kann. Gleichwohl bedeutet dies m. E. nach nicht, dass beide Merkmal in einem Abhängigkeitsverhältnis zueinander stehen müssen, in dem die Beteiligung, die das Ordnungsverhältnis umsetzt, gleichzeitig die Willensbeherrschung bedingt.

Vielmehr kann die Willensbeherrschung des Organträgers bei einer nicht mehrheitsvermittelnden Beteiligung an der Organgesellschaft m. E. nach auch durch Zurechnung erreicht werden[599], solange nur eine eigene Beteiligung des Organträgers festgestellt werden kann. Die Unterordnung der Organgesellschaft bedient insoweit nur das Bedürfnis einer erkennbaren und (rechtlich) gesicherten[600] Ausgestaltung des Organschaftsverhältnisses, wohingegen die Willensbeherrschung dafür sorgt,

---

596 BFH v. 22.4.2010 – V R 9/09, BStBl II 2011, 597 (599).

597 BFH v. 1.12.2010 – XI R 43/08, BStBl II 2011, 600 (602).

598 *Dehmer,* DStR 2010, 1701 (1705); *Gotthardt/Boor,* DStR 2011, 1118 (1120), die sich allerdings auf die Entscheidung des XI. Senats des BFH (ebd.) beziehen.

599 vgl. *Reiß* in: Reiß/Kraeusel/Langer UStG, § 2 Rn. 111.6; ferner *Müller* in: Müller/Stöcker Organschaft, S. 311ff., der das Ordnungsverhältnis allerdings auch durch Stimmrechtsvereinbarung ohne eigene Beteiligung des Organträgers für realisierbar hält.

600 vgl. EuGH v. 15.12.1987 – Rs. C-326/85 (Niederlande/Kommission), EuGHE 1987, I-5091.

dass in dieser Ausgestaltung auch die wirtschaftliche Zielsetzung den Vorgaben des Organträgers entsprechend angepasst wird.

Auch der XI. Senat des BFH hat in seiner Entscheidung zur Aufgabe der mittelbaren finanziellen Eingliederung bei Organträgerkapitalgesellschaften[601] insoweit konstatiert, dass die finanzielle Eingliederung eine „*unmittelbare, jedenfalls nicht unwesentliche Beteiligung an der Organgesellschaft voraussetzt*"[602]. Eine mehrheitsvermittelnde Beteiligung forderte er also gerade nicht. Was dabei das Adjektiv „*unwesentlich*" bedeuten soll, bleibt zwar ungewiss. Dennoch ist nach der hier vertretenen Auffassung eine Beteiligung jedenfalls dann nicht unwesentlich, wenn sie in der Lage ist, das Ordnungsverhältnis innerhalb des Organkreises entsprechend abzubilden.

Festzuhalten bleibt damit, dass die im Rahmen der finanziellen Eingliederung notwendige eigene Beteiligung des Organträgers an der Organgesellschaft nach hiesiger Auffassung zwar das notwendige Ordnungsverhältnis im Organkreis beschreibt, diese Beteiligung selbst aber keine Willensbeherrschung generieren muss, sondern diese auch durch obligatorische Vereinbarungen[603] erreicht werden kann. Entgegen der Rechtsprechung ist m. E. nach daher auch weiterhin eine willensbeherrschende Eingliederung über Gesellschafter des Organträgers möglich.

c) Bedeutung ertragsteuerlicher Wertungen für die Organschaft

Im Zusammenhang mit der mittelbaren finanziellen Eingliederung über Gesellschafter des Organträgers sind seitens der Rechtsprechung[604] u. a. auch Argumente genutzt worden, die ertragsteuerliche Wertungen in die Umsatzsteuer inkorporierten.

Neben den schon erwähnten Bezugnahmen zur ertragsteuerlichen Behandlung mitunternehmerischen Vermögens spielte insoweit insbesondere die ertragsteuerliche Rechtsprechung zur sog. Betriebsaufspaltung eine wesentliche Rolle. Denn mit der Anerkennung einer durch mehrere Gesellschafter einer Personen- und Kapitalgesellschaft vermittelten Beherrschungsmehrheit wurde die Frage virulent, warum die Gesellschafter als Gruppe stets einheitlich abstimmen sollten[605]. Hier wurde jedenfalls zu Beginn der Rechtsprechung zur mittelbaren Eingliederung bei einer gleichzeitig gegebenen ertragsteuerlichen Betriebsaufspaltung ein Gleichlauf der Interessen und damit ein einheitlicher Wille in der Organgesellschaft bejaht[606].

Obgleich man nun meinen könnte, dass sich diese Thematik mit der Aufgabe der mittelbaren Eingliederung durch Gesellschafterbeteiligungen quasi erledigt habe, kann sie nach der neuen Rechtsprechung – jedenfalls nach der hier vertretenen

601 vgl. Kapitel 4 C. III. 2. a) aa).

602 BFH v. 18.12.1996 – XI R 25/94, BStBl II 1997, 441 (442).

603 vgl. dazu Kapitel 4 C. II. 2.

604 BFH v. 28.2.1996 – XI R 25/94, GmbHR 1996, 950 (951); vgl. Kapitel 4 C. III. 2. a) aa).

605 *Scharpenberg* in: Hartmann/Metzenmacher UStG, § 2 Rn. 387.

606 BFH v. 25.4.2002 – V B 128/01, BFH/NV 2002, 1058f; v. 12.8.1993 – V B 230/91, BFH/NV 1994, 277; deutlich FG Niedersachsen v. 26.1.2006 – 5 K 272/01, EFG 2006, 771f.

Ansicht – noch zum Tragen kommen. Ist nämlich der Organträger unmittelbar nur mit einer Minderheitsbeteiligung an der Organgesellschaft beteiligt, während seine eigenen Gesellschafter eine Mehrheit an dieser halten, ist fraglich, ob diese Beteiligungen rein faktisch zugerechnet werden dürfen, wenn gleichzeitig eine Betriebsaufspaltung feststellbar ist.

Der V. Senat des BFH hat in seiner diesbezüglichen Aufgabeentscheidung ausgeführt, dass bei der Beteiligung mehrerer Gesellschafter an zwei Schwestergesellschaften nicht rechtssicher bestimmbar sei, wann Anteile von Gesellschaftern wegen eines Interessengleichklangs zusammengerechnet werden dürfen und wann nicht[607]. Er sah in diesem ungewissen Zustand einen Verstoß gegen den im Mehrwertsteuersystem zu beachtenden unionsrechtlichen Grundsatz der Rechtssicherheit[608], da es dem Steuerunterworfenen nicht mehr ermöglicht werde zu bestimmen, welchen genauen finanziellen Verpflichtungen er unterliegt.

Dieser Argumentation ist dabei vollumfänglich zu zustimmen und zwar unabhängig davon, ob gleichzeitig eine Betriebsaufspaltung besteht oder nicht. Anders als im Ertragsteuerrecht[609] kann es im Umsatzsteuerrecht nämlich keine Vermutung eines konsentierten Verhaltens von Gesellschaftern geben.

Die vom RFH[610] entwickelte Rechtsfigur der Betriebsaufspaltung hat ihre Bedeutung in der Vermeidung von Unternehmensgestaltungen zum Zwecke der Gewerbesteuerersparnis. Bei einem bestimmten Grad personeller und sachlicher Verflechtung wird insoweit angenommen, dass die Aufspaltung eines Unternehmens lediglich zur Verringerung der Ertragsteuerbelastung vorgenommen worden ist und es sich tatsächlich um einen einheitlichen Betrieb handelt[611].

An dieser Zwecksetzung und dem ertragsteuerlichen Hintergrund der Rechtsfigur wird insoweit deutlich, dass sich ihre Prämissen im Umsatzsteuerrecht gerade nicht wiederfinden. Die Umsatzsteuer besteuert nicht nach der Leistungsfähigkeit und soll erst recht nicht den Unternehmer belasten, dessen wirtschaftliche Zielsetzung insoweit auch nicht von dem Gedanken der Steuerersparnis motiviert ist. Deshalb kann auch die im Rahmen der personellen Verflechtung entwickelte Personengruppentheorie[612] weder im Zusammenhang mit noch außerhalb einer Betriebsaufspaltung für die Organschaft Anwendung finden[613].

---

607 BFH v. 22.4.2010 – V R 9/09, BStBl II 2011, 597 (599).

608 vgl. EuGH v. 15.12.1987 – Rs. C-326/85 (Niederlande/Kommission), EuGHE 1987, I-5091; v. 29.4.2004 – Rs. C-17/01 (Sudholz) EuGHE 2004, I-4243; v. 26.4.2005 – Rs. C-376/02 (GoedWonen), EuGHE 2005, I-3445.

609 vgl. hierzu allerdings auch die Kritik von *Gosch* in: Kirchhof EStG, § 35 Rn. 3.

610 RFH v. 3.12.1924, RFHE 16, 15; RFH v. 24.3.1937, RStBl 37, 939.

611 vgl. BFH v. 15.1.1998 – IV R 8/97, BStBl II 1998, 478 (479f.).

612 vgl. z. B. BFH v. 28.5.1991 – IV B 28/90, BStBl II 1991, 801 (802).

613 FG Münster v. 23.8.2007 – 5 K 5835/03 U, Leitsätze EFG 2008, 1828 (Gründe abgerufen unter www.juris.de, zuletzt am 30.7.2015); abw. noch FG Niedersachsen v. 26.1.2006 – 5 K 272/01, EFG 2006, 771.

Dass eine Anwendbarkeit darüber hinaus, und nicht nur in Folge der Möglichkeit der Widerlegbarkeit dieser Vermutungen, innerhalb einer Betriebsaufspaltung[614] eine erhebliche Rechtsunsicherheit mit sich brächte, hat schon die Rechtsprechung zutreffend belegt[615].

Somit führt allein das Halten mehrheitsvermittelnder Beteiligungen von Gesellschaftern des Organträgers an der Organgesellschaft – unabhängig von ertragsteuerlichen Gesichtspunkten – nicht zu einer finanziellen Eingliederung. Damit eine einheitliche Willensausübung sichergestellt ist, muss insoweit eine zusätzliche, stimmbindende Verpflichtung der Gesellschafter bestehen.

d) Einfluss der MwStSystRL auf die mittelbare Eingliederung

Die vom BFH postulierte Notwendigkeit eines Über- und Unterordnungsverhältnisses in der Organschaft, die er in der MwStSystRL und der dortigen Gruppenbesteuerung implementiert sah[616], ist von Teilen der Literatur insbesondere im letztgenannten Zusammenhang in Frage gestellt worden.

So wurde vorgebracht, dass die MwStSystRL, gleichsam unter Beachtung der neuen EuGH-Rechtsprechung, gerade keine Unterordnung innerhalb der Gruppenbesteuerung fordere und dementsprechend auch kein Ordnungsverhältnis für das nationale Recht gefordert werden dürfe[617].

Der EuGH hat diese Ansicht mittlerweile bestätigt. In einem Vorabentscheidungsverfahren teilte der EuGH dem anfragenden XI. Senat des BFH mit, dass nicht angenommen werden könne, dass der Unionsgesetzgeber mit der Formulierung der (nur) engen Verbindungen und in Ermangelung weitergehender Anforderungen allein Einheiten in einem Über- und Unterordnungsverhältnis die Bildung einer Mehrwertsteuergruppe vorbehalten wollte[618]. Das Vorhandensein eines solchen Ordnungsverhältnisses lasse zwar darauf schließen, dass eine Mehrwertsteuergruppe vorliege, sie können dadurch aber nicht als grundsätzlich notwendige Voraussetzung für ihre Bildung angesehen werden[619]. Gleichwohl hat er offen gelassen, ob diese Voraussetzung sich als Maßnahme ggf. durch die Ziele der Verhinderung missbräuchlicher Praktiken oder Verhaltensweise und der Vermeidung von Steuerhinterziehung oder –umgehung rechtfertigen lasse, was insoweit der vorlegende BFH zu entscheiden habe.

614 *Bode* in: Blümich EStG, § 15 Rn. 605.

615 BFH v. 22.4.2010 – V R 9/09, BStBl II 2011, 597 (599); ferner *Wäger* in: FS Schaumburg 2009, S. 1189 (1199).

616 BFH v. 22.4.2010 – V R 9/09, BStBl II 2011, 597 (598), unter Verweis auf EuGH v. 22.5.2008 – Rs. C-162/07 (Ampliscientifica), EuGHE 2008, I-04019.

617 *Erdbrügger*, DStR 2013, 1573 (1576); *Korf*, UR 2010, 583 (584); zust. *Dehmer*, DStR 2010, 1701 (1703).

618 EuGH v. 16.7.2015 – Rs. C-108/14 u. C-109/14 (Larentia+Minerva u. Marenave), DStR 2015, 1673 (1677f.).

619 EuGH v. 16.7.2015 – Rs. C-108/14 u. C-109/14 (Larentia+Minerva u. Marenave), DStR 2015, 1673 (1678).

Ob die MwStSystRL ein Verhältnis der Unterordnung bei der Gruppenbesteuerung voraussetzt, ist in der Tat fraglich und die Entscheidung des EuGH hat insoweit auch nicht überrascht. Bereits in einer anderen Entscheidungen des EuGH[620] hatte dieser verlautbaren lassen, dass die Richtlinie den Mitgliedstaaten *„[...] nicht die Möglichkeit gebe, weitere Bedingungen für die Bildung einer Mehrwertsteuergruppe aufzubürden“*. Ob die Annahme eines Ordnungsverhältnisses aber tatsächlich als eine solche Bedingung zu verstehen ist oder nicht mehr als eine unionsrechtliche gebotene Ausgestaltung der finanziellen Verbundenheit, hat er m. E. jedoch nicht ausreichend bewertet.

So ist zu berücksichtigen, dass auch im unionsrechtlichen Kontext erst das Stufenverhältnis zwischen Organträger und Organgesellschaft zu einer eindeutigen Bestimmbarkeit des Steuerpflichtigen führt und damit der Rechtssicherheit Vorschub leistet. Ein Verhältnis der Subordination wird daher auch im Rahmen einer nur *„engen Verbundenheit“* zu verlangen sein, um eine rechtssichere Anwendung der Richtlinie zu gewährleisten. Damit dient die Annahme auch den teleologischen Zielen des Art. 11 MwStSystRL also der Verwaltungsvereinfachung und letztlich der Vermeidung von Missbräuchen nach dessen Abs. 2[621].

Allerdings bedeutete selbst die Annahme einer abweichenden unionsrechtlichen Auslegung nach der hier vertretenen Auffassung nicht, dass das Erfordernis der Unter- und Überordnung im nationalen Recht automatisch gegen die Vorgaben der MwStSystRL verstößt. Die von der Richtlinie in diesem Zusammenhang geforderte *enge Verbindung* zwischen den Steuerpflichtigen stellt nach hiesiger Meinung eben nur das Mindestmaß für die Annahme einer Mehrwertsteuergruppe im Sinne der Richtlinie dar. Wenn das nationale Recht darüber hinaus eine Unterordnung oder gar weitere Anforderungen an die Organschaft stellt, bleibt sie innerhalb dieses Mindestmaßes, ohne dabei die Vorgabe der Richtlinie zu verletzen[622]. Auch der EuGH spricht in seiner vorgenannten Entscheidung schließlich davon, dass den Mitgliedstaaten ein Spielraum bei der Umsetzung des Art. 11 der MwStSystRL verbleibt, in dem sie die engen Verbindungen für eine Anwendung näher zu präzisieren und zu konkretisieren haben[623].

4. Zwischenergebnis

Die sog. mittelbare finanzielle Eingliederung ist auch nach den jüngsten Entscheidungen des V. und XI. Senats des BFH nicht aufgegeben worden. Die direkte Beteiligung des Organträgers an einer Gesellschaft, die wiederrum unmittelbar an

620 EuGH v. 25.4.2013 – Rs. C-480/10, UR 2013, 423.
621 so *Hartman*, Umsatzsteuerorganschaft, S. 213ff; dagegen GA Mengozzi v. 26.3.2015 – Verbundene Rechtssachen C-108/14 und C-109/14, MwStR 2015, 253.
622 ebenso BFH v. 14.2.2008 – V R 12/06 u. 13/06, BFH/NV 2008, 1365 (1366).
623 EuGH v. 16.7.2015 – Rs. C-108/14 u. C-109/14 (Larentia+Minerva u. Marenave), DStR 2015, 1673 (1677f.).

der Organgesellschaft mehrheitlich beteiligt ist[624], reicht nach wie vor aus, um eine finanzielle Eingliederung für die Organschaft zu begründen.

Nicht mehr ausreichend ist es, wenn ausschließlich der oder die Gesellschafter des Organträgers die Anteilsmehrheit an der Organgesellschaft halten, da in diesem Fall kein Verhältnis der Über- und Unterordnung innerhalb des Organkreises entstehen kann. Die Notwendigkeit eines solchen Ordnungsverhältnisses folgt dabei aus dem nationalen Recht und dient der rechtssicheren Feststellung der Positionen innerhalb des Organkreises. Die Entwicklungsgeschichte der sog. Unternehmereinheit hat hier gezeigt, dass die Feststellung eines Ordnungsverhältnisses in der Organschaft unerlässlich ist.

Die sich daraus ergebende Folge einer eigenen Beteiligung des Organträgers an der Organgesellschaft bedeutet jedoch nicht, dass diese Beteiligung mehrheitsvermittelnd sein muss. Nach der hier vertretenen Ansicht muss im Rahmen der finanziellen Eingliederung insoweit zwischen einem Über- und Unterordnungsverhältnis sowie der Willensbeherrschung differenziert werden. Daher kann auch nur eine Minderheitsbeteiligung des Organträgers an der Organgesellschaft durch die (rechtssichere) Zurechnung anderer Beteiligungen zu einer beherrschenden Mehrheit erstarken.

Eine Zurechnung, die die Mehrheitsanteile faktisch aufgrund einer mitunter gesellschaftsrechtlichen Verbundenheit im Sinne der ertragsteuerlichen Personengruppentheorie dem Organträger zuschreibt, gibt es im Umsatzsteuerrecht nicht. Es bleibt insoweit aber die Möglichkeit einer Zurechnung auf obligatorischer Basis.

Die Annahme eines Über- und Unterordnungsverhältnisses verstößt nicht gegen die MwStSystRL, da auch nach dem Sinn und Zweck des Art. 11 MwStSystRL ein solches Verhältnis erforderlich ist; zumindest aber bewegt sich ein solches Erfordernis im Rahmen des gegebenen nationalen Umsetzungsspielraums.

IV. Aktienrechtliche Implikationen

In Ansehung der im Zusammenhang mit der finanziellen Eingliederung gebrauchten Begriffe der „*Beherrschung*“ und der „*Unterordnung*“ liegt die Frage nahe, ob das identische Begriffe verwendende Aktien- und Konzernrecht über den eigenen Anwendungsbereich hinaus Bedeutung für die Umsatzsteuerorganschaft – hier die finanzielle Eingliederung – haben kann. In diesem Kontext sei nur kurz erwähnt, dass die Ausbildung des Konzernrechts maßgeblich auf den Entwicklungen der steuerlichen Organschaften fußt und insoweit durchaus Zusammenhänge zwischen den steuerrechtlichen und den aktienrechtlichen Regelungen zur Organschaft bestehen[625].

Das Aktienrecht kennt insoweit nicht nur Vermutungen für eine Abhängigkeit zwischen Gesellschaften (§ 17 AktG), sondern auch eine Vielzahl von

624 vgl. BFH v. 22.11.2001 – V R 50/00, BStBl II 2002, 167.
625 vgl. *Altmeppen* in: Aktienrecht im Wandel, Kap. 23 Rn. 5.

Unternehmensverträgen (§§ 291ff. AktG), die neben der vertraglichen Beherrschung einer Gesellschaft die Übernahme ihrer unternehmerischen Risiken und Chancen ermöglichen.

1. Abhängigkeitsvermutung nach § 17 Abs. 2 AktG

So bestimmt § 17 Abs. 2 AktG, dass bei einem im Mehrheitsbesitz stehenden Unternehmen vermutet wird, dass es von dem mit Mehrheit beteiligten Unternehmen abhängig ist. Eine Mehrheitsbeteiligung liegt nach § 16 Abs. 1 AktG wiederum vor, wenn einem Unternehmen die Mehrheit der Anteile oder Stimmrechte an einem anderen Unternehmen zustehen.

Insoweit könnte also angenommen werden, dass unter vorgenannten Voraussetzungen, unabhängig von der tatsächlichen Durchsetzung des Beherrschungswillens aufgrund bspw. abweichender Satzungsquoren[626], eine Abhängigkeit und damit eine finanzielle Eingliederung auch bei der Umsatzsteuer stets anzunehmen ist.

Einem solchen Automatismus stünde allerdings entgegen, dass es sich bei § 17 Abs. 2 AktG eben nur um eine widerlegliche Vermutung handelt, deren Zweck in der Abwehr von besonderen Konzerngefahren und dem Schutz von Minderheiten liegt[627]. Dementsprechend fehlt es nicht nur an einer vergleichbaren Interessenlage beider Institute, sondern § 17 Abs. 2 AktG beinhaltet schon keinen solchen Automatismus, sondern gewährt in dieser Situation stets den Gegenbeweis fehlender Abhängigkeit. Die Annahme eines Eingliederungsmerkmals bis zum Gegenbeweis lässt sich jedoch weder aus dem geltenden Umsatzsteuerrecht noch aus seiner nationalen Historie oder seinen unionsrechtlichen Grundlagen ableiten und wäre mit dem Aspekt einer rechtssicheren Anwendung kaum zu vereinbaren.

Sonstige für die Organschaft beachtenswerte Wirkungen der §§ 16ff. AktG müssen schon daran scheitern, dass § 16 AktG gedanklich zunächst auf dem Bestehen einer finanziellen Eingliederung aufbaut[628], so dass der aktienrechtlichen Abhängigkeitsvermutung für die finanzielle Eingliederung insgesamt keine Bedeutung zukommen kann[629].

2. Unternehmensverträge nach §§ 291ff. AktG

Nach den §§ 291 und 292 AktG können sich Unternehmen durch Unternehmensverträge zur Abführung ihres ganzen oder teilweisen Gewinns (Teil- oder Gewinnabführungsvertrag) oder zu einer Gewinngemeinschaft verpflichten, ihre Leitung einem anderen Unternehmen unterstellen (Beherrschungsvertrag) sowie

626 vgl. Kapitel 4 C.I. 2. a).

627 *Schall* in: Spindler/Stilz AktG, § 17 Rn. 1, 50; *Altmeppen* in: Aktienrecht im Wandel, Kap. 23 Rn. 20ff.

628 *Wäger* in: FS Schaumburg 2009, S. 1189 (1196).

629 BFH v. 1.12.2010 – XI R 43/08, BStBl II 2011, 600 (602); v. 3.4.2008 – V R 76/05; BStBl II 2008, 905 (908); *Birkenfeld* in: Birkenfeld/Wäger USt-Hdb, § 44 Rn. 288f.

ihr Unternehmen einem anderen verpachten oder sonst überlassen (Betriebsüberlassungs- und Betriebspachtvertrag).

An dieser beispielhaften Aufzählung zeigt sich, dass Unternehmensverträge mitunter erheblich auf die statuarische Organisation der verpflichteten Gesellschaft einwirken und deren Organe vergleichbar mit Satzungsbestimmungen in ihrem Verhalten beschränken[630]. Insbesondere die Möglichkeit der Übertragung der gesamten operativen Führung[631] eines Unternehmens durch einen Beherrschungsvertrag zeigt eine doch bemerkenswerte Vergleichbarkeit mit dem organschaftlichen Merkmal der *Durchsetzung eines fremden Willens* und wirft die Frage auf, inwieweit Unternehmensverträge die finanzielle Eingliederung einer Organgesellschaft flankieren können.

a) Finanzielle Eingliederung durch Unternehmensverträge

Diese Frage ist auch deshalb von Bedeutung, da der XI. Senat des BFH in einer Entscheidung[632] zur mittelbaren finanziellen Eingliederung über Organträgergesellschafter mitteilte, dass ein Gewinnabführungs- und Beherrschungsvertrag keine eigene finanzielle Beteiligung ersetzen könne und keinen Einfluss auf die Beteiligungsverhältnisse habe. Zwar stand für den XI. Senat nicht fest, ob der der Entscheidung zugrunde liegende Vertrag überhaupt ins Handelsregister eingetragen und damit wirksam geworden war. Zutreffend wird jedoch darauf hingewiesen, dass an diesem Punkt der Entscheidung das satzeinleitende „*Darüber hinaus*" darauf hindeutet, dass dieses Argument nicht streitentscheidend war[633], zumal anderenfalls auch eine Zurückverweisung mangels Entscheidungsreife hätte erfolgen müssen[634].

Die Ausführungen des XI. Senats wurden seitens der Literatur jedenfalls dergestalt interpretiert, dass Unternehmensverträge keinen Einfluss auf die finanzielle Eingliederung nehmen können und für eine Gestaltung der Organschaft nicht in Betracht kommen[635]. Die vorgenannte Literatur hält jedoch ein starres Festhalten an einem Beteiligungsverhältnis weder mit dem historischen Hintergrund des Merkmals der finanziellen Eingliederung noch mit seiner Dogmatik für vereinbar. So setze die Organschaft schließlich auf der Rechtsprechung des RFH auf, der eine finanzielle Eingliederung auch ohne Beteiligungsverhältnis bejahte[636]. Der dogmatische Hintergrund der finanziellen Eingliederung, sprich die Durchsetzung des fremden Willens in der Organgesellschaft, lasse sich außerdem ebenso mittels eines Beherrschungsvertrags erreichen, zumal die damit verbundene Leitungsmacht nach § 308 AktG dem herrschenden Unternehmen eine stärkere Position gebe als einem

630 *Veil* in: Spindler/Stilz AktG, Vor. §§ 291 Rn. 25f.
631 *Veil* in: Spindler/Stilz AktG, § 291 Rn. 11f.
632 BFH v. 1.12.2010 – XI R 43/08, BStBl II 2011, 600.
633 vgl. *Gotthardt/Boor*, DStR 2011, 1118 (1120).
634 § 127 Abs. 3 Satz 1 Nr. 2 FGO.
635 *Gotthardt/Boor*, DStR 2011, 1118 (1121).
636 dazu RFH v. 5.10.1929 – V A 190/29, RStBl 1930, 175.

mehrheitlich beteiligten Gesellschafter. Schließlich deute der Begriff der finanziellen Eingliederung auf eine Teilhabe am Gewinn und Vermögen hin, die auch durch einen Gewinnabführungsvertrag erreicht werden kann[637].

b) Trennung von finanzieller Eingliederung und Willensdurchsetzung

Die finanzielle Eingliederung ist, wie bereits mehrfach betont, Teilmerkmal der Unselbstständigkeit einer juristischen Person innerhalb der Umsatzbesteuerung. Die vom Unternehmer etwaig erzielten Gewinne oder die Vermehrung seines Vermögens spielen für dessen umsatzsteuerliche Selbstständigkeit jedoch keine Rolle[638], so dass im Umkehrschluss diese Attribute für die Unselbstständigkeit einer juristischen Person unerheblich sind. Ein Gewinnabführungsvertrag kann dementsprechend keine Bedeutung für die Frage nach der Notwendigkeit eines Beteiligungsverhältnisses haben.

Hinsichtlich des historischen Kontexts und der damaligen Rechtsauffassung des RFH ist zu vergegenwärtigen, dass sich die Regelungen zur Organschaft nicht nur mehrfach im Laufe der Zeit verändert haben, sondern auch in unterschiedlichen Systemen mit einer unterschiedlichen Phasenbesteuerung Anwendung fanden. Ein Gesetz kann aber gerade vor dem Hintergrund seiner Geschichte nicht statisch ausgelegt werden, sondern muss insoweit eingeschränkt unter dem Fortgang der Zeit verstanden werden[639].

Obgleich die Organschaft ihrem Ursprung natürlich verpflichtet bleibt, bedeutet die Anerkennung dieser Rechtsfigur des RFH daher nicht gleichsam die Anerkennung seiner sämtlichen Interpretationen. Die Notwendigkeit des Beteiligungsverhältnisses als Darstellungsmittel der Unter- und Überordnung im Organkreis dient der einfachen wie korrekten Anwendung des Umsatzsteuerrechts[640], das gerade nicht (mehr) den Unternehmer selbst belasten will. Das Postulat der einfachen und korrekten Rechtsanwendung als Prägung des unionsrechtlichen Mehrwertsteuerrechts lag jedoch unbestreitbar außerhalb des Erfahrungsschatzes des RFH, so dass eine historische Auslegung unter diesem Aspekt zwangsläufig leerlaufen muss. Insoweit bleibt es also auch vor dem geschichtlichen Hintergrund und der diesbezüglichen RFH-Rechtsprechung dabei, dass Unternehmensverträge kein Beteiligungsverhältnis ersetzen können[641].

Schließlich zeigt auch ein vergleichender Blick auf die Organschaft im Körperschaftssteuerrecht (§ 14 Abs. 1 Nr. 1 KStG), dass die Schaffung eines Unterordnungsverhältnisses nicht durch Unternehmensverträge möglich ist, selbst wenn diese einen größeren Einfluss garantieren, als es eine mehrheitliche Beteiligung kann. Obwohl

---

637 zum Ganzen *Gotthardt/Boor,* DStR 2011, 1118 (1120f.).

638 vgl. Kapitel 2 B. II. 1. a).

639 *Larenz,* Methodenlehre, S. 318f.

640 vgl. EuGH v. 22.1.2006 – Rs. C-246/04 (Turn- und Sportunion Waldburg), EuGHE 2006, I-589; v. 11.6.1998 – Rs. C-283/95 (Fischer), EuGHE 1998, I-3369.

641 ebenso *Eberhard/Mai,* UR 2010, 881 (889f.).

die körperschaftsteuerliche Organschaft grundsätzlich nur der Vermeidung einer Doppelbelastung mit Steuern dient[642], welche sich allein durch den Abschluss eines Gewinnabführungsvertrags erreichen lässt, ist dennoch eine finanzielle Eingliederung[643] im Sinne einer mehrheitlichen Beteiligung für ihre steuerliche Anerkennung notwendig. Hieran zeigt sich, dass Unternehmensvertrag und Mehrheitsbeteiligung steuerrechtlich keine Alternativen sind, sondern sich nur ergänzen können.

Obgleich ein Unternehmensvertrag allein folglich nicht zur Darstellung des Ordnungsverhältnisses innerhalb der Organschaft geeignet ist, kann auch ein solcher Vertrag, neben einer nicht mehrheitlichen Beteiligung des Organträgers an der Organgesellschaft, dazu beitragen, die finanzielle Eingliederung zu begründen. Entscheidend ist jedoch auch hier, dass er allgemein und typischerweise geeignet ist[644], die Stimmmehrheit in der Organgesellschaft zu sichern.

V. Fazit

Die Analyse der finanziellen Eingliederung hat gezeigt, dass sich hinter einer zunächst eindeutig klingenden Voraussetzung eine mitunter facettenreiche Position der organschaftlichen Eingliederung verbirgt.

Bereits die vorzunehmende Unterscheidung zwischen Anteils- und Stimmmehrheit und die Frage nach dem Einfluss des Gesellschaftsrechts haben gezeigt, dass die finanzielle Eingliederung in ihren Details mitunter sehr komplex sein kann und dem Rechtsanwender eine sichere und vorhersehbare Bewertung nicht immer ermöglicht. Insbesondere diese Details haben weiter gezeigt, dass zum einen nicht allein eine Anteils- und Stimmmehrheit eine sichere finanzielle Eingliederung bedeuten, und dass zum anderen auch ohne eine solche Mehrheit eine Beherrschung der Organgesellschaft nicht von vornherein ausscheiden muss. Betrachtet man das Merkmal vor seinem geschichtlichen Hintergrund und dem mit ihm verfolgten Zweck im Kontext des Steuersystems, dann müssen m. E. nach auch schuldrechtliche Gestaltungen möglich sein.

Die Komplexität der finanziellen Eingliederung und mit ihr eine gewisse Unsicherheit bei der Rechtsanwendung haben sich weiter im Zusammenhang mit mittelbaren Gestaltungen gezeigt. Die hier doch zunächst großzügige Handhabung der Rechtsprechung bei der Annahme einer Beherrschungssituation wurde m. E. nach zu Recht einer dogmatisch stringenteren Betrachtung preisgegeben. Bemerkenswert war dabei die von der Rechtsprechung leider nur angerissene Frage nach der (zumindest) nationalen Notwendigkeit eines Unterordnungsverhältnisses in der Organschaft. Hier hat die Analyse gezeigt, dass allein eine Beherrschungssituation nicht ausreichen kann, um mit Sicherheit zu bestimmen, wer in mittelbaren Konstellationen Organträger und wer Organgesellschaft ist. Aus der Notwendigkeit der Anerkennung eines

642 vgl. BFH v. 12.8.1965 – IV 322/64 U, BStBl 1965 III, 589f.

643 so dann auch *Gotthardt/Boor,* DStR 2011, 1118 (1121).

644 vgl. Kapitel 4 C. II. 2.

solchen Verhältnisses lässt sich gleichwohl nicht ableiten, dass allein ein echter Anteilsbesitz mit einhergehender Stimm- und Beherrschungsmehrheit zu einer finanziellen Eingliederung führen kann. Insoweit müssen m.E. nach zwar Anteilsbesitz und Beherrschungsmehrheit kumulativ vorliegen. Die Beherrschungsmehrheit kann sich jedoch auch aus anderen, obligatorischen Beziehungen ergeben.

Unter dem Eindruck der Analyse lässt sich insgesamt feststellen, dass die finanzielle Eingliederung keine Bedingung beschreibt, sondern einen Zustand der Organgesellschaft, in dem sie einen Teil ihrer Selbstständigkeit verliert, der sie umsatzsteuerrechtlich zur Unternehmerin macht. Die (potentielle) Übernahme ihrer unternehmerischen Entscheidungsgewalt bringt sie in eine Abhängigkeit zum Organträger, die ihn als den alleinigen Unternehmer erscheinen lässt.

D. Die wirtschaftliche Eingliederung

Die wirtschaftliche Eingliederung soll dadurch charakterisiert sein, dass die Organgesellschaft als Bestandteil des Unternehmens des Organträgers erscheint[645] und beide in einem gewissen Umfang eine wirtschaftliche Einheit bilden. Da weder Art noch Umfang dieser Einheit von Gesetzes wegen bestimmt sind, sie vielmehr noch durch das „*Gesamtbild der tatsächlichen Verhältnisse*" weiter relativiert wird, erscheint das Merkmal der wirtschaftlichen Eingliederung in der Rechtsanwendung daher besonders vielgestaltig[646].

Bereits aus dem Wortlaut lässt sich gleichwohl erkennen, dass die wirtschaftliche Eingliederung die geschäftliche Tätigkeit innerhalb des Organkreises in den Fokus nimmt und damit anders als die finanzielle und die noch zu erörternde organisatorische Eingliederung nicht *prima vista* die Möglichkeit einer Einflussnahme auf den Willen- und Entscheidungsbildungsprozess in der Organgesellschaft betrifft. Die wirtschaftliche Eingliederung schafft stattdessen eine Schnittstelle zur unternehmerischen Tätigkeit und weiter zum Grundtatbestand[647] der Umsatzsteuer, dem Leistungsaustausch. Mangels nationalgesetzlich wie unionsrechtlich konkretisierender Definition bleibt jedoch nicht nur die Frage nach der Quantität dieses Leistungsaustausches innerhalb des Organkreises unbeantwortet, sondern auch jene nach der Qualität dieser Beziehung. So bleibt bspw. offen, ob sich eine wirtschaftliche Eingliederung nur innerhalb des Organkreises vollziehen kann, oder ob auch die Zusammenarbeit beider Gesellschaften bei der Erbringung von Außenumsätzen ausreicht.

Die nunmehr vorzunehmende Analyse wird sich u.a. an dem Leistungsbegriff des § 1 Abs. 1 Nr. 1 UStG zu orientieren haben. Die Rechtsprechung geht seit jeher

---

645 vgl. BFH v. 20.1.1999 – XI R 69/97, BFH/NV 1999, 1136 (1137); ferner BFH v. 20.8.2009 – V R 30/06 BStBl II 2010, 863 (867); v. 17.1.2002 – V R 37/00, BStBl II 2002, 373 (374f.).

646 *Müller* in: Müller/Stöcker Organschaft, S. 318; *Klenk* in: Sölch/Ringleb UStG, § 2 Rn. 120 (61. EL); *Spiegel/Heidler*, DStR 2010, 1063f.

647 *Robisch* in: Bunjes UStG, § 1 Rn. 7.

davon aus, dass eine wirtschaftliche Beziehung für eine entsprechende Eingliederung überhaupt nur dann in Betracht kommt, wenn innerhalb dieser Beziehung ein entgeltlicher Leistungsaustausch stattfindet[648]. Da dieser Leistungsaustausch wiederum eine unternehmerische resp. wirtschaftliche Tätigkeit im Sinne der MwSt-SystRL voraussetzt, besteht folglich in diesem Verhältnis ein erforderlicher und entsprechend zu beachtender Zusammenhang[649].

Die Ergebnisse der Analysen zum umsatzsteuerrechtlichen Leistungsaustausch[650] sowie zum Unternehmer[651] sind folglich zu berücksichtigen.

I. Entwicklung und Anwendung

Die Rechtsprechung entwickelte zur wirtschaftlichen Eingliederung in den vergangenen Jahren eine beträchtliche Sammlung an Begriffs- und Merkmalsdefinitionen, deren konkrete Rechtsanwendung durch eine sich fortentwickelnde, jedoch nicht immer konsistent wirkende Kasuistik flankiert wurde.

1. Wirtschaftliche Eingliederung im Lichte der Rechtsprechung

Abstrahiert beschreibt die Rechtsprechung die wirtschaftliche Eingliederung als das Einfügen der Organgesellschaft in den übergeordneten Organträger, so dass das Organ als dessen Bestandteil erscheint[652]. Zur Erlangung des Status eines *„Bestandteils"* sei es notwendig, dass die Tätigkeiten von Organträger und Organgesellschaft aufeinander abgestimmt sind und sich dabei fördern und ergänzen[653]. Zwischen den Unternehmen der Organkreisbeteiligten müsse insoweit ein betriebswirtschaftlicher Zusammenhang bestehen[654], indem etwa ein Bezug zu den vom Organträger getätigten Umsätzen im von ihm geführten Geschäftszweig vorliege. Unabhängig vom Umfang des wirtschaftlichen Leistungsaustauschs soll ein solcher Zusammenhang beispielhaft bei der Verbindung einer Bank AG zu einer Fleischwaren GmbH oder bei einem Steuerberater zu einer Bäckerei GmbH abzulehnen sein[655].

---

648 BFH v. 18.6.2009 – V R 4/08, BStBl II 2010, 310 (313); v. 3.4.2003 – V R 63/01, BStBl II 2004, 434 (435f.); v. 17.4.1969 – V R 123/68, BStBl II 1969, 505 (507).

649 vgl. *Wäger* in: FS Schaumburg 2009, S. 1189 (1200); BFH v. 3.4.2003 – V R 63/01, BStBl II 2004, 434 (436).

650 Kapitel 2 B. I. 2.

651 Kapitel 2 B. II.

652 BFH v. 20.1.1999 – XI R 69/97, BFH/NV 1999, 1136 (1137); ferner BFH v. 20.8.2009 – V R 30/06 BStBl II 2010, 863 (867); v. 17.1.2002 – V R 37/00, BStBl II 2002, 373f; v. 3.4.2003 – V R 63/01, BStBl II 2004, 434 (436).

653 BFH v. 29.10.2008 – XI R 74/07, BStBl II 2009, 256 (258); v. 25.6.1998 – V R 76/97, BFH/NV 1998, 1534 (1535).

654 BFH v. 26.7.1962 – V 42/60, UR 1963, 242ff; v. 27.8.1964 – V 101/62 U, BStBl III 1964, 539 (540); v. 17.4.1969 – V 44/65, BStBl II 1969, 413f.

655 vgl. dazu *Scharpenberg* in: Hartmann/Metzenmacher UStG, § 2 Rn. 412 mwN; ferner BFH v. 22.3.2003 – V B 112/02, BFH/NV 2003, 1351.

a) *Anfängliche Bestimmung des Merkmals*

In den Anfangsjahren konkretisierte der BFH noch die Voraussetzung einer wirtschaftlichen Einheit mit dem Verhältnis von Dritt- und Organkreisabsatz bei der Organgesellschaft sowie durch die Entstehungsgeschichte des Organkreises[656]; letzterem Merkmal wurde jedoch stets nur indizielle Bedeutung beigemessen.

Gleichwohl belegte in der Rechtsprechung die Historie der Organgesellschaft regelmäßig die Grundannahme einer Förderungstendenz gegenüber dem Organträger. Lag dann noch der Anteil des Leistungsaustausches mit dem Organträger über dem Anteil der gegenüber Dritten abgesetzten Erzeugnisse – also im Schnitt der Jahre über 50 Prozent des Gesamtumsatzes der Organgesellschaft –, nahm die Rechtsprechung bei einem entsprechenden Geschäftszweigbezug eine wirtschaftliche Einheit und damit eine Eingliederung an.

Die Rechtsprechung nutzte das Verhältnis von Fremd- und Eigenabsatz dabei als zwingende Bedingung der Anerkennung der wirtschaftlichen Eingliederung und verneinte dementsprechend dessen Vorliegen, wenn das Hauptgewicht der wirtschaftlichen Betätigung der Organgesellschaft im Produktabsatz an Dritte lag[657]. Der Grund für diese statische Anwendung lag (wohl) in der Annahme, dass eine mit überwiegendem Fremdabsatz operierende Organgesellschaft zu eigenständig sei, als dass sie noch Bestandteil im Gefüge des übergeordneten Organträgers im Sinne der grundlegenden RFH-Rechtsprechung sein könne.

Später nahm der V. Senat des BFH von diesem doch sehr eng gefassten Merkmal Abstand und erklärte, dass es sich bei dem damals zu beurteilenden Sachverhalt um einen *Grenzfall* handelte und sich die zum Absatzverhältnis der Organgesellschaft gemachten Ausführungen nicht ohne Weiteres auf andere Fälle übertragen ließen[658]. Dass das Absatzverhältnis gleichwohl nicht nur einmalig, sondern mehrfach[659] für die Bestimmung der wirtschaftlichen Eingliederung bemüht wurde, ließ der BFH dabei unerwähnt. Unabhängig davon, dass nicht auszuschließen ist, dass auch diese Sachverhalte für den BFH Grenzfälle waren, gab er die umsatzorientierte Betrachtung in dem Urteil von 1972 jedoch nicht gänzlich auf und ließ sie später sogar explizit offen[660].

---

656 BFH v. 27.8.1964 – V 101/62 U, BStBl III 1964, 539.

657 vgl. BFH v. 17.4.1969 – V R 123/68, BStBl II 1969, 505 (507), wo trotz erheblicher Verbindungen zwischen Organträger und -gesellschaft das Absatzverhältnis entscheidend war.

658 BFH v. 15.6.1972 – V R 15/69, BStBl II 1972, 840 (842); vgl. ferner *Reiß* in: Reiß/Kraeusel/Langer UStG, § 2 Rn. 113.

659 vgl. BFH v. 17.4.1969 – V R 123/68, BStBl II 1969, 505; BFH v. 27.8.1964 – V 101/62 U, BStBl III 1964, 539; BFH v. 23.7.1959 – V 176/55 U, BStBl III 1959, 376.

660 BFH v. 3.4.2003 – V R 63/01, BStBl II 2004, 434 (436).

b) Aktuelle Bestimmung und Entwicklung des Merkmals

Im weiteren Verlauf der Rechtsprechung ist dennoch erkennbar, dass die Bedingungen für die Annahme einer wirtschaftlichen Verflechtung vermehrt extensiver formuliert wurden[661].

Gewiss kam es bei der Umsatzsteuerorganschaft nie auf eine – wie für § 14 KStG[662] geforderte – dienende Funktion im Sinne einer wirtschaftlichen Zweckabhängigkeit der Organgesellschaft an[663]. Dennoch entwickelte sich der zunächst an der ertragsteuerlichen Auslegung orientierte Begriff von einem gemeinsamen Fördern, Dienen und Ergänzen der Zwecke innerhalb des Organkreises[664] zu einer *nur* noch aufeinander abgestimmten Tätigkeit[665]. Eine solch abgestimmte Tätigkeit wurde dabei u. a. schon aus einem gemeinsamen Auftreten am Markt gegenüber den Kunden unter Verwendung desselben Firmenlogos sowie aus dem Hinweis auf das 30-jährige Bestehen des Betriebs hergeleitet und das, obwohl die Leistungen des Organträgers an die Organgesellschaft nur 1,5 bis 10,5 Prozent des Gesamtumsatzes ausmachten[666].

Nach der aktuellsten Rechtsprechung spielen für die wirtschaftliche Eingliederung die Art und der Umfang der zwischen den Unternehmensbereichen von Organgesellschaft und Organträger bestehenden Verflechtungen die entscheidende Rolle. Aus diesen müsse sich ein vernünftiger wirtschaftlicher Zusammenhang im Sinne einer Einheit oder Kooperation ergeben[667].

Bemerkenswert ist dabei, dass der XI. Senat zeitlich vor dem erwähnten Urteil das Erfordernis eines bestimmten Umsatzverhältnisses erstmals ausdrücklich verneinte[668], während der V. Senat später in seiner Entscheidung unter den Stichworten der nur *„unwesentlichen unternehmerischen Betätigung“* jedenfalls in abgeschwächter Form den Umsatzzahlen wieder indizielle Relevanz beimaß. Der V. Senat sah insoweit die unwesentliche Bedeutung der unternehmerischen Betätigung und damit das Fehlen der wirtschaftlichen Eingliederung dadurch verwirklicht, dass bei den dem Organträger in Rechnung gestellten Leistungen – relativ gesehen – nur geringe Beträge anfielen. Zwar bemühte er als Vergleichsmaßstab dabei nicht den Gesamtumsatz, sondern die vom Organträger an die Organgesellschaft zu leistenden Verlustausgleiche. Dennoch wendete er jedenfalls mittelbar eine an den Umsatzzahlen der Organgesellschaft orientierten Maßstab für die Frage nach der Wesentlichkeit der Betätigung an[669].

---

661 vgl. *Reiß* in: Reiß/Kraeusel/Langer UStG, § 2 Rn. 118.4f.

662 vgl. BFH v. 24.1.2001 – I R 2001, BFH/NV 1998, 1534.

663 BFH v. 20.8.2009 – V R 30/06, BStBl II 2010, 863 (867); v. 20.9.2006 – V B 138/05, BFH/NV 2007, 281f.

664 vgl. BFH v. 26.4.2001 – IV R 75/99, BFH/NV 2001, 1195 (1196f.).

665 BFH v. 9.9.1993 – V R 124/89, BStBl II 1994, 129 (130).

666 BFH v. 20.9.2006 – V B 138/05, BFH/NV 2007, 281f.

667 BFH v. 20.8.2009 – V R 30/06, BStBl II 2010, 863 (867f.).

668 BFH v. 29.10.2008 – XI R 74/07, BStBl II 2009, 256 (258).

669 vgl. *Feldgen,* BB 2010, 285 (287).

Unwesentlich ist die unternehmerische Betätigung nach Ansicht der Rechtsprechung jedoch nicht nur dann, wenn sie ein bestimmtes quantitatives Maß unterschreitet, sondern auch, wenn es ihr an einer ergänzenden Qualität hinsichtlich der Unternehmungen im Organkreis fehlt. Der V. Senat formulierte diesbezüglich, dass die Leistungen, welche die wirtschaftliche Eingliederung ausmachen sollen, zu einer nicht nur unbedeutenden Entlastung innerhalb des Organkreises führen müssen[670], was allein administrative Aufgaben wie Buchführung- und Personalverwaltungsleistungen regelmäßig nicht erreichen.

Ebenfalls als nicht ausreichend bewertet die Rechtsprechung nur kapitalmäßige Verflechtungen zwischen Organträger und Organgesellschaft. Diese sollen nur die finanzielle Eingliederung betreffen, ohne dabei einen überschießenden Einfluss auf die wirtschaftlichen Beziehungen der Organkreisbeteiligten nehmen zu können[671].

c) Zwischenergebnis

Aus der Rechtsprechung zur wirtschaftlichen Eingliederung im Rahmen der Organschaft lässt sich nur schwerlich ein roter Faden ableiten.

War zunächst ein eher restriktiver Umgang mit dem Merkmal festzustellen, das sich in einer untergeordneten Tätigkeit eines Betriebsteils ausdrückte, reicht heute bereits ein vernünftiger wirtschaftlicher Zusammenhang im Sinne einer Einheit oder Kooperation aus. Problematisch blieb über die gesamte Entwicklung, dass zu keiner Zeit eine fassbare dogmatische Begründung für dieses Merkmal gegeben wurde, auch wenn sich der Definitionsansatz mehrfach änderte. Dieser Mangel an Begründung macht es dann auch entsprechend schwer nachvollziehbar, warum einige Leistungsbeziehungen quantitativ wie qualitativ für einen *„vernünftigen wirtschaftlichen Zusammenhang"* ausreichen sollen, während andere Leistungen wegen ihres unbedeutenden Charakters generell ausscheiden müssen.

2. Anwendung in der Verwaltung und Annahmen der Europäischen Kommission

Die Verwaltung folgt weitestgehend den Leitlinien der Rechtsprechung zur wirtschaftlichen Eingliederung und hat dementsprechend ihre diesbezüglichen Aussagen weitestgehend in den Anwendungserlass übernommen.

Bemerkenswert ist ein Hinweis innerhalb des Erlasses, wonach die *„Beteiligung [des Organträgers] an der Kapitalgesellschaft dem unternehmerischen Bereich des Anteilseigners zugeordnet werden [muss]"*[672], um eine wirtschaftliche Eingliederung anzunehmen.

---

670 BFH v. 18.6.2009 – V R 4/08, BStBl II 2010, 310 (313); v. 25.6.1998 – V R 76/97, BFH/NV 1998, 1534.

671 BFH v. 17.4.1969 – V 44/65, BStBl II1969, 413.

672 Abschn. 2.8 Abs. 6 Satz 2 UStAE.

Bemerkenswert ist dies deshalb, weil bei der Zuordnung von Beteiligungen zunächst an die finanzielle Eingliederung und die damit einhergehende Entscheidungsgewalt in der Organgesellschaft gedacht wird. Der Hinweis, der in einem Schreiben des BMF [673] zur umsatzsteuerlichen Frage im Zusammenhang mit dem Halten von Beteiligung ergangen ist, bleibt gleichwohl folgerichtige Konsequenz aus der EuGH-Rechtsprechung zur fehlenden Unternehmereigenschaft bei reinen Finanzholdings[674].

Insoweit muss vergegenwärtigt werden, dass allein die Beteiligung an und das Halten sowie die Veräußerung von Gesellschaftsanteilen grundsätzlich keine unternehmerische Tätigkeit begründen und zwar auch dann nicht, wenn neben der gesellschaftlichen Beteiligung noch eine andere unternehmerische Tätigkeit ausgeübt wird[675]. Anders ist dies nur dann, wenn die Beteiligung mitunter zur Förderung der anderen unternehmerischen Tätigkeit dient[676]. Dementsprechend können bei einer wirtschaftlichen Eingliederung nur solche wirtschaftlichen Verflechtungen anerkannt werden, die mit einer Gesellschaft stattfinden, deren Beteiligung im unternehmerischen Vermögen des Organträgers gehalten wird. Die Organschaft und ihre Wirkungen können sich insoweit nur auf den unternehmerischen Bereich beschränken[677].

Die Europäische Kommission schlägt als Definition für die wirtschaftliche Beziehung im Sinne des Art. 11 MwStSystRL vor, dass die Gruppenmitglieder die gleiche Haupttätigkeit ausüben oder die Tätigkeiten der Gruppenmitglieder sich ergänzen, voneinander abhängen oder ein Mitglied der Gruppe eine Tätigkeit ausübt, die den übrigen Mitgliedern in vollem oder in wesentlichem Umfang zugute kommt[678]. Die insoweit doch sehr weit und facettenreich formulierte Definition, die nicht weiter begründet wird, dürfte dabei im Wesentlichen mit den Annahmen der aktuellen Rechtsprechung übereinstimmen, so dass hier keine signifikanten Unterschiede bestehen.

3. Leistungsaustausch

Die wirtschaftliche Eingliederung inkorporiert nach den vorstehenden Meinungen also die unternehmerische Tätigkeit der Beteiligten in die Binnenstruktur der Organschaft. Die Rechtsprechung verlangt (wohl) infolgedessen, dass innerhalb der zwischen Organträger und -gesellschaft bestehenden Beziehung entgeltliche Leistungen im Sinne des UStG ausgeführt werden müssen, da ohne entgeltliche Leistungen keine unternehmerischen Tätigkeiten und damit auch keine Förderung

---

673 BMF v. 26.1.2007 – IV A 5 – S 7300–10/07, BStBl I 2007, 211; vgl. dazu auch *Küffner/Zugmaier*, DStR 2007, 472 (475).
674 vgl. Kapitel 2 C.I.
675 *Klenk* in: Sölch/Ringleb UStG, § 2 Rn. 194.
676 *Küffner/Zugmaier*, DStR 2007, 472 (474).
677 vgl. BMF v. 26.1.2007 – IV A 5 – S 7300–10/07, BStBl I 2007, 211 (213).
678 Europäische Kommission v. 2.7.2009 – KOM 2009, 325; UR 2009, 632 (636).

und Ergänzung der unternehmerischen Tätigkeiten eines anderen (Unternehmers) möglich sind[679].

a) Steuerbarkeit und Ausübung öffentlicher Gewalt

Dieser Aspekt ist in den letzten Jahren insbesondere im Zusammenhang mit juristischen Personen des öffentlichen Rechts und ihren privatwirtschaftlich geführten Unternehmungen virulent geworden. Hierbei stellte sich nicht nur die Frage, ob es sich bei Zahlungsströmen überhaupt um Entgelte im Sinne des UStG handelte, sondern ebenso war fraglich, ob entgeltliche Leistungen an den unternehmerischen Bereich der juristischen Person des öffentlichen Rechts erbracht wurden[680].

Bei der Entgeltlichkeit der Leistungen gilt es nämlich zu beachten, dass im öffentlich-rechtlichen Kontext mitunter Zuschüsse oder Beihilfen gewährt werden, die lediglich die Fortführung einer nicht kostendeckenden Unternehmung ermöglichen sollen. Da solche Zuschüsse und Beihilfen jedoch keine Leistungen im Sinne des § 1 UStG darstellen[681], stehen sie somit nicht nur der Anerkennung der Unternehmereigenschaft des Leistenden entgegen, sondern konsequenterweise auch der Annahme einer wirtschaftlichen Eingliederung. Ohne Details dieser eigenen Thematik näher zu beleuchten, zeigt sich die Schwierigkeit bei der Abgrenzung zur nicht gegebenen Steuerbarkeit bei solchen Zuschüssen und Beihilfen exemplarisch in § 10 Abs. 1 Satz 3 UStG[682], der sich insoweit auch innerhalb der Organschaft auswirken kann.

Nämliches gilt für die Frage der Zuordnung der entgeltlichen Leistung zum Unternehmen des Organträgers. Insoweit steht es der Annahme einer wirtschaftlichen Eingliederung entgegen, wenn der Organträger zwar entgeltliche Leistungen an die Organgesellschaft erbringt, ihm die Leistungen im Rahmen der öffentlichen Gewalt und dem eigens für ihn errichteten rechtlichen Rahmen aber ohnehin oblagen und er nicht unter den gleichen Bedingungen wie private Wirtschaftsteilnehmer handelte[683]. Solche Leistungen begründen bereits keine unternehmerische Tätigkeit und sind damit folglich für die Herstellung der wirtschaftlichen Eingliederung ebenso ungeeignet[684].

---

679 BFH v. 20.8.2009 – V R 30/06, BStBl II 2010, 863 (867); v. 18.6.2009 – V R 4/08, BStBl II 2010, 310 (312); ferner *Scharpenberg* in: Hartmann/Metzenmacher UStG, § 2 Rn. 418; *Radeisen* in: Plückebaum/Malitzky UStG, § 2 Rn. 235f.

680 vgl. BFH v. 18.6.2009 – V R 4/08, BStBl II 2010, 310; v. 20.8.2009 – V R 30/06, BStBl II 2010, 863.

681 *Oelmaier* in: Sölch/Ringleb UStG, § 1 Rn. 51f.

682 vgl. dazu BFH v. 18.6.2009 – V R 4/08, BStBl II 2010, 310 (312); *Korn* in: Bunjes UStG, § 10 Rn. 60ff.

683 BFH v. 22.9.2005 – V R 28/03, BStBl II 2006, 280 (282); v. 29.11.1989 – Rs. C-281/87, EuGHE 1989, 4015.

684 vgl. *Birkenfeld* in: Birkenfeld/Wäger USt-Hdb, § 44 Rn. 393.

b) *Holdinggesellschaften und Unternehmer durch Innenleistungen*

Ebenso erlangte die Steuerbarkeit der Leistungen für sog. reine Holdinggesellschaften[685] als Organträger Bedeutung.

Der BFH[686] nahm früher an, dass es nicht erforderlich sei, dass der Organträger selbst Umsätze im eigenen Namen bewirkt, um als Unternehmer zu gelten, da ihm in seiner Funktion als Organträger die Umsätze seiner Tochter(organ)gesellschaft zugerechnet werden können. In Folge der Rechtsprechung des EuGH zu Holdinggesellschaften und des insoweit konstatierten Fehlens einer eigenen wirtschaftlichen Betätigung dieser Gesellschaften im Sinne der MwStSystRL[687] sah sich allerdings der BFH gehalten, seine diesbezügliche Rechtsansicht zu revidieren und folglich auch bei Holdinggesellschaften als Organträger, ohne Rücksicht auf die Wirkungen der Organschaft, eine eigene Unternehmereigenschaft zu verlangen[688]. Er folgte damit der überwiegenden Meinung innerhalb der Literatur[689], die das Tatbestandsmerkmal *Unternehmer* im § 2 Abs. 2 UStG nicht als Rechtsfolge, sondern stets als Voraussetzung der Organschaft versteht.

Allerdings stellte der BFH im Zusammenhang mit der Aufgabe vorgenannter Rechtsprechung *obiter dicta* ebenfalls fest, dass sich die Unternehmereigenschaft des Organträgers auch aus einer ausschließlichen Leistungsbeziehung zu einer Tochter(organ)gesellschaft ergeben könne und zwar ungeachtet der umsatzsteuerbefreienden Wirkungen, die beim Vorliegen der anderen Organschaftsmerkmale dann eintreten.

Die (eigentlich) die wirtschaftliche Eingliederung manifestierenden Leistungen können hier also auch die Unternehmereigenschaft bedingen. Dies ist deshalb erwähnenswert, da sich die Folgefrage anschließt, inwieweit die Rechtsprechung zur Unternehmertätigkeit auf die wirtschaftliche Eingliederung anwendbar ist oder auf sie Einfluss nimmt. Dem BFH lag diesbezüglich ein Sachverhalt[690] zur Entscheidung vor, in dem es neben der Organschaft um eben das Vorliegen der Unternehmereigenschaft des Organträgers ging, die ausschließlich durch das Erbringen von Innenleistungen in Form einer Grundstückspacht gekennzeichnet war. Hinzu kam, dass die Erbringung von diesen entgeltlichen Innenleistungen zwar im Wege einer sog. Besserungsabrede avisiert wurden; aufgrund der schlechten wirtschaftlichen Situation der Organgesellschaft diese Innenleistungen jedoch bis zu deren Insolvenz nur unentgeltlich erfolgten.

---

685 zum Begriff: Kapitel 2 C. I. 2.

686 BFH v. 19.10.1995 – V R 71/93, BFH/NV 1996, 273; ferner *Stadie* in: Rau/Dürrwächter UStG, § 2 Rn. 831 mwN.

687 vgl. Kapitel 2 C. I.

688 BFH v. 9.10.2002 – V R 64/99, BStBl II 2003, 375 (378), allerdings ohne ausdrückliche Aufgabe der bisherigen Rechtsprechung.

689 *Reiß* in: Reiß/Kraeusel/Langer UStG, § 2 Rn. 105.3; *Birkenfeld* in: Birkenfeld/Wäger USt-Hdb, § 44 Rn. 232.

690 BFH v. 7.7.2005 – V R 78/03, BStBl II 2005, 849.

Dennoch nahm der BFH unter Verweis auf die entsprechende Rechtsprechung des EuGH[691] die Unternehmereigenschaft beim Organträger an, da keine Anhaltspunkte vorlagen, wonach der Organträger endgültig seine Verpachtungsabsicht gegen Entgelt aufgegeben hätte. Bemerkenswerterweise bejahte der BFH so dann auch die Organschaft zwischen Pächter und Verpächter, obgleich laut Sachverhalt außer der Grundstückspacht keine weiteren entgeltlichen Leistungsbeziehungen zwischen den Beteiligten bestanden.

Obschon der BFH seine diesbezügliche Auffassung zum Vorliegen einer Organschaft nahezu unbegründet ließ, muss vom Ergebnis her betrachtet davon ausgegangen werden, dass er eine wirtschaftliche Eingliederung auch ohne Entgeltzahlungen als gegeben ansieht, solange der geplante Leistungsaustausch nur – entsprechend der Rechtsprechung zum Vorliegen der Unternehmereigenschaft – durch eine objektivierte Absicht belegt werden kann.

c) *Steuerpflichtigkeit der Leistungen*

Weiter ist fraglich, ob neben der Steuerbarkeit die Steuerpflichtigkeit der Leistung Einfluss auf die wirtschaftliche Eingliederung nimmt.

In Rechtsprechung und Literatur finden sich zu dieser Thematik keine einschlägigen Aussagen, so dass die Lösung letztlich im Kontext der Begründung der Steuerbefreiung und den Zwecken der Organschaft gefunden werden muss.

Die zuvorderst in § 4 UStG aufgezählten Steuerbefreiungen für bestimmte Umsätze verfolgen anders als andere Steuerarten nicht (nur) die Tendenz, den Steuerpflichtigen zu begünstigen. Vielmehr warten sie mit einer Vielzahl von Zwecken auf[692], die sich nur schwerlich einem gemeinsamen Nenner zuordnen lassen. So wird nicht nur aus Vereinfachungsgründen oder zur Förderung von Gemeinwohlaktivitäten oder bestimmten Wirtschaftszweigen auf eine Besteuerung verzichtet, sondern ebenso aus systemischen Zwecken wie der Vermeidung von Doppelbesteuerungen oder zur Durchsetzung des Bestimmungslandprinzips[693].

Hieraus leitet sich mitunter dann auch ihr Sinn ab, zumal durch die Wirkung des Vorsteuerabzugs und der damit einhergehenden Kostenneutralität[694], eine Steuerbefreiung bei Unternehmen eigentlich redundant ist. Weiter folgt hieraus, dass die Vorschriften zur Steuerbefreiung nicht nur Zwecke verfolgen, die dem Gedanken der Letztverbrauchsbesteuerung und damit dem Telos der Umsatzsteuer allenfalls mittelbar entsprechen[695], sondern vielmehr noch, dass diese Zwecke weder Einfluss auf die wirtschaftliche Tätigkeit noch auf die entgeltliche Leistung des Unternehmers haben.

---

691 vgl. Kapitel 2 B.
692 *Heidner* in: Bunjes UStG,§ 4 Rn. 1; *Treiber* in: Sölch/Ringleb UStG, § 4 Rn. 6.
693 *Treiber* in: Sölch/Ringleb UStG, § 4 Rn. 6.
694 vgl. Kapitel 2 B. I. 2. b).
695 krit. *Treiber* in: Sölch/Ringleb UStG, § 4 Rn. 6.

Ebenso muss dann aber eine Einflussnahme auf die wirtschaftliche Eingliederung ausscheiden, da letztere im direkten Zusammenhang mit der Tätigkeit als Unternehmer steht.

Die Steuerpflichtigkeit der Leistung nimmt m. E. nach daher keinen Einfluss auf die wirtschaftliche Eingliederung.

d) Zwischenergebnis

Die wirtschaftliche Eingliederung erfordert nach der Rechtsprechung eine Steuerbarkeit, jedoch keine Steuerpflichtigkeit des Leistungsaustausches zwischen Organträger und Organgesellschaft. Gerade im Zusammenhang mit vermeintlichen *Leistungen* der öffentlichen Hand kann sich eine angenommene wirtschaftliche Eingliederung dabei als Trugschluss erweisen.

Auch wenn die unternehmerische Tätigkeit der Organgesellschaft dem Organträger nicht zuzurechnen ist, kann (allein) der steuerbare Leistungsaustausch im Rahmen der wirtschaftlichen Eingliederung die Unternehmereigenschaft des Organträgers begründen. Hieraus folgt weiter, dass es für die wirtschaftliche Eingliederung ausreicht, dass der insoweit erfolgte Leistungsaustausch nur beabsichtigt ist, solange sich diese Absicht objektiv feststellen lässt. Auch die endgültige spätere Aufgabe dieser Absicht dürfte der Annahme einer wirtschaftlichen Eingliederung dabei nicht entgegenstehen, solange zum Zeitpunkt des Bestehens der Organschaft die Aufgabe der Absicht noch nicht erfolgt ist.

4. Analyse

Betrachtet man die Entwicklung der Rechtsprechung, scheint diese in dem Merkmal der wirtschaftlichen Eingliederung die Unselbstständigkeit der Organgesellschaft hinsichtlich der Tätigkeit realisiert zu sehen, die im Zusammenhang mit dem Status als Unternehmer die Umsatzbesteuerung (regelmäßig) erst auslöst. Zwischen Organgesellschaft und -träger sollen also Leistungsbeziehungen vorliegen, die eine Verflechtung ihrer Tätigkeiten und damit eine wirtschaftliche Einheit ihres Schaffens annehmen lassen.

Unter Berücksichtigung der Entwicklung der Rechtsprechung muss gleichwohl hinterfragt werden, ob in der Praxis mit dem Merkmal der wirtschaftlichen Eingliederung überhaupt noch rechtssicher gearbeitet werden kann. Die zahlreichen Definitionen und Konkretisierungen haben nicht erkennbar dazu beigetragen, dass das Merkmal mit der Zeit bestimmbarer geworden wäre. Doch nicht nur das Aufstellen und das Revidieren einzelner Voraussetzungen haben der Handhabbarkeit dieser wirtschaftlichen Einheit im Organkreis geschadet; vielmehr war und ist es das Fehlen einer dogmatisch belastbaren Begründung des Merkmals und eines darauf aufbauenden Anforderungsprofils, die seine rechtssichere Anwendung erschwert.

a) *Kritik*

§ 2 Abs. 2 Nr. 2 UStG behandelt die Organgesellschaft als unselbstständigen Teil des Organträgers. Auch die Rechtsprechung betont daher, dass eine wirtschaftliche Eingliederung insbesondere dann gegeben sei, wenn der Organträger die Aufgabe einer Betriebsabteilung oder einer Filiale im Geschäftsbetrieb des Organträgers erfüllt[696]. Der Gedanke, dass die Leistungen der Organgesellschaft für eine wirtschaftliche Eingliederung überwiegend dem Organträger zukommen müssen, scheint also durchaus folgerichtig, wenn man die Organgesellschaft im Sinne einer Betriebsabteilung oder Filiale als Teil der Wertschöpfungskette des Organträgers begreift.

Das von der Rechtsprechung frühzeitig geforderte Verhältnis eines bestimmten Umsatzes zwischen Organgesellschaft und Organträger ist unter dieser Vorstellung daher als durchaus zutreffendes Indiz zur Feststellung der wirtschaftlichen Eingliederung zu betrachten. Nur der überwiegende Umsatz an den Organträger kann insoweit der Organgesellschaft das Attribut einer Betriebsabteilung oder Filiale im Organkreis verleihen. Die Annahme eines solchen Verhältnisses böte darüber hinaus auch ein Mehr an rechtssicherer Anwendbarkeit, da eine wirtschaftliche Eingliederung durch die Umsatzrelation bestimmbarer wäre.

Unabhängig davon, ob neben dem Umsatz auch der Anknüpfung an andere Zahlenwerke der Bilanz eine Aussagekraft über die wirtschaftliche Eingliederung entnommen werden kann[697], stehen einer solchen Konkretisierung jedoch auch gewichtige Gründen entgegen.

Zum einen ist der Schluss, dass eine Betriebsabteilung oder Filiale überwiegend Innenumsätze zu Gunsten des eigenen Unternehmens erbringt, kein empirischer Grundsatz und daher insgesamt zweifelhaft als Rechtfertigung. Zum anderen ist eine solche Relation zu starr, um volatile Entwicklungen im Organkreis, insbesondere in den Spitzen ihrer wirtschaftlichen Tätigkeit noch erfassen zu können. Als Kautel müssten Umsatzströme im Organkreis überwacht und ggf. gesteuert werden, was je nach Unternehmensgröße zu einem nicht mehr nur unerheblichen Aufwand führte. Schließlich lässt sich ein solch mathematisch bestimmbares Verständnis nicht mit der abstrahierten Fassung des Wortlauts der Norm in Einklang bringen. Eine solche Auslegung würde schließlich eine Konkretisierung ins Gesetz bringen, die m. E. nach dem Gesetzgeber vorbehalten und daher *de lege lata* die Ausnahme bleiben muss.

Auch die mitunter erfolgte Kategorisierung von bestimmten Leistungen[698] als „*eingliederungsfähig*", hilft bei der Bestimmung des Merkmals nicht weiter. Gewiss nutzt die Rechtsprechung diese Kategorisierung nur als negativen Indikator einer nicht nur unwesentlichen Leistungsbeziehung; dogmatisch zwingend erscheint diese Einteilung indes jedoch nicht zu sein.

---

696 vgl. BFH v. 3.4.2008 – V R 76/05, BStBl II 2010, 863 (867f.).

697 BFH v. 20.8.2009 – V R 30/06, BStBl II 2010, 863 (868).

698 vgl. BFH v. 18.6.2009 – V R 4/08, BStBl II 2010, 310 (313); v. 25.6.1998 – V R 76/97, BFH/NV 1998, 1534 (1535).

Der neuere Ansatz der Rechtsprechung ist schließlich ebenso wenig geeignet, dogmatische Konsistenz und Rechtssicherheit bei der Anwendung der wirtschaftlichen Eingliederung zu vermitteln. Wenn die Rechtsprechung bei einem in den letzten Jahren ohnehin schon extensiven Auslegungsansatz verlauten lässt, dass an die wirtschaftliche Eingliederung bei deutlicher Ausprägung von finanzieller und organisatorischer Eingliederung keine hohen Anforderungen mehr zu stellen seien[699], trägt dies nicht zu einer Verbesserung seiner dogmatischen Herleitung bei und fördert überdies nicht die Akzeptanz der wirtschaftlichen Eingliederung als gleichrangiges Merkmal der Organschaft. Das gilt insbesondere dann, wenn die so getroffenen Aussagen später wieder relativiert werden müssen[700], (wohl) um dem Merkmal nicht jegliche Berechtigung zu nehmen.

Zwar gibt es in der Literatur ebenso Forderungen nach einem unter Hinweis auf Art. 11 MwStSystRL und den dort lediglich geforderten *„gegenseitigen wirtschaftlichen Beziehungen“* großzügigen Ansatz bei der wirtschaftlichen Eingliederung[701]. Diese gehen jedoch zum Teil so weit, dass das Merkmal neben der finanziellen Eingliederung als *„letztlich überflüssig“* angesehen wird[702].

Unabhängig von dieser Extremposition kann aber auch ein großzügiger Ansatz bei der Bestimmung eines konsistenten Kerns des Merkmals nicht weiterhelfen. Die Linie zur nur unwesentlichen, nicht eingegliederten Leistung bliebe dabei nämlich ebenso offen wie die Frage, ob nur ein bestimmtes qualitatives oder auch quantitatives Maß an wirtschaftlicher Verknüpfung erfüllt werden muss.

Auch praktisch stößt ein extensiver Ansatz an seine Grenzen, obwohl er für die (Organkreis-)Beteiligten zunächst reizvoll erscheinen mag. Denn dass das Merkmal der wirtschaftlichen Eingliederung für die Annahme einer Organschaft immer noch vorliegen muss, ist ebenso unbestritten wie die Tatsache, dass nicht jede wirtschaftliche Verbindung im Organkreis eine Eingliederung bedeutet. Ohne planbares und vorhersehbares Mindestmaß hilft daher auch ein großzügiger Auslegungsansatz also nicht weiter.

b) Problematik einer wirtschaftlichen Eingliederung

Die fehlende Konsistenz in der Bestimmung der wirtschaftlichen Eingliederung und die fortwährende Suche nach einer Definition begleitet das Merkmal vom Beginn seiner Behandlung in der Jurisprudenz. Die Problematik resultiert dabei maßgeblich aus seiner geschichtlichen Entwicklung, die anders als die finanzielle und organisatorische Eingliederung nicht erkennbar an die grundlegende RFH-Rechtsprechung anknüpfte[703].

---

699 BFH v. 3.4.2003 – V R 63/01, BStBl II 2004, 434 (436).
700 BFH v. 20.9.2006 – V B 138/05, BFH/NV 2007, 281 (282).
701 *Birkenfeld* in: Birkenfeld/Wäger USt-Hdb, § 44 Rn. 384f.
702 *Stadie* in: Rau/Dürrwächter UStG, § 2 Rn. 886.
703 vgl. *Dornfeld/Telkamp,* StuW 1971, 67 (71).

aa) Problem der Genese

Der RFH unterschied bei der Entwicklung der Organschaftstheorie zunächst nicht zwischen der wirtschaftlichen Einheit und der wirtschaftlichen Eingliederung, sondern sah das Abhängigkeitsverhältnis zwischen den rechtlich selbstständigen Wirtschaftsobjekten entscheidend durch die einheitliche Willensbildung oder die einheitliche Leitung geprägt[704]. Diese einheitliche Kontrolle ließ das Organ für den RFH als „*Bestandteil*"[705] des Organträgers erscheinen und basierte insoweit auf dem Vergleich eines durch Fusion entstandenen Einheitsunternehmens[706].

Der Begriff der wirtschaftlichen Eingliederung tauchte erstmalig in einem Beschluss des RFH vom 23.11.1926[707] in Anlehnung an eine Formulierung *Rosendorffs* auf[708]. Dieser vertrat nach der Anerkennung der Organschaft durch den RFH die Auffassung, dass allein ein beherrschender Anteilsbesitz und eine darauf basierende Leitungsmacht eines Unternehmens nicht ausreiche, um steuerrechtlich zwei zivilrechtlich selbstständige Unternehmen als eine wirtschaftliche Einheit zu behandeln[709]. Die Stellung als herrschender Organträger setzte seiner Ansicht nach mehr voraus, um die Unselbstständigkeit der Organgesellschaft zu rechtfertigen, und er forderte neben der finanziellen auch eine organisatorische und wirtschaftliche Beziehung zwischen den Beteiligten.

Ließen sich die finanzielle und organisatorische Eingliederung noch in den Kontext der vom RFH postulierten Willensbeherrschung und -durchsetzung aufgrund der vorangegangenen Entscheidungen einordnen, blieb der Inhalt der wirtschaftlichen Eingliederung bei *Rossendorff* jedoch unklar. Allenfalls aus dem Kontext seiner Erläuterung ließ sich entnehmen, dass er, geleitet von dem Gedanken des Einheitsunternehmens, die Gesellschaften wie Abteilungen eines Großunternehmens verstanden wissen wollte[710], deren Beziehungen durch eine wirtschaftliche Verbundenheit geprägt sein mussten. Details dieser Prägung nannte er gleichwohl nicht, und sie ließen sich auch nicht aus den weiteren Inhalten seiner Schriften ableiten.

Der I. Senat des RFH[711] übernahm diese „*formelhaft[e]*"[712] Voraussetzungstrias zunächst für die Ertragsteuerorganschaft, ohne die einzelnen Merkmale genauer zu konkretisieren. Erst in der Folgezeit sahen sich die Gerichte gezwungen, Stellung zum Inhalt der wirtschaftlichen Eingliederung zu beziehen und unternahmen die so bereits dargestellten Definitionsversuche.

704 vgl. RFH v. 9.12.1924 – V A 676/26, RFHE 19, 339 (340); v. 28.11.1924 – V A 73/24, RFHE 15, 116; ferner RFH v. 26.9.1927 – V A 417/27, RStBl 1927, 219.
705 RFH v. 31.3.1922 – I A 10/22, RFHE 9, 167 (171).
706 vgl. RFH v. 28.11.1924 – V A 73/24, RFHE 15, 116 (119).
707 I B 101/16, RFHE 20, 46 (49).
708 vgl. *Dornfeld/Telkamp,* StuW 1971, 67 (71).
709 *Rosendorff,* Organisation der Konzerne, S. 109.
710 *Rosendorff,* Organisation der Konzerne, S. 109.
711 RFH v. 11.11.1927 – I A 57/27, RFHE 22, 183 (187).
712 vgl. *Flume,* DB 1955, 485f, der die Entwicklung jedoch dem RFH selbst zuschreibt.

An dieser Entwicklung zeigt sich nun die Problematik der wirtschaftlichen Eingliederung innerhalb der Organschaft: Insoweit fehlt ihr nicht nur ein Bezug zu der Ausgangsrechtsprechung des RFH, sondern es lässt sich auch darüber hinaus keine Grundlage erkennen, die dem Merkmal innerhalb der Organtheorie eine Zwecksetzung gibt. Dass die Organschaft das Gepräge eines Großunternehmens mit verschiedenen Abteilungen haben soll, ist als Grundlage nicht nur interpretatorisch unsicher. Es bleibt auch unklar, welcher Inhalt aus dieser Prägung für die wirtschaftliche Eingliederung abgeleitet werden könnte. Dass Abteilungen bestimmte Innenumsätze erbringen oder an bestimmten Außenumsätzen stets teilnehmen, ist nämlich weder empirisch erwiesen noch ein Grundsatz, der keines Beweises bedarf.

Die wirtschaftliche Eingliederung ist daher als Neuschöpfung ohne konkreten Regelungszweck[713] einzustufen, so dass eine historische Auslegung demnach keine Hilfe bei ihrer Konkretisierung leisten kann.

bb) Systematische Betrachtung

Der fehlende historische Bezug der wirtschaftlichen Eingliederung und ihre nicht festzustellende Regelungsabsicht können allerdings nicht dazu führen, dass sie im „*Sinne einer Leerformel*“[714] verstanden und bei der Feststellung der Organschaft schlicht übergangen werden könnte.

Der Zweck der wirtschaftlichen Eingliederung erklärt sich vor dem Hintergrund, dass sie als Teilaspekt der Unselbstständigkeit juristischer Personen angenommen wird, zunächst in der Tätigkeit des Unternehmers selbst, also im Bewirken von steuerbaren Leistungen. Diesen Ansatz zeigen zutreffend auch die Urteile des BFH[715], die stets entgeltliche Leistungen für die wirtschaftliche Eingliederung verlangten und diese von der unternehmerischen Tätigkeit der Beteiligten getragen sahen. Offen bleibt, woraus folgen soll, dass solche Leistungen stets zwischen den Organkreisbeteiligten in nicht unwesentlichem Umfang stattfinden müssen.

Hierfür könnte § 2 Abs. 2 Satz 2 UStG sprechen, der die Wirkungen der Organschaft auf die Innenleistungen des Organkreises beschränkt. Demnach könnte argumentiert werden, dass sich durch die Bezugnahme der wirtschaftlichen Eingliederung auf die unternehmerische Tätigkeit letztere vornehmlich oder jedenfalls nicht unwesentlich in den Innenleistungen wiederfinden muss.

Allerdings würde der Aussagegehalt des Satzes 2 bei dieser Interpretation m. E. nach überstrapaziert werden. Dieser spricht schließlich nur von Wirkungen und nicht von den Rechtsfolgen der Organschaft und ist deshalb missverständlich[716]. Dass sich die Wirkung der nichtsteuerbaren Innenleistung nur auf den Organkreis bezieht, ist insoweit nämlich logische Konsequenz des Umstandes, dass die

---

713 *Dornfeld/Telkamp*, StuW 1971, 67 (71).
714 *Dornfeld/Telkamp*, StuW 1971, 67 (82).
715 BFH v. 20.8.2009 – V R 30/06, BStBl II 2010, 863; v. 18.6.2009 – V R 4/08, BStBl II 2010, 310; ferner schon unter Kapitel 4 D. I. 3. a).
716 vgl. *Stadie* in: Rau/Dürrwächter UStG, Rn. 950.

Organgesellschaft nicht mehr selbstständig im Sinne des § 2 Abs. 1 UStG ist. Die maßgebliche Rechtsfolge der Organschaft ist folglich die Unselbstständigkeit der Organgesellschaft und nicht die Bewertung ihrer Umsätze als Innenleistungen gegenüber dem Organträger. Dementsprechend nimmt die fehlende Umsatzsteuerbarkeit von Innenleistung keinen Einfluss auf ihre Bewertung als wesentliche Leistungen der Organgesellschaft für die wirtschaftliche Eingliederung[717].

Allein aus der Behandlung der Innenumsätze kann folglich nicht auf die Notwendigkeit einer überwiegenden wirtschaftlichen Beziehung *interpartes* im Organkreis geschlossen werden.

Eine wesentliche Bedeutung könnte ferner der Rechtsfolge der Unselbstständigkeit und der sich daraus ergebenden Fiktion des einen Unternehmens beizumessen sein.

Versteht man die wirtschaftliche Eingliederung als Ausdruck der unternehmerischen Tätigkeit der zunächst selbstständigen Gesellschaft, dann müssen die (Innen-) Leistungen dieser unselbstständig werdenden Gesellschaft an den Außenumsätzen des dann einheitlichen Unternehmens des Organträgers teilhaben, um diesem Ausdruck gerecht zu werden. Denn ohne direkte oder indirekte Beteiligung dieser Innenleistungen an den Außenumsätzen des Organträgers können diese nicht mehr als Leistungen einer wirtschaftlichen Einheit verstanden werden. Insoweit ist der Bezug der Leistungen innerhalb der wirtschaftlichen Eingliederung aus systematischer Sicht kein quantitativer, sondern ein qualitativer.

Ob die Leistungen der Organgesellschaft also wesentlich oder unwesentlich gegenüber dem Organträger sind, spielt, solange ihre Beteiligung an den Außenumsätze gegeben ist, keine Rolle. Fraglich wäre bei dieser Lösung allenfalls noch der qualitative Grad der Beteiligung und ob auch indirekt an den Außenumsätzen beteiligte Leistungen ausreichen können, um eine wirtschaftliche Eingliederung anzunehmen. Diese im Einzelfall vorzunehmende Prüfung könnte sich gleichwohl an den Wertungen des § 15 Abs. 1 Satz 2 UStG orientieren, der einen Vorsteuerabzug u. a. bei Lieferungen ausschließt, deren unternehmerische Verwendung bei unter 10 Prozent liegt.

Soweit sich also eine Beteiligung der Innenleistungen von weniger als 10 Prozent an den Außenumsätzen ergibt, wäre eine wirtschaftliche Eingliederung zu verneinen. Bei einer nur indirekten Beteiligung an den Außenumsätzen bedürfte es ggf. einer pauschalierten Schätzung des Anteils an den einzelnen Außenumsätzen.

Systematisch betrachtet, könnte die wirtschaftliche Eingliederung folglich mit der Teilhabe an den Außenumsätzen des einen Organkreisunternehmens erklärt werden.

---

717 vgl. Kapitel 4 D. I. 3. b); *Reiß* in: Reiß/Kraeusel/Langer UStG, § 2 Rn. 114; ferner BFH v. 9.10.2002 – V R 64/99, BStBl II 2003, 375 (377).

cc) Teleologische Betrachtung

Die so angenommene notwendige Beteiligung der (Innen-)Leistungen der Organgesellschaft an den Außenumsätzen des Organträgers könnte sich des Weiteren aus dem Ziel der Umsatzbesteuerung ergeben, keinen unversteuerten Letztverbrauch eintreten zu lassen.

Wie oben gezeigt[718], gibt es neben der Gruppe der unselbstständigen juristischen Personen auch die der unselbstständigen natürlichen Personen. Bei letzteren dient der Begriff der Selbstständigkeit zwar dem (eher) politischen Zweck, sie von der Umsatzbesteuerung auszunehmen. Diese Ausnahme potentieller Steuerpflichtiger wird jedoch u.a. dadurch gerechtfertigt, dass im bestehenden System die Leistungen von Arbeitnehmern grundsätzlich in den Preisen der Unternehmer enthalten sind und damit doch einer Besteuerung unterworfen werden.

Bei Übertragung dieses Gedanken auf die Organschaft müsste man, um zu vermeiden, dass durch die Annahme der Unselbstständigkeit juristischer Personen unversteuerter Letztverbrauch eintritt, verlangen, dass die Innenleistungen – jedenfalls überwiegend – in die Außenumsätze des Organträgers eingehen[719]. Über das Merkmal der wirtschaftlichen Eingliederung könnte folglich sichergestellt werden, dass im Rahmen der Organschaft keine unversteuerten Leistungen bei dem Organträger in einen Letztverbrauch münden und so zu einer Systemfriktion innerhalb der Umsatzbesteuerung führen. Diese Gefahr ist zwar heute durch die Besteuerung von Entnahmen des Unternehmers (§ 3 Abs. 1b und 9a UStG) nicht mehr virulent, dennoch ließe sich so rückblickend erklären, warum es auch einer wirtschaftlichen Eingliederung bei der Organschaft bedurfte.

Die Annahme einer solchen Verflechtung zwischen Innenleistungen und Außenumsatz stünde Art. 11 MwStSystRL dabei nicht entgegen. Unabhängig davon, ob Art. 11 MwStSystRL überhaupt die Anforderung an die Organschaft nach oben hin begrenzt und nicht vielmehr nur Mindestanforderung definiert[720], rechtfertigt m.E. nach allein die Vermeidung vorgenannter Systemfriktionen, dass restriktiver mit der Annahme der wirtschaftlichen Eingliederung verfahren wird. Denn auch im Rahmen der unionsrechtlichen Gruppenbesteuerung gilt der Grundsatz der Verbrauchsbesteuerung fort.

Soweit unter Verweis auf eine richtlinienkonforme Auslegung eine weite Auslegung auch der wirtschaftlichen Eingliederung postuliert wird[721], konnte bislang nicht überzeugend dargelegt werden, dass eine solche Auslegung verbindlich aus der MwStSystRL oder der Rechtsprechung des EuGH folgt. Schließlich hilft eine weite Auslegung allein aber auch nicht weiter, um dem Merkmal der wirtschaftlichen Eingliederung eine Gestalt zu geben.

---

718 vgl. Kapitel 2 B. II. 2. a).

719 vgl. *Stadie* in: Rau/Dürrwächter UStG, § 2 Rn. 947; anders BFH v. 20.8.2009 – V R 30/06, BStBl II 2010, 863 (868).

720 vgl. Kapitel 3 B.

721 *Birkenfeld* in: Birkenfeld/Wäger USt-Hdb, § 44 Rn. 384.

Teleologisch betrachtet, könnte die Annahme einer wirtschaftlichen Eingliederung folglich der Vermeidung eines unversteuerten Letztverbrauchs beim Organträger dienen. Um dieses Ziel zu erreichen, müssten die Leistungen der Organgesellschaft dabei überwiegend in den Außenumsätzen des Organträgers aufgehen.

c) Zwischenergebnis

Obwohl aus der Genese des Merkmals der wirtschaftlichen Eingliederung folgt, dass sie keinen Zusammenhang mit der Entwicklung der Organschaft und der insoweit zugrundeliegenden Organtheorie aufweist, lässt sie sich dogmatisch aus systematischen und teleologischen Gründen der Umsatzbesteuerung erklären.

Systematisch kann insoweit argumentiert werden, dass die Beteiligung der Umsätze der Organgesellschaft an denen des Organträgers der Einheit des vom Gesetz bestimmten Unternehmens des Organkreises dient. Diese notwendige Beteiligung wird dabei sekundiert, durch die – heute nicht mehr virulente – Zielsetzung, keinen unversteuerten Letztverbrauch zuzulassen.

Insoweit kommt es für die Feststellung der wirtschaftlichen Eingliederung folglich darauf an, dass grundsätzlich Leistungen der Organgesellschaft in die (eigenen) Außenumsätze des Organträgers eingehen. Dies bedeutet dann allerdings auch, dass der Organträger eigene Außenumsätze und nicht nur (Innen-)Leistungen an die Organgesellschaft erzielen muss, damit eine wirtschaftliche Eingliederung festgestellt werden kann.

II. Absicht der wirtschaftlichen Eingliederung

Unter Berücksichtigung der Rechtsprechung des EuGH reicht es für die wirtschaftliche Eingliederung möglicherwiese aus, dass allein die Erbringung von Innenleistungen für die Ausgangsumsätze des Organträgers beabsichtigt war. Kommt es später tatsächlich zu keiner Erbringung von Innenleistungen, stünde dies der Annahme einer wirtschaftlichen Eingliederung vor der endgültigen Aufgabe der Absicht nicht von vornherein entgegen[722].

Die wirtschaftliche Eingliederung lässt sich – wie gezeigt – aus der unternehmerischen Tätigkeit der Gesellschaft ableiten und verknüpft dabei die Annahme des Unternehmerstatus mit dem Leistungsaustausch innerhalb der Organschaft. Nach der mittlerweile gefestigten Rechtsprechung des EuGH[723] hängt die Möglichkeit eines Vorsteuerabzugs und damit gleichsam der Status als Unternehmer jedoch nicht (mehr) zwingend von der Ausführung von eigenen Umsätzen ab, sondern es reicht die objektivierte Absicht, solche später auszuführen. Wenn nun die Stellung als Unternehmer keinen tatsächlichen Leistungsaustausch verlangt, muss dies aufgrund

---

722 BFH v. 17.1.2002 – V R 37/00, BStBl II 2002, 373 (374); *Stadie* in: Rau/Dürrwächter UStG, § 2 Rn. 884.

723 EuGH v. 29.2.1996 – Rs. C-110/94 (INZO), EuGHE 1996, I-857 (877); dem folgt BFH v. 22.02.2001 – V R 77/96, BStBl II 2003, 426.

des vorgenannten Zusammenhangs ebenso für die daraus abgeleitete wirtschaftliche Eingliederung gelten. Danach muss also die objektivierte Absicht der Erbringung von Innenleistungen für die Außenumsätze des Organkreises bezüglich der Annahme einer wirtschaftlichen Eingliederung ausreichen.

Allerdings bedeutet dies nicht, dass allein die Absicht, bestimmte Leitungen zu erbringen, die den Unternehmerstatus bedingen, stets zu einer wirtschaftlichen Eingliederung im Rahmen einer Organschaft führt. Insoweit muss zusätzlich feststehen, dass die avisierten Leistungen nach dem Willen der Organgesellschaft Eingang in die Außenumsätze des Organträgers finden sollen.

Nach Auffassung der Rechtsprechung und Teilen der Literatur müsste es für die wirtschaftliche Eingliederung dabei genügen, dass die Organgesellschaft beabsichtigt, dass ihre Leistungen an den Organträger nicht nur unwesentlich oder unbedeutend[724] sind.

Aufgrund des Zusammenhangs zwischen der Unternehmereigenschaft und der wirtschaftlichen Eingliederung reicht es folglich aus, dass allein die Absicht einer solchen Eingliederung feststeht.

III. Notwendigkeit einer wirtschaftlichen Eingliederung

Des Weiteren bleibt zu klären, ob es der Voraussetzung einer wirtschaftlichen Eingliederung, insbesondere unter dem historischen Aspekt überhaupt bedarf, um eine Organschaft im Umsatzsteuerrecht anzunehmen.

Die vielen Versuche einer überzeugenden Konkretisierung des Merkmals haben bereits in den siebziger Jahren die Frage aufkommen lassen, ob man die inhaltliche Begriffsbestimmung der wirtschaftlichen Eingliederung durch Rechtsprechung und Schrifttum nicht als gescheitert betrachten muss und es einer gesetzgeberischen Neuorientierung bedarf[725]. Auch aktuell wurde nicht zuletzt durch den immer großzügigeren Umgang mit diesem Merkmal konstatiert, dass die wirtschaftliche Eingliederung *„letztlich überflüssig“*[726] sei.

1. Faktischer Prüfungsverzicht

Das nach geltendem Recht auf die Prüfung gleichwohl nicht verzichtet werden kann, ist bereits oben erörtert worden[727]. Doch auch im Detail können die insoweit vorgetragenen Gegenargumente nicht überzeugen.

Insbesondere kann ein (faktischer) Prüfungsverzicht nicht durch die finanzielle Eingliederung gerechtfertigt werden[728], da diese weder indiziell noch inhaltlich

---

724 vgl. *Reiß* in: Reiß/Kraeusel/Langer UStG, § 2 Rn. 119.

725 *Dornfeld/Telkamp,* StuW 1971, 67 (71).

726 so *Stadie* in: Rau/Dürrwächter UStG, § 2 Rn. 886.

727 vgl. Kapitel 4 D. I. 4. b) bb), sowie BFH v. 26.4.1989 – I R 152/84, BStBl II 1989, 668 (669).

728 *Stadie* in: Rau/Dürrwächter UStG, § 2 Rn. 886.

einen Zusammenhang mit einer wirtschaftlichen Eingliederung aufweist. Die Untersuchung der finanziellen Eingliederung[729] hat gezeigt, dass durch sie die Willensbeherrschung innerhalb der untergeordneten Organgesellschaft sichergestellt werden soll. Der Zweck der wirtschaftlichen Eingliederung, soweit er aus Systematik und Teleologie herzuleiten ist, betrifft hingegen die unternehmerische Tätigkeit der Organkreisbeteiligten und deren Verflechtung, ohne dabei einen Bezug zur Willensbeherrschung resp. -durchsetzung aufzuweisen. Zwar hat der V. Senat des BGH mit der Feststellung, dass bei deutlicher Ausprägung der finanziellen und organisatorischen Eingliederung keine hohen Anforderungen mehr an die wirtschaftliche Eingliederung zu stellen seien[730], eine gewisse Relation zwischen den Merkmalen geschaffen. Später hat er jedoch selbst mitgeteilt, dass von der finanziellen nicht ohne Weiteres auf die wirtschaftliche Eingliederung geschlossen werden könne[731].

2. Notwendigkeit innerhalb der Organtheorie

Obgleich somit auf die wirtschaftliche Eingliederung also nicht verzichtet werden kann, ist damit noch nicht gesagt, ob das Merkmal für die Feststellung einer Organschaft im Umsatzsteuerrecht auch notwendig ist.

Aus der dargestellten historischen Entwicklung ergibt sich, dass die wirtschaftliche Eingliederung keine *„materielle Bedeutung“*[732] für die Organschaft hat und anders als die anderen Merkmale auch keinen klaren, aus der Organschaftstheorie ableitbaren Regelungszweck besitzt. Die verschiedenen Definitions- und Konkretisierungsversuche der Rechtsprechung und Literatur trugen ebenfalls nichts zur Aufwertung ihres Bedeutungsgehalts bei, so dass die wirtschaftliche Eingliederung für die der Organschaft zugrundeliegende Theorie obsolet erscheint.

Die vom RFH[733] unter den Besonderheiten des Umsatzsteuerrechts entwickelte Organlehre rekurrierte auf die eigene wirtschaftliche Zielsetzung der Unternehmen als Anknüpfung einer möglichen Unselbstständigkeit rechtlich selbstständiger Gesellschaften. Diese wirtschaftliche Zielsetzung wiederum ist ein Teilaspekt der schon damals bestehenden Organtheorie, die auf einer steuerrechtlich sachverhaltsgerechten Erfassung wirtschaftlicher Einheiten bei auch rechtlich selbstständigen Unternehmen beruhte. Bei der Umsatzsteuer tritt diese Zielsetzung besonders hervor, da hier das eingegliederte Unternehmen als unselbstständig umfassend vom Organträger konsumiert wird[734].

Wenn es nun Aufgabe der Organtheorie ist, wirtschaftliche Einheiten richtig zu erfassen, dann bietet sich konsequenterweise zuvorderst ein Vergleich mit einem

729 vgl. Kapitel 4 B.
730 BFH v. 3.4.2003 – V R 63/01, BStBl II 2004, 434 (436): „keine hohen Anforderungen“.
731 BFH v. 20.9.2006 – V B 138/05, BFH/NV 2007, 281 (282).
732 vgl. *Dornfeld/Telkamp,* StuW 1971, 67 (71).
733 vgl. Kapitel 3 A. II. 1.
734 *Oskierski,* Organschaftstheorie, S. 168; *Rehbinder,* Konzernaußenrecht und allgemeines Privatrecht, S. 70.

Einheitsunternehmen an, bei dem der wirtschaftliche und rechtliche Rahmen übereinstimmt[735].

Das Einheitsunternehmen und in ihm alle unselbstständigen Abteilungen und Untergliederungen verfolgen grundsätzlich das gemeinsame wirtschaftliche Ziel der langfristigen Gewinnmaximierung, für dessen Erreichen ihnen verschiedene Teilaufgaben übertragen sind. Diese Teilaufgaben können gewiss unter Zusammenarbeit mit anderen Abteilungen und Untergliederungen erfüllt werden; maßgeblich ist jedoch nicht, wie sie erfüllt werden, sondern dass sie der Zielsetzung der Unternehmensführung entsprechen[736].

Ähnlich verhält es sich auch bei einer Fusionierung von Gesellschaften innerhalb eines Konzerns. Auch dessen sachliche Grundlage ist nicht die Erfüllung gemeinsamer oder sich ergänzender Aufgaben, sondern die Umsetzung des gesetzten gemeinsamen Ziels. Die Erfüllung der Aufgabe ist hierbei also nur Mittel zum Zweck und nicht der Zweck selbst[737].

Dementsprechend kommt es also nicht auf die Fördereigenschaften der Abteilungen oder der Gliedgesellschaften an, sondern wesentlich ist, dass sie als eine Art Bestandteil des Gesamtunternehmens oder des Konzerns zum Erreichen des Gesamtziels beitragen. Nur in diesem Verhältnis manifestiert sich der wirtschaftliche Zusammenhang der verschiedenen Teile des Einheitsunternehmens oder des Konzerns, die schließlich die wirtschaftliche Einheit prägen[738].

Sieht man nun in der Erreichung dieses Gesamtziels die Rechtfertigung der Annahme wirtschaftlicher Einheiten durch das Steuerrecht, dann kann die Anerkennung dieser Einheit nur in der sachlichen Grundlage ihrer tatsächlichen Realisation erfolgen. Das Setzen des gemeinsamen Ziels und die Übertragung der insoweit notwendigen Teilaufgaben basieren jedoch ausschließlich auf der Möglichkeit qua beherrschenden Willens das Ziel und die Aufgabe zu bestimmen sowie die tatsächliche Umsetzung zu kontrollieren[739].

Die Bildung des beherrschenden Willens basiert in Kapitalgesellschaften dabei auf der Mehrheit der Stimmanteile, welcher gesetzlich durch das Merkmal der finanziellen Eingliederung sichergestellt wird; die Durchsetzung dieses Willens realisiert – wie noch zu zeigen ist – das Merkmal der organisatorischen Eingliederung[740].

Daraus folgt im Umkehrschluss, dass das Merkmal der wirtschaftlichen Eingliederung keine sachliche Rechtfertigung innerhalb der der Organschaft zugrundeliegenden Theorie hat und somit für die dogmatische Anerkennung der Organschaft keinen Mehrwert leisten kann.

---

735 *Dornfeld/Telkamp,* StuW 1971, 67 (71).
736 *Rehbinder,* Konzernaußenrecht und allgemeines Privatrecht, S. 75.
737 zum Ganzen *Dornfeld/Telkamp,* StuW 1971, 67 (73).
738 *Rehbinder,* Konzernaußenrecht und allgemeines Privatrecht, S. 75f.
739 vgl. *Dornfeld/Telkamp,* StuW 1971, 67 (73f.).
740 *Dornfeld/Telkamp,* StuW 1971, 67 (74).

Insoweit ist das Merkmal der wirtschaftlichen Eingliederung für die Organschaft m. E. nach also in der Tat überflüssig.

Dass der Wegfall des Merkmals zu negativen Konsequenzen führen würde, lässt sich ebenfalls nicht feststellen. Obgleich schon der immer großzügigere Umgang mit diesem Merkmal in Rechtsprechung und Literatur auf die umsatzsteuerrechtliche Irrelevanz hindeutet, zeigt ein vergleichender Blick auf die Entwicklung der Ertragsteuerorganschaften, dass die wirtschaftliche Eingliederung nicht unabdingbar wäre. Als der Gesetzgeber dort aus Gründen der Steuervereinfachung[741] neben dem Merkmal der organisatorischen auch das der wirtschaftlichen Eingliederung abschaffte, war die wohl wesentlichste Konsequenz, dass auch nicht gewerblich tätige reine Holdinggesellschaften Organträger sein konnten. Diese Konsequenz ist nach dem eindeutigen Wortlaut des Gesetzes bei der Organschaft jedoch ohnehin nicht zu befürchten, auch wenn einer Anerkennung – jedenfalls nach der neueren Auffassung des EuGH – die MwStSystRL nicht entgegenstünde[742].

3. Zwischenergebnis

Demnach bleibt festzuhalten, dass sich aus der sachlichen Rechtfertigung der Organtheorie keine Notwendigkeit für die Annahme einer wirtschaftlichen Eingliederung ergibt und dieses Merkmal nach hiesiger Auffassung für die Organschaft redundant ist.

IV. Wirtschaftliche Eingliederung und Betriebsaufspaltung

Die wirtschaftliche Eingliederung weist ferner einen Zusammenhang mit der ertragsteuerlichen Betriebsaufspaltung auf. Aus der Betriebsaufspaltung soll ein Abhängigkeitsverhältnis der Betriebskapitalgesellschaft zur Besitzgesellschaft folgen[743], welches wiederum für die wirtschaftliche Eingliederung Bedeutung erlangt.

1. Vermutung der wirtschaftlichen Eingliederung

Bei der Rechtsfigur der Betriebsaufspaltung wird ein einheitliches Unternehmen in ein Betriebs- und ein Besitzunternehmen aufgespalten und die Nutzung der benötigten Betriebsgrundlagen schuldrechtlich zwischen beiden Unternehmen sichergestellt[744]. Eben dieser Austausch an Betriebsgrundlagen als Leistungen im Sinne der Umsatzbesteuerung und die dadurch ausgelöste Abhängigkeit zwischen den Unternehmen soll auf die wirtschaftliche Eingliederung schließen lassen. Von Seiten der Rechtsprechung ist insofern geäußert worden, dass, insbesondere im Falle der Entwicklung der Organgesellschaft aus einer unselbstständigen Abteilung des

---

741 BT-Drucks. 14/2683, S. 121.

742 Kapitel 4 B. I. 1.

743 *Spiegel/Heidler,* DStR 2010, 1062 (1065).

744 *Bode* in: Blümich EStG, § 15 Rn. 590.

Organträgers heraus, eine Vermutung für die wirtschaftliche Eingliederung der Betriebs- in die Besitzgesellschaft spricht[745].

Für Unternehmungen der öffentlichen Hand hatte diese Vermutung dabei besondere Bedeutung. Der BFH[746] bestätigte insoweit nicht nur die steuerliche Nichtberücksichtigung von Miet- und Pachtverträgen über wesentliche Betriebsgrundlagen zwischen einer Trägerkörperschaft und einer als Betrieb gewerblicher Art geführten Tochtergesellschaft. Vielmehr noch entstand seiner Ansicht nach durch die Vermietungstätigkeit auf der Ebene der Trägerkörperschaft ein weiterer Betrieb gewerblicher Art, der nicht nur rein vermögensverwaltend, sondern unternehmerisch tätig war. Dementsprechend wurde nicht nur die Beteiligung an der Tochtergesellschaft einem unternehmerischen Tätigkeitsbereich zugeordnet, sondern es entstand gleichzeitig auch eine wirtschaftliche Eingliederung zwischen beiden Unternehmen[747].

Die Rechtsprechung ist im Laufe der Jahre gleichwohl zurückhaltender mit dieser „*Vermutung*" umgegangen und begann auch bei Betriebsaufspaltungen zu verlangen, dass die vermieteten Betriebsgrundlagen nicht nur von ungeordneter Bedeutung für das Betriebsunternehmen sind[748]. Danach musste bspw. ein vermietetes Betriebsgrundstück für die Zwecke des Betriebsunternehmens besonders gestaltet[749] oder so an den Betriebslauf angepasst sein, dass es eine räumliche und funktionale Grundlage der Geschäftstätigkeit der Betriebsgesellschaft bildete[750]. Zuletzt betonte der BFH dann explizit, dass alleine eine ertragsteuerliche Betriebsaufspaltung nicht geeignet sei, um die eigenständig und zuvorderst umsatzsteuerlich zu beurteilende wirtschaftliche Eingliederung zu ersetzen[751].

2. *Fehlender Einfluss ertragsteuerlicher Wertungen*

Der neueren Rechtsprechung ist vollumfänglich zuzustimmen. Die Rechtsfigur der ertragsteuerlichen Betriebsaufspaltung verfolgt Zwecke[752], die innerhalb der Umsatzbesteuerung keine Entsprechung finden und daher auf die Organschaft resp. die wirtschaftliche Eingliederung keinen inhaltlich bestimmenden Einfluss nehmen

---

745 BFH v. 30.6.1960 – V 86/58, HFR 1961, 114; FG Münster v. 31.1.1991 – 5 K 3761/88 U, UR 1992, 378f; vgl. ferner *Müller* in: Müller/Stöcker Organschaft, S. 329, sowie *Reiß* in: Reiß/Kraeusel/Langer UStG, § 2 Rn. 116 mwN.

746 BFH v. 14.3.1984 – I R 223/80, BStBl II 1984, 496f.

747 vgl. *Spiegel/Heidler*, DStR 2010, 1062 (1065).

748 BFH v. 13.5.2008 – XI B 195/07, BFH/NV 2008, 1543f; v. 25.4.2002 – V B 128/01, BFH/NV 2002, 1058 (1059); v. 9.3.1993 – V R 124/89, BStBl II 1994, 129.

749 BFH v. 12.11.1998 – V B 119/98, BFH/NV 1999, 684 (685).

750 BFH v. 25.4.2002 – V B 128/01, BFH/NV 2002, 1058 (1059), unter Rekurs auf die entsprechende ertragsteuerliche Rechtsprechung.

751 BFH v. 18.6.2009 – V R 4/08, BStBl II 2010, 310 (313); wohl aA *Wäger* in: FS Schaumburg 2009, S. 1189 (1201).

752 vgl. dazu Kapitel 4 C. III. 3. c).

können. Allein die Feststellung einer Betriebsaufspaltung sagt insoweit weder etwas über den Umfang der wirtschaftlichen Verflechtung aus noch über den – nach hiesiger Auffassung nötigen – Grad der Beteiligung dieser Innenleistungen an den Außenumsätzen.

Allein aus dem Vorliegen einer Betriebsaufspaltung kann daher nicht ohne Weiteres auf das Vorliegen der wirtschaftlichen Eingliederung geschlossen werden.

V. Verhältnis der Unterordnung

Eine weitere Thematik im Zusammenhang mit der wirtschaftlichen Eingliederung ist die Frage nach der Notwendigkeit eines Über- und Unterordnungsverhältnisses zwischen den Beteiligten und deren Leistungsbeziehungen. Im Wesentlichen geht es bei dieser Frage darum, ob nur die Leistung der Organgesellschaft an den übergeordneten Organträger eine wirtschaftliche Eingliederung begründen kann oder die Richtung der Leistungsbeziehung innerhalb des Organkreises hierfür unerheblich ist.

Sowohl die Rechtsprechung als auch die überwiegende Literatur haben zu diesem Thema bislang nicht ausdrücklich Position bezogen. Aus der Rechtsprechung lässt sich wenn überhaupt nur aus den in einzelnen Urteilen anerkannten Leistungsbeziehungen für eine wirtschaftliche Eingliederung ableiten, ob von einem Verhältnis der Subordination ausgegangen werden muss oder nicht[753].

Dabei hat die Entscheidung nach der Notwendigkeit einer solchen Unterordnung innerhalb der wirtschaftlichen Eingliederung erheblichen Einfluss auf den Umfang der Anerkennung einzelner Leistungsbeziehungen und damit auf den Eintritt der Organschaft insgesamt. Denn je nach Auslegungsinhalt wird eine eng- oder weitgefasste Bedeutung des Merkmals erreicht[754], was wiederrum den Anwendungsbereich der Organschaft mitbestimmt. Die Annahme einer Unterordnung und der Ausschluss demgegenüber anders gelagerter Leistungsbeziehungen zwischen Organgesellschaft und -träger würden insoweit den Anwendungsbereich der Organschaft nicht unerheblich einschränken. Diese Einschränkung könnte dabei gleichsam ein beachtliches Korrektiv darstellen, was mitunter zur Vermeidung eines unwillkürlichen Eintritts der Organschaft beitrüge[755].

1. Notwendigkeit einer Unterordnung

Eine dezidierte Meinung zur umfassenden Notwendigkeit einer Unterordnung in der Organschaft hat *Reiß*[756] formuliert. Dieser sieht in dem Verzicht auf ein

---

753 vgl. BFH v. 29.1.2009 – V R 67/07, BStBl II 2009, 1029; v. 13.10.2004 – V B 55/04, BFH/NV 2005, 390.

754 vgl. *Larenz,* Methodenlehre, S. 353.

755 *Reiß* in: Reiß/Kraeusel/Langer UStG, § 2 Rn. 118.2.

756 *Reiß* in: Reiß/Kraeusel/Langer UStG, § 2 Rn. 118.3; *ders.* in: Tipke/Lang StR 2005, § 14 Rn. 133, ferner noch *Klenk* in: Sölch/Ringleb UStG, § 2 Rn. 129.

Unterordnungsverhältnis innerhalb der wirtschaftlichen Eingliederung eine grundsätzliche Verfehlung der Rechtsprechung, insbesondere durch das gleichzeitige Herabsenken ihrer Voraussetzungen auf nur *„nicht unwesentliche wirtschaftliche Beziehungen"*.

Da der Unternehmer des UStG dadurch gekennzeichnet sei, dass er selbstständig entgeltliche Umsätze erbringt, könne bei einer Organschaft nicht einfach die Organgesellschaft als wirtschaftlich ein- und untergeordnet gelten, obwohl sie im Außenverhältnis mitunter den *„Löwenanteil"* der Umsätze erzielt. Von einem wirtschaftlich untergeordneten Rechtsträger könne vielmehr nur dann gesprochen werden, wenn dieser Vor- und Zuleistungen oder ergänzende Leistungen zu den Außenumsätzen des Organträgers beiträgt. Denn eingegliedert seien nur die Organgesellschaften, die den Organträger bei der Erbringung steuerbarer Umsätze fördern und nicht umgekehrt. Dementsprechend dürfe nur derjenige Rechtsträger als übergeordneter Organträger angesehen werden, der im Außenverhältnis den erheblicheren Teil der Umsätze des Organkreises erzielt[757].

Dieses strenge Anforderungsprofil sieht *Reiß* insbesondere dadurch gerechtfertigt, dass die mit der Organschaft verbundene Haftungserweiterung zu Lasten der Gesellschafter im Rahmen des auch verfassungsrechtlich Erforderlichen gehalten werden muss[758]. Da die Organschaft u. a. das Haftungsprivileg der Kapitalgesellschaften durchbreche, sieht *Reiß* das Merkmal der Unterordnung zuvorderst bei der wirtschaftlichen Eingliederung insoweit also als eine Art Korrektiv des unwillkürlichen Eintritts der Organschaft an.

2. Berücksichtigung in der Rechtsprechung

Die nationale Rechtsprechung hat zur Notwendigkeit eines Subordinationsverhältnisses bei der wirtschaftlichen Eingliederung soweit erkennbar bislang nicht ausdrücklich Stellung bezogen.

Aus den einschlägigen Entscheidungen zur Betriebsaufspaltung[759] lässt sich allerdings ebenso wie aus den aktuellen Formulierungen des BFH zur wirtschaftlichen Eingliederung ableiten, dass er ein solches Verhältnis innerhalb der wirtschaftlichen Eingliederung nicht für notwendig hält. In einem Urteil vom 20. August 2009[760] heißt es insoweit, dass *„keine wirtschaftliche Eingliederung vor[liege], wenn den entgeltlichen Leistungen des Gesellschafters für die Unternehmenstätigkeit der Untergesellschaft nur unwesentliche Bedeutung zukommt"*. Da der BFH hier eindeutig die Anerkennung des Merkmals auf eine einseitige Leistungsbeziehung des Organträges zur -gesellschaft stützte, kann von dem grundsätzlichen Erfordernis

757 vgl. zum Ganzen *Reiß* in: Reiß/Kraeusel/Langer UStG, § 2 Rn. 118.3.

758 *Reiß* in: Reiß/Kraeusel/Langer UStG, § 2 Rn. 118.1.

759 grundlegend BFH v. 9.3.1978 – V R 90/74, BStBl II 1978, 486 (487); ferner BFH v. 28.1.2002 – V B 39/01, BFH/NV 2002, 823, v. 12.11.1998 – V B 119/98, BFH/NV 1999, 684.

760 BFH v. 20.8.2009 – V R 30/06, BStBl II 2010, 863 (868).

einer Subordination im Rahmen der wirtschaftlichen Eingliederung insoweit also nicht ausgegangen werden.

Allerdings finden sich in der Rechtsprechung auch Hinweise, die die Annahme eines solchen Elements bei der wirtschaftlichen Eingliederung zumindest andeuten. Der BFH betonte[761] im Zusammenhang mit Miet- und Pachtverhältnissen als Leistungen wirtschaftlicher Eingliederung insoweit mehrfach, dass sich eine beherrschende Stellung innerhalb der wirtschaftlichen Eingliederung dadurch ergebe, dass der Organträger ein an die Organgesellschaft vermietetes Grundstück jederzeit kündigen und damit Einfluss auf die Gestaltung ihrer unternehmerischen Betätigung nehmen könne. Obwohl es sich hierbei teils um Miet- und Pachtverhältnisse handelte, die als *„nicht unwesentlich"* für sich allein (wohl) die wirtschaftliche Eingliederung hätten begründen können, nahm er diesen Hinweis mit auf.

Berücksichtigt man in diesem Kontext weiter, dass es um einseitige Leistungsbeziehungen des Organträgers zur -gesellschaft und nicht umgekehrt ging, kann vermutet werden, dass die Rechtsprechung diese Einflussmöglichkeit auf die unternehmerische Gestaltung der Organgesellschaft als Korrektiv bemühte, um die nicht untergeordnete Leistungsbeziehung zwischen Organgesellschaft und -träger zu rechtfertigen. Allerdings lässt sich diese Vermutung mangels entsprechender Urteilsbegründung kaum verifizieren.

Hinzukommt, dass die Möglichkeit einer Einflussnahme innerhalb solcher Verträge in der Folgezeit immer weiter von der Rechtsprechung ausgelegt wurde. So sah der BFH[762] eine beherrschende Stellung auch dann als gegeben an, wenn nur die Möglichkeit einer Einflussnahme durch Gestaltungsrechte bestand, was selbst bei einem über 25 Jahre unkündbarem Vertrag gelten sollte. In einer späteren Entscheidung fand dieser Aspekt schließlich überhaupt keine Erwähnung mehr, und er ließ allein eine entgeltliche Vermietung und Verpachtung ausreichen[763].

Insgesamt ist daher zu konstatieren, dass nach Auffassung der Rechtsprechung wohl kein Unterordnungsverhältnis im Rahmen der wirtschaftlichen Eingliederung notwendig ist.

3. Analyse

Die Frage nach der Notwendigkeit eines Unterordnungsverhältnisses stellte sich bereits bei der finanziellen Eingliederung. Dort konnte jedoch aus dem historisch gewachsenen Telos dieses Merkmals für die Organschaft hergeleitet werden[764], dass die Unterordnung innerhalb der finanziellen Verhältnisse erst die rechtssichere Erkennbarkeit der Organschaft herzustellen vermag.

---

761 BFH v. 1.4.1998 – V B 108/97, BFH/NV 1998, 1272f; v. 9.9.1993 – V R 124/89, BStBl II 1994, 129; v. 25.1.1968 – V 25/65, BStBl II 1968, 421.
762 BFH v. 1.4.1998 – V B 108/97, BFH/NV 1998, 1272f.
763 BFH v. 28.1.2002 – V B 39/01, BFH/NV 2002, 823.
764 vgl. Kapitel 4 C. III. 3. a).

Die Schwierigkeit, diese Bestimmung für die wirtschaftliche Eingliederung zu treffen, resultiert aus eben dem Gegenteil. Ihre Rechtfertigung lässt sich aus den Ideen der Organtheorie[765] nicht herleiten, und auch der Vergleich mit einem Einheitsunternehmen hat gezeigt, dass mit der wirtschaftlichen Eingliederung ein Erfordernis in die Organschaft Eingang fand, das sich in der sachlichen Rechtfertigung der Organtheorie nicht wiederspiegelt.

a) *Gestaltungsrechte als Ausdruck einer Subordination*

Die Möglichkeit der Einflussnahme auf die Leistungsbeziehung durch Gestaltungsrechte ist m.E. nach jedenfalls kein geeignetes Kriterium, aus welchem sich eine Unterordnung innerhalb der wirtschaftlichen Eingliederung ableiten oder herstellen ließe.

Abgesehen davon, dass den diesbezüglichen Feststellungen der Rechtsprechung nicht sicher eine dadurch vermittelte Unterordnung zu entnehmen ist, sind die mit den Gestaltungsrechten verbundenen Wirkungen schon nicht der wirtschaftlichen Eingliederung zuzurechnen. Die Möglichkeit, einseitig vertragsbeendende Gestaltungsrechte geltend zu machen, ist zwar gewiss Ausdruck einer Einflussnahme auf eine andere Gesellschaft. Doch betrifft diese Art der Beeinflussung allenfalls und nur mittelbar die Willensbildung der anderen Gesellschaft[766]. Die Beeinflussung des Willens, insbesondere hinsichtlich der wirtschaftlichen Zielsetzung der Gesellschaft wird innerhalb der Organtheorie durch die finanzielle und organisatorische Eingliederung sachlich gerechtfertigt und dementsprechend im Gesetz berücksichtigt[767].

Weiter hat die Rechtsprechung Gestaltungsrechte als Kriterium der wirtschaftlichen Eingliederung letztlich selbst sinnentleert, als man begann, eine Einflussmöglichkeit auch dann noch zu bejahen, wenn Gestaltungsrechte über mehrere Dekaden vertraglich ausgeschlossen wurden. Wenn die einseitige Option der Vertragsbeendigung tatsächlich als Ausdruck wirtschaftlicher Unterordnung verstanden wird, dann wiederspricht es einer tatsächlichen Einflussnahme – wie auch bei der finanziellen Eingliederung –, wenn dieses Recht weit über die betriebsgewöhnliche Nutzungsdauer ausgeschlossen wird. Insoweit zeigt auch der Wertungsvergleich mit § 39 Abs. 2 Nr. 1 AO, dass bei solchen Gestaltungen die Eigentumsposition des herrschenden Unternehmens nur noch formaljuristisch ist[768].

b) *Unterordnung als Teil der Eingliederung*

Auch wenn Gestaltungsrechte keine Unterordnung bei der wirtschaftlichen Eingliederung bedeuten, bleibt zu prüfen, ob eine Auslegung des Merkmals im Gesamtkontext der Organschaft auf die Notwendigkeit einer Unterordnung schließen lässt.

765 vgl. Kapitel 3 A. II. 1.
766 *Wäger* in: FS Schaumburg 2009, S. 1189 (1202).
767 *Stadie* in: Rau/Dürrwächter UStG, § 2 Rn. 888; *Hollatz,* DB 1994, 855f; vgl. Kapitel 4 D. III. 2.
768 *Hollatz,* DB 1994, 855f.

Für eine Unterordnung könnte dabei der Wortlaut des § 2 Abs. 2 Nr. 2 UStG sprechen, wonach die Organgesellschaft in das Unternehmen des Organträges *eingegliedert* sein muss. Das Wort Eingliederung bezeichnet im übertragenen Sprachgebrauch den Prozess, Teil eines Ganzen zu werden[769]. Wenn also die Organgesellschaft Teil eines Ganzen, repräsentiert durch den Organträger, werden soll, kann aus dieser sprachlichen Verteilung der unterschiedlichen Eigenschaften durchaus auf ein Ordnungsverhältnis geschlossen werden. Dass der Begriff Eingliederung dabei auf alle drei Merkmale Bezug nimmt, relativiert zwar in gewisser Weise seine Wirkung auf die wirtschaftliche Eingliederung; man könnte insoweit vertreten, dass nur aus allen drei Merkmalen eine Unterordnung folgen und nicht jeweils einzeln vorhanden sein muss[770]. Jedoch ist eine solche Lesensart nicht sakrosankt, zumal sprachlich auch nichts darauf hindeutet, dass das Wort Eingliederung nur das Produkt der verschiedenen Merkmale sein muss. Der Wortlaut deutet m. E. nach daher auf die Annahme eines Unterordnungsverhältnisses auch bei der wirtschaftlichen Eingliederung hin.

Die Genese des Merkmals ist zur Feststellung einer notwendigen Unterordnung nur sehr eingeschränkt geeignet. So ergibt sich zwar aus der Entwicklung der Organtheorie in der Rechtsprechung[771] die Notwendigkeit eines Subordinationsverhältnisses. Problematisch bleibt gleichwohl, dass diese Entwicklung schon vor der Etablierung der Voraussetzungstrias in der Organschaft auf den Aspekten der Willensbeherrschung und -durchsetzung aufsetzte und diese Kriterien durch die finanzielle und organisatorische Eingliederung repräsentiert werden. In der wirtschaftlichen Eingliederung verwirklicht sich gerade kein Aspekt der Organtheorie[772], so dass die Übertragung des in der Organtheorie verhafteten Subordinationsgedankens ein Folgefehler ihrer ohnehin erfolgten Berücksichtigung wäre.

Für eine Subordination, und damit eine einseitige Leistungsbeziehung, könnte weiter ein systematischer Zusammenhang sprechen, insbesondere unter Berücksichtigung der Wirkungen der Organschaft. Liegen nämlich die Voraussetzungen der Organschaft vor, werden sämtliche steuerbaren Umsätze der Organgesellschaft dem Organträger zugerechnet, der im Außenverhältnis als Unternehmer und Schuldner der Umsatzsteuer auf diese Umsätze behandelt wird[773]. Der Organträger nimmt folglich gegenüber der Organgesellschaft eine hervorgehobene Position ein. Diese realisiert sich zwar erst nach dem Erreichen aller Tatbestandsvoraussetzungen. Doch zeigt diese Rechtsfolge im Zusammenhang mit dem Merkmal der Eingliederung, dass der Organgesellschaft eine schwächere, eben untergeordnete Rolle innerhalb der Organschaft zukommt. Insoweit ist *Reiß*[774] zuzustimmen, dass eine

---

769 vgl. *Alsleben,* Duden: Etymologie, Stichwort „Glied(erung)".

770 vgl. dazu auch *Ruppe,* öUStG 2005, § 2 Rn. 100.

771 vgl. Kapitel 3 A. II. 1.

772 vgl. Kapitel 4 D. I. 4. b) aa).

773 vgl. BFH v. 29.10.2008 – XI R 74/07, BStBl II 2009, 256 (259); v. 19.10.1995 – V R 128/93, BFH/NV 1996, 275 (276); *Birkenfeld* in: Birkenfeld/Wäger USt-Hdb, § 44 Rn. 541ff.

774 *Reiß* in: Reiß/Kraeusel/Langer UStG, § 2 Rn. 118.3.

Organgesellschaft nicht in den steuerlich in Erscheinung tretenden Organträger eingegliedert sein kann, wenn diese gleichzeitig im Außenverhältnis den Löwenanteil der Umsätze erwirtschaftet. Der systematische Zusammenhang spricht daher für eine Unterordnung innerhalb der wirtschaftlichen Eingliederung.

Entsprechendes gilt bei Beachtung des Zwecks der wirtschaftlichen Eingliederung im heutigen Gesetzeskontext. Wie oben[775] dargelegt wurde, folgt aus dem Zusammenhang der wirtschaftlichen Eingliederung mit dem System der Umsatzbesteuerung, dass die Leistungen der Organgesellschaft in die Außenumsätze des Organkreises aufgehen müssen. Da ein solches Aufgehen aber nur in den echten Außenumsätzen des Organträgers und nicht in den ihm insoweit zugerechneten Umsätzen der Organgesellschaft denkbar ist, müssen die Leistungen, die die wirtschaftliche Eingliederung bedingen, in einem Verhältnis der Unterordnung an den Organträger fließen.

Dies bedeutet gleichwohl nicht, dass sich die Tätigkeit der Organgesellschaft insgesamt nur auf die Erbringung von Innenleistungen für die Außenumsätze des Organträgers reduzieren muss. Die Beschränkung von subordinierten Leistungen bezieht sich insoweit nur auf die Leistungen, die an den Organträger zur Erreichung der wirtschaftlichen Eingliederung fließen. Dass daneben noch Außenumsätze durch die Organgesellschaft getätigt werden können, die natürlich dem Organträger zugerechnet werden, steht der Annahme einer wirtschaftlichen Eingliederung dann nicht entgegen.

Das von *Reiß*[776] in diesem Kontext ebenfalls angeführte Argument, mit einer restriktiveren wirtschaftlichen Eingliederung der zu weit gehenden Haftungsdurchbrechung durch die Organschaft Einhalt zu gebieten, kann m. E. nach dagegen keine Unterordnung rechtfertigen. Ohne an dieser Stelle zu entscheiden, ob durch die Organschaft die Beteiligten einer zu weitgehenden Haftung, insbesondere unter Beachtung zivilistischer Haftungsbeschränkungen unterworfen werden, kann die (mitunter ungewollte) sekundäre Rechtsfolge nicht die Reichweite des Auslegungsinhalts der Tatbestandsvoraussetzungen beeinflussen. Eine so begründete Restriktion würde die Auslegung der Tatbestandsvoraussetzung zu stark von den Konsequenzen ihrer Anwendung abhängig machen und damit letztlich die Verlässlichkeit des Rechtssatzes insgesamt in Frage stellen.

c) Zwischenergebnis

Damit bleibt festzuhalten, dass nach dem Wortlaut, der Systematik sowie dem Telos der wirtschaftlichen Eingliederung nur solche Leistungsbeziehungen bei ihrer Feststellung berücksichtigt werden können, die an den Organträger für dessen eigene Außenumsätze erbracht werden. Die wirtschaftliche Eingliederung muss folglich in einem Verhältnis der Unterordnung der Organgesellschaft zum Organträger

775 Kapitel 4 D. III.

776 vgl. *Reiß* in: Reiß/Kraeusel/Langer UStG, § 2 Rn. 118.2.

stattfinden und darf sich, entgegen der herrschenden Meinung, nicht nur auf den auch wechselseitigen Austausch nicht unwesentlicher Leistungen beschränken[777].

VI. Mittelbare wirtschaftliche Eingliederung

Bislang wurde die wirtschaftliche Eingliederung nur im Verhältnis zwischen dem Organträger und der einzugliedernden Organgesellschaft betrachtet, so dass auch nur solche Leistungsbeziehungen Eingang in die Analyse fanden, die sich unmittelbar zwischen Beiden vollziehen.

Berücksichtigt man jedoch die Wirkungen und Rechtsfolgen der Organschaft auch bei der Auslegung der wirtschaftlichen Eingliederung, sprich die Behandlung der Organgesellschaft als unselbstständiger Teil des Organträgers, dann ist fraglich, ob sich dieses Merkmal tatsächlich nur auf unmittelbare Leistungsbeziehungen reduzieren lässt.

1. Zurechnung der Leistungsbeziehungen

Teile der Literatur vertreten unter Hinweis auf eben diese Rechtsfolgen der Organschaft und die Unselbstständigkeit der Organgesellschaft – teilweise mit Bezug zu der ebenfalls erfolgten Anerkennung bei der finanziellen Eingliederung –, dass es einer wirtschaftlichen Eingliederung nicht entgegenstehe, dass nur mittelbare (wirtschaftliche) Beziehungen zwischen Organträger und -gesellschaft vorliegen[778].

Die wirtschaftliche Eingliederung könne demnach angenommen werden, wenn eine Organgesellschaft an eine andere Organgesellschaft für diese wesentliche *„nicht steuerbare Innenleistungen"* erbringe[779]. Die Erbringung dieser Innenleistungen zwischen den Schwestergesellschaften sei dabei in zwei Alternativen denkbar: Entweder könnten die Innenleistungen eine fördernde, dienende oder ergänzende Funktion für die Außenleistungen der Schwestergesellschaft erfüllen, so dass die leistende Gesellschaft in den Organkreis eingegliedert werde. Oder die die Innenleistungen empfangende Schwestergesellschaft werde durch die Leistungsbeziehung eingegliedert, wenn diese ansonsten in keinerlei wirtschaftlichen Kontakt zum Organkreis stehe. Letzteres soll etwa dann der Fall sein, wenn der ansonsten nicht wirtschaftlich eingebundenen (Schwester-)Organgesellschaft wesentliche Betriebsgrundlagen für die Erbringung von Umsätzen überlassen werden[780].

Der hinter der Annahme dieser (nur) mittelbaren Beziehung liegende Gedanke findet sich ferner auch in einer Entscheidung des V. Senats vom 20. August 2009[781].

---

777 vgl. zur ähnlichen Rechtsprechung in Österreich *Ehrke-Rabel* in: USt-Kongress 2010, S. 159 (180) mwN.

778 *Wäger* in: FS Schaumburg 2009, S. 1189 (1197); *Birkenfeld* in: Birkenfeld/Wäger USt-Hdb, § 44 Rn. 383; *Reiß* in: Reiß/Kraeusel/Langer UStG, § 2 Rn. 114.3.

779 vgl. *Reiß* in: Reiß/Kraeusel/Langer UStG, § 2 Rn. 114.3.

780 zum Ganzen *Reiß* in: Reiß/Kraeusel/Langer UStG, § 2 Rn. 114.3.

781 V R 30/06, BStBl II 2010, 863.

Darin stellte der V. Senat fest, dass aufgrund der „*Behandlung des Organkreises als ein Unternehmen*“ nach § 2 Abs. 2 Nr. 2 UStG auch die Leistungsbeziehungen zu einer Schwestergesellschaft, wenn diese selbst Organgesellschaft ist, ausreichen können, um eine wirtschaftliche Eingliederung anzunehmen[782]. Die Leistung der eingegliederten Schwestergesellschaft an die wirtschaftlich noch nicht eingegliederte Gesellschaft wäre nämlich dem Organträger zuzurechnen, so dass ähnlich der finanziellen Eingliederung die Verflechtung auch auf einer nur mittelbaren Beziehung beruhen kann[783].

2. *Leistungen für den Organkreis*

Nach hiesigem Dafürhalten und der insoweit vertretenen Auffassung zur Auslegung der wirtschaftlichen Eingliederung reicht eine nur mittelbare Verflechtung zwischen den Organkreisbeteiligten nur dann aus, wenn die Leistungen von einer einzugliedernden Organgesellschaft an eine Schwesterorgangesellschaft erbracht werden und diese Leistungen wiederum in einem bestimmten Mindestumfang indirekt an den Außenumsätzen des Organträges teilhaben.

Aus einem Vergleich mit der finanziellen Eingliederung kann die mittelbare wirtschaftliche Eingliederung m. E. nach allerdings nicht hergeleitet werden.

Der Vergleich mit der finanziellen Eingliederung[784] ist bereits deshalb zweifelhaft, weil die hier mittlerweile restriktivere Handhabung bei der Auslegung – wohlgemerkt durch die Rechtsprechung – eine „*Zurechnung*“ zwischen den Beteiligten, wie sie jetzt bei der wirtschaftlichen Eingliederung angenommen wird, gar nicht mehr erlaubt.

Der wesentliche Kernpunkt bei der Anerkennung mittelbarer finanzieller Eingliederungen war insoweit die Frage nach der Art der Vermittlung dieses Eingliederungsmerkmals. Während bei einer mittelbaren Eingliederung über Zwischengesellschaften eine *Fortsetzung* der Willensbeherrschung festzustellen war[785], trat eine *Zurechnung* von Beherrschungsmacht nur bei einer Vermittlung über die Gesellschafter des Organträgers ein[786]. Eben diese Zurechnung wurde von der Rechtsprechung jedoch selbst aufgegeben, da sie eine rechtssichere Bestimmung des Ordnungsverhältnisses innerhalb der Organschaft nicht erlaubte. Die Fortsetzung einer solchen Zurechnung bei der wirtschaftlichen Eingliederung ist daher abzulehnen.

Abgesehen davon ist eine Übertragung der Interpretationen der anderen Merkmale auf die wirtschaftliche Eingliederung auch deshalb fraglich, weil die finanzielle Eingliederung in ihrer Auslegung maßgeblich durch den historischen Hintergrund und die entsprechende Entwicklung beeinflusst wird. Da die wirtschaftliche

---

782 BFH v. 20.8.2009 – V R 30/06, BStBl II 2010, 863 (869).

783 BFH v. 20.8.2009 – V R 30/06, BStBl II 2010, 863 (869).

784 so neben der Rechtsprechung explizit bei *Birkenfeld* in: Birkenfeld/Wäger USt-Hdb, § 44 Rn. 383.

785 vgl. Kapitel 4 C. III. 1.

786 vgl. Kapitel 4 C. III. 2.

Eingliederung vor einem anderen Hintergrund in das Gesetz aufgenommen worden ist[787], wäre insoweit nicht nur der Vergleich an sich fehlerhaft, sondern mehr noch eine daraus gezogene Rechtfertigung für eine mittelbare wirtschaftliche Eingliederung.

Aus § 2 Abs. 2 Nr. 2 UStG und dem daraus folgenden *einen* (umsatzsteuerlichen) Unternehmen kann dagegen eine mittelbare wirtschaftliche Eingliederung abgeleitet werden. Entscheidend ist jedoch, dass das Ordnungsverhältnis zwischen den Organkreisbeteiligten gewahrt bleibt, und dass die für die Eingliederung erbrachten Leistungen in den Außenumsätzen des Organträgers (teilweise) aufgehen.

Soweit eine Schwestergesellschaft mittelbar wirtschaftlich eingegliedert werden soll, reicht es daher nicht aus, wenn diese nur Leistungen einer anderen Schwesterorgangesellschaft empfängt und ansonsten nur Außenumsätze erbringt. Denn dadurch, dass die Leistungen der Schwesterorgangesellschaft als solche des Organträgers nach § 2 Abs. 2 Nr. 2 UStG behandelt werden, läge nur eine mittelbare Leistungsbeziehung von *oben nach unten* im Organkreis und damit kein Subordinationsverhältnis zu dieser (Schwester-)Gesellschaft vor.

Anders verhält es sich dann, wenn die wirtschaftlich mittelbar einzugliedernde Schwestergesellschaft an die Schwesterorgangesellschaft Leistungen erbringt. In diesem Fall besteht durch die Zurechnung der von der Schwesterorgangesellschaft empfangenen Leistungen an den Organträger ein mittelbares Unterordnungsverhältnis für die leistende (Schwester-)Gesellschaft. Entscheidend ist also, dass die mittelbar einzugliedernde Gesellschaft selbst Leistungen an den Organkreis erbringt.

Wenn diese Leistungen dann noch indirekt[788] in den Außenumsätzen des Organträgers aufgehen, kann m. E. nach eine mittelbare wirtschaftliche Eingliederung angenommen werden.

3. *Zwischenergebnis*

Damit bleibt festzuhalten, dass auch eine nur mittelbare wirtschaftliche Eingliederung anzuerkennen ist. Voraussetzung hierfür ist jedoch, dass die einzugliedernde Gesellschaft Leistungen an eine Schwestergesellschaft oder kurzum den Organkreis erbringt, welche nach Zurechnung ein mittelbares Subordinationsverhältnis zum Organträger entstehen lassen. Allein der Empfang von Leistungen einer Schwesterorgangesellschaft begründet ein solches Verhältnis nicht.

Soweit diese mittelbaren Leistungen dann noch (teilweise) Eingang in die Außenumsätze des Organträgers finden, kann eine (mittelbare) wirtschaftliche Eingliederung festgestellt werden.

787 vgl. Kapitel 4 D. I. 4. b) aa).

788 vgl. Kapitel 4 D. I. 4. b) bb).

VII. Fazit

Die Analyse der wirtschaftlichen Eingliederung hat gezeigt, dass dieses Merkmal nicht nur keine Entsprechung innerhalb der der Organschaft zugrundeliegenden Theorie hat, sondern auch, dass es ihrer nicht zwingend bedarf, um eine umsatzsteuerrechtliche Vergleichbarkeit zum Einheitsunternehmen herzustellen. Sie ist für die Organschaft also in der Tat „*überflüssig*"[789].

Da man sie bei der Prüfung der Organschaft gleichwohl nicht als Leerformel interpretieren darf[790], muss ihr heutiger Sinn aus der Systematik und dem Zweck der Organschaft abgeleitet werden. Anders als die Rechtsprechung und die herrschende Literatur wird nach hiesigem Dafürhalten das Merkmal jedoch nicht durch einen quantitativen, nicht nur unwesentlichen Leistungsbezug zwischen den Organkreisbeteiligten geprägt, sondern durch seine qualitative Beziehung zu den Ausgangsumsätzen des Organträgers. Die Leistungen der Organgesellschaft müssen an den Ausgangsumsätzen des Organträgers direkt oder indirekt partizipieren, um eine wirtschaftliche Verflechtung im Sinne der Organschaft anzunehmen.

Aus dieser Partizipation folgt weiter, dass nicht jeder Leistungsaustausch innerhalb des Organkreises für die wirtschaftliche Eingliederung geeignet ist, sondern nur solche, die sich in einem Verhältnis der Unterordnung vollziehen. Die Leistungen für die wirtschaftliche Eingliederung müssen daher von der Organgesellschaft an den Organträger erbracht werden.

Solange bei der Eingliederung die Unterordnung und die qualitative Beteiligung an den Ausgangsumsätzen des Organträgers festgestellt werden kann, kann sich eine wirtschaftliche Eingliederung dann auch mittelbar über einen Leistungsaustausch mit einer Schwestergesellschaft vollziehen.

E. Die organisatorische Eingliederung

Als drittes und letztes (Eingliederungs-)Merkmal der Organschaft nennt § 2 Abs. 2 Nr. 2 UStG das der organisatorischen Eingliederung.

Dieses Merkmal versteht sich dabei als eine Fortsetzung der finanziellen Eingliederung, da es unter Beachtung seines geschichtlichen Kontexts und der insoweit entwickelten Organtheorie ebenfalls einen Bezug zur Willensbeherrschung innerhalb des Organkreises hat. Anders als bei der finanziellen Eingliederung ist das Merkmal der organisatorischen Eingliederung jedoch nicht auf die eher abstrakte Möglichkeit einer Durchsetzung des Willens des Organträgers fokussiert, sondern auf seine tatsächliche Verwirklichung in der Organgesellschaft[791]. Das Merkmal trägt damit einen nicht nur unerheblichen Anteil zur Verwirklichung der Elemente der Organtheorie für die Umsatzsteuerorganschaft bei.

789 *Stadie* in: Rau/Dürrwächter UStG, § 2 Rn. 886.
790 BFH v. 26.4.1989 – I R 152/84, BStBl II 1989, 668 (669).
791 *Reiß* in: Reiß/Kraeusel/Langer UStG, § 2 Rn. 112.

Gleichwohl gibt es Stimmen innerhalb der Jurisprudenz, die der organisatorischen Eingliederung das „*geringste Gewicht*“ innerhalb der drei Eingliederungsarten beimessen wollen[792]. Denn gerade dieses Merkmal sei (nur) nach dem Gesamtbild der tatsächlichen Verhältnisse zu bestimmen und müsse daher nicht voll ausgeprägt sein[793]. Nach einer jüngst ergangenen Entscheidung des BFH[794] und des sich darin andeutenden restriktiveren Umgangs mit dem Merkmal ist man gleichwohl auch in der Literatur dazu übergegangen, die organisatorische Eingliederung nach dieser „*Aufwertung*“ durch die Rechtsprechung wieder differenzierter zu betrachten[795].

Nachfolgend gilt es neben den eigentlichen Voraussetzungen der organisatorischen Eingliederung zu analysieren, welcher Stellenwert diesem Merkmal innerhalb der Organschaft nun tatsächlich beizumessen ist. Diese Fragen sollen dabei stets unter Beachtung der Maßgaben der Organtheorie beantwortet werden, da insbesondere nach deren Wertungen der dogmatische Inhalt dieses Merkmals bestimmt werden muss.

I. Entwicklung und Anwendung

Um die Voraussetzungen der organisatorischen Eingliederung näher analysieren und für die sich insoweit stellenden Probleme bessere Lösungsansätze entwickeln zu können, ist zunächst der Blick auf ihre grundlegende Entwicklung sowie auf ihren aktuellen Status quo in Rechtsprechung und Literatur zu richten.

1. Entwicklung in der Rechtsprechung des BFH

Die ersten Entscheidungen, in denen sich die Rechtsprechung mit dem Merkmal der organisatorischen Eingliederung inhaltlich näher befassen musste, sind in ihren Feststellungen noch stark kasuistisch und von dem generellen organschaftlichen Postulat einer engen Verflechtung in Über- und Unterordnung geprägt. Der BFH beschränkte sich dabei darauf, dass es jedenfalls von besonderer Wichtigkeit sei, dass bei zwei Geschäftsführern einer Organträger-GmbH beide gleichzeitig Geschäftsführer der Organgesellschaft sind, beide in den Gesellschafterversammlungen der Gesellschaften auftreten sowie sich zu Fragen beider Gesellschaften gemeinsam äußern[796]. Die aus der Organschaft entnommene Verflechtungskomponente, ohne dies explizit ausgesprochen zu haben, lag hier schwerpunktmäßig also schon erkennbar auf einer personalen Identität der Leitungsorgane und ihrer Gleichschaltung.

---

792 *Müller* in: Müller/Stöcker Organschaft, S. 338; so auch noch *Korn* in: Bunjes UStG, § 2 Rn. 131 (10. Aufl.).

793 BFH v. 17.1.2002 – V R 37/00, BStBl II 2002, 373 (375); v. 28.1.1999 – V R 32/98, BStBl II 1999, 258 (259f.); dem folgen *Müller* in: Müller/Stöcker Organschaft, S. 338, sowie *Scharpenberg* in: Hartmann/Metzenmacher UStG, § 2 Rn. 442.

794 BFH v. 7.7.2011 – V R 53/10, BFH/NV 2011, 2195.

795 *Korn* in: Bunjes UStG, § 2 Rn. 131.

796 BFH v. 17.4.1969 – V R 123/68, BStBl II 1969, 505 (507).

Die ersten abstrahiert gefassteren Aussagen zur organisatorischen Eingliederung baute der BFH abermals wieder auf der *„engen Verflechtung mit Über- und Unterordnung“* im Organkreis auf, deren Erscheinungsformen er jedoch gleichzeitig als vielgestaltig relativierte[797].

Im weiteren Verlauf der Entscheidung vom 20. Februar 1992 folgte dann allerdings die Feststellung, dass eine organisatorische Eingliederung angenommen werden müsse, wenn die mit der finanziellen Eingliederung verbundene Möglichkeit der Beherrschung in der laufenden Geschäftsführung der Organgesellschaft tatsächlich wahrgenommen wird und die *„Gestaltung der Beziehungen“* zwischen Organträger und -gesellschaft sicherstellt, dass eine vom *„Willen des Organträgers abweichende Willensbildung“* in der Organgesellschaft nicht möglich ist[798]. Als Konkretisierung hieraus entwickelte der BFH dann die Voraussetzungen der organisatorischen Eingliederung: Danach muss entweder eine personelle Verflechtung im Sinne einer Personenidentität zwischen den Geschäftsführungs- und Vertretungsorganen innerhalb des Organkreises vorliegen, oder es muss durch organisatorische Maßnahmen gewährleistet sein, dass der *„Kernbereich der laufenden Geschäftsführungstätigkeit“* in der Organgesellschaft dem Weisungsrecht des Organträgers unterliegt[799].

a) Personelle Verflechtungen

Die so aus der Sicherstellung der Willensbildung abgeleiteten Voraussetzungen entwickelte der BFH hinsichtlich der personellen Verflechtungskomponente über die Jahre fort und schärfte deren Anforderungen.

So präzisierte der BFH zunächst die Grundlage dieses Merkmals dahingehend, dass es eine Folgewertung der mit der finanziellen Eingliederung einhergehenden Beherrschung der Organgesellschaft sei, dass die hieraus resultierende Möglichkeit der Steuerung der laufendenden Geschäftsführung durch die Organträgergesellschaft auch wirklich wahrgenommen werde[800]. Durch die personelle Verflechtung der Geschäftsführungsorgane in Ober- und Untergesellschaft könne die organisatorische Eingliederung dieses Ziel erreichen, da hierdurch die Art und Weise der Geschäftsführung innerhalb der Organgesellschaft kontrolliert werden könne[801]. Diese Kontrolle sah er später durch den Einsatz eines (nur) leitenden Mitarbeiters des Organträgers als Geschäftsführer der Organgesellschaft ebenfalls gewährleistet,

---

797 BFH v. 20.2.1992 – V R 80/85, BFH/NV 1993, 133f.

798 BFH v. 28.1.1999 – V R 32/98, BStBl II 1999, 258f; v. 20.2.1992 – V R 80/85, BFH/NV 1993, 133; die Formulierung dieser noch heute gebrauchten Definition stammte allerdings von der Vorinstanz, die seitens des BFH revisionsrechtlich insoweit nicht beanstandet wurde. Vgl. zu dieser Formulierung *Korf,* UVR 2008, 172 (175).

799 vgl. BFH v. 3.4.2008 – V R 76/05, BStBl II 2008, 905 (908).

800 BFH v. 3.4.2008 – V R 76/05, BStBl II 2008, 905 (908); v. 5.12.2007 – V R 26/06, BStBl II 2008, 451 (453).

801 BFH v. 7.7.2011 – V R 53/10, BFH/NV 2011, 2195 (2197); v. 5.12.2007 – V R 26/06, BStBl II 2008, 451 (453); v. 14.2.2008 – V R 12, 13/06; BFH/NV 2008, 1365 (1366).

allerdings ohne zunächst darzulegen, warum die Organstellung beim Organträger nicht zwingend erforderlich sein soll[802].

Aus der Forderung nach einer personellen Verflechtung resultierten natürlich Folgefragen, die sich insbesondere mit der zu verlangenden Qualität der Willensherrschaft in der Organgesellschaft beschäftigten[803]. Zuvorderst stellte sich diese Frage bei einer nur teilweisen Verflechtung der Geschäftsführungsorgane, also bei bspw. mehreren einzelvertretungsberechtigten Geschäftsführern. Der BFH stellte dazu fest, dass auch hier dem Organträger *„eine Willensdurchsetzung in der Geschäftsführung der Organgesellschaft"* möglich bleiben müsse[804]. Dies war deshalb interessant, da er hier erstmals nicht mehr von der Verhinderung einer abweichenden Willensbildung, sondern von deren Durchsetzung gesprochen hatte. Gleichwohl rekurrierte die Entscheidung nach dieser Aussage wieder auf die bekannte Kasuistik, wonach – jedenfalls für die GmbH – eine organisatorische Eingliederung dann anzunehmen sei, wenn wenigstens einer der Geschäftsführer als solcher auch in der Organträgergesellschaft tätig ist, der Organträger über ein umfassendes Weisungsrecht gegenüber der Geschäftsführung der Organgesellschaft verfügt (§ 37 GmbHG) sowie zur Bestellung und Abberufung *aller* Geschäftsführer berechtigt ist (§ 46 Nr. 6 GmbHG).

Die Frage nach der Differenzierung zwischen Willensverhinderung und -durchsetzung wurde gegen Ende des Urteils zwar wieder aufgegriffen, mangels Entscheidungsrelevanz aber explizit offen gelassen.

Immerhin konkretisierte der BFH in dieser Entscheidung erstmalig die Möglichkeit, dass durch Einsatz eines (nur) leitenden Angestellten des Organträgers in der Geschäftsführung der Organgesellschaft die organisatorische Eingliederung hergestellt werden kann. Seiner Ansicht nach basiere die Eingliederung hier auf der Annahme, dass ein leitender Angestellter den Weisungen des Organträgers aufgrund des zu ihm bestehenden Anstellungsverhältnisses und der sich hieraus ergebenen persönlichen Abhängigkeit Folge leisten wird, zumal er sich anderenfalls der Gefahr der Abberufung als Geschäftsführer aussetze. Diese Abhängigkeit eines Angestellten müsse allerdings im Einzelfall bewertet werden und soll bspw. dann nicht mehr gegeben sein, wenn der leitende Angestellte des Organträgers gleichzeitig Mitgesellschafter der Organgesellschaft ist[805]. In solchen Fällen, so ist zu vermuten, wird die Gesellschafterstellung die Weisungsgebundenheit des Angestelltenverhältnisses überlagern. Kommt dann noch hinzu, dass ein solcher Geschäftsführer über seine eigene Abberufung mitentscheiden darf, dürfte endgültig nicht von einer Beherrschung der laufenden Geschäftsführung durch den Organträger auszugehen sein.

---

802 BFH v. 20.8.2009 – V R 30/06, BStBl II 2010, 863; v. 14.2.2008 – V R 12, 13/06, BFH/NV 2008, 1365.

803 vgl. *Prätzler*, jurisPR-SteuerR 46/2011 Anm. 1.

804 BFH v. 7.7.2011 – V R 53/10, BFH/NV 2011, 2195 (2197); ferner BFH v. 5.12.2007 – V R 26/06, BStBl II 2008, 451 (453).

805 BFH v. 7.7.2011 – V R 53/10, BFH/NV 2011, 2195 (2197).

Bemerkenswert ist diese Entscheidung ferner, weil in dem zugrundeliegenden Sachverhalt die organisatorische Eingliederung auch damit nicht zu retten war, dass weitgehende, allein im Ermessen des Organträgers stehende Zustimmungsvorbehalte gegenüber dem Handeln des Geschäftsführers bestanden, die sogar durch eine Geschäftsordnung im Einzelnen konkretisiert und durch Berichtspflichten abgesichert wurden. Zustimmungsvorbehalte, auch aufgrund von Geschäftsordnungen, waren nach Ansicht des BFH aber nur bloße Verpflichtungen zur Einholung von Weisungen der Gesellschafterversammlung. Dieses Weisungsrecht resultiere jedoch bereits aus der finanziellen Eingliederung und konnte seiner Ansicht nach daher die organisatorische Eingliederung nicht begründen[806].

Die Bedeutung dieser an sich ausschließlich die personelle Verflechtung betreffenden Entscheidung ergibt sich folglich auch daraus, dass sie indirekt zu der Möglichkeit einer organisatorischen Eingliederung durch organisatorische Maßnahmen eine Aussage traf.

b) Organisatorische Maßnahmen

Der BFH hat lange Zeit neben der Möglichkeit einer personellen Verflechtung auch sonstige organisatorische Maßnahmen jedenfalls dem Grunde nach als Mittel zur Erreichung der organisatorischen Eingliederung anerkannt.

Problematisch war gleichwohl von Beginn an, dass er diese Maßnahmen nicht näher beschrieb, sondern stattdessen eine Kette von Negativmerkmalen aufstellte, die auch die Entscheidung vom 7. Juli 2011[807] fortsetzte, ohne gewiss die Möglichkeit einer solcher Eingliederung überhaupt noch zu erwähnen.

Die letzte sich mit dem Inhalt von organisatorischen Maßnahmen noch auseinandersetzende Entscheidung ließ zwar zunächst offen, ob hierüber überhaupt noch eine organisatorische Eingliederung erreichbar ist, kam dann aber zu dem Schluss, dass eine Sicherstellung der organisatorischen Eingliederung nur zu erreichen sei, wenn *„institutionell abgesicherte, unmittelbare Eingriffsmöglichkeiten in den Kernbereich der Geschäftsführung“* der Organgesellschaft bestünden[808].

Diese Formulierung gab zwar den organisatorischen Maßnahmen erstmalig Kontur, ließ gleichzeitig aber auch erahnen, dass die Anforderungen der Rechtsprechung an dieses Eingliederungsmerkmal hoch einzuschätzen sind[809]. Denn durch die Absagen an Geschäftsordnungen, Richtlinien und die damit letztlich im Zusammenhang stehende Möglichkeit von Weisungen der Gesellschafterversammlung blieben durch diese Formulierung kaum noch denkbare Alternativen, die eine unmittelbare

---

806 BFH v. 7.7.2011 – V R 53/10, BFH/NV 2011, 2195 (2197); v. 20.2.1992 – V R 80/85, BFH/NV 1993, 133.

807 BFH – V R 53/10, BFH/NV 2011, 2195.

808 BFH v. 3.4.2008 – V R 76/05, BStBl II 2008, 905 (908).

809 vgl. *Kaufmann/Schmitz-Herrscheidt,* BB 2008, 2111 (2112).

institutionell gesicherte Eingriffsmöglichkeit in den Kernbereich der Organgesellschaft ermöglichen kann[810].

Neben den Absagen an die verschiedenen Gestaltungsinstrumente zwischen Organgesellschaft und -träger hat der BFH darüber hinaus auch der Anwendbarkeit der Wertungen des Aktienrechts eine Absage erteilt, die sich aufgrund ihrer mitunter vergleichbaren Situation durchaus angeboten hätten. So entschied der BFH, dass § 17 AktG und die darin enthaltene Abhängigkeitsvermutung bei Mehrheitsbesitz schon deshalb nicht anwendbar sei, weil die Regelung ihrem klaren Wortlaut nach keinen Bezug zur organisatorischen Eingliederung habe, sondern nur auf den Anteilsbesitz rekurriere[811].

Insoweit bleibt fraglich und zu klären, ob es im Rahmen der organisatorischen Eingliederung überhaupt Maßnahmen gibt, die neben einer personellen Verflechtung die Willensherrschaft des Organträgers sicherstellen können, und wenn ja, wie diese konkret auszusehen haben.

2. *Anwendung durch die Verwaltung und Annahmen der Europäischen Kommission*

Die Ausführungen zur organisatorischen Eingliederung seitens der Finanzverwaltung stimmen nahezu vollständig mit den Leitlinien der Rechtsprechung überein[812].

Eine Ausnahme bildete bislang die Möglichkeit einer organisatorischen Eingliederung außerhalb einer personellen Verflechtung der Geschäftsführungsorgane des Organkreises. Diese sollte laut des Anwendungserlasses nämlich nicht möglich sein, da für die Annahme einer organisatorischen Eingliederung nur das Mittel einer Personalunion in den Leitungsgremien in Betracht komme. Mit Schreiben vom 7. März 2013[813] hat das BMF unter Bezug auf das BFH Urteil vom 7. Juli 2011 seine diesbezügliche Position jedoch revidiert und sich dezidiert zur Möglichkeit einer Eingliederung auch außerhalb einer solchen Identität geäußert. Das BMF hat in dem Schreiben, mit dem Abschn. 2.8 Abs. 7 des UStAE um die Absätze 8 bis 11 erweitert wurde, insbesondere dargelegt, welche Voraussetzungen bei einer abnehmenden personellen Verflechtung erfüllt sein müssen, um dennoch eine organisatorische Eingliederung anzunehmen.

Insoweit hat sich die Verwaltung nicht nur der Auffassung des BFH im Zusammenhang mit dem Einsatz mehrerer Geschäftsführer oder (nur) leitender Angestellter für eine organisatorische Eingliederung angeschlossen. Vielmehr soll eine Eingliederung in Ausnahmefällen gänzlich ohne personelle Verflechtung möglich sein, wenn die von der Rechtsprechung bekannte institutionell abgesicherte

---

810 vgl. *Birkenfeld* in: Birkenfeld/Wäger USt-Hdb, § 44 Rn. 423.

811 BFH v. 5.12.2007 – V R 26/06, BStBl II 2008, 451 (453); v. 3.4.2008 – V R 76/05, BStBl II 2008, 905 (908).

812 Abschn. 2.8 Abs. 7 bis 11 UStAE.

813 BMF IV D 2 – S 7105/11/10001, DStR 2013, 593.

unmittelbare Eingriffsmöglichkeit in den Kernbereich der laufenden Geschäftsführung besteht. Hierfür müsse der Organträger durch schriftlich fixierte Vereinbarungen seine Entscheidungsbefugnis gegenüber der (fremden) Geschäftsführung der Organgesellschaft nachweisen, so dass diese bei Verstößen auch entsprechend haftbar gemacht werden könne. Auch beim Vorliegen eines Beherrschungsvertrags oder einer aktienrechtlichen Eingliederung nach §§ 319 und 320 AktG soll regelmäßig vom Vorliegen einer organisatorischen Eingliederung auszugehen sein[814].

Die Europäische Kommission schlägt für die Annahme einer organisatorischen Beziehung eine gemeinsame oder zumindest teilweise gemeinsame Managementstruktur zwischen den Organkreisbeteiligten vor[815]. Wie diese Struktur dabei auszusehen hat, und wie weit sie eine Willensdurchsetzung gewährleisten muss, bleibt allerdings offen. Dennoch wird vertreten, dass die deutsche Auffassung hinsichtlich der Voraussetzungen mit denen der Kommission übereinstimmt[816], so dass unabhängig von den Wirkungen der MwStSystRL auf die nationale Organschaft eine Kongruenz der Begrifflichkeiten bestehen soll.

3. *Standpunkt der Literatur*

Die überwiegenden Meinungen in der Literatur folgen der Entwicklung durch die Rechtsprechung und halten die organisatorische Eingliederung ebenso durch eine Verflechtung der Vertretungs- bzw. Geschäftsführungsorgane wie durch die institutionelle Absicherung von Eingriffsmöglichkeiten in den Kernbereich der Geschäftsführung für möglich[817].

Allerdings ist der generelle Tenor in der Literatur hinsichtlich der Annahme einer organisatorischen Eingliederung eher großzügiger und so wird insbesondere bei der Eingliederung mittels organisatorischer Maßnahmen postuliert, dass die Anforderungen an die Eingriffsmöglichkeiten nicht über das eigentliche Ziel der Eingliederung hinausgehen dürfen[818].

II. Notwendigkeit der Willensdurchsetzung

Die vom BFH entwickelten Merkmale der organisatorischen Eingliederung basieren auf der Idee der tatsächlichen Willensherrschaft im operativ unternehmerischen

814 BMF IV D 2 – S 7105/11/10001, DStR 2013, 593 (594).

815 Europäische Kommission v. 2.7.2009 – KOM (2009), 325; UR 2009, 632 (636).

816 *Ehrke-Rabel* in: USt-Kongress 2010, S. 159 (181).

817 *Reiß* in: Reiß/Kraeusel/Langer UStG, § 2 Rn. 112f; *Birkenfeld* in: Birkenfeld/Wäger USt-Hdb, § 44 Rn. 411ff; *Müller* in: Müller/Stöcker Organschaft, S. 338; *Korn* in: Bunjes UStG, § 2 Rn. 131; *Klenk* in: Sölch/Ringleb UStG, § 2 Rn. 125. *Scharpenberg* in: Hartmann/Metzenmacher UStG, § 2 Rn. 441f.

818 *Birkenfeld* in: Birkenfeld/Wäger USt-Hdb, § 44 Rn. 327 (57. EL – 2011).

Bereich der Organgesellschaft[819]. Obschon die Rechtsprechung zuletzt wieder restriktivere Tendenzen beim Umgang mit diesem Merkmal hat erkennen lassen[820], ist bis heute nicht eindeutig festzustellen, wie diese Willensherrschaft konkret auszusehen hat, und welche konkreten Anforderungen an sie zu stellen sind.

1. Verhinderung abweichender Willensbildung

Obwohl der BFH zuletzt wieder allgemein von einer Durchsetzung des Willens des Organträgers in der Organgesellschaft sprach, reichte ihm in der Vergangenheit auch bereits eine nur nicht abweichende Willensbildung.

Exemplarisch für das Fehlen einer Durchsetzung des Willens des Organträgers waren insoweit die Wirkungen, die im Zusammenhang mit einem Insolvenzeröffnungsverfahren über das Vermögen der Organgesellschaft eintraten. So bejahte die Rechtsprechung die Fortdauer der organisatorischen Eingliederung auch dann noch, wenn ein vom Insolvenzgericht bestellter Sequester oder (nach heutiger InsO) ein sog. vorläufiger schwacher Insolvenzverwalter bei der Organgesellschaft auftrat[821].

Im Falle einer Insolvenzeröffnung kann das Insolvenzgericht zur Massesicherung im Eröffnungsverfahren einen vorläufigen Insolvenzverwalter bestellen und diesen mit verschiedenen Befugnissen ausstatten. Von einem vorläufigen schwachen Insolvenzverwalter wird gesprochen, wenn diesem nicht die Verwaltungs- und Verfügungsbefugnis innerhalb des Unternehmens übertragen wird (§ 22 Abs. 1 S. 1 InsO), sondern dieser als „*überwachender*" Berater des Schuldners mit einem ggf. bestehenden Zustimmungsvorbehalt gegenüber dessen Verfügungen eingesetzt wird[822].

In diesen Fällen, so die Rechtsprechung, seien zwar Verfügungen der Organgesellschaft ohne Zustimmung des vorläufigen Insolvenzverwalters nicht möglich. Dieser aber könne grundsätzlich auch keine Verfügungen ohne Zustimmung der Geschäftsführung der Organgesellschaft, sprich des Organträgers treffen, so dass der vorläufige schwache Insolvenzverwalter den gleichen Beschränkungen unterliege wie der Organträger und beide damit eine vergleichbar starke Stellung innerhalb der Organgesellschaft besäßen[823]. Solange demnach der vorläufige Insolvenzverwalter keine abweichende Willensbildung in der Organgesellschaft herbeiführen kann, bestehe die organisatorische Eingliederung fort[824].

---

819 vgl. BFH v. 7.7.2011 – V R 53/10, BFH/NV 2011, 2195; v. 28.1.1999 – V R 32/98, BStBl II 1999, 258; v. 20.2.1992 – V R 80/85, BFH/NV 1993, 133.

820 *Klenk* in: Sölch/Ringleb UStG, § 2 Rn. 125, mit Blick auf den Maßstab des RFH.

821 BFH v. 22.10.2009 – V R 14/08, BFH/NV 2010, 773; v. 10.3.2009 – XI B 66/08, BFH/NV 2009, 977; v. 1.4.2004 – V R 24/03, BStBl II 2004, 905; v. 13.3.1997 – V R 96/96, BStBl II 1997, 580.

822 *Böhm* in: Braun InsO, § 21 Rn. 11f.

823 BFH v. 10.3.2009 – XI B 66/08, BFH/NV 2009, 977f; v. 1.4.2004 – V R 24/03, BStBl II 2004, 905 (907); v. 16.8.2001 – V R 34/01, BFH/NV 2002, 223 (225); v. 13.3.1997 – V R 96/96, BStBl II 1997, 580 (582).

824 BFH v. 1.4.2004 – V R 24/03, BStBl II 2004, 905 (907).

Dass somit nur die Vermeidung einer vom Organträger abweichenden Willensbildung in der Organgesellschaft für die organisatorische Eingliederung ausreicht, sah der BFH dadurch gerechtfertigt, dass zur Annahme einer Organschaft kraft Gesetzes nicht alle drei Eingliederungsmerkmale gleichermaßen vorliegen müssen[825]. „*Gerade*" die organisatorische Eingliederung sei insoweit (nur) nach dem Gesamtbild der tatsächlichen Verhältnisse zu bestimmen, weshalb es ausreichend wäre, dass sich bei einem der drei Merkmale die Eingliederung weniger stark abzeichne, solange sie bei den anderen beiden entsprechend deutlicher hervortrete[826]. Demnach sollte auch eine Pattsituation für die Annahme einer organisatorischen Eingliederung genügen.

2. *Pattsituationen und „wirkliche Beherrschung"*

Reiß[827] vertritt hierzu die Ansicht, dass bereits eine solche Pattsituation in der Geschäftsführung des Organs nicht sicherstelle, dass der insoweit für die organisatorische Eingliederung maßgebliche Wille des Organträgers auch tatsächlich durchgesetzt werden kann.

Wenn die Geschäftsführung in der Organgesellschaft jeweils von mehreren einzelvertretungsberechtigten Geschäftsführern wahrgenommen werde, die sowohl von dem Organträger als auch von einem Minderheitsgesellschafter eingesetzt werden, dann sei es nicht möglich, eine vom Willen des Organträgers abweichende Willensbildung zu verhindern. Dies sei im Übrigen genauso bei einer Einzelgeschäftsführungsbefugnis mit Widerspruchsrecht oder bei einer Gesamtgeschäftsführungsbefugnis der Fall. Allein durch die Möglichkeit eines Widerspruchs oder durch die Versagung der Zustimmung bei einer Gesamtgeschäftsführung könne nämlich ein vom Minderheitsgesellschafter getragener Geschäftsführer nicht daran gehindert werden, eine abweichende Willensbildung in der Organgesellschaft herbeizuführen[828]. Reiß sieht folglich bereits allein in der Verhinderung des Organträgerwillens eine abweichende Willensbildung realisiert, was in der Folge die Annahme einer organisatorischen Eingliederung für ihn ausschließt[829].

Wäger[830] hingegen folgert aus der BFH-Rechtsprechung die Notwendigkeit einer Differenzierung innerhalb dieser Voraussetzung. Es müsse zwischen den Alternativen einer „*wirklichen*" Beherrschung der Organgesellschaft und dem bloßen Ausschluss einer abweichenden Willensbildung unterschieden werden, wobei

---

825 BFH v. 16.8.2001 – V R 34/01, BFH/NV 2002, 223 (225); v. 22.6.1967 – V R 89/66, BStBl III 1967, 715 (716).

826 BFH v. 1.4.2004 – V R 24/03, BStBl II 2004, 905 (907); v. 17.1.2002 – V R 37/00, BStBl II 2002, 373 (375); v. 16.8.2001 – V R 34/01, BFH/NV 2002, 223 (225); v. 28.1.1999 – V R 32/98, BStBl II 1999, 258 (259f.).

827 *Reiß* in: Reiß/Kraeusel/Langer UStG, § 2 Rn. 112.4.

828 zum Ganzen *Reiß* in: Reiß/Kraeusel/Langer UStG, § 2 Rn. 112.4, teils unter Bezug auf BFH v. 5.12.2007 – V R 26/06, BStBl II 2008, 451.

829 so auch *Ganter/Brünink*, NZI 2006, 257 (263); *Weerth*, ZInsO 2008, 1252 (1253).

830 *Wäger* in: FS Schaumburg 2009, S. 1189 (1203).

jedoch beide Alternativen seiner Ansicht nach die organisatorische Eingliederung begründen können.

Eine Personenidentität in den Leitungsgremien der Organkreisbeteiligten führe insoweit zu einer Eingliederung in ihrer *„stärksten Form“*, da nur hier die Organgesellschaft vollkommen und *„wirklich“* beherrscht werde[831]. Bei der schwächeren Form der Beherrschung, dem bloßen Ausschluss einer abweichenden Willensbildung, reiche es dagegen aus, dass bspw. bei einer Organ-GmbH mit mehreren Geschäftsführern nur einer vom Organträger gestellt wird, wenn denn eine Gesamtgeschäftsführungsbefugnis entsprechend dem gesetzlichen Regelfall nach § 35 Abs. 2 Satz 1 GmbHG vereinbart ist und die Geschäftsführer nur gemeinsam eine Willensbildung der Gesellschaft nach außen vollziehen können[832].

3. Fortsetzung des Beherrschungselements

Betrachtet man die dargestellten Meinungen zur Qualität der Willensbeherrschung genauer, dann entscheidet sich die Frage nach der organisatorischen Eingliederung letztlich daran, ob die Verhinderung einer abweichenden Willensbildung in der Organgesellschaft auch dann vorliegt, wenn bei mehreren geschäftsführungsbefugten Personen keine ihren Willen durchsetzen kann.

Nach hiesiger Ansicht muss für die organisatorische Eingliederung der Organgesellschaft sichergestellt sein, dass die sich aus der finanziellen Eingliederung ergebende Beherrschung in der Führung der Organgesellschaft fortgesetzt wird. Die organisatorische wie die finanzielle Eingliederung müssen als Konkretisierung der Organtheorie gewährleisten, dass die Unterordnung der wirtschaftlichen Zielsetzung der Organgesellschaft tatsächlich stattfindet. Ebenso wie bei der finanziellen Eingliederung[833] führt jedoch allein die Möglichkeit, die Willensbildung eines anderen Gesellschafters zu verhindern, nicht dazu, dass eine Steuerung der wirtschaftlichen Zielsetzung in der Organgesellschaft erreicht wird.

Gleichwohl muss hieraus nicht der zwingende Schluss abgeleitet werden, dass aus einer Pattsituation in der Geschäftsführung gleichsam das Fehlen der organisatorischen Eingliederung folgt. Ein solcher Schluss wäre zu abstrakt und ließe außer Acht, dass es für die Beurteilung des Merkmals auf die konkrete betriebliche Willensbildung und ihre Gestaltung im Innenverhältnis ankommt[834]. Die einzelnen, über die Jahre entwickelten Merkmale zur organisatorischen Eingliederung können zunächst einmal nur als objektive Beweiszeichen gewertet werden, deren Vorliegen durch die tatsächliche Gestaltung wiederum entkräftet werden kann[835]. Allein die Identität der Geschäftsführung muss nicht automatisch die Identität der Ausrichtung ihrer Entscheidungen im Sinne eines Gesamtunternehmens bedeuten; auch

831 so auch *Scharpenberg* in: Hartmann/Metzenmacher UStG, § 2 Rn. 442.
832 zum Ganzen *Wäger* in: FS Schaumburg 2009, S. 1189 (1204).
833 vgl. Kapitel 4 C. I. 1.
834 *Oskierski,* Organschaftstheorie, S. 28.
835 *Fricke,* StBp 1963, 41 (46).

bei einer Personenidentität können Entschlüsse einzig nach den wirtschaftlichen Bedürfnissen der jeweiligen Gesellschaft gefasst werden[836].

Entscheidend für die Frage nach einer organisatorischen Eingliederung im Falle einer Pattsituation muss daher die konkrete Situation sein und ob trotz eines solchen Patts die Unterordnung der wirtschaftlichen Zielsetzung der Organgesellschaft gewährleistet ist.

a) Vorläufige Insolvenzverwaltung

Im Falle der Bestellung eines vorläufigen Insolvenzverwalters mit Zustimmungsvorbehalt trifft es zwar grundsätzlich zu, dass dieser nur die Verfügungen des Schuldners verhindern kann, ohne selbst Verfügungen vornehmen zu können[837]. Hieraus aber bereits die Fortgeltung der wirtschaftlichen Zielsetzung des Organträgers in der Organgesellschaft abzuleiten, würde außer Acht lassen, dass auch ein nur vorläufiger Insolvenzverwalter zu Verfügungen vom Insolvenzgericht nach § 22 Abs. 2 InsO ermächtigt werden oder sich eine solche Befugnis unter Umständen sogar aus dem Sicherungszweck seiner Bestellung selbst ergeben kann[838].

Maßgeblich kann daher nicht sein, ob der vorläufige Insolvenzverwalter den Entscheidungen der Geschäftsführung der Organgesellschaft und damit stellvertretend denen des Organträgers zustimmt, sie verhindert oder sich selbst zu der Entscheidung ermächtigen lässt. Maßgeblich muss sein, ob unter den Beschränkungen der vorläufigen Insolvenzverwaltung eine Ausführung der wirtschaftlichen Zielsetzung des Organträgers noch anzunehmen ist. Dabei ist zu berücksichtigt, dass sich der vorläufige Insolvenzverwalter generell an dem Ziel der Massesicherung und -erhaltung zu orientieren hat[839] und nicht an den wirtschaftlichen Vorstellungen des Organträgers. Die unterschiedliche Zielrichtung der Beteiligten zeigt sich in der tatsächlichen Praxis bspw. dadurch, dass der *„nur"* vorläufige Insolvenzverwalter regelmäßig bereits ein Insolvenzanderkonto einrichtet und damit die gesamte Kassenführung der Organgesellschaft an sich zieht[840]. Eine Fortdauer der organisatorischen Eingliederung wird m. E. nach daher bei der vorläufigen Insolvenzverwaltung regelmäßig ausscheiden müssen.

Hierfür spricht ferner der Vergleich mit dem Schicksal eines Beherrschungsvertrags nach § 291 Abs. 1 1. Alt AktG in der Insolvenz. Der Beherrschungsvertrag, der ebenso wie die organisatorische Eingliederung die Leitung einer Gesellschaft einem anderen Unternehmen unterstellt[841], endet nämlich ebenfalls bei der Insolvenz der

836 BFH v. 24.10.1963 – V 300/60 U; BStBl III 1964, 222 (223); *Oskierski*, Organschaftstheorie, S. 29.
837 vgl. *Haarmeyer* in: MüKo InsO, § 22 Rn. 136.
838 *Haarmeyer* in: MüKo InsO, § 22 Rn. 136.
839 *Maus* in: Uhlenbruck InsO, § 22 Rn. 192d (13. Aufl.).
840 vgl. *Hölzle,* DStR 2006, 1210 (1214).
841 *Veil* in: Spindler/Stilz AktG, § 291 Rn. 9.

Gesellschaft aufgrund einer dort eintretenden Zweckänderung[842]. Diese Zweckänderung bewirkt, dass die dem Beherrschungsvertrag ursprünglich zugrunde gelegten Ziele wegfallen und der Vertrag sein intendiertes Ziel nicht mehr erreichen kann. Ebenso verhält es sich bei der unternehmerischen Zielsetzung nach Maßgabe des Umsatzsteuerrechts im Falle einer Insolvenz.

Die Rechtsprechung hat die oben bereits angedeutete Kehrtwende bei der Bestimmung der organisatorischen Eingliederung nunmehr ebenfalls vollzogen. Nach dem sie schon zuletzt explizit offen ließ, ob nur die Verhinderung einer abweichenden Willensbildung tatsächlich für eine Eingliederung ausreicht[843], hat der V. Senat jüngst festgestellt, dass nach Maßgabe der EuGH-Rechtsprechung [sic!] eine Durchsetzung des Willens erforderlich sei[844]. Da *„der Organträger als Steuerpflichtiger für alle Organgesellschaften öffentliche Gelder als Steuereinnehmer für Rechnung des Staates"* einnehme, erfordere das Über- und Unterordnungsverhältnis zwischen Organträger und Organgesellschaft, dass der Träger seine Beherrschungsmacht auch tatsächlich durchsetzen könne, wofür ein reines Vetorecht nicht ausreiche[845]. Auch das Gesamtbild der tatsächlichen Verhältnisse könne keine Abhilfe bringen, da hierdurch nicht der gänzliche Verzicht auf das Erfordernis einer Willensdurchsetzung zu rechtfertigen sei.

Obschon man der Entscheidung im Ergebnis zustimmen kann, lässt die gewählte Begründung m. E. nach aber zu wenig Spielraum für die Vielgestaltigkeit möglicher Konstellationen im Falle einer Insolvenz. Durch die Möglichkeiten, die die InsO für die Verfahrensgestaltung bietet, sind Ausnahmefälle vorstellbar, in denen die Fortführung des Unternehmens in seiner bisherigen Ausgestaltung für die Interessen der Gläubigergesamtheit erforderlich und zweckmäßig sein kann[846] und hierdurch eine Deckungsgleichheit mit den wirtschaftlichen Interessen des Organträgers erreicht wird.

Fraglich ist insoweit, wie mit der Rechtsprechung der Fall einer Eigenverwaltung (§ 270 InsO) bspw. im Rahmen des sog. Schutzschirmverfahrens (§ 270b InsO) zu bewerten ist, bei der die Geschäftsführung im Amt bleibt und weitestgehend selbst das Insolvenzverfahren leitet. Vordergründig könnte man hier die fortdauernde Willensdurchsetzungsmöglichkeit des Organträgers als Gesellschafter und damit auch die Organschaft bejahen. Im Detail steht dieser Annahme jedoch entgegen, dass die Geschäftsführung unter der Aufsicht eines Sachwalters steht (§§ 270 Abs. 1, 274 InsO) und bei der Verwaltung in erster Linie die Gläubiger- und nicht die

842 vgl. noch zur Konkursordnung BGH v. 14.12.1987 – II ZR 170/87, BGHZ 103, 1; zur InsO ebenso *Veil* in: Spindler/Stilz AktG, § 297 Rn. 36ff., dort auch zur abweichenden Ansicht, dass es für die Beendigung auf die jeweilige Interessenlage ankommt.

843 BFH v. 7.7.2011 – V R 53/10, BFH/NV 2011, 2195 (2197).

844 BFH v. 8.8.2013 – V R 18/13, DStR 2013, 1883 (1885).

845 BFH v. 8.8.2013 – V R 18/13, DStR 2013, 1883 (1885), unter Verweis auf EuGH v. 20.10.1993 – Rs. C-10/92 (Balocchi), EuGHE 1993, I-5105; v. 21.2.2008 – Rs. C-271/06 (Netto Supermarkt), EuGHE 2008, I-771.

846 BGH v. 4.11.2004 – IX ZR 22/03, NJW 2005, 675 (677).

Gesellschafterinteressen zu berücksichtigen hat[847]. Auch wenn man in diesen Fällen noch einen gewissen Einfluss des (herrschenden) Gesellschafters annähme, müsste mit der neuen Rechtsprechung wohl dennoch eine Beendigung der Organschaft auch bei der Eigenverwaltung angenommen werden. Obwohl der Organträger ein Interesse am Fortbestand seiner Organgesellschaft hat, könnte dies im äußersten Fall dazu führen, dass eine Sanierung scheitert, und das, obwohl die wirtschaftliche Zielsetzung in beiden Unternehmen identisch ist.

Nach hiesiger Auffassung sollte für die Feststellung eine organisatorische Eingliederung neben der rechtlichen Möglichkeit einer Willensdurchsetzung des Organträgers auch auf die Feststellung der tatsächlichen wirtschaftlichen Zielsetzung innerhalb der Organgesellschaft abgestellt werden. Verfolgen bspw. ein vorläufiger schwacher Insolvenzverwalter und der vom herrschenden Gesellschafter eingesetzte und kontrollierte Geschäftsführer die gleichen wirtschaftlichen Interessen[848] oder erfolgt eine Eigenverwaltung im Einvernehmen mit dem Organträger, dann kann im Einzelfall trotz eingeschränkter rechtlicher Willensdurchsetzung eine organisatorische Eingliederung fortbestehen.

Folglich sollte die Frage nach dem Bestand der organisatorischen Eingliederung der Organgesellschaft auch nach der Bestellung eines vorläufigen (schwachen) Insolvenzverwalters nicht schematisch beantwortet werden, sondern nur anhand der konkreten Situation und der wirtschaftlichen Entscheidungen nach dessen Bestellung[849]. Wenn hierbei eine überwiegende Fortführung der bisherigen wirtschaftlichen Tätigkeit der Organgesellschaft auch im Interesse des Organträgers erkennbar ist, kann m.E. nach eine organisatorische Eingliederung trotz der durch den Insolvenzverwalter bedingten Beschränkung der Willensdurchsetzung ausnahmsweise angenommen werden[850].

b) Gesamtgeschäftsführung und -vertretung

Die vorstehende Analyse zum vorläufigen Insolvenzverwalter hat gezeigt, dass die Frage nach der Notwendigkeit einer Willensdurchsetzung oder eben -verhinderung nicht losgelöst von der zugrundeliegenden Fallgestaltung beantwortet werden kann.

Ebenso muss deshalb die Anerkennung einer GmbH-Gesamtgeschäftsführung oder einer Einzelgeschäftsführung mit Widerspruchsrecht bewertet werden. Handelt ein nur gesamtvertretungsberechtigter Geschäftsführer ohne Zustimmung des anderen Geschäftsführers oder verweigert dieser einem Rechtsgeschäft seine Zustimmung, dann finden die §§ 177ff. BGB Anwendung, und der Vertrag gilt als

---

847 vgl. § 276a InsO, sowie *Uhlenbruck* in: Uhlenbruck InsO, § 276a Rn. 1.

848 vgl. OFD Hannover v. 11.10.2004 – S 7105–49-StO 172, USt-Kartei § 2 Abs. 2 Nr. 2 S 7105 Karte 4; *Maus,* GmbHR 2005, 859 (862); *Zeidler,* NZG 1999, 692 (697).

849 aA BFH v. 13.6.2007 – V B 47/06, BFH/NV 2007, 1936 (1937), wonach es auch auf ein abweichendes faktisches Verhalten des vorläufigen Verwalters nicht ankommen soll.

850 ähnlich *Onusseit,* Umsatzsteuer im Konkurs, S. 26; *ders.* ZIP 2003, 743 (750); aA *Roth,* DZWIR 2009, 274 (277).

schwebend unwirksam, die Organgesellschaft als nicht wirksam verpflichtet[851]. Ließe man diesen Zustand für die organisatorische Eingliederung ausreichen, dann wäre nicht dauerhaft sichergestellt, dass die wirtschaftlichen Maßgaben des Organträgers in der Organgesellschaft tatsächlich umgesetzt werden. Schließlich muss stets mit der Verweigerung des vom Minderheitsgesellschafter gestellten Geschäftsführers gerechnet werden, zumal der Organträger als Gesellschafter keine Ersatzgenehmigung für die Geschäfte seines Geschäftsführers erteilen kann[852].

Zu beachten ist gleichwohl die weitere Konsequenz aus dieser Pattsituation, welche insoweit die Willensbildung der Geschäftsführung auf die Gesellschafterebene verlagert. Denn obwohl der Organträger als Gesellschafter nicht selbst die Genehmigungen erteilen kann, kann er doch die Vertretungsverhältnisse ändern und seinen Geschäftsführer selbst zu der Genehmigung ermächtigen[853]. Durch diese mittelbare Einflussnahme kann der Organträger also doch wieder seine Unternehmensziele in der Organgesellschaft durchsetzen.

Entsprechend den Ausführungen des BFH in seiner jüngsten Entscheidung[854] muss der Fokus in diesen Fällen also auf das Geschäftsführerabbestellungsrecht und das Weisungsrecht (§ 46 Nr. 5 und 6 GmbHG) des Organträgers gerichtet sein. Wenn diese Rechte bei einer nur teilweisen personellen Verflechtung der sogar jeweils mit Einzelvertretungsberechtigung ausgestatteten Geschäftsführung in der Organgesellschaft für die organisatorische Eingliederung ausreichen, dann muss dies erst recht gelten, wenn die Geschäftsführer (nur) einer Gesamtgeschäftsführung und -vertretung unterliegen.

Entscheidend ist in dieser spezifischen Pattsituation also nicht, dass abstrahiert die Durchsetzung des Organträgerwillens in der Organgesellschaft nicht sichergestellt ist, sondern dass konkret die Möglichkeit besteht, diesen Willen letztlich durch die finanzielle Eingliederung herzustellen. Vor allem das faktische Druckmittel der Abberufung kann demnach ausreichen, um die Entscheidungsfreiheit des Organs aufzuheben[855].

Insoweit zeigt diese Art der Einflussnahme auch, warum sich die Stimmmehrheit des Organträgers im Rahmen der finanziellen Eingliederung auf all jene Bereiche beziehen muss, die mit der unternehmerischen Tätigkeit der Organgesellschaft in Bezug stehen[856]. An diesem Punkt lässt sich die aus der Organtheorie resultierende Schnittmenge der finanziellen und organisatorischen Eingliederung ebenso erkennen wie die sich aus ihrem Zusammenspiel ergebende Wesentlichkeit für die Organschaft.

---

851 vgl. *Stephan/Tieves* in: MüKo GmbHG, § 35 Rn. 161; *Lenz* in: Michalski GmbHG, § 35 Rn. 62.

852 vgl. für den Aufsichtsrat einer AG BGH v. 21.10.1971 – II ZR 90/68, WM 1971, 1502.

853 *Stephan/Tieves* in: MüKo GmbHG, § 35 Rn. 162.

854 BFH v. 7.7.2011 – V R 53/10, BFH/NV 2011, 2195.

855 *Scholz/Nattkämper*, UR 2008, 716 (722); *Crezelius* in: FS Kropff 1997, S. 37 (49), so nun auch in Abschn. 2.8 Abs. 3 Satz 8 UStAE.

856 vgl. Kapitel 4 C. I. 2. c).

4. *Zwischenergebnis*

Der Organträger muss seinen Willen, mit dem er seine unternehmerischen Ziele verwirklicht, grundsätzlich in der Organgesellschaft durchsetzen, um eine organisatorische Eingliederung zu begründen. Sollte er hierbei von der Zustimmung Dritter, also nicht dem Organträger zuzurechnenden Personen abhängig sein, kann eine Eingliederung nur angenommen werden, wenn trotz dieses Vorbehalts seine unternehmerischen Ziele weiter verfolgt werden oder dem Organträger andere rechtliche Mittel zur Verfügung stehen, um seinen Willen tatsächlich in der Organgesellschaft zu verwirklichen. Allein der abstrakte Wegfall der Möglichkeit einer Willensdurchsetzung bspw. im Rahmen einer Insolvenz muss entgegen der Rechtsprechung daher nicht zwingend die organisatorische Eingliederung aufheben.

III. Gestaltung der Beziehungen außerhalb der Personalunion

Eine weitere umstrittene Frage betrifft die schon angesprochene Problematik hinsichtlich einer organisatorischen Eingliederung außerhalb einer personellen Verflechtung der Geschäftsleitung. Hierbei geht es nicht nur um die Frage nach den Mitteln und Maßnahmen, die notwendig sind, um außerhalb einer Personalunion eine Willensdurchsetzung zu erreichen, sondern – insbesondere unter Berücksichtigung der neueren Entwicklung der Rechtsprechung – ob diese Möglichkeit einer organisatorischen Eingliederung überhaupt noch gegeben ist.

1. *Eingriff in den Kernbereich*

Die Rechtsprechung hat sich zu dieser Thematik zwar immer wieder geäußert, hierbei aber letztlich mehr Fragen als Antworten hinterlassen.

Die bereits oben[857] dargestellte Hauptaussage, nach der institutionell abgesicherte, unmittelbare Eingriffsmöglichkeiten in den Kernbereich der Geschäftsführung bestehen müssen[858], war als konkretisierende Definition zwar grundsätzlich zu begrüßen. Jedoch half auch diese unter Berücksichtigung der verschiedenen Absagen an willensdurchsetzende Gestaltungsmittel nicht weiter, um letztlich sicher feststellen zu können, welche Gestaltungsmittel eine organisatorische Eingliederung herbeiführen.

Dass der BFH in seiner jüngsten Entscheidung zur organisatorischen Eingliederung die Alternative der organisatorischen Maßnahmen indes gar nicht mehr erwähnte[859], mag zwar dem insoweit nicht einschlägigen Sachverhalt geschuldet sein. Gleichwohl nährt dieses Schweigen Zweifel, ob die Rechtsprechung diese Alternative einer organisatorischen Eingliederung überhaupt noch anerkennt.

857 Kapitel 4 E. I. 1. b).
858 vgl. BFH v. 3.4.2008 – V R 76/05, BStBl II 2008, 905 (908).
859 vgl. BFH v. 7.7.2011 – V R 53/10, BFH/NV 2011, 2195.

Trotz dieser Ungewissheit ist vom Grundsatz her dennoch davon auszugehen, dass für die Rechtsprechung auch andere organisatorische Maßnahmen für eine organisatorische Eingliederung ausreichen, solange diese eine Durchsetzung oder eben Vermeidung einer abweichenden Willensbildung garantieren können. Schließlich hat auch die Verwaltung nach langer Zurückhaltung diese Möglichkeit einer organisatorischen Eingliederung in den Umsatzsteuer-Anwendungserlass mit aufgenommen.

2. Dogma der personellen Verflechtung und „weiche“ Eingliederung

Teile der Literatur bezweifeln hingegen, ob es ohne personelle Verflechtung nur durch organisatorische Maßnahmen überhaupt denkbar sei, eine organisatorische Eingliederung zu begründen[860]. Das Fehlen einer klaren Aussage seitens der Rechtsprechung spricht nach dieser Meinung ebenso gegen die Möglichkeit einer alternativen Gestaltung wie die lange Zeit vertretene Auffassung der Verwaltung, die ausschließlich auf eine Personalunion rekurrierte. Freilich begnügen sich die Vertreter dieser Auffassung mit eben den Ansichten von Rechtsprechung und Finanzverwaltung, ohne selbst eine Begründung dafür zu liefern, warum ausschließlich eine Personalunion geeignet sein soll, um die Willensdurchsetzung des Organträgers zu gewährleisten.

Konträr dazu vertreten andere Teile der Literatur eine großzügige Linie und sehen es insoweit als unstrittig an, dass außerhalb einer personellen Verflechtung auch eine *„weiche“* Eingliederung durch andere Gestaltungsmaßnahmen möglich sein müsse[861].

Entscheidend für die dogmatische Anerkennung solcher Maßnahmen sei dabei, dass die Willensherrschaft des Organträgers sich nach dem *„Gesamtbild der tatsächlichen Verhältnisse“* beurteile. Für eine organisatorische Eingliederung reiche daher aus, dass das Organ nur faktisch in das Unternehmen des Organträgers eingegliedert ist und der Organträger neben der Möglichkeit, Weisungen an die Geschäftsführung zu erteilen oder diese abzuberufen, geeignete Maßnahmen für eine organisatorische Einbindung des Organs treffen kann. Diese organisatorische Einbindung soll dabei u. a. durch umfangreiche Berichtspflichten, ein gemeinsames Controlling, einheitliche Ergebnisplanungsprozesse oder durch den Wechsel von Angestellten in (nur) leitende Positionen der Organgesellschaft erreicht werden[862]. Zur Bestärkung dieser nur weichen Eingliederungsmerkmale wird gleichwohl einschränkend empfohlen, dass ein *„allzu individuelles Verhalten“* der Organgesellschaft auch wirksam

---

860 vgl. *Korn* in: Bunjes UStG, § 2 Rn. 131; *Scharpenberg* in: Hartmann/Metzenmacher UStG, § 2 Rn. 441, unter Verweis auf Martin BFH-PR 2008, 395.

861 *Crezelius* in: FS Kropff 1997, S. 37 (40); *Scholz/Nattkämper,* UR 2008, 716 (723); *Schmidt,* GmbHR 1996, 175 (176); *Müller* in: Müller/Stöcker Organschaft, S. 338; noch weiter Stadie in: Rau/Dürrwächter UStG, § 2 Rn. 896.

862 *Scholz/Nattkämper,* UR 2008, 716 (723); *Schmidt,* GmbHR 1996, 175 (179).

sanktioniert werden müsse, indem bspw. ein vom Organträger dominierter Beirat oder Aufsichtsrat wichtige geschäftspolitische Entscheidung verhindern kann[863].

Andere Stimmen in der Literatur erkennen zwar ebenfalls eine solche organisatorische Einbindung der Organgesellschaft an, bewerten diese aber nur als Teil einer tatsächlichen Willensdurchsetzung, die neben die rechtliche Herrschaft des Organträgers tritt. Der Organträger müsse nicht nur rechtlich in der Lage sein, seinen Willen in der Organgesellschaft durchzusetzen, sondern müsse diese rechtliche Komponente auch tatsächlich umsetzen. Neben die normative Führung soll daher stets eine strategische oder finanzielle Führung des Organträgers treten, die sich bspw. durch Berichtspflichten und die laufende Überwachung von Zielvorgaben erreichen lasse[864].

Die normative Führung, die teils auch isoliert als Mittel der Eingliederung betrachtet wird, soll dabei die Befolgung der vom Organträger vorgegebenen Verhaltensnormen rechtlich erzwingen können. Dies werde dabei jedenfalls für die GmbH durch das Weisungs- und das Abberufungsrecht des Organträgers als herrschender Gesellschafter ermöglicht, welches ihm aus der finanziellen Eingliederung zusteht. Insbesondere die Abberufungsmöglichkeit der Geschäftsleitung bei nicht abgestimmtem Verhalten in der Organgesellschaft soll als „*indirektes Vetorecht*“[865] des Organträgers effektiv verhindern, dass eine abweichende Willensbildung beim Vertreter des Organträgers stattfindet[866]. Denn auch wenn dieses Vetorecht erst nachträglich, also nach einem Verstoß der Geschäftsführung greife, sei allein durch die drohende Konsequenz der Sanktionierung durch die Gesellschafter eine effektive Präventionsmaßnahme zur Willensdurchsetzung gegeben[867].

Trotz dieser deutlichen Positionierung erkennt allerdings auch die Literatur mit Blick auf die Rechtsprechung an, dass sich der Steuerpflichtige bei der Begründung oder Aufrechterhaltung von Organschaftsverhältnissen außerhalb einer personellen Verflechtung insgesamt auf „*unsicherem Terrain*“ bewege[868].

3. *Differenzierende Betrachtung*

Obschon der BFH seit Längerem die Möglichkeit einer organisatorischen Eingliederung außerhalb einer Personalunion der Leitungsgremien des Organkreises proklamierte, bleibt die Art ihrer Umsetzung bis heute ungewiss.

---

863 *Scholz/Nattkämper,* UR 2008, 716 (723); *Schmidt,* GmbHR 1996, 175 (179).

864 zum Ganzen *Schmidt,* GmbHR 1996, 175 (179).

865 *Scholz/Nattkämper,* UR 2008, 716 (723), mit Verweis auf FG Rheinland-Pfalz v. 11.3.2008 – 6 V 2395/07, UR 2008, 524.

866 dazu auch *Stadie* in: Rau/Dürrwächter UStG, § 2 Rn. 897; *Schmidt,* GmbHR 1996, 175 (179); ferner *Crezelius* in: FS Kropff 1997, S. 37 (49).

867 *Crezelius* in: FS Kropff 1997, S. 37 (49); *Scholz/Nattkämper,* UR 2008, 716 (722f.); auch FG Berlin v. 13.5.1998 – 6 K 6294/93, EFG 1999, 82 (83f.).

868 *Schmidt,* GmbHR 1996, 175 (177).

Vielmehr noch hat der BFH durch die jüngsten Entscheidungen Zweifel aufkommen lassen, ob dieses Mittel der organisatorischen Eingliederung überhaupt noch anzuerkennen ist. Jedenfalls hat er aber durch die bisweilen festzustellenden Absagen an Gestaltungsmaßnahmen wie Zustimmungsvorbehalten zu Gunsten der Gesellschafterversammlung[869], regelmäßigen Berichtspflichten der Geschäftsführung der Organgesellschaft[870] oder der Stellung eines Mitarbeiters des Organträgers in geschäftsführerähnlicher leitender Position[871] den Radius an Gestaltungsmitteln sukzessive eingeschränkt.

Diese stetig anwachsende Liste von Negativdefinitionen hat insoweit aber nicht nur Zweifel an dieser Möglichkeit einer organisatorischen Eingliederung aufkommen lassen[872]. Zusätzlich hat die Art und Weise dieser Rechtsprechung eine erhebliche Rechtsunsicherheit geschaffen, wenn die Option einer Eingliederung außerhalb einer Personalunion diskutiert werden muss. Nicht nur bei Konzerngesellschaften, die allein schon aufgrund ihrer Größe nicht unbegrenzt Personal doppelt einsetzen können[873], besteht insoweit ein beachtliches Bedürfnis nach einer organisatorischen Eingliederung ohne eine personelle Verflechtung. Auch bei anderen Gesellschaftstypen können sich aufgrund *„starker Unternehmerpersönlichkeiten psychologische Hemmnisse“* ergeben, Geschäftsführern aus abhängigen Gesellschaften einen Platz in der Geschäftsführung der Muttergesellschaft einzuräumen[874].

Trotz der insoweit nicht von der Hand zu weisenden praktischen Bedürfnisse muss für eine organisatorische Eingliederung maßgeblich bleiben, dass der Geschäftswille des Organträgers tatsächlich in der Organgesellschaft Wirkung entfaltet und durchgesetzt werden kann. Allein die Anordnung von Berichtspflichten oder gemeinsamen Planungsprozessen vermittelt diese Wirkung nicht, da sie die rechtliche Umsetzung und Durchsetzung des Organträgers nicht garantieren kann.

Ebenso ungenügend erscheinen isoliert das Weisungsrecht oder damit letztlich im Zusammenhang stehende Geschäftsordnungen der Gesellschafterversammlung zu sein, da – unabhängig vom Umfang etwaiger Zustimmungsvorbehalte – grundsätzlich jede Weisung einen vorherigen Gesellschafterbeschluss erfordert[875], was einer effektiven Geschäftsführung allein aus Praktikabilitätsgründen entgegensteht[876]. Ebenso ist zu bedenken, dass, wie auch der BFH stets betont, das Weisungsrecht bereits aus der finanziellen Eingliederung folgt, so dass eine Prüfung der organisatorischen Eingliederung letztlich gar nicht mehr notwendig wäre. Auf diesem Wege reduzierte sich der Tatbestand der Organschaft dann aber faktisch auf zwei

---

869 BFH v. 20.2.1992 – V R 80/85, BFH/NV 1993, 133f.

870 BFH v. 3.4.2008 – V R 75/05, BStBl II 2008, 905 (908).

871 BFH v. 14.2.2008 – V R 12, 13/06, BFH/NV 2008, 1365 (1366).

872 vgl. *Wäger* in: FS Schaumburg 2009, S. 1189 (1204).

873 vgl. *Trinks,* SteuK 2011, 531; *Streck/Binnewies,* DB 2001, 1578ff; *Feldgen,* BB 2010, 285 (288).

874 *Schmidt,* GmbHR 1996, 175.

875 *Lenz* in: Michalski GmbHG, § 37 Rn. 1.

876 *Schmidt,* GmbHR 1996, 175 (178).

Merkmale, was wiederrum nur schwerlich mit der Trennung von Willensbeherrschung und -durchsetzung im Sinne der Organtheorie[877] vereinbar ist.

Problematisch ist überdies, dass die Einflussnahme mittels Weisungsrechten zwischen den für die Organschaft regelmäßig in Frage kommenden Kapitalgesellschaften zivilrechtlich unterschiedlich ausgeprägt ist. Während für die GmbH die Einflussnahme auf die Geschäftsführung *de jure* vorgesehen ist (§ 37 Abs. 1 GmbHG), ist es bei der Aktiengesellschaft genau umgekehrt. Hier muss der Vorstand nach eigenem Ermessen und eigener Verantwortung weisungsfrei handeln (§ 76 Abs. 1 AktG) und darf weder gegenüber dem Aufsichtsrat noch gegenüber Dritten gebunden sein[878].

Die Beantwortung der Frage nach der Gestaltung von Eingriffsmöglichkeiten muss sich daher folglich an den Besonderheiten des jeweiligen Gesellschaftstypus ausrichten, was insgesamt eine differenzierende Lösung erforderlich macht[879].

a) GmbH

Orientiert man sich an den Vorgaben der Rechtsprechung[880], dann müssen die Maßnahmen zur organisatorischen Eingliederung außerhalb einer Personalunion ein institutionell abgesichertes unmittelbares Eingriffsrecht des Organträgers in den Kernbereich der laufenden Geschäftsführung der Organgesellschaft garantieren.

aa) Eingriffsrecht

Bei einer GmbH ist es möglich, dem Geschäftsführer die ihm im Sinne des § 35 GmbHG zugewiesenen Aufgaben nahezu vollständig per Satzung zu entziehen und deren Vornahme an die Zustimmung oder Weisung der Gesellschafterversammlung zu koppeln. Diese Bindung an die Kontrolle der Gesellschafterversammlung soll dabei sogar die gesetzlich zugewiesenen Aufgaben des Geschäftsführers umfassen und ihn dergestalt einschränken, dass man von einem Zölibatsgeschäftsführer spricht[881]. Obwohl diese soweit gehende Einschränkung nicht unumstritten ist, klammert die Gegenmeinung jedenfalls nur Aufgaben wie die generelle Vertretung der Gesellschaft (§ 35 GmbHG) und die Erhaltung des Stammkapitals (§§ 30, 31 GmbHG) sowie bestimmter Publikationsakte (§§ 64, 78 GmbHG) von der Übertragung aus[882].

---

877 vgl. Kapitel 4 D. I. 4. b) aa).

878 *Spindler* in: MüKo AktG, § 76 Rn. 22; ferner *Reiß* in: Reiß/Kraeusel/Langer UStG, § 2 Rn. 112.6.

879 so auch *Schmidt,* GmbHR 1996, 175 (177). Weitere mögliche Gesellschaftstypen neben der GmbH und der AG sollen aus Gründen der Übersichtlichkeit außer Betracht bleiben.

880 BFH v. 3.4.2008 – V R 76/05, BStBl II 2008, 905 (908).

881 zum Ganzen *Lenz* in: Michalski GmbHG, § 37 Rn. 11f; *Stephan/Tieves* in: MüKo GmbHG, § 37 Rn. 94.

882 *Oetker* in: Henssler/Strohn GesR, § 37 GmbHG Rn. 9f.

Das außerhalb dieser Aufgaben entstandene Kontrollrecht der Gesellschafterversammlung kann sodann auf ein anderes Organ oder sogar auf einen Dritten übertragen werden, der dadurch gewissermaßen Organqualität erlangt[883].

Demnach wäre es in der GmbH also möglich, um die mangelnde Praktikabilität von Gesellschafterbeschlüssen zu vermeiden, das Weisungs- und Zustimmungsrecht der Gesellschafterversammlung nur auf den Geschäftsführer des Organträgers zu übertragen und diesem einen Einfluss auf die Geschäftstätigkeit der Organgesellschaft zu geben, mit dem er faktisch die unternehmerische Tätigkeit innerhalb des Organs lenken kann. Der nicht identische Geschäftsführer der Organgesellschaft wird dann also – ähnlich eines Direktionsrechts – von dem Geschäftsführer des Organträgers kontrolliert, wobei diese Kontrolle nicht unmittelbar aus der finanziellen Eingliederung folgt, sondern erst aus der besonderen Gestaltung der Satzung gewährleistet wird. Damit wäre folglich eine Willensdurchsetzung des Organträgers in der Organgesellschaft sichergestellt und ersterer hätte ein unmittelbares Eingriffsrecht in den Kernbereich der laufenden Geschäftsführung des untergeordneten Unternehmens.

Dem stünde dann auch nicht entgegen, dass – nach Auffassung der oben dargestellten Gegenmeinung – nicht sämtliche Aufgaben des Organgeschäftsführers übertragen werden könnten. Denn wie schon bei der finanziellen Eingliederung dargelegt[884], gilt auch für die organisatorische Eingliederung m. E. nach, dass nicht sämtliche Tätigkeiten und Aufgaben der Geschäftsführung für die umsatzsteuerliche Organschaft wesentlich sind, sondern nur solche, die einen erkennbaren direkten Bezug zu einer unternehmerischen oder wirtschaftlichen Tätigkeit aufweisen.

bb) Institutionelle Absicherung

Fraglich bleibt indes, ob eine solche satzungsmäßige Ausgestaltung der organisatorischen Eingliederung im Sinne der Rechtsprechung institutionell abgesichert ist. Das hängt natürlich maßgeblich davon ab, wie man diesen Begriff versteht.

Rein vom Wortlaut her betrachtet bedeutet er, dass es durch eine Institution abgesichert sein muss, wobei Institution in etwa Einrichtung und damit in gewisser Weise also etwas Dauerhaftes meint. Eine dauerhafte Einrichtung wird man bei einer satzungsmäßigen Vereinbarung unproblematisch bejahen können, nur ist der grammatische Begriff insoweit sehr weit und so wohl nicht von der Intention der Rechtsprechung getragen, wenn man berücksichtigt, welche Maßnahmen bislang als nicht ausreichend für eine organisatorische Eingliederung angesehen wurden.

Zieht man den systematischen Vergleich zur personellen Verflechtung der Geschäftsführung, dann ist anzunehmen, dass das Eingriffsrecht durch einen nach außen wirkenden Publikationsakt abgesichert sein muss, also bspw. durch die Eintragung im Handelsregister. Dies aber geschieht bei einer nur satzungsmäßigen

---

883 *Lenz* in: Michalski GmbHG, § 37 Rn. 10; *Stephan/Tieves* in: MüKo GmbHG, § 37 Rn. 72.

884 vgl. Kapitel 4 C. I. 2.

Regelung allenfalls mittelbar und ist nicht sofort ersichtlich, da ein solcher Satzungsinhalt nicht bei den Vertretungsverhältnissen angegeben würde[885]. Um eine ausreichende Publikationswirkung zu erzielen, könnten die Einschränkungen des Organgeschäftsführers allerdings indirekt sichtbar gemacht werden, in dem der Organträger-Geschäftsführer sich Prokura in der Organgesellschaft einräumen lässt und die Vertretungsbefugnisse auf eine Gesamtvertretung beider beschränkt wird. Dann wäre auch beim Handeln nach außen bekundet und rechtlich abgesichert, dass der Organ-Geschäftsführer den Weisungen des Organträgers unterliegt.

Gewiss hat die Rechtsprechung eine allein geschäftsführerähnliche Position der Organträgerleitung in der Organgesellschaft als nicht ausreichend erachtet. In der hier vorgeschlagenen Lösung liegt jedoch die Besonderheit darin, dass durch die Regelungen der Satzung die Rolle des Prokuristen zu einer faktischen Geschäftsführung erstarkt und dieser die unternehmerische Zielsetzung der Organgesellschaft bestimmen kann. Durch die gleichzeitige Eintragung von Prokura kann die durch die Satzung bedingte Eingriffsmöglichkeit in den Kernbereich der Organgesellschaft damit institutionell abgesichert werden, so dass es m. E. nach über diesen Weg möglich sein muss, außerhalb einer personellen Verflechtung eine organisatorische Eingliederung in der GmbH zu erreichen[886].

Ergänzend ist der Ansicht in der Literatur jedoch zu zustimmen, die neben einer solchen normativen Führung eine strategische oder finanzielle Führung verlangt. Da die organisatorische Eingliederung auch tatsächlich durchgeführt werden muss, bedarf es insoweit einer Kontrolle des Geschäftsführers der Organgesellschaft durch entsprechende Berichterstattungen, ein gemeinsames Controlling oder andere flankierende Maßnahmen, die nachweislich gewährleisten, dass der Wille des Organträgers auch tatsächlich durchgesetzt wird[887].

b) AG

Die Situation bei einer Aktiengesellschaft (AG) stellt sich aufgrund ihrer besonderen Konzeption im deutschen Recht gänzlich anders dar. Die Leitung und Kontrolle verteilt sich bei der AG auf Vorstand, Aufsichtsrat und Hauptversammlung, wobei die Geschäftsleitung nach § 76 Abs. 1 AktG exklusiv dem Vorstand zugeordnet wird.

Durch § 76 AktG wird jedoch nicht nur die Leitung dem Vorstand zugeordnet, sondern aus der formulierten Eigenverantwortlichkeit folgt vielmehr noch, dass anders als bei der GmbH die Gesellschafter resp. die Hauptversammlung oder der Aufsichtsrat dem Vorstand keine Weisungen erteilen können[888]. Ebenfalls kann der Vorstand nicht in einem Auftrags- oder auftragsähnlichen Verhältnis zu einzelnen Aktionären stehen, da er und seine Mitglieder allein der Gesellschaft organschaftlich

885 vgl. BayOblG v. 29.5.1979 – BReg 1 Z 36/79, BayObLGZ 1979, 182 (184f.); *Schäfer* in: Henssler/Strohn GesR, § 8 GmbHG Rn. 23.

886 im Ansatz ähnlich *Scharpenberg* in: Hartmann/Metzenmacher UStG, § 2 Rn. 447.

887 *Schmidt,* GmbHR 1996, 175 (179).

888 vgl. *Spindler* in: MüKo AktG, § 76 Rn. 22.

verbunden sind[889]. Zwar gibt es nach § 111 Abs. 4 Satz 2 AktG die Möglichkeit, dem Aufsichtsrat als Kontrollorgan Zustimmungskompetenzen gegenüber dem Vorstand für bestimmte Arten von Geschäften in der Satzung zu übertragen. Diese Kompetenz stellt jedoch nur ein *„sachlich begrenztes Vetorecht"* des Aufsichtsrates dar, aus dem dieser den Vorstand niemals positiv zwingen kann, ein bestimmtes Rechtsgeschäft vorzunehmen[890].

Dementsprechend nimmt auch die Literatur gemeinhin an, dass mit einem Weisungsrecht, ob isoliert oder flankiert von weiteren Gestaltungsmaßnahmen, außerhalb einer Personalunion eine organisatorische Eingliederung bei einer AG nicht zu erreichen ist[891].

Soweit damit also ein wesentlicher Baustein der organisatorischen Eingliederung durch eine Gestaltung der Beziehung zwischen Organträger und -gesellschaft von vornherein bei der AG ausscheiden muss, bleibt fraglich, ob eine Eingliederung bei ihr überhaupt außerhalb einer Personalunion möglich ist. Genau genommen ist jedoch schon problematisch, inwiefern tatsächlich eine Personalunion bei einer AG als Organgesellschaft funktionieren kann, um eine Durchsetzung des Willens des Organträgers zu erreichen.

aa) Personelle Verflechtung bei einer AG

Die Problematik der personellen Verflechtung der Leitungsorgane einer AG mit denen des Organträges resultiert aus der schon oben erwähnten besonderen Eigenständigkeit des Vorstands.

Der Vorstand einer AG steht in einer speziellen Vertrauensstellung zur Gesellschaft und ihren Aktionären und ist ihr hieraus zu einer Treue verpflichtet, die weit über die gewöhnliche Pflicht von Treu und Glauben nach § 242 BGB hinausgeht[892]. Die Vorstandsmitglieder werden als eine Art Treuhänder der Aktionäre angesehen, die bei allen Geschäften, welche die Interessen der AG berühren, allein deren Wohl und Wehe und nicht ihren eigenen Nutzen oder den Vorteil anderer im Auge haben sollen[893].

Diese Fokussierung auf die Gesellschafter als Ganzes und die Gesellschaft als verselbstständigtes Interesse lassen insoweit Zweifel aufkommen, ob ein in Personalunion agierendes Leitungsorgan ohne Weiteres die Interessen der AG denen des Organträgers hinten anstellen darf, ohne dabei gegen die eigenen Treuepflichten zu verstoßen. Wenn aber ein Leitungsorgan gegen gesetzliche Pflichten bei der

---

889 BGH v. 30.3.1967 – II ZR 245/63, NJW 1967, 1462f; *Fleischer* in: Spindler/Stilz AktG, § 76 Rn. 57.

890 vgl. *Spindler* in: MüKo AktG, § 76 Rn. 22.

891 *Reiß* in: Reiß/Kraeusel/Langer UStG, § 2 Rn. 112.6; *Schmidt,* GmbHR 1996, 175 (177); *Breuninger/Prinz,* DB 1995, 2085ff; *Scholz/Nattkämper,* UR 2008, 716 (718).

892 *Spindler* in: MüKo AktG, § 76 Rn. 13.

893 BGH v. 20.2.1995 – II ZR 143/93, BGHZ 129, 30; v. 12.6.1989 – II ZR 334/87; DB 1989, 1762 (1764); mwN *Fleischer* in: Spindler/Stilz AktG, § 76 Rn. 114.

Willensdurchsetzung des Organträgers verstoßen würde, dann kann – im Sinne einer rechtlichen Durchsetzbarkeit der Beherrschung – keine organisatorische Eingliederung angenommen werden.

Gewiss kann ein Vorstandsmitglied einer AG auch für eine andere Gesellschaft tätig sein und Doppelmandate ausführen, die als solches nicht verboten sind[894]. Doch trotz dieser generellen Zulässigkeit kann sich gerade bei Konzernen eine Interessenkollision zwischen Ober- und Untergesellschaft einstellen, in deren Zwiespalt der dann in Personalunion agierende Vorstand gerät. Soweit der Organträger nämlich Maßnahmen für die Organgesellschaft beschließt, die dieser zum Nachteil gereichen, darf der im Doppelmandat agierende Vorstand diese Geschäfte nicht ausführen, wenn er sich nicht selbst nach § 93 AktG schadensersatzpflichtig machen will. Denn auch im Falle einer Interessenkollision *in personam* kann das Vorstandsmitglied nicht einseitig zu Gunsten der anderen Gesellschaft entscheiden und sich darauf berufen, dass eine Verletzung wegen der entgegenstehenden Pflicht der Obergesellschaft gerechtfertigt sei[895]. Steht der Nachteil für die Organgesellschaft fest, bleibt es folglich bei der Haftungsgefahr aus § 93 AktG zu Lasten des Vorstands, die insbesondere dann virulent werden kann, wenn an der Organgesellschaft noch Minderheitsgesellschafter beteiligt sind.

Doch nicht nur aus diesem Grund scheint eine Willensdurchsetzung im Sinne einer organisatorischen Eingliederung in diesem Kontext fraglich zu sein. Vielmehr noch kommt hinzu, dass die Befolgung der Vorgaben des bspw. pluralistisch besetzten Leitungsgremiums des Organträgers vom Vorstandsmitglied der Organgesellschaft nicht befolgt werden muss, sondern dies in seinem eigenen Ermessen steht[896].

Demnach besteht bei einer personellen Verflechtung des Vorstandes der Organgesellschaft mit dem Leitungsgremium des Organträgers folglich nicht nur das Problem, dass bei einer ausschließlichen Orientierung an den Interessen letzterem eine Haftung des Handelnden droht, sondern ferner, dass dieser schon rechtlich nicht im Sinne des Trägers handeln muss[897]. Dem von der Rechtsprechung verlangten Direktionsrecht[898], welches das in Personalunion handelnde Leitungsorgan mitunter gefügig machen soll, stünde danach das aus dem § 76 AktG folgende freie Ermessen des Vorstands gegenüber, das durch die Haftungsanordnung besondere Bedeutung erlangt.

Man kann freilich nicht schlechthin einen Interessenkonflikt zwischen Organgesellschaft und -träger unterstellen, so dass die unternehmerischen Vorgaben des Trägers gewiss auch denen der Organgesellschaft entsprechen können und

---

894 vgl. OLG Köln v. 24.11.1992 – 22 U 72/92, ZIP 1993, 110; *Spindler* in: MüKo AktG, § 76 Rn. 49 mwN; ferner auch § 88 Abs. 1 Satz 2 AktG.

895 BGH v. 21.12.1979 – II ZR 244/78, DB 1980, 438; *Spindler* in: MüKo AktG, § 76 Rn. 49; *Fleischer* in: Spindler/Stilz AktG, § 76 Rn. 107.

896 *Aschenbeck/Tanja,* NZG 2000, 1015 (1019); *Spindler* in: MüKo AktG, § 76 Rn. 49.

897 wohl aA *Breuninger/Prinz,* DB 1995, 2085 (2086f.).

898 vgl. Kapitel 4 E. I. 1. a); ferner auch *Sonnenschein,* Organschaft und Konzerngesellschaftsrecht, S. 136ff; *Korf,* UR 2011, 55 (56).

eine organisatorische Eingliederung folglich anzunehmen ist. Rechtstheoretisch betrachtet, muss jedoch konstatiert werden, dass der der personellen Verflechtung zugrunde liegende Gedanke im Widerspruch zu den Ideen des Aktienrechts steht. Die Situation mag sich bei einer ausschließlichen Beteiligung des Organträgers anders darstellen in Anlehnung an die Haftungsbefreiung des Vorstandes durch einen Hauptversammlungsbeschluss nach § 93 Abs. 4 Satz 1 AktG. Doch selbst hier wäre, da eine nachteilige Beschlussfassung nur vorher bewilligt werden kann[899], jedenfalls eine direkte Anwendung der Norm wenig praktikabel.

Im Übrigen bleibt es dabei, dass die grundsätzlich vom Aktienrecht vorgesehene Ausgestaltung der Leitungsorgane der Aktiengesellschaft nicht mit dem Grundgedanken der personellen Verflechtung im Rahmen der organisatorischen Eingliederung übereinstimmen und auch eine abweichende Satzungsregelung, in Folge der besondere Formstrenge des Aktienrechts[900] hier keine Abhilfe bieten kann.

M. E. nach ist daher festzuhalten, dass die personelle Verflechtung der Leitungsorgane im Organkreis bei einer Aktiengesellschaft als Organgesellschaft grundsätzlich mangels rechtlicher Möglichkeit einer Willensdurchsetzung nicht zu einer organisatorischen Eingliederung in den Organträger führen kann.

bb) Beherrschungsvertrag nach § 291 AktG

Gleichwohl wäre es erstaunlich, wenn die AG als juristische Person nicht organisatorisch in einen Organträger eingegliedert werden könnte.

Jedenfalls in der Literatur[901] ist insoweit unumstritten, dass eine AG durch einen Beherrschungsvertrag nach § 291 Abs. 1 Satz 1 1. Alt AktG organisatorisch in den Organträger eingegliedert werden kann.

Durch einen Beherrschungsvertrag wird die Leitung der beherrschten Gesellschaften einem anderen Unternehmen unterstellt, welches fortan *ipso iure* nach § 308 Abs. 1 AktG berechtigt ist, der Geschäftsleitung der beherrschten AG Weisungen zu erteilen. Dieses Weisungsrecht umfasst dabei grundsätzlich auch für die beherrschte Gesellschaft nachteilige Entscheidungen, was § 308 Abs. 1 Satz 2 AktG ebenso kraft Gesetzes bestimmt. Obgleich die alleinige Annahme eines Weisungsrechts für die organisatorische Eingliederung mit Blick auf die diesbezüglichen Ausführungen zur GmbH nicht ganz widerspruchsfrei erscheinen, bestehen doch signifikante Unterschiede zwischen dem Weisungsrecht aus § 308 AktG und dem innerhalb einer GmbH.

---

899 *Fleischer* in: Spindler/Stilz AktG, § 93 Rn. 267.

900 *Limmer* in: Spindler/Stilz AktG, § 23 Rn. 28a.

901 *Wäger* in: FS Schaumburg 2009, S. 1189 (1206); *Scharpenberg* in: Hartmann/Metzenmacher UStG, § 2 Rn. 450; *Stadie* in: Rau/Dürrwächter UStG, § 2 Rn. 893; *Reiß* in: Reiß/Kraeusel/Langer UStG, § 2 Rn. 112.2; *Schmidt,* GmbHR 1996, 175 (177); *Birkenfeld* in: Birkenfeld/Wäger USt-Hdb, § 44 Rn. 423.

So liegt das Weisungsrecht hier – anders als bei der GmbH – von vornherein bei den Organvertretern der herrschenden Gesellschaft[902] und kann damit ohne größere formelle Umsetzungen praktikabel gegenüber dem Vorstand der Organgesellschaften geltend gemacht werden. Darüber hinaus bezieht sich das Weisungsrecht nach § 308 AktG auf die Leitung der Gesellschaft nach § 76 AktG, so dass schon qua Gesetz sämtliche Bereiche der Unternehmensführung, also alle geschäftlichen und betrieblichen Maßnahmen nach innen wie nach außen von dem Weisungsrecht erfasst sind[903]. Danach kann also über einen Beherrschungsvertrag ohne weitere Maßnahmen erreicht werden, dass zu Gunsten des Organträgers ein unmittelbares Eingriffsrecht in den Kernbereich der Geschäftsführung der Organgesellschaft geschaffen wird.

Als eine weitere Besonderheit des Beherrschungsvertrages kommt hinzu, dass dieser u. a. aufgrund seines den Gesellschaftszweck ändernden Charakters[904] nach § 294 AktG im Handelsregister einzutragen und die Öffentlichkeit entsprechend zu informieren ist. Da die Eintragung ferner konstitutiv wirkt[905], ist dieses unmittelbare Eingriffsrecht also auch als institutionell abgesichert zu bewerten, so dass mittels eines Beherrschungsvertrags eine organisatorische Eingliederung außerhalb einer Personalunion möglich ist[906].

Demnach kann durch einen Beherrschungsvertrag nach § 291 Abs. 1 Satz 1 1. Alt. AktG eine organisatorische Eingliederung hergestellt werden. Da nach mittlerweile gefestigter Rechtsprechung auch eine GmbH Unternehmensverträge im Sinne der §§ 291ff. AktG schließen kann[907], bietet sich diese Möglichkeit im Übrigen auch für die organisatorische Eingliederung einer GmbH als Organgesellschaft an.

cc) Eingliederung nach §§ 319ff. AktG

Neben dem Beherrschungsvertrag wird von Teilen der Literatur[908] ferner eine organisatorische Eingliederung im Wege der aktienrechtlichen Eingliederung nach § 319 AktG befürwortet.

Nach § 319 AktG kann die Hauptversammlung einer Aktiengesellschaft die Eingliederung in eine andere Aktiengesellschaft (Hauptgesellschaft) beschließen, wenn sich alle Aktien der Gesellschaft in der Hand der Hauptgesellschaft befinden. Die Eingliederung wird dabei als organisationsrechtlicher Vorgang qualifiziert, bei dem die eingegliederte Gesellschaft zwar rechtlich eigenständig bleibt, aber durch

902 *Altmeppen* in: MüKo AktG, § 308 Rn. 31.
903 *Altmeppen* in: MüKo AktG, § 308 Rn. 86; *Veil* in: Spindler/Stilz AktG, § 308 Rn. 20.
904 *Veil* in: Spindler/Stilz AktG, § 291 Rn. 10.
905 *Altmeppen* in: MüKo AktG, § 294 Rn. 38
906 dazu auch *Wäger* in: FS Schaumburg 2009, S. 1189 (1206f.).
907 vgl. BGH v. 30.1.1992 – II ZB 15/91, ZIP 1992, 395.
908 *Reiß* in: Reiß/Kraeusel/Langer UStG, § 2 Rn. 112.2; *Birkenfeld* in: Birkenfeld/Wäger USt-Hdb, § 44 Rn. 423; *Schmidt,* GmbHR 1996, 175 (177); *Streck/Binnewies,* DB 2001, 1578.

die Bestimmung des § 323 AktG einem umfassenden Weisungsrecht der Hauptgesellschaft unterworfen wird[909]. Das hierdurch begründete Konzernrechtsverhältnis soll dabei den Wirkungen einer Verschmelzung gleichkommen, da es durch die umfangreiche Konzernleitungsmöglichkeit der Hauptgesellschaft eine „*vollständige organisatorische und finanzielle Einordnung der eingegliederten Gesellschaft*" begründet[910]. Durch diese rechtlich gewährte Usurpation der eingegliederten Gesellschaft wird deren eigenes Geschäftsinteresse weitgehend eliminiert, und auch der Zugriff auf ihr Vermögen durch die Hauptgesellschaft ist weitestgehend gestattet[911].

Das in § 323 AktG zugunsten der Hauptgesellschaft verankerte Weisungsrecht geht dabei weiter als jenes im Rahmen eines Beherrschungsvertrags, was durch den fehlenden Verweis des § 323 AktG auf § 308 Abs. 1 AktG deutlich wird. Insoweit soll es prinzipiell sogar möglich sein, Weisungen zu erteilen, die selbst den Belangen der Hauptgesellschaft zuwiderlaufen, sprich nicht durch deren eigene Interessen gerechtfertigt sind oder einen existenzgefährdenden Charakter aufweisen[912].

Ebenso wie bei einem Beherrschungsvertrag wird das Weisungsrecht formell vom Vorstand der Hauptgesellschaft ausgeübt und zwar gerichtet an den Vorstand der eingegliederten Gesellschaft[913].

Aufgrund der Ähnlichkeit zum Beherrschungsvertrag und der sogar darüber hinausgehenden Eingriffsbefugnisse der Hauptgesellschaft ist durch die Eingliederung nach den §§ 319ff. AktG folglich ebenfalls ein unmittelbares Eingriffsrecht in den Kernbereich der Geschäftsleitung der Organgesellschaft anzunehmen. Da die Eingliederung nach § 319 Abs. 4 Satz 1 AktG beim Handelsregister anzumelden ist, ist dieses Eingriffsrecht auch als institutionell abgesichert zu betrachten.

Dementsprechend ist den oben genannten Ansichten in der Literatur zuzustimmen und eine organisatorische Eingliederung auch dann anzunehmen, wenn eine Eingliederung nach den §§ 319ff. AktG zwischen Organgesellschaft und -träger besteht.

4. Zwischenergebnis

Auch außerhalb einer personellen Verflechtung der Leitungsorgane des Organkreises kann eine organisatorische Eingliederung hergestellt werden. Dies ist notwendig, da m. E. nach eine personelle Verflechtung bei einer Aktiengesellschaft als Organgesellschaft nicht zu dem intendierten Zweck einer Direktionsmöglichkeit führt, da ihr Vorstand ein vom AktG mit besonderer Eigenverantwortlichkeit ausgestattetes Leitungsorgan darstellt.

---

909 vgl. *Singhof* in: Spindler/Stilz AktG, § 319 Rn. 2; *Grunewald* in: MüKo AktG, § 319 Rn. 1ff.

910 *Singhof* in: Spindler/Stilz AktG, § 319 Rn. 2.

911 *Grunewald* in: MüKo AktG, § 323 Rn. 1.

912 *Grunewald* in: MüKo AktG, § 323 Rn. 2f; *Singhof* in: Spindler/Stilz AktG, § 319 Rn. 2.

913 *Singhof* in: Spindler/Stilz AktG, § 323 Rn. 4f.

Bei den Möglichkeiten, die organisatorische Eingliederung durch eine Gestaltung der Beziehung zu erreichen, muss zwischen den typischen Organgesellschaftsformen der GmbH und der AG aufgrund ihrer besonderen Strukturen unterschieden werden.

Bei der GmbH bleibt unter Beachtung der Rechtsprechung nach hiesigem Dafürhalten zum einen die Möglichkeit des Einsatzes eines – in seinen Geschäftsführungsbefugnissen stark eingeschränkten – Organgesellschafts-Geschäftsführers (Zölibatsgeschäftsführers) unter gleichzeitiger Überleitung dieser Rechte auf den Geschäftsführer des Organträgers. Zum anderen kann durch den Abschluss eines Beherrschungsvertrages (§ 291 AktG) ein unmittelbares Eingriffsrecht für den Organträger geschaffen werden. Die institutionelle Sicherung erfolgt durch die Eintragung im Handelsregister, die bei den Unternehmensverträgen ohnehin vorgesehen ist (§ 294 AktG) und beim Zölibatsgeschäftsführer durch die Eintragung von Prokura in der Organgesellschaft zu Gunsten des Organträgergeschäftsführers erfolgen kann.

Bei der AG muss die Eingliederung entweder ebenfalls über den Abschluss eines Beherrschungsvertrag nach § 291 AktG erfolgen oder über eine Eingliederung nach §§ 319ff. AktG, die dem Organträger sogar noch ein Mehr an Eingriffsrechten gewährt. Da die Eingliederung nach § 319 Abs. 4 Satz 1 AktG ins Handelsregister eintragen werden muss, ist auch bei dieser eine institutionelle Sicherung der Eingriffsmöglichkeit anzunehmen.

Allerdings bedarf es in sämtlichen Fällen der rechtlichen Absicherung der Eingriffsmöglichkeit der Feststellung ihrer tatsächlichen Durchführung. Daher handelt es sich bei allen vorgenannten Möglichkeiten zunächst nur um Beweiszeichen[914] einer organisatorischen Eingliederung, die nicht gleichsam automatisch zu ihrem Vorliegen führen müssen.

IV. Konnexität der finanziellen und organisatorischen Eingliederung

Die vorstehende Analyse hat gezeigt, dass das Gesellschaftsrecht, insbesondere das Aktienrecht Einfluss auf die Bewertung der organisatorischen Eingliederung nehmen kann. Dies ist nicht verwunderlich, wenn man bedenkt, dass das Dritte Buch des AktG, welches das deutsche Konzernrecht regelt, auf den Erfahrungen aufbaut, die aus den Versuchen einer einheitlichen Besteuerung mehrerer rechtlich selbstständiger Unternehmen resultieren[915]. Das Streben nach einer Besteuerung der echten wirtschaftlichen Verhältnisse hat in gewisser Weise also die Grundlage für die Entwicklung des zivilistischen Konzernrechts geschaffen.

914 vgl. *Birkenfeld* in: Birkenfeld/Wäger USt-Hdb, § 44 Rn. 328f. (57. EL – 2011).

915 vgl. *Altmeppen* in: Aktienrecht im Wandel, Kap. 23 Rn. 5; ferner *Rehbinder*, Konzernaußenrecht und allgemeines Privatrecht, S. 61.

Unter dieser Prämisse stellt sich insoweit die bereits angerissene Frage[916], ob neben den Wertungen des Dritten Buches des AktG noch andere Regelungen des Aktienrechts Einfluss auf die Organschaft und insbesondere die organisatorische Eingliederung haben können.

Im Fokus der Überlegung liegt dabei der Einfluss der aus der finanziellen Eingliederung folgenden Willensbeherrschung auf die Willensdurchsetzung innerhalb der organisatorischen Eingliederung, und ob § 17 Abs. 2 AktG für eine Vermutung letzterer sprechen kann.

1. Ausschluss von Wechselwirkungen

Der BFH hält eine Wechselwirkung zwischen Umsatzsteuer- und Aktienrecht für ausgeschlossen.

Nach Ansicht des BFH sei es zwar richtig, dass nach dem in § 2 Abs. 2 Nr. 2 UStG postulierten Gesamtbild der Verhältnisse nicht alle Voraussetzungen der Organschaft im gleichen Maße vorliegen müssten[917]. Dennoch soll hieraus nicht die Konsequenz folgen, dass bei einer auch überobligatorischen finanziellen Eingliederung auf die organisatorische Eingliederung geschlossen werden könne, da alle drei Merkmale eigenständig vorliegen müssen[918].

Dementsprechend komme der aktienrechtlichen Bestimmung des § 17 Abs. 2 AktG keine besondere Bedeutung für die Organschaft zu, deren Vermutung ohnehin nur auf dem Anteilsbesitz der herrschenden Gesellschaft aufbaue. Dafür streitet nach Ansicht des BFH der Umstand, dass § 2 Abs. 2 Nr. 2 UStG eigenständig die Voraussetzung der Organschaft bestimme, ohne auf die Wertung des Aktien- oder speziell des Konzernrechts einzugehen[919].

Weder die finanzielle Eingliederung noch die Abhängigkeitsvermutung des § 17 Abs. 2 AktG haben nach dieser Ansicht somit Einfluss auf die Feststellung der organisatorischen Eingliederung.

---

916 vgl. Kapitel 4 C. IV.

917 vgl. dazu BFH v. 22.11.2001- V R 50/00, BStBl II 2002, 167 (168); v. 17.1.2002 – V R 37/00, BStBl II 2002, 373 (375).

918 BFH v. 3.4.2008 – V R 76/05, BStBl II 2008, 905 (908); v. 20.9.2006 – V B 138/05, BFH/NV 2007, 281 (282).

919 BFH v. 3.4.2008 – V R 76/05, BStBl II 2008, 905 (908); v. 5.12.2007 – V R 26/06, BStBl II 2008, 451 (453).

2. Einfluss zivilistischer Wertungen

Teile der Literatur[920] und einzelne Finanzgerichte[921] hingegen halten unter Hinweis auf das Gesamtbild der tatsächlichen Verhältnisse den Schluss von der finanziellen auf die organisatorische Eingliederung für möglich, insbesondere unter Berücksichtigung eben der Wertungen der §§ 17 Abs. 2, 18 Abs. 1 Satz 3 AktG.

Diese (wohl) maßgeblich auf den Ausführungen von *Crezelius*[922] zurückzuführende Ansicht macht im Einzelnen geltend, dass die organisatorische Eingliederung nicht frei von zivilistischen Regelungsinhalten ausgelegt werden könne, wenn sie an wirtschaftliche Vorgänge und Zustände anknüpfe, die maßgeblich durch das Zivilrecht bestimmt werden.

Die steuerliche Organschaft und der faktische Konzern, der durch § 17 Abs. 2 i.V.m. § 18 Abs. 1 Satz 3 AktG beschrieben wird, richten sich beide an den besonderen Strukturen von Unternehmensverbindungen aus, in denen trotz juristischer Vielfalt von einer wirtschaftlichen Einheit aufgrund von Abhängigkeiten ausgegangen wird[923]. Bei beiden Instituten bestünde sowohl in der inhaltlichen als auch in der strukturellen Zielrichtung eine Übereinstimmung, denn die Sicherstellung einer einheitlichen, an den Maßgaben der Muttergesellschaft orientierten Willensausübung in der Organgesellschaft entspreche der einheitlichen Leitung verbundener Unternehmen im faktischen Konzern. In einer solchen Situation, in der sowohl das Organschaftsrecht als auch das Konzerngesellschaftsrecht gleiche Sichtweisen einnehmen, sei es nur konsequent die konzerngesellschaftsrechtliche Dogmatik für die Organschaft resp. die organisatorische Eingliederung nutzbar zu machen[924].

Zwar gehe es bei der organisatorischen Eingliederung um die Feststellung, dass die aus der finanziellen Eingliederung folgende Möglichkeit einer Beherrschung in der Geschäftsführung der Organgesellschaft auch tatsächlich wirksam geworden ist, während die konzernrechtliche Vermutung der §§ 17 Abs. 2, 18 Abs. 1 Satz 3 AktG allein die Möglichkeit einer Einflussnahme ausreichen lässt. Da beiden Rechtsnormen jedoch ein ähnliches Organisations- und Schutzrecht innerhalb der Organschaft zukomme, sei es gerechtfertigt, die Wertungen des kodifizierten

---

920 *Müller* in: Müller/Stöcker Organschaft, S. 338; *Stadie* in: Rau/Dürrwächter UStG, § 2 Rn. 893, 896; *Crezelius* in: FS Kropff 1997, S. 37 (50ff.); *Streck/Binnewies*, DB 2001, 1578 (1580f.); *Scholz/Nattkämper*, UR 2008, 716 (718).

921 FG Baden-Württemberg v. 2.3.2006 – 14 K 157/04, EFG 2006, 1462 (1463) (aufg.); FG Baden-Württemberg v. 28.11.2005 – 14 K 79/04, EFG 2006, 1110 (1111) (aufg.); FG Berlin v. 13.5.1998 – 6 K 6294/93, EFG 1999, 82 (83f.) (rkr.).

922 *Crezelius* in: FS Kropff 1997, S. 37 (50), allerdings für die Organschaft im Gewerbesteuerrecht.

923 *Crezelius* in: FS Kropff 1997, S. 37 (43); FG Berlin v. 13.5.1998 – 6 K 6294/93, EFG 1999, 82.

924 FG Berlin v. 13.5.1998 – 6 K 6294/93, EFG 1999, 82 (83); *Streck/Binnewies*, DB 2001, 1578 (1581).

Aktienkonzernrechts auch auf die organisatorische Eingliederung der Steuerorganschaft zu übertragen[925].

Abgesehen davon entspreche es nicht unbedingt den tatsächlichen Lebenssachverhalten, dass Mutter- und Tochtergesellschaft divergierende Unternehmensinteressen verfolgen, insbesondere auch deshalb, weil allein die aus der finanziellen Abhängigkeit folgende Abberufungsmöglichkeit des Leitungsorgans der Organgesellschaft eine Art natürliches (informelles) Weisungsrecht schaffe, das unabhängig von dessen rechtlicher Durchsetzbarkeit bestehe[926].

Demnach könne die Vermutungsregel des § 17 Abs. 2 AktG auch bei der umsatzsteuerlichen Organschaft angewendet werden, was im Falle einer finanziellen Eingliederung grundsätzlich den Schluss auf eine organisatorische Eingliederung erlauben soll. Gleichwohl wird darauf hingewiesen, dass es sich eben nur um eine Vermutung handle, die auch für die steuerliche Organschaft gelte und die in Ausnahmefällen widerlegt werden könne. Soweit nachgewiesen wird, dass die Muttergesellschaft die Mittel der – auch informellen – Einflussnahme nicht nutzt oder nutzen kann, kann im Einzelfall eine organisatorische Eingliederung daher dennoch zu verneinen sein[927].

3. Bedeutung des Vertragskonzernrechts

Die von der Rechtsprechung vorgetragene Begründung zur Nichtanwendung der aktienrechtlichen Vermutung der §§ 17, 18 AktG bei der umsatzsteuerlichen Organschaft vermag nicht zu überzeugen. Freilich lässt sich in § 2 Abs. 2 Nr. 2 UStG kein direkter Verweis oder Bezug zu der entsprechenden aktienrechtlichen Regelung entnehmen. Doch ein solcher Verweis oder Bezug fehlt auch zum Ertragsteuerrecht bei der teilweisen Bestimmung des Unternehmerbegriffs in § 2 Abs. 1 UStG, und trotzdem wird hier quasi gewohnheitsrechtlich eine Begriffskongruenz von der Rechtsprechung angenommen[928]. Das Rekurrieren auf eine fehlende grammatische Beziehung scheint insoweit doch recht pragmatisch zu sein.

Demgegenüber weist der Ansatz der Literatur, welcher auf die ähnliche wirtschaftliche Betrachtungsweise beider Institute abstellt, eine sehr viel ausführlichere Begründung auf. Doch trotz dieser ähnlichen Betrachtungsweise fehlt auch hier eine dezidierte Auseinandersetzung mit dem historischen Kontext insbesondere der aktienrechtlichen Bestimmungen und, gewissermaßen als Folge, mit der Zielsetzung der §§ 17, 18 AktG.

---

925 FG Berlin v. 13.5.1998 – 6 K 6294/93, EFG 1999, 82 (83f.); *Streck/Binnewies,* DB 2001, 1578 (1583).

926 *Crezelius* in: FS Kropff 1997, S. 37 (47ff.).

927 *Streck/Binnewies,* DB 2001, 1578 (1581); *Stadie* in: Rau/Dürrwächter UStG, § 2 Rn. 897; ferner FG Baden-Württemberg v. 2.3.2006 – 14 K 157/04, EFG 2006, 1462 (1463) (aufg.).

928 vgl. Kapitel 2 B. II. 2. b) aa).

So ist bei der Analyse der Wechselwirkungen zwischen Umsatzsteuer- und Aktienrecht zunächst zu berücksichtigen, dass die Entwicklungen zum faktischen Konzern maßgeblich auf den Erfahrungen mit den Gefahren der Konzernierung von Gesellschaften basierten[929]. In den Anfangsjahren des letzten Jahrhunderts wurde die sog. These vom *„Vorrang des Konzerninteresses"* vertreten, wonach ein herrschendes Unternehmen grundsätzlich befugt war, gegenüber einem abhängigen Unternehmen auch für dieses schädliche Maßnahmen anzuordnen. Dass solche Maßnahmen zuvorderst Außenseiter der abhängigen Gesellschaft wie Gläubiger und Minderheitsaktionäre trafen, wurde dabei akzeptiert, da aus dem *„Wesen des Zusammenschlusses"* nun einmal folge, dass der *„Zweck des Ganzen dem Zweck des Teilbetriebs vorgehe"*[930].

Spätestens durch die Erfahrung im Zusammenhang mit der Weltwirtschaftskrise der 1920 Jahre war man darüber im Klaren, dass die Einräumung eines *„Vorrangs des Konzerninteresse"* gesamtwirtschaftliche Auswirkungen entfalten kann und mit einem freien Wirtschaftssystem nicht immer zu vereinbaren war[931].

Dementsprechend liegt auch heute noch § 17 AktG die Einsicht zugrunde, dass die Abwehr von Konzerngefahren nicht an dem Nachweis einer einheitlichen Leitung hängen darf, wenn man weiß, dass die Kontrolle von abhängigen Unternehmen subtil und intransparent erfolgen kann[932]. Die *„informelle Einflussnahme"* ist also kein Instrument, das aktienrechtlich gewollt ist, sondern dessen Wirkungen durch die Schutzregelung in § 311 AktG, die die §§ 16ff. AktG begrifflich in Bezug nehmen, unterbunden werden sollen.

Die organisatorische Eingliederung muss aber im spezifischen Sinn der ihr jeweils zugrundeliegenden Organschaft ausgelegt werden[933], so dass es bei der Organschaft im Umsatzsteuerrecht einzig auf die spezifische unternehmerische oder wirtschaftliche Tätigkeit ankommen kann, die mit der organisatorischen Eingliederung beherrscht werden soll.

Doch es ist nicht nur der historische Zweck der Regelungen zum faktischen Konzern, der eine Anwendung für die organisatorische Eingliederung im Umsatzsteuerrecht fraglich erscheinen lässt. Ebenso zweifelhaft erscheint die Vergleichbarkeit der Reichweite und der Anforderungen an die Durchsetzung des Willens resp. des Bestehens von Leitungsmacht zu sein, die beide Institute insoweit postulieren. Denn durch den Schutzzweckcharakter der Vorschrift sind der Abhängigkeitstatbestand weit zu fassen und die Anforderungen an das Vorliegen einer einheitlichen Leitung entsprechend gering[934]. Ferner werden die unternehmerischen Bereiche, die von der einheitlichen Leitung erfasst werden, durch die §§ 17, 18 AktG nicht benannt, so

---

929 vgl. *Altmeppen* in: Aktienrecht im Wandel, Kap. 23 Rn. 10ff.

930 vgl. zu den Nachweisen *Altmeppen* in: Aktienrecht im Wandel, Kap. 23 Rn. 12.

931 *Altmeppen* in: Aktienrecht im Wandel, Kap. 23 Rn. 21.

932 *Schall* in: Spindler/Stilz AktG, § 17 Rn. 1; *Bayer* in: MüKo AktG, § 17 Rn. 2.

933 so auch *Crezelius* in: FS Kropff 1997, S. 37 (44).

934 *Sonnenschein,* Organschaft und Konzerngesellschaftsrecht, S. 176f; *Bayer* in: MüKo AktG, § 17 Rn. 3.

dass die konkrete Ausgestaltung im Wesentlichen einzelfallabhängig zu bewerten ist[935]. Im Gegensatz dazu aber bedarf es bei der organisatorischen Eingliederung einer Beherrschung der Unternehmensbereiche, die die umsatzsteuerliche Unternehmereigenschaft gerade qualifiziert[936].

Demnach ist es zwar vorstellbar, dass mit der organisatorischen Eingliederung stets auch eine faktische Konzernierung einhergeht, nicht aber, dass jeder faktische Konzern die Vermutung der organisatorischen Eingliederung im Sinne des Umsatzsteuerrechts in sich trägt[937].

Schließlich spricht hierfür die bereits oben angestellte systematische Folgeüberlegung, dass durch eine Berücksichtigung der Wertung der §§ 17ff. AktG das Merkmal der finanziellen Eingliederung jenes der organisatorischen verdrängen würde. Dies aber lässt sich aufgrund des klaren Wortlautes in § 2 Abs. 2 Nr. 2 UStG, auch unter Beachtung des Gesamtbildes der tatsächlichen Verhältnisse *de lege lata* nicht annehmen.

4. Zwischenergebnis

Demnach kann nach der hier vertretenen Auffassung die Abhängigkeitsvermutung des § 17 Abs. 2 AktG zwar als Beweiszeichen einer organisatorischen Eingliederung Berücksichtigung finden. Eine Vermutung für die organisatorische Eingliederung lässt sich hieraus jedoch nicht entnehmen.

V. Mittelbare organisatorische Eingliederung

Ebenso wie bei der finanziellen und wirtschaftlichen Eingliederung ist auch bei der organisatorischen Eingliederung die Frage nach der Möglichkeit einer nur mittelbaren Willensdurchsetzung aufgeworfen worden.

Dabei ist allerdings zunächst fraglich, was unter einer nur mittelbaren Eingliederung überhaupt verstanden werden muss. Die dieses Thema aufgreifende, aber im Ergebnis ablehnende Literatur[938] führt hierfür eine Entscheidung des FG Münster[939] an, in der eine mittelbare organisatorische Eingliederung bejaht worden sein soll. In dem zugrundeliegenden Sachverhalt mussten die beherrschenden Gesellschafter einer GmbH & Co. KG (Organträger), die gleichzeitig an einer gewerblich tätigen GmbH (Organgesellschaft) mehrheitlich beteiligt waren, in Folge einer wirtschaftlichen Krise auf Geheiß der Gläubigerbanken ihre Anteile an beiden Gesellschaften auf einen Treuhänder übertragen und durften Eingriffe in das operative Geschäft nur nach Zustimmung dieser Banken vornehmen. Gleichzeitig wurde einer der

935 *Sonnenschein,* Organschaft und Konzerngesellschaftsrecht, S. 177.
936 vgl. Kapitel 4 E. II. 3. a).
937 dazu auch *Sonnenschein,* Organschaft und Konzerngesellschaftsrecht, S. 191ff.
938 *Birkenfeld* in: Birkenfeld/Wäger USt-Hdb, § 44 Rn. 441.
939 v. 17.1.2008 – 5 K 451/06 U, EFG 2009, 699.

Gesellschafter als Geschäftsführer der Organgesellschaft abberufen, und es wurde ein Fremdgeschäftsführer bestellt.

Das FG Münster nahm in dieser Situation ein Fortbestehen der umsatzsteuerlichen Organschaft an, da sowohl die hier problematische finanzielle als auch organisatorische Eingliederung immer noch vorliegen sollten. Die organisatorische Eingliederung begründete es damit, dass der Organträger seinen Willen jedenfalls mittelbar über die finanzielle Beherrschung der Organgesellschaft durch ihre Gesellschafter durchsetzen konnte, die als Gesellschafter auch gegenüber dem Fremdgeschäftsführer zu Weisungen befugt seien[940].

Ob sich in dieser Konstellation die Frage nach einer mittelbaren organisatorischen Eingliederung tatsächlich stellte, wird man jedoch verneinen müssen. Zunächst basiert die Entscheidung noch auf der Annahme, dass bei Personenorganträgergesellschaften eine Eingliederung der Organgesellschaft auch mittelbar über die Gesellschafter möglich ist, was – wie oben gezeigt[941] – der BFH mittlerweile aber zu Recht aufgegeben hat. Ferner wird das Fortbestehen der organisatorischen Eingliederung mit dem Weisungsrecht der Gesellschafter begründet, was der BFH bereits vor der Entscheidung des FG als Möglichkeit einer Willensdurchsetzung abgelehnt hatte[942]. Insoweit ist diese Entscheidung also von ihren begleitenden Voraussetzungen her betrachtet für die Diskussion ob einer mittelbaren organisatorischen Eingliederung ungeeignet.

Gleichwohl soll diese Fallkonstellation nachfolgend exemplarisch für die Diskussion verwendet werden. Dabei muss m. E. nach zunächst zwischen den Möglichkeiten einer mittelbaren organisatorischen Eingliederung (hierarchisch) *oberhalb* und *unterhalb* des Organträgers differenziert werden.

1. *Mittelbare Eingliederung oberhalb des Organträgers*

Die Konstellation einer oberhalb des Organträgers bestehenden Vermittlung einer Willensbeherrschung, bei der also der Gesellschafter des Organträgers auch die Organgesellschaft beherrscht, ist jedoch bereits deshalb problematisch, weil die Beherrschung nur aus der Stellung als Gesellschafter und dem zugrundeliegenden Weisungsrecht folgt[943] und zu einer entsprechenden Überschneidung mit der finanziellen Eingliederung führt. Hinzu kommt, dass es hier ferner an einer (mittelbaren) finanziellen Eingliederung fehlt, da eine Zurechnung der Anteile des Gesellschafters an den Organträger nur unter Aufgabe des Ordnungsverhältnisses im Organkreis möglich wäre[944].

Eine mittelbare organisatorische Eingliederung hierarchisch oberhalb des Organträgers wäre daher allenfalls noch vorstellbar, wenn ein Gesellschafter des

940 FG Münster v. 17.1.2008 – 5 K 451/06 U, EFG 2009, 699 (702).
941 vgl. Kapitel 4 C. III. 2. a) bb).
942 vgl. BFH v. 20.9.2006 – V B 138/05, BFH/NV 2007 281 (282).
943 vgl. *Birkenfeld* in: Birkenfeld/Wäger USt-Hdb, § 44 Rn. 401.
944 vgl. Kapitel 4 C. III. 3.

Organträgers gleichzeitig Geschäftsführer in der vom Organträger (finanziell) beherrschten Organgesellschaft wäre.

So hätte man zwar mit der personellen Verflechtung eine gewisse organisatorische Eingliederung erreicht. Allerdings bringt allein die Stellung als Gesellschafter des Organträgers nicht die rechtliche und tatsächliche Kontrolle seiner wirtschaftlichen Zielsetzung[945] mit sich, so dass eine unternehmerische Kongruenz zwischen Organträger und -gesellschaft auch bei der Geschäftsführung durch einen Gesellschafter des Organträgers nicht einfach angenommen werden könnte. Anders wäre dies u. U. zu bewerten, wenn der Gesellschafter gleichzeitig die Anteilsmehrheit am Organträger hielte und damit kontrollierenden Einfluss (auch) auf dessen Geschäft hätte. Dann aber stellt sich das Problem, dass diese Kontrolle nur auf seinem Weisungsrecht als Gesellschafter beruhte, was ja für eine organisatorische Eingliederung bekanntlich nicht ausreicht. Denn wenn schon das Weisungsrecht im Verhältnis Organträger und Organgesellschaft für eine organisatorische Eingliederung nicht ausreicht, dann wäre es inkonsistent, dieses im Verhältnis Gesellschafter und Organträger ausreichen zu lassen, nur weil der Gesellschafter gleichzeitig Geschäftsführer der Organgesellschaft ist, ohne selbst am Organkreis beteiligt zu sein.

Als weiteres Problem kommt hinzu, dass, wenn der Gesellschafter, der den Organträger beherrscht, gleichzeitig auch Unternehmer ist, eine Eingliederung der Organgesellschaft auch in sein Unternehmen angenommen werden kann, da eine mittelbare finanzielle Eingliederung über den Organträger erfolgen könnte[946]. Ließe man in dieser Situation das Weisungsrecht des Gesellschafters für eine mittelbare organisatorische Eingliederung ausreichen, käme es zu der seltsamen Konsequenz, dass eine mittelbare organisatorische Eingliederung (der Organgesellschaft) einer unmittelbaren organisatorischen Eingliederung (des Organträgers) voranginge, obgleich die Beherrschung des Organs nur auf dem Weisungsrecht des Gesellschafters gegenüber dem Organträger beruhte.

Daher ist eine mittelbare Eingliederung hierarchisch oberhalb des Organträgers m. E. nach nicht möglich.

2. Mittelbare Eingliederung unterhalb des Organträgers

Anders ist die Situation bei einer mittelbaren organisatorischen Eingliederung zu bewerten, die sich in der Hierarchie unterhalb des Organträgers vollzieht. Soll bspw. eine von der Tochtergesellschaft finanziell beherrschte Enkelgesellschaft in die Muttergesellschaft, die ihrerseits die Tochtergesellschaft finanziell beherrscht, organisatorisch eingegliedert werden, dann spricht m. E. nach nichts gegen die Annahme einer mittelbaren Eingliederung, solange die Willensdurchsetzung des Organträgers gewährleistet wird.

945 vgl. dazu BFH v. 7.7.2011 – V R 53/10, BFH/NV 2011, 2195 (2198).
946 vgl. Kapitel 4 C. III. 1.

Liegt bspw. eine Personalunion der Geschäftsführung in Mutter- und Tochtergesellschaft vor, während die Enkelgesellschaft von einem (leitenden) Mitarbeiter der Tochtergesellschaft geführt wird, dann ist durch das Direktionsrecht des Geschäftsführers in der Tochtergesellschaft sichergestellt, dass der Wille der Mutter- auch in der Enkelgesellschaft ausgeführt wird. Es kann m.E. nach insoweit keinen Unterschied machen, ob das Direktionsrecht und die daraus folgende persönliche Abhängigkeit des Angestellten unmittelbar auf Ebene des Organträgers entsteht[947] oder erst mittelbar durch das selbige Recht auf Ebene der Tochtergesellschaft. Nämliches wird gelten müssen, wenn der Geschäftsführer der Tochtergesellschaft ebenfalls nur Angestellter der Muttergesellschaft ist, da sich in diesem Falle das Direktionsrecht über die einzelnen Gesellschaftsebenen perpetuiert.

Auch mittels des Abschlusses von Beherrschungsverträgen (§ 291 AktG) oder aktienrechtlichen Eingliederungen (§§ 319ff. AktG) begründete organisatorische Eingliederungen werden sich so fortsetzen lassen.

3. *Zwischenergebnis*

Sofern man die Vermittlung der Willensdurchsetzung in der Hierarchie unterhalb des Organträgers als einen Fall mittelbarer organisatorischer Eingliederung ansieht, lässt sich auch damit eine Beherrschung der Organgesellschaft sicherstellen. Nach der hier vertretenen Auffassung gibt es insoweit auch die Möglichkeit einer nur mittelbaren organisatorischen Eingliederung[948] zur Herstellung einer Umsatzsteuerorganschaft.

VI. Fazit

Die Analyse der organisatorischen Eingliederung hat gezeigt, wie diese neben der finanziellen Eingliederung als Teil der Organtheorie[949] gewährleistet, dass sich der Wille des Organträgers in der Organgesellschaft laufend realisieren kann. Durch sie wird die aus der finanziellen Eingliederung abstrakt folgende Herrschaftsmacht konkret in der Organgesellschaft durchgesetzt, um den eigenen Willen der Organgesellschaft und ihre eigene wirtschaftliche Zielsetzung aufzuheben[950]. Ebenso wie bei der finanziellen Eingliederung wird durch die organisatorische Eingliederung auch das Unterordnungsverhältnis des Organkreises manifestiert.

Die besondere Relevanz dieses Merkmals für die Organschaft lässt sich jedoch nicht nur theoretisch aus der Organtheorie ableiten, sondern zeigt sich auch bei der praktischen Anwendung, insbesondere bei einer Beendigung der Organschaft.

---

947 so bei BFH v. 20.8.2009 – V R 30/06, BStBl II 2010, 863; v. 14.2.2008 – V R 12, 13/06, BFH/NV 2008, 1365.

948 aA *Birkenfeld* in: Birkenfeld/Wäger USt-Hdb, § 44 Rn. 441.

949 vgl. Kapitel 4 D. I. 4. b) aa).

950 vgl. dazu Kapitel 3 A. II. 1.

Innerhalb der Rechtsprechung[951] und Literatur[952] ist es diesbezüglich unumstritten, dass mit der Eröffnung eines Insolvenzverfahrens über das Vermögen der Organgesellschaft und dem Übergang der Verwaltungs- und Verfügungsbefugnisse auf den Verwalter die organisatorische Eingliederung und damit die Organschaft grundsätzlich beendet werden. Gerade dieses Beispiel verdeutlicht die – anders als bei der finanziellen Eingliederung – erhebliche praktische Dynamik des Merkmals: Personelle Veränderungen in der Zusammensetzung der Leitungsgremien des Organkreises können weitaus schneller und unvorhergesehener eintreten als Veränderungen bei den Stimm- und Anteilsgewichten an der Organgesellschaft. Schon bei einer längerfristigen krankheitsbedingten Abwesenheit des Geschäftsführers stellt sich insoweit die Frage, ob der Wille des Organträgers in der Organgesellschaft tatsächlich noch durchgesetzt werden kann[953].

Trotz dieser besonderen Relevanz des Merkmals liegen immer noch Teile seiner inhaltlichen Ausgestaltung im Dunkeln[954]. Auch wenn die Rechtsprechung für eine organisatorische Eingliederung nunmehr eine *„nur nicht abweichende Willensbildung“* nicht mehr ausreichen lässt, sondern stattdessen eine echte Willensdurchsetzung des Organträgers verlangt, bleibt unklar, wie mit dieser Maßgabe in Sonderkonstellationen wie einer eigenverwalteten Insolvenz umzugehen ist. Die dogmatische Ableitung konnte insoweit nicht überzeugen und lässt nur wenig Spielraum für Konstellationen, die sich nicht schematisch erfassen lassen.

Ein weiteres Dunkelfeld zeigt sich bei der von der Rechtsprechung selbst genannten Möglichkeit einer organisatorischen Eingliederung außerhalb einer personellen Verflechtung. Obgleich diese Alternative immer wieder betont worden ist, hinterließen die einschlägigen Entscheidungen eher den Eindruck einer exklusiven Stellung der personellen Verflechtung bei der organisatorischen Eingliederung. Dabei scheint diese für Aktiengesellschaften gar keine Option zur Herstellung einer Eingliederung zu sein, will man nicht einen Wertungswiderspruch zum AktG provozieren.

Dass es eine organisatorische Eingliederung außerhalb einer Personalunion geben muss, hat die Analyse jedoch gezeigt. Gestaltungsmittel sind dabei insbesondere für die GmbH als Organgesellschaft denkbar, wohingegen die Aktiengesellschaft nicht ohne Beherrschungsvertrag (§ 291 AktG) oder Eingliederung in den Organträger (§ 319ff. AktG) auskommen wird.

Darüber hinaus hat das Aktienrecht jedoch keinen Einfluss auf die organisatorische Eingliederung, insbesondere macht die Abhängigkeitsvermutung des § 17 Abs. 2 AktG nicht das Merkmal oder seine Prüfung obsolet, sondern ihr Vorliegen kann allenfalls als Beweisanzeichen für eine Eingliederung sprechen.

---

951 BFH v. 2.6.1999 – V R 32/98, BStBl II 1999, 258 (noch zur Konkursordnung).

952 *Reiß* in: Reiß/Kraeusel/Langer UStG, § 2 Rn. 122.2; *Birkenfeld* in: Birkenfeld/Wäger USt-Hdb, § 44 Rn. 451; *Schiffer,* DStR 1998, 1989 (1991) mwN.

953 *Scholz/Nattkämper,* UR 2008, 716 (723).

954 vgl. *Trinks,* SteuK 2011, 531.

Schließlich bedarf es bei der Annahme der organisatorischen Eingliederung nicht nur der Feststellung ihrer rechtlichen Durchsetzbarkeit, sondern sie muss auch tatsächlich durchgeführt werden. Diese Durchführung kann nach der hier vertretenen Auffassung dabei ebenso mittelbar geschehen, und es kann insofern auch nur eine mittelbare organisatorische Eingliederung für die Annahme einer Organschaft ausreichen.

F. Das Gesamtbild der tatsächlichen Verhältnisse

Als letztes Tatbestandsmerkmal der Umsatzsteuerorganschaft ist nach § 2 Abs. 2 Nr. 2 UStG schließlich das „*Gesamtbild der tatsächlichen Verhältnisse*" zu nennen, das als eine Art Korrektiv auf die finanzielle, wirtschaftliche und organisatorische Eingliederung Bezug nimmt.

I. Ausgleichswirkungen in der Rechtsprechung

In der Rechtsprechung wird dieses Korrektiv oftmals dann erwähnt und auch bemüht, um bei eher zweifelhafter Sachlage doch noch eine Organschaft anzunehmen. So soll das Merkmal mitunter dazu führen, dass nicht alle Eingliederungsvoraussetzungen gleichermaßen deutlich festgestellt werden müssen und eine Unselbstständigkeit der Organgesellschaft auch dann (noch) vorliegen kann, wenn die Unvollkommenheit eines Merkmals durch die stärkere Ausprägung der anderen Merkmale wettgemacht werden kann[955]. Andererseits soll diese Ausgleichsfunktion jedoch nicht so weit gehen, dass auf die Feststellung einzelner Merkmale gänzlich zu verzichten oder ein Schluss von einem Merkmal auf ein anderes Merkmal möglich ist[956].

Die konkrete Grenzziehung zwischen *Ausgleichsfunktion* und gänzlichem Wegfall eines Merkmals, und wann das Gesamtbild der tatsächlichen Verhältnisse bei einem Mangel der Eingliederungsmerkmale letztlich anzuwenden ist, blieb in den Entscheidungen jedoch bislang offen.

Insoweit fehlt es nicht nur an einer klaren dogmatischen Ab- und Eingrenzung des Merkmals. Mehr noch drängt sich nach der Lektüre einzelner Entscheidungen die Frage auf, ob tatsächlich sämtliche Eingliederungsmerkmale bei einer Unvollkommenheit über das Gesamtbild ausgleichsfähig sind.

So entschied der BFH in den Anfangsjahren noch[957], dass die finanzielle Eingliederung vollkommen vorliegen müsse und eine Organschaft im Fall ihres Fehlens

---

955 BFH v. 5.12.2007 – V R 26/06, BStBl II 2008, 451 (453); v. 19.5.2005 – V R 31/03, BStBl II 2005, 671 (674); v. 3.4.2003 – V R 63/01, BStBl II 2004, 434 (435); v. 24.2.2003 – V B 84/01, BFH/NV 2003, 949 (950); v. 25.6.1998 – V R 76/97, BFH/NV 1998, 1534 (1535); v. 20.2.1992 – V R 80/85, BFH/NV 1993, 133f.

956 BFH v. 5.12.2007 – V R 26/06, BStBl II 2008, 451 (453); v. 20.9.2006 – V B 138/05, BFH/NV 2007, 281 (282).

957 BFH v. 21.12.1961 – V R 234/59, HFR 1962, 214.

auch bei starker Ausprägung der anderen Merkmale nicht nach dem Gesamtbild der Verhältnisse anzunehmen sei. Drei Jahre später änderte der BFH diese Meinung und sah das Fehlen von DM 100,00 in der Stammeinlage des potentiellen Organträgers als nicht schädlich für die Annahme der finanziellen Eingliederung und letztlich der Organschaft an[958]. Aktuell verlangt die Rechtsprechung[959] das Vorliegen einer klaren und eindeutig „*gesicherten Stimmrechtsmehrheit*" von mindestens 51 Prozent in der Organgesellschaft, was allein aus der verwendeten Diktion heraus eine Ergänzung bei etwaiger Unvollkommenheit durch andere Merkmale ausschließen dürfte[960].

Diese Zweifel werden bei Durchsicht der jüngsten Entscheidungen zu diesem Merkmal noch bestärkt. Soweit das Gesamtbild der tatsächlichen Verhältnisse in den letzten Entscheidungen des BFH zur Feststellung der Organschaft überhaupt noch herangezogen wurde, ging es stets nur um die wirtschaftliche[961] oder organisatorische[962] Eingliederung. Die finanzielle Eingliederung blieb insoweit außen vor und das, obwohl bspw. im Zusammenhang mit der Aufgabe der mittelbaren finanziellen Eingliederung durch (Personen-) Gesellschafter[963] eine tatsächliche Beherrschungssituation vorlag[964] und über das Gesamtbild wohl durchaus eine Organschaft hätte begründen können.

Insoweit ist also nicht nur der vom BFH beigemessene Inhalt des Gesamtbildes der tatsächlichen Verhältnisse fraglich, sondern ebenso dessen Anwendungsbereich bei der Feststellung der Eingliederungsmerkmale der Organschaft.

II. Gesamtbild in der Literatur

Die Literatur teilt weitestgehend die Auffassung der Rechtsprechung und meint weiter, dass durch das Gesamtbild der tatsächlichen Verhältnisse der gesetzgeberische Wille zum Ausdruck komme, dass die Intensität der verschiedenen Eingliederungsformen unterschiedlich stark ausgeprägt sein könne[965].

Weiter wird vertreten[966], dass die Maßgeblichkeit des Gesamtbildes nicht nur eine Ausgleichsfunktion zwischen den Eingliederungsmerkmalen vermittle. Vielmehr

---

958 BFH v. 23.7.1964 – V 180/61, HFR 1965, 242 (243).
959 BFH v. 22.11.2001 – V R 50/00, BStBl II 2002, 167 (168).
960 so auch FG Münster v. 23.8.2007 – 5 K 5835/03 U, EFG 2008, 1828.
961 vgl. BFH v. 20.9.2006 – V B 138/05, BFH/NV 2007 281 (282); v. 3.4.2003 – V R 63/01, BStBl II 2004, 434.
962 vgl. BFH v. 1.4.2004 – V R 24/03, BStBl II 2004, 905.
963 vgl. Kapitel 4 C. III. 2.
964 BFH v. 19.5.2005 – V R 31/03, BStBl II 2005, 671 (674).
965 *Müller* in: Müller/Stöcker Organschaft, S. 346; *Birkenfeld* in: Birkenfeld/Wäger USt-Hdb, § 44 Rn. 287; *Scharpenberg* in: Hartmann/Metzenmacher UStG, § 2 Rn. 368; *Reiß* in: Reiß/Kraeusel/Langer UStG, § 2 Rn. 107.2; *Flückiger* in: Plückebaum/Malitzky UStG, § 2 Rn. 318.
966 *Müller* in: Müller/Stöcker Organschaft, S. 346f; *Flückiger* in: Plückebaum/Malitzky UStG, § 2 Rn. 318.

folge hieraus auch, dass die Merkmale nicht einzeln, sondern nur im Zusammenwirken mit den anderen Merkmalen unter Berücksichtigung der Verkehrsauffassung gewürdigt werden könnten. Zwar solle die Prüfung der einzelnen Eingliederungsmerkmale vor der Gesamtwürdigung unabhängig voneinander erfolgen, so dass nicht in einer Art Gesamtschau die Organschaft bejaht werden könne. Doch führe dies in der Konsequenz nur dazu, dass die Bejahung eines Merkmals der Bejahung eines anderen Merkmals jedenfalls nicht entgegenstehe[967], dabei also keinen Einfluss auf die Würdigung des Zusammenwirkens der einzelnen Merkmale untereinander nehme.

Auch wird vertreten, dass aus der Einschränkung des Gesamtbildes folge, das die Organeigenschaft in keiner Weise abhängig vom bürgerlich-rechtlichen Inhalt der zwischen dem Unternehmer und der Organgesellschaft geschlossenen Verträge sei. Ob das Abhängigkeitsverhältnis durch schuldrechtliche Vereinbarungen oder in anderer Weise zur Geltung komme, sei insoweit gleichgültig, solange nur tatsächlich feststehe, dass die Untergesellschaft in das Gefüge der Obergesellschaft integriert ist. Abmachungen zwischen Organträger und -gesellschaft könnten daher insbesondere nicht bewirken, dass eine abhängige Gesellschaft, die sämtliche Merkmale der Organschaft erfüllt, wie ein selbstständiger Unternehmer behandelt wird[968].

Umstritten innerhalb der Literatur ist die Frage, ob durch das Gesamtbild der tatsächlichen Verhältnisse auch die Unvollkommenheit einer finanziellen Eingliederung behoben werden kann.

Während Teile der Literatur in dem klaren, nicht differenzierenden Wortlaut des § 2 Abs. 2 Nr. 2 UStG keine Stütze für eine Unterscheidung in der Anwendung erblicken[969] oder auf die insoweit frühere Entwicklung seitens der Rechtsprechung verweisen[970], sehen andere in der finanziellen Eingliederung ein unverzichtbares und damit stets vollkommen zu verlangendes Merkmal der Organschaft.

Nach dieser Ansicht kann die mathematisch bestimmbare Mehrheit, die für eine finanzielle Beherrschung der Organgesellschaft erforderlich ist, nicht durch eine Vollkommenheit der wirtschaftlichen und organisatorischen Eingliederung ausgeglichen oder ersetzt werden[971]. Die finanzielle Eingliederung liege entweder vor oder nicht und könne nicht in einer Unvollkommenheit existieren, wie sie bei dem Gesamtbild der tatsächlichen Verhältnisse gemeint sei[972]. Ausnahmen werden allenfalls dann erwogen, wenn aufgrund besonderer Umstände doch eine eindeutige Mehrheit der Stimmrechte gegeben sei wie bspw. durch schuldrechtliche Abmachungen[973].

---

967 *Müller* in: Müller/Stöcker Organschaft, S. 347.
968 *Flückiger* in: Plückebaum/Malitzky UStG, § 2 Rn. 321, unter Verweis auf RFH v. 13.10.1933 – V A 835/32; RStBl 1934, 556.
969 *Müller* in: Müller/Stöcker Organschaft, S. 347.
970 *Flückiger* in: Plückebaum/Malitzky UStG, § 2 Rn. 319.
971 *Stadie* in: Rau/Dürrwächter UStG, § 2 Rn. 901; *Birkenfeld* in: Birkenfeld/Wäger USt-Hdb, § 44 Rn. 302; *Scharpenberg* in: Hartmann/Metzenmacher UStG, § 2 Rn. 380.
972 *Stadie* in: Rau/Dürrwächter UStG, § 2 Rn. 901.
973 *Scharpenberg* in: Hartmann/Metzenmacher UStG, § 2 Rn. 381f.

Wie diese Differenzierung zwischen den Eingliederungsmerkmalen dogmatisch in Einklang mit dem Wortlaut der Norm zu bringen ist, bleibt dabei offen.

III. Grenzen der Ausgleichsdogmatik

Die Erklärungen und Interpretationen des *„Gesamtbildes der tatsächlichen Verhältnisse“* können weder in Rechtsprechung noch in der Literatur vollends überzeugen.

Insoweit bleibt nicht nur unklar, wo die Grenze zwischen dem Fehlen eines Merkmals und dessen nur ausgleichsfähiger Unvollkommenheit liegen soll, sondern ebenso unbeantwortet ist, warum diese Korrekturmöglichkeit scheinbar nur auf die wirtschaftliche und organisatorische Eingliederung Anwendung findet.

1. Ausgleichsfunktion

M. E. nach kann aus dem Gesamtbild der tatsächlichen Verhältnisse jedenfalls keine Ausgleichs- oder Korrekturmöglichkeit für die Unvollkommenheit einzelner oder auch aller Eingliederungsmerkmale folgen. Im Rahmen der vorstehenden Analysen hat sich gezeigt[974], dass jedes einzelne Merkmal im Rahmen der umsatzsteuerrechtlichen Anforderungen, die an die Organschaft zu stellen sind, einen klar umrissenen Mindestinhalt aufweisen muss, um sein Vorliegen feststellen zu können. Dieser Mindestinhalt muss für eine Organschaft aber nicht nur unbedingt erreicht werden, sondern wenn er feststeht, kann es auch keine Unvollkommenheit mehr geben, die durch das Gesamtbild ausgeglichen werden müsste. Auch aus dem Begriff der Eingliederung – anders mitunter als bei dem Begriff der nur *„engen Verbindung“* im Sinne der MwStSystRL – lässt sich entnehmen, dass es keine graduellen Abstufungen eines Merkmals geben kann, sondern nur einen feststehenden Zustand.

Gerade bei der finanziellen und organisatorischen Eingliederung hat sich in der vorstehenden Analyse zudem gezeigt, dass auch die Rechtsprechung an diese Merkmale mittlerweile so deutliche Mindestvoraussetzungen stellt, bei denen eine Gesamtbildwürdigung unter Berücksichtigung der anderen Merkmale (eigentlich) keine Rolle mehr spielen kann. Bei der finanziellen Eingliederung ist mit Blick auf die heutige Rechtsprechung überdies kaum vorstellbar, wie eine starke organisatorische oder wirtschaftliche Eingliederung eine fehlende Stimm- oder Beherrschungsmehrheit ersetzen soll. Bei der wirtschaftlichen Eingliederung mag gewiss noch ein Interpretationspotential bestehen; doch lassen sich hier ebenfalls klare Anforderungen formulieren[975], deren Feststellung ein Gesamtbild nicht mehr bräuchte.

Schließlich kommt hinzu, dass mit einer solch angenommenen Korrekturmöglichkeit eine erhebliche Rechtsunsicherheit einherginge. Durch die mitunter stark einzelfallorientierte Rechtsprechung und den Mangel an klaren Vorgaben hinsichtlich dieses Merkmals entstünde so eine Situation, in der der steuerpflichtige Unternehmer kaum voraussehen kann, wann eine organschaftliche Eingliederung (bereits)

---

974 vgl. Kapitel 4 C. V; Kapitel 4 D. VII; Kapitel 4 E. VI.
975 vgl. Kapitel 4 D. V. 3. c).

anzunehmen ist und wann nicht. Eine solche Ungewissheit kollidiert zwangsläufig mit dem unionsrechtlichen Postulat der Rechtssicherheit[976], so dass auch aus diesem Grund das Verständnis der h.M. bzgl. dieses Merkmals abzulehnen ist.

Demnach bleibt festzuhalten, dass die gängige Definition des Gesamtbildes der tatsächlichen Verhältnisse eine Leerformel[977] ist, die für die Feststellung der Mindestanforderungen der einzelnen Eingliederungsmerkmale keinen Mehrwert leisten kann. Nur so lässt sich im Übrigen auch plausibel vertreten, dass jenes *Gesamtbild* bei der finanziellen Eingliederung keine Berücksichtigung findet. Da der eindeutige Gesetzeswortlaut hier keine Differenzierungsmöglichkeit bietet, muss eine Wechselbeziehung zwischen den Merkmalen folglich insgesamt abgelehnt werden.

2. Bedeutung des Gesamtbildes der tatsächlichen Verhältnisse

Gleichwohl besteht natürlich die Notwendigkeit, dem Merkmal einen Inhalt zu geben.

Unter Berücksichtigung der bislang herausgearbeiteten Ergebnisse zur Umsatzsteuerorganschaft und der insoweit einflussnehmenden Unternehmereigenschaft ist m.E. nach der Inhalt des Merkmals nicht in einer Wechselwirkung zwischen den Eingliederungsmerkmalen auszumachen, sondern in der Differenzierung zwischen der rechtlichen und tatsächlichen Ausgestaltung der Eingliederung.

Insoweit ist an die von *Flückiger*[978] getroffene Feststellung anzuknüpfen, dass mit dem Gesamtbild der tatsächlichen Verhältnisse (auch) eine Unabhängigkeit von den schuldrechtlichen Vereinbarungen, die zwischen den Organkreisbeteiligten bestehen, bestimmt werde. Zwar kann diese Unabhängigkeit nicht meinen, dass die rechtlichen Verhältnisse überhaupt keinen Einfluss auf die Bewertung der Organschaft haben. Schließlich werden erst durch die rechtswirksame Begründung der einzelnen Eingliederungsmerkmale diese faktisch durchsetzbar.

Die entscheidende Quintessenz dieser Feststellung liegt m.E. nach aber darin, dass die rechtliche Durchsetzbarkeit nicht nur bestehen, sondern auch genutzt werden muss. Ebenso wie sich der umsatzsteuerliche Unternehmer für seine Anerkennung auch tatsächlich als solcher betätigen muss[979], muss auch die Eingliederung zwischen Organträger und -gesellschaft tatsächlich vollzogen werden. Die rechtliche Möglichkeit, beherrschenden Einfluss auf die Untergesellschaft auszuüben, muss faktisch umgesetzt werden, um aus dem selbstständigen Unternehmen einen unselbstständigen Organkreisteilnehmer zu machen. Das Wort *Gesamtbild* meint daher nicht eine Wechselbeziehung zwischen den Eingliederungsmerkmalen, sondern deren Umsetzung nach Maßgabe der rechtlichen Gestaltung. Die Feststellung dieser Umsetzung nach dem *Gesamtbild* muss sich dabei an den *tatsächlichen Verhältnissen*

976 dazu auch *Wäger* in: FS Schaumburg 2009, S. 1189 (1199).
977 so auch *Stadie* in: Rau/Dürrwächter UStG, § 2 Rn. 900.
978 *Flückiger* in: Plückebaum/Malitzky UStG, § 2 Rn. 321.
979 vgl. Kapitel 2 B. II. 1. d).

orientieren, so dass durch das Merkmal letztlich die Klarstellung erfolgt, dass die Organschaft nicht nur rechtlich für ihre Anerkennung begründet werden muss[980].

Demnach folgt aus dem Gesamtbild der tatsächlichen Verhältnisse keine Ausgleichsfunktion zwischen den Eingliederungsmerkmalen, die dem Rechtsanwender deren leichtere Feststellung ermöglichen soll, sondern es bestimmt vielmehr, dass die rechtlich begründete finanzielle, organisatorische und wirtschaftliche Eingliederung auch in den tatsächlichen Verhältnissen umgesetzt werden muss, um eine umsatzsteuerliche Organschaft anzunehmen.

IV. Fazit

Damit bleibt festzuhalten, dass nach der hier vertretenen Auffassung das Merkmal des Gesamtbildes der tatsächlichen Verhältnisse keine kompensatorische Funktion hinsichtlich einzelner Eingliederungsmerkmale meint, sondern die tatsächliche Umsetzung und Beherrschung innerhalb des rechtlichen Rahmens durch den die Organschaft erreicht werden soll.

G. Eintritt der Organschaft

Im Rahmen der Analyse der einzelnen Merkmale der Organschaft hat sich gezeigt, dass ihr tatbestandlicher Eintritt eine willentliche Gestaltung voraussetzt, also den Erwerb einer Anteilsmehrheit, den Austausch von Leistungen zwischen den Organkreisbeteiligten und bspw. den Einsatz gleichen Führungspersonals. Dies bedeutet aber nicht, dass mit solchen Gestaltungsmaßnahmen auch zwingend der Eintritt der Organschaft intendiert sein muss. Anders als bei den ertragsteuerlichen Organschaften nach § 14 Abs. 1 Satz 1 Nr. 3 KStG, § 2 Abs. 1 Satz 2 GewStG, bei denen die Einkommenszurechnung den Abschluss eines Gewinnabführungsvertrages als Rechtfertigung verlangt[981] und damit einen willentlichen Akt bezogen auf ihren Eintritt, kann die umsatzsteuerliche Organschaft zufällig und damit auch ungewollt eintreten.

Sobald sämtliche Tatbestandsmerkmale verwirklicht und die Organgesellschaft und der Organträger als Unternehmer tätig sind, beginnt die Organschaft. Ihr Eintritt entfaltet weder Rückwirkung auf den Beginn des Kalenderjahres, noch findet eine Vorverlegung auf das nächste Jahr statt, so dass sie – anders als § 14 Abs. 1 Satz 1 KStG vorschreibt – auch nicht nur für ganze Wirtschaftsjahre eintritt, sondern immer nur für den Zeitraum, in dem ihre tatbestandlichen Voraussetzungen vorliegen[982]. Eine Rückwirkung kann dabei ebenfalls nicht durch eine rückwirkende Änderung zivilrechtlicher Verträge erreicht werden, da es eben nicht nur auf die

980 *Radeisen* in: Plückebaum/Malitzky UStG, § 2 Rn. 202.
981 *Neumann* in: Gosch KStG, § 14 Rn. 170.
982 *Reiß* in: Reiß/Kraeusel/Langer UStG, § 2 Rn. 120.1; *Scharpenberg* in: Hartmann/Metzenmacher UStG, § 2 Rn. 473; *Stadie* in: Rau/Dürrwächter UStG, § 2 Rn. 997.

rechtlichen Verhältnisse, sondern ebenso auch auf die *„tatsächlichen Verhältnisse*“[983] ankommt. Auch bei rückwirkenden Verträgen tritt eine Organschaft daher erst dann ein, wenn die Gesellschaft tatsächlich eingegliedert ist[984].

Bei der umsatzsteuerlichen Organschaft besteht folglich anders als bei den ertragsteuerlichen Organschaften kein (echtes) Wahlrecht für den herrschenden Gesellschafter[985]. Beachtet er die Bedingungen der Organschaft nicht oder sind ihm diese gar nicht bekannt, dann kann es zu ihrem unerkannten Eintritt kommen.

Ein Antrag gegenüber den Finanzbehörden als zusätzliche Voraussetzungen ihrer Entstehung ist ebenfalls nicht erforderlich. Gleichzeitig kann es aufgrund der mitunter gegebenen Komplexität und nicht immer gegebenen Steuerbarkeit der tatsächlichen Eingliederungsvoraussetzungen, bspw. im Zusammenhang mit den wirtschaftlichen Verflechtungen zwischen den Gesellschaften, zu einer plötzlichen und ungewollten Beendigung der Organschaft kommen.

Ob diese Handhabung des Eintritts der Organschaft im Umsatzsteuerrecht gerechtfertigt ist, soll abschließend erst nach der Analyse der Wirkungen und sonstigen Rechtsfolgen der Organschaft beurteilt werden.

H. Gesamtfazit

Obschon die Organschaft fast von Anfang an Teil der Umsatzbesteuerung in Deutschland war, hat die vorstehende Analyse gezeigt, dass ihre dogmatische Durchdringung immer noch nicht abgeschlossen ist.

Gewiss mag dieser Mangel auch in ihrer nur eingeschränkten Bedeutung in einem Nettoumsatzsteuersystem mit Vorsteuerabzug liegen[986]. Insbesondere die Analyse der Rechtsprechung hat allerdings gezeigt, dass in den untersuchten Entscheidungen ein Mehr an inhaltlicher Bestimmung möglich gewesen wäre, wenn man sich nicht nur auf die Lösung einzelner Problemfelder des jeweiligen Sachverhalts beschränkt hätte, zumal die daraus resultierenden Folgefragen meist unbeantwortet geblieben sind.

Insoweit muss konstatiert werden, dass die fehlende rechtliche Durchdringung der Organschaft die Anwendung ihrer Voraussetzung für die Rechtspraxis in Teilen unsicher und damit nicht planbar macht. Vor dem Hintergrund, dass der Unternehmer gar nicht von der Umsatzsteuer belastet werden soll, er aber gleichzeitig Steuerschuldner des UStG und Steuerpflichtiger im Sinne des § 33 AO ist[987] und die

---

983 vgl. Kapitel 4 F. III. 2.

984 FG Niedersachsen v. 5.12.2007 – 5 K 312/02, EFG 2008, 415 (417f.); *Birkenfeld* in: Birkenfeld/Wäger USt-Hdb, § 44 Rn. 581f.

985 BFH v. 17.1.2002 – V R 37/00, BStBl II 2002, 373 (376); v. 28.12.2002 – V B 126/02, BFH/NV 2003, 515; zustimmend *Wäger* in: FS Schaumburg 2009, S. 1189 (1194); *Müller* in: Müller/Stöcker Organschaft, S. 349.

986 *Stadie* in: Rau/Dürrwächter UStG, § 2 Rn. 783ff; *Reiß* in: Reiß/Kraeusel/Langer UStG, § 2 Rn. 98.2.

987 vgl. Kapitel 2 B. III.

auch unionsrechtlich geforderte Rechtsicherheit der Anwendung insoweit für ihn einen besonderen Stellenwert einnimmt, ist diese prekäre Situation streng genommen nicht tragbar.

Weiter hat die vorstehende Analyse gezeigt, dass eine rechtssichere und in sich konsistente Bestimmung der Voraussetzungen der Organschaft durchaus erreichbar ist, auch wenn dadurch Merkmale an Gewicht verlieren oder die Anerkennung der Organschaft insgesamt höheren Anforderungen unterliegt. M. E. nach ist es gleichwohl vorzugwürdiger, die Eintrittsschwelle der Organschaft insgesamt anzuheben, statt sporadisch Einschränkungen zu formulieren, die eine belastbare Anwendung zunehmend erschweren.

Nach der Analyse der tatbestandlichen Organschaft lässt sich ferner festhalten, dass bislang keine signifikanten Erkenntnisse gewonnen werden konnten, die zwingend für eine systemimmanente Anerkennung der Organschaft in der heutigen Umsatzsteuer sprechen. Richtig ist, dass mit der Organschaft, insbesondere vermittelt über die finanzielle und organisatorische Eingliederung, ein Zustand der Beherrschung eines Unternehmens durch einen dritten Unternehmer beschrieben wird, in dem dieser seine eigenen unternehmerischen Ziele in einem anderen Unternehmen umzusetzen vermag. Insoweit behandelt die Organschaft also weniger eine Kumulation an rechtlichen Voraussetzungen, sondern stattdessen einen Zustand einheitlicher Willensbeherrschung. Dass diese Willensbeherrschung dazu führen soll, dass zwei (zivil-)rechtlich getrennte Subjekte umsatzsteuerlich als Einheit begriffen werden, ist insoweit gewiss naheliegend und auch plausibel. Ein Dogma für eine solche Behandlung ist in dem vom Verbrauchsbesteuerungsgedanken getragenen Umsatzsteuersystem, in dem der Unternehmer nur die Funktion eines *„Steuereinnehmers für Rechnung des Staates erfüllt“*[988], jedoch nicht erkennbar.

Die Sicherstellung der Verbrauchsbesteuerung würde unter der Trennung zweier Unternehmen, auch wenn diese faktisch als Einheitsunternehmen fungieren, einerseits nicht leiden. Andererseits ist fraglich, ob, verglichen mit der gesamten Unternehmereigenschaft und den Aspekten, die sie ausmacht, allein finanzielle, organisatorische und wirtschaftliche Verbindungen zweier Unternehmer ausreichen, um zwei Unternehmen als umsatzsteuerliche Einheit behandeln zu müssen.

Führt man sich die Forderungen nach einer umfassenden Verbrauchsbesteuerung und die damit einhergehende weite Bestimmung des Unternehmers vor Augen, könnte m. E. nach ebenso vertreten werden, dass die Herkunft der wirtschaftlichen Zielsetzung innerhalb eines Unternehmens irrelevant ist, solange sie für die Besteuerung denn feststeht. Ob ein Unternehmen eigene oder vermeintlich die Ziele eines anderen Unternehmens verfolgt, könnte also dahinstehen.

Als Rechtfertigung bleiben natürlich noch die Verwaltungsvereinfachung und die entsprechende Vermeidung unnötiger Verwaltungsarbeit. Ob diese eher weichen Ziele ein in seinen Voraussetzungen doch sehr komplexes und damit eigentlich

---

988 EuGH v. 20.10.1993, Rs. C-10/92 (Balocchi), EuGHE 1993, I-5105; v. 21.2.2008, Rs. C-271/06, Netto Supermarkt, EuGHE 2008, I-771.

diametral zu den vorgenannten Zielen stehendes Rechtsinstitut wie die Organschaft rechtfertigen kann, begegnet allerdings ebenfalls beachtlichen Zweifeln.

Vor der Entscheidung hierüber soll im folgenden Kapitel jedoch zunächst noch untersucht werden, welche Wirkungen die Organschaft überhaupt entfaltet, und inwieweit *diese* Wirkungen möglicherweise noch für die systembedingte Anerkennung der Organschaft streiten können.

Kapitel 5: Wirkungen und Vorteile der Umsatzsteuerorganschaft

A. Wirkungen der Organschaft

Die aus der Eingliederung folgenden Wirkungen der Organschaft beschreibt § 2 Abs. 2 Nr. 2 Satz 3 UStG, wonach die Unternehmensteile, also Organträger und -gesellschaft, als ein Unternehmen zu behandeln sind. Obgleich man die Rechtsfolge mit Blick auf die Bedeutung des Unternehmens in der Umsatzsteuer und der angeordneten Unselbstständigkeit der Organgesellschaft bei dieser Formulierung erahnt, wird die Organschaftswirkung von Gesetzes wegen nur sehr rudimentär beschrieben[989].

Auch die flankierende Bestimmung des § 2 Abs. 2 Nr. 2 Satz 2 UStG, die die Wirkungen der Organschaft auf Innenleistungen zwischen den im Inland gelegenen Unternehmensteilen beschränkt, hilft bei der Erfassung nur bedingt weiter; insbesondere wenn man darüber nachdenkt, wie innerhalb einer solchen Rechtswirkung mit bspw. steuerbefreiten Ausgangsleistungen oder einer Leistungsverwendung außerhalb des unternehmerischen Bereichs zu verfahren ist.

Grundsätzlich wird durch die Behandlung als ein Unternehmen gleichwohl klar, dass die Organschaft dazu führt, dass die eingegliederte Organgesellschaft ihre gewerbliche oder berufliche Tätigkeit nicht mehr selbstständig ausführt, sondern Teil vom Unternehmen des Organträgers wird. Die Organgesellschaft wird gewissermaßen ein Betrieb oder Tätigkeitsbereich des Organträgers, dessen Unternehmen dann sämtliche verbundene Unternehmensteile erfasst[990].

Die Erkenntnis der Verbindung zweier zunächst selbstständig agierender Unternehmen zu einem vom Organträger geführten Unternehmen ist dann auch der *„Schlüssel zum Verständnis“*[991] der Rechtsfolgen der Organschaft und der damit einhergehenden Beeinflussung der Qualifikation und Zurechnung der Umsätze innerhalb des Organkreises.

I. Innenleistungen

Mit Innenleistungen, oder auch Innenumsätze genannt, meint der Gesetzgeber die Leistungsbeziehungen (Lieferungen und sonstige Leistungen), die zwischen den Organbeteiligten, also sowohl zwischen verschiedenen Tochterorgangesellschaften als auch zum Organträger, ausgeführt werden. Solche Innenleistungen – zwischen

989 *Stadie* in: Rau/Dürrwächter UStG, § 2 Rn. 936.

990 *Birkenfeld* in: Birkenfeld/Wäger USt-Hdb, § 44 Rn. 542f; *Steppert,* UR 1994, 343 (344); *Stadie* in: Rau/Dürrwächter UStG, § 2 Rn. 936.

991 *Birkenfeld* in: Birkenfeld/Wäger USt-Hdb, § 44 Rn. 543.

den im Inland gelegenen Unternehmensteilen[992] – unterliegen dabei keiner Umsatzbesteuerung, sondern werden netto zwischen den Beteiligten bewirkt.

Diese wohl gravierendste materielle Rechtsfolge der Organschaft erklärt sich aus der Behandlung des Organkreises als ein Unternehmen, bei dem es für einen steuerbaren Umsatz (grundsätzlich) an einem *anderen* Leistungsempfänger fehlt[993]. Dadurch, dass die Organgesellschaft durch die aus der Eingliederung folgende Unselbstständigkeit rechtlich weder im Innen- noch im Außenverhältnis unternehmerische Leistungen erbringt, sondern jene einzig dem einen Unternehmen des Organträgers zugerechnet werden[994], können Leistungen innerhalb des Verbundes folgerichtig keine steuerbaren Umsätze erzeugen, da das Unternehmen des Organträgers sonst an sich selbst leisten würde. Obwohl es sich nicht unmittelbar aus dem Gesetz ergibt, folgt aus dieser Überlegung weiter, dass natürlich auch die Leistungen des Organträgers an die Organgesellschaft sowie an Schwesterorgangesellschaften keiner Besteuerung unterliegen[995], da auch bei diesen Leistungsbeziehungen der andere Leistungsempfänger fehlt.

Entsprechend dieser Behandlung kann aus erbrachten Innenleistungen natürlich auch kein Vorsteuerabzugsrecht des anderen Organkreisbeteiligten resultieren, da es hierfür ebenfalls an einer Leistungsbeziehung im Sinne des § 15 UStG fehlt. Soweit sämtliche Organkreisbeteiligten ohne Organschaft vorsteuerabzugsberechtigt wären, können deshalb aus den Rechtsfolgen der Organschaft grundsätzlich keine materiellen Steuervorteile erwachsen, da ohne Eingliederung die Umsatzsteuerbelastung der (Innen-)Leistungen mittels des Vorsteuerabzugsrechts wieder neutralisiert werden würden.

1. *Auswirkungen auf die (interne) Rechnungserteilung*

Mangels Steuerbarkeit der Innenleistungen ist für diese auch keine Rechnung im Sinne des § 14 Abs. 1 und 2 UStG mit offenem Steuerausweis auszustellen. Soweit dennoch Rechnungen ausgestellt werden, sind jene wie innerbetriebliche Vorgänge zwischen Betriebsabteilungen desselben Unternehmens zu behandeln und werden nicht als Rechnung im Sinne des UStG erfasst[996].

Falls dennoch eine Rechnung mit offenem Steuerausweis ausgestellt wird, kommt es daher nicht zu der Rechtsfolge des § 14c Abs. 2 UStG. Die Regelung in § 14c Abs. 2

---

992 Zur Analyse der Vereinbarkeit dieser aus Art. 11 MwStSystRL herrührenden Voraussetzung mit dem europäischen Primärrecht vgl. ausf. *Hartman*, Umsatzsteuerorganschaft, S. 148ff.

993 *Reiß* in: Reiß/Kraeusel/Langer UStG, § 2 Rn. 99; vgl. oben Kapitel 2 B.

994 BFH v. 29.10.2008 – XI R 74/07, BStBl II 2009, 256 (259); v. 19.10.1995 – V R 128/93, BFH/NV 1996, 273 (274f.); v. 20.2.1992 – V R 80/85, BFH/NV 1993, 133.

995 *Wäger* in: FS Schaumburg 2009, S. 1189 (1209), der dieses Ergebnis jedenfalls durch eine entsprechende Auslegung des Art. 11 MwStSystRL begründet sieht.

996 vgl. zu Abschn. 14.1 Abs. 4 Satz 1 UStAE; *Reiß* in: Reiß/Kraeusel/Langer UStG, § 2 Rn. 100.

UStG soll als Gefährdungstatbestand einem Missbrauch im Zusammenhang mit der Vorsteuerabzugsmöglichkeit entgegenwirken und ist daher auf einen Außenumsatz gegenüber Dritten zugeschnitten[997], den es innerhalb der Organschaft gerade nicht gibt. Insofern ist sogar fraglich, ob die Regelung auf Innenleistungen überhaupt anzuwenden ist[998].

Obgleich Rechnungserteilungen innerhalb des Organkreises damit umsatzsteuerrechtlich keine Bedeutung entfalten, bleiben diese trotzdem zulässig[999]. Aus zivilrechtlicher Sicht ist die Abrechnung der Innenleistungsbeziehung sogar weiterhin zwingend erforderlich, da sämtliche Organkreisbeteiligten innerhalb der Umsatzsteuerorganschaft zivilrechtlich selbstständige Rechtssubjekte bleiben. Selbst wenn im Zusammenhang mit der Organschaft ein vertraglicher oder ein faktischer Konzern vorliegen oder neben der umsatzsteuerlichen auch eine ertragsteuerliche Organschaft bestehen sollte, hat dies keine Auswirkungen auf die zivilrechtliche Rechtsqualität und die damit einhergehende Notwendigkeit der Rechnungserteilung[1000].

Die so zivilrechtlich motivierten Rechnungen sind ohne Umsatzsteuerausweis zu erteilen, insbesondere da die umsatzsteuerrechtlich geregelte Nichtsteuerbarkeit der Innenleistungen auf das zivilistische Leistungsverhältnis durchschlägt und ausgewiesene Umsatzsteuern auch privatrechtlich nicht geschuldet wären[1001].

2. Umfang der organschaftlichen Wirkungen

Obschon die Organschaft gemeinhin als *ein* Unternehmer aufgefasst wird und Innenleistungen damit keiner Besteuerung unterliegen, ist umstritten, ob die Organschaft tatsächlich den gesamten und damit auch nichtunternehmerischen Bereich der Organkreisbeteiligten erfasst, oder ob ihre Wirkung auf den unternehmerischen Bereich der Beteiligten beschränkt bleiben muss. Bei dieser Streitfrage geht es nicht um die notwendige Klassifizierung der Organkreisbeteiligten als Unternehmer[1002], sondern um die Frage, ob Leistungen auch dann als Innenleistungen zu behandeln sind, wenn der empfangende Organteil sie für den nichtunternehmerischen Bereich verwendet.

---

997 *Müller* in: Müller/Stöcker Organschaft, S. 370; *Radeisen* in: Plückebaum/Malitzky UStG, § 2 Rn. 189, 330; ferner zu § 14c UStG: *Wagner* in: Sölch/Ringleb UStG, § 14c Rn. 130ff.

998 vgl. BFH 28.10.2010 – V R 7/10, BStBl II 2011, 391 (392).

999 *Müller* in: Müller/Stöcker Organschaft, S. 369; *Reiß*, StuW 1979, 343 (344).

1000 *Reiß*, StuW 1979, 343 (344).

1001 *Reiß* in: Reiß/Kraeusel/Langer UStG, § 2 Rn. 100; *Radeisen* in: Plückebaum/Malitzky UStG, § 2 Rn. 330.

1002 vgl. dazu Kapitel 4 B. I. 1.

a) *Partielle Selbstständigkeit innerhalb der Organschaft*

Teile der Literatur[1003] und die Verwaltung[1004] nehmen an, dass sich die Wirkungen der Organschaft nur auf den unternehmerischen Bereich beziehen und Innenleistungen daher auch nur innerhalb dieses Bereichs vorkommen können.

Die Organschaft könne ihrer Ansicht nach nicht dazu führen, dass ein Leistungsbezug für einen nicht zum Unternehmen gehörenden Bereich des Steuerpflichtigen durch einen Vorsteuerabzug entlastet wird und es so zu einem unversteuerten Letztverbrauch kommt, der außerhalb der Organschaft nicht anerkannt werden würde. Erbringe bspw. ein Organträger gegen Entgelt Datenverarbeitungsleistungen gegenüber einer Organtochter, die über einen unternehmerischen wie nichtunternehmerischen Bereich verfüge, dann müssen die Innenleistungen, die dem nichtunternehmerischen Bereich zuzurechnen sind, als steuerbare und mangels Befreiung steuerpflichtige Umsätze erfasst werden[1005]. Bei einem Organkreis mit mehreren Organgesellschaften müsse in diesen Fällen als Leistender grundsätzlich der Organträger angesehen werden, falls zwischen den einzelnen Tochterorgangesellschaften Leistungen ausgetauscht werden. Nur wenn an den Organträger selbst geleistet werde, sei wieder die jeweils handelnde Organtochter als selbstständige Unternehmerin anzusehen[1006].

Eine Organgesellschaft kann nach dieser Auffassung also trotz ihrer Eingliederung in das Unternehmen des Organträgers wieder selbstständige Unternehmerin werden, wenn bspw. der Organträger die von ihr erbrachten Innenleistungen für nichtunternehmerische Zwecke verwendet.

b) *Umfassende Aufhebung der selbstständigen Leistungsbewirkung*

Die Rechtsprechung[1007] und andere Teile der Literatur[1008] halten hingegen eine solche Differenzierung nach der Leistungsverwendung für nicht zutreffend und sehen insbesondere die dadurch ausgelöste partielle Selbstständigkeit der Organgesellschaft als ein Problem an.

Die Behandlung der Organgesellschaft als teilweise selbstständiger Unternehmer, je nach Verwendung der gegenüber dem Organträger erbrachten Leistungen, führe dazu, dass der als ein Unternehmer zu behandelnde Organkreis plötzlich aufgespalten wird, obwohl das UStG wie auch Art. 11 MwStSystRL eindeutig von nur einem

---

1003 *Reiß* in: Reiß/Kraeusel/Langer UStG, § 2 Rn. 100.2; *Stadie* in: Rau/Dürrwächter UStG, § 2 Rn. 932f.

1004 Abschn. 2.8 Abs. 1 Satz 5 UStAE.

1005 Bsp. nach *Stadie* in: Rau/Dürrwächter UStG, § 2 Rn. 933.

1006 *Reiß* in: Reiß/Kraeusel/Langer UStG, § 2 Rn. 100.2.

1007 BFH v. 20.8.2009 – V R 30/06, BStBl II 2010, 863 (869).

1008 *Hartman*, Umsatzsteuerorganschaft, S. 217ff; *Wäger* in: FS Schaumburg 2009, S. 1189 (1211); *Birkenfeld* in: Birkenfeld/Wäger USt-Hdb, § 44 Rn. 552, 571; *Flückiger* in: Plückebaum/Malitzky UStG, § 2 Rn. 335; wohl auch *Korn* in: Bunjes UStG, § 2 Rn. 142.

Steuerpflichtigen sprechen. Ein solches Verständnis verstoße daher gegen die Rechtsprechung des EuGH, der in seiner Entscheidung *Ampliscientifica* die Behandlung der Mehrwertsteuergruppe als einen Steuerpflichtigen besonders hervorgehoben habe[1009]. Freilich wird bei einer Verwendung für nichtunternehmerische Zwecke ebenfalls die Gefahr eines unversteuerten Letztverbrauchs gesehen. Jedoch soll es bei einer solchen Verwendung zu einer Entnahmebesteuerung nach § 3 Abs. 1b und 9a UStG kommen und nicht zu einem Wiederaufleben der Steuerbarkeit bestimmter Innenleistungen.

c) Organkreis als ein Unternehmen

Natürlich darf durch die Wirkungen der Organschaft keine Steuerfreiheit von Leistungen für eine nichtunternehmerische Verwendung hervorgerufen werden. Schließlich bleibt es auch im Rahmen der Organschaft dabei, dass mittels der Umsatzsteuer der Verbrauch belastet werden und der Organkreis hierdurch grundsätzlich keine Vorteile erhalten sollen, der ihn materiell gegenüber unverbundenen Unternehmen bevorteilen würde[1010].

Allerdings liegt die Lösung zur Vermeidung einer solchen Bevorzugung m. E. nach nicht in der partiellen und in ihrer praktischen Handhabung wohl überaus komplexen Wiederanerkennung der Selbstständigkeit einzelner Organkreisbeteiligter[1011], sondern in der Konsequenz der Behandlung des Organkreises als einen Unternehmer. Die Innenleistung muss als solche hinweg gedacht und die nichtunternehmerische Verwendung so behandelt werden, wie sie letztlich in einem Einheitsunternehmen erfolgen würden. Nimmt der Organträger den Vorsteuerabzug für die von der Organgesellschaft empfangene Leistung in Anspruch und ordnet die Leistung damit seinem unternehmerischen Bereich zu[1012], sind spätere nichtunternehmerische Nutzungen daher im Wege der Entnahmebesteuerung zu erfassen. Zieht er für die Leistung schon keine Vorsteuer ab, kommt es auch nicht zu einem unversteuerten Letztverbrauch.

Ob die Leistung innerhalb des Organkreises zuvor entgeltlich oder unentgeltlich an andere Organbeteiligte weitergereicht wird, ist für das Ergebnis dabei irrelevant. Denn unabhängig von der Art der Weitergabe innerhalb des einen Unternehmens bleiben die Innenleistungen wie Vorgänge innerhalb eines Einzelunternehmens für die Besteuerung unbeachtlich[1013]; für diese kann weder ein Vorsteuerabzug geltend gemacht, noch eine Rechnung im Sinne des § 14 Abs. 4 UStG ausgestellt werden.

1009 EuGH v. 22.5.2008 – Rs. C-162/07 (Ampliscientifica), EuGHE 2008, I-4019.

1010 *Reiß* in: Reiß/Kraeusel/Langer UStG, § 2 Rn. 99.

1011 ebenso *Hartman*, Umsatzsteuerorganschaft, S. 220, der hierdurch einen Verstoß gegen die Ziele der MwStSystRL konstatiert.

1012 vgl. BFH v. 31.1.2002 – V R 61/96, BStBl II 2003, 813 (814); ferner BFH v. 11.4.2008 – V R 10/07, BStBl II 2009, 741 (743) mwN.

1013 so *Stadie* in: Rau/Dürrwächter UStG, § 2 Rn. 946.

Der entgeltliche wie der unentgeltliche Innenumsatz stellen – aus der Sicht der Umsatzsteuer – einen unternehmensinternen Buchungsvorgang dar[1014].

Zudem führte die Annahme einer teilweisen Selbstständigkeit zu der Konsequenz, dass sich die Frage nach der Selbstständigkeit innerhalb der Organschaft plötzlich nicht mehr nach unternehmensbezogenen Merkmalen richtet, sondern nach der Leistungsverwendung beim Empfänger[1015]. Auf diese hat die (vermeintlich) leistende Organgesellschaft nicht nur keinen Einfluss, sondern sie kennt im Zweifel nicht einmal die Verwendung im anderen Organteil und könnte insoweit nur schwerlich feststellen, ob sie mit dieser Leistung wieder als selbstständig handelnder Unternehmer auftreten muss.

d) Zwischenergebnis

Dementsprechend erfasst m.E. nach die Organschaft sämtliche Tätigkeitsbereiche der Organkreisbeteiligten, auch wenn Innenleistungen für nichtunternehmerische Zwecke verwandt werden. In diesen Fällen kommt es nicht zu einer partiellen Steuerbarkeit der Innenleistungen, sondern zur Anwendung der Regelung über eine Entnahmebesteuerung, sofern die Leistung nicht dem Unternehmen zugeordnet worden ist.

3. Exkurs: Auswirkungen der EuGH-Rspr. in Sachen VNLTO

Der EuGH hat in der Rechtssache VNLTO[1016] entschieden, dass die MwStSystRL nicht nur einen wirtschaftlichen (unternehmerischen) und nichtwirtschaftlichen (nichtunternehmerischen) Bereich des Mehrwertsteuerpflichtigen kennt, sondern dass der nichtwirtschaftliche Bereich abermals einer Aufteilung bedarf.

Nach Ansicht des EuGH ist nach der MwStSystRL zwischen der Verwendung zur *„privaten Nutzung, die begriffsmäßig ein dem Unternehmen des Steuerpflichtigen völlig fremder Zweck ist"*, und der *„Verwendung von Gegenständen und Dienstleistungen, die dem Unternehmen für die Zwecke anderer als der besteuerten Umsätze des Steuerpflichtigen zugeordnet sind"*, zu unterscheiden[1017]. Die Folge dieser in Art. 18 MwStSystRL angelegten Unterscheidung liege darin, dass, anders als national bisher gehandhabt, bei der Verwendung von Leistungen für nichtwirtschaftliche Tätigkeiten, die nicht unternehmensfremd sind, also nicht privat genutzt werden, kein Zuordnungswahlrecht mit anschließender Entnahmebesteuerung mehr besteht, sondern solche Verwendungen von vornherein nicht zum Vorsteuerabzug berechtigen. Soweit also ein Unternehmer Leistungen für die Erbringung nicht steuerbarer Aktivitäten verwendet, darf er die hierfür gezahlte Vorsteuer gar nicht erst in Abzug

---

1014 *Scharpenberg* in: Hartmann/Metzenmacher UStG, § 2 Rn. 457; *Birkenfeld* in: Birkenfeld/Wäger USt-Hdb, § 44 Rn. 533f.

1015 so *Wäger* in: FS Schaumburg 2009, S. 1189 (1211).

1016 EuGH v. 12.2.2009 – Rs. C-515/07, EuGHE 2009, I-839.

1017 EuGH v. 12.2.2009 – Rs. C-515/07, EuGHE 2009, I-839.

bringen, da bei ihr die Verwendungsbesteuerung und das Zuordnungswahlrecht nach § 3 Abs. 9a Nr. 1 UStG keine Anwendung finden sollen[1018].

Teile der Literatur[1019] heben im Zusammenhang mit dieser Rechtsprechung die Anerkennung einer partiellen Selbstständigkeit innerhalb der Organschaft besonders hervor und meinen, dass beim Vorliegen einer Organschaft Lieferungen und Leistungen an ein anderes Gruppenmitglied zur Verwendung für nichtwirtschaftliche, aber nicht unternehmensfremde Tätigkeiten nicht als Innenleistungen behandelt werden dürfen. Die bspw. von einer Organtochtergesellschaft gegenüber ihrem Organträger erbrachten Dienstleistungen, die jener für (nichtunternehmerische) ideelle Öffentlichkeitsarbeit nutzt, müssten danach von der dann wieder selbstständig agierenden Tochtergesellschaft vollständig der Umsatzbesteuerung unterworfen werden[1020], wenn man die EuGH-Auffassung (wohl) zutreffend umsetzen will.

M. E. nach hat die Rechtsprechung des EuGH in Sachen VNLTO und die daraus folgende (nationale) neue Dichotomie der unternehmensfremden Verwendung von Leistungen keinen Einfluss auf die bereits oben dargestellte Behandlung von Innenumsätzen in der Organschaft. Auch die neuerliche Unterteilung des Begriffs unternehmensfremder Verwendung ändert insoweit nichts daran, dass die Organschaft mit ihren verschiedenen Unternehmensteilen als ein Unternehmer zu behandeln ist und bei einer Leistungsverwendung für bspw. ideelle Zwecke, ob nun mit oder ohne vorherige Innenleistung, kein Zuordnungswahlrecht mehr besteht und Vorsteuern nicht abgezogen werden dürfen. Weder aus der Neueinteilung noch aus der Entscheidung selbst lässt sich daher ein besonderes Spezifikum ableiten, welches im Rahmen der Organschaft zu berücksichtigen wäre.

Die EuGH Rechtssache VNLTO hat nach hiesiger Auffassung daher keine Auswirkungen auf die Behandlung der Innenleistungen in der Organschaft, und es bleibt weiterhin dabei, dass die Organschaft sämtliche Tätigkeitsbereiche der Organkreisbeteiligten erfasst.

4. *Zwischenergebnis*

Die Wirkungen der Organschaft führen laut Gesetz dazu, dass die zwischen den Organkreisbeteiligten ausgeführten Umsätze steuerfreie Innenleistungen darstellen, für die folgerichtig auch kein Vorsteuerabzugsrecht gewährt wird. Für solche Innenleistungen bedarf es weiter auch keiner Rechnung im Sinne des § 14 UStG mit offenem Steuerausweis, obwohl solche Rechnungen zivilrechtlich weiterhin nötig sein werden. Insoweit muss jedoch nicht besorgt werden, dass auf solche Rechnungen § 14c Abs. 2 UStG Anwendung findet.

Die Behandlung als Innenleistung gilt dabei für sämtliche Leistungsbeziehungen innerhalb des Organkreises, auch wenn die Innenleistungen später für

---

1018 zum Ganzen mwN *Lohse,* IStR 2009, 486 (487); *Oelmaier* in: Sölch/Ringleb UStG, § 15 Rn. 232ff; BMF v. 2.1.2012 – IV D 2-S 7300/11/10002, BStBl I 2012, 60.

1019 *Reiß* in: Reiß/Kraeusel/Langer UStG, § 2 Rn. 100.8.

1020 Bsp. von *Reiß* in: Reiß/Kraeusel/Langer UStG, § 2 Rn. 100.9.

nichtunternehmerische Zwecke verwendet werden. Weder aus nationalen noch aus unionrechtlichen Gründen bedarf es insoweit eines Wiederauflebens der Selbstständigkeit der Organgesellschaft. Stattdessen folgt die Lösung zur Vermeidung eines unversteuerten Letztverbrauchs aus der konsequenten Anwendung der Regelungen zur Entnahmebesteuerung.

II. Zurechnung der Leistungsbeziehungen

Entgegen der gesetzlichen Aussage in § 2 Abs. 2 Nr. 2 Satz 2 UStG kann sich die Wirkung der Organschaft nicht nur auf die rechtliche Behandlung der insoweit ausgetauschten Innenleistungen reduzieren, wenn die Folge der Organschaft die Unselbstständigkeit der Organgesellschaft und ihre Zusammenfassung mit dem Organträger als ein Unternehmen ist.

Aus dieser Behandlung der zusammengefassten Gesellschaften als ein Unternehmen folgt nämlich denklogisch die Notwendigkeit einer Zurechnung der verschiedenen (Außen-)Umsätze der Organgesellschaft zum Organträger. Sofern die Organgesellschaft nämlich nicht mehr selbstständiger Unternehmer sein kann, müssen ihre Lieferungen und sonstigen Leistungen dem Unternehmen zugerechnet werden, dem sie angehören, sprich der Organschaft repräsentiert durch den Organträger. Da der Organträger nach § 2 Abs. 2 Nr. 2 UStG den verantwortlichen Unternehmer darstellt[1021], müssen die in der Organgesellschaft verwirklichten Umsätze ihm aber nicht nur zugerechnet, sondern sie müssen als eigene Umsätze der Organschaft, vertreten durch den Organträger, behandelt werden. Denn nur durch eine solche materielle Zurechnung der Umsätze als eigene wird die Organschaft ein selbstständiges Unternehmensgebilde, bei dem die Organgesellschaft ähnlich wie ein Angestellter unselbstständiger Teil des Gesamtunternehmens wird[1022].

Dass die Organgesellschaft dabei weiterhin ein zivilrechtlich eigenständiges Rechtssubjekt bleibt, im eigenen Namen gegenüber Dritten im Rechtsverkehr handelt und abrechnet, steht dieser umsatzsteuerlichen Sichtweise nicht entgegen. Die Organschaft betrifft insoweit nur das umsatzsteuerliche Innenverhältnis zwischen Organträger und -gesellschaft und lässt den nach außen erscheinenden Unternehmerstatus aller Organkreisbeteiligten auch deshalb unberührt, weil für Dritte nicht erkennbar ist, ob eine Gesellschaft nach Maßgabe des § 2 Abs. 2 Nr. 2 UStG von einer anderen beherrscht wird, oder ob sie selbstständig am Markt auftritt[1023]. Auch das Gesetz spricht nur davon, dass die Organschaft als ein Unternehmen „*behandelt*

1021 BFH v. 28.10.2010 – V R 7/10, BStBl II 2011, 391 (392); v. 19.5.2005 – V R 31/03, BStBl II 2005, 671 (675); *Stadie* in: Rau/Dürrwächter UStG, § 2 Rn. 951 mwN.

1022 BFH v. 19.10.1995 – V R 71/93, BFH/NV 1996, 273; *Müller* in: Müller/Stöcker Organschaft, S. 349.

1023 BFH v. 30.11.2011 – VII B 99/11, BFH/NV 2012, 805 (806); *Korn* in: Bunjes UStG, § 2 Rn. 139; *Stadie* in: Rau/Dürrwächter UStG, § 2 Rn. 941.

wird", nicht aber, dass es sich gesellschafts- und zivilrechtlich nur noch um ein Unternehmen handelt[1024].

Das eine Unternehmen der Organschaft besteht folglich aus dem Unternehmensteil des Organträgers, der aus seiner wirtschaftlichen Tätigkeit eigene Umsätze verwirklicht, sowie aus dem Unternehmensteil der Organgesellschaft, die aus ihrer zivilrechtlich eigenständig entfalteten wirtschaftlichen Tätigkeit Lieferungen und Dienstleistungen gegen Entgelt für den Organkreis erbringt[1025]. Unabhängig von den zivilrechtlichen Rechtsbeziehungen zur Organgesellschaft sind die damit einhergehenden Lieferungen und Leistungen im Sinne des § 1 Abs. 1 Nr. 1 UStG nur solche der Organschaft resp. des ihr vorstehenden Organträgers.

Die dem Organträger zuzurechnenden Leistungen erfassen dabei nicht nur die steuerpflichtigen oder steuerfreien Lieferungen und sonstigen Leistungen der Organgesellschaft, sondern ebenso die den unentgeltlichen oder entgeltlichen Leistungen gleichgestellten Umsätze (§ 3 Abs. 1b und 9a UStG), Einfuhren, innergemeinschaftliche Erwerbe und die zum Vorsteuerabzug berechtigenden Leistungsbezüge aller im Inland gelegenen Organgesellschaften[1026]. Die Zurechnung beschränkt sich folglich nicht auf die von der Organgesellschaft erbrachten Leistungen, sondern erfasst auch die von ihr empfangenen (Dritt-)Leistungen.

Unerheblich für die Zurechnung solcher Leistungen und Handlungen der Organgesellschaft ist das ggf. vorherige Vorliegen von Innenleistungen oder -umsätzen. Die Innenleistungen und ihre Behandlung betreffen schon laut Gesetz nur den Leistungsaustausch innerhalb des Organkreises und haben insoweit keinen Einfluss auf die Zurechnungsfolgen, die aus der Unselbstständigkeit der Organgesellschaften resultieren[1027].

1. *Einfluss auf die Qualifizierung der Leistungen*

Bemerkenswert ist, dass durch die Zurechnung der Umsätze zur Organgesellschaft nicht nur eine (quantitative) Übertragung selbiger auf den Organträger stattfindet, sondern die Zurechnung auch die Qualität der Leistung beeinflussen soll.

Erstmals virulent wurde dieser Einfluss auf die Qualität einer Leistungsbeziehung im Zusammenhang mit der Annahme einer sog. einheitlichen Leistungsbeziehung.

Hierzu sei vorausgeschickt, dass Besteuerungsgegenstand der Umsatzsteuer grundsätzlich jede einzeln ausgeführte Leistung des Unternehmers gegenüber dem Empfänger ist, die durch die Art ihrer Ausführung, den Gegenstand, auf den die Ausführung gerichtet ist, und durch die Beteiligten sowie ihrer Entgeltlichkeit

---

1024 *Probst*, BB 1987, 1992.

1025 *Reiß* in: Reiß/Kraeusel/Langer UStG, § 2 Rn. 101.

1026 *Birkenfeld* in: Birkenfeld/Wäger USt-Hdb, § 44 Rn. 561, sowie BFH v. 20.2.1992 – V R 80/85, BFH/NV 1993, 133.

1027 *Wäger* in: FS Schaumburg 2009, S. 1189 (1209).

qualifiziert wird[1028]. Trotz dieser generellen Eigenständigkeit kann es zu einer *Bündelung* von Leistungen kommen, wenn aus der Sicht eines Durchschnittsverbrauchers ein oder mehrere Teile eine Hauptleistung und ein oder mehrere andere Teile eine Nebenleistung darstellen, die jedoch das Schicksal der Hauptleistung teilen. Im Interesse eines funktionierenden Mehrwertsteuersystems sollen wirtschaftlich einheitliche Leistungen nicht künstlich aufgespalten werden, so dass bspw. der Verzicht auf die Steuerbefreiung bei Grundstückslieferungen nicht auf den Gebäudeanteil beschränkt werden kann, sondern in diesen Fällen stets eine einheitliche Leistung des Unternehmers vorliegt und der Verzicht nur insgesamt erfolgen kann[1029].

Die Annahme einer einheitlichen Leistung ist jedoch stets dann ausgeschlossen, wenn die im Zusammenhang stehenden Leistungen zwar an einen Empfänger gehen, aber von mehreren Unternehmern erbracht werden[1030]. Zwingend für die Annahme einer Bündelung ist insoweit, dass die Leistungen von demselben Unternehmer stammen.

a) Überlagerung zivilistischer Wertungen

Bei dem Bestehen einer Umsatzsteuerorganschaft hat der XI. Senat des BFH[1031] entschieden, dass durch die Behandlung der in der Organschaft zusammengefassten Gesellschaften als ein Unternehmen auch die steuerrechtliche Qualifikation der erbrachten Leistungen beeinflusst werde.

Liefere der Organträger ein Grundstück, das durch die Organgesellschaft bebaut wird, führe die organschaftliche Behandlung als ein Unternehmen dazu, dass es sich um eine einheitliche Leistung handle, für die nur insgesamt der Verzicht auf die Steuerbefreiung nach § 4 Nr. 9 lit. a) UStG gem. § 9 UStG erklärt werden kann. Da in dem entschiedenen Fall der Organträger als Einzelunternehmer in den notariellen Verträgen zudem gleichzeitig als Geschäftsführer der Organgesellschaft auftrat, stellte sich die Leistung nach Ansicht des XI. Senats auch aus der Sicht eines Durchschnittsverbrauchers als einheitliche Leistung dar, unbeschadet des Umstandes, dass etwaige zivilrechtliche Gewährleistungsansprüche gegen verschiedene Rechtsträger bestanden hätten.

Obwohl die Organschaft unstreitig keinen Einfluss auf die zivilrechtliche Behandlung der Organbeteiligten nimmt, nahm der XI. Senat des BFH also an, dass die umsatzsteuerliche Frage nach dem Vorliegen mehrerer Leistender bei einer einheitlichen Leistung nicht nach ihrer zivilrechtlichen Einordnung zu beantworten ist, sondern nach ihrer Stellung als Unternehmer. Da der Unternehmerstatus durch die

---

1028 BFH v. 7.2.1991 – V R 53/85, BStBl II 1991, 737f; v. 30.10.1986 – V B 44/86, BStBl II 1987, 145 (146) mwN.

1029 EuGH v. 8.6.2000 – Rs. C-400/98 (Breitsohl), EuGHE 2000, I-04321; BFH v. 6.9.2007 – V R 14/06, BFH/NV 2008, 624; v. 19.7.2007 – V R 68/05, BStBl II 2008, 208; v. 9.6.2005 – V R 50/02, BStBl II 2006, 98.

1030 BFH v. 18.4.2007 – V B 157/05, BFH/NV 2007, 1544 (1545) mwN.

1031 BFH v. 29.10.2008 – XI R 74/07, BStBl II 2009, 256 (259).

Organschaft modifiziert wird, war es insoweit nur konsequent die zivilrechtliche Dichotomie des Organkreises bei der Prüfung der einheitlichen Leistung aufzugeben.

b) Separierung der Leistungsbeziehungen

Teile der Literatur halten einen solchen Einfluss der Organschaft auf die Qualität der Leistungsbeziehungen hingegen für ausgeschlossen und verweisen diesbezüglich u. a. auf die organschaftsneutrale Behandlung von Krankenhausleistungen nach § 4 Nr. 14 lit. b) UStG[1032] sowie auf die Anwendung der Durchschnittssatzbesteuerung nach § 24 UStG[1033].

In beiden Fällen sei trotz Bestehens einer Organschaft nur der jeweils die entsprechende Leistung ausführende Organbeteiligte berechtigt, die Umsatzsteuerbefreiungen resp. -erleichterungen anzuwenden. Insbesondere im Falle der Anwendung des § 4 Nr. 14 lit. b) UStG habe der V. Senat selbst entschieden, dass die Qualifizierung der Leistung nicht unternehmens-, sondern betriebsbezogen festzustellen sei und damit die Behandlung der Leistungen auch innerhalb der Organschaft separat für Organträger und -gesellschaft bewertet werden müssten.

Bei der vom XI. Senat entschiedenen Fallkonstellation komme hinzu, dass der veräußernde Organträger die Grunderwerbsteuer nur für die Lieferung des unbebauten Grundstückes schulde, so dass grunderwerbsteuerlich nur ein einheitlicher Erwerbsgegenstand und kein einheitlicher Liefergegenstand vorliegen dürfte und damit nur auf die Lieferung des Grund und Bodens § 4 Nr. 9 lit. a) UStG Anwendung finde.

c) Differenzierung nach der Norm

Bei erster Betrachtung der Kritik der Literatur scheint die Rechtsprechung hinsichtlich der Qualifizierung von Leistungen innerhalb der Organschaft in der Tat widersprüchlich zu sein. Einerseits soll aus der Behandlung der Organschaft als ein Unternehmen die Möglichkeit der Annahme einer einheitlichen Leistung folgen, andererseits aber die Befreiung von Leistungen nach § 4 Nr. 14 lit. b) UStG auf den Betrieb einzelner Teile der Organschaft beschränkt bleiben.

Bei näherer Betrachtung der Rechtsprechung löst sich dieser Konflikt jedoch auf, insbesondere wenn man die insoweit angewandten Normen betrachtet.

Entscheidend für die Frage, ob sich die Organschaft auf die Qualifikation von Leistungen auswirkt oder nicht, ist nämlich nicht nur die Wirkung der Organschaft selbst, sondern auch die Bestimmung der Norm, die die Qualifizierung der Leistung regelt. Anders als § 4 Nr. 9 lit. a) UStG knüpft § 4 Nr. 14 lit. b) UStG ebenso wie § 24 UStG nicht allein an das Vorliegen einer bestimmten Leistung an, sondern reduziert

---

1032 *Klenk* in: Sölch/Ringleb UStG, § 2 Rn. 141, unter Hinweis auf das Urteil BFH v. 22.5.2003 – V R 94/01, BStBl II 2003, 954.

1033 *Stadie* in: Rau/Dürrwächter UStG, § 2 Rn. 953, 957, unter Verweis auf OFD Koblenz v. 1.9.1989 – S 7527 A – St 51 1/2/3, UR 1990, 30.

als weitere Voraussetzung die Befreiung auf solche Umsätze, die im Zusammenhang mit der jeweils bezeichneten Einrichtung ärztlicher Heilbehandlung erbracht werden. Entscheidend ist also nicht allein das Vorliegen eines entsprechenden Umsatzes, sondern ferner, dass dieser in einer der in § 4 Nr. 14 lit. b) UStG genannten Einrichtungen erbracht worden ist. Sinn und Zweck dieser Steuerbefreiung ist schließlich nicht die Entlastung des (unternehmerischen) Trägers einer solchen Einrichtung, sondern die Entlastung der Kosten ärztlicher Heilbehandlung und damit der sozialen Versicherungssysteme[1034].

Im Rahmen der Steuerbefreiung nach § 4 Nr. 14 lit. b) UStG muss also zwischen Unternehmer und Einrichtung differenziert werden. Demnach sind nur solche Umsätze des Unternehmers von der Befreiung betroffen, die im Rahmen der von ihm betriebenen Einrichtung, d. h. unter Einsatz von sachlichen und persönlichen Mitteln, die zusammengefasst die betreffenden Einrichtungen als abgrenzbare Einheit im Unternehmen konstituieren, erbracht werden[1035].

Diese Unterscheidung zwischen Unternehmen und abgrenzbarer Einheit (Einrichtung) ist auch im Gesetz selbst angelegt, wie § 24 Abs. 3 UStG deutlich werden lässt. Auch wenn die Formulierungen anders sind, differenziert die Norm ihren Anwendungsbereich ebenfalls nach Unternehmen und einem dort als *„Gliederung des Unternehmens gesondert geführten Betrieb"*, der land- und forstwirtschaftliche Produkte erzeugt.

Soweit eine die Umsätze qualifizierende Norm eine solche Differenzierung, wie eben § 4 Nr. 9 lit. a) UStG, jedoch nicht trifft, bleibt es dabei, dass sich die Frage nach ihrer Anwendung allein nach dem Merkmal des Unternehmers richtet. Da die Organschaft die Organbeteiligten als ein Unternehmen behandelt und sie damit zu einem Steuerpflichtigen zusammenführt, müssen auf diesen Steuerpflichtigen die allgemeinen Grundsätze und damit auch der Grundsatz der Einheitlichkeit der Leistung Anwendung finden[1036].

Somit ist zu konstatieren, dass die Organschaft Einfluss auf die Qualifizierung der Umsätze der verschiedenen Organkreisbeteiligten nehmen kann, wenn die qualifizierende Norm allein an das Merkmal des Unternehmens anknüpft. Bezieht sich die Norm hingegen auf bestimmte abgrenzbare Einheiten, Einrichtungen oder Betriebe, kann auch mittels des Aspekts der Einheitlichkeit der Leistung eine Einbeziehung in den gesamten Organkreis nicht erfolgen[1037].

1034 BFH v. 22.5.2003 – V R 94/01, BStBl II 2003, 954 (957); v. 25.11.1993 – V R 64/89, BStBl II 1994, 212 (214); ferner EuGH v. 10.9.2002 – Rs. C-141/00 (Kügler) EuGHE 2002, I-6833.

1035 BFH v. 22.5.2003 – V R 94/01, BStBl II 2003, 954 (957); *Reiß* in: Reiß/Kraeusel/Langer UStG, § 2 Rn. 101.3.

1036 vgl. *Wäger* in: FS Schaumburg 2009, S. 1189 (1210); *Reiß* in: Reiß/Kraeusel/Langer UStG, § 2 Rn. 101.3ff; *Müller* in: Müller/Stöcker Organschaft, S. 282.

1037 *Reiß* in: Reiß/Kraeusel/Langer UStG, § 2 Rn. 101.3ff.

2. *Einfluss auf die Rechtsformanknüpfung*

Eine ebenfalls in diesem Kontext virulente Frage ist, wie bei der Organschaft zu verfahren ist, wenn eine Vergünstigung oder Erleichterung des Gesetzes an eine bestimmte Rechtsform anknüpft wie bspw. § 4 Nr. 16 lit. a) UStG oder die Negativabgrenzung in § 24 Abs. 2 Satz 3 UStG bei der Durchschnittssatzbesteuerung.

Obschon eine Rechtsformanknüpfung in der grundsätzlich rechtsformneutralen Umsatzbesteuerung eher die (bedenkliche) Ausnahme bildet[1038], wird gemeinhin angenommen, dass innerhalb der Organschaft die Rechtsform desjenigen maßgebend ist, der nach dem zugrundeliegenden zivilrechtlichen Rechtsverhältnis als leistender Vertragspartner auftritt[1039]. Besteht dieses Verhältnis zur Organgesellschaft, kommt es also auf deren Rechtsform an, unabhängig davon, dass sie umsatzsteuerlich als Unternehmerin nicht mehr existent ist.

Diese Behandlung nach der zivilrechtlichen Rechtsbeziehung ist dabei nur konsequent, wenn man sich vor Augen führt, dass in diesen Fällen der Gesetzgeber mit der Verwendung zivilrechtlicher Rechtsformen die generelle Unterscheidung zwischen Unternehmer und Nicht-Unternehmer innerhalb des UStG aufgegeben hat. Bemühte man in diesen Konstellationen den Begriff des Unternehmers als Anknüpfung, dann würde man – ebenso wie bei der Frage nach der Beeinflussung der Qualifizierung von Leistungen[1040] durch die Organschaft – die im Gesetz angelegte Differenzierung zum Unternehmer außer Acht lassen.

Soweit das UStG an die zivilrechtliche Rechtsform anknüpft, kann daher die Wirkung der Organschaft keinen Einfluss auf diese Anknüpfung nehmen, sondern es kommt allein auf die zugrundeliegenden zivilrechtlichen Rechtsbeziehungen zum Organkreisbeteiligten an[1041].

3. *Geltendmachung des Vorsteuerabzugsrechts*

Ein weiterer wesentlicher Aspekt im Zusammenhang mit der Zurechnung der Leistungsbeziehung zwischen Organträger und -gesellschaft ist der Übergang des Vorsteuerabzugsrechts auf den Organträger.

Hinsichtlich des Vorsteuerabzugsrechts muss sich zunächst vergegenwärtigt werden, dass mittels dieses Rechts der Unternehmer vollständig von der geschuldeten oder entrichteten Mehrwertsteuer entlastet werden soll, die im Rahmen seiner wirtschaftlichen Tätigkeit anfällt[1042]. Die steuerliche Neutralität einer unternehmerischen Tätigkeit wird also zuvorderst durch den Vorsteuerabzug

---

1038 *Hummel*, EuR 2010, 309.

1039 *Reiß* in: Reiß/Kraeusel/Langer UStG, § 2 Rn. 101.2; ähnlich für § 24 UStG *Stadie* in: Rau/Dürrwächter UStG, § 2 Rn. 954.

1040 vgl. Kapitel 5 A. II. 1.

1041 *Reiß* in: Reiß/Kraeusel/Langer UStG, § 2 Rn. 101.2.

1042 EuGH v. 29.10.2009 – Rs. C-29/08 (SKF), EuGHE 2009, I-10413.

gewährleistet, der die zivilrechtlich entrichteten Steuerbeiträge des Unternehmers ausgleicht[1043].

Da § 15 Abs. 1 Satz 1 UStG den Vorsteuerabzug aber nur dem „*Unternehmer*" zugesteht, kann die Geltendmachung innerhalb der Organschaft einzig durch den Organträger erfolgen[1044]. Dass zivilrechtlich mitunter die Organgesellschaft die zum Vorsteuerabzug berechtigenden Lieferungen und Leistungen in eigenem Namen und auf eigene Rechnung erwirbt, steht der Geltendmachung durch den Organträger nicht entgegen. Die Lieferung oder Leistung wird umsatzsteuerrechtlich nämlich dennoch für „*sein Unternehmen*" (§ 15 Abs. 1 Nr. 1 UStG), sprich den gesamten Organkreis ausgeführt, so dass die Abzugsmöglichkeit für den Organträger unabhängig davon besteht, dass *sein Unternehmen* bei den verschiedenen Leistungsbeziehungen unter mehreren Bezeichnungen auftritt[1045]. Die Rechnung folgt dem Leistungsbezug und ist in insoweit akzessorisch[1046].

Ebenfalls ist der Organträger berechtigt den Vorsteuerabzug für die Einfuhrumsatzsteuer nach § 15 Abs. 1 Nr. 2 UStG und die Erwerbssteuer nach § 15 Abs. 1 Nr. 3 UStG geltend zu machen; Berichtigungen des Vorsteuerabzugs nach § 15a und § 17 UStG sind während des Bestehens der Organschaft folglich auch nur bei ihm zu berücksichtigen[1047].

Obschon nur dem Organträger das Recht auf Vorsteuerabzug zusteht, kommt es hinsichtlich der Anwendung des § 15 Abs. 2 UStG, also dem vollständigen oder teilweisen Ausschluss des Vorsteuerabzugs, dennoch (auch) auf die Verwendung bei der Organgesellschaft an. Aus der Behandlung der Organgesellschaft als unselbstständigem Betriebsteil folgt, dass sich der Organträger deren umsatzsteuerliche Handlungen zurechnen lassen muss, welche die Verwendung(-sabsicht) der Eingangsleistung und damit das Vorsteuerabzugsrecht bestimmen. Die Abzugsfähigkeit solch zugerechneter Leistungen richtet sich folglich nach den mit diesen Leistungen bewirkten Außenumsätzen der Organgesellschaft oder ihrer Verwendung im Organkreis [1048].

Diese Verwendungszurechnung ist dabei nur konsequent, wenn man bedenkt, dass sich zwar der Unternehmerstatus beim Organträger konzentriert, die Organgesellschaft aber natürlich weiterhin Umsätze ausführt und hierfür Eingangsleistungen entsprechend verwendet.

1043 vgl. ferner Kapitel 2 B. I. 2. b).

1044 BFH v. 13.5.2009 – XI R 84/07, BStBl II 2009, 868; BFH v. 7.12.2006 – V R 2/05, BStBl II 2007, 848; BFH v. 3.4.2003 – V R 63/01, BStBl II 2004, 434.

1045 *Müller* in: Müller/Stöcker Organschaft, S. 370; *Scharpenberg* in: Hartmann/Metzenmacher UStG, § 2 Rn. 456.

1046 vgl. BFH v. 13.5.2009 – XI R 84/07, BStBl II 2009, 868 (870).

1047 *Reiß* in: Reiß/Kraeusel/Langer UStG, § 2 Rn. 101.7.

1048 BFH v. 18.1.2005 – V R 53/02, BStBl II 2007, 730 (731); FG Düsseldorf v. 18.12.1997 – 1 K 5485/93 U, EFG 1998, 694 (697); *Stadie* in: Rau/Dürrwächter UStG, § 2 Rn. 962f.

4. *Zwischenergebnis*

Entgegen dem Gesetzeswortlaut führt die Organschaft nicht nur zu steuerfreien Innenleistungen im Organkreis, sondern auch zu einer Zurechnung sämtlicher Leistungsbeziehungen der Organgesellschaft an den Organträger. Die Zurechnung erfolgt umfassend und unabhängig davon, ob es sich dabei um steuerfreie oder steuerpflichtige, entgeltliche oder unentgeltliche Umsätze handelt.

Die Organschaft nimmt Einfluss auf die Qualifizierung der Umsätze der verschiedenen Organkreisbeteiligten, wenn die insoweit qualifizierende Norm ausschließlich an das Merkmal des Unternehmens und nicht an dessen Untergliederungen wie bspw. Betriebe oder Einrichtungen anknüpft.

Aus der Behandlung als ein Unternehmer folgt schließlich, dass nur dem Organträger das Recht auf Vorsteuerabzug zusteht, auch wenn die Organgesellschaft zivilrechtlich mit der Steuer belastet worden ist. Gleichwohl muss sich der Organträger die u. U. den Vorsteuerabzug ausschließende Verwendung(-sabsicht) bei der Organgesellschaft zurechnen lassen.

III. Übergang der formalen Position der Organgesellschaft

Mit der Behandlung des Organkreises als ein Unternehmen geht weiter der Übergang der formalen Verpflichtungen der Organgesellschaft auf den Organträger einher.

1. *Übergang der Steuerschuldnerschaft*

In erster Konsequenz führt die Zusammenlegung der Organbeteiligten dazu, dass der Organträger nicht nur Steuerschuldner in eigener Sache, sondern auch hinsichtlich der Umsätze der Organgesellschaft ist[1049]. Der Übergang der Steuerschuldnerschaft tritt dabei unabhängig davon ein, ob die Organgesellschaft im Außenverhältnis im eigenen Namen aufgetreten ist[1050] und sie dadurch bspw. selbst das zivilrechtlich geschuldete Entgelt inklusive Umsatzsteueranteil vereinnahmt hat. In Folge der Aufgabe der Unternehmereigenschaft bei der Organgesellschaft kann der Organträger seine Steuerschuld nicht auf den *eigenen* Anteil an der Steuerschuld des Organkreises beschränken, sondern er ist, obschon er mit der Abführungsschuld ohne Vereinnahmung des Entgelts zunächst belastet ist, insoweit auf einen Ausgleichsanspruch gegen die Organgesellschaft angewiesen[1051].

Diese paradox anmutende Gabelung von Steuervereinnahmung und Abführungsschuld ist dem Umstand geschuldet, dass die Organgesellschaft im Außenverhältnis

1049 BFH v. 23.9.2009 – VII R 43/08, BStBl II 2010, 215 (216f.).

1050 vgl. *Müller* in: Müller/Stöcker Organschaft, S. 356; *Radeisen* in: Plückebaum/Malitzky UStG, § 2 Rn. 184.

1051 *Reiß* in: Reiß/Kraeusel/Langer UStG, § 2 Rn. 103.

nach wie vor als Unternehmer auftreten darf, da für Dritte ihre Rolle als abhängige Gesellschaft nicht erkennbar ist[1052].

Der Übergang der Steuerschuldnerschaft tritt dabei auch dann ein, wenn das Organ bei unerkannter Organschaft auf entsprechende Umsatzsteuerbescheide Zahlungen geleistet und diese innerhalb der Rechtsmittelfrist nicht ausdrücklich angefochten hat. In diesen Fällen kann die rechtswidrige Steuerfestsetzung gegenüber der nichtunternehmerischen Organgesellschaft auf Antrag aufgehoben und die Steuer gegenüber dem Organträger festgesetzt werden (§§ 173, 174 AO)[1053]. Die Umsätze des Organs werden in diesen Fällen nämlich – nach Aufdeckung – in mehreren Steuerbescheiden zu Ungunsten des Organs oder des Organträgers berücksichtigt, obwohl sie nur einmal hätten berücksichtigt werden dürfen.

Erstreitet der Organträger den Erlass entsprechender Änderungsbescheide bei der Organgesellschaft, dann soll er der automatisch damit verbundenen Erhöhung seiner eigenen Steuerschuld nicht widersprechen können. Der BFH sah in einem solchen Widerspruch einen Verstoß gegen die *„Folgerichtigkeit steuerlichen Verhaltens"*, der mit dem Grundsatz des gegenseitigen Vertrauens zwischen Finanzverwaltung und Steuerpflichtigem nicht vereinbar sei[1054].

2. Übergang der Erklärungspflichten

Mit dem Übergang der Steuerschuldnerschaft geht auch die Position der Organgesellschaft als Steuerpflichtige im Sinne des § 33 AO und damit der Eintritt in das Steuerrechtsverhältnis zum Fiskus über[1055].

Dieser Eintritt führt zunächst zum Übergang sämtlicher formaler Verpflichtungen gegenüber dem Finanzamt, so dass sämtliche Aufzeichnungs- (§ 22 UStG) und Erklärungspflichten für die Voranmeldung und die Jahreserklärung (§ 18 UStG) für sämtliche Umsätze des Organkreises den Organträger treffen und entsprechende Vorauszahlungs- und Jahresumsatzsteuerbescheide auch nur ihm gegenüber erlassen werden. Weiter können alle Rechtsbehelfs- und Klageverfahren für alle Organkreisbeteiligten nur noch vom Organträger geführt werden, da nur dieser als Steuerfestsetzungsadressat beschwert und damit einspruchs- und klagebefugt ist[1056].

Die Mitteilungspflicht gilt dabei ebenso für die gesonderten Erklärungspflichten nach § 18b UStG, in der der Organträger über sämtliche, auch vermittels der Organgesellschaften ausgeführten innergemeinschaftlichen Lieferungen und im übrigen Unionsgebiet ausgeführten sonstigen Leistungen zu berichten hat, in denen es zu

1052 *Stadie* in: Rau/Dürrwächter UStG, § 2 Rn. 941.

1053 BFH v. 17.1.1995 – VII R 28/94, BFH/NV 1995, 580.

1054 BFH v. 7.7.1967 – V 20/64, BStBl III 1966, 613 (614); ferner *Flückiger* in: Plückebaum/Malitzky UStG, § 2 Rn. 341.

1055 vgl. Kapitel 2 B. III. 1. a); *Radeisen* in: Plückebaum/Malitzky UStG, § 2 Rn. 184; *Reiß* in: Reiß/Kraeusel/Langer UStG, § 2 Rn. 102.

1056 *Reiß* in: Reiß/Kraeusel/Langer UStG, § 2 Rn. 102; *Stadie* in: Rau/Dürrwächter UStG, § 2 Rn. 951.

einer Umkehr der Steuerschuldnerschaft im anderen Mitgliedstaat gekommen ist, oder bei denen Lieferungen an Letztabnehmer im innergemeinschaftlichen Dreiecksgeschäft nach § 25b UStG ausgeführt wurden[1057].

Eine Besonderheit besteht bei den sog. zusammenfassenden Meldungen nach § 18a Abs. 1 UStG. Diese Meldepflicht erstreckt sich nach § 18 Abs. 5 Satz 4 UStG ausdrücklich auf nichtselbstständige juristische Personen nach § 2 Abs. 2 Nr. 2 UStG, also auf die Organgesellschaften. Diese erhalten, soweit sie auf eigenen Namen und auf eigene Rechnung innergemeinschaftliche Umsätze ausführen, auf Antrag des Organträgers eine eigene Umsatzsteuer-Identifikationsnummer nach § 27a Abs. 1 Satz 3 UStG[1058], da sie nur so die (ggf. endgültige) Belastung mit ausländischer Umsatzsteuer vermeiden können[1059].

Entgegen vereinzelt gebliebener Stimmen[1060] verstößt diese Verwaltungspraxis der Vergabe mehrerer Umsatzsteuer-Identifikationsnummern innerhalb des Organkreises m. E. nach nicht gegen die Vorgaben in der Entscheidung *„Ampliscientifica"* des EuGH[1061]. Die dort postulierte Behandlung der Organschaft als einen Mehrwertsteuerpflichtigen und die daraus folgende Notwendigkeit der Abgabe nur einer Steuererklärung ist mehr im Sinne einer materiellen Beschreibung der Rechtsfolgen der Gruppenbesteuerung zu verstehen als denn eine Bestimmung ihrer formalen Behandlung. Hinzukommt, dass diese formale Behandlung des deutschen Gesetzgebers gewiss nicht eine Ausnahme von den Rechtsfolgen des § 2 Abs. 2 Nr. 2 UStG darstellen soll, sondern der besseren Erfassung der am Binnenmarkt beteiligten Gesellschaften und damit der Verwaltungsvereinfachung und Bekämpfung von Missbräuchen dient[1062]; gerade die Bekämpfung von Missbräuchen und Steuerhinterziehung ist jedoch erklärtes Ziel des Art. 11 Abs. 2 MwStSystRL, so dass die Vergabe besonderer Umsatzsteuer-Identifikationsnummern letztlich hierüber gerechtfertigt werden kann.

3. *Besonderheit: Rechnungserteilung im Außenverhältnis*

Nach § 14 Abs. 2 UStG ist der Unternehmer (mitunter) verpflichtet, Rechnungen über die von ihm erbrachten Leistungen mit gesondertem Steuerausweis auszustellen.

Die Problematik dieser Verpflichtung bei der Organschaft liegt dabei offenkundig in dem rechtlich zweigeteilten Schicksal der Organgesellschaft, die zwar zivilrechtlich noch am Rechtsverkehr teilnehmen kann, umsatzsteuerrechtlich jedoch keine Unternehmerin mehr ist. Dieses Problem ist insbesondere vor dem Hintergrund

---

1057 *Reiß* in: Reiß/Kraeusel/Langer UStG, § 2 Rn. 102.2.

1058 Abschn. 27a Abs. 3 Satz 2 UStAE; *Treiber* in: Sölch/Ringleb UStG, § 18a Rn. 7.

1059 vgl. *Klenk* in: Sölch/Ringleb UStG, § 27a Rn. 15; BMF v. 27.8.1992 – IV A 1-S 7427 c-3/92, UR 1992, 317 (320).

1060 *Klenk* in: Sölch/Ringleb UStG, § 27a Rn. 7.

1061 EuGH v. 22.5.2008 – Rs. C-162/07 (Ampliscientifica), EuGHE 2008, I-4019.

1062 *Nieskens,* UR 2008, 538 (539); *Reiß* in: Reiß/Kraeusel/Langer UStG, § 2 Rn. 102.3 (FN 2).

zu sehen, dass auch der zivilrechtliche Anspruch auf Erteilung einer Rechnung mit offenem Steuerausweis aus § 14 UStG hergeleitet wird und kein eigener Anspruch aus dem zugrundeliegenden Rechtsgeschäft resultiert[1063]. Wenn nun aber sowohl steuer- wie zivilrechtlich der Anspruch aus § 14 UStG folgt, könnte fraglich sein, ob die Organgesellschaft, obschon sie im Rechtsverkehr selbstständig auftritt, überhaupt berechtigt ist, selbst Rechnungen im Sinne des UStG gegenüber ihrem Vertragspartner auszustellen, oder ob insoweit der Organträger verpflichtet ist.

a) Vertreterin des Organkreises

Trotz ihrer Unselbstständigkeit wird allgemein angenommen, dass die Organgesellschaft weiterhin berechtigt ist, Rechnungen im Sinne des § 14 Abs. 1 UStG gegenüber ihrem Vertragspartner zu erteilen. Die Begründungen differieren indes, und so wird von Teilen der Literatur[1064] vertreten, dass die Organgesellschaft deshalb weiterhin mit eigenem Namen und Anschrift sowie ggf. sogar eigener Umsatzsteuer-Identifikationsnummer im Rechtsverkehr auftreten dürfe, weil sie als Teil des Unternehmens des Organträgers gelte, der im Rechtsverkehr unter mehreren Namen und Anschriften erscheinen könne. Eine so von der Organgesellschaft ausgestellte Rechnung binde dabei nur den Organträger, so dass ggf. zu hohe oder unberechtigt ausgewiesene Umsatzsteuern nach § 14c UStG nur von ihm geschuldet werden.

Andere Teile der Literatur[1065] gehen zwar ebenfalls davon aus, dass die Organgesellschaft weiterhin im eigenen Namen und unter eigener Anschrift Rechnung erteilen darf, nehmen jedoch nicht an, dass eigentlich der Organträger hierbei unter anderer Identität auftritt. Nach dieser Ansicht müsse für den Fall der Organschaft § 14 Abs. 2 UStG vielmehr dahingehend ausgelegt werden, dass die Organgesellschaft insoweit doch wieder als Unternehmerin angesehen wird, auch wenn die etwaigen Folgen aus fehlerhaften Rechnungen den Organträger treffen.

b) Ratio legis

Obwohl die Begründungen unterschiedlich sind, bleibt das Ergebnis beider Ansichten doch gleich. Beide gestehen der Organgesellschaft das Recht zu, weiterhin im Rechtsverkehr Rechnungen im Sinne des § 14 Abs. 1 UStG unter eigenem Namen und eigener Anschrift auszustellen.

Fraglich ist gleichwohl, ob die Begründungen tatsächlich eine solche Annahme rechtfertigen können. Bedenkt man nämlich, dass in § 18a UStG die Pflicht zur Abgabe der zusammenfassenden Meldungen explizit auf die nicht selbstständige juristische Person erweitert wurde, dann könnte die fehlende Erweiterung in § 14

1063 BGH v. 2.11.2001 – V ZR 224/00, NJW-RR 2002, 376; v. 24.2.1988 – VIII ZR 64/87, BGHZ 103, 284.

1064 vgl. *Reiß* in: Reiß/Kraeusel/Langer UStG, § 2 Rn. 101.5; *Birkenfeld* in: Birkenfeld/Wäger USt-Hdb, § 44 Rn. 651.

1065 *Stadie* in: Rau/Dürrwächter UStG, § 2 Rn. 977.

UStG auch dahin zu verstehen sein, dass innerhalb der Organschaft die Rechnungserteilung allein bei dem Organträger als dann einzigem Unternehmer liegt.

Andererseits dient die Rechnungserteilung in erster Linie der Überwälzung der Vorsteuerbelastung und damit der Entlastung des unternehmerischen Leistungsempfängers[1066]. Der EuGH führte zu der entsprechenden Vorgabe in der MwStSystRL aus, dass die *„[Rechnungs-] Angaben [..] jedoch nicht durch ihre Zahl oder ihre technische Kompliziertheit die Ausübung des Rechts zum Vorsteuerabzug praktisch unmöglich machen oder übermäßig erschweren [dürfen]"*[1067]. Obwohl die Angabe der Anschrift und des Namens des Organträgers in der Rechnung der Organgesellschaft die Geltendmachung des Vorsteuerabzugsrechts nicht unbedingt übermäßig erschweren dürfte, würde jedenfalls die Gefahr von Verwirrungen bestehen, welche die Durchsetzung des Vorsteuerabzugsrechts gewiss nicht beschleunigte.

Zudem muss bedacht werden, dass die zusammenfassenden Meldungen in § 18a UStG der Kontrolle innergemeinschaftlicher Lieferungen und Leistungen dienen[1068] und die explizite Aufnahme der Organgesellschaft die insoweit intendierten Kontrollen verbessern sollen. Wenn die Aufnahme der Organgesellschaft in § 18a UStG aber der Verbesserung der Kontrollmöglichkeiten des Fiskus dient, dann kann ihre fehlende explizite Nennung in § 14 UStG nicht als Ausschluss der Organgesellschaft von der Möglichkeit einer eigenen Rechnungserstellung begriffen werden. Stattdessen scheint der Gesetzgeber bei der Rechnungserteilung nach § 14 UStG, die auch der Prüfung und Sicherstellung des Steueraufkommens dient[1069], eben keinen Kontrollbedarf durch eine getrennte Rechnungsstellung zu sehen, was aber nicht gleichsam bedeuten kann, dass die Organgesellschaft nicht berechtigt wäre, Rechnungen im Sinne des UStG zu erteilen.

Dementsprechend ist den Meinungen in der Literatur beizupflichten, dass die Organgesellschaft weiterhin berechtigt ist, Rechnungen unter Angaben des eigenen Namens und der eigenen Anschrift auszustellen.

4. Zwischenergebnis

Durch die Organschaft rückt der Organträger grundsätzlich vollständig in die formale Rechtsposition der Organgesellschaft ein. Er wird Steuerschuldner des Fiskus und damit ebenso Steuerpflichtiger im Sinne des § 33 AO.

Als solchen treffen ihn grundsätzlich sämtliche Aufzeichnungs- und Erklärungspflichten der Organgesellschaft, wenn nicht das Gesetz eine besondere Pflicht zu Lasten der unselbstständigen Organgesellschaft bestimmt.

Trotz dieses formalen Übergangs ist die Organgesellschaft, die weiterhin im Rechtsverkehr nach außen auftritt, jedoch berechtigt, Rechnungen im Sinne des § 14 UStG im eigenen Namen und unter eigener Anschrift zu erteilen. Da die

---

1066 *Wagner* in: Sölch/Ringleb UStG, § 14 Rn. 21.
1067 EuGH v. 14.7.1988 – Rs.123/330/87 (Jeunehomme), EuGHE 1988, 4517.
1068 *Treiber* in: Sölch/Ringleb UStG, § 18a Rn. 1f.; *Leonard* in: Bunjes UStG, § 18a Rn. 1f.
1069 *Wagner* in: Sölch/Ringleb UStG, § 14 Rn. 21.

Rechnungserteilung der Verwirklichung des Vorsteuerabzugsrechts dient, muss eine zu starke Komplexität durch die Organschaft begrenzt werden. Ob die Organgesellschaft dabei wieder als eigener Unternehmer oder als Stellvertreter des Organträgers handelt, ist ohne Belang.

IV. Zurechnung von Steuerzahlungen

Vorstehend wurde gezeigt, dass die Organschaft materiell-rechtlich zur Folge hat, dass die Umsätze der Organgesellschaft – mangels fortbestehender Unternehmereigenschaft – dem Organträger zuzurechnen und bei ihm zu erfassen sind. Auch formal stellt nur noch er den Unternehmer und damit den Steuerpflichtigen im Sinne der AO dar.

Wird nun das Bestehen einer Organschaft erst nachträglich erkannt, dann hat die Organgesellschaft materiell-rechtlich einen Anspruch erfüllt, der ihr selbst nicht oblag, auch wenn sie formal aus den an sie gerichteten Bescheiden verpflichtet war. Dennoch ist nach Feststellung der Organschaft die formelle Bescheidlage der materiellen Rechtslage anzupassen, und die Umsatzsteuerbescheide gegen die Organgesellschaft sind bei gleichzeitiger Änderung der Festsetzungen gegenüber dem Organträger aufzuheben[1070].

Fraglich und umstritten ist in einer solchen Konstellation, ob nicht nur eine nachträgliche Zurechnung der Umsätze der Organgesellschaft, sondern auch der darauf geleisteten Zahlungen an den Organträger erfolgen muss.

1. Rechtsprechung des V. Senats

Der V. Senat des BFH[1071] kam in einer entsprechenden Konstellation zu dem Ergebnis, dass dem Organträger nicht nur die Umsätze der Organgesellschaft zuzurechnen seien, sondern ebenfalls die von ihr hierauf geleisteten Zahlungen an das Finanzamt.

Seiner Ansicht nach sei es selbstverständlich, dass die bereits von dem beherrschten Unternehmen gezahlte Umsatzsteuer auf die Steuernachzahlung des herrschenden Unternehmens „*irgendwie*“ [sic!] angerechnet werden müssen, weil es rechtsstaatlichen Grundsätzen widerspräche, dieselben Umsätze doppelt zu besteuern[1072]. Weiter folgerte er hieraus, dass eine etwaige Erstattungsforderung selbst dann dem Organträger zustehe, wenn die Organgesellschaft die Zahlungen aufgrund eines an sie gerichteten Umsatzsteuerbescheides gezahlt hat. Das soll jedenfalls dann gelten, wenn die Berufung der Organgesellschaft auf den Wegfall der Steuerschuld nach einer Aufhebung der Steuerfestsetzungsbescheide gegen Treu und Glauben verstößt[1073].

1070 vgl. *Müller* in: Müller/Stöcker Organschaft, S. 361.

1071 vgl. BFH v. 16.12.1965 – V 82/60 S, BStBl III 1966, 300.

1072 BFH v. 16.12.1965 – V 82/60 S, BStBl III 1966, 300 (301).

1073 BFH v. 31.8.1987 – V B 53/87, BFH/NV 1988, 201; v. 17.9.1981 – V R 35/79 nv (abgerufen unter www.juris.de, zuletzt am 30.7.2015).

Führte man diese Art der Zurechnung konsequent weiter, müsste das bedeuten, dass Vorsteuererstattungen, die in Verkennung der Organschaft an die Organgesellschaft ausgezahlt worden sind, auf den Anspruch des Organträgers angerechnet werden müssen. Denn anderenfalls käme es zu einer doppelten Entlastung derselben Eingangsumsätze, was ebenfalls rechtstaatlichen Grundsätzen, zumindest aber dem Zweck der Umsatzbesteuerung entgegenstünde.

2. Rechtsprechung des VII. Senats

Der VII. Senat des BFH widersprach der Rechtsauffassung des V. Senats im Urteil vom 16.12.1965 zwar nicht generell, wies jedoch in einer Entscheidung[1074] darauf hin, dass die Frage der Anrechnung von Zahlungen bei unerkannter Organschaft stets unter Beachtung der formellen Rechtslage zu erfolgen habe.

Im Abrechnungsverfahren nach § 218 Abs. 2 AO sei bei nachträglich erkannter Organschaft zunächst die formelle Bescheidlage maßgeblich, so dass die Steuerzahlungen der Organgesellschaft jedenfalls solange nicht angerechnet werden können, wie die formalen Steuerfestsetzungen ihr gegenüber Bestand haben. Die materiellrechtlichen Regelungen über die Organschaft und die daraus resultierenden Folgen seien insoweit nur Gegenstand des Steuerfestsetzungsverfahrens, das auf das steuerliche Erhebungsverfahren, bei dem es um die Verwirklichung von Ansprüchen aus dem Steuerverhältnis geht, keinen Einfluss habe. Die Verwirklichung von Ansprüchen aus dem Steuerverhältnis richte sich einzig nach der formellen Rechtslage, da Grundlage für die Verwirklichung dieser Ansprüche nach § 218 Abs. 1 AO die Steuerbescheide und sonstigen Festsetzungsverwaltungsakte seien. Gegenstand eines Bescheides im Abrechnungsverfahren sei demgemäß nur, inwieweit die in dem Steuerbescheid festgestellten Ansprüche aus dem Steuerschuldverhältnis noch bestehen oder bereits erfüllt sind, ohne dabei über die materielle Richtigkeit des geltend gemachten Steueranspruches zu entscheiden.

Nach Auffassung des VII. Senats bestehe auch keine generelle Gefahr einer doppelten Besteuerung derselben Umsätze, die einen Rückgriff auf die materielle Rechtslage oder Treu und Glauben nötig werden ließen. Das Verfahrensrecht stelle im Falle einer mehrfachen Berücksichtigung derselben Steuertatbestände in verschiedenen Bescheiden Aufhebungs- und Änderungsvorschriften zur Verfügung, mit denen die formelle Rechtslage der materiellen wieder angepasst werden könne[1075].

Danach kann also eine Anrechnung von Steuerzahlungen innerhalb des zunächst nicht erkannten Organkreises allenfalls dann erfolgen, wenn die Umsatzsteuerfestsetzungen gegenüber den Beteiligten aufgehoben worden sind. Wie diese Anrechnung verfahrensrechtlich dann erfolgen soll, ließ allerdings auch der VII. Senat offen.

1074 BFH v. 17.1.1995 – VII R 28/94, BFH/NV 1995, 580 (581f.).
1075 BFH v. 26.11.1996 – VII R 49/96, BFH/NV 1997, 537 (539).

3. *Gesamtbetrachtung*

Bei genauer Betrachtung divergieren die Entscheidungen des V. und VII. Senats nicht voneinander, da auch der V. Senat eine Verrechnung oder Anrechnung von Zahlungen innerhalb des Organkreises erst nach Aufhebung der formellen Bescheidlage forderte[1076].

a) Maßgeblichkeit der formellen Bescheidlage

Gleichwohl postulierte der V. Senat in seinen Entscheidungen gewissermaßen einen Tabubruch, indem er unter dem Gesichtspunkt von Treu und Glauben die materielle Rechtslage jedenfalls in das Erstattungsverfahren inkorporieren wollte, um so Unbilligkeiten bei der Abwicklung unerkannter oder zu Unrecht angenommener Organschaften zu vermeiden. Der VII. Senat konnte sich in seinen zitierten Entscheidungen zunächst darauf beschränken, auf die fehlende Aufhebung der formellen Bescheide hinzuweisen, ohne sich näher mit der Frage einer nach Aufhebung möglichen materiellen Verrechnung zu beschäftigen.

Dass eine solche Verrechnung jedenfalls vor der Aufhebung der formellen Bescheidlage ausscheiden muss, folgt dabei schon aus der fundamentalen Unterscheidung zwischen Steuerfestsetzungs- und Erhebungsverfahren und seiner Verwirklichungsfunktion für die Einziehung der Steuerforderung[1077]. Solange die Zahlungen der Organgesellschaft aufgrund der formellen Bescheidlage als Begleichung eigener, durch Bescheid festgesetzter Steuerschulden anzusehen sind, können sie nicht als Zahlungen auf die Umsatzsteuerschulden des Organträgers angerechnet werden. Insbesondere aufgrund der Beteiligung mehrerer Gesellschaften bedarf es für das Erhebungsverfahren insoweit einer strengen Beachtung der formellen, durch die Steuerbescheide geschaffenen Rechtslage, bei der die materielle Folge der Organschaft, also die Behandlung als ein Steuerpflichtiger unbeachtlich bleiben muss[1078].

Fraglich ist gleichwohl, wie zu verfahren ist, wenn die Bescheidlage der materiellen Rechtslage angepasst ist und die bisher bei der Organgesellschaft erfassten Umsätze dem Organträger jedenfalls materiell zugerechnet werden. Aus den vorgenannten Entscheidungen sowohl des V. wie des VII. Senats des BFH könnte der Umkehrschluss zu ziehen sein, dass dann eine Anrechnung der Zahlungen auf die Steuerschuld des Organträgers möglich wäre.

b) Erstattungsanspruch aus § 37 Abs. 2 AO

Nach Aufhebung der entsprechenden Steuerbescheide steht der Erstattungsanspruch nach § 37 Abs. 2 AO demjenigen zu, auf dessen Rechnung eine Zahlung ohne rechtlichen Grund bewirkt worden ist. Das ist grundsätzlich derjenige, dessen

1076 so jedenfalls in der Entscheidung v. 17.9.1981 – V R 35/79, nv (abgerufen unter www.juris.de, zuletzt am 30.7.2015).

1077 *Rüsken* in: Klein AO, § 218 Rn. 1f; *Intemann* in: Koenig AO, § 218 Rn. 1.

1078 *Müller* in: Müller/Stöcker Organschaft, S. 360f.

(vermeintliche) Schuld nach dem erkennbaren Willen des Zahlenden im Zeitpunkt der Zahlung getilgt werden soll[1079]. Wer den Zahlungsvorgang veranlasst hat, oder auf wessen Kosten dieser erfolgt ist, bleibt ohne Bedeutung. Bei einer unerkannten Organschaft erfolgen die Zahlungen der Organgesellschaft zwangsläufig zur Tilgung der eigenen festgesetzten Umsatzsteuerschuld, da bereits keine positive Kenntnis von dem Nichtbestehen der eigenen Schuld und dem Vorliegen der Organträgerschuld besteht.

Dass die Organgesellschaft nach Erkennen der Organschaft nicht selbst am Steuerverhältnis beteiligt ist, steht ihrer Erstattungsberechtigung nicht entgegen. Ihre Berechtigung folgt nicht aus dem durch die Organschaft ausgelösten Steuerschuldverhältnis, sondern aus dem Erstattungsschuldverhältnis, das aus den ohne Rechtsgrund geleisteten Zahlungen herrührt. Insoweit darf der Anspruch auf Steuererstattung nicht mit dem Anspruch auf Steuervergütung verwechselt werden[1080].

Freilich können Zahlungen zur Tilgung fremder Steuerschulden, insbesondere im Zusammenhang mit den Abzugssteuern erfolgen[1081]. Doch bedarf es auch für diese Feststellung eines bei objektiver Betrachtungsweise ersichtlichen Fremdtilgungswillens wie bspw. beim Lohnsteuerabzugsverfahren. Allein die materielle – von den Beteiligten nicht erkannte – Wirkung der Umsatzsteuerorganschaft reicht nicht aus.

Mangels anderslautender besonderer gesetzlicher Bestimmungen ist somit festzuhalten, dass auch nach Aufhebung der Steuerfestsetzungen gegen die Organgesellschaft der Erstattungsanspruch hinsichtlich der bereits entrichteten Steuern allein der Organgesellschaft zusteht, so dass eine Verrechnung mit den vom Organträger zu entrichtenden Steuern grundsätzlich nicht in Betracht kommt[1082].

Unter Berücksichtigung der Rechtsauffassung des V. Senats wäre noch denkbar, dass das Rückforderungsbegehren der Organgesellschaft hinsichtlich der zu Unrecht entrichteten Steuerzahlungen treuwidrig sein könnte. Der allgemeine Rechtsgrundsatz von Treu und Glauben findet unstrittig auch im Steuerrecht Anwendung und verlangt, dass jeder Beteiligte eines konkret bestehenden Steuerrechtsverhältnisses auf die berechtigten Belange des anderen angemessen Rücksicht nimmt[1083].

In diesem Kontext könnte argumentiert werden, dass es treuwidrig von der Organgesellschaft wäre, eine Zahlung zurück zu verlangen, die das Finanzamt gleichsam von ihrer Muttergesellschaft als Organträger einfordern könnte, insbesondere dann, wenn sich die Muttergesellschaft in wirtschaftlichen Schwierigkeiten befindet. Aus Treu und Glauben folgt in einer solchen Konstellation möglicherweise ein Anspruch des Finanzamtes auf Abschluss eines Verrechnungsvertrages, der die formelle Rechtslage mit der materiellen wieder in Einklang bringt.

1079 BFH v. 25.7.1989 – VII R 118/87, BStBl II 1990, 41; *Koenig* in: Koenig AO, § 37 Rn. 19.

1080 *Ratschow* in: Klein AO, § 43 Rn. 3.

1081 *Koenig* in: Koenig AO, § 37 Rn. 21.

1082 vgl. zuletzt BFH v. 23.8.2001 – VII R 94/99, BFH/NV 2002, 86 (88); *Müller* in: Müller/Stöcker Organschaft, S. 362; *Klenk* in: Sölch/Ringleb UStG, § 2 Rn. 146.

1083 BFH v. 9.8.1989 – I R 181/85, BStBl II 1989, 990 (991f.); *Koenig* in: Koenig AO, § 4 Rn. 25.

Dem steht jedoch entgegen, dass aus Sicht des Finanzamtes die Organgesellschaft als Haftungsschuldnerin gem. § 73 AO für die Steuerschuld des Organträgers in Anspruch genommen werden kann, so dass das Finanzamt bei eben finanziellen Schwierigkeiten des Organträgers unproblematisch selbst eine Aufrechnungslage schaffen könnte. Wenn es für die Schaffung einer Verrechnungslage eines Rückgriffs auf den Grundsatz von Treu und Glauben folglich gar nicht bedarf, dann kann die Durchsetzung der Steuerrückforderung durch die Organgesellschaft auch nicht treuwidrig sein[1084].

Schließlich muss berücksichtigt werden, dass die Organschaft unabhängig vom Willen der Betroffenen eintritt. Auch wenn die Organgesellschaft eine entsprechende Rückabwicklung initiiert, wird sich der vorherige Eintritt der Organschaft regelmäßig unabhängig von einem ihrerseits geleisteten Verursachungsbeitrag vollzogen haben. Da die Rückabwicklung aber nur formaler Reflex der unerkannten Organschaft ist, könnte sich die Treuwidrigkeit grundsätzlich nur auf das Verhalten bei Eintritt der Organschaft beziehen. Solange es hier aber bereits an einem Verhalten der Organgesellschaft fehlt, kann auch keine Treuwidrigkeit vorliegen.

Der nach Aufhebung der Steuerfestsetzungen in Anspruch genommene Organträger wird sich seinerseits ebenfalls nicht mit Erfolg auf den Grundsatz von Treu und Glauben gegenüber dem Finanzamt berufen können. Denn einerseits ist die Organgesellschaft an seinem Steuerverhältnis schon nicht beteiligt, so dass ein etwaiges Verhalten ihrerseits ohne Belang ist, und andererseits kann die Organgesellschaft als sekundäre Haftungsschuldnerin durch eine unerkannte Organschaft nicht zur generellen primären Steuerpflichtigen gemacht werden. Das Gesetz sieht in diesen Fällen auch für die Organschaft eine Rückabwicklung der Steuerfestsetzungen vor, was deren Vornahme nicht per se treuwidrig erscheinen lassen kann.

Schließlich ist denkbar, dass sich der Organträger über seinen beherrschenden finanziellen Einfluss[1085] die Erstattungsansprüche der Organgesellschaft abtreten lässt, so dass er letztlich selbst eine Aufrechnungslage herbeiführen könnte[1086].

c) Zwischenergebnis

Somit ist festzuhalten, dass die materiellen Wirkungen der Organschaft nicht dazu führen, dass bei unerkannter Organschaft weder vor noch nach Aufhebung der formellen Bescheidlage eine Zurechnung von Steuerzahlungen zwischen den Organkreisbeteiligten stattfindet.

Aus dem Grundsatz von Treu und Glauben lässt sich ebenfalls nichts anderes herleiten, insbesondere kein Anspruch auf einen Verrechnungsvertrag zwischen der Organgesellschaft und dem Finanzamt, da es das Finanzamt durch die sekundäre Haftung der Organgesellschaft für Steuerschulden des Organträgers selbst in der Hand hat, eine entsprechende Verrechnungslage herbeizuführen. Selbiges gilt für

1084 so BFH v. 23.8.2001 – VII R 94/99, BFH/NV 2002, 86 (88).
1085 vgl. dazu Kapitel 4 C.
1086 *Müller* in: Müller/Stöcker Organschaft, S. 363.

den Organträger, der sich die Ansprüche der Organgesellschaft insoweit abtreten lassen könnte.

4. Folgeprobleme der fehlenden Zurechnung

Die Argumente einer Haftungsinanspruchnahme der Organgesellschaft oder der Abtretung von Ansprüchen verfangen allerdings dann nicht, sobald es sich nicht um Umsatzsteuerzahlungen der nicht erkannten Organgesellschaft handelt, sondern um Vorsteuererstattungen, oder die Organschaft fälschlich angenommen worden ist.

Im Falle der Vorsteuererstattung, wenn also eine Forderung des Finanzamtes gegen die Organgesellschaft und eine Verbindlichkeit gegenüber dem Organträger vorliegt, kann nicht auf die Regelung in § 73 AO zurückgegriffen werden. Nicht nur, dass die Forderung gegen die Organgesellschaft außerhalb eines durch die Organschaft begründeten Steuerschuldverhältnisses entsteht[1087], ordnet § 73 AO bereits nicht die Haftung des Organträgers für die Schulden der Organgesellschaft an.

Bei einer fälschlich angenommenen Organschaft liegt entweder ein Erstattungsanspruch des (vermeintlichen) Organträgers bei gleichzeitiger Belastung der (vermeintlichen) Organgesellschaft oder umgekehrt ein Anspruch der (vermeintlichen) Organgesellschaft bei Belastung des (vermeintlichen) Organträgers vor. § 73 AO muss hier schon deshalb ausscheiden, weil es am Tatbestandsmerkmal der Organschaft fehlt.

Gleichwohl kann das daraus resultierende Steuerausfallrisiko m. E. nach kein anderes Ergebnis rechtfertigen, als dass in diesen Konstellationen die Erstattung ebenso formal nach den zugrundeliegenden Tilgungsbestimmungen abgewickelt wird. Die Organschaftswirkung bleibt auf das Festsetzungsverfahren beschränkt und führt insoweit nicht zu einer Verlagerung des steuerlichen Ausfallrisikos auf die ggf. nur vermeintlichen Organkreisbeteiligten.

Die Nichtanwendbarkeit des § 73 AO bedeutet im Übrigen auch nicht die automatische Annahme eines Verrechnungsvertrags aus dem Grundsatz von Treu und Glauben. Es mag gewiss Situationen geben, in denen ein Übergang treuwidrig zum Nachteil des Fiskus eine solche Anwendung gebieten kann[1088]. Grundsätzlich aber muss eine Berücksichtigung des Grundsatzes von Treu und Glauben – wie üblich – auf Ausnahmefälle beschränkt bleiben und darf nicht zum Mittel einer generellen Durchbrechung der formalen Rechtslage im Rahmen der Organschaft werden.

Es bleibt somit dabei, dass eine automatische Zurechnung von Steuerzahlungen zwischen den Organkreisbeteiligten grundsätzlich nicht erfolgen kann.

1087 dazu *Rüsken* in: Klein AO, § 73 Rn. 6ff.

1088 vgl. bspw. *Scharpenberg* in: Hartmann/Metzenmacher UStG, § 2 Rn. 461.

V. Zivilrechtlicher Ausgleichsanspruch

Aus den Zurechnungen der Leistungsbeziehungen, dem Übergang der alleinigen Steuerschuldnerschaft auf den Organträger und insbesondere dessen Recht auf Geltendmachung der Vorsteuer kommt es regelmäßig zu einer Verlagerung von Umsatzsteuereinnahmen und Zahllasten innerhalb der Organschaft.

Denn durch die bestehen bleibende zivilrechtliche Selbstständigkeit der Organgesellschaft[1089] nimmt diese u. a. weiterhin die Umsatzsteuerzahlungen im Zusammenhang mit den von ihr erbrachten Leistungen entgegen, die in Folge des Übergangs der Steuerschuldnerschaft vom Organträger jedoch entrichtet werden müssen. Auf der anderen Seite kommt der Organträger in den Genuss der Vorsteuervergütungen, die aus den zivilrechtlich von der Organgesellschaft zu tragenden Zahlungen resultieren, was in beiden Fällen zu einer unwillkürlichen Vermögensverlagerung durch die Organschaft führen kann. In der Rechtsprechung[1090] und Literatur[1091] gilt es daher als unstrittig, dass diese Vermögensverlagerung aus der zivilrechtlich und umsatzsteuerrechtlich unterschiedlichen Behandlung der Organgesellschaft regelmäßig die Notwendigkeit eines Ausgleichsanspruchs im Innenverhältnis nach sich zieht.

Im erkannten Organkreis erfolgt der Ausgleich dieser Vermögensverschiebung regelmäßig durch die erfolgsneutrale Behandlung des Umsatzsteueranteils in den Ausgangsleistungen der Organgesellschaft und der umgekehrten Behandlung der Vorsteueranteile aus den eigenen Leistungsbezügen. Diese buchmäßige Behandlung der Umsatzsteuern bei der Organgesellschaft führt zu einem Ausgleichsanspruch, bei dem entweder der Organträger den Saldo von der Organgesellschaft erstattet bekommt oder seinerseits einen Vorsteuerüberhang an diese auskehrt[1092].

Bereits im Zusammenhang mit der Frage nach der Zurechnung von Umsatzsteuerzahlungen wurde insoweit die Möglichkeit einer Abtretung erwähnt, wobei ein solches Recht nicht automatisch aus der Organschaft folgt, sondern auch bei einer erkannten Organschaft einer selbstständigen Rechtsgrundlage bedarf. Obgleich die Vermögensverlagerung durch das Umsatzsteuerrecht ausgelöst wird, enthält das UStG selbst keine Anordnung eines Innenausgleichs zwischen den Organkreisbeteiligten, weshalb auch der BFH annimmt, dass ein solcher Anspruch nur aus dem Zivilrecht folgen kann[1093]. Dies ist konsequent, wenn man bedenkt, dass die Verschiebung des Vermögens geeignet ist, gesellschaftsrechtliche Vorgaben, wie bspw.

1089 vgl. oben Kapitel 5 A. II.

1090 BGH v. 1.3.1999 – II ZR 312/97, BGHZ 141, 79 (85); v. 22.10.1992 – IX ZR 244/91, BGHZ 120, 50 (59); ferner BFH v. 14.3.2012 – XI R 28/09, BFH/NV 2012, 1493 (1495f.) mwN.

1091 *Reiß* in: Reiß/Kraeusel/Langer UStG, § 2 Rn. 104.3; *Stadie* in: Rau/Dürrwächter UStG, § 2 Rn. 821, 993f; allgemein *Habersack*, BB 2007, 1397ff.

1092 zum Ganzen *Reiß* in: Reiß/Kraeusel/Langer UStG, § 2 Rn. 104.7.

1093 BFH v. 14.3.2012 – XI R 28/09, BFH/NV 2012, 1493 (1496); v. 23.9.2009 – VII R 43/08, BStBl II 2010, 215 (218).

die Kapitalerhaltungsvorschriften, in Frage zu stellen, aber keine unmittelbaren negativen umsatzsteuerlichen Wirkungen hat.

Am vorzugswürdigsten für einen Innenausgleich ist dabei der Abschluss eines entsprechenden Vertrages zwischen den Organkreisbeteiligten, insbesondere um die Modalitäten der Ausgleichszahlung im Vorfeld genau bestimmen und Interessen von Minderheitsgesellschaftern ausreichend berücksichtigen zu können. Regelmäßig wird der Abschluss eines solchen Vertrages mittels der aus der finanziellen[1094] und organisatorischen[1095] Eingliederung herrührenden Beherrschungsmacht unproblematisch möglich sein; schwierig wird es nur dann, wenn ein solcher Ausgleichsanspruch nach Beendigung der Organschaft oder im Zusammenhang mit der Insolvenz einer Gesellschaft geltend gemacht werden muss. Dann kommt nur noch ein gesetzlicher Ausgleichsanspruch in Betracht, dessen dogmatische Verortung allerdings ungewiss ist.

1. Gesamtschuldnerschaft § 426 BGB (analog)

Der BGH hat für die gewerbesteuerliche Organschaft – nach altem Recht – einen solchen Anspruch aus der Ausgleichspflicht von Gesamtschuldnern nach § 426 BGB (analog) hergeleitet[1096].

Die Gesamtschuldnerschaft entsteht nach Ansicht des BGH aus der Regelung des § 73 Satz 1 AO, nach der eine Organgesellschaft für solche Steuern des Organträgers haftet, für welche die Organschaft steuerlich von Bedeutung ist. Dass der Organträger dabei als Steuerschuldner, die Organgesellschaft jedoch nur als Haftender zu qualifizieren ist, stehe der Anwendung des § 426 BGB (analog) nicht entgegen, da die Anordnung der Gesamtschuld in § 44 AO nicht nur bei einer Mehrzahl von Steuerschuldnern oder Haftungsschuldnern gelte, sondern ebenso bei der heterogenen Gruppe, die aus beiden Arten von Schuldnern bestehe[1097].

Auch die mangelnde Gleichstufigkeit der beiden Schuldnergruppen, die aus der vorrangigen Inanspruchnahme des Steuerschuldners herrührt (§ 291 Satz 1 AO), soll einer Anwendung nicht entgegenstehen. Die Interessenslage nach einer gleichmäßigen Aufteilung der Verbindlichkeit überlagere das entsprechende Tatbestandsmerkmal der Gleichstufigkeit nach § 421 Satz 1 BGB, da die abgabenrechtliche Haftungsanordnung reinen Fiskalzwecken diene und nichts über die sachgerechte Regelung im zivilrechtlichen Innenverhältnis aussage. Die Wirkung der Organschaft beruhe insoweit auf einer rein steuerlichen Zwecken dienenden Verwaltungsvereinfachung, die zwar formell die Steuerbelastung dem Organträger

---

1094 vgl. Kapitel 4 C.

1095 vgl. Kapitel 4 E.

1096 BGH v. 22.10.1992 – IX ZR 244/91, BGHZ 120, 50; zur Entwicklung allgemein *Brezing*, Verrechnungsentgelte und Umlagen, S. 73ff.

1097 mit Verweis auf BFH v. 18.3.1987 – II R 35/86, BStBl II 1987, 419; krit. dazu *Koenig* in: Koenig AO, § 44 Rn. 7.

zuweise, wirtschaftlich aber bei der Gesellschaft belasse, die die entsprechenden Einnahmen erzielt habe[1098].

Methodisch soll der Ausgleich nach einem Verteilungsschlüssel erfolgen, der die tatsächliche Steuerlast bei der jeweiligen Gesellschaft konkret berechne und nicht lediglich eine Selbstständigkeit der Organgesellschaft fingiere. Denn bei alleiniger Fiktion der Selbstständigkeit der Organgesellschaft blieben Steuerminderungseffekte der Organschaft unberücksichtigt, die in der Folge allein dem Organträger gutgeschrieben würden.

Die Literatur[1099] und jüngst der BFH[1100] haben sich für eine uneingeschränkte Anwendung dieser Rechtsprechung im Falle einer Umsatzsteuerorganschaft ausgesprochen und halten den zivilrechtlichen Ausgleichsanspruch nach § 426 BGB (analog) hierbei ebenfalls für einschlägig.

2. *Folgerichtigkeit des Ausgleichsanspruchs*

Die Annahme eines zivilrechtlichen Ausgleichsanspruchs innerhalb von Organschaften ist folgerichtig und konsequent, will man nicht die Grundwertung des Gesellschaftsrechts, insbesondere in Form der Eigenständigkeit der Vermögensmassen von juristischen Personen und ihren Schutz durch die Kapitalerhaltungsvorschriften sowie den verfassungsrechtlich verbürgten Minderheitenschutz[1101] durch das Umsatzsteuerrecht in Frage stellen. Insbesondere bei erheblichen Zahllasten oder Vorsteuerüberhängen könnte ohne einen solchen Ausgleich eine signifikante Vermögensverschiebung innerhalb der Organschaft eintreten, die weder mit dem Prinzip der Einheit der Rechtsordnung[1102] vereinbar wäre, noch als unwillkürlicher Nebeneffekt akzeptiert werden könnte. Außerhalb von parallel bestehenden Gewinnabführungsverträgen in der Organschaft[1103] ist die Anerkennung eines Ausgleichsanspruchs daher zwingend geboten.

Auch die zivilrechtliche Ableitung aus § 426 BGB (analog) begegnet (zunächst) keinen dogmatischen Bedenken, zumal die Anwendung der Tatbestandsmerkmale beim Gesamtschuldnerausgleich schon früh vom BGH der jeweiligen Interessenlage

---

1098 vgl. zuletzt BGH v. 29.1.2013 – II ZR 91/11, DStR 2013, 478.

1099 *Reiß* in: Reiß/Kraeusel/Langer UStG, § 2 Rn. 104.8; *Stadie* in: Rau/Dürrwächter UStG, § 2 Rn. 993f.

1100 BFH v. 14.3.2012 – XI R 28/09, BFH/NV 2012, 1493 (1496); v. 23.9.2009 – VII R 43/08, BStBl II 2010, 215 (218).

1101 vgl. *Scholz* in: Maunz/Dürig GG, Art. 9 Rn. 106; *Reul*, DNotZ 2007, 184 (203); ebenso *Reiß*, StuW 1979, 343 (345).

1102 vgl. *Lang* in: Tipke/Lang StR 2010, § 1 Rn. 29ff.

1103 dazu *Reiß* in: Reiß/Kraeusel/Langer UStG, § 2 Rn. 104.8, unter Verweis auf BGH v. 22.10.1992 – IX ZR 244/91, BGHZ 120, 50.

und einer gewissen Billigkeit geopfert wurden[1104]. Die Annahme einer Konzernumlage wie bei den Ertragsteuerorganschaften bedarf es bei der Umsatzsteuerorganschaft jedoch nicht, da bei dieser keine organschaftsbedingten Vorteile eintreten, die auch der Organgesellschaft zuzurechnen wären[1105].

a) Anspruch der Organgesellschaft

Fraglich ist indes, ob § 426 BGB (analog) den Ausgleichsanspruch im Organkreis umfassend, also auch zu Gunsten der Organgesellschaft regeln kann. Angenommen bei einem Organträger entstehen aufgrund einer überwiegend im Export tätigen Organgesellschaft erhebliche Vorsteuerüberhänge, dann ist problematisch, wie diese Guthaben von der Organgesellschaft über § 426 BGB (analog) beansprucht werden können. Der Ausgleichsanspruch nach § 426 BGB (analog) setzt nämlich selbst unter Berücksichtigung der Interessenlage und aller Billigkeit voraus, dass der Ausgleichsgläubiger einer Zahlungspflicht unterliegt, für die er seinerseits Erstattung von einem Dritten verlangen kann, da er und der Dritte hinsichtlich dieser Zahlungsverpflichtung einer – wenn auch unechten[1106] – Gesamtschuld unterliegen.

Insoweit ist die Organgesellschaft nach dem Übergang ihrer Steuerschuldnerschaft auf den Organträger gegenüber dem Fiskus jedoch nicht nur selbst nicht verpflichtet. Im Falle eines Vorsteuerüberhangs fehlt es zusätzlich an einer auszugleichenden Gesamtschuld, so dass § 426 BGB (analog) als Anspruchsgrundlage von vornherein nicht herangezogen werden kann.

Das OLG Frankfurt[1107] hat in einer vergleichbaren Entscheidung zur Umsatzsteuerorganschaft ohne weitere Ausführungen einen Ausgleichanspruch der Organgesellschaft aus einem *„atypischen, geschäftsbesorgungsähnlichen Vertrag"* angenommen, den die Beteiligten jedenfalls konkludent geschlossen hätten. Freilich ist das Ergebnis mit Blick auf die oben genannte Zwecksetzung des Innenausgleichs zutreffend. Dennoch erscheint es problematisch, dass damit generell und ohne Indizien auf ein bestimmtes Verhalten[1108] ein konkludenter Vertragsschluss innerhalb der Organschaft angenommen wird, nur weil anderenfalls die Organschaft zivilrechtlich schwerlich zu rechtfertigende Vermögensverschiebungen verursacht.

1104 so schon BGH v. 1.2.1965 – GSZ 1/64, BGHZ 43, 227; aA *Hartman*, Umsatzsteuerorganschaft, S. 66ff.

1105 OLG Frankfurt v. 17.6.2008 – 5 U 198/06, nv (abgerufen unter www.juris.de, zuletzt am 30.7.2015).

1106 *Mösbauer*, UR 1995, 321 (325).

1107 OLG Frankfurt v. 17.6.2008 – 5 U 198/06, nv (abgerufen unter www.juris.de, zuletzt am 30.7.2015).

1108 vgl. dazu *Busche* in: MüKo BGB, § 147 Rn. 4.

Im Zusammenhang mit der Entscheidung des OLG Frankfurt wurde seitens der umsatzsteuerrechtlichen Literatur[1109] ferner ein Ausgleichsanspruch aus § 430 BGB vorgeschlagen, der mittlerweile vom BGH auch bestätigt worden ist[1110].

Gewiss ist die Anwendung von § 430 BGB mit Blick auf den Ausgleichsanspruch auf § 426 BGB (analog) naheliegend. Ein Anspruch aus § 430 BGB muss jedoch dogmatisch bereits an der Gesamtgläubigerstellung nach § 428 BGB scheitern[1111]. Durch den Wegfall der Steuerschuldnerschaft bei der Organgesellschaft kann diese nicht (mehr) Gläubiger des Fiskus sein, auch wenn sie als Organgesellschaft durch die Anordnung in § 73 AO (sekundäre) Haftungsschuldnerin bleibt. Aus ihrer sekundären Haftung folgt insoweit keine sekundäre Gläubigerstellung, so dass eine Anwendung des § 430 BGB analog nicht weiterhülfe, zumal ihre Gesamtschuldnerschaft bei einer Vorsteuererstattung nicht deren Kehrseite wäre.

Hieran ändert m. E. nach auch § 16 UStG nichts, obschon es durch die hierdurch angeordnete Saldierung freilich vom Zufall abhängt, ob eine Steuerschuld oder ein Steuervergütungsanspruch beim Organträger entsteht[1112].

b) Genereller Konzernausgleich über § 812 Abs. 1 Satz 1 2. Alt. BGB

Der Annahme eines konkludenten Vertrages oder einer Anwendung des § 430 BGB (analog) bedarf es jedoch dann nicht, wenn sich ein entsprechender Ausgleichsanspruch der Organgesellschaft anderweitig aus dem Gesetz ergibt.

Teile der Literatur[1113] leiten einen solchen Ausgleichsanspruch innerhalb von Organschaften für sämtliche Beteiligten aus § 812 Abs. 1 Satz 1 2. Alt BGB als Kondiktionsanspruch in der Fallgestaltung der Bereicherung aufgrund einer besonderen gesetzlichen Vorschrift her[1114].

Dieser Anspruch soll daraus folgen, dass der Kondiktionsschuldner in Folge einer gesetzlichen Vorschrift auf Kosten des Kondiktionsgläubigers bereichert wird, die von Gesetzes wegen angeordnete Vermögensverschiebung jedoch nur formeller Natur ist und keinen materiellen Rechtsgrund für das *Behaltendürfen* der Bereicherung bietet. Eine insoweit vergleichbare Situation soll bspw. der Rechtsverlust in Folge einer Verbindung, Vermischung und Verarbeitung im Sinne der §§ 946–950 BGB darstellen, bei dem ebenfalls nur eine formelle Rechtszuweisung erfolge, die über das Bereicherungsrecht materiell wieder aufgehoben wird.

1109 *Reiß* in: Reiß/Kraeusel/Langer UStG, § 2 Rn. 104.8.

1110 BGH v. 29.1.2013 – II ZR 91/11, DStR 2013, 478; ebenso dafür *Stadie* in: Rau/Dürrwächter UStG, § 2 Rn. 994.

1111 vgl. dazu BFH v. 13.3.1997 – VII R 39/96, BStBl II 1997, 522 (524f.); dagegen *Ratschow* in: Klein AO, § 37 Rn. 68.

1112 so BGH v. 29.1.2013 – II ZR 91/11, DStR 2013, 478 (480).

1113 vgl. *Simon,* ZGR 2007, 71 (80); *Herlinghaus,* GmbHR 2002, 989 (992); *Schramm* in: FS Görg 2010, S. 431 (439).

1114 vgl. dazu *Buck-Heeb* in: Erman BGB, § 812 Rn. 80; *Schwab* in: MüKo BGB, § 812 Rn. 278f.

Im Falle der Organschaft ergebe sich der Bereicherungsgegenstand aus der Befreiung der Organgesellschaft von den eigenen Steuerverbindlichkeiten, die stattdessen vom Organträger zu erfüllen sind. Die Vermögensvorteile wie -nachteile, je nach dem ob eine Zahllast oder ein Vergütungsanspruch besteht, entstehen dabei jeweils spiegelbildlich als Bereicherung auf Kosten der anderen Gesellschaft, weshalb bspw. bei einem Vorsteuervergütungsanspruch der Organträger auf Kosten der Organgesellschaft bereichert wäre.

Entscheidend für die Anwendung des Bereicherungsanspruches sei dann die Frage, ob diese durch das UStG angeordnete Vermögensverschiebung nur einen rein formellen Charakter hat, oder ob mit der Organschaft die Rechtsordnung auch eine neue materielle Zuordnung getroffen hat.

Hierzu könne auf die Rechtsprechung zur Anwendung des § 426 BGB (analog) zurückgegriffen werden, wonach die Organschaft eben auf einer Fiktion beruhe, aus der keine neue materielle Zuordnung der wirtschaftlichen Steuerlast folge[1115].

Als weitere Konsequenz aus der Anwendbarkeit des § 812 Abs. 1 Satz 1 2. Alt BGB in der Organschaft bedarf es nach dieser Ansicht auch keines Rückgriffes auf § 426 BGB (analog), da es insoweit bereits an einer planwidrigen Regelungslücke fehle.

c) Zuweisungsgehalt einer fremden Rechtsposition?

Der Rekurs auf einen bereicherungsrechtlichen Ausgleich innerhalb der Organschaft bietet zunächst den evidenten Vorteil einer Anwendbarkeit in beide Richtungen, also sowohl zu Gunsten wie zu Lasten von Organträger und -gesellschaft.

Problematisch bleibt bei dieser Lösung gleichwohl, dass die Eingriffskondiktion – auch in Form des Eingriffs aufgrund gesetzlicher Anordnung – einen Eingriff in den Zuweisungsgehalt einer fremden Rechtsposition verlangt[1116]. Der Übergang der Steuerschuldnerschaft von der Organgesellschaft auf den Organträger vollzieht sich jedoch nicht nur formal, sondern führt auch zu einer Zurechnung der Leistungsbeziehungen, so dass rechtlich bspw. mit der Überweisung einer Vorsteuervergütung an den Organträger ein Eingriff in das Vermögen der Organgesellschaft fernliegt.

Umsatzsteuerrechtlich – und nur darauf beruht der Vorsteuererstattungsanspruch – existiert die Organgesellschaft nämlich schon nicht mehr, sondern der Organkreis wird einzig durch den Unternehmer der Trägergesellschaft repräsentiert. Hierbei zu fingieren, dass umsatzsteuerrechtlich der Zuweisungsgehalt des Erstattungsanspruchs einzig der Organgesellschaft zustünde, würde die Rechtsfolge der Organschaft ad absurdum führen[1117].

Auch der Vergleich mit den §§ 946–950 BGB hilft nicht weiter, da hier die Entschädigung nach bereicherungsrechtlichen Grundsätzen durch den gesetzlich herbeigeführten Rechtsverlust in § 951 Abs. 1 BGB ausdrücklich angeordnet wird. Die

1115 vgl. zum Ganzen *Simon,* ZGR 2007, 71 (80f.).

1116 *Buck-Heeb* in: Erman BGB, § 812 Rn. 65.

1117 vgl. BFH v. 21.12.2004 – I R 107/03, BStBl II 2005, 490 (492); *Hartman,* Umsatzsteuerorganschaft, S. 63; *Kleindiek,* DStR 2000, 559 (563).

Rückgängigmachung der Vermögensverschiebung findet ihren Rechtsgrund also nicht in jenen Vorschriften, die den Rechtsverlust anordnen, sondern in der besonderen gesetzlichen Verweisung auf das Bereicherungsrecht[1118]. Da es an einer solchen Verweisung im Falle der Umsatzsteuerorganschaft jedoch fehlt, kommt m. E. nach die Anwendung eines bereicherungsrechtlichen Ausgleichs zwischen Organträger und -gesellschaft nicht in Betracht.

d) Zwischenergebnis

Damit bleibt festzuhalten, dass ein Ausgleich der durch die Organschaft bedingten Vermögensverschiebung innerhalb des Organkreises *de lege lata* nur nach § 426 BGB (analog) möglich bleibt.

Dieser Ausgleichsanspruch betrifft gleichwohl nur Ansprüche des Organträgers gegen die Organgesellschaft und nicht umgekehrt. Will die Organgesellschaft folglich den von dem Träger vereinnahmten Vorsteuervergütungsanspruch erhalten, muss sie sich m. E. nach einen entsprechenden Anspruch vertraglich zusichern lassen. Die Annahme eines stets konkludent geschlossenen Vertrages im Organkreis wirkt gekünstelt, und ein Anspruch nach Bereicherungsrecht muss mangels Eingriffs in den Zuweisungsgehalt einer der Organgesellschaft zustehenden Rechtsposition ebenfalls ausscheiden.

Somit kann es jedenfalls für die Organgesellschaft durch die Organschaft zu einer für sie nachteiligen Vermögensverschiebung kommen, die zwar einer zivilrechtlichen wie wirtschaftlichen Betrachtung der tatsächlichen Verhältnisse im Organkreis widerspricht[1119], nach geltendem Recht jedoch nicht ausgeglichen werden kann.

VI. Fazit

Die Wirkungen der Organschaft führen zu einem grundsätzlich vollständigen Übergang der formellen und materiellen Unternehmerrechte und -pflichten der Organgesellschaft auf den Organträger. Der Organträger tritt nicht nur in die formale Steuerschuldnerposition der Organgesellschaft ein, sondern auch sämtliche ihrer ein- wie ausgehenden Leistungsbeziehungen werden fortan allein ihm zugerechnet. Die Organgesellschaft wird insoweit also tatsächlich unselbstständig im Sinne des Umsatzsteuerrechts.

Problematisch ist bei dieser Zurechnung jedoch, dass sie zwar umsatzsteuerlich wirkt, ansonsten aber keinen Einfluss auf die abgaben- und zivilrechtliche Berechtigung der Organkreisbeteiligten, insbesondere der Organgesellschaft nimmt. Insoweit findet nicht nur keine automatische Anrechnung von Steuerzahlungen innerhalb des Organkreises statt, sondern die Beteiligten bleiben aus den von ihnen eingegangenen Rechtsgeschäften weiterhin berechtigt und verpflichtet.

1118 BFH v. 21.12.2004 – I R 107/03, BStBl II 2005, 490 (492).

1119 *Stadie* in: Rau/Dürrwächter UStG, § 2 Rn. 927; *Hartman*, Umsatzsteuerorganschaft, S. 72.

Diese zivilrechtliche Fortgeltung der Selbstständigkeit führt zu einer Inkongruenz zwischen der Steuerbelastung und Steuervereinnahmung bezüglich der empfangenen und gezahlten Entgelte. Als Folge dieser Inkongruenz kann es also zu einer Vermögensverschiebung innerhalb des Organkreises kommen, die zivilrechtlich m. E. nach *de lege lata* nur zu Gunsten des Organträgers aufgelöst werden kann. Entgegen der Rechtsprechung des BGH besteht für die Organgesellschaft – ohne besondere vertragliche Absprachen – keine Anspruchsgrundlage, um Vorsteuerüberhänge vom Organträger einzufordern, was sich insbesondere für Minderheitsgesellschafter der Organgesellschaft negativ auswirken kann.

Insoweit hat sich also gezeigt, dass die Wirkungen der Organschaft über ihren eigentlichen Anwendungsbereich hinausgehen und sie Einfluss auf die Vermögensverteilung innerhalb der Organschaft nehmen können. Dies ist deshalb problematisch, da die Organschaft keine direkte willentliche Entscheidung der Beteiligten für ihr Eintreten erfordert und sie gleichzeitig keine gesetzlichen Mechanismen vorsieht, wie diese Vermögensverschiebung zwischen den Beteiligten neutralisiert werden kann.

Ferner ist zu konstatieren, dass eine Verwaltungsvereinfachung und die entsprechende Vermeidung unnötiger Verwaltungsarbeit nicht als Gründe für eine systemimmanente Rechtfertigung der Organschaft geeignet sind. Eine echte Verwaltungsvereinfachung konnte auch im Rahmen der Analyse der Wirkungen der Organschaft nicht ausgemacht werden, zumal diese Wirkungen über den eigentlichen Anwendungsbereich der Organschaft hinausgehen, ohne dass hierfür ausreichende Ausgleichsmechanismen vorgesehen sind. M. E. nach gibt es daher weder Gründe in ihren Voraussetzungen noch Rechtfertigungen in ihren Wirkungen, die für eine systemimmanente Anerkennung der Organschaft in unserem heutigen Umsatzsteuersystem in seiner nationalen Ausgestaltung sprechen.

B. Vorteile der Organschaft

Bereits zu Beginn der Untersuchung der Organschaft in Kapitel 4 wurde im Rahmen ihrer historischen Aufarbeitung deutlich, dass der eigentliche wirtschaftspolitische Sinn der Organschaft in der ursprünglichen Bruttoallphasenumsatzsteuer lag.

Durch die Anerkennung der Organschaft durch die Rechtsprechung des RFH und später auch durch den Gesetzgeber konnten die Kumulationswirkungen der Umsatzbesteuerung auf den verschiedenen Produktions- und Handelsstufen vermieden werden, ohne dass es einer vollständigen Fusion der verschiedenen Unternehmen bedurfte[1120].

Mit Einführung des Vorsteuerabzugs entfiel dieser Zweck, und so verwundert es auch nicht, dass nach dessen Einführung vermehrt Stimmen[1121] laut wurden, die

1120 vgl. Kapitel 3 A. I; ferner *Müller* in: Müller/Stöcker Organschaft, S. 271.

1121 *Reiß,* StuW 1979, 343; *Weiss,* UR 1979, 81; *Stadie* in: Rau/Dürrwächter UStG, § 2 Rn. 783; *ders.* Recht des Vorsteuerabzugs, S. 31.

die Überflüssigkeit der Organschaft im neuen Umsatzsteuersystem konstatierten und ihre politische Abschaffung forderten.

Fraglich bleibt gleichwohl, ob die heutige Umsatzsteuerorganschaft tatsächlich keinerlei (materielle) Vorteile mehr für die Unternehmen bietet, oder ob nicht aufgrund der diffizilen ökonomischen und rechtlichen Komplexität der heutigen Umsatzbesteuerung[1122] die Vorteile nur nicht mehr so offenkundig sind, wie sie einst waren.

I. Umsätze innerhalb der Vorsteuerabzugsberechtigung

Die Umsatzsteuerorganschaft kann in unserem heutigen System mit Vorsteuerabzugsrecht bei normal besteuerten Umsätzen in der Tat weder über die Nichtbesteuerung der Innenumsätze noch über die Zurechnung der Leistungsbeziehungen einen materiellen Vorteil vermitteln oder eine messbare Steuerersparnis produzieren.

Durch die steuerentlastende Wirkung des Vorsteuerabzugsrechts[1123] findet nämlich keine echte Belastung des Unternehmers statt, sondern die erbrachte Leistung wird erst am Ende der Wertschöpfungskette beim konsumierenden Letztabnehmer definitiv versteuert. Ob die Leistung dabei eine oder mehrere Produktions- und Handelsstufen durchlaufen hat, wirkt sich jedenfalls umsatzsteuerlich nicht aus. Wenn die Leistung nun statt zwischen zwei selbstständigen Unternehmen zwischen den Organkreisbeteiligten umsatzsteuerfrei als Innenleistung ausgetauscht werden kann, wird zwar die zwischenzeitliche Belastung mit Umsatzsteuer und deren Entlastung über den Vorsteuerabzug beim Leistungsempfänger vermieden. Mit dem Verlassen der Leistung aus dem Organkreis an bspw. einen Endverbraucher wird diese Leistung jedoch ebenso belastet wie bei der Leistung eines Unternehmers, der diese zuvor von einem anderen Unternehmen erworben hat[1124]. Die Nachholwirkung der Besteuerung beim Verlassen des Organkreises führt dazu, dass die zwischenzeitliche Nichtbesteuerung der Innenumsätze spätestens zu diesem Zeitpunkt nachgeholt wird und eine Störung des Umsatzsteuersystems somit nicht eintreten kann[1125].

Die (vermeintlichen) Vorteile der Organschaft werden daher auch nur in einer Erleichterung der verfahrensrechtlichen und administrativen Pflichten der beteiligten Unternehmen gesehen[1126]. Diese Erleichterung soll zum einen aus der Nichtsteuerbarkeit der Innenleistungen und dem damit einhergehenden Wegfall

---

1122 *Homburg/Rublack* in: FS Lang 2010, S. 893.

1123 vgl. Kapitel 2 B. I. 2. b).

1124 *Reiß* in: Reiß/Kraeusel/Langer UStG, § 2 Rn. 98.3; *Scharpenberg* in: Hartmann/Metzenmacher UStG, § 2 Rn. 309; *Klenk* in: Sölch/Ringleb UStG, § 2 Rn. 89; *Müller* in: Müller/Stöcker Organschaft, S. 271; ferner Bericht Finanzausschuss, BT-Drucks. 5/1581, zu § 2 UStG abgedruckt in Plückebaum/Malitzky Band I Teil D 20; BFH v. 7.12.2006, V R 2/05, BStBl II 2007, 848 (850).

1125 *Flückiger* in: Plückebaum/Malitzky UStG, § 2 Rn. 257; *Müller* in: Müller/Stöcker Organschaft, S. 272.

1126 Bundessteuerberaterkammer DStR 1985, 287 (290); *Flückiger* in: Plückebaum/Malitzky UStG, § 2 Rn. 259.

der Rechnungsstellung mit Umsatzsteuerausweis folgen, sowie zum anderen aus der Konzentration der Erklärungspflichten gegenüber dem Finanzamt beim steuerpflichtigen Organträger[1127].

Ein weiterer Liquiditätsvorteil soll sich ergeben, wenn – wie im Regelfall – die Umsatzsteuer nach § 16 Abs. 1 UStG nach vereinbarten Entgelten berechnet wird und gemäß § 13 Abs. 1 Nr. 1a UStG mit Ablauf des Voranmeldezeitraums entsteht, in dem die Leistung ausgeführt worden ist. Wenn in diesen Fällen die Rechnung als Voraussetzung für den Vorsteuerabzug beim Leistungsempfänger erst mit einer gewissen Verzögerung nach Leistungserbringung erteilt werde, könne durch die Organschaft diese Art der Vorfinanzierung zu Gunsten des Fiskus vermieden werden[1128].

Dieser Liquiditätsvorteil resultiert m. E. nach jedoch allenfalls indirekt aus der Organschaft und ist eher in dem besonderen Abrechnungssystem der Umsatzsteuer und dem Auseinanderfallen des Zeitpunkts der Rechnungserteilung und Zahlung des Rechnungsbetrages zu erblicken.

Dass der Anspruch auf Vorsteuerabzug erst am Ende des Besteuerungszeitpunkts entsteht[1129] und damit zeitlich womöglich vor der Belastung durch die Zahlung an den Leistenden liegt, wird dabei gewiss durch die Behandlung als Innenleistung vermieden. Hieraus jedoch einen echten materiellen Vorteil der Organschaft zu konstruieren, würde zu stark das nicht minder maßgebliche Verhalten der beteiligten Unternehmen hinsichtlich des Zeitpunkts der Rechnungserteilung außer Acht lassen, welches grundsätzlich Einfluss auf die Liquiditätslage von Unternehmen nimmt.

Liquiditätsvorteile können unter Berücksichtigung des zeitlichen Handelns der beteiligten Unternehmen daher allenfalls indirekt und kurzfristig durch die Organschaft generiert werden, ohne dass jene als echte materielle Vorteile zu werten wären.

II. Umsätze außerhalb der Vorsteuerabzugsberechtigung

Echte materielle Vorteile können sich bei der Organschaft jedoch ergeben, wenn einer der Organkreisbeteiligten nicht zum Vorsteuerabzug berechtigt ist und (Innen-) Leistungen bezieht, die einen echten Mehrwert beinhalten.

Konkret ergeben sich diese Steuervorteile dann, wenn ein nicht zum Vorsteuerabzug berechtigter Unternehmer personalintensive Vorleistungen einkaufen muss oder beabsichtigt, solche Leistungen aus dem eigenen Unternehmen auszulagern, was bspw. bei Banken, Versicherungen und Unternehmen des Gesundheitswesens wie Krankenhäusern und Altenheimen vorkommen kann[1130]. Bei diesen Unternehmungen kann die Wirkung der Organschaft zu signifikanten Vorteilen führen.

1127 *Stadie* in: Rau/Dürrwächter UStG, § 2 Rn. 820; *Reiß* in: Reiß/Kraeusel/Langer UStG, § 2 Rn. 98.3.

1128 *Müller* in: Müller/Stöcker Organschaft, S. 281.

1129 vgl. nur BFH v. 20.10.1994 – V R 84/92, BStBl II 1995, 233f. mwN.

1130 *Slapio*, DStR 2000, 999f; *Müller* in: Müller/Stöcker Organschaft, S. 272.

1. *Exkurs: Ausschluss des Vorsteuerabzugsrechts*

Die Vorteile stellen sich dabei im Zusammenhang mit dem Ausschluss des Vorsteuerabzugsrechts nach § 15 Abs. 2 UStG ein.

Danach wird der Unternehmer nur insoweit von der im Rahmen seiner unternehmerischen Tätigkeit geschuldeten und entrichteten Umsatzsteuer befreit, soweit er die steuerbelasteten Eingangsleistungen nicht für steuerbefreite oder nicht steuerbare Umsätze verwendet[1131]. Die grundsätzlich gewährleistete Neutralität der Umsatzbesteuerung für die Unternehmen und ihre daraus folgende Entlastung[1132] soll bei bestimmten steuerfreien oder nicht steuerbaren Ausgangsumsätzen deshalb nicht zum Tragen kommen, damit – trotz Steuerfreiheit – wenigstens eine definitive Besteuerung auf Ebene der Eingangsleistung stattfindet und so zumindest eine teilweise indirekte Besteuerung auch der steuerfreien Umsätze erreicht werden kann[1133]. Diese mit dem Neutralitätsgedanken nur bedingt zu vereinbarende Art der Besteuerung wird daher als unechte Steuerbefreiung bezeichnet[1134].

Obwohl durch die Steuerbefreiungen bspw. der Leistungen in § 4 Nr. 14 UStG eine Entlastung des Kostenträgers erreicht werden soll und in Teilen gewiss auch wird, führt der Ausschluss des Vorsteuerabzugsrechts bei diesen Leistungen in der Konsequenz somit dazu, dass die als *steuerfrei* bezeichneten Umsätze in Wahrheit nicht vollständig entlastet werden. Die Umsatzsteuerbeträge der Eingangsleistungen stellen für den Unternehmer weiterhin echte Kosten dar, die er grundsätzlich als Kostenbestandteile in seine Preise einkalkulieren muss, um sie so auf seine Abnehmer zu überwälzen.

Eine echte Entlastungswirkung tritt somit nur hinsichtlich der Wertschöpfung des Unternehmers ein, der steuerbefreite Umsätze nach Außen erbringt. Im Ergebnis kommt es daher nur zu einer Reduzierung der Besteuerung in Abhängigkeit vom Umfang der Vorsteuerbelastung[1135].

2. *Wirkung der Organschaft am Beispiel des Gesundheits- und Pflegewesens*

Durch die Organschaft entsteht bei solchen unechten Steuerbefreiungen nun der Vorteil, dass solche Vorleistungen, die der steuerbefreite Umsätze ausführende Unternehmer bezieht, und deren Besteuerung für ihn eine definitive Kostenbelastung darstellen, als steuerfreie Innenleistungen behandelt werden können. Diese Verbindung führt in der weiteren Konsequenz natürlich dazu, dass die Vorsteuern, die im

---

1131 *Heidner* in: Bunjes UStG, § 15 Rn. 284ff; *Stadie,* UStG, § 15 Rn. 347ff.

1132 EuGH v. 27.9.2001 – Rs. C-16/00 (Tribunal administrativ Lille), EuGHE 2001, I-6663; vgl. auch schon unter Kapitel 2 B. I. 2.

1133 EuGH v. 20.10.2009 – Rs. C-29/08 (SKF), EuGHE 2009, I-10413; *Treiber* in: Sölch/Ringleb UStG, § 4 Rn. 7.

1134 *Klenk* in: Sölch/Ringleb UStG, Einf. Rn. 10.

1135 vgl. zum Ganzen *Stadie,* UStG, § 15 Rn. 348.

Zusammenhang mit den Leistungen des vorleistenden Organschaftunternehmens anfallen, von diesem nicht mehr abgezogen werden können. Gleichwohl fällt der Besteuerungsanteil endgültig weg, der ohne Organschaft auf den Mehrwertschaffungen des vorleistenden Unternehmers entfallen würde[1136].

Anschaulich wird dieser Vorteil bspw. bei einem Krankenhaus oder Altenheim, welche Leistungen nach § 4 Nr. 14 oder Nr. 16 UStG erbringen und dabei als steuerbefreite Leistungsempfänger Reinigungsleistungen von einem externen Dienstleister beziehen. Ohne Organschaft wären die Leistungen des Dienstleisters mit Umsatzsteuer belastet, die bei dem steuerbefreiten Leistungsempfänger zu einer endgültigen Kostenbelastung führen würden und über die Pauschalen der Kostenträger abgedeckt werden müssten.

Gründen nun der steuerbefreite Leistungsempfänger und der Dienstleister eine GmbH, die ersterer im Sinne der finanziellen, wirtschaftlichen und organisatorischen Eingliederung beherrscht und gleichzeitig vom Dienstleister mit Reinigungspersonal ausgestattet wird, dann kann der steuerbefreite Leistungsempfänger die Reinigungsleistungen der GmbH als Innenleistungen steuerfrei beziehen[1137]. Da Reinigungsleistungen unter einem hohen Personalaufwand erbracht werden müssen, entsteht hinsichtlich der Nichtbesteuerung dieses Mehrwerts ein echter Kostenvorteil für den steuerbefreiten Leistungsempfänger.

Entgegen vereinzelt gebliebener Stimmen[1138] reicht es im Übrigen für die wirtschaftliche Eingliederung aus, dass allein Reinigungsleistungen bei dem Krankenhaus oder Altenheim erbracht werden. Denn auch nach den Maßgaben der Rechtsprechung[1139] werden solche Leistungen m. E. nach eine mehr als nur unwesentlich fördernde Tätigkeit der auf Hygiene in besonderen Maßen angewiesenen Krankenhaus- oder Altenheimbetriebe darstellen.

Dass in der Folge der Organschaft die neugegründete GmbH keine Vorsteuern mehr für den eigenen Leistungsbezug zur Erbringung der Reinigung abziehen kann, verlagert den Steuerspareffekt zwar und hebt ihn teilweise auf. In Folge des hohen Personalaufwandes bei Reinigungsleistungen[1140] hält sich die Aufhebung des Effektes jedoch in Grenzen, und es bleibt somit bei einer definitiven Verringerung der Steuerbelastung für den Kranken- oder Altenpflegebetrieb.

Am Beispiel des hohen Personalaufwands zeigt sich ferner, warum dieser Steuerspareffekt mitunter erheblich sein kann. Die Ursache für die Steuerersparnis liegt nämlich nicht allein bei der Organschaft oder dem Ausschluss des Vorsteuerabzugsrechts nach § 15 Abs. 2 UStG. Die Organschaft ist vielmehr nur das Vehikel

---

1136 *Reiß* in: Reiß/Kraeusel/Langer UStG, § 2 Rn. 99.1; *Scharpenberg* in: Hartmann/Metzenmacher UStG, § 2 Rn. 313f; *Müller* in: Müller/Stöcker Organschaft, S. 272f; *Stadie* in: Rau/Dürrwächter UStG, § 2 Rn. 967f.

1137 Beispiel nach *Birkenfeld* in: Birkenfeld/Wäger USt-Hdb, § 44 Rn. 31; *Slapio,* DStR 2000, 999 (1000); vgl. ferner *Heintzen,* DStR 1999, 1799.

1138 *Leonard,* DStR 2010, 721 (724).

1139 vgl. dazu unter Kapitel 4 D. I. 4. a).

1140 *Slapio,* DStR 2000, 999 (1001).

zur Erreichung des Spareffekts, der sich materiell jedoch bei genauer Betrachtung erst aus der Steuerfreiheit der Arbeitnehmerleistung[1141] ergibt. Diese Leistungen können trotz Vorsteuerabzugsausschluss über das Mittel der Organschaft in einen unversteuerten Letztverbrauch beim Organträger eingehen. Ob in diesen Fällen der unversteuerte Letztverbrauch – wie bei Arbeitnehmern[1142] – aufgrund praktischer Erwägungen hinzunehmen ist, bleibt gleichwohl fraglich.

3. *Steuerbefreite Umsätze als Innenleistungen*

Ein weiterer materieller Vorteil kann sich bei der Organschaft dadurch ergeben, dass eine eingegliederte Gesellschaft Leistungen innerhalb des Organkreises erbringt, die bei umsatzsteuerlicher Selbstständigkeit der Gesellschaft steuerfrei wären (ohne Verzichtsmöglichkeit) und damit den Vorsteuerabzug ausschlössen[1143].

Wenn eine solche Gesellschaft nur gegenüber ihren Organmitgliedern tätig wird, die selbst steuerpflichtige Außenumsätze erbringen, dann soll der Organträger auch die Vorsteuern für Leistungsbezüge der Gesellschaft abziehen können, die außerhalb der Organschaft in umsatzsteuerfreie Leistungen eingehen. Die Wirkung aus der Behandlung als Innenleistungen nimmt hier wieder Einfluss auf die Qualifikation der Leistungen, indem sie durch deren Nichtsteuerbarkeit verhindert, dass sie als den Vorsteuerabzug ausschließende steuerfreie Leistungen angesehen werden.

Gehört bspw. dem Organkreis eine berufsbildende Einrichtung in Gestalt einer GmbH an, und wird diese nur gegenüber den anderen Organbeteiligten tätig, dann soll der Organträger die Vorsteuerbeträge dieser GmbH, obwohl ihre Leistungen außerhalb der Organschaft nach § 4 Nr. 21 UStG steuerfrei wären, trotzdem abziehen dürfen[1144].

Die Behandlung der Bildungsleistungen als Innenleistung verhindert hierbei die Anwendung des § 4 Nr. 21 UStG und damit den Ausschluss vom Vorsteuerabzug nach § 15 Abs. 2 UStG.

III. Gestaltungsmöglichkeiten

An dem Beispiel des Bezugs von Reinigungsleistungen eines Krankenhausbetriebs hat sich gezeigt, dass die Organschaft in unserem heutigen Nettoumsatzsteuersystem mit Vorsteuerabzugsmöglichkeit grundsätzlich zwar keinen Nutzen mehr haben kann – außer einer Vereinfachung der administrativen Verpflichtungen der Organbeteiligten. Durch die Durchbrechung der Belastungsneutralität der Unternehmer im Zusammenhang mit unecht befreiten Umsätzen erreicht die Organschaft aber wieder einen Effekt, der schon zu Zeiten der Allphasenbruttobesteuerung und ihren kumulativen Wirkungen bestand.

1141 vgl. Kapitel 2 B. II. 2. a).
1142 vgl. Kapitel 2 B. II. 2. a).
1143 *Stadie* in: Rau/Dürrwächter UStG, § 2 Rn. 970.
1144 Beispiel nach *Steppert,* UR 1994, 343 (345).

Wie erheblich dieser Effekt sein kann, zeigt sich an den öffentlich gewordenen Auslagerungen des sog. Facility-Management bei der Charité Berlin und des Ortenaukreises, Träger der Kliniken Offenburg, Kehl und Wolfach. Die Charité kalkulierte, dass sich durch die Vergabe dieser Leistungen an eine eigene Klinikgesellschaft – anstelle der bislang ca. 200 ortsansässigen Unternehmer – eine Umsatzsteuerersparnis von 170 Millionen Euro in fünf Jahren ergebe. Der Ortenaukreis errechnete durch die Auslagerung ihrer Reinigungsdienstleistungen in den Kliniken eine Ersparnis von ca. 350.000 Euro im Jahr[1145].

Diese beachtlichen Effekte führten im Zusammenhang mit steigenden Steuersätzen natürlich dazu, dass in den letzten Jahren ein beachtliches Gestaltungspotential in der Organschaft erkannt wurde, nicht nur im Zusammenhang mit Leistungen nach § 4 Nr. 14 und 16 UStG, sondern generell bei unecht steuerbefreiten Leistungen. So können bspw. auch Versicherungsunternehmen die bei ihnen nicht abziehbaren Steuern reduzieren, wenn sie benötigte Leistungen eines Rechenzentrums nicht von einem externen Anbieter beziehen, sondern ein solches Rechenzentrum bei einem gemeinsamen Mutterunternehmen als Organträger einrichten. Entsprechendes gilt bei der Zurverfügungstellung von Vertreternetzen zwischen verbundenen Versicherungsgesellschaften oder bei der Übernahme von Lohnabrechnungen gegen Kostenersatz[1146].

Die Organschaft spielt darüber hinaus eine gewichtige Rolle bei der Organisationsprivatisierung, also bei der Übertragung öffentlicher Aufgaben der Verwaltung auf privatrechtliche Organisationsformen. Im Rahmen einer solchen Auslagerung entsteht in der privaten Rechtsform grundsätzlich ein umsatzsteuerpflichtiger Unternehmer, so dass die Auslagerung zwar zu Vorteilen im Dienst-, Haushalts- und Organisationsrecht führt, gleichzeitig aber bislang nicht steuerbare Innenleistungen steuerbar und -pflichtig werden lässt[1147]. Da die Besteuerung in diesen Fällen für die öffentliche Hand zur definitiven Kostenbelastung wird, bietet sich auch insoweit die Bildung einer Organschaft an, mittels derer die anfallenden Steuerbelastungen umgangen werden können.

C. Gesamtfazit

Die vorstehende Untersuchung hat gezeigt, dass die *Überflüssigkeit* der Organschaft in der heutigen Nettoumsatzbesteuerung mit Vorsteuerabzug zwar in der Theorie bestehen mag, die Praxis aus ihr im Zusammenhang mit unechten Steuerbefreiungen jedoch einen beträchtlichen Nutzen zieht.

Freilich lässt sich dieser Nutzen mit dem Argument relativieren, dass sich der beschriebene Steuerspareffekt auch mittels einer Fusionierung der beteiligten Unternehmen oder durch Eigenproduktion der bislang nachgefragten Vorleistungen

1145 *Hasslinger,* WRP 2007, 1412 (1416); *Leonard,* DStR 2010, 721 (724).

1146 Beispiele von *Müller* in: Müller/Stöcker Organschaft, S. 274; ferner *Reiß* in: Reiß/Kraeusel/Langer UStG, § 2 Rn. 98.4.

1147 *Heintzen,* DStR 1999, 1799.

erreichen ließe[1148]. Bei der Organschaft jedoch ist gerade keine vollständige Beteiligung an der vorleistenden Tochtergesellschaft erforderlich, was einen nicht zu unterschätzenden Gestaltungsspielraum bietet. Die Fusionierung oder die Erbringung als Eigenleistung kann nämlich rechtlich oder ökonomisch nicht gewollt oder möglich sein. In einer solchen Gemengelage bietet die Organschaft dann ein Mehr an Spielraum, um, wie am Beispiel der Charité zu sehen ist, eine beträchtliche Steuerersparnis zu erreichen.

Abgesehen von den Steuerausfällen führt die Reduzierung der Kosten für die Abnehmer der Leistungen zu einem – hier nicht näher zu erörternden – Wettbewerbsvorteil und damit zu Wettbewerbsverzerrungen gegenüber Mitbewerbern. Der Kostenvorteil durch die Steuerersparnis beim steuerbefreiten Unternehmer dürfte von unverbundenen Wettbewerbern insoweit kaum erreicht werden[1149].

Schließlich kann mit der Organschaft eine konzentrationsfördernde Wirkung einhergehen[1150], wie die Zahlen im Zusammenhang mit der Neuvergabe des Facility-Managements bei der Charité belegen.

Fraglich ist nun, ob solche Wirkungen der Organschaft im heutigen Umsatzsteuersystem tatsächlich gewollt sein können. Sowohl der (damalige) Gesetzgeber[1151] als auch die Rechtsprechung[1152] sehen den Zweck der Organschaft schließlich nur in der Verwaltungsvereinfachung für die Organkreisbeteiligten und gerade nicht in einer Wirkung, wie sie mitunter im alten Umsatzsteuersystem angelegt war.

Durch die Ermöglichung eines unversteuerten Letztverbrauchs, insbesondere der Arbeitnehmerleistungen des Vorunternehmens, entsteht insoweit nicht nur ein Steuerausfall, sondern es wird auch der Verbrauchssteuergedanke des UStG wie auch der MwStSystRL[1153] durchbrochen. Doch auch wenn die Wirkungen außerhalb der Umsatzbesteuerung eintreten, muss es Aufgabe des UStG bleiben, steuerliche Neutralität bei den Unternehmen zu gewährleisten und keinen Steuervorteil und keinen Steuerwettbewerb auszulösen, die zu Unterschieden bei der Ausübung unternehmerischer Tätigkeiten führen.

Ob sich dieser Systembruch ähnlich wie bei der Nichtbesteuerung von Arbeitnehmerleistungen durch praktische Erwägungen rechtfertigen lässt, erscheint dabei fraglich. Denn anders als die wohl nur schwer durchzuführende Umsatzbesteuerung der Arbeitnehmerleistungen könnte dieser Systemfehler *de lege ferenda* allein durch die Streichung der Anerkennung der Organschaft beseitigt werden. Schließlich konnten aus den Merkmalen und den Wirkungen der Organschaft bislang auch keine Gründe abgeleitet werden, die ihre Anerkennung tatsächlich systemimmanent voraussetzen.

1148 *Stadie* in: Rau/Dürrwächter UStG, § 2 Rn. 971.

1149 dazu näher bei *Hasslinger,* WRP 2007, 1412, und *Heintzen,* DStR 1999, 1799.

1150 *Stadie* in: Rau/Dürrwächter UStG, § 2 Rn. 972.

1151 vgl. Bericht Finanzausschuss, BT-Drucks. 5/1581, zu § 2 UStG, abgedruckt in Plückebaum/Malitzky Band I Teil D 20.

1152 BFH v. 7.12.2006 – V R 2/05, BStBl II 2007, 848.

1153 vgl. dazu bspw. EuGH v. 26.6.1997 – Rs. C-370/95, C-371/95, C-372/95, EuGHE 1997, I-3721.

Kapitel 6: Haftung in der Organschaft und Auswirkungen in der Insolvenz

A. Die Haftung in der Organschaft

Ein weiteres Hauptanliegen dieser Untersuchung ist neben der dogmatischen Auseinandersetzung mit der Herkunft, den Voraussetzungen und den umsatzsteuerlichen Wirkungen der Organschaft die Frage nach ihren Haftungsfolgen, insbesondere im Zusammenhang mit der Insolvenz einzelner Organkreisbeteiligter.

Die Analyse dieser Folgen ist deshalb interessant, da der Umfang dieser Wirkungen Einfluss auf die Bewertung des unwillkürlichen Eintritts der Organschaft nehmen kann und auf die Beantwortung der Frage, ob die Organschaft überhaupt noch einen anzuerkennenden Zweck in der Umsatzbesteuerung einnimmt. Vor der eigentlichen Analyse der Haftungsinanspruchnahme im Rahmen der Organschaft soll zunächst jedoch ein Blick auf die generelle Haftungsanordnung im Steuerrecht geworfen werden.

I. Grundlagen der Haftung im Steuerrecht

Die Abgabenordnung (AO) trennt nicht nur das Steuerschuldrecht, das Festsetzungs- und Feststellungsverfahren sowie das Erhebungsverfahren systematisch voneinander, sondern behandelt auch die materiell-rechtlichen Voraussetzungen des Haftungsanspruches des Fiskus sowie seine verfahrensmäßige Feststellung in verschiedenen Teilen der AO[1154]. Die für die nachfolgende Betrachtung maßgeblichen materiellen Haftungsvorschriften befinden sich dabei im vierten Abschnitt des zweiten Teils in den §§ 69–77 AO.

Als Haftung bezeichnet das Gesetz die Pflicht, für die Zahlung einer Steuer im Sinne des Gesetzes einstehen zu müssen, die ein anderer als Haftungsschuldner schuldet[1155]. Die Vorschriften im vierten Abschnitt des zweiten Teils begründen also zu Lasten der dort genannten Personen oder Sondervermögen die Pflicht, mit eigenem Vermögen für eine bestehende Steuerschuld eines Dritten einstehen zu müssen. Sinn und Zweck der Haftungsanordnungen ist es, die Durchsetzung der Steueransprüche zu erleichtern und Steuerausfälle auszugleichen, insbesondere solche, die durch schuldhaftes Verhalten bestimmter, dem Steuerschuldner zuzurechnender Personen eingetreten sind; die Haftung erhält dadurch teilweise den Charakter eines Schadensersatzanspruches[1156].

1154 *Boeker* in: H/H/Sp AO, Vor. §§ 69–77 Rn. 1.

1155 BFH v. 12.10.1999 – VII R 98/98, BStBl II 2000, 486 (487); v. 23.10.1985 – VII R 187/82, BStBl II 1986, 156 (157).

1156 *Rüsken* in: Klein AO, § 69 Rn. 1; *Intemann* in: Koenig AO, § 69 Rn. 3.

Ein solcher Sicherungsbedarf des Fiskus hinsichtlich seiner Steueransprüche ist dabei auch grundsätzlich anzuerkennen, wenn man bedenkt, dass er im Gegensatz zu privaten Gläubigern keinen Einfluss auf die schuldbegründenden Maßnahmen und damit die Auswahl seiner Schuldner hat. Sein Anspruch entsteht gem. § 38 AO mit der entsprechenden Tatbestandsverwirklichung und ohne Rücksicht darauf, ob der Schuldner gewillt oder in der Lage ist, den entstandenen Anspruch zu erfüllen[1157].

Gleichwohl entbindet dieser Sicherungsbedarf den Fiskus als Steuergläubiger nicht davon, die Haftungsinanspruchnahme nach Abwägung des Für und Wider unter genereller Beachtung des Grundsatzes der Subsidiarität vorzunehmen[1158]. Die materiellen Haftungsansprüche werden insoweit durch die verfahrensrechtliche Geltendmachung in § 191 Abs. 1 Satz 1 i.V.m. § 5 AO flankiert, der den Rückgriff auf den Haftungsschuldner von einem pflichtgemäßen Ermessen der Behörden abhängig macht. Auch der Erlass einer Zahlungsaufforderung kann nach § 219 Satz 2 AO grundsätzlich nur dann verfolgt werden, soweit feststeht, dass die Vollstreckung in das Vermögen des Schuldners ohne Erfolg geblieben oder anzunehmen ist, dass die Vollstreckung aussichtlos sein würde.

Der Haftungsanspruch des Steuergläubigers führt also nicht gleichsam automatisch zu einer Vervielfältigung seiner Steuerschuldner, sondern bedarf auch nach Vorliegen der materiellen Voraussetzungen für eine Inanspruchnahme stets einer nachprüfbaren Ermessensausübung und einer Beachtung des Grundsatzes von Recht und Billigkeit[1159].

II. Haftung der Organkreisbeteiligten

Die Haftung der Organkreisbeteiligten erscheint vor dem Hintergrund der steuerlichen und außersteuerlichen Wirkung der Organschaft in einem besonderen Lichte.

§ 2 Abs. 2 Nr. 2 UStG schließt eigene steuerbare Leistungsbeziehungen zwischen den Beteiligten aus, ohne deren zivilrechtlich getrennte Vermögensmassen aufzuheben[1160]. Zum Zwecke der Umsatzbesteuerung können die Vermögen der untergeordneten Gesellschaften dem Organträger daher nicht wie eigenes zugerechnet werden, so dass der Fiskus aufgrund eines an den Organträger gerichteten Steuerbescheids auch nicht berechtigt wäre, in das zivilrechtlich selbstständige Vermögen der Organgesellschaften zu vollstrecken[1161].

1157 *Halaczinsky*, Haftung im Steuerrecht 2004, S. 23f.

1158 BFH v. 23.9.2009 – VII R 43/08; BStBl II 2010, 215 (217); v. 2.2.1994 – II R 7/91, BStBl II 1995, 300 (301f.); v. 17.7.1984 – VII S 9/84, BFH/NV 1986, 583.

1159 so schon RFH v. 4.1.1927 – 695/26, RFHE 20, 199; *Völlmeke*, DStR 1991, 1001 (1004) mwN.

1160 vgl. Kapitel 5 A. IV und V.

1161 BFH v. 23.11.1978 – V R 36/78, BStBl II 1979 S, 350 (351); *Probst*, BB 1987, 1992.

Für eine umfassende Verwirklichung des Steueranspruches gegen den gesamten Organkreis benötigte der Gesetzgeber daher Sonderhaftungstatbestände wie eben die §§ 69–77 AO.

Die Mehrzahl der in Betracht kommenden materiellen Haftungstatbestände ist dabei jedoch nicht besondere Folge der Wirkungen der Organschaft. Bei ihnen steht stattdessen regelmäßig ein persönlich vorwerfbares Verhalten von Personen im Vordergrund, die für den Steuerpflichtigen handeln oder mit ihm in Zusammenhang stehen. Diese Tatbestände können freilich auch bei der Organschaft Anwendung finden, sind dabei allerdings nicht besondere Folge ihrer Wirkungen.

In der nachfolgenden Analyse ist der Fokus daher auf die Tatbestände zu beschränken, die explizit an die – freilich nicht nur umsatzsteuerliche – Organschaft oder an ihre materiellen Folgen anknüpfen und damit außerhalb der regelmäßig ohnehin anwendbaren Haftungstatbestände stehen.

1. Haftung des Organträgers

Eine Haftung des Organträgers für Umsatzsteuerschulden der Organgesellschaft muss bereits denklogisch ausscheiden, da es während des Bestehens der Organschaft keine entsprechenden Schulden der Organgesellschaft geben kann. Durch die aus der Unselbstständigkeit der Organgesellschaft resultierende Zurechnung der Leistungsbeziehungen zum Organträger[1162] ist diese nicht mehr Steuerschuldner der durch ihre Tätigkeiten ausgelösten Umsätze im Sinne des § 13a UStG.

Wenn bei ihr somit bereits keine Steuerschulden entstehen, dann kann sich eine Haftung des Organträges, unabhängig vom Vorliegen einer materiellen Anspruchsgrundlage, schon mangels einer entsprechenden Primärschuld des Gläubigers nicht ergeben. Der Haftungsanspruch ist grundsätzlich akzessorisch und liegt nur dann und insoweit vor, wie die Steuerschuld entstanden ist[1163].

Eine *Haftung* im übertragenen Sinne entsteht für den Organträger wenn überhaupt nur durch die Zurechnung der Umsätze der Organgesellschaft, die jedoch aufgrund ihrer zivilrechtlichen Selbstständigkeit nach wie vor die entsprechenden Entgelte selbst vereinnahmen kann. Da es sich hierbei um die umsatzsteuerrechtlich eigene Schuld des Organträgers handelt, kommt es trotz der Verlagerung zwischen Entgeltvereinnahmung und Abführungsschuld nicht zu einer Haftung eines Dritten im Sinne der Abgabenordnung.

Eine weitere *Haftung* ist noch für Abrechnungen der Organgesellschaft über nicht erbrachte Leistungen (§ 14c UStG) denkbar[1164]. Allerdings resultiert auch diese Verantwortlichkeit des Organträgers aus der Zurechnung der Handlung der Organgesellschaft und betrifft damit ebenfalls seine eigene Schuld.

1162 vgl. Kapitel 5 A. II.

1163 BFH v. 13.7.1994 – I R 112/93, BStBl II 1995, 198 (200); *Intemann* in: Koenig AO, § 69 Rn. 2.

1164 *Birkenfeld* in: Birkenfeld/Wäger USt-Hdb, § 44 Rn. 691.

2. Haftung der Organgesellschaft

Anders verhält es sich hingegen bei der Organgesellschaft, deren Haftung für die Steuerschulden des Organträgers ausdrücklich in § 73 AO angeordnet ist.

a) Bedeutung der Vorschrift

§ 73 AO basiert auf der ehemaligen Vorschrift des § 114 RAO, wonach die Organgesellschaft für die Steuern des Organträges haftete, *„bei denen die Steuerpflicht sich auf den Betrieb des Unternehmens gründet“*[1165]. Die durch diese Formulierung erfolgte Begrenzung der Haftung auf Umsatz- und Gewerbesteuern gab der Gesetzgeber mit der Neufassung des § 73 AO auf und erstreckte die Haftung der Organgesellschaft fortan auf sämtliche „Steuern des Organträgers, für welche die Organschaft zwischen ihnen von Bedeutung ist“[1166]. Satz 2 ergänzte diese Haftungserweiterung später auch bezüglich der Ansprüche auf Erstattung von Steuervergütungen[1167].

Die Ausweitung der Haftung der Organgesellschaft wurde damit gerechtfertigt, dass bei einer steuerlichen Anerkennung der Organschaft die vom Organträger zu zahlenden Steuern auch die Beträge umfassen müssen, die ohne Organschaft von der Organgesellschaft geschuldet würden[1168]. Durch die Verlagerung der Steuerschuldnerschaft könne es insoweit zu einer Gefährdung des Steueraufkommens kommen, insbesondere wenn durch gesellschaftsrechtliche Gestaltungen die Vermögensbasis des Organträgers geschwächt würde[1169]. Die Haftungsanordnung für die Organgesellschaft soll insoweit dafür sorgen, dass der Organkreis trotz der zivilrechtlichen Selbstständigkeiten haftungsrechtlich wieder als einheitliches Ganzes behandelt wird[1170].

Obschon der Wortlaut des § 73 AO die Haftung auf die Steuern begrenzt, für welche die Organschaft *„zwischen ihnen“* steuerlich von Bedeutung ist, soll die Organgesellschaft für sämtliche Steuern des Organträgers und damit für den gesamten Organkreis, also auch für die von Schwestergesellschaften ausgelösten Steuern haften. Der Grund für diese weitreichende Haftung wird in der praktischen Schwierigkeit bei der Aufteilung der vom Organträger geschuldeten Steuern und in der Behandlung des Organkreises als einheitliches Ganzes gesehen[1171].

Einschränkend soll die Formulierung hinsichtlich der Erfassung anderer Steuern wirken, die außerhalb der jeweiligen Organschaft anfallen. Die durch § 73 AO angeordnete Haftung beziehe sich insoweit nur auf die Steuern, für die im

1165 *Boeker* in: H/H/Sp AO, § 73 Rn. 1.
1166 BT-Drucks. 6/1982, 120.
1167 BT-Drucks. 7/4292, 23.
1168 *Halaczinsky*, Haftung im Steuerrecht 2004, S. 95.
1169 BFH v. 5.10.2004 – VII R 76/03, BStBl II 2006, 3; *Rüsken* in: Klein AO, § 73 Rn. 1.
1170 BT-Drucks. 6/1982, 120; *Blessing* in: Kühn AO/FGO, § 74 Rn. 3; *Intemann* in: Koenig AO, § 73 Rn. 1
1171 BT-Drucks. 6/1982, 120; *Boeker* in: H/H/Sp AO, § 73 Rn. 4.

Einzelsteuerrecht die Organschaft geregelt ist, also nur auf Umsatz-, Körperschaft- oder Gewerbesteuern[1172].

b) Anwendung in der USt-Organschaft

Nach Auffassung der Rechtsprechung findet § 73 AO in vollem Umfang bei der Umsatzsteuerorganschaft Anwendung, so dass die Organgesellschaft für sämtliche Umsatzsteuerschulden einschließlich der Erstattung von Vorsteuervergütungen, etwa bei Vorsteuerberichtigungen nach §§ 17 und 15a UStG, haftet[1173].

Die Haftung der Organgesellschaft soll sich dabei zwar auf die Steuern beschränken, die während des Bestehens der Organschaft entstanden sind; sie kann aber auch nach Beendigung der Organschaft noch fortwirken, insbesondere wenn Steuern noch nicht getilgt wurden[1174]. Soweit es sich um die Rückforderung von Vorsteuererstattungen aufgrund von Berichtigungstatbeständen im obigen Sinne handelt, kommt eine Haftung jedoch nicht in Betracht, wenn es Leistungsbezüge der Organgesellschaft während des Bestehens der Organschaft betrifft, die Uneinbringlichkeit aber erst nach Beendigung der Organschaft eintritt[1175]. In diesen Fällen kann laut der Rechtsprechung der Vereinfachungszweck der Organschaft keine *Haftung* des Organträgers mehr für Steuerschulden rechtfertigen, deren tatsächliche Voraussetzungen durch ein (wieder) selbstständiges Unternehmen verwirklicht wurden. Da der Berichtigungsanspruch nur gegenüber der Organgesellschaft gegeben ist, erübrigt sich die Frage nach deren Haftung[1176].

Äußerst umstritten ist, ob im Falle der Umsatzsteuerorganschaft die Haftung nach § 73 AO auf den gesamten Organkreis bezogen ist, oder ob nicht der Tatbestand aufgrund der Besonderheit der Umsatzbesteuerung teleologisch zu reduzieren ist oder zumindest das Ermessen der Behörde nur eingeschränkt ausgeübt werden darf.

Obwohl einige Autoren schon die Vereinbarkeit des Wortlauts des § 73 AO mit dieser weit ausgelegten Haftung verneinen, sieht der überwiegende Teil den beachtlicheren Verstoß dieser Auslegung in der Missachtung der zivilrechtlich getrennten Vermögensmassen der Gesellschaften[1177]. Durch das Haftbarmachen der Organgesellschaft für Steuerschulden ihrer Schwestergesellschaften fände ein übermäßiger, sachlich nicht zu rechtfertigender Eingriff in die Rechte der Minderheitsgesellschafter und in das Haftungssubstrat der Gesellschaftsgläubiger der Organgesellschaft statt. Daher müsse § 73 AO jedenfalls für die Umsatzsteuer so ausgelegt werden,

---

1172 *Boeker* in: H/H/Sp AO, § 73 Rn. 14.

1173 BFH v. 5.10.2004 – VII R 76/03, BStBl II 2006, 3 (4f.).

1174 vgl. *Reiß* in: Reiß/Kraeusel/Langer UStG, § 2 Rn. 104.1.

1175 BFH v. 7.12.2006 – V R 2/05, BStBl II 2007, 848.

1176 vgl. *Reiß* in: Reiß/Kraeusel/Langer UStG, § 2 Rn. 104.2; aA *Stadie* in: Rau/Dürrwächter UStG, § 2 Rn. 1045.

1177 *Probst,* BB 1987, 1992; *Reiß,* StuW 1979, 343; *Maus,* GmbHR 2005, 859 (860); *Reiß* in: Reiß/Kraeusel/Langer UStG, § 2 Rn. 104; *Stadie* in: Rau/Dürrwächter UStG, § 18 Anhang 1 Rn. 63ff; *Müller* in: Organschaft, S. 365.

dass er die Haftung der Organgesellschaft lediglich auf die Umsätze und Vorsteuern beschränkt, die auf die jeweilige Organgesellschaft bei unterstellter Selbstständigkeit entfallen wären.

Andere Teile der Literatur[1178] sehen die umfassende Haftung hingegen durch die schon oben genannten Gründe der Praktikabilität und durch den eindeutigen Willen des Gesetzgebers gerechtfertigt. Gleichwohl wird vereinzelt eingeräumt, dass allein die vermeintlichen Schwierigkeiten bei der Aufteilung der Steuerverursachungen in der Praxis wohl weniger zum Tragen kommen, als es der Gesetzgeber ursprünglich annahm. Zumindest im Rahmen der Ermessensausübung hinsichtlich des Umfangs der Haftungsinanspruchnahme müsse daher ggf. darauf geachtet werden, wer die Steuern wirtschaftlich tatsächlich verursacht hat[1179].

Die Rechtsprechung hat sich zu dieser Streitfrage noch nicht abschließend geäußert, hält allerdings eine Beschränkung auf die wirtschaftlich von der Organgesellschaft verursachten Steuern dann für nicht geboten, wenn eine Trennung der Vermögenswerte von Organträger und -gesellschaft nicht mehr möglich ist und der Geschäftsführer Vermögenswerte auf die Organgesellschaft verschoben hat[1180]. In einer weiteren Entscheidung argumentierte der BFH[1181] zwar mit der umfassenden Haftung innerhalb des Organkreises nach § 73 AO und nahm insoweit auch Bezug auf die *„praktischen Schwierigkeiten"* bei der Aufteilung der Steuern, dies jedoch – mangels Entscheidungsrelevanz –, ohne dabei konkret Stellung zu beziehen, ob diese Haftung auch gerechtfertigt ist oder eine Einschränkung auf Tatbestands- oder Ermessensebene erfolgen muss.

Auch die Finanzverwaltung hat sich, soweit erkennbar, bislang nicht zur Reichweite der Haftung oder einer etwaigen hierbei vorzunehmenden Ermessensausübung im Rahmen der Organschaft geäußert. Weder der Anwendungserlass zu § 73 AO bezieht hierzu Stellung, noch sind Verwaltungsanweisungen bekannt, die sich diesem Thema annehmen.

c) *Besonderheiten der USt-Organschaft*

Jedenfalls im Rahmen der Umsatzsteuerorganschaft kann die Haftungsausweitung der Organgesellschaft für Steuerschulden aus Umsätzen des Organträgers oder von Schwestergesellschaften nicht überzeugen.

Die Begründung des Gesetzgebers und der sich insoweit anschließenden Literatur für die Haftungsausweitung verfängt bei der Umsatzsteuerorganschaft in mehrfacher Hinsicht nicht und lässt die Besonderheiten dieser Organschaft unberücksichtigt.

1178 *Boeker* in: H/H/Sp AO, § 73 Rn. 16; *Intemann* in: Koenig AO, § 73 Rn. 13; *Rüsken* in: Klein AO, § 73 Rn. 7; *Mösbauer,* UR 1995, 321 (325).

1179 *Boeker* in: H/H/Sp AO, § 73 Rn. 16; *Blessing* in: Kühn AO/FGO, § 74 Rn. 5.

1180 BFH v. 21.11.2003 – V B 104/02, nv (abgerufen unter www.juris.de, zuletzt am 30.7.2015).

1181 BFH v. 5.10.2004 – VII R 76/03, BStBl II 2006, 3 (5).

Freilich trifft es zu, dass durch die Wirkung der Organschaft eine nach haftungsrechtlichen Maßstäben unbillige Entlastung der Organgesellschaft für ihre durch eigene Tätigkeiten ausgelöste Steuerschuld eintritt. Insoweit mag es auch gerechtfertigt sein, ihr eine Haftungsschuldnerschaft aufzuerlegen. Eine weitergehende Vermögensverschiebung auf die Organgesellschaft zu Lasten der Steuergläubiger des Organträgers und anderer (Schwester-)Organgesellschaften ist außerhalb eines Beherrschungs- und Gewinnabführungsvertrages jedoch schon zivilrechtlich nicht möglich. Die Gläubiger sind vor solchen Verschiebungen durch die allgemeinen zivil- und gesellschaftsrechtlichen Haftungsanordnungen geschützt, so dass es folglich einer weitergehenden *Sonderhaftung* allein zugunsten des Fiskus nicht bedarf[1182].

Des Weiteren muss bedacht werden, dass die Organschaft selbst eine Vermögensverlagerung auslöst, indem sie die Steuerschuldnerschaft auf den Organträger verlagert, ohne gleichzeitig einen Ausgleichsmechanismus zwischen Entgeltvereinnahmung und Zahllast vorzusehen[1183]. Sofern man dann noch berücksichtigt, dass die Organschaft und damit die Verlagerung unabhängig vom Willen des herrschenden Gesellschafters eintreten können[1184], wirkt es widersprüchlich mit dem Vorwurf einer solchen Verlagerung einen unbeschränkten Eingriff in das Vermögen der Organgesellschaft zu rechtfertigen. Mehr noch untergräbt sich diese Rechtfertigung selbst, wenn in Folge der Haftung die Organgesellschaft für die Schulden des Organträgers und ihrer Schwestergesellschaften einstehen muss und damit jegliche zivilrechtlich anerkannte Trennung der Vermögensmassen zu Lasten von Minderheitsgesellschaftern und Gläubigern aufgegeben wird[1185]. Mit dem Prinzip der Einheit der Rechtsordnung scheint dies jedenfalls nicht mehr vereinbar zu sein.

Dass der V. Senat in seinem Beschluss vom 21. November 2003 zu einem anderen Ergebnis kam, mag der damaligen besonderen Sachverhaltskonstellation geschuldet sein, insbesondere der dortigen doch erheblichen Vermögensvermischung innerhalb des Organkreises[1186]. Aus ihr kann gleichwohl nicht gefolgert werden, dass bei *gewöhnlichen* Sachverhalten die Ausübung des Ermessens bei der Haftungsinanspruchnahme aus § 73 AO nicht einschränkend auszuüben ist.

Ein weiteres Argument für eine solche Einschränkung lieferte der BFH in der Entscheidung vom 5. Oktober 2004 schließlich selbst, wenn es dort heißt, dass es sich bei der Haftung nach § 73 AO um eine verschuldensunabhängige, rein objektive und damit sehr viel strengere Haftung als nach anderen Vorschriften der AO handelt[1187]. Gewiss resultiert diese strengere Haftung aus dem Umstand der (drohenden) Vermögensverlagerung innerhalb der Organschaft. Hierfür aber haben

---

1182 *Schramm* in: FS Görg 2010, S. 431 (437).

1183 vgl. Kapitel 5 A. V. 2. d).

1184 vgl. Kapitel 6 E.

1185 *Schramm* in: FS Görg 2010, S. 431 (437f.); *Reiß* in: Reiß/Kraeusel/Langer UStG, § 2 Rn. 10; *Stadie* in: Rau/Dürrwächter UStG, § 18 Anhang 1 Rn. 64f.

1186 vgl. dazu die ausf. Vorentscheidung des FG Saarland v. 19.3.2002 – 2 K 206/98, DK 2003, 74.

1187 BFH v. 5.10.2004 – VII R 76/03, BStBl II 2006, 3 (4f.).

die Organgesellschaft und ihre Minderheitsgesellschafter nicht immer zwingend einen Verursachungsbeitrag, nicht einmal in Form eines Unternehmensvertrages geleistet. Der Grundsatz *volenti non fit iniuria* vermag eine solch weite Haftung also nicht schlechthin zu rechtfertigen[1188].

Die rein objektive Anknüpfung an die Haftung macht es m. E. nach daher grundsätzlich erforderlich, die Haftung der Organgesellschaft auf die Steuerschulden des Organträgers zu begrenzen, die ohne die Organschaft bei ihr angefallen wären

Eine solche Auslegung korrespondierte ferner mit dem zivilrechtlichen Ausgleichsanspruch des Organträgers gegen die Organgesellschaft aus § 426 BGB[1189]. Dass sich der hiernach auszugleichende Betrag auf die durch die Organgesellschaft wirtschaftlich verursachten Steuern reduziert, wird (wohl) aufgrund der Offenkundigkeit dieser Beschränkung in der zivilrechtlichen Judikatur nicht weiter diskutiert. Würde man nun den Haftungsanspruch aus § 73 AO auf sämtliche Steuerschulden des Organkreises ausdehnen, könnte in der Konsequenz auch angenommen werden, dass der Organträger aus § 426 BGB sogar Ausgleich der Schulden der anderen (Schwester-)Organgesellschaften verlangen und damit zivilrechtlich die Selbstständigkeit der Vermögensmassen aufheben könnte. Eine solche Auslegung der Organschaft würde mit dem Zivil- und Gesellschaftsrecht jedoch gänzlich kollidieren.

Somit haftet die Organgesellschaft nach § 73 AO grundsätzlich nur für die Umsatzsteuerschulden des Organträgers, die ohne die Organschaft bei ihr angefallen wären. Obgleich bereits der Wortlaut des § 73 AO eine solche Einschränkung nahelegt[1190], kann m. E. nach aufgrund des entgegenstehenden Gesetzgeberwillens dieses Ergebnis nur mittels eines durch die Wirkungen der Organschaft intendierten Ermessens erfolgen.

III. Fazit

Die vorstehende Untersuchung der Haftung innerhalb der Organschaft hat gezeigt, dass das vorherrschende weite Verständnis des § 73 AO einen Durchgriff in das Vermögen der Organgesellschaft erlaubt, welcher sie überobligatorisch und ungerechtfertigt belasten kann. Auch wenn sich die Rechtsprechung noch nicht abschließend zu diesem Thema geäußert hat, wird man annehmen müssen, dass die Finanzverwaltung zur Sicherung des Steueraufkommens stets versuchen wird, bei einer solventen Organgesellschaft auch solche Steuern festzusetzen, die nicht aus ihrer eigenen wirtschaftlichen Tätigkeit herrühren[1191]. Ob im Rahmen des Ermessens die Haftung womöglich noch reduziert wird, ist dann eine Frage des Einzelfalls.

Sofern die Organgesellschaft tatsächlich vollständig in Haftung genommen wird, machen die hierdurch ausgelösten Folgen eine systematische, in sich konsistente

---

1188 *Probst,* BB 1987, 1992 (1995); ferner *Bröder,* SteuerStud 2008, 164 (170f.).

1189 vgl. Kapitel 5 A. V.

1190 so auch *Schramm* in: FS Görg 2010, S. 431 (437); *Stadie* in: Rau/Dürrwächter UStG, § 18 Anhang 1 Rn. 63.

1191 so auch *Schramm* in: FS Görg 2010, S. 431 (439).

Behandlung von steuerlicher Haftung und zivilrechtlicher Vermögenstrennung kaum mehr möglich. Würde man beide Systeme in Ausgleich bringen wollen, müsste mit spezifischen, dem jeweiligen Einzelgesetz geschuldeten Ausnahmen argumentiert werden, an dessen Ende außer gesetzesimmanenter Billigkeit wohl nichts mehr übrig bliebe.

Auch wenn sich mit der von Teilen der Literatur und auch m.E. nach anzunehmenden Einschränkung des § 73 AO ein Konflikt vermeiden lässt, hat sich im Rahmen dieser Untersuchung einmal mehr gezeigt, dass die gesetzliche Unvollkommenheit der Organschaft Rechtsunsicherheiten schafft, die allein nach geltendem Recht nicht zu beheben sind.

B. Umsatzsteuerrecht und Insolvenz

Die umsatzsteuerliche Organschaft wird oftmals im Zusammenhang mit der Insolvenz von Organkreisbeteiligten virulent, wie sich nicht nur aus den Sachverhalten einer Vielzahl von Urteilen des BFH erkennen lässt[1192], sondern in gewisser Weise auch aus den Zielen und Wirkungen des Insolvenzrechts folgt.

Das Insolvenzverfahren dient nach § 1 InsO der bestmöglichen gemeinschaftlichen Befriedigung der Gläubiger eines insolventen Schuldners[1193]. Zur Erreichung dieses Ziels schreibt u. a. § 80 InsO den Übergang der Verwaltungs- und Verfügungsbefugnis über die zur Insolvenzmasse gehörenden Vermögensgegenstände auf den Insolvenzverwalter vor, um so sicherzustellen, dass dieses Vermögen ungeschmälert zur gleichmäßigen und gemeinschaftlichen Befriedigung der Gläubiger erhalten bleibt[1194]. Durch den Übergang dieser Verwaltungs- und Verfügungsbefugnis auf den Insolvenzverwalter kommt es im Falle einer Insolvenz der Organgesellschaft nun zum Konflikt mit der von der Organschaft verlangten Beherrschungsmacht des Organträgers, insbesondere in der Ausformung der organisatorischen Eingliederung.

Im Rahmen der Insolvenz kann es außerdem zur Aufdeckung unerkannter oder zum Eintritt ungewollter Organschaften kommen, was die ohnehin anspruchsvolle Verfahrensabwicklung im Zusammenhang mit der Umsatzbesteuerung noch komplizierter macht und dabei beachtliche Risiken für den Insolvenzverwalter schaffen kann[1195].

Des Weiteren scheint die Insolvenz auch stets für den Fiskus interessant zu sein, nimmt er diese doch zum Anlass, seine Finanzämter das Vorliegen einer umsatzsteuerlichen Organschaft bei der insolventen Gesellschaft prüfen zu lassen[1196]. Sein Interesse ist insoweit leicht nachvollziehbar, wenn man bedenkt, dass durch die

---

1192 vgl. bspw. BFH v. 1.12.2010 – XI R 43/08, BStBl II 2011, 600; v. 10.3.2009 – XI B 66/08, BFH/NV 2009, 977; v. 13.6.2007 – V B 47/06, BFH/NV 2007, 1936; v. 1.4.2004 – V R 24/03, BStBl II 2004, 905; v. 28.1.1999 – V R 32/98, BStBl II 1999, 258.

1193 vgl. BT-Drucks. 12/7302, 155; BGH v. 21.4.2005 – IX ZR 281/03, BGHZ 163, 32.

1194 *Ott/Vuia* in: MüKo InsO, § 80 Rn. 1; *Kroth* in: Braun InsO, § 80 Rn. 7.

1195 *Onusseit,* ZIP 2003, 743 (745); *Waza* in: W/U/S Insolvenzen und Steuern S. 363.

1196 OFD Koblenz v. 15.6.2000 – S 0550 A – St 52 3, StEK AO 1977 § 251 Nr. 13.

Zurechnung der Leistungsbeziehungen innerhalb der Organschaft und den Haftungsanspruch aus § 73 AO mindestens ein weiterer Schuldner zur Verfügung steht, der seinen Steueranspruch mit seiner Haftungsmasse sichert.

Schließlich geht es im Rahmen der Insolvenz um Fragen, wie bspw. Änderungen der Bemessungsgrundlage nach § 17 UStG bei der Insolvenz eines Organkreisbeteiligten zu behandeln und inwieweit bereits geleistete Zahlungen rückabzuwickeln sind.

Vor der eigentlichen Untersuchung dieser Themenfelder soll zunächst ein Blick auf das Insolvenzrecht und seine tragenden Prinzipien geworfen werden, sowie auf die generelle Behandlung der Umsatzbesteuerung bei der Zahlungsunfähigkeit eines Unternehmers.

I. Grundzüge des Insolvenzrechts

Die am 1. Januar 1999 in Kraft getretene Insolvenzordnung (InsO) löste die bis dato in den alten Bundesländern anzuwendende Konkursordnung vom 10. Februar 1987 und in den neuen Bundesländern die übergangsweise noch anzuwendende Vergleichsordnung vom 26. Februar 1935 ab[1197]. Trotz der Reformierung der InsO kann jedoch auf die Rechtsprechung zur Konkursordnung und zur Vergleichsordnung weitestgehend zurückgegriffen werden, stets natürlich unter Berücksichtigung der aktuellen Gesetzesfassung[1198].

1. Grundlagen

Inhaltlich dient das Insolvenzverfahren einer gemeinschaftlichen und gleichmäßigen Befriedigung aller Gläubiger des Schuldners (§ 1 InsO), um zu vermeiden, dass einzelne Gläubiger sich auf Kosten anderer Gläubiger nach Antragsstellung eine vorzugsweise Befriedigung oder Sonderrechte verschaffen können[1199]. Ob die Befriedigung aus der Fortführung des Unternehmens oder seiner Liquidation erreicht wird, haben die betroffenen Gläubiger nämlich grundsätzlich gemeinsam zu entscheiden (§ 157 InsO).

Das Insolvenzverfahren wird nur auf Antrag von einem Gläubiger oder dem Schuldner selbst (§ 13 InsO) durch das Amtsgericht als Insolvenzgericht (§ 2 InsO) eröffnet. Allgemeine Eröffnungsgründe sind die Zahlungsunfähigkeit (§ 17 InsO), die drohende Zahlungsunfähigkeit (§ 18 InsO) oder bei juristischen Personen auch die Überschuldung (§ 19 InsO). Ist der Antrag zulässig, kann das Insolvenzgericht bereits vor der Entscheidung über die Eröffnung des Verfahrens einstweilige Sicherungsmaßnahmen, wie bspw. die Bestellung eines vorläufigen Insolvenzverwalters (§ 22 InsO), zum Schutz der Vermögensmasse treffen.

1197 *Henckel* in: Jaeger InsO, Einl. Rn. 1.

1198 *Nickert/Nickert,* ZInsO 2004, 596 (597); *Onusseit,* ZIP 2003, 743 (746).

1199 *Schmittmann* in: W/U/S Insolvenzen und Steuern S. 57; *Kießner* in: Braun InsO, § 1 Rn. 3.

Ist der Antrag aufgrund feststehender Zahlungsunfähigkeit oder Überschuldung begründet und genügend Masse zur Abdeckung der Verfahrenskosten vorhanden (§ 26 InsO), eröffnet das Insolvenzgericht das Verfahren durch Beschluss und ernennt den Insolvenzverwalter (§§ 27, 56 InsO).

Durch die Bestellung des Insolvenzverwalters verliert der Schuldner seine materielle und verfahrensrechtliche Verwaltungs- und Verfügungsbefugnis hinsichtlich des zur Gläubigerbefriedigung dienenden Vermögens (§ 80 InsO), obschon er weiterhin Eigentümer der entsprechenden Rechte und Sachen bleibt[1200]. Der Insolvenzverwalter kann aufgrund der übergegangenen Befugnisse dabei auch neue Verpflichtungen zu Lasten der Insolvenzmasse begründen, so dass während des Verfahrens hinzugekommene Ansprüche an der Verteilung der Masse partizipieren (§ 35 InsO).

Um eine möglichst umfangreiche Insolvenzmasse zu gewährleisten und eine Gläubigerbenachteiligung auszuschließen, hat der Insolvenzverwalter außerdem die Möglichkeit, bestimmte vor Verfahrenseröffnung erfolgte Rechtshandlungen des Schuldners anzufechten (§§ 129ff. InsO). Die Sicherung der gleichmäßigen Gläubigerbefriedigung genießt nach Maßgabe der InsO insoweit also einen höheren Schutz als das Vertrauen des Rechtsverkehrs in das Verfügungsrecht des Schuldners[1201].

Nach Abwicklung etwaiger schwebender Verträge (§ 103ff. InsO) und der Prüfung angemeldeter Forderungen im Forderungsfeststellungsverfahren (§ 174ff. InsO) beginnt dann im Regelverfahren die Verwertung und Verteilung der Masse unter den Gläubigern. Von besonderer Relevanz ist, wegen der regelmäßig gegebenen Unzulänglichkeit der Masse zur vollständigen Befriedigung sämtlicher Forderungen[1202], die Frage nach der Einordnung der Gläubiger als sog. Insolvenz- oder Massegläubiger (§ 53 InsO). Gläubigerforderungen, die als Masseverbindlichkeiten am Insolvenzverfahren teilnehmen, werden nämlich vorweg und dadurch regelmäßig vollständig befriedigt[1203].

Das Gesetz unterscheidet bei den Masseverbindlichkeiten zwei Gruppen voneinander: die *„Kosten des Verfahrens“* (§ 54 InsO) und die *„sonstigen Masseverbindlichkeiten“* (§ 55 InsO). Der Unterschied zwischen beiden Gruppen ist erheblich, da bereits der Eröffnungsantrag abzulehnen ist, wenn die Masse die Kosten des Verfahrens nicht zu decken vermag, während eine Unterdeckung der sonstigen Masseverbindlichkeiten hierzu nicht ausreichen soll[1204]. Gleichwohl bleiben die sonstigen Masseverbindlichkeiten im Vergleich zu den gewöhnlichen Insolvenzforderungen als Folge ihrer generell höheren Befriedigung privilegiert.

Diese Privilegierung gilt dabei u. a. für durch Handlungen oder in anderer Weise durch den Insolvenzverwalter begründete Verbindlichkeiten (§ 55 Abs. 1 Nr. 1 InsO)

1200 *Kroth* in: Braun InsO, § 80 Rn. 11.
1201 de *Bra* in: Braun InsO, § 129 Rn. 4.
1202 vgl. dazu *Kranzusch,* IfM-Materialien Bonn 2009, Nr. 186.
1203 *Henckel* in: Jaeger InsO, § 53 Rn. 2; *Bäuerle* in: Braun InsO, § 53 Rn. 5.
1204 näheres bei *Henckel* in: Jaeger InsO, § 53 Rn. 6.

oder für gegenseitige Verträge, deren Erfüllung der Verwalter verlangt, oder deren Erfüllung nach Eröffnung des Insolvenzverfahrens erfolgen muss (§ 55 Abs. 1 Nr. 2 InsO). Diese Behandlung beruht dabei auf der Wertung, dass dem Insolvenzverwalter eine Verwaltung und Verwertung des Schuldnervermögens zum Zwecke der Gläubigerbefriedigung kaum möglich wäre, wenn er zur Anreicherung oder Erhaltung der Masse Verträge weder schließen noch erfüllen könnte. Würden die Gläubiger solcher Verträge aber nur zusammen mit den anderen Insolvenzschuldnern befriedigt, würde wohl kaum jemand mit dem Verwalter Verträge schließen, die er nicht Zug-um-Zug oder gegen Barzahlung erfüllt[1205].

Zu den in anderer Weise begründeten Verbindlichkeiten des Verwalters gehören u. a. solche Ansprüche, die kraft Gesetzes entstehen. Hierzu zählen vor allem Steueransprüche, wenn der ihrer Auslösung zugrunde liegende Besteuerungsvorgang nach Insolvenzeröffnung stattfindet[1206].

2. *Vorläufige Insolvenzverwaltung und das Fiskusprivileg*

Grundsätzlich gelten Verbindlichkeiten, die unter Bestellung eines vorläufigen Insolvenzverwalters begründet wurden, nur dann als Masseverbindlichkeiten nach § 55 Abs. 2 InsO, wenn auf ihn die Verfügungsbefugnis übergegangen und dem Schuldner ein entsprechendes Verbot auferlegt worden ist (§ 22 Abs. 1 InsO). Die Gründe für die Erfassung dieser Verbindlichkeiten als Masseverbindlichkeiten liegen in der weitestgehenden Annäherung eines solch starken vorläufigen Insolvenzverwalters an die Rechtsstellung des endgültigen Verwalters sowie in der Reduzierung des Haftungsrisikos für den vorläufigen Verwalter[1207].

Bis zum 1. Januar 2011 beschränkte sich die Rechtsfolge des § 55 Abs. 2 InsO dabei nicht nur auf die rechtsgeschäftlich ausgelösten Verbindlichkeiten, sondern auch auf die gesetzlich begründeten. Der Regierungsentwurf[1208] nannte als Beispiel hierfür die Umsatzsteuer aus den vom vorläufigen Insolvenzverwalter getätigten Geschäften, die folglich nur dann als Masseverbindlichkeit zu qualifizieren war, wenn die zugrundeliegenden Lieferungen und Leistungen von einem starken, mit Verfügungs- und Verwaltungsbefugnis ausgestatten vorläufigen Verwalter bewirkt wurden.

Mit Wirkung zum 1. Januar 2011 hat der Gesetzgeber § 55 InsO nun um Absatz 4 ergänzt, der vorsieht, dass Verbindlichkeiten aus einem Steuerverhältnis, die von einem (schwachen) vorläufigen Insolvenzverwalter oder vom Schuldner mit dessen Zustimmung begründet worden sind, auch als Masseverbindlichkeiten gelten. In der Gesetzesbegründung heißt es, dass die Insolvenzgerichte in der Vergangenheit regelmäßig Verwalter ohne Anordnung des Übergangs der Verfügungsbefugnis bestellten und damit die Steuerverbindlichkeiten aus Rechtsgeschäften im

1205 *Henckel* in: Jaeger InsO, § 55 Rn. 5.
1206 *Henckel* in: Jaeger InsO, § 55 Rn. 33; *Bäuerle* in: Braun InsO, § 55 Rn. 25f.
1207 *Sinz* in: Uhlenbruck InsO, § 55 Rn. 92; *Henckel* in: Jaeger InsO, § 55 Rn. 84.
1208 BT-Drucks. 12/2443, S. 126 (zu § 64 RegE InsO).

Eröffnungsverfahren überwiegend nur als Insolvenzforderungen geltend gemacht werden konnten. Dies habe nicht nur der Erwartung des Gesetzgebers in der ursprünglichen Gesetzesbegründung widersprochen, sondern auch zu gezielten Masseanreicherungen auf Kosten des Fiskus geführt[1209].

Der Gesetzgeber sieht die Privilegierung des Weiteren durch die Ziele der Haushaltskonsolidierung[1210] und der Stellung des Fiskus als Zwangsgläubiger gerechtfertigt. Da der Fiskus sich seine Schuldner nicht aussuchen und dementsprechend keine Sicherheiten verlangen könne, sei seine Besserstellung gegenüber anderen Gläubigern nur folgerichtig.

Die Wiedereinführung[1211] dieses Fiskusprivilegs hat von weiten Teilen der Literatur beachtliche Kritik erfahren[1212]. Insoweit wurde m. E. nach zutreffend bemängelt, dass nicht nur die Begründung zur Rechtfertigung nicht trägt, sondern dass die Regelung des § 55 Abs. 4 InsO auch einen Fremdkörper im System des Insolvenzverfahrens darstellt. Hinsichtlich der Stellung als Zwangsgläubiger muss nämlich berücksichtigt werden, dass diese Zwangsverpflichtung, die ebenso den Bürger trifft, vom Fiskus letztlich selbst initiiert ist. Dass es ihm hierfür an (rechtsgeschäftlichen) Sicherungsmöglichkeiten fehlt, ist dem Umstand geschuldet, dass es sich zum einen um ein Massenverfahren handelt und zum anderen die Steuerschuld ohne konkrete Gegenleistung auferlegt wird. Insoweit unterscheidet sich seine Position als Steuergläubiger maßgeblich von der eines Finanz- oder Warengläubigers[1213].

Zudem ist zu berücksichtigen, dass die Zuordnung der durch den starken vorläufigen Insolvenzverwalter begründeten Verbindlichkeiten zur Masse seiner Haftungsvermeidung diente. Die Zuordnung zur Insolvenzmasse sollte ihn von dem Risiko befreien, dass die Erfüllung oder die Sicherung der ihm zugerechneten Verbindlichkeiten vor Eröffnung nicht möglich war. Unter diesem Aspekt muss die Regelung in § 55 Abs. 4 InsO daher auch als systemwidrig eingestuft werden[1214].

3. *Fazit*

Das Insolvenzverfahren dient der Verteilungsgerechtigkeit unter den Gläubigern im Falle der Zahlungsunfähigkeit des Schuldners. Dem zu bestellenden Insolvenzverwalter werden zur Herstellung dieser Gerechtigkeit weitreichende Verwaltungs- und Verfügungsbefugnisse des Schuldners übertragen. Damit eine bestmögliche Befriedigung der Gläubiger erreicht werden kann, muss der Insolvenzverwalter

---

1209 BT-Drucks. 17/3030, S. 42f.

1210 Nach dem Schaubild in BT-Drucks. 17/3030, S. 26, wurden allein für das Jahr 2011 Mehreinnahmen von EUR 345 Mio. erwartet, vgl. *Bäuerle/Schneider* in: Braun InsO, § 55 Rn. 84.

1211 § 61 Abs. 1 Nr. 2 KO sowie § 17 Abs. 3 Nr. 3 GesO wiesen bereits entsprechende Regelungen zu Gunsten der Finanzverwaltung auf.

1212 statt aller *Onusseit,* ZInsO 2011, 55 mwN.

1213 so zum Ganzen *Bäuerle/Schneider* in: Braun InsO, § 55 Rn. 84.

1214 *Heinze,* ZInsO 2011, 603; ferner *Henckel* in: Jaeger InsO, § 55 Rn. 85.

weiterhin rechtsgeschäftlich handeln können, was nur durch die privilegierte Befriedigung bestimmter Gläubigergruppen aus der Insolvenzmasse möglich ist. Die Unterteilung zwischen Insolvenz- und Massegläubiger ist daher von besonderer Bedeutung – auch für den Fiskus als Steuergläubiger.

Die Gewichtigkeit dieser Unterteilung lässt sich aus der Neuregelung in § 55 Abs. 4 InsO ablesen, die den Fiskus bereits im vorläufigen Insolvenzverfahren privilegiert. Auch wenn diese rein fiskalisch motivierte Neuerung in ihrer Rechtfertigung nicht trägt und systematisch fremd in der Methodik der Insolvenzordnung erscheint, ist sie in der nachfolgenden Analyse zu berücksichtigen.

II. Umsatzsteuern in der Insolvenz

In der Insolvenz eines Unternehmers nimmt die Umsatzbesteuerung eine besondere Rolle ein, da jede Insolvenz umsatzsteuerliche Fragen aufwirft und ihrer zutreffenden Behandlung eine mitunter erhebliche Komplexität gegenübersteht. Auch in ihren wirtschaftlichen Auswirkungen ist die Umsatzsteuer als Forderung nicht zu unterschätzen. Wenn sie nicht nur quotenmäßig als Insolvenzforderung, sondern als Masseverbindlichkeit zu befriedigen ist, kann sie die Insolvenzmasse erheblich belasten, zumal eine Verrechnung mit regelmäßig gegebenen Verlusten einer insolventen Gesellschaft, wie in anderen Steuerarten, gerade nicht in Betracht kommt[1215].

1. Einheit des Unternehmens

Dabei stellt sich zunächst die Frage, ob die insolvenzrechtliche Abspaltung des Massevermögens des Schuldners, über das er nach § 80 Abs. 1 InsO nicht mehr verfügen kann, und in das seine Gläubiger nicht vollstrecken können, Einfluss auf die Behandlung der Identität oder Einheit des umsatzsteuerlichen Unternehmens[1216] hat.

Die überwiegende insolvenzrechtliche Literatur vertritt, dass das Vermögen des Schuldners insoweit in zwei Teilmassen aufgeteilt wird, auf die unterschiedliche Rechtsregime anzuwenden sind[1217]. Durch das Auftreten des Insolvenzverwalters, der nach der herrschenden Meinung als *Partei kraft Amtes* im eigenen Namen ein ihm vom Gesetz übertragendes Amt ausführt[1218], soll diese Teilung weiter verfestigt werden, und möglicherweise darf sie daher auch bei der Umsatzbesteuerung nicht unberücksichtigt bleiben. Im Rahmen der Untersuchung der Eingliederungsmerkmale der Organschaft und der zugrundeliegenden Organtheorie hat sich schließlich mehrfach gezeigt, dass es auf die Durchsetzung der wirtschaftlichen resp.

1215 *Waza* in: W/U/S Insolvenzen und Steuern S. 363.
1216 vgl. dazu schon Kapitel 2 B. III. 1. b) bb).
1217 *Kroth* in: Braun InsO, § 80 Rn. 7f; *Sinz* in: Uhlenbruck InsO, § 96 Rn. 65 mwN.
1218 *Kroth* in: Braun InsO, § 80 Rn. 20ff; zur Auswirkung des Theorienstreits innerhalb des Insolvenzrechts auf die Umsatzbesteuerung vgl. *Onusseit,* Umsatzsteuer im Konkurs, S. 12ff.

unternehmerischen Zielsetzung ankommt, woran es bei der Zwangsverwaltung durch einen Insolvenzverwalter fehlen kann.

Gleichwohl ist zu bedenken, dass der Insolvenzverwalter keine Rechtsgeschäfte für die Masse, sondern für den Insolvenzschuldner schließt. In seinem – gewiss gesetzlich aufgezwungenen – Auftrag wickelt er das Unternehmen ab oder führt es fort. Dabei kann nicht relevant sein, wie sich der Schuldner im konkreten Fall selbst verhalten hätte, sondern nur, wie er sich als ordentlicher Geschäftsmann (vgl. § 43 Abs. 1 GmbHG) hätte verhalten müssen. Dass ihm diese Entscheidung innerhalb des Insolvenzverfahrens durch die Zurechnung des Handelns des Insolvenzverwalters[1219] abgenommen wird, ändert jedoch ebenso wie die Trennung der Vermögensmassen nichts an dem einheitlichen Unternehmen des Insolvenzschuldners.

Folglich hat die Eröffnung des Insolvenzverfahrens keinen Einfluss auf die Unternehmereigenschaft des Insolvenzschuldners. Die von einem vorläufigen oder endgültigen Insolvenzverwalter getätigten Umsätze werden daher seiner gewerblichen und beruflichen Tätigkeit als Unternehmer zugerechnet[1220]. Dies gilt im Übrigen auch dann, wenn dem Insolvenzschuldner Vermögen zur freien Verfügung überlassen wird und er damit eigenmächtig tätig wird. Das hinsichtlich dieser Tätigkeit eine eigene Umsatzsteuerfestsetzung ergeht, steht der Unternehmereinheit ebenfalls nicht entgegen[1221].

2. *Einordnung des Umsatzsteueranspruchs*

Die praktisch wohl wesentlichste Frage im Zusammenhang mit der Insolvenz ist jedoch die, ob noch unbezahlte Umsatzsteuern des Steuergläubigers als Insolvenzforderung oder als Masseverbindlichkeit am Verfahren teilnehmen.

Diese Zuordnung entscheidet nicht nur über den Umfang der Befriedigung, die bei der Einstufung als Masseverbindlichkeit regelmäßig signifikant höher liegen wird als bei der Einstufung als Insolvenzforderung. Sie entscheidet auch über die Frage nach der nicht unwichtigen Aufrechnung in der Insolvenz nach § 96 Abs. 1 Nr. 1 InsO, nämlich ob der Gläubiger *„etwas zur Insolvenzmasse schuldig geworden ist"*.

Die Problematik dieser nicht unumstrittenen Zuordnung besteht zuvorderst darin, dass das Umsatzsteuerrecht unterschiedliche Steuertatbestände und Besteuerungsformen enthält, für die eine allgemein gültige Anwendungsregel nicht besteht.

a) „Begründetsein" der Forderung

Ausgangspunkt dieser Problematik ist § 38 InsO, der bestimmt, dass ein in der Zeit vor der Verfahrenseröffnung begründeter Vermögensanspruch gegen den (Insolvenz-)Schuldner den persönlichen Gläubiger zum Insolvenzgläubiger und seine

---

1219 vgl. *Onusseit*, Umsatzsteuer im Konkurs, S. 17ff.

1220 BFH v. 28.6.2000 – V R 87/99, BStBl II 2000, 639f; v. 15.6.1999 – VII R 3/97, BStBl II 2000, 46; v. 14.5.1998 – V R 74/97, BStBl II 1998, 634 (635).

1221 *Waza* in: W/U/S Insolvenzen und Steuern S. 364.

Forderung damit zur Insolvenzforderung macht. Die insolvenzrechtliche Literatur verlangt für die Begründetheit eines solchen Vermögensanspruchs, dass dieser vor Eröffnung entstanden ist, wobei Bedingungen und Betagungen unschädlich sein sollen[1222]. Bei Steuerforderungen entstehe die Begründetheit dabei grundsätzlich mit der Verwirklichung des Tatbestandes, an den die Steuer geknüpft ist; die Festsetzung der Steuer sei dabei unerheblich[1223].

Nach Auffassung des BFH kann das *Begründetsein* im Falle der Umsatzsteuer jedoch nicht ohne Weiteres mit der steuerlichen Entstehung im Sinne des § 38 AO gleichgesetzt werden. Denn das materiell-rechtliche Entstehen der Umsatzsteuerforderung ist in Folge verfahrenstechnischer Vereinfachungsgründe auf den Ablauf des Voranmeldezeitraums gelegt, der jedoch nicht zum Umsatzsteuertatbestand in diesem Sinne gehöre[1224]. Das insolvenzrechtliche *Begründetsein* soll also nicht mit der umsatzsteuerlichen Entstehung gleichgesetzt werden, so dass ersteres eigenständig ausgelegt werden müsse.

aa) § 13 UStG als Anknüpfungspunkt (V. Senat des BFH)

Der V. Senat vertritt hierauf aufbauend die Meinung, dass hinsichtlich der Entstehung der Umsatzsteuerforderung entscheidend sei, wer das Entgelt für die Leistung einnimmt, also noch der Schuldner oder bereits der Insolvenzverwalter. Nehme letzterer das Entgelt für die Lieferung oder Leistung entgegen, seien die damit eingezogenen Umsatzsteuern stets als Masseverbindlichkeiten zu behandeln. Ob das Unternehmen der Ist-Besteuerung (§ 13 Abs. 1 Nr. 1 lit. b) UStG) oder Soll-Besteuerung (§ 13 Abs. 1 Nr. 1 lit. a) UStG) unterliegt, sei dafür ohne Belang[1225].

Bei der Ist-Besteuerung soll für die Entstehung der Steuer nur die Entgeltvereinnahmung entscheidend sein, weshalb es auch erst mit ihr zu einer vollständigen Verwirklichung des Steuertatbestandes komme. Nehme der Insolvenzverwalter bei der Ist-Besteuerung das Entgelt entgegen, komme es erst in diesem Moment zur Entstehung des Tatbestandes, so dass die Umsatzsteuer nach Verfahrenseröffnung entstanden und folglich als Masseverbindlichkeit zu behandeln sei[1226].

Bei der Soll-Besteuerung wäre zwar nach Maßgabe des UStG für die Entstehung des Steuertatbestandes nicht auf die Vereinnahmung abzustellen. Hier beruhe die Einordnung als Masseverbindlichkeit jedoch auf den mit der Verfahrenseröffnung

---

1222 BGH v. 7.4.2005 – IX ZR 138/04, ZinsO 2005, 537 (538); *Bäuerle* in: Braun InsO, § 38 Rn. 7.

1223 *Bäuerle* in: Braun InsO, § 38 Rn. 31; *Henckel* in: Jaeger InsO, § 38 Rn. 126.

1224 BFH v. 21.9.1993 – VII R 119/91, BStBl II 1994, 83 (84); *Waza* in: W/U/S Insolvenzen und Steuern, S. 373; ferner *Onusseit,* Umsatzsteuer im Konkurs, S. 86.

1225 BFH v. 9.12.2010 – V R 22/10, BStBl II 2011, 996 (997); vgl. ferner BFH v. 30.4.2009 – V R 1/06, BStBl II 2010, 138 (140); v. 29.1.2009 – V R 64/07, BStBl II 2009, 682 (684); ähnlich *Stadie* in: Rau/Dürrwächter UStG, § 18 Anhang 2 Rn. 61, 69; *Leipold* in: Sölch/Ringleb UStG, § 13 Rn. 113.

1226 BFH v. 29.1.2009 – V R 64/07, BStBl II 2009, 682 (683f.).

einhergehenden insolvenzrechtlichen Wirkungen. Im Zeitpunkt der Verfahrenseröffnung sollen nämlich sämtliche Entgelte für Lieferungen und Leistungen, unbeschadet einer etwaigen Insolvenzquote, uneinbringlich im Sinne des § 17 Abs. 2 Nr. 1 UStG werden und damit zu berichtigen sein. Unerheblich sei dabei, ob es sich um nicht vereinnahmte Entgelte für eine vom Unternehmer bezogene oder erbrachte Lieferung oder Leistung handelt[1227].

Im Falle einer erbrachten Leistung folge diese Uneinbringlichkeit des Entgelts aus dem insolvenzbedingten Auseinanderfallen des Unternehmens in mehrere Teile, zwischen denen eine Verrechnung der einzelnen umsatzsteuerlichen Berechtigungen und Verpflichtungen nicht möglich sein soll[1228].

Trotz der bestehenbleibenden Unternehmenseinheit müsse nach Insolvenzeröffnung nämlich zwischen einem vorinsolvenzrechtlichen Teil und der Insolvenzmasse unterschieden werden. Diese Unterscheidung zeige sich bspw. daran, dass Forderungen gegen den vorinsolvenzrechtlichen Teil nur mittels eines Verwaltungsaktes anzumelden sind, während Forderungen gegen die Masse weiterhin mit Steuerbescheid geltend gemacht werden können. Aus dieser Trennung folge die aus Rechtsgründen gegebene Uneinbringlichkeit nach § 17 Abs. 2 Nr. 1 UStG. Mit Insolvenzeröffnung gehe die Empfangszuständigkeit für das Entgelt auf den Insolvenzverwalter über (§ 80 InsO) und die Forderung werde für den vorinsolvenzrechtlichen Unternehmensteil uneinbringlich und müsse nach § 17 Abs. 2 Nr. 1 UStG berichtigt werden. Wenn das Entgelt dann später von dem Insolvenzverwalter entgegen genommen werde, trete erneut eine Berichtigungssituation ein, die nach § 17 Abs. 2 i.V.m. Abs. 1 Satz 7 UStG jedoch erst im Zeitpunkt der Vereinnahmung vorzunehmen sei[1229].

Die erste Steuerberichtigung aufgrund der Uneinbringlichkeit im vorinsolvenzrechtlichen Unternehmensteil und die zweite Steuerberichtigung aufgrund der Vereinnahmung für die Masse sollen dann zu einer *„zutreffenden Besteuerung des Gesamtunternehmens“* führen[1230].

Da der BFH in § 17 UStG darüber hinaus einen eigenständigen materiell-rechtlichen Erstattungsanspruch sieht[1231], der auf den Zeitpunkt seines tatbestandlichen Eintritts und nicht rückwirkend auf die ursprüngliche Steuerentstehung wirkt, soll erst mit der Entgegennahme des Entgelts durch den Insolvenzverwalter die Umsatzsteuerforderung des Fiskus, die folglich als Masseverbindlichkeit zu qualifizieren ist, entstehen und damit begründet sein.

1227 BFH v. 9.12.2010 – V R 22/10, BStBl II 2011, 996 (997f.).

1228 BFH v. 9.12.2010 – V R 22/10, BStBl II 2011, 996 (998).

1229 BFH v. 9.12.2010 – V R 22/10, BStBl II 2011, 996 (998).

1230 BFH v. 9.12.2010 – V R 22/10, BStBl II 2011, 996 (999); vgl. auch BFH v. 8.3.2012 – V R 24/11, BStBl II 2012, 466.

1231 BFH v. 7.12.2006 – V R 2/05, BStBl II 2007, 848 (849).

bb) § 1 UStG als Anknüpfungspunkt – Wider das Fiskusprivileg

Diese Ansicht ist in der Literatur auf erhebliche Kritik gestoßen.

Schon die Begründung zur Entstehung der Steuer als Masseverbindlichkeit bei der Ist-Besteuerung ist nach Meinungen in der Literatur fragwürdig, knüpfe sie doch mit § 13 UStG an die falsche Norm zur Steuerentstehung an; dies sei grundsätzlich nämlich § 1 UStG, so dass die Steuer aufschiebend bedingt mit der Ausführung des Umsatzes entsteht. Innerhalb der Insolvenz werde diese Forderung dann wie eine unbedingte behandelt und sei damit als Insolvenzforderung nach § 38 InsO einzustufen[1232].

Die Begründung hinsichtlich der Entstehung einer Masseverbindlichkeit bei der Soll-Besteuerung sei jedoch eine besonders „*kunstvolle Argumentation*"[1233], um den Fiskus als Gläubiger in der Insolvenz besser zu stellen. Entgegen der Meinung des BFH soll es bereits nicht zur Anwendung des § 17 UStG im Falle der Insolvenz eines Unternehmens kommen, auch wenn es für die Zwecke der Insolvenz in mehrere Teile zerfällt. Ebenso wie bei einer Zession oder der Pfändung einer Forderung gehe, wenn überhaupt, nur die Einziehungsbefugnis auf den Unternehmensteil der Masse und damit auf den Insolvenzverwalter über, was jedoch nicht zur Uneinbringlichkeit der Forderung im Sinne des § 17 UStG führen könne. Durch den Übergang dieser Befugnis werde der Einziehende nämlich nicht zum Unternehmer, dem die ursprüngliche Leistung des Insolvenzschuldners oder Zedenten zugerechnet werde, was sich auch an der Regelung des § 13c UStG zeigen soll. Der Teil, der an Zahlungen an die Masse zu Händen des Insolvenzverwalters geleistet werde, erfolge umsatzsteuerrechtlich auf Rechnung des Insolvenzschuldners, so dass trotz der Regelung in § 80 InsO die Zahlungen dem vorinsolvenzrechtlichen Unternehmensteil zuzurechnen sind[1234].

Schließlich sei die vermeintliche zweite Berichtigung nach § 17 UStG bei der Masse nicht möglich, da man nicht beliebig die Umsätze zwischen vorinsolvenzrechtlichem Unternehmensteil und Masse verschieben könne. Hat der vorinsolvenzrechtliche Unternehmensteil die Leistung ausgeführt, kann sie nicht alternativ oder kumulativ von der Masse erbracht worden sein. Hat die Masse aber keinen Umsatz ausgeführt, ist sie auch nicht Steuerschuldner, weder hinsichtlich des Steuer- noch des Berichtigungsanspruches[1235].

Aus der Logik dieser Entscheidung wird weiter gemutmaßt, dass bereits die Bestellung des vorläufigen Insolvenzverwalters zu einer Berechtigung nach § 17 UStG führen müsse, da diesem regelmäßig die Einziehungsermächtigung übertragen wird. Somit ergebe sich neben § 55 Abs. 4 InsO ein weiterer zeitlicher

---

1232 *Onusseit,* ZInsO 2009, 1740 (1742); ferner schon *Waza* in: W/U/S Insolvenzen und Steuern, S. 374.

1233 *Weiland,* DZWIR 2011, 224 (232).

1234 *Onusseit,* DZWIR 2011, 354 (354f.).

1235 *Onusseit,* DZWIR 2011, 354 (355).

Vorverlagerungseffekt der Besteuerung zugunsten des Fiskus und der Behandlung seiner Forderungen als Masseverbindlichkeit[1236].

cc) Besteuerungsgedanke des UStG

Die Entscheidung des BFH zur Annahme von Masseverbindlichkeiten bei der Soll-Besteuerung wirkt in der Tat dogmatisch gekünstelt und von einer fiskalischen Zielsetzung determiniert.

Zu ihren Gunsten ließe sich dogmatisch immerhin noch anführen, dass der Unternehmer im Umsatzsteuerrecht und nach Maßgabe der MwStSystRL als *„Steuereinnehmer für Rechnung des Staates"* tätig wird und dabei *„öffentliche Gelder"* in seinem Interesse vereinnahmt[1237]. Die Zahlungen, die der Insolvenzverwalter entgegennimmt, und in denen die entsprechende Steuerzahlung enthalten ist, ist also von vornherein nicht für das Unternehmen des Insolvenzschuldners bestimmt, sondern wird in gewisser Weise nur treuhänderisch für den Staat eingenommen. Rein faktisch-wirtschaftlich muss ferner bedacht werden, dass bei Umsätzen gegenüber vorsteuerabzugsberechtigten Unternehmen die vom Insolvenzverwalter vereinnahmten Steuern vom Fiskus als Vorsteuern beim leistungsempfangenden Unternehmer erstattet werden müssen. Insoweit kann nicht nur ein Steuerausfall zu seinen Lasten eintreten, sondern er muss ggf. sogar noch Vorsteuern erstatten, so dass im Ergebnis eine doppelte Belastung droht.

Obgleich sich der faktisch-wirtschaftlichen Position des Fiskus etwas abgewinnen lässt und auch die dogmatische Intention der Umsatzbesteuerung für eine Separation der Steuereinnahmen von den sonstigen Zahlungen in der Insolvenz spricht, muss die Behandlung der Umsatzsteuern dennoch nach geltender Rechtslage erfolgen. Die Begründung der Rechtsprechung, insbesondere hinsichtlich des Schicksals der Umsatzsteuern bei der Soll-Besteuerung, kann jedoch weder auf die Insolvenzordnung noch auf das Umsatzsteuerrecht gestützt werden, wie die Kritik der Literatur belegt hat. Mehr noch hat die Rechtsprechung mit ihrer Begründung Grundsätze relativiert, die – auch außerhalb der Insolvenz eines Unternehmers – eine Vielzahl neuer Fragen aufwerfen wird, welche auch die Gerichte entsprechend beschäftigen dürften. So bleibt bspw. fraglich, ob aus der Trennung des insolventen Unternehmens nicht auch eine Trennung etwaiger Vorsteuervergütungen von Umsatzsteuerzahllasten zwischen den Unternehmensteilen erfolgen müsste, und wie viele Verrechnungen dann nach § 16 UStG vorzunehmen wären[1238].

Die Trennung des insolventen Unternehmens ist jedenfalls weder mit der Unternehmeridentität noch mit der steuerlichen Behandlung des Unternehmers an sich vereinbar. Allein der Wechsel der Verwaltungs- und Verfügungsbefugnis trennt das einheitliche Unternehmen des Insolvenzschuldners nicht in mehrere Teile auf.

1236 *Wagner/Köhler,* BB 2011, 1507 (1510).

1237 vgl. EuGH v. 20.10.1993 – Rs. C-10/92 (Balocchi), EuGHE 1993, I-5105; vgl. ferner schon unter Kapitel 2 B. III. 2. a).

1238 vgl. zu diesen Folgeproblemen *Onusseit,* DZWIR 2011, 354 (356).

Dies folgt schon aus dem Umstand, dass sich die Behandlung als Unternehmer aus der kausalen Erbringung von Leistungen resp. Umsätzen ableitet und nicht aus der Verfügungs- oder Verwaltungsbefugnis[1239]. Deshalb trifft es auch zu, dass eine Zurechnung an den Unternehmensteil *Masse* schon nicht erfolgen kann, weil dieser keine Umsätze vor Insolvenz ausgeführt hat und damit auch nicht Unternehmer sein kann. Eine Zurechnungsnorm wie bei der Organschaft existiert insoweit nicht und lässt sich weder aus der Insolvenzordnung noch aus dem Umsatzsteuerrecht ableiten.

Sofern ein anzuerkennendes faktisches Sicherungsbedürfnis für die Steueransprüche des Fiskus besteht, muss der Gesetzgeber handeln – die Rechtsprechung kann dafür nicht verantwortlich sein.

Entgegen dieser Rechtsprechung muss daher die Einordnung der Umsatzsteuerforderungen streng nach den Maßgaben der InsO und des UStG erfolgen. Die InsO grenzt die Einordnung nach dem Zeitpunkt des *Begründetseins* der Forderung ab (§ 38 InsO), wobei sich diese Begründetheit des Anspruchs ausschließlich nach den Bestimmungen des Umsatzsteuerrechts zu richten hat[1240]. Entscheidend für die Entstehung des Umsatzsteueranspruches ist dabei nicht die Vereinnahmung des Entgelts, sondern die tatsächliche Ausführung der Lieferung oder Leistung. Denn bereits in diesem Moment kann ein steuerauslösender Verbrauch festgestellt werden, und die Forderung ist *„ihrem Kern nach“*[1241] entstanden.

Die Ausführung des Umsatzes als entscheidender Zeitpunkt der Steuerentstehung gilt dabei m. E. nach nicht nur für die Soll-, sondern auch für die Ist-Besteuerung. Die Meinungen[1242], die § 13 UStG eine den Tatbestand des § 1 UStG ergänzende Funktion beimessen und daher die Entgeltvereinnahmung für die Steuerentstehung für maßgeblich erklären, können mit dem Besteuerungsgedanken des UStG nicht in Einklang gebracht werden. Freilich spricht § 1 UStG von der Ausführung von Umsätzen *gegen Entgelt*. Das Entgelt ist jedoch nur der Indikator der Anwendung des Besteuerungssatzes, der dem entstandenen Anspruch auf die Steuer nachfolgt. Dem Postulat einer umfassenden Verbrauchsbesteuerung wäre insoweit auch nicht gedient, wenn der Anspruch auf die Steuer an weitere, nicht zwingende Merkmale geknüpft wäre. Die Lieferung oder Leistung unterliegt daher bereits dann der Steuer, wenn der Umsatz ausgeführt, und nicht erst wenn das Entgelt vereinnahmt wurde[1243].

M. E. nach ist es für die Einordnung der Umsatzsteuer als Insolvenzforderung oder Masseverbindlichkeit entscheidend, wann die Lieferung oder Leistung

---

1239 vgl. Kapitel 2 B. II. 1. d).

1240 vgl. bspw. BFH v. 21.12.1988 – V R 29/86, BStBl II 1989, 434 (435); v. 9.4.1987 – V R 23/80, BStBl II 1987, 527 (529); v. 13.11.1986 – V R 59/79, BStBl II 1987, 226 (227).

1241 so noch BFH v. 17.4.2007 – VII R 27/06, BStBl II 2009, 589 (590).

1242 vgl. mwN *Leipold* in: Sölch/Ringleb UStG, § 13 Rn. 111ff; *Stadie* in: Rau/Dürrwächter UStG, § 18 Anhang 2 Rn. 64.

1243 *Waza* in: W/U/S Insolvenzen und Steuern, S. 374; *Onusseit*, Umsatzsteuer im Konkurs, S. 90.

tatsächlich erbracht wurde. Solange dieser Zeitpunkt vor der Eröffnung des Insolvenzverfahrens oder außerhalb der Anwendung des § 55 Abs. 4 InsO liegt, sind die daraus resultierenden Umsatzsteuern als Insolvenzforderungen anzumelden und zwar unabhängig davon, ob eine Ist- oder Soll-Besteuerung vorliegt.

dd) Zwischenergebnis

Somit bleibt festzuhalten, dass es nach Auffassung der Rechtsprechung für die Begründetheit und damit für die Charakterisierung der Umsatzsteuer in der Insolvenz stets auf die Entgeltvereinnahmung ankommt. Erfolgt diese erst durch den Insolvenzverwalter, handelt es sich bei der Steuerforderung um eine Masseverbindlichkeit, da erst mit der Vereinnahmung der Steuertatbestand voll entstanden ist.

Nach Meinungen in der Literatur[1244] und der hier vertretenen Ansicht muss es dagegen nach geltender Gesetzeslage auf den Zeitpunkt der Ausführung der Lieferung oder Leistung ankommen. Wird diese vor Verfahrenseröffnung und nicht unter der Ägide eines vorläufigen Insolvenzverwalters ausgeführt, sind die hieraus resultierenden Umsatzsteuern *nur* Insolvenzforderungen.

b) Aufrechnung innerhalb der Insolvenz

Ein weiterer wesentlicher Aspekt für die Umsatzsteuer in der Insolvenz ist die Frage nach der etwaigen Aufrechenbarkeit von Forderungen und Vergütungsansprüchen. Die zuvor dargestellte Rechtsprechung zur Entstehung der Umsatzsteuer nimmt dabei auch auf diese Fragestellung Einfluss.

Grundsätzlich wird dem Insolvenzgläubiger gem. § 94 InsO nach Eröffnung der Insolvenz nicht die Berechtigung zur Aufrechnung genommen. Solange die Forderung des Insolvenzgläubigers, mit der er aufrechnen will, voll wirksam, also durchsetzbar und fällig ist und die Hauptforderung entstanden und erfüllbar ist, kann er auch nach Eröffnung des Insolvenzverfahrens noch die Aufrechnung erklären[1245].

Anders ist dies allerdings dann, wenn die Hauptforderung erst nach der Eröffnung entsteht. Dann nämlich ist – wie es das Gesetz in § 96 Abs. 1 Nr. 1 InsO formuliert – der Insolvenzgläubiger erst nach Eröffnung des Verfahrens etwas zur Masse schuldig geworden. Als entstanden gilt die Forderung dann, wenn ihr gesicherter Rechtsgrund gelegt wurde und ihr Anspruch insolvenzrechtlich entstanden ist[1246]. Der Grund für dieses Aufrechnungsverbot liegt abermals in der gleichmäßigen Gläubigerbefriedigung[1247], da anderenfalls der Gläubiger durch den Abschluss von Verträgen nach Verfahrenseröffnung seine Insolvenzforderung durch Aufrechnung faktisch zur Masseverbindlichkeit erheben könnte.

1244 *Waza* in: W/U/S Insolvenzen und Steuern, S. 374; *Onusseit,* DZWIR 2011, 353; *Weiland,* DZWIR 2011, 224.

1245 *Kroth* in: Braun InsO, § 94 Rn. 12.

1246 *Kroth* in: Braun InsO, § 94 Rn. 9; *Windel* in: Jaeger InsO, § 96 Rn. 12 mwN.

1247 vgl. *Kroth* in: Braun InsO, § 94 Rn. 1.

Entsteht nach der Insolvenzeröffnung nun ein Vorsteuervergütungsanspruch oder ein Anspruch auf Rückerstattung gezahlter Umsatzsteuer, ist also fraglich, ob das Finanzamt als Steuergläubiger gegen eine solche Forderung mit steuerlichen Insolvenzforderungen aufrechnen kann.

aa) Divergenz der Rechtsprechung

Der für Abrechnungsfragen zuständige VII. Senat[1248] vertrat hierzu bis vor Kurzem die Auffassung, dass es insoweit nicht auf die Geltendmachung des Anspruches durch den Steuerpflichtigen ankäme, sondern auf die – nach hiesiger Ansicht zutreffende – Ausführung der dem Anspruch zugrundeliegende Leistung oder Lieferung. Lag dem – nach Eröffnung des Verfahrens – angemeldeten Vorsteuervergütungsanspruch folglich eine Leistungsausführung vor der Eröffnung zugrunde, konnte das Finanzamt gegen diesen Anspruch mit eigenen Insolvenzsteuerforderungen aufrechnen. Auch bei einer Steuerberichtigung gem. § 17 UStG nach Verfahrenseröffnung nahm der VII. Senat an, dass diese auf den Zeitpunkt der Steuerentstehung zurückwirke und einer Aufrechnung nach § 96 Abs. 1 Nr. 1 InsO nicht entgegenstehe, solange der zu berichtigende Steueranspruch aus einer Leistungsausführung vor Eröffnung resultiert[1249].

Obwohl diese Rechtsprechung erkennbar im Widerspruch zu der oben dargestellten Rechtsprechung des V. Senats stand, hielt der V. Senat eine Divergenz beider Rechtsprechungen für nicht gegeben. Da die Rechtsprechung des VII. Senats zu § 96 InsO ergangen sei, die eigene jedoch zur Einordnung der Steuerforderungen nach den §§ 38, 55 InsO, stünde die Auslegung des VII. Senats der eigenen Rechtsauffassung nicht zuwider[1250]. Der V. Senat sah die Abweichung (wohl) ferner durch die Annahme des VII. Senats gerechtfertigt, dass es schwerlich begründbar sei, wenn die Finanzbehörden in Aufrechnungslagen eine Erstattung an die Masse leisten müssten, ihre korrespondierenden unbefriedigten Steuerforderungen jedoch lediglich als Insolvenzforderungen geltend machen könnten, mit denen sie möglicherweise dann ganz oder teilweise ausfallen[1251]. Eine hierauf aufbauende dogmatische Begründung für die unterschiedlichen Entstehungszeitpunkte der Steueransprüche konnte der V. Senat des BFH jedoch nicht geben.

1248 BFH v. 17.4.2007 – VII R 27/06, BStBl II 2009, 589; v. 17.12.1998 – VII R 47/98, BStBl II 1999, 423; v. 21.9.1993 – VII R 119/91, BStBl II 1994, 83.

1249 zu dieser Rechtsprechung insgesamt BFH v. 25.7.2012 – VII R 29/11, BStBl II 2013, 3[illegible].

1250 so in BFH v. 29.1.2009 – V R 64/07, BStBl II 2009, 682 (685); bestätigt durch BFH v. 9.12.2010 – V R 22/10, BStBl II 2011, 996 (999).

1251 BFH v. 9.12.2010 – V R 22/10, BStBl II 2011, 996 (999) unter Verweis auf BFH v. 17.4.2007 – VII R 27/06, BStBl II 2009, 589 (591).

bb) Wegfall des Aufrechnungsprivilegs

Nunmehr hat der VII. Senat dieser Divergenz in den Rechtsauffassungen ein Ende gesetzt und die eigene Rechtsprechung aufgegeben[1252].

Dagegen, dass § 96 InsO sowie die §§ 38, 55 InsO auf derselben Wertung, nämlich der Entstehung eines Anspruches nach Insolvenzeröffnung beruhen, lässt sich mit der geltenden Gesetzeslage m. E. nach nicht belastbar argumentieren. Mehr noch aber wäre es bei einer Fortgeltung der unterschiedlichen Auffassungen nicht nur zu einer doppelten Begünstigung des Fiskus im Insolvenzverfahren gekommen. Die Mischung aus den Rechtsprechungen beider Senate hätte zu einer wirtschaftlichen Doppelbesteuerung desselben Umsatzes in der Insolvenz führen können.

Soweit es nämlich – nach Auffassung des V. Senats – im Rahmen der ersten vorzunehmenden Berichtigung nach § 17 UStG zu Rückzahlungen von bereits gezahlten (Soll-)Umsatzsteuern des Insolvenzschuldners gekommen wäre, hätten die Finanzbehörden – nach Maßgabe der Rechtsprechung des VII. Senats – diese Forderung gegen andere offene Insolvenzsteuerforderungen aufrechnen können. Der Rückzahlungsanspruch wäre nach Ansicht des VII. Senats nämlich vor der Eröffnung des Verfahrens entstanden, so dass § 96 InsO nicht anwendbar wäre. Soweit der Insolvenzverwalter später das Entgelt für den zunächst berechtigten Umsatz doch vereinnahmt hätte (zweite Berichtigung), hätte die bereits bezahlte, aufgrund der Berichtigung mit anderen Insolvenzforderungen nicht zur Masseanreicherung führende Umsatzsteuer erneut aus der Masse gezahlt werden müssen. Damit wäre der gleiche Umsatz faktisch zweimal besteuert worden und der Fiskus hätte eine Aufrechnungslage erreichen können, wie sie § 96 InsO gerade verhindern will[1253].

Denn obwohl die Rechtsauffassung des VII. Senats nach hiesiger Ansicht richtig war, hatte sie gleichwohl für den Fiskus den Vorteil der Vorverlagerung des Steuerentstehungszeitpunktes vor der Verfahrenseröffnung. Im Zusammenspiel mit der Rechtsprechung des V. Senats hätte diese Vorverlagerung zu der *„giftige[n] Mischung“* [1254] geführt, dass Steuerforderungen im Festsetzungsverfahren als Masseverbindlichkeiten einzustufen gewesen wären, während Steuerrückerstattungen im Abrechnungsverfahren nicht zur Masse hätten geleistet werden müssen, so dass eine Aufrechnung möglich geblieben wäre.

Mit Übernahme der Rechtsauffassung des V. Senats ist dieser Weg m. E. nach nun versperrt. Wenn § 17 UStG einen eigenständigen materiellen Anspruch begründet und sowohl Forderungen wie Verbindlichkeit des insolventen Unternehmers im Zeitpunkt der Verfahrenseröffnung zu berichtigen sind, dann sind vom Fiskus zu leistende Erstattungsforderungen, als nach der Eröffnung entstandene Ansprüche zur Masse zu leisten und damit vom Aufrechnungsverbot des § 96 Abs. 1 Nr. 1 InsO erfasst. Die Berichtigung nach § 17 UStG kann logischerweise nämlich erst nach der Verfahrenseröffnung als eigener materieller Anspruch entstehen, da das

---

1252 BFH v. 25.7.2012 – VII R 29/11, BStBl II 2013, 36.
1253 zum Ganzen *Heinze*, DZWIR 2011, 276 (278f.).
1254 *Heinze*, DZWIR 2011, 276 (279).

Insolvenzverfahren in gewisser Weise Tatbestandsvoraussetzung der Anwendung des § 17 UStG ist[1255]. Für den Entstehungszeitpunkt dieser Ansprüche bedeutet das dann folgerichtig, dass sie jedenfalls erst eine juristische Sekunde nach der Eröffnung entstanden sein können und der Fiskus Rückerstattungsansprüche erst danach zur Masse schuldig wird[1256].

Konkret folgt hieraus nun, dass alle aus der ersten Berichtigung resultierenden Steuererstattungen zur Masse zu leisten sind und eine Aufrechnung nach § 94 InsO mit diesen Forderungen nach § 96 Abs. 1 Nr. 1 InsO unzulässig ist[1257].

3. *Fazit*

Die Analyse der Umsatzbesteuerung in Insolvenzverfahren hat gezeigt, dass zwar der Unternehmerstatus durch die Vermögensteilung des Insolvenzrechts grundsätzlich nicht beeinträchtigt werden soll, die Rechtsprechung aber eine Quasi-Aufteilung vornimmt und dem Fiskus so eine privilegierte Verfahrensstellung verschafft.

Die in Anbetracht der Wertungen des UStG und der MwStSystRL gekünstelt wirkende Interpretation der Steuerentstehung in der Insolvenz und der Umformung des § 17 UStG zur Privilegierungsnorm schafft eine neue Komplexität bei der Auslegung des UStG, die in ihren weiteren Konsequenzen nicht absehbar ist. Zumindest der VII. Senat hatte ein Einsehen und seine zutreffende, freilich nicht weniger Fiskus freundliche Rechtsprechung zu § 96 InsO aufgegeben, so dass es jedenfalls nicht mehr zu einer faktischen Doppelbesteuerung derselben Umsätze kommen dürfte. Somit ist zumindest wieder ein Gleichlauf in der Rechtsprechung des BFH hinsichtlich der Entstehung von Umsatzsteuern in der Insolvenz erreicht.

Es bleibt nunmehr zu untersuchen, wie sich die komplexe Umsatzbesteuerung nach Maßgabe der Rechtsprechung sowie nach Maßgabe der m. E. nach zutreffenden Behandlungen anhand der Umsatzsteuerentstehung jeweils in der Organschaft auswirkt.

C. Organschaft in der Insolvenz

Die schon im Regelfall anspruchsvolle Umsatzbesteuerung im Rahmen einer Insolvenz lässt erahnen, dass deren Handhabung im Zusammenhang mit einer Organschaft nicht simpler wird.

Hier geht es – nach der Rechtsprechung – dann nicht mehr nur um die insolvenzbedingte Teilung eines einheitlichen Unternehmens; zusätzlich muss die gesetzlich angeordnete Zurechnung der Leistungsbeziehung berücksichtigt werden, die bereits

---

1255 *Sinz* in: Uhlenbruck InsO, § 96 Rn. 24.

1256 so auch *Heinze,* DZWIR 2011, 276 (279); *Onusseit,* DZWIR 2011, 354 (355).

1257 vgl. im Ergebnis BGH v. 19.7.2007 – IX ZR 81/06, ZIP 2007, 1612.

außerhalb der Insolvenz zu einer Verschiebung der wirtschaftlichen Lasten führen kann[1258].

Bevor nun im Einzelnen zu analysieren ist, wie sich diese neue Rechtsprechung bei der Organschaft auswirkt, ist zunächst die Frage nach dem Fortbestand der Organschaft bei einer Insolvenz zu klären. Im Zusammenhang mit der organisatorischen Eingliederung und der Frage ihres tatbestandlichen Vorliegens ist dieses Thema bereits einmal virulent geworden[1259], bei dem es im Wesentlichen um die fortwährende Durchsetzung der Beherrschungsmacht im Organkreis geht.

I. Insolvenz des Organträgers

Mit der Bestellung des Insolvenzverwalters gehen nicht nur die Verfügungsrechte des Insolvenzschuldners nach § 80 Abs. 1 InsO auf diesen über. Der Insolvenzverwalter muss in Erfüllung der ihm nach § 148 Abs. 1 InsO obliegenden Pflicht auch das Insolvenzvermögen in Verwaltung nehmen. Gehören zu dem Vermögen des Insolvenzschuldners dabei Gesellschaftsbeteiligungen, stehen die hieraus resultierenden Stimm- und Informationsrechte ab diesem Zeitpunkt ebenfalls dem Verwalter und nicht mehr dem Insolvenzschuldner zu[1260]. Innerhalb dieser Verwaltung hat der Insolvenzverwalter an der Willensbildung der Gesellschaft mitzuwirken und seinen gesellschaftsrechtlichen Einfluss geltend zu machen, allein schon um nachteilige Folgen für die Gesellschaft zu vermeiden[1261].

Aufgrund dieses Übergangs der die Herrschaftsmacht vermittelnden Befugnisse wird gemeinhin vertreten, dass die Insolvenz des Organträgers grundsätzlich nicht zu einer Beendigung der Organschaft führt[1262]. Durch die Übernahme der Führung des Organträgers ändere sich nicht das Abhängigkeitsverhältnis der Organgesellschaft, sondern nur die personelle Zuständigkeit bei der Willensbildung werde ausgewechselt. Für die Organgesellschaft mache es insoweit aber keinen Unterschied, durch welche Person sie dominiert wird, solange sich die fremde Willensbildung der übergeordneten Gesellschaft bei ihr realisiere[1263]. Die Insolvenz des Organträgers habe insoweit auch keinen Einfluss auf die Solvenz der Organgesellschaft. Durch die zivilrechtliche Trennung der Vermögensmassen beider Gesellschaften gelten die Wirkungen des Insolvenzverfahrens nur bei dem jeweiligen Rechtsträger und es komme nicht zu einer Art Konzerninsolvenz[1264].

Die Fortführung der Organschaft scheint in diesem Fall also auf den ersten Blick zu überzeugen. Das Beteiligungsverhältnis, also die finanzielle Eingliederung ändert

---

1258 vgl. Kapitel 5 A. V.

1259 vgl. Kapitel 4 E. II. 3. a).

1260 *Sinz* in: Uhlenbruck InsO, § 148 Rn. 39; *Bäuerle* in: Braun InsO, § 35 Rn. 63.

1261 *Bäuerle* in: Braun InsO, § 35 Rn. 63; *Schramm* in: FS Görg 2010, S. 431 (446).

1262 BFH v. 28.1.1999 – V R 32/98, BStBl II 1999, 258 (259); *Reiß* in: Reiß/Kraeusel/Langer UStG, § 2 Rn. 122.4; *Waza* in: W/U/S Insolvenzen und Steuern, S. 367 mwN.

1263 *Waza* in: W/U/S Insolvenzen und Steuern, S. 367.

1264 *Maus* in: Uhlenbruck InsO, § 80 Rn. 34 (13. Aufl.).

sich durch den Übergang der Verfügungs- und Verwaltungsrechte auf den Insolvenzverwalter nicht, so dass auch danach eine die Stimmmehrheit vermittelnde Beteiligung konstatiert werden kann.

Solange keine sofortige Stilllegung des Betriebs erfolgt (§ 158 Abs. 1 InsO), wird auch die wirtschaftliche Eingliederung zwischen den Organkreisbeteiligten fortbestehen. Eine sofortige Beendigung der Geschäftsbeziehung zur Organgesellschaft würde zudem in der Regel eine Störung des Geschäftsablaufs hervorrufen und damit den Wert der Masse (wohl) insgesamt beeinträchtigen[1265].

1. *Organisatorische Eingliederung*

Fraglich ist allerdings der Fortbestand der organisatorischen Eingliederung. Während diese früher bei der Insolvenz des Organträgers noch als kritisch eingestuft wurde[1266], wird heute allgemein mit der Rechtsprechung davon ausgegangen, dass mit der Verfahrenseröffnung allein die Zuständigkeit in der personellen Willensbildung des Organträgers auf den Verwalter übergehe. Dies ändere jedoch nichts an der Abhängigkeit zur Organgesellschaft, für die es keinen Unterschied machen soll, ob der fremde Wille vom Geschäftsführer oder vom Insolvenzverwalter des Organträgers gebildet wird, solange letzterer bereit ist, die wirtschaftliche Abhängigkeit auch tatsächlich fortzuführen[1267].

Unter Berücksichtigung der Vorgaben der Rechtsprechung zur organisatorischen Eingliederung ist dieses Ergebnis jedoch verwunderlich. Denn danach kommt es auf eine „*Gestaltung der Beziehungen*" zwischen Organträger und -gesellschaft an, die sicherstellen muss, dass der Wille des Organträgers in der Organgesellschaft auch tatsächlich durchgesetzt wird[1268]. Diese verlangt dabei aber nicht nur eine irgendwie geartete Einflussnahme der Geschäftsführung auf die Organgesellschaft, sondern regelmäßig eine personelle Verflechtung der Leitungsorgane in der Organschaft. Freilich können nach Eröffnung des Insolvenzverfahrens die Geschäftsführer des Organträgers im Amt verbleiben, so dass bei ihrer Tätigkeit in der Organgesellschaft eine Verflechtung formal anzunehmen wäre. Doch basiert diese Voraussetzung der Rechtsprechung auf einer unterstellten parallelen Willensdurchsetzung der Leitungsorgane in den Gesellschaften. Mit dem Übergang der Verwaltungs- und Verfügungsbefugnis auf den Insolvenzverwalter beim Organträger kann das dortige Leitungsorgan jedoch keinen entsprechenden Willen mehr bilden. Die formale personelle Verflechtung führt also nicht zu einer tatsächlichen Parallelität der Willensbildungen bei den Organkreisbeteiligten.

Etwas anderes könnte sich daraus ergeben, dass der Schuldner nach § 97 Abs. 2 InsO einer Mitwirkungspflicht bei der Erfüllung der Aufgaben des

---

1265 *Schramm* in: FS Görg 2010, S. 431 (446).

1266 *Maus* in: Uhlenbruck InsO, § 80 Rn. 33 (13. Aufl.).

1267 *Schiffer,* DStR 1998, 1989 (1991); *Onusseit,* Umsatzsteuer im Konkurs, S. 27f.

1268 BFH v. 8.8.2013 – V R 18/13, DStR 2013, 1883 (1885); v. 7.7.2011 – V R 53/10, BFH/NV 2011, 2195 (2197); ferner unter Kapitel 4 E. I. 1 mwN.

Insolvenzverwalters unterliegt. Insoweit könnte angenommen werden, dass aus dieser Mitwirkungsverpflichtung ein Einflussrecht des Insolvenzverwalters folgt, das das (auch in der Organgesellschaft) eingesetzte Leitungsorgan des insolventen Organträgers – ähnlich einem leitenden Angestellten – dem Weisungsrecht des Insolvenzverwalters unterstellt[1269].

Allerdings soll aus § 97 Abs. 2 InsO nur eine Verfahrensförderungspflicht mit punktueller Tätigkeitspflicht folgen und nicht die Verpflichtung zum Einsatz der vollen Arbeitskraft des Leitungsorgans[1270]. Auch nach Verfahrenseröffnung soll bspw. der Geschäftsführer einer GmbH dem (eingeschränkten) Weisungsrecht seiner Gesellschafterversammlung unterliegen und grundsätzlich nicht dem des Insolvenzverwalters. Ein solches Weisungsrecht soll stattdessen nur in Ausnahmefällen anerkannt werden, wenn der Insolvenzverwalter nicht nur als Arbeitgeber, sondern auch als Unternehmer erscheint und eine einvernehmliche Zusammenarbeit mit der Geschäftsführung ein *„eingeschränktes"* Weisungsrecht unerlässlich macht[1271].

Ob ein *nur* eingeschränktes Weisungsrecht den Anforderungen der Rechtsprechung an die organisatorische Eingliederung dabei jedoch immer gerecht werden kann, ist m. E. nach zweifelhaft.

Festzuhalten bleibt somit, dass unter Anwendung der Rechtsprechungsgrundsätze zum Vorliegen der organisatorischen Eingliederung im Falle der Insolvenz des Organträgers m. E. nach und entgegen der h. M. nicht generell ein Fortbestehen der Organschaft angenommen werden kann. Aufgrund der nur eingeschränkten Einfluss- und Weisungsmöglichkeiten des Insolvenzverwalters auf den Geschäftsführer der Organgesellschaft wird man mitunter eher von einer Beendigung der Organschaft ausgehen müssen[1272].

a) Sicherstellung des Fortbestands der Organschaft

Nach der hier vertretenen Auslegung der organisatorischen Eingliederung kann dagegen im Falle der Insolvenz des Organträgers grundsätzlich eine Fortdauer der Organschaft angenommen werden.

Im Zusammenhang mit der Möglichkeit einer organisatorischen Eingliederung bei einer Gesamtgeschäftsführung wurde bereits dargestellt[1273], dass die aus der finanziellen Eingliederung folgenden Mittel der Weisungs- und der Abberufungsmöglichkeit einen Druck auf den untergeordneten Geschäftsführer erzeugen können, der eine Willensdurchsetzung gewährleisten kann. Gewiss können allein diese Mittel keine organisatorische Eingliederung bedeuten; anderenfalls wäre das Merkmal neben dem der finanziellen Eingliederung Makulatur.

1269 vgl. Kapitel 4 E. I. 1. a).

1270 *Kroth* in: Braun InsO, § 97 Rn. 12; *Zipperer* in: Uhlenbruck InsO, § 97 Rn. 16.

1271 *Steffan* in: GmbH-Geschäftsführung, § 38 Rn. 92.

1272 ahnlich, aber eher formal betrachtet BFH v. 28.1.1999 – V R 32/98, BStBl II 1999, 258.

1273 vgl. Kapitel 4 E. II. 3. b).

Diese Mittel können jedoch im Zusammenspiel mit dem (insolvenzrechtlich) eingeschränkten Weisungsrecht des Insolvenzverwalters im Organträger eine Willensdurchsetzung begründen. Denn durch diese doppelte Einflussnahme auf das Leitungsorgan in Ober- wie Untergesellschaft kann sich eine Durchsetzung des nunmehr maßgeblichen Willens des Insolvenzverwalters rechtlich realisieren. Das eingeschränkte Weisungsrecht ließe sich insolvenzrechtlich im Übrigen durch die Fortführung der Organschaft begründen, da der Verwalter insoweit als Unternehmer zur Masseanreicherung agiert.

Neben der insoweit gegebenen rechtlichen Möglichkeit einer Willensbeherrschung muss diese noch tatsächlich umgesetzt werden, da sich die Organschaft in der Insolvenz weiterhin nach dem Gesamtbild der tatsächlichen Verhältnisse richtet. Insbesondere die Fortführung der wirtschaftlichen Zusammenarbeit beider Unternehmen wird jedoch bereits regelmäßig für eine entsprechende Willensdurchsetzung und damit für den Beibehalt der organisatorischen Eingliederung sprechen[1274].

Eine weitere Möglichkeit die Organschaft fortzusetzen, besteht in der Bestellung einer umfänglich weisungsgebundenen Person, also bspw. eines Angestellten des Organträgers als Geschäftsführer der Organgesellschaft. Da für den in die Stellung des Leitungsorgans einrückenden Insolvenzverwalter nichts anderes gelten kann als für das Leitungsorgan selbst, könnte er in dieser Konstellation seinen Willen sowohl bei dem Organträger als auch der Organgesellschaft durchsetzen[1275].

b) *Vorläufige Insolvenzverwaltung*

Dieses Ergebnis kann auf die Bestellung eines vorläufigen Insolvenzverwalters im Eröffnungsverfahren grundsätzlich entsprechend angewandt werden.

Soweit dem vorläufigen Insolvenzverwalter bereits weitreichende Befugnisse zur Sicherung der Masse übertragen wurden und er somit vergleichbar mit einem (endgültigen) Insolvenzverwalter agiert, kann schon im Eröffnungsverfahren die rechtliche Möglichkeit seiner Willensdurchsetzung bejaht werden.

Bei einem schwachen Insolvenzverwalter, der nur die Willensdurchsetzung des grundsätzlich noch verwaltungs- und verfügungsbefugten Leitungsorgans des Organträgers verhindern kann, ist die Situation komplizierter. Denn in diesem Fall besteht zwar die rechtliche Möglichkeit einer Willensdurchsetzung noch beim Leitungsorgan. Dieses kann an der tatsächlichen Ausübung dieses Rechts jedoch vom vorläufigen Insolvenzverwalter gehindert werden, der seinerseits selbst aber ebenfalls noch nicht über die rechtlichen Möglichkeiten zur Willensdurchsetzung verfügt. Insoweit besteht hier die Gefahr, dass mit der vorläufigen Verwaltung die organisatorische Eingliederung wegfällt und die Organschaft beendet wird, nur um bei der endgültigen Insolvenzeröffnung wieder neu begründet zu werden.

1274 *Onusseit,* Umsatzsteuer im Konkurs, S. 26.

1275 *Birkenfeld* in: Birkenfeld/Wäger USt-Hdb, § 44 Rn. 731; *Wäger,* UR 2014, 81 (91).

Entsprechend den Ausführungen[1276] zur vorläufigen Insolvenzverwaltung in der Organgesellschaft wird man in diesen Fällen aber dann einen Fortbestand der Organschaft annehmen müssen, wenn die Organschaftsbeziehung auch im Interesse des vorläufigen Verwalters ist. Solange dieser die wirtschaftliche Zielsetzung des insolventen Organträgers mitträgt, kann also weiterhin der Wille des Organträgers in der Organgesellschaft realisiert werden.

2. Zwischenergebnis

Obschon bei der Insolvenz des Organträgers die Rechtsprechung und die überwiegende Literatur grundsätzlich die Fortgeltung der Organschaft annehmen, müsste m. E. nach in diesem Fall unter Anwendung der Grundsätze der Rechtsprechung zur organisatorischen Eingliederung wohl regelmäßig eine Beendigung der Organschaft angenommen werden.

Nach der hier vertretenen Auslegung kann die organisatorische Eingliederung dagegen durch die Ausübung eines eingeschränkten Weisungsrechts gegenüber dem (auch als Geschäftsführer in der Organgesellschaft) eingesetzten Leitungsorgan des insolventen Organträgers gesichert werden. Zusammen mit dem Weisungs- und Abberufungsrecht des Insolvenzverwalters gegenüber der Geschäftsführung in der Organgesellschaft kommt es in der Gesamtschau dann zu einer Willensdurchsetzung des Insolvenzverwalters auch in der Organgesellschaft.

Im Eröffnungsverfahren und der Bestellung eines starken vorläufigen Verwalters ändert sich an diesem Ergebnis grundsätzlich nichts. Nur bei einem schwachen Verwalter kann es u. U. zu einer Beendigung der Organschaft kommen. Entscheidend hierfür ist, ob der schwache vorläufige Insolvenzverwalter die wirtschaftliche Zielsetzung des Organträgers mitträgt und von seiner bestehenden rechtlichen Befugnis zur Willensdurchsetzung tatsächlich Gebrauch macht.

II. Insolvenz der Organgesellschaft

Im Falle der Insolvenz der Organgesellschaft ändert sich an deren finanzieller und wirtschaftlicher Eingliederung in den Organträger zunächst ebenfalls nichts. Durch die Bestellung des Insolvenzverwalters werden weder die Beteiligungsverhältnisse und Stimmmehrheiten geändert, noch wird es – außer in Ausnahmefällen – zu einer sofortigen Beendigung der wirtschaftlichen Verflechtung zwischen den Beteiligten kommen.

1. Finanzielle Eingliederung

Obgleich sich das Beteiligungsverhältnis und die Stimmmehrheiten nicht ändern, wird in der Literatur gleichwohl eine Beendigung der finanziellen Eingliederung diskutiert. Durch die, auch schon vorläufige Insolvenz der Organgesellschaft könne

---

1276 vgl. Kapitel 4 E. II. 3. a).

der Organträger nämlich bereits sein aus der Beteiligung resultierendes Weisungs- und Kontrollrecht gegenüber der Geschäftsführung nicht mehr ausüben, da der Insolvenzverwalter nicht dem Einfluss der Gesellschafterversammlung unterliege[1277].

Diese auf den ersten Blick plausibel klingende Argumentation vermischt jedoch die Merkmale der organisatorischen und finanziellen Eingliederung. Die finanzielle Eingliederung manifestiert sich gerade nicht in dem unmittelbaren Weisungs- oder Kontrollrecht des herrschenden Gesellschafters gegenüber der Geschäftsführung, sondern in der Kontrolle über die Beschlussgegenstände der Satzung der Gesellschaft, die ihre wirtschaftliche Tätigkeit ausmachen[1278]. Hieraus folgt dann gewiss auch die Notwendigkeit der Kontrolle über das Geschäftsführerbestellungsrecht. Dieses Recht wird mit der Bestellung des Insolvenzverwalters, ebenso wie die Weisungs- und Kontrollrechte gegenüber der Geschäftsführung, jedoch nicht tangiert. Denn auch nach Bestellung des Insolvenzverwalters bleiben diese Rechte des herrschenden Gesellschafters bestehen. Ihre freilich gegebene Wirkungslosigkeit folgt erst aus dem Einrücken des Insolvenzverwalters in die Position des Leitungsorgans des Schuldnerunternehmens und dessen alleinigen Verfügungs- und Verwaltungsrechten[1279]. Dieser Kontrollverlust betrifft jedoch gerade die mit der organisatorischen Eingliederung verbundene Beherrschung der Organgesellschaft und nicht die finanzielle Eingliederung.

Folglich hat die Bestellung, auch eines vorläufigen Insolvenzverwalters keinen Einfluss auf die finanzielle Eingliederung der Organgesellschaft in den Organträger[1280].

2. *Organisatorische Eingliederung*

Das eigentliche Problem für den Bestand der Organschaft ist mit der vorstehenden Analyse gleichwohl schon ausgemacht. Durch die Übertragung der Verfügungs- und Verwaltungsbefugnis auf den Insolvenzverwalter verliert der Organträger die bspw. durch eine Personalunion der Geschäftsführer geschaffene rechtliche Möglichkeit seiner Willensdurchsetzung, so dass mit der Bestellung des Insolvenzverwalters regelmäßig die organisatorische Eingliederung in den Organträger und damit die Organschaft insgesamt beendet wird[1281].

Das gilt im Übrigen auch bei geschlossenen Unternehmensverträgen als gestalterische Maßnahme zur Herbeiführung der organisatorischen Eingliederung[1282]. Trotz der in der insolvenzrechtlichen Literatur nicht unumstrittenen Frage, ob in Folge

---

1277 *Roth*, DZWIR 2009, 274 (276).

1278 vgl. Kapitel 4 C. I. 2. a).

1279 *Mock* in: Uhlenbruck InsO, § 80 Rn. 32.

1280 *Onusseit*, Umsatzsteuer im Konkurs, S. 24.

1281 vgl. BFH v. 1.4.2004 – V R 24/03, BStBl II 2004, 905 (907); v. 21.6.2001 – V R 68/00 BStBl II 2002, 255 (256); mwN *Stadie* in: Rau/Dürrwächter UStG, § 2 Rn. 1012f sowie *Birkenfeld* in: Birkenfeld/Wäger USt-Hdb, § 44 Rn. 721.

1282 vgl. Kapitel 4 E. III.

der Insolvenz eine Zweckänderung der Gesellschaft und damit eine automatische Beendigung von Unternehmensverträgen herbeigeführt wird, nehmen jedenfalls auch die Gegner eines solchen Automatismus an, dass diese Verträge gegenüber dem Insolvenzverwalter keine Wirkung entfalten. Die Rechte und Pflichten aus diesen Verträgen werden auch nach ihrer Ansicht vom Zweck des Insolvenzverfahrens überlagert, so dass selbst bei ihrer Fortgeltung hieraus *„selbstverständlich"* keine Weisungsrechte gegenüber dem Insolvenzverwalter bestehen sollen[1283]. Die organisatorische Eingliederung endet also im Falle einer durch Unternehmensverträge hergestellten Willensdurchsetzung des Organträgers ebenso wie bei einer personellen Verflechtung.

Entgegen einer Literaturmeinung[1284] lässt sich diese Beendigung m.E. nach im Regelverfahren grundsätzlich auch nicht durch eine freiwillige tatsächliche Unterordnung des Insolvenzverwalters unter den Willen des Organträgers erreichen, um bspw. die Organschaft im Interesse der insolventen Organgesellschaft und ihrer Masse fortzusetzen. Es fehlt insoweit an der rechtlich begründeten Möglichkeit, diese Beherrschung auch umzusetzen. Anders als bei einem vorläufigen Insolvenzverfahren[1285] kann allein das tatsächliche Unterordnen für die organisatorische Eingliederung nicht ausschlaggebend sein, zumal anderenfalls das Merkmal kaum noch vorhersehbar festgestellt werden könnte. Die Wirkung des § 80 InsO steht im Regelinsolvenzverfahren insoweit nicht zur Disposition der Beteiligten und anders als im Falle einer vorläufigen Insolvenz, besteht hier auch keine rechtliche (!) Pattsituation zwischen dem Verwalter und der vom Organträger kontrollierten Geschäftsführung, die durch das faktische Verhalten der Beteiligten wettgemacht werden könnte.

Soll innerhalb des Insolvenzverfahrens die Organschaft aufrecht erhalten bleiben, könnte dies m.E. nach jedoch durch die Anordnung der Eigenverwaltung nach § 270ff. InsO unter Aufsicht eines Sachwalters möglich sein. Hier verbleibt die Verfügungs- und Verwaltungsbefugnis beim Schuldner und damit beim Organträger, der Sachwalter nimmt originär nur rein insolvenzspezifische Aufgaben wie bspw. die Insolvenzanfechtung und die Forderungsanmeldung wahr (§§ 270c, 280 InsO). Die notwendigen Abstimmungsprozesse mit dem Sachwalter sind insoweit mit der Pattsituation in der vorläufigen Insolvenz der Organgesellschaft und der Bestellung eines schwachen Insolvenzverwalters vergleichbar. Solange der Sachwalter nur überwachend tätig wird, keine weitreichende Kompetenzen geltend macht und die wirtschaftlichen Zielsetzungen des Organträgers für die Organgesellschaft mitträgt, ist durch die Anordnung der Eigenverwaltung der Fortbestand der organisatorischen Eingliederung und damit der Organschaft insgesamt möglich.

Wird die rechtliche Pattsituation jedoch durch das tatsächliche Verhalten des Sachwalters untergraben, in dem er bspw. die Kassenführungsbefugnis an sich

1283 ausf. *Hirte* in: Uhlenbruck InsO, § 11 Rn. 398.
1284 *Onusseit,* Umsatzsteuer im Konkurs, S. 25.
1285 vgl. Kapitel 4 E. II. 3. a).

zieht oder Rechtsgeschäfte der Organgesellschaft nur mit seiner Zustimmung akzeptiert[1286], findet eine vom Willen des Organträgers abweichende Willensbildung statt[1287], die dann der Annahme einer Organschaft entgegensteht.

Das Schicksal der Organschaft im Insolvenzeröffnungsverfahren der Organgesellschaft ist bereits im Zusammenhang mit der Qualität der Willensherrschaft bei der organisatorischen Eingliederung behandelt worden[1288]. Insoweit ist nochmals festzuhalten, dass nach der neueren Rechtsprechung des BFH und der hier vertretenen Ansicht eine Beendigung der Organschaft regelmäßig bereits mit der Bestellung eines sog. schwachen Insolvenzverwalters eintritt.

Allein die Möglichkeit der tatsächlichen Verhinderung der Willensdurchsetzung des Organträgers in der Organgesellschaft durch den vorläufigen schwachen Verwalter lässt die organisatorische Eingliederung entfallen. Dass rechtlich weder vorläufiger Verwalter noch Geschäftsführer in der Lage sind, ihren Willen durchzusetzen, reicht für den Fortbestand der Organschaft nicht aus. Nur wenn feststeht, dass trotz der rechtlichen Pattsituation der vorläufige Verwalter die Beherrschung durch den Organträger akzeptiert und eine Willensdurchsetzung tatsächlich doch stattfindet, kann ausnahmsweise die organisatorische Eingliederung weiter angenommen werden[1289].

Bei einem sog. starken vorläufigen Insolvenzverwalter im Eröffnungsverfahren gilt das oben Gesagte bei der Eröffnung des Insolvenzhauptverfahrens entsprechend. Bei dessen Bestellung endet die organisatorische Eingliederung bereits aus rechtlichen Gründen, und damit endet folgerichtig auch die Organschaft. Auf das tatsächliche Verhalten des starken vorläufigen Verwalters kommt es nicht mehr an.

3. *Zwischenergebnis*

Die Insolvenz der Organgesellschaft löst die Organschaft grundsätzlich auf, da mit der Bestellung des Insolvenzverwalters die organisatorische Eingliederung entfällt. Die finanzielle Eingliederung ist von der Bestellung jedoch nicht betroffen, da die Beherrschung der Gesellschaft auch danach fortbesteht; sie kann mangels Kompetenz des Leitungsorgans nur nicht mehr organisatorisch durchgesetzt werden.

Die Beendigung der organisatorischen Eingliederung wird sich wenn, dann nur durch die Anordnung der Eigenverwaltung nach § 270ff. InsO unter der Aufsicht eines (schwachen) Sachwalters verhindern lassen.

Das Ende der organisatorischen Eingliederung tritt ebenfalls im Eröffnungsverfahren bei der Bestellung eines starken vorläufigen Insolvenzverwalters ein. Dies lässt sich ausnahmsweise dann verhindern, wenn ein schwacher Insolvenzverwalter

---

1286 *Hölzle,* DStR 2006, 1210 (1214).

1287 OFD Hannover v. 11.10.2004 – S 7105 – 49 – StO 172, USt-Kartei § 2 Abs. 2 Nr. 2 S 7105 Karte 4; *Hölzle,* DStR 2006, 1210 (1214); *Reiß* in: Reiß/Kraeusel/Langer UStG, § 2 Rn. 122.2.

1288 vgl. Kapitel 4 E. II. 3. a).

1289 dazu insgesamt *Hölzle,* DStR 2006, 1210.

die Fortsetzung der Willensbeherrschung des Organträgers erkennbar mitträgt; in diesem Fall wird die rechtliche Pattsituation durch die tatsächliche Beherrschung des Organträgers wettgemacht.

III. Gemeinsame Insolvenz der Organkreisbeteiligten

Bei der gemeinsamen Insolvenz von Organträger und Organgesellschaft kommt es darauf an, ob verschiedene oder der identische Insolvenzverwalter in beiden Gesellschaften bestellt werden.

Nur wenn ein einziger Insolvenzverwalter sowohl die Verwaltung des Organträgers als auch der Organgesellschaft übernimmt, kann eine Fortsetzung der Willensbeherrschung in der Organgesellschaft angenommen werden; anderenfalls endet die organisatorische Eingliederung und damit die Organschaft[1290].

Gegen die generelle Fortsetzung der Organschaft bei identischen Insolvenzverwaltern wird geltend gemacht, dass der Insolvenzverwalter, auch wenn er in beiden Gesellschaften bestellt sei, stets als *Sachwalter* nur im Interesse der Gläubiger handeln könne. Daher wäre es ihm auch bei einer bestehenden Personalunion in beiden Gesellschaften nicht möglich, eine abweichende Willensbildung in der Organgesellschaft zu verhindern. Denn in seiner Funktion als Insolvenzverwalter der Organgesellschaft sei er nur den Interessen der dortigen Gläubiger verpflichtet und müsse seine Entscheidung unabhängig davon treffen, ob diese auch im Interesse des von ihm verwalteten Organträgers liegen[1291].

Diese innere Abschirmwirkung des Insolvenzverwalters durch die Zwecke des Insolvenzverfahrens lässt sich in der Tat nachvollziehen, und die diesbezügliche Kritik an dem von der überwiegenden Meinung angenommenen Automatismus ist insoweit zutreffend. Dennoch sind m. E. nach Konstellationen denkbar, in denen eine Fortsetzung der Organschaft im Interesse sämtlicher Gläubiger liegen kann, so dass es bei Prüfung im Falle einer beiderseitigen Insolvenz besonders auf die tatsächlichen Verhältnisse ankommt, und ob die Gläubigerinteressen an der Beibehaltung der Organschaft insoweit gleichgerichtet sind.

Wenn von vornherein Zielkonflikte bei der Verwaltung beider Gesellschaften drohen, dürfte es jedoch gar nicht erst soweit kommen, dass der Insolvenzverwalter in beiden Verfahren bestellt wird.

Denn auch wenn man theoretisch eine Abwicklung oder Sanierung frei von den Zielen der jeweils anderen Gesellschaft durchführen könnte, bestünde virulent die Gefahr, dass vorteilhafte Entscheidungen bei der einen Gesellschaft Nachteile bei der anderen hervorrufen und umgekehrt. Der Verwalter, der von Beginn an eine Abwicklung einzig nach den Liquidierungsinteressen der Gläubiger betreibt, sähe sich dem latenten Risiko ausgesetzt, Nachteile bei der jeweils anderen Gesellschaft

---

1290 so auch *Birkenfeld* in: Birkenfeld/Wäger USt-Hdb, § 44 Rn. 731; *Onusseit,* ZIP 2003, 743 (752); aA *Stadie* in: Rau/Dürrwächter UStG, § 2 Rn. 1012f.

1291 *Schramm* in: FS Görg 2010, S. 432 (449); *Waza* in: W/U/S Insolvenzen und Steuern S. 368.

auszulösen und seiner dortigen Tätigkeit als Insolvenzverwalter nicht mehr gerecht zu werden. Ein solcher Konflikt hindert den Insolvenzverwalter jedoch von vornherein an der Übernahme beider Ämter, da hierin eine nicht nur unbedeutende Interessenskollision liegt, die ihn an der Ausübung seines Amtes hindert[1292].

Will sich der Insolvenzverwalter also nicht ggf. schadensersatzpflichtig machen, träfe ihn aus seiner Amtsstellung heraus die Pflicht zur Selbstanzeige der Verhinderungsgründe[1293]. Da eine solche Interessenskollision, zumindest wenn das Gläubigerinteresse nur in einer Abwicklung der Gesellschaften zum jeweiligen Nachteil bestehen kann, bereits bei der Bestellung erkennbar ist, sollte es das Insolvenzgericht vermeiden, denselben Insolvenzverwalter in solche Konstellationen zu bestellen[1294].

IV. Grundsätzliche Beendigung der Umsatzsteuerorganschaft

In einem aktuelleren Beschlussverfahren kam der V. Senat des BFH nach einer kursorischen Prüfung zu dem Ergebnis, dass ernstlich zweifelhaft sei, ob nach der Eröffnung eines Insolvenzverfahrens, ob über das Vermögen des Organträgers, der Organgesellschaft oder beider, die Organschaft fortbestehen könne[1295].

1. Beschluss des BFH v. 19.3.2014 – V B 14/14

Die bemerkenswerte Begründung dieses Beschlusses stützt sich dabei nicht auf eine Auseinandersetzung hinsichtlich der Fortgeltung einzelner Eingliederungsmerkmale, sondern sieht die zwingende Beendigung der Organschaft durch den sog. insolvenzrechtlichen Einzelverfahrensgrundsatz bewirkt.

Nach diesem Grundsatz ist zwischen dem Vermögen auch konzernierter Gesellschaften streng zu unterscheiden. Insoweit hat die Insolvenz eines Organkreisbeteiligten keinen Einfluss auf die Solvenz der anderen organschaftlich beteiligten Gesellschaft, was gleichsam dazu führt, dass diese ihre Ansprüche gegen die insolventen Gesellschaften auch nur wie jeder Dritte als Insolvenzforderung oder Masseverbindlichkeiten geltend machen können. Diese strikte zivilrechtliche Trennung führe sowohl für das Finanzamt wie auch für andere Organkreisbeteiligte, die Ausgleichsansprüche geltend machen können, zu erheblichen Problemen, die weder mit dem Grundsatz der organschaftlichen Unternehmenseinheit noch mit der Rolle des Organträgers als „*Steuereinnehmer*" des Staates vereinbar seien[1296].

1292 dazu BGH v. 24.1.1991 – IX ZR 250/89, BGHZ 113, 262 (275); *Zipperer* in: Uhlenbruck InsO, § 56 Rn. 65.

1293 BGH v. 16.4.2012 – IX ZB 31/11, ZIP 2012, 1187; v. 24.1.1991 – IX ZR 250/89, BGHZ 113, 262 (276).

1294 ebenso *Onusseit,* ZIP 2003, 743 (752); aA *Kind* in: Braun InsO, § 56 Rn. 18.

1295 BFH v. 19.3.2014 – V B 14/14, BFHE 244, 156.; zust. *Stadie* in: Rau/Dürrwächter UStG, § 2 Rn. 1016.

1296 zum Ganzen BFH v. 19.3.2014 – V B 14/14, BFHE 244, 156.

So könne das Finanzamt bei einer Insolvenz des Organträgers nach Verfahrenseröffnung zwar die dort ausgelösten Umsatzsteuern als Masseverbindlichkeiten geltend machen, nicht jedoch die auf Ebene der Organgesellschaft. Deren Umsatzsteuern seien nämlich keine nach § 55 Abs. 1 Nr. 1 InsO durch die Verwaltung, Verwertung oder Verteilung der Insolvenzmasse begründeten Verbindlichkeiten, da die Umsatzsteuern der Organgesellschaft nicht zu dieser Tätigkeit des Insolvenzverwalters gehörten. Deren Umsatzsteuern könnten gegenüber dem insolventen Organträger nur als Insolvenzforderung geltend gemacht werden oder allenfalls mittels Haftungsbescheid gegen die Organgesellschaft selbst. Dies sei mit dem Grundsatz der organschaftlichen Unternehmenseinheit jedoch nicht vereinbar.

Im Falle einer Insolvenz der Organgesellschaft bestehe für den Organträger das Problem, dass dieser seine Ausgleichsansprüche generell nur als Insolvenzforderung geltend machen könne und zwar auch nach Verfahrenseröffnung. So seien – bei unterstellter Selbstständigkeit der Organgesellschaft – die nach Verfahrenseröffnung ausgelösten Steuern für Umsatztätigkeiten zwar Masseverbindlichkeiten. Das gelte aber nicht für den korrespondierenden Ausgleichsanspruch des Organträgers. Denn auch dieser Anspruch ergebe sich nicht aus einer Handlung des Insolvenzverwalters und sei daher ebenfalls nur als Insolvenzforderung zu bedienen. Der somit den Organträger belastende Steuerausfall sei aber nicht mit seiner Rolle als Steuereinnehmer des Staates im Sinne der MwStSystRL zu vereinbaren.

2. Stellungnahme

Vom Ergebnis her betrachtet, kann man der Entscheidung des V. Senats grundsätzlich zustimmen. Mit dem generellen Wegfall der Organschaft im Falle einer Insolvenz eines Organkreisbeteiligten erledigten sich – wie noch zu zeigen sein wird – eine Vielzahl von Folgefragen und Abwicklungsschwierigkeiten und es käme (wohl) zu einer „sauberen“ und vor allem vorhersehbaren Beendigung der organschaftlichen Beziehungen.

Die dogmatische Begründung dieses Ergebnisses kann hingegen nicht überzeugen. § 2 Abs. 2 Nr. 2 UStG kennt ebenso wenig wie Art. 11 MwStSystRL den insolvenzrechtlichen Einzelverfahrensgrundsatz und erhebt diesen weder direkt noch indirekt zum Beendigungstatbestand der organschaftlichen Beziehungen.

Dabei ist m.E. nach schon zweifelhaft, dass der Fiskus im Falle einer Insolvenz des Organträgers die Umsatzsteuern der Organgesellschaft auch nach Verfahrenseröffnung nur als Insolvenzforderung und allenfalls anschließend mittels eines Haftungsanspruchs nach § 73 AO gegen die Organgesellschaft geltend machen kann. Zum Insolvenzvermögen gehören auch die Gesellschaftsbeteiligungen der Insolvenzschuldner, so dass die daraus folgenden Rechte fortan vom Insolvenzverwalter geltend gemacht werden können[1297]. Um die Organschaft aufrecht zu erhalten, muss der Insolvenzverwalter des Organträgers – wie gezeigt – seine Willensbeherrschung

---

1297 *Bäuerle* in: Braun InsO, § 35 Rn. 63; *Schramm* in: FS Görg 2010, S. 431 (446).

in der Organgesellschaft fortführen und dieses Vermögen nach hiesigem Dafürhalten also auch verwalten. Aus dieser Verwaltung kommt es dabei zu einem Übergang der von der Organgesellschaft ausgelösten Umsatzsteuer auf den Organträger, so dass Steuern aus Umsatztätigkeiten der Organgesellschaft nach Insolvenzeröffnung ebenso als Masseverbindlichkeit zu behandeln sind. Abgesehen davon, kann der Organschaft aber auch kein Grundsatz entnommen werden, dass der Fiskus durch ihre Anwendung im Falle einer Insolvenz nicht schlechter stehen darf als andere Gläubiger. Selbst wenn also ein (quotaler) Ausfall der aus der Umsatztätigkeit der Organgesellschaft herrührenden Steuern zu besorgen wäre, spricht dass m. E. nach nicht gleichsam gegen den Fortbestand der Organschaft. Zumal letztlich auch immer noch der Haftungsanspruch aus § 73 AO besteht, dessen Geltendmachung nicht der Grundsatz der organschaftlichen Unternehmenseinheit entgegengehalten werden kann, da die Haftungsausweitung ja gerade hierauf beruht.

Der mögliche Ausfall der Erstattungsforderung des Organträgers gegen die insolvente Organgesellschaft kann hierfür ebenfalls nicht streiten. Abgesehen davon, dass diese Konstellation einer fortwährenden Organschaft wohl die Ausnahme bilden dürfte, ist auch in dieser Konstellation der von der h. M. angenommene Ausgleichsanspruch als Masseverbindlichkeit anzuerkennen. Unterstellt sich der Insolvenzverwalter bei der Verwaltung des Vermögens der Organgesellschaft der Willensherrschaft des Organträgers, dann sind dessen Erstattungsforderungen, die aus Umsatztätigkeiten des Insolvenzverwalters im Rahmen des § 55 Abs. 1 Nr. 1 InsO resultieren, als Masseverbindlichkeiten zu qualifizieren. Durch die Willensunterstellung ist dem Insolvenzverwalter bewusst und von ihm gewollt, dass er durch seine Umsatztätigkeiten keine Steuern als Masseverbindlichkeit abführen muss, obwohl er diese Steuern vereinnahmt. Gleichsam akzeptiert er damit jedoch das Entstehen des Ausgleichsanspruchs als Surrogat seiner Steuerschuld, den er folglich als Masseverbindlichkeit zu bedienen hat. Insoweit steht also auch die Rolle des Unternehmers als Steuereinnehmer des Staates der Fortsetzung der Organschaft nicht zwingend entgegen.

Mehr noch bleibt aber fraglich, warum gerade ein insolvenzrechtlicher Grundsatz Einfluss auf den Eintritt oder die Beendigung der Organschaft nehmen soll. Bislang war der Rechtsprechung eher indirekt zu entnehmen, dass zivilrechtliche Regelungen nur eingeschränkt Wirkung für die Organschaft entfalten[1298]. Obgleich dieser Sichtweise m. E. nach nicht vollumfänglich zuzustimmen ist, kann eine zivilrechtliche Regelung nur dann Einfluss auf den Bestand der Organschaft nehmen, wenn sie zumindest mittelbaren Einfluss auf dessen Voraussetzungen hat. Diesen Einfluss entfaltet im Insolvenzverfahren jedoch nur der Übergang der Verwaltungs- und Verfügungsbefugnisse nach § 80 Abs. 1 InsO auf den Insolvenzverwalter und nicht der insolvenzrechtliche Einzelverfahrensgrundsatz. Dass durch die Wirkungen der Insolvenz einzelne Grundsätze des Umsatzsteuersystems mitunter konterkariert

---

1298 vgl. BFH v. 1.12.2010 – XI R 43/08, BStBl II 2011, 600 (602); v. 3.4.2008 – V R 76/05, BStBl II 2008, 905 (908).

werden, mag insoweit zutreffend sein, kann im Ergebnis aber m. E. nach nicht dazu führen, dass durch übergeordnete, dem Einzelgesetz nicht zu entnehmende Ziele Tatbestandsvoraussetzungen aufgehoben werden. Sollte eine solche Folge tatsächlich gewünscht sein, muss sie dem Gesetzgeber vorbehalten bleiben.

V. Fazit

Die Insolvenz entfaltet insbesondere dann Wirkung auf die Organschaft, wenn sie nur die Organgesellschaft betrifft. Der Übergang der Verfügungs- und Verwaltungsbefugnis steht der Willensbeherrschung durch den Organträger entgegen und führt deshalb zur Beendigung der organisatorischen Eingliederung und damit der Organschaft insgesamt.

Die Analyse hat weiter gezeigt, dass in speziellen Konstellationen wie der vorläufigen Bestellung eines schwachen Insolvenzverwalters beim Organträger, einer doppelten Verwalterschaft in beiden Gesellschaften oder in einem Eigenverwaltungsverfahren kaum sicher vorherzusagen ist, ob die Organschaft fortbestehen wird. Hier wird es letztlich auf die tatsächlichen Verhältnisse ankommen und auf die Feststellung, ob trotz der nur noch eingeschränkten rechtlichen Möglichkeit zur Willensdurchsetzung dennoch eine faktische Willensherrschaft des Organträgers weiterhin gegeben ist.

Entgegen der neusten Rechtsprechung steht der insolvenzrechtliche Einzelverfahrensgrundsatz m. E. nach nicht automatisch einer Fortführung der Organschaft entgegen. Dieser Grundsatz findet weder im UStG noch mittelbar in den Voraussetzungen der Organschaft in § 2 Abs. 2 Nr. 2 UStG einen entsprechenden Widerhall.

D. Wirkungen der Insolvenz auf die Besteuerung der Organschaft

Nachdem das Schicksal der Organschaft in der Insolvenz geklärt ist, stellt sich nunmehr die Frage nach den Auswirkungen auf die Besteuerung, insbesondere die Zurechnung der Umsatzsteuern.

Dabei ist nicht nur zwischen Fortbestand und Beendigung der Organschaft zu unterscheiden, sondern auch danach, bei welcher Gesellschaft die Insolvenz eintritt.

I. Fortbestand der Organschaft in der Insolvenz

Der Fortbestand der Organschaft bei einer Insolvenz ist nach den oben gefundenen Ergebnissen grundsätzlich nur bei der Insolvenz des Organträgers oder der vorläufigen Insolvenz der Organgesellschaft oder bei der Anordnung einer Eigenverwaltung, jeweils unter fortwährender tatsächlicher Willensherrschaft des Organträgers, denkbar.

1. Insolvenz des Organträgers

Mit der Insolvenz des Organträgers müssten nach der Rechtsprechung sämtliche von ihm nicht vereinnahmten Entgelte uneinbringlich werden, unabhängig davon, ob sie aus empfangenen oder bewirkten Leistungen stammen. Fraglich ist dabei, ob dies auch für die zugerechneten Leistungen der Organgesellschaft gelten kann.

a) Uneinbringlichkeit der Entgeltvereinnahmung bei der Organgesellschaft

Die Begründung der Rechtsprechung[1299] für die Anwendung des § 17 UStG, dass nämlich nach Insolvenzeröffnung nur noch der Insolvenzverwalter die Empfangszuständigkeit für die Entgegennahme der Entgelte besitzt, kann für die zugerechneten Leistungen der Organgesellschaft gerade nicht gelten.

Die für ihre Leistungen noch ausstehenden Entgelte nimmt sie in Folge ihrer bestehen bleibenden zivilrechtlichen Selbstständigkeit nämlich selbst entgegen und nicht der Organträger[1300]. Wenn die Entgegennahme aber außerhalb der umsatzsteuerlichen Aufteilung des insolventen Organträgers stattfindet, dann kann auch keine Uneinbringlichkeit eintreten, die zur Anwendung des § 17 UStG führt.

Wenn diese Entgelte nun nicht uneinbringlich werden, bedeutet dies zum einen, dass hierauf bereits geleistete Zahlungen des Organträgers nicht der Masse als Liquidität zu erstatten sind[1301]. Zum anderen können die noch nicht bezahlten Steuern aus den Umsätzen der Organgesellschaft nur als Insolvenzforderungen geltend gemacht werden, da sie – mangels Anwendbarkeit des § 17 UStG – vor der Insolvenzeröffnung des Organträgers entstanden sind. Für den Fiskus kommt es zunächst also zu einem entsprechenden Steuerausfall, der sich allerdings durch die Haftung der Organgesellschaft aus § 73 AO regelmäßig wird kompensieren lassen.

Unterliegt der Organträger der Ist-Besteuerung, käme es nach Ansicht der Rechtsprechung[1302] für die Einordnung der Umsatzsteuer als Insolvenzforderung oder Masseverbindlichkeit auf die Entgeltvereinnahmung durch die Organgesellschaft (!) an. Hat diese das Entgelt vor der Insolvenzeröffnung des Organträgers eingenommen, handelt es sich um Insolvenzforderungen, danach um Masseverbindlichkeiten des Organträgers. Auch bei der Ist-Besteuerung wäre ein wirtschaftlicher Ausfall durch die Haftung der Organgesellschaft jedoch kompensierbar.

Nach der hier vertretenen Ansicht zur Entstehung der Umsatzsteuer in der Insolvenz[1303] wären sämtliche Umsätze der Organgesellschaft, die vor der Eröffnung ausgeführt worden sind, unabhängig von der (späteren) Entgeltvereinnahmung Insolvenzforderungen und danach Masseverbindlichkeiten gegen den Organträger.

1299 BFH v. 9.12.2010 – V R 22/10, BStBl II 2011, 996; v. 8.3.2012 – V R 24/11, BStBl II 2012, 466.

1300 vgl. Kapitel 5 A. II.

1301 dazu *Heinze*, DZWIR 2011, 276 (279).

1302 BFH v. 29.1.2009 – V R 64/07, BStBl II 2009, 682 (683f.).

1303 vgl. Kapitel 6 B. II. 2. a) cc).

Steuerausfälle ergäben sich aber auch hier grundsätzlich nicht, da die Organgesellschaft nach hiesiger Auffassung[1304] jedenfalls für die eigenen Umsätze, die nur als Insolvenzforderung im Verfahren bedient werden, nach § 73 AO in Anspruch genommen werden kann.

Hinsichtlich der unstreitig als Masseverbindlichkeiten einzustufenden Umsätze der Organgesellschaft nach Verfahrenseröffnung kommt es wirtschaftlich dabei grundsätzlich zu keiner Schmälerung der Insolvenzmasse des Organträgers. Die zunächst, freilich ohne ihr Zutun eintretende Belastung mit Umsatzsteuerzahlungen aus den Umsätzen der Organgesellschaft kann der Insolvenzverwalter über den Ausgleichsanspruch nach § 426 BGB (analog) von der Organgesellschaft wieder einfordern. Solange die Organgesellschaft solvent ist, entsteht insoweit *nur* eine organisatorische Belastung für den Insolvenzverwalter[1305]. Eine wirtschaftliche Schlechterstellung des Organträgers oder eine Benachteiligung seiner Insolvenzgläubiger tritt aber nicht ein.

b) Schicksal der Vorsteuervergütung der Organgesellschaft

Problematischer stellt sich hingegen die Situation bei der abhängigen Organgesellschaft dar, wenn aus ihrer Tätigkeit Vorsteuerüberhänge entstehen, die zu Erstattungsansprüchen führen, die dem insolventen Organträger zugerechnet werden.

Diese Zurechnung führt für den Organträger oder besser dessen Insolvenzverwalter zu dem Vorteil, dass es entweder zu einer echten Rückzahlung in die Masse kommt oder die eigene Zahllast aus erbrachten Umsätzen nach Verfahrenseröffnung reduziert wird. Das Vorsteuerguthaben der Organgesellschaft fließt in Folge der Zurechnung und der Behandlung des Organkreises als ein Unternehmen in die Saldierung nach § 16 Abs. 1 und 2 UStG ein[1306] und würde damit die als Masseverbindlichkeit zu bedienenden Umsatzsteuerzahllasten des Organträgers reduzieren. Fraglich ist dabei, wie die Organgesellschaft, die regelmäßig durch die von ihr zivilrechtlich geschuldeten Zahlungen mit der Steuer wirtschaftlich belastet ist, Ausgleich vom Organträger und dessen Insolvenzverwalter verlangen kann.

Abgesehen davon, dass nach der hier vertretenen Ansicht ohne entsprechende vertragliche Vereinbarung zwischen den Beteiligten schon kein Anspruch gegen den Organträger bestünde[1307], wäre weiter zu besorgen, dass ein solcher Ausgleichsanspruch, wenn überhaupt nur als Insolvenzforderung geltend gemacht werden könnte.

1304 vgl. Kapitel 6 A. II. 2. c).

1305 *Schramm* in: FS Görg 2010, S. 432 (450); ferner *Onusseit*, ZIP 2003, 743 (753).

1306 vgl. *Reiß* in: Reiß/Kraeusel/Langer UStG, § 2 Rn. 101.7ff; *Korn* in: Bunjes UStG, § 16 Rn. 11.

1307 vgl. Kapitel 5 A. V. 2. c).

Schließt man sich der Ansicht des OLG Frankfurt[1308] an, oder liegt eine vertragliche Abrede zwischen den Beteiligten vor, wird man den Vertrag, der entsprechende Ausgleichszahlungen bestimmt, als (atypischen) Geschäftsbesorgungsvertrag einordnen müssen. Einen solchen Vertrag könnte der Insolvenzverwalter des Organträgers als Beauftragter der Geschäftsbesorgung aber nach § 671 Abs. 1 BGB grundsätzlich jederzeit kündigen, ohne dass damit die Organschaft und folglich auch nicht die Zurechnung der Vorsteuervergütungen enden würden. Die §§ 115 Abs. 2 und 3, 116 InsO, die bei Geschäftsbesorgungsverträgen noch einen gewissen Vertrauensschutz bestimmen, finden explizit nur Anwendung, wenn der Insolvenzschuldner Auftraggeber ist, da § 671 BGB im umgekehrten Fall bereits genügend Schutz bietet[1309].

Mit der Kündigung des Vertrages nach Insolvenzeröffnung verlöre die Organgesellschaft dann die Erstattungsansprüche gegen den Organträger und wäre durch die von ihr weiterhin zivilrechtlich zu zahlenden Entgelte endgültig mit der Umsatzsteuer belastet. Soweit Erstattungsforderungen vor der Kündigung bereits entstanden sind, könnten diese, da ihre Begründung regelmäßig vor der Insolvenzeröffnung liegen wird, nur als Insolvenzforderungen geltend gemacht werden und belasten die Organgesellschaft folglich ebenso.

Selbst wenn man vertraglich einen Ausschluss des Kündigungsrechts vereinbart hätte oder ein solcher Ausschluss, im Sinne des OLG Frankfurt, jedenfalls konkludent während des Bestehens der Organschaft anzunehmen wäre, könnte der quotale Ausfall für Erstattungsforderungen, die vor der Insolvenzeröffnung entstanden sind, nicht vermieden werden. Und das, obwohl der Organträger den vor der Eröffnung begründeten Vorsteuererstattungsanspruch vollständig vereinnahmen kann.

Diese Folge dürfte im Übrigen auch dann bestehen, wenn man mit der neuesten BGH-Entscheidung[1310] einen gesetzlichen Ausgleichsanspruch aus den §§ 426 Abs. 1, 430 BGB (analog) ableitet. Die Organgesellschaft und mittelbar insbesondere ihre Minderheitsgesellschafter unterliegen insoweit dem gleichen Insolvenzausfallrisiko wie die anderen Gläubiger des Organträgers auch.

Eine Organgesellschaft, der durch ihre wirtschaftliche Tätigkeit überwiegend Vorsteuererstattungsansprüche zustehen, ist im Falle der Insolvenz des Organträgers folglich einem beachtlichen wirtschaftlichen Risiko ausgesetzt, mit den von ihr zivilrechtlich entrichteten Umsatzsteuern endgültig belastet zu werden.

c) Zwischenergebnis

Die Insolvenz des Organträgers begründet weder für ihn selbst noch für den Fiskus ein spezifisches wirtschaftliches Risiko mit Blick auf die Organschaft.

1308 OLG Frankfurt 17.6.2008 – 5 U 198/06, nv (abgerufen unter www.juris.de, zuletzt am 30.7.2015).

1309 *Sinz* in: Uhlenbruck InsO, § 116 Rn. 5.

1310 BGH v. 29.1.2013 – II ZR 91/11, DStR 2013, 478.

Eine Massebelastung des Organträgers durch die zu zahlenden Steuern auf Umsätze der Organgesellschaft könnte kostenneutral über § 426 BGB (analog) bei letzterer ausgeglichen werden. Allerdings entsteht hierdurch ein organisatorischer Aufwand für den Insolvenzverwalter.

Auch der Fiskus wird nicht benachteiligt. Denn trotz der angenommenen Einstufung der Umsatzsteuern der Organgesellschaft vor Verfahrenseröffnung als den Organträger belastende Insolvenzforderungen wird es nicht zu einem Steuerausfall kommt. Der Fiskus kann über die Haftungsanordnung des § 73 AO die Organgesellschaft in Anspruch nehmen und damit Steuerausfälle vermeiden.

Problematisch kann die Situation für die Organgesellschaft werden, wenn aus deren Tätigkeit überwiegend Vorsteuererstattungsansprüche folgen. Abgesehen davon, dass bereits das Bestehen von (gesetzlichen) Ausgleichsansprüchen gegen den Organträger zweifelhaft ist, bestünde selbst bei vertraglichen Abreden die Möglichkeit einer Kündigung dieser Verpflichtung durch den Insolvenzverwalter, während sich die (gesetzlichen) Wirkungen der Organschaft fortsetzten. Dadurch wäre die Organgesellschaft mit den Umsatzsteuerzahlungen aus den von ihr bezogenen Leistungen endgültig belastet, während die Vermögensmasse des Organträgers durch die Erstattungszahlungen wirtschaftlich bereichert wird. Selbst wenn man einen Ausschluss des Kündigungsrechts oder einen gesetzlichen Ausgleichsanspruch annähme, träte diese Folge immer noch hinsichtlich der vor der Insolvenzeröffnung entstandenen Erstattungsforderungen der Organgesellschaft ein, soweit diese nur quotal als Insolvenzforderungen befriedigt werden.

Die Organschaft führt zumindest in diesem Fall zu einer Belastung der Organgesellschaft mit der Insolvenz ihres Organträgers. Mit Blick auf Minderheitsgesellschafter und Gläubiger der Organgesellschaft erscheint dies zivil- und gesellschaftsrechtlich bedenklich.

2. *Insolvenz der Organgesellschaft*

Der Fortbestand der Organschaft bei der Insolvenz der Organgesellschaft ist nach dem oben gefundenen Ergebnis[1311] rechtlich grundsätzlich ausgeschlossen. Auch wenn sich die durch den Insolvenzverwalter geführte Organgesellschaft tatsächlich dem Willen des Organträgers beugte, würde das rechtliche Element einer Willensbeherrschung fehlen.

Vorstellbar ist eine Fortsetzung der Organschaft nur im Falle der vorläufigen Insolvenzverwaltung oder der Eigenverwaltung, wenn die rechtliche Herrschaftsmacht des Organträgers, trotz der Bestellung des vorläufigen Insolvenzverwalters auch tatsächlich weiter durchgesetzt werden kann.

1311 Kapitel 6 C. II.

a) *Doppeltes Fiskusprivileg*

Soweit im Rahmen der vorläufigen Insolvenzverwaltung der Organgesellschaft weiterhin Umsätze erbracht werden, aus denen Zahllasten nach Abzug etwaiger Vorsteuervergütungen entstehen, ergibt sich mit der Neuregelung des § 55 InsO nun eine besonders komfortable Lage für den Fiskus.

Denn unabhängig davon, ob tatsächlich noch eine Organschaft angenommen wird, so dass die Umsatzsteuern von dem (solventen) Organträger zu leisten wären[1312], würde der Fiskus bei Wegfall der Organschaft durch § 55 Abs. 4 InsO begünstigt. Denn sämtliche Umsätze, die unter der Ägide des vorläufigen Insolvenzverwalters ausgeführt werden, müssen nach der Neuregelung als Masseverbindlichkeiten bedient werden. Eine volle Befriedigung der Umsatzsteuerforderung wird folglich in jedem Falle regelmäßig gegeben sein.

Dabei ist jedoch fraglich, ob der BFH in Zukunft überhaupt noch eine Organschaft bei einer schwachen vorläufigen Insolvenzverwaltung annehmen wird. Denn was sich aus den entsprechenden Entscheidungsgründen des BFH nicht ohne Weiteres ergibt, ist, dass die Organschaft im Zusammenhang mit der vorläufigen Insolvenzverwaltung faktisch (auch) dazu gebraucht wurde, um Steuerausfälle zu vermeiden, die jetzt durch § 55 Abs. 4 InsO vermieden werden[1313].

Vor der Neuregelung des § 55 InsO waren die unter einem schwachen vorläufigen Insolvenzverwalter vorgenommenen Umsätze – wie gezeigt[1314] – nur als Insolvenzforderungen zu befriedigen und folglich mit einer hohen Ausfallquote belastet. Dieser Ausfall ließ sich durch die großzügige Annahme einer Organschaft vermeiden, da hier der Organträger für die Steuerschulden der Organgesellschaft einstehen musste; nicht ganz zu Unrecht wurde dieser Rechtsprechung daher auch der Vorwurf gemacht, rein fiskalische Zwecke zu verfolgen[1315]. Durch § 55 Abs. 4 InsO besteht jedoch kaum noch ein Ausfallsrisiko, da die unter dem schwachen vorläufigen Insolvenzverwalter vorgenommenen Umsätze bereits als Masseverbindlichkeit zu bedienen sind. Etwaige fiskalische Zwecksetzungen dieser BFH-Rechtsprechung sind also obsolet geworden.

b) *Ausgleichsanspruch des Organträgers*

Fraglich bleibt gleichwohl, was unter der Neuregelung mit den Ausgleichsforderungen des Organträgers passiert. Bleibt die Organschaft unter dem vorläufigen schwachen Insolvenzverwalter bestehen und muss der Organträger für die Umsatzsteuern der Organgesellschaft in dieser Phase aufkommen, kann er seine

---

1312 vgl. *Roth,* DZWIR 2009, 274 (277).

1313 zu entsprechenden Steuergestaltungen in der Insolvenz vgl. die Beispiele bei *Onusseit,* ZIP 2003, 743 (745ff.).

1314 vgl. Kapitel 6 B. I. 2.

1315 *Ganter/Brünink,* NZI 2006, 257 (263).

Ausgleichsforderungen nach § 426 BGB (analog) nur zur Insolvenztabelle anmelden und wird mit dieser vermutlich in erheblichem Umfang ausfallen[1316].

§ 55 Abs. 4 InsO kann das Ausfallrisiko dabei m. E. nach nicht verhindern. Denn obgleich man annehmen könnte, dass mit der Begleichung der Steuerschuld der Organgesellschaft der Organträger in die günstige Rechtsposition des Fiskus als Massegläubiger einrückt, wird es gar nicht erst zur Anwendung des § 55 Abs. 4 InsO kommen. Denn es fehlt insoweit schon an einer tatbestandlich vorausgesetzten *Verbindlichkeit des Insolvenzschuldners aus einem Steuerverhältnis.* In Folge der Zurechnung der Leistungsbeziehung und der alleinigen Steuerschuldnerschaft des Organträgers[1317] entsteht die Steuerverbindlichkeit aus den Umsätzen nur bei diesem und nicht der Organgesellschaft. § 55 Abs. 4 InsO greift während des Bestehens der Organschaft also von vornherein nicht ein.

Eine analoge Anwendung des § 55 Abs. 4 InsO muss mangels Übertragbarkeit der ohnehin bedenklichen[1318] *ratio legis* der Norm[1319] ausscheiden. § 55 Abs. 4 InsO dient, auch aufgrund des eindeutigen Bekenntnisses des Gesetzgebers, rein fiskalischen Zwecken und kann aufgrund seines Einzelfallcharakters nicht auf andere Gläubiger des insolventen Unternehmens angewandt werden.

c) *Eigenverwaltung*

Bei einer Eigenverwaltung der Organgesellschaft muss zunächst berücksichtigt werden, dass die von der Rechtsprechung[1320] angenommene doppelte Berichtigung der Umsatzsteuern nach § 17 UStG (wohl) nicht anwendbar wäre. Bei der Eigenverwaltung stehen insoweit zwar der Insolvenzschuldner und seine Organe unter der Aufsicht des Sachwalters, behalten jedoch grundsätzlich ihre Verwaltungs- und Verfügungsbefugnis und damit auch die Empfangszuständigkeit für die zu vereinnahmenden Entgelte.

Nimmt man sodann mit der hier vertretenen Auffassung und der ehemaligen Rechtsprechung des VII. Senats[1321] an, dass die Steuern und damit der Ausgleichsanspruch im Zeitpunkt der Ausführung der Umsätze entstehen, würde der Organträger für sämtliche Umsätze, die vor der Verfahrenseröffnung erbracht wurden, nur eine Insolvenzquote auf seine Ansprüche erhalten. Erst mit den nach der Eröffnung ausgeführten Umsätzen erstarkte sein Ausgleichsanspruch zur Masseverbindlichkeit und unterläge damit einem grundsätzlich geringeren Ausfallrisiko.

1316 *Schramm* in: FS Görg 2010, S. 431 (448).
1317 vgl. Kapitel 5 A. II sowie Kapitel 5 A. III.
1318 vgl. Kapitel 6 B. I. 2.
1319 dazu *Larenz,* Methodenlehre, S. 381f.
1320 BFH v. 9.12.2010 – V R 22/10, BStBl II 2011, 996; v. 30.4.2009 – V R 1/06, BStBl II 2010, 138; v. 29.1.2009 – V R 64/07, BStBl II 2009, 682.
1321 vgl. BFH v. 17.4.2007 – VII R 27/06, BStBl II 2009, 589; v. 17.12.1998 – VII R 47/98, BStBl II 1999, 423; v. 21.9.1993 – VII R 119/91, BStBl II 1994, 83.

d) Zwischenergebnis

Im Falle der Bestellung eines schwachen vorläufigen Verwalters im Eröffnungsverfahren trägt bei fortbestehender Organschaft bis zur Eröffnung des Hauptverfahrens weiterhin der Organträger die Zahllast für die Umsatzsteuern der Organgesellschaft. Nämliches kann bei der Anordnung der Eigenverwaltung angenommen werden.

In diesem Zeitabschnitt kann er in beiden Fällen seinen im Innenverhältnis gegebenen Ausgleichsanspruch nur als Insolvenzforderung geltend machen und trägt, obwohl Steuerentgelte von der Organgesellschaft eingenommen werden, in Höhe seiner Ausfallquote die wirtschaftliche Last dieser Umsatzsteuern. Sofern die Organschaft nach eröffnetem Eigenverwaltungsverfahren fortbesteht, wird er seinen Ausgleichsanspruch jedoch als Masseverbindlichkeit geltend machen können, soweit die diesem Anspruch zugrundeliegenden Steuerzahlungen Umsätze betreffen, die nach der Eröffnung ausgeführt worden sind.

3. Gemeinsame Insolvenz der Organkreisbeteiligten

Bei einer gemeinsamen Insolvenz der Organkreisbeteiligten bei Fortbestand der Organschaft hängt das Ergebnis des Schicksals der Umsatzbesteuerung abermals davon ab, ob man mit der Rechtsprechung eine Anwendung des § 17 UStG in der Insolvenz befürwortet oder man mit der hier vertretenen Ansicht auf die Ausführung der Leistung abstellt.

a) Ausführung der Leistung

Rekurriert man auf die Ausführung der Leistung als Anknüpfungspunkt für die Einordnung der Umsatzsteuer als Insolvenzforderung oder Masseverbindlichkeit, käme es bei einer gemeinsamen Insolvenz im Organkreis zu einem definitiven Ausfallrisiko zu Lasten des Fiskus.

Sämtliche vor der Verfahrenseröffnung begründeten Steuerforderungen, ob nun aus Umsätzen des Organs oder des Organträgers wären dann als Insolvenzforderungen zu behandeln und würden damit (wahrscheinlich) nur quotal bedient. Die Geltendmachung des Haftungsanspruchs aus § 73 AO gegen den Organträger könnte den Ausfall dabei nur anteilig kompensieren, da auch die Haftungsforderung, die insoweit das Schicksal der Hauptschuld teilt, vor der Verfahrenseröffnung entstanden ist und damit nur als Insolvenzforderung zur Tabelle der Organgesellschaft angemeldet werden kann.

Hinsichtlich der nach Verfahrenseröffnung erbrachten Umsätze verhält es sich genau umgekehrt. Die Masse des Organträgers haftet sowohl für die Umsatzsteuern der Organgesellschaft als auch für die eigenen Steuern. Die Masse der Organgesellschaft wiederrum haftet nun nach § 73 AO ebenfalls für die Steuern aus (zumindest) eigenen Umsätzen, da der zugrunde liegende Haftungsanspruch nach § 55 Abs. 1 Nr. 1 InsO in anderer Weise durch ihren Insolvenzverwalter, der die

Umsätze insoweit verfügt hat, begründet wurde[1322]. Entsprechend gilt dies nach der Regelung in § 55 Abs. 1 und 4 InsO für Umsätze, die unter einem vorläufigen Insolvenzverwalter erbracht werden.

Der Ausgleichsanspruch nach § 426 BGB (analog) des Organträgers teilt dabei das Schicksal des Haftungsanspruches nach § 73 AO. Nur für die nach Eröffnung entstandenen Umsatzsteuern der Organgesellschaft kann der Organträger einen Ausgleich aus der Masse verlangen. Für die vorher entstandenen Steuern, die der Organträger allerdings selbst nur mit der Quote bedienen muss, kann auch er seine Forderung nur zur Insolvenztabelle der Organgesellschaft anmelden. Obgleich der Insolvenzverwalter beide Gesellschaften verwaltet, kann er dabei m.E. nach keine (schuldrechtlich) günstigere Lösung für den Organträger erreichen. Denn auch der doppelt tätige Verwalter bleibt den jeweiligen Gläubigerinteressen verpflichtet[1323] und kann daher die aus dem Gesetz folgende Haftungsverlagerung nicht zu Lasten der Organgesellschaft abändern.

Bei einer doppelten Insolvenz entsteht folglich für die Steuerforderungen des Fiskus, die aus vor der Insolvenzeröffnung getätigten Umsätzen der Organkreisbeteiligten resultieren, ein echtes Ausfallrisiko. Denn diese Forderungen werden nur als Insolvenzforderungen befriedigt. Allerdings stellt sich diese Situation für den Fiskus wirtschaftlich nicht wesentlich anders dar als ohne Organschaft. Er wird durch die Organschaft abermals sogar bessergestellt, erhält er doch neben der Quote vom Organträger für die Insolvenzforderungen aus den Umsätzen der Organgesellschaft eine zusätzliche Quote aus ihrer Haftungsinanspruchnahme.

Für den Insolvenzverwalter beider Gesellschaften wird sich indes (wohl) eine nicht unerhebliche Steigerung des Verwaltungsaufwandes und der rechtlich korrekten Handhabung der Besteuerung einstellen.

b) Anwendung des § 17 UStG

Geht man mit der Rechtsprechung davon aus, dass es mit der Insolvenzeröffnung zu einer Berichtigung nach § 17 UStG kommt, dann tritt für all jene Umsätze, bei denen Organgesellschaft und Organträger das Entgelt noch nicht vereinnahmt haben, eine Privilegierung zu Gunsten der Finanzbehörde ein.

Denn bei der Insolvenz auch der Organgesellschaft werden deren Entgelte aus vorinsolvenzlichen Umsätzen ebenso uneinbringlich wie die des Organträgers. Beide Gesellschaften sind anders als im Falle der ausschließlichen Insolvenz des Organträgers[1324] im Sinne der Rechtsprechung nicht mehr in der Lage, die noch ausstehenden Entgeltforderungen zu vereinnahmen. D.h. sämtliche dieser Umsatzsteuerforderungen werden mit Eröffnung uneinbringlich, und hierauf bereits abgeführte Steuern sind der Masse des Organträgers (zunächst) zu erstatten. Die

---

1322 dazu BFH v. 21.7.2009 – VII R 49/08, BStBl II 2010, 13 (14); *Vallender* in: Uhlenbruck InsO, § 59 Rn. 8.

1323 BGH v. 8.12.2005 – IX ZB 308/04, NZI 2006, 158.

1324 vgl. Kapitel 6 D. I. 1. a).

konsequente Anwendung der Rechtsprechung kann hier also sogar zu einer Anschubfinanzierung des Organträgers führen, zumal durch das Abstellen auf die Entgeltvereinnahmung zusätzlich eine Ist-Besteuerung eingeführt wird[1325].

Mit der Entgeltvereinnahmung, egal ob beim Organträger oder der -gesellschaft entstehen diese Umsatzsteuern neu, sind abermals nach § 17 UStG zu berichtigen und somit Masseverbindlichkeiten des Organträgers. Das Ausfallrisiko für diese Forderungen geht für die Finanzbehörden damit gegen null; dies auch deshalb, weil der zusätzlich bestehende Haftungsanspruch nach § 73 AO gegen die Organgesellschaft ebenfalls aus deren Masse zu befriedigen ist.

Ein entsprechendes Schicksal teilt der Ausgleichsanspruch aus § 426 BGB (analog) des Organträgers gegen die Organgesellschaft. Soweit es um den Ausgleich von gezahlten Steuern aus der Masse geht, kann der Organträger seinen Anspruch ebenfalls als Masseverbindlichkeit bei der Organgesellschaft anmelden.

c) *Zwischenergebnis*

Bei einer gemeinsamen Insolvenz von Organträger und -gesellschaft kommt es bei der Anwendung der Grundsätze der Rechtsprechung folglich zu einer Privilegierung des Fiskus als Gläubiger. Anders als bei der alleinigen Insolvenz des Organträgers wird es nämlich auch zu einer Berichtigung der Umsätze der Organgesellschaft kommen, für die sie das Entgelt noch nicht vereinnahmt hat. Insoweit tritt also auf beiden Ebenen die Besserstellung des Fiskus durch die Anwendung des § 17 UStG ein.

Nach der hier vertretenen Ansicht käme es dagegen zu einem echten Steuerausfallrisiko, da sämtliche ausstehenden Steuerzahlungen für Umsätze, die vor Verfahrenseröffnung ausgeführt wurden, nur als Insolvenzforderung angemeldet werden könnten.

II. Beendigung der Organschaft

Endet die Organschaft durch die Eröffnung des Insolvenzverfahrens eines der Organkreisbeteiligten, kommt es für die Frage nach etwaigen Verschiebungen des Insolvenzrisikos erneut darauf an, bei welchem Beteiligten die Insolvenz eintritt, und wann man die Steuerforderung des Fiskus als begründet ansieht.

1. *Insolvenz des Organträgers*

Fällt der Organträger in Insolvenz und endet damit die Organschaft[1326], bleibt es im Wesentlichen bei dem Ergebnis, das im Falle der Fortführung der Organschaft gefunden wurde.

1325 *Heinze,* DZWIR 2011, 276 (279).
1326 vgl. BFH v. 18.1.1999 – V R 32/98, BStBl II 1999, 258.

Die vor der Eröffnung begründeten Umsatzsteuern der Organgesellschaft werden durch die Insolvenz des Organträgers nicht uneinbringlich, da die Entgelte weiterhin von der vermögenden Organgesellschaft entgegengenommen werden können. Sowohl nach Ansicht der Rechtsprechung als auch nach der hier vertretenen Auffassung wären diese Umsatzsteuern nur als Insolvenzforderungen gegen den Organträger geltend zu machen. Ein etwaiger Ausfall ließe sich für den Fiskus jedoch über § 73 AO kompensieren, der mangels Beendigung der Organschaft im Zeitpunkt der Entstehung dieser Steuerforderungen noch angewendet werden könnte.

Der Organträger kann seinerseits die auf die Insolvenzforderungen geleistete Quote über den Innenausgleich nach § 426 BGB (analog) von der Organgesellschaft verlangen. Solange die Organgesellschaft solvent ist, tritt also keine zusätzliche wirtschaftliche Belastung durch die Organschaft ein.

Sämtliche nach der Verfahrenseröffnung und damit nach der Organschaftsbeendigung ausgeführten Umsätze sind dem Organträger schon nicht mehr zuzurechnen, so dass er weder wirtschaftlich noch organisatorisch belastet wird.

Probleme können sich in dieser Konstellation noch für die Organgesellschaft ergeben, aus deren Tätigkeit Vorsteuerüberhänge entstehen. Insoweit ist auch bei einer späteren Beendigung der Organschaft das Risiko vorhanden, dass etwaig bestehende Ausgleichsansprüche für Vorsteuern, die vor der Insolvenz begründet wurden, nur als Insolvenzforderung beim Organträger angemeldet werden können – auch wenn die in diesem Zusammenhang geleisteten Erstattungen des Finanzamtes der Masse des Organträgers voll zugute kommen[1327].

2. Insolvenz der Organgesellschaft

Komplizierter wird die Behandlung der Umsatzbesteuerung im Falle einer Beendigung der Organschaft durch die Insolvenz der Organgesellschaft, insbesondere dann, wenn man der Ansicht der Rechtsprechung folgt.

Nach der hier vertretenen Auffassung würden die bis zur Insolvenzeröffnung und zum Eintritt der Beendigung der Organschaft ausgeführten Umsätze der Organgesellschaft dem Organträger weiterhin zugerechnet und gegen ihn festgesetzt werden[1328]. Ist der Organträger solvent, besteht für den Fiskus also kein Ausfallrisiko. Für die nach Beendigung der Organschaft ausgeführten Umsätze wäre die Organgesellschaft wieder selbst als Steuerschuldner verpflichtet, und da es sich dann um Masseverbindlichkeiten handelt, wäre auch in diesem Verfahrensstadium das Ausfallsrisiko überschaubar.

Der Organträger bleibt allerdings benachteiligt, da er die von ihm bezahlten Umsatzsteuern vor der Verfahrenseröffnung nur über § 426 BGB (analog) als Insolvenzforderungen bei der Organgesellschaft anmelden kann, so dass das eigentlich dem Fiskus obliegende Ausfallrisiko dieses Verfahrensstadiums bei ihm verbleibt.

1327 vgl. Kapitel 6 D. I. 1. b).
1328 BFH v. 13.5.2009 – XI R 84/07, BStBl II 2010, 13 (15).

a) Entgeltvereinnahmung vor Verfahrenseröffnung

Unter Anwendung der Grundsätze der neuen Rechtsprechung des BFH zur Umsatzsteuerentstehung in der Insolvenz geschieht m. E. nach Folgendes: Sämtliche Lieferungen und Leistungen, für die die Organgesellschaft das Entgelt bereits vereinnahmt, der Organträger aber noch keine Steuerzahlungen geleistet hat, wären eigentlich als Insolvenzforderungen des Fiskus anzumelden. Dadurch, dass die Zahlungen jedoch gar nicht von der insolventen Organgesellschaft geschuldet, sondern (noch) gegen den Organträger festgesetzt werden können[1329], fällt der Fiskus mit diesen Forderungen nicht, auch nicht teilweise aus.

Das Ausfallrisiko dieser Steuerzahlungen trägt stattdessen der Organträger, der seinen Anspruch aus § 426 BGB (analog) wieder nur als Insolvenzforderung geltend machen kann.

b) Entgeltvereinnahmung nach Verfahrenseröffnung

Hat die Organgesellschaft zum Zeitpunkt der Insolvenzeröffnung die Entgelte für ausgeführte Umsätze noch nicht vereinnahmt, kommt es zunächst zur Anwendung des § 17 UStG und der Berichtigung der diesen Entgelten zugrundeliegenden Umsätze als uneinbringlich.

Sofern für diese Umsätze noch keine Steuern abgeführt wurden, folgt aus der Berichtigung natürlich auch keine Erstattung. Wenn nun aber der Organträger bereits Steuern für diese Umsätze an das Finanzamt abgeführt hat, ist fraglich, wem die daraus folgende Erstattungsforderung zusteht. Dies hängt wiederum davon ab, wie die zeitliche Abfolge der dann eintretenden Ereignisse rechtlich zu bewerten ist.

Kommt es mit der Insolvenzeröffnung zunächst zur Beendigung der Organschaft und dann erst, also in der folgenden juristischen Sekunde zu einer Berichtigung nach § 17 UStG, dann könnte angenommen werden, dass die Rückerstattung an die Organgesellschaft erfolgen müsste. Denn diese ist mit Beendigung der Organschaft wieder selbstständige Unternehmerin und damit auch Schuldnerin des Steuerschuldverhältnisses geworden. Als solche stünde ihr dann der materiell eigenständige Erstattungsanspruch aus § 17 UStG zu, obwohl sie freilich keinerlei Zahlungen geleistet hat[1330]. Diesem zunächst *unbillig* erscheinenden Ergebnis könnte zugute gehalten werden, dass der Organträger, trotz der Berichtigung nach § 17 UStG immer noch einen Ausgleichsanspruch nach § 426 BGB (analog) gegen die Organgesellschaft geltend machen kann und die Verschiebung der wirtschaftlichen Be- und Entlastungen insoweit im Innenverhältnis ausgeglichen werden muss. Dass dieser Anspruch nur als Insolvenzforderung geltend gemacht werden kann, wäre dann das aus der organschaftlichen Verbindung resultierende Risiko des Organträgers.

1329 *Reiß* in: Reiß/Kraeusel/Langer UStG, § 2 Rn. 123.

1330 Dieses Ergebnis lässt sich aus der Entscheidung des BFH v. 7.12.2006 – V R 2/05, BStBl II 2007, 848, durchaus ableiten.

Dass dieses Ergebnis nicht nur unbillig, sondern auch rechtlich falsch wäre, zeigt jedoch schon die Regelung des § 37 Abs. 2 AO. Dieser bestimmt bereits explizit, dass die Erstattungen an den zu erfolgen hat, auf dessen Rechnung die Zahlung bewirkt worden ist. Da der Organträger die gegen ihn festgesetzten Steuern selbst schuldet, tilgt er mit dieser Zahlung auch ohne ausdrückliche Zweckbestimmung nur seine eigene Schuld, so dass die Zahlungen auf seine Rechnung erfolgen[1331].

Weiter lässt sich jedoch bereits kein Grund erkennen, warum die Organschaft gedanklich schon vor der Berichtigung nach § 17 UStG beendet sein soll. Denn ebenso wie der Eröffnungsbeschluss das die Änderung auslösende Ereignis nach § 17 UStG darstellt[1332], beendet dieser Beschluss spätestens die organisatorische Eingliederung und damit die Organschaft[1333]. Die erste Berichtigung nach § 17 UStG fällt deshalb in dieselbe juristische oder logische Sekunde wie die Beendigung der Organschaft, so dass die erste Berichtigung noch beim Organträger vorzunehmen ist[1334]. Diesem müssen daher die auf die Umsätze der insolventen Organgesellschaft geleisteten Zahlungen erstattet werden; eines Ausgleichs nach § 426 BGB (analog) bedarf es für diese Zahlungen dann nicht mehr.

Sollte es später doch zu einer Vereinnahmung der Entgelte für die berichtigten Umsätze durch die ehemalige Organgesellschaft kommen, muss die zweite Berechtigung nach § 17 UStG bei ihr stattfinden[1335]. Da die Entgeltvereinnahmung als die die Berichtigung auslösende Änderung angesehen wird, kommt es für die Steuerschuldnerschaft auf die Verhältnisse zum Zeitpunkt der Änderung an. Zu diesem Zeitpunkt ist die Organgesellschaft wieder selbstständige Unternehmerin, so dass die Umsatzsteuern aus ihrem Vermögen als Masseverbindlichkeit zu bedienen sind.

c) Nachteile bei der Vorsteuerberichtigung?

Dieser auf den ersten Blick gerecht erscheinenden Lösung wird entgegen gehalten, dass sie im Falle der Rückerstattung von Vorsteuervergütungen zu willkürlichen Steuerverlagerungen zu Lasten des (auch) insolventen Organträgers führen kann.

Insoweit muss man sich zunächst bewusst machen, dass die vorstehend angenommene Rückerstattung von Steuerzahlungen aus Umsätzen der Organgesellschaft zu Gunsten des Organträgers sich ins Gegenteil verkehrt, wenn aus der Tätigkeit der Organgesellschaft Vorsteuerüberhänge entstehen. Dann nämlich muss der Organträger im Rahmen der ersten Berechtigung nach § 17 UStG diese erhaltenen Vorsteuererstattungen wieder zurückzahlen.

1331 vgl. dazu *Koenig* in: Koenig AO, § 37 Rn. 19.

1332 BFH v. 9.12.2010 – V R 22/10, BStBl II 2011, 996 (999).

1333 BFH v. 24.8.2011 – V R 53/09, BStBl II 2012, 256.

1334 *Onusseit,* DZWIR 2011, 353 (357); so auch BFH v. 8. 8. 2013 – V R 18/13, DStR 2013, 1883 (1886f.), allerdings zur Rückzahlung einer Vorsteuererstattung durch den Organträger.

1335 *Onusseit,* DZWIR 2011, 353 (357); allgemein zur Anwendung des § 17 UStG nach Beendigung der Organschaft *Reiß* in: Reiß/Kraeusel/Langer UStG, § 2 Rn. 124.

Nach einer im Schrifttum vertretenen Ansicht[1336] soll der Organträger im Gegenzug nur einen als Insolvenzforderung geltend zu machenden Innenausgleichsanspruch nach § 426 BGB gegen die Organgesellschaft haben. Da er mit diesem regelmäßig (teilweise) ausfallen wird, verbleibt die wirtschaftliche Last der Rückzahlung also bei ihm. Sollte es nun später doch zu einer Tilgung der als uneinbringlich bewerteten Verbindlichkeiten der Organgesellschaft kommen, dann stünde der wiederum zu berichtigende Anspruch nach Beendigung der Organschaft aber nun der Organgesellschaft zu, die ihn voll zur Masse vereinnahmen könnte[1337].

Dieser als willkürlich empfundenen Steuerverlagerung ist m. E. nach grundsätzlich beizupflichten.

Allerdings stellt sich eine wirtschaftliche Belastung für den Organträger natürlich nur dann ein, wenn er die zunächst vereinnahmten Vorsteuervergütungen tatsächlich an die Organgesellschaft weitergeleitet hat. Dass dies nach hier vertretener Ansicht außerhalb einer vertraglichen Absprache gesetzlich nicht vorgesehen ist[1338], kann eine solche Weiterleitung also nicht schlechthin angenommen werden.

Soweit es jedoch tatsächlich zunächst zu einer Weiterleitung solcher Gelder an die Organgesellschaft kommt und dann zu einer Korrektur nach § 17 UStG wegen Uneinbringlichkeit, ist der Organträger in der Tat mit dem Ausfallrisiko seiner Ausgleichsforderung signifikant belastet.

Diese Forderung resultiert nach der hier vertretenen Ansicht jedoch nicht aus § 426 BGB, sondern aus § 812 BGB. Da die Ausgleichsforderung insoweit auf einem vertraglichen Anspruch basiert, fällt der Rechtsgrund für diese Forderung spätestens mit der ersten Berichtigung nach § 17 UStG weg, und dem Organträger steht ein Bereicherungsanspruch nach § 812 Abs. 1 1. Alt. BGB gegen die Organgesellschaft zu.

Obgleich der Rechtsgrund dabei erst nach oder jedenfalls mit der Insolvenzeröffnung wegfällt, kann der Organträger diese Forderung nur als Insolvenzforderung geltend machen. Denn nach Ansicht des BGH[1339] kommt es für die Qualifizierung als Insolvenzforderung oder Masseverbindlichkeit nicht auf den Zeitpunkt an, in dem der Rechtsgrund wegfällt, sondern wann der Vermögensgegenstand rechtsgrundlos erlangt wurde. Ist der Vermögensgegenstand bereits vor Eröffnung des Insolvenzverfahrens an die Masse gelangt, kann insoweit nur eine Insolvenzforderung geltend gemacht werden.

In der Tat stellt sich also das zunächst als gerecht empfundene Ergebnis, welches unter der Anwendung der Rechtsprechungsgrundsätze entwickelt wurde, als willkürlich dar, wenn es anstelle einer Erstattung zu einer Rückforderung von Steuern nach § 17 UStG kommt. Hier bedarf es dann wieder eines Ausgleichsanspruches des Organträgers gegen die Organgesellschaft, der folglich auch wieder mit dem Ausfallrisiko dieses Anspruches belastet wird.

1336 *Schramm* in: FS Görg 2010, S. 431 (451).
1337 *Schramm* in: FS Görg 2010, S. 431 (452).
1338 Kapitel 5 A. V. 2. c).
1339 BGH v. 7.5.2009 – IX ZR 61/08, NZI 2009, 475.

III. Fazit

Materiell lässt sich festhalten, dass es durch die Wirkungen der Organschaft im Falle der Insolvenz eines Organkreisbeteiligten regelmäßig zu einer Verlagerung der Steuerschuld kommen kann. Diese Verlagerung fällt dabei meistens zu Gunsten des Fiskus aus, der als Gläubiger insoweit privilegiert wird.

Dessen Ausfallrisiko wird durch die Konzentration der Steuerschuldnerschaft beim Organträger, der gleichzeitigen Haftung der Organgesellschaft und der ohnehin steuerfreundlichen Regelung in § 55 InsO weitestgehend minimiert. Man könnte zwar meinen, dass die Verlagerung des Risikos in der Organschaft durch die enge Verflechtung der Gesellschaften und durch den damit einhergehenden Innenausgleich gerechtfertigt ist. Eine solche Begründung ließe jedoch außer Acht, dass die Organschaft trotz eines gewissen Gestaltungsspielraums *ipso iure* eintritt und die beteiligten Unternehmen, obgleich sie nur auf Rechnung und als Helfer des Staates fungieren, den Eintritt nicht immer vorhersehen oder verhindern können.

Die neue Rechtsprechung zum *Begründetsein* der Forderungen im Insolvenzverfahren, mag sie dogmatisch auch fragwürdig sein, schien auf den ersten Blick diese Risikoverlagerung etwas abzumildern, indem sie Rückabwicklung dort eintreten ließ, wo sie, von der wirtschaftlichen Belastung her betrachtet, auch zu verorten ist. Am Beispiel der Rückzahlung von Vorsteuererstattungen bei der Insolvenz der Organgesellschaft zeigte sich jedoch, dass diese Zuordnung dann fraglich wird, wenn aufgrund der Berichtigung eine Erstattungslast beim Organträger eintritt. Muss der Organträger Vorsteuervergütungen, die ihm aus einer zugerechneten Tätigkeit der Organgesellschaft ausgezahlt und an diese weitergereicht wurden, zurückerstatten, dann trägt er das Insolvenzrisiko des Innenregresses gegenüber der Organgesellschaft. Dieses Risiko trägt er im Übrigen auch dann, wenn es später zu einer Zahlung der insolventen Organgesellschaft auf diese Rechnungen kommen sollte und ihr die Vorsteuervergütungen ausgezahlt werden. Die Organgesellschaft erhält damit faktisch zweimal die Vorsteuervergütung, muss sie jedoch nur in Höhe der Insolvenzquote an den Organträger erstatten.

Neben dieser Verlagerung etwaiger Ausfallrisiken zeigte sich weiter, dass die Organschaft im Insolvenzverfahren – auch für den Fiskus – definitiv nicht mehr der Verwaltungsvereinfachung dienen kann. Die ohnehin komplexe Behandlung von Umsatzsteuern in der Insolvenz einer Gesellschaft wird durch die Organschaft und deren Zurechnung der Leistungsbeziehungen bei gleichzeitiger Trennung der zivilistischen Zahlungsströme noch anspruchsvoller in ihrer rechtlichen Bewertung und wird insoweit den Verwaltungsaufwand bei den Beteiligten eher noch steigern.

Insbesondere im Zusammenhang mit der Anwendung des § 17 UStG lässt sich m. E. nach zuvorderst für den Insolvenzverwalter eine Abwicklung eines insolventen Organkreisbeteiligten kaum noch rechtssicher bewerkstelligen. Neben der ohnehin schwierigen Handhabung der Umsatzsteuern in der Insolvenz wird durch die notwendige Bewertung der Vielzahl an denkbaren Abwicklungskonstellationen innerhalb einer Organschaft diese zu einem Malus für das Unternehmen und seinen Verwalter. Diese Belastung des Unternehmens lässt sich dabei weder mit dem Zweck einer Verwaltungsvereinfachung noch unter Berücksichtigung der eigentlich neutralen Position des Unternehmens in der Umsatzbesteuerung vereinbaren.

Eine Lösung für diese Problematik kann in Folge der Gemengelage von Umsatzsteuerrecht, Insolvenzrecht und Gesellschafts- resp. Zivilrecht kaum erreicht werden. Eine frühere Beendigung der Organschaft, bspw. bereits mit Antragsstellung auf Insolvenzeröffnung, würde die Probleme insoweit nur zeitlich vorverlagern, die aus der Zurechnung der Leistungsbeziehungen, der Steuerzahlungen und des Innenausgleichs resultieren, ohne der Komplexität wirklich abzuhelfen. Eine Rückkehr zur alten Rechtsprechung des *Begründetseins* von Forderungen in der Insolvenz würde zwar vermutlich die Komplexität etwas vermindern; hülfe jedoch auch nicht über die Haftungsverschiebung im Organkreis hinweg und wäre überdies auch keine organschaftsspezifische Lösung.

E. Wahlrecht in der Organschaft?

Die einzig erkennbare und insoweit auch organschaftsspezifische Lösung könnte in der Anerkennung eines eindeutig auszuübenden Wahlrechts der Beteiligten bestehen.

Zwar kann auch ein solches Wahlrecht die Komplexität der rechtlichen Folgen der Organschaft in der Insolvenz nicht abmildern. Zumindest aber wäre durch die willentliche Entscheidung für eine Organschaft einerseits die Möglichkeit eröffnet, die zivilrechtlichen Ausgleichsbeziehungen zwischen den Beteiligten detaillierter und damit, auch im Falle einer Insolvenz, vorhersehbarer zu regeln. Zum anderen wären etwaige Ausfallrisiken durch die bewusste Entscheidung für eine Organschaft besser zu rechtfertigen und würden die Beteiligten nicht mehr unwillkürlich treffen.

Dem folgend vertreten daher einige namhafte Kommentatoren, dass für die Umsatzsteuerorganschaft ein auszuübendes Optionsrecht eingeführt[1340] oder sogar ein solches Wahlrecht aufgrund der gegebenen Gesetzeslage anerkannt werden müsse[1341].

I. Anerkennung aus geltendem Recht

Stadie ist wohl einer der stärksten Verfechter für die Anerkennung eines Wahlrechts *de lege lata* und begründet dies u. a. mit der Entstehungsgeschichte, dem Zweck sowie der heutigen Einbettung der Organschaft in den unionsrechtlichen Kontext der MwStSystRL[1342].

Seiner Ansicht nach beschränke sich seit der Einführung des Vorsteuerabzugsrechts der eigentliche Zweck der Organschaft nur noch auf die Verwaltungsvereinfachung zu Gunsten der Wirtschaft, weshalb es dieser überlassen bleiben müsse, ob

1340 *Reiß* in: Reiß/Kraeusel/Langer UStG, § 2 Rn. 120.1.
1341 *Stadie* in: Rau/Dürrwächter UStG, § 2 Rn. 923.
1342 *Stadie* in: Rau/Dürrwächter UStG, § 2 Rn. 910ff.

sie von der Regelung Gebrauch mache oder nicht. Des Weiteren rücke der Organträger durch die Zurechnung der Leistungsbeziehungen innerhalb des Organkreises in der Insolvenz in eine Haftungsstellung ein, die vom eigentlichen Zweck der Organschaft nicht mehr getragen sein kann. Auch wird durch die Vorsteuervereinnahmung auf Ebene des Organträgers seiner Ansicht nach ohne gesetzliche Ausgleichsmöglichkeit in die Rechte der Minderheitsgesellschafter der Organgesellschaft eingegriffen[1343]. Die Haftungsanordnung aus § 73 AO führe überdies zu einer Ungleichbehandlung gegenüber einer beherrschten Personengesellschaft, was mit dem Grundsatz der Rechtsformneutralität der Besteuerung nicht vereinbar sei. Da der Gesetzgeber[1344] selbst bei der Beibehaltung der Organschaft im Mehrwertsteuersystem nur noch von Vereinfachungszwecken ausging, könne nicht angenommen werden, dass er solch gravierende Rechtsfolgen beim Steuerpflichtigen ungewollt eintreten lassen wollte[1345].

Die Anerkennung eines Wahlrechts folgt laut *Stadie* auch aus der EuGH Entscheidung *Ampliscientifica*[1346]. Der EuGH habe hierin festgestellt, dass es sich bei Art.11 MwStSystRL um eine Norm handle, die den *„Erlass einer nationalen Vorschrift voraussetzt, [...] die es im Inland ansässigen Personen, [...] die eng miteinander verbunden sind, gestattet, [...] als ein Steuerpflichtiger behandelt zu werden, [...]"*. Aus dem Wort *„gestattet"* folge insoweit, dass eine nationale Norm die Behandlung als einen Steuerpflichtigen zwar erlauben dürfe, die Beteiligten jedoch nicht dazu zwingen könne[1347].

Um den national folglich bestehenden verfassungs- wie unionsrechtswidrigen Zustand zu beenden, soll seiner Ansicht nach daher im Wege einer unionsrechtskonformen Auslegung der Norm dem beherrschenden Gesellschafter ein Wahlrecht ob des Eintritts der Organschaft eingeräumt werden[1348]. Die Ausübung dieser Wahl könne in Konstellationen ohne Beteiligung von Minderheitsgesellschaftern konkludent durch die Einreichung einer zusammenfassenden Umsatzsteuererklärung erfolgen[1349].

Das Finanzgericht Rheinland-Pfalz hat sich der Kritik *Stadies* angeschlossen und *ernstlich* Zweifel am zwingenden Eintritt der Rechtsfolgen der Organschaft geäußert[1350].

1343 Diese Kritik wird auch von *Reiß* in: Reiß/Kraeusel/Langer UStG, § 2 Rn. 98.1 vorgebracht.

1344 unter Verweis auf Bericht des Finanzausschusses, BT-Drucks. 5/1581, zu § 2 UStG abgedruckt in Plückebaum/Malitzky Band I Teil D 20.

1345 zum Ganzen *Stadie* in: Rau/Dürrwächter UStG, § 2 Rn. 914ff.

1346 EuGH v. 22.5.2008 – Rs. C-162/07 (Ampliscientifica), EuGHE 2008, I-4019.

1347 *Stadie* in: Rau/Dürrwächter UStG, § 2 Rn. 925; *Stadie,* UR 2008, 540 (541).

1348 *Stadie* in: Rau/Dürrwächter UStG, § 2 Rn. 928.

1349 *Stadie* in: Rau/Dürrwächter UStG, § 2 Rn. 929.

1350 FG Rheinland-Pfalz v. 11.3.2008 – 6 V 2395/07, UR 2008, 542.

II. Wortlaut als Grenze

Die Rechtsprechung[1351] und Teile der Literatur[1352] halten es hingegen für *zweifelsfrei*, dass weder das nationale Recht noch das Unionsrecht ein Wahlrecht für die Organschaft vorschreibe.

Weder die haftungsrechtlichen Folgen der Organschaft noch die Formulierung in Art. 11 MwStSystRL sollen danach zur Annahme eines Options- oder Wahlrecht des herrschenden Gesellschafters führen. Der Wortlaut der die Organschaft regelnden Normen im nationalen wie im unionsrechtlichen Kontext sei insoweit eindeutig und sehe nicht zwingend die Annahme eines solchen Optionsrechts für die Mitgliedstaaten vor. Die unionsrechtliche Systematik spreche ebenfalls eher gegen die Annahme eines solchen Rechts, da der Richtliniengeber Wahlrechte in anderen Fällen eindeutig normiert habe und allein ein Mangel an Vorhersehbarkeit nicht zu einer Beeinträchtigung der Rechtssicherheit führen könne[1353]. Die Haftungsfolgen seien darüber hinaus *möglicherweise*[1354] sogar bewusst vom Gesetzgeber herbeigeführt, jedenfalls aber nicht verhindert worden. Die Rechtsprechung erkennt zwar an, dass in der Annahme eines Optionsrechts eine rechtspolitisch sinnvolle Maßnahme liegen mag; sie behält diese jedoch allein dem Gesetzgeber vor[1355].

III. Wahlrecht als gesetzgeberischer Vorbehalt

Viele der von *Stadie* angesprochenen Rechtsfolgen der Organschaft, die eine einschränkende Auslegung des § 2 Abs. 2 Nr. 2 UStG zur Folge haben sollen, konnten im Rahmen dieser Untersuchung bestätigt werden, so dass den von Stadie insowei vorgebrachten Argumenten beizupflichten ist. Aus der EuGH-Entscheidung *Ampliscientifica*[1356] jedoch die zwingende Notwendigkeit eines Optionsrechts abzuleiten, überspannt m. E. nach dann allerdings doch den Wortlaut dieser Entscheidung[1357].

1. *Organschaft als Haftungsvehikel?*

Die Auffassung der Rechtsprechung ist mit Blick auf die angenommene Haftungserweiterung in der Organschaft bedenklich. Unter Berücksichtigung der Stellung des

1351 BFH v. 17.1.2002 – V R 37/00, BStBl II 2002, 373 (376), sowie Beschluss des Bundesverfassungsgerichts vom 31.10.2002 – 1 BvR 844/02 nv, mit der die gegen das BFH-Urteil erhobene Verfassungsbeschwerde nicht zur Entscheidung angenommen wurde; BFH v. 28.12.2002 – V B 126/02, BFH/NV 2003, 515.

1352 *Hartman*, Umsatzsteuerorganschaft, S. 209ff; *Wäger* in: FS Schaumburg 2009, S. 1189 (1194); *Fröschl*, UVR 2002, 257; *Müller* in: Müller/Stöcker Organschaft, S. 349.

1353 *Hartman*, Umsatzsteuerorganschaft, S. 204.

1354 BFH v. 17.1.2002 – V R 37/00, BStBl II 2002, 373 (376).

1355 BFH v. 28.12.2002 – V B 126/02, BFH/NV 2003, 515.

1356 EuGH v. 22.5.2008 – Rs. C-162/07 (Ampliscientifica), EuGHE 2008, I-4019.

1357 vgl. dazu *Hartman*, Umsatzsteuerorganschaft, S. 201.

Unternehmers in der Umsatzbesteuerung, an der sich insoweit auch die Organschaft messen lassen muss, und dem gesetzgeberischen Zweck der Organschaft kann m. E. nach nicht angenommen werden, dass der Gesetzgeber mit dieser tatsächlich ein haftungserweiterndes Vehikel für juristische Personen in die Umsatzbesteuerung inkorporieren wollte.

Die Untersuchung hat gezeigt, dass die Organschaft, wohlgemerkt auch in ihrer heutigen Form, aus der Annahme einer besonderen Dominanz des Willenselements für die Selbstständigkeit eines Unternehmers entwickelt wurde. Diese Annahme ist dabei auch durch das damalige Umsatzsteuersystem ohne Vorsteuerabzugsrecht flankiert worden, ohne dabei jedoch m. E. nach systemimmanent zu sein. Wenn somit fakultativ zur Verwaltungsvereinfachung eine umsatzsteuerliche Zurechnung zwischen zivilrechtlich eigenständig bleibenden Rechtsträgern vorgenommen wird, mag das gewiss dem gesetzgeberischen Ermessen obliegen. Wenn der nationale Gesetzgeber sich jedoch nur für eine umsatzsteuerliche Zurechnung ohne Auswirkung auf tatsächliche Leistungs- und Zahlungsbeziehungen entscheidet, kann diese Zurechnung im Falle der Insolvenz jedoch nicht gleichzeitig in eine materielle Haftungsverlagerung unter Zuhilfenahme von Insolvenz- und Abgabenrecht umschlagen. Die Organschaft ist als solches zu rudimentär geregelt, was sich auch in der Volatilität ihrer Auslegung zeigt, um eine solche Haftungserweiterung dogmatisch zu rechtfertigen.

2. Methodik eines Wahlrechts

Obgleich somit der Ansicht der Rechtsprechung hinsichtlich der Ablehnung eines Antragsrechts nicht zu folgen ist, bleibt dennoch fraglich, ob ein Wahlrecht ggf. aus einer teleologischen Reduktion oder einer unionsrechtskonformen Auslegung gewonnen werden kann.

Problematisch ist dabei nach der hier vertretenen Auffassung nicht zuvorderst, dass sich eine solche Einschränkung aus dem Sinn und Zweck der einzuschränkenden Norm selbst oder durch vorrangige Zwecke anderer Normen ergibt[1358]. Vielmehr stellt sich die Frage, ob hierfür eine Reduzierung des Norminhalts überhaupt geeignet ist und nicht stattdessen eine Erweiterung desselbigen angezeigt wäre. Die Etablierung eines Antragsrechts kann allein schon aufgrund seiner formellen Begleitbestimmungen m. E. nach nur durch ein Mehr an Gesetzesinhalt erfolgen und damit methodisch allein durch eine gesetzesübersteigende Rechtsfortbildung gelingen.

Die methodische Anwendung einer gesetzesübersteigenden Rechtsfortbildung ist jedoch – auch aufgrund der formellen Erfordernisse – abzulehnen. Die Grenzen einer solchen Rechtsfortbildung liegen grundsätzlich dort, wo eine Antwort im Rahmen der geltenden Rechtsordnung insgesamt mit „*spezifischen rechtlichen Erwägungen*" allein nicht gefunden werden kann, sondern es vorwiegend auch um

1358 *Larenz*, Methodenlehre, S. 392.

Fragen der Zweckmäßigkeit geht oder insgesamt eine detaillierte Regelung erforderlich wäre[1359].

Bei einem Antragsrecht bedarf es, schon aufgrund der Berechtigung des Antragsstellers, der Voraussetzungen seiner Bescheidung und insgesamt bzgl. des Verfahrenswegs einer detaillierten und damit kodifizierten Regelung. Eine solche Regelung kann dabei nicht im Wege von Reduktionen oder Analogien durch die Rechtsanwender entwickelt werden, sondern muss letztlich dem Gesetzgeber vorbehalten bleiben.

De lege lata kann deshalb ein Antrags- oder Optionsrecht für eine Organschaft nicht angenommen werden.

IV. Fazit

Für den Rechtsanwender und -unterworfenen stellt sich die Situation bei der Organschaft als unbefriedigend dar. Einerseits ist er durch den mitunter unwillkürlichen Eintritt der Organschaft mit einer Vielzahl von Wirkungen konfrontiert, die umsatzsteuerrechtlich nicht zu rechtfertigen sind. Andererseits kann für ihn eine Lösung dieses Problems nach geltender Rechtslage kaum erreicht werden.

Es obliegt daher dem Gesetzgeber, die Probleme der Organschaft anzugehen und Lösungen für den umsatzsteuerlichen Unternehmer zu entwickeln, damit das Gesetz auch im Falle der Organschaft der Position des Unternehmers in der Umsatzbesteuerung wieder gerecht wird.

Ob dies nun durch die Einführung eines Optionsrechts oder durch andere Maßnahmen im Rahmen des Umsatzsteuer- oder Insolvenzrechts geschieht, ist letztlich Entscheidung des Gesetzgebers. Möglicherweise ist jedoch die einfachste und konsequenteste Entscheidung, § 2 Abs. 2 Nr. 2 UStG aus dem Gesetz zu streichen.

1359 *Larenz,* Methodenlehre, S. 427.

Kapitel 7: Thesen und Aussicht

A. Thesen

Die kurze Formel des Gesetzes zur umsatzsteuerlichen Organschaft verbirgt bei Lichte betrachtet gewissermaßen einen Riesen an dogmatischer Komplexität, dessen rechtliche Aufarbeitung auch nach fast 100 Jahren Anwendung immer noch nicht abgeschlossen ist und bis heute Inkonsistenzen aufweist.

Bereits die von der nationalen Organschaft vorgenommene Beschränkung auf juristische Personen als Organgesellschaft hat sich verfassungs- und unionsrechtlich als nicht haltbar erwiesen und bedarf eines legislatorischen Handelns, um die auch unionsrechtliche postulierte Rechtsformneutralität der Umsatzbesteuerung bei der Organschaft zu gewährleisten. Spätestens nach einem Ordnungsruf durch den EuGH wird man um ein entsprechendes Engagement wohl nicht mehr herumkommen.

Die Eingliederungsmerkmale der Organschaft und ihre Auslegung leiden unter einer sich in ihren Aussagen zurückhaltenden Rechtsprechung, die an sie herangetragene Fragen stets nur bezogen auf den Einzelfall und ohne Entwicklungstendenz beantworten. Das mag berechtigt sein, wird m.E. nach aber in der Konsequenz die Fülle an noch notwendigen Entscheidungen nicht reduzieren, solange nicht naheliegende und sich daran anschließende Fragen richtungsweisend mit beantwortet werden. Insoweit hat sich bei der Analyse der finanziellen, wirtschaftlichen und organisatorischen Eingliederung gezeigt, dass in nicht unwesentlichen Details noch Auslegungsbedarf für eine rechtssichere Handhabung herrscht, der sich aber wohl erst nach Durchlaufen des Instanzenzugs endgültig klären wird.

Für den Autor konnten jedoch bereits einige wesentliche Erkenntnisse für die Eingliederungsmerkmale gewonnen werden, die für ihn zu mehr Konsistenz in ihrer Betrachtung geführt haben.

Gleichsam vor die Klammer ist zu ziehen, dass die Organschaft als negative Bestimmung der Selbstständigkeit einer juristischen Person stets vor dem Hintergrund der Eigenschaften und Merkmale eines Unternehmers auszulegen und zu verstehen ist. Dessen typologische und vom Zweck einer umfassenden Verbrauchsbesteuerung getragene Bestimmung muss – soweit möglich – beim Verstehen der Eingliederungsmerkmale der Organschaft Berücksichtigung finden.

Bei der finanziellen Eingliederung ist zuvorderst festzuhalten, dass sich diese in Form einer Beherrschung und Unterordnung der Organgesellschaft vollzieht. Beide Attribute müssen dabei kumulativ vorliegen, ohne dass jedoch die Beherrschung nur aus der Unterordnung in Form einer kapitalmäßigen Beteiligung folgen müsste. Somit kann es zwar ohne echte Beteiligung des Organträgers am Organ m.E. nach keine finanzielle Eingliederung geben; die Beherrschung des Organs lässt sich gleichwohl durch eine schuldrechtliche oder dingliche Zurechnung erreichen, soweit bei dieser Zurechnung typischerweise von einer Beherrschung auszugehen ist. Die finanzielle Eingliederung muss vor dem Hintergrund der geschichtlichen Entwicklung der Organschaft nur die abstrakte Willensbeherrschung des Organs gewährleisten, so dass unmittelbare wie mittelbare Beherrschungssituationen denkbar sind.

Bei der wirtschaftlichen Eingliederung hat sich gezeigt, dass diese keine Entsprechung in der Organtheorie des RFH findet und für die Annahme einer Organschaft dogmatisch m. E. nach nicht zwingend erforderlich ist. Ihre Entwicklungsgeschichte und der darin fehlende theoretische Hintergrund haben dann auch gezeigt, wieso es schwierig ist, ihr einen konsistenten Kerninhalt zu vermitteln. Unter Berücksichtigung der Eigenschaft des Organkreises als ein Unternehmer wird m. E. nach, wenn man an diesem Merkmal festhält, eine Beteiligung der Innenumsätze des Organs an den Außenumsätzen des Organträgers verlangen müssen. Denn bei einer solchen Beteiligung – bei Außerachtlassung der freilich gegebenen Entnahmebesteuerungstatbestände – kann verbrauchsteuerteleologisch argumentiert werden, dass nur bei einer solchen, jedenfalls partiellen Teilnahme ein besteuerungsfreier Verbrauch auf Ebene des Organträgers vermieden wird.

Die organisatorische Eingliederung verlangt die konkrete Möglichkeit einer Willensdurchsetzung beim Organ. Ihr tatsächlicher Auslegungsinhalt und die zur Umsetzung notwendigen Maßnahmen sind jedoch zweifelhaft. M. E. nach müssen neben der Möglichkeit einer Personalunion zwingend auch andere organisatorische Maßnahmen für ihre Herstellung in Betracht kommen, solange diese ein rechtlich gesichertes Eingriffsrecht in die Geschäftsführung des Organs gewährleisten. Bei der Untersuchung hat sich insoweit ergeben, dass die Wechselwirkungen der Organschaft mit anderen (Zivil-)Gesetzen ihrer Auslegung Grenzen setzt, wenn sie keine Wertungswidersprüche erzeugen will.

Nicht gezeigt hat sich hingegen, dass die Organschaft im nationalen Recht systemimmanent wäre und damit nicht zur Disposition des Gesetzgebers stünde. Dabei wurde gewiss nicht verkannt, was als Idee hinter der Unselbstständigkeit der Organgesellschaft steht. Allein aus der Beherrschung eines Unternehmers durch einen anderen Unternehmer folgt m. E. nach jedoch nicht zwingend die Notwendigkeit einer Unselbstständigkeit. Verbrauchsteleologisch betrachtet kann auch ein fremdbestimmter Unternehmer verpflichtet werden, Steuern einzunehmen, um gleichzeitig von gezahlten Steuern entlastet zu werden.

In ihren Wirkungen führt die Organschaft zu einer umfassenden Übertragung der materiellen und formellen Position des Organs auf den Organträger; eine Teilselbstständigkeit des Organs ist abzulehnen. Zwar kann das Organ weiterhin als *Unternehmer* am Rechtsverkehr teilnehmen, zivilrechtlich Steuerzahlungen leisten und solche auch empfangen. Alle damit verbundenen umsatzsteuerlichen Pflichten treffen mit Eintritt der Organschaft fortan aber den Organträger. Dieser hat die Steuervereinnahmung der Organgesellschaft abzuführen und kann die Vorsteuererstattung an sich verlangen; ihm obliegen insoweit auch alle Verfahrens- und Erklärungspflichten des Organs.

Der Eintritt der Organschaft und der damit verbundene Übergang der Rechtsposition des Organs können ohne Wollen und Wissen der Beteiligten erfolgen. Die Organschaft erfordert anders als andere steuerliche Organschaften nicht das bewusste Ausüben einer Option, sondern kann zufällig und unerkannt entstehen, auch wenn die Eingliederungsmerkmale einem gewissen Gestaltungsregime unterworfen sind.

Schwierigkeiten ergeben sich bei diesem Übergang aus der andauernden zivilrechtlichen Selbstständigkeit der Organgesellschaft. Sie vereinnahmt und verausgabt nicht nur die jeweiligen Umsatzsteuern weiterhin, sondern ihre Leistungsbeziehungen sind auch autonom von der Trägergesellschaft zu berücksichtigen. Eine Zurechnung von Zahlungen und entsprechende Verrechnungen finden mangels Anordnung im UStG oder sonstigen Gesetzen zwischen den Beteiligten nicht statt.

Dies ist umso bedenklicher, da nach hiesiger Auffassung dogmatisch nur zu Gunsten des Organträgers ein gesetzlicher Ausgleichsanspruch gegen das Organ hergeleitet werden kann. Das Organ und vor allem seine Minderheitsgesellschafter sind ohne vertragliche Vereinbarung nicht in der Lage, einer sukzessiven Vermögensverschiebung in den Organträger entgegenzuwirken. Mit Blick auf die gesellschaftsrechtlichen Kapitalerhaltungsvorschriften und die Einheit der Rechtsordnung ist diese Wirkung der Organschaft äußerst fragwürdig.

Nicht weniger bedenklich ist die Tatsache, dass sich im Kontext unechter umsatzsteuerbefreiter Leistungen Möglichkeiten der Steuerersparnisse durch die Organschaft ergeben können. Dass sich diese Ersparnisse ebenso durch Fusion oder Eigenleistung erreichen lassen, ändert insoweit nichts daran, dass die Organschaft in diesen Fällen zum Gestaltungsvehikel wird. Abgesehen von hierdurch verursachten definitiven Steuerausfällen kann es darüber hinaus zu Wettbewerbsverzerrungen und konzentrationsfördernden Wirkungen kommen, die allesamt von der Umsatzbesteuerung nicht intendiert sein können.

Durch die Untersuchung der Haftungsanordnung in § 73 AO kamen die mittelbaren Vorteile für den Fiskus zu Tage, dem mit der Organschaft mindestens gleich zwei potentielle Steuerpflichtige zur Verfügung stehen. Über § 73 AO haftet die Organgesellschaft nämlich für die Steuerzahlungen des Organträgers, der in Folge der Zurechnung selber für die Steuerzahlungen des Organs verantwortlich ist. Es spricht vieles dafür und ist m. E. nach auch dogmatisch richtig, diese Haftung auf den eigenen Steueranteil des Organs zu beschränken. Dass das Organ in der Praxis aber möglicherweise sogar für die Steuern ihrer Schwestergesellschaften aufkommen muss, sollte nicht von vornherein ausgeschlossen werden.

Am Beispiel der Insolvenz wurde gezeigt, dass die Organschaft mit ihrer Zurechnung umsatzsteuerlicher Pflichten und der gleichzeitigen Beibehaltung der zivilrechtlichen Selbstständigkeit zu einer Verlagerung des Steuerausfallrisikos führen kann. Diese Risikoverlagerung zwischen Organträger und Organ geht dabei meistens zu Gunsten des Fiskus aus, der durch die Zurechnung und die gleichzeitige Haftungsanordnung der Organgesellschaft für mitunter sogar sämtliche Steuern des Organkreises übermäßig als Gläubiger in der Insolvenz privilegiert wird.

Im Rahmen der Insolvenz tritt jedoch nicht nur eine Privilegierung ein, sondern vor allem eine beachtliche Komplexität bei der rechtlichen Bewertung verschiedener

Zurechnungskonstellationen. Diese Komplexität mag dabei auch der Rechtsprechung und ihrer dogmatisch fragwürdigen Anwendung des § 17 UStG geschuldet sein. Die Organschaft jedoch potenziert diese Komplexität nochmals und erschwert damit die rechtliche Bewertung der Umsatzsteuern in der Insolvenz unangemessen, insbesondere unter Berücksichtigung ihres vermeintlichen Vereinfachungszwecks.

Ein ausdrücklich auszuübendes Optionsrecht könnte diese Komplexität zwar nicht abmildern. Immerhin aber wären die Beteiligten sich stets bewusst, welche Rechtsfolgen sie mit der Optierung für eine Organschaft eingingen. Hierin könnte dann zumindest auch eine Rechtfertigung für die Haftungsverlagerung innerhalb des Organkreises erblickt werden. Ein Optionsrecht erfordert aufgrund der Methodik des damit einhergehenden Verfahrens allerdings ein Tätigwerden des Gesetzgebers.

B. Ausblick

Es bleibt nun letztlich die Ausgangsfrage zu klären, ob die Organschaft tatsächlich noch eine Berechtigung in einem den Unternehmer nicht belasten wollenden Nettoallphasensystem mit Vorsteuerabzugsrecht hat.

Unzweideutig lässt sich nach der Analyse und Untersuchung der Merkmale und Wirkungen der Organschaft festhalten, dass der seinerzeit von der Gesetzesbegründung behauptete Vereinfachungszweck, ob nun zu Gunsten der Betroffenen oder der Verwaltung, sich m. E. nach als Schimäre erwiesen hat. Für eine Konzentration der Verwaltungsarbeit beim Organträger bedürfte es weder einer Unselbstständigkeit abhängiger Unternehmen noch einer Nichtsteuerbarkeit der mit diesen ausgetauschten Innenleistungen. Mit Blick auf die mitunter beachtlichen Folgen der Organschaft scheint die Verwaltungsarbeit im Übrigen eher zu- als abzunehmen.

Für den Fiskus und die Sicherung des Steueraufkommens ließe sich natürlich die Haftungsausweitung als mittlerweile eingestellter, neuer Zweck anführen. Für einen solchen Zweck, der mit der Organschaft auch nur mittelbar über § 73 AO erreicht wird, scheint jedoch das UStG das falsche Gesetz zu sein und die Voraussetzungen der Organschaft zu willkürlich, um eine stringente und vorhersehbare Haftung bei Konzernverbänden zu erreichen. Soweit der Gesetzgeber meint, es bestehe ein Bedürfnis nach einer Haftungsausweitung bei solchen Verbänden, ist m. E. nach § 73 AO anzupassen oder eine weitere Haftungsvorschrift zu entwickeln, statt einer beinahe 100-jährigen Vorschrift einen Zweck zu verleihen, der außerhalb ihrer Gesetzessystematik liegt.

Dass die Organschaft für den Unternehmer Vorteile bietet, ließ sich ebenso unstreitig feststellen. Ihre Wirkungen im Zusammenhang mit der Erbringung steuerbefreiter Leistungen und der Auslagerung bestimmter Tätigkeiten auf Organe werden insoweit keinen unwesentlichen Anteil daran haben, bestimmte Unternehmen überhaupt noch wirtschaftlich betreiben zu können. Doch auch wenn dieser Zweck gewiss anerkennenswert ist, bleibt doch sehr fraglich, ob es Aufgabe der Umsatzbesteuerung sein kann, ein Subventionsvehikel als Gestaltungsmaßnahme bereitzustellen, um die Unzulänglichkeiten der unechten Steuerbefreiungen in bestimmten Wirtschaftszweigen auszugleichen. Dies gilt zuvorderst unter dem Aspekt, dass die Anwendung, aber auch die Vorteile der Organschaft mit der Größe des Konzernverbundes korrelieren. Die Organschaft subventioniert hier also nicht nur bestimmte Wirtschaftszweige, sondern führt auch zu Eingriffen in die Wettbewerbsstrukturen.

Unter dem Eindruck des Vorgesagten müsste man also in der Tat zu der Conclusio kommen, dass es besser wäre und der Vereinfachung diente, die Organschaft abzuschaffen. Da das politische Risiko, mit ihrer Abschaffung in bestimmten Wirtschaftsbereichen beachtliche Auswirkungen hervorzurufen, zu groß ist, bedürfte es doch eines sehr gesunden Optimismus, ein solches Szenario als realistisch zu betrachten; dies gilt umso mehr vor dem Hintergrund, dass auch die anderen Mitgliedsländer vermehrt von der Option einer Gruppenbesteuerung im Mehrwertsteuersystem Gebrauch machen und mittlerweile ein gewisser Wettbewerb um die Anerkennung dieser Rechtsfigur im Gange ist.

Rechtspolitischer Stillstand und die Beibehaltung des Status Quo können allerdings nicht die Lösung der Probleme der Organschaft sein. Meiner Meinung nach muss als erster Schritt daher einerseits eine Reduzierung der Organschaftsvoraussetzungen auf das notwendige Mindestmaß erfolgen, insbesondere die Beschränkung auf juristische Personen als Organgesellschaften entfallen. Andererseits muss ein explizit auszuübendes Optionsrecht bestimmt werden, das gleichzeitig die notwendigen Inhalte der vertraglich erforderlichen Ausgleichsbeziehung zwischen den Beteiligten, ggf. durch Verweis in entsprechende Zivilgesetze, bestimmt. So wüssten die Betroffenen nicht nur sicher, wann sie sich auf die Folgen der Organschaft einlassen. Ihre Kenntnis und ihr Wille die Vorteile und Risiken der Organschaft einzugehen, wäre insoweit als Rechtfertigung ausreichend, um die Verschiebung von Ausfallrisiken, auch zu Gunsten des Fiskus, zu akzeptieren.